Herausgegeben von

Michael Sielmann

(Dipl.-Wirtschaftswissenschaftler)

Gesundheitsfachwirte

Die Gesetzessammlung

Zusammenstellung für die IHK-Prüfung

Situationsaufgaben 2022

Gesetzesstand: 1. Jan. 2022

Saarbrücken, Dez. 2021

Umschlaggestaltung: Simone Meckel

Kontakt: gfw@fachwirteverlag.de

www.fachwirteverlag.de

Herstellung und Vertrieb: BoD – Books on Demand
7. Auflage - **ISBN 978-3-95887-572-2**

FSC www.fsc.org
MIX
Papier aus verantwortungsvollen Quellen
Paper from responsible sources
FSC® C105338

Vorbemerkung

Dieses Buch dient vor allem einem Zweck:
Bestmögliche Unterstützung für die IHK-Prüfung!

Es sind ausdrücklich vor allem (aber nicht nur) folgende Gesetze erlaubt:

- Bürgerliches Gesetzbuch
- Gesetz gegen den unlauteren Wettbewerb
- Gesetz gegen Wettbewerbsbeschränkungen
- Handelsgesetzbuch
- Sozialgesetzbuch

Die bisher aufgeführten Aktien-Gesetz und GmbH-Gesetz wurden noch nie gebraucht und sind deshalb in der Hilfsmittel-Liste nicht mehr ausdrücklich genannt. Zur Vorsicht werden sie aber weiter mit den wichtigsten Paragrafen berücksichtigt.

Wer alle Einzelausgaben dieser Gesetze mit in die Prüfung nimmt, schleppt ca. 4 kg und sucht dann in sechs oder sieben verschiedenen Registern die notwendige Information auf über 4.000 Seiten – von denen mindestens 3.500 nie und nimmer in einer Prüfung für Gesundheitsfachwirte gebraucht werden. Das kostet nicht nur Geld (und Kraft), sondern vor allem in der Prüfung auch unnötig Zeit und Nerven!

Diese Gesetzessammlung orientiert sich allein an dem Bedarf in der Prüfung. Sie enthält deshalb von den genannten Gesetzen und einigen anderen nur die Teile bzw. §§, die in der Prüfung vorkommen. Aufgenommen wurden zur Vorsicht auch viele §§, bei denen es zwar unwahrscheinlich aber nicht ausgeschlossen ist, dass sie gebraucht werden.

Auf nur für juristische Puristen interessante Angaben wie beispielsweise aufgehobene §§ und ähnliches wurde verzichtet, da so etwas in der Prüfung völlig unwichtig ist und nur den Überblick erschwert.

Es ist üblich, dass die Teilnehmer ihre Gesetzestexte selbst auf die Prüfung vorbereiten, indem sie bunte Markierungen mit Stichworten einkleben. Ab einer größeren Zahl an Zetteln wird das aber auch wieder unübersichtlich. Der schnellste Weg zum gesuchten Gesetzestext führt über das alphabetische Register. Deshalb wurde besonderer Wert darauf gelegt, möglichst alle benötigten Begriffe in das Register aufzunehmen.

Viel Erfolg!

Inhaltsverzeichnis

Gesundheitsfachwirt Prüfungsordnung

Verordnung über die Prüfung zum anerkannten Fortbildungsabschluss Geprüfter Fachwirt im Gesundheits- und Sozialwesen und Geprüfte Fachwirtin im Gesundheits- und Sozialwesen

GesWFachwPrV vom 21.07.2011 – zuletzt geändert am 09.12.2019

§ 1 Ziel der Prüfung und Bezeichnung des Fortbildungsabschlusses

(1) Die zuständige Stelle kann berufliche Fortbildungsprüfungen zum „Geprüften Fachwirt im Gesundheits- und Sozialwesen" und zur „Geprüften Fachwirtin im Gesundheits- und Sozialwesen" nach den §§ 2 bis 9 durchführen, in denen die auf einen beruflichen Aufstieg abzielende Erweiterung der beruflichen Handlungsfähigkeit nachzuweisen ist.

(2) Durch die Prüfung ist festzustellen, ob die notwendigen Qualifikationen und Erfahrungen vorhanden sind, um in verschiedenen Bereichen und Einrichtungen des Gesundheits- und Sozialwesens, insbesondere in ambulanten, stationären und teilstationären Einrichtungen, Organisationen, Institutionen und Verbänden als auch bei einer selbstständigen Tätigkeit, eigenständig komplexe fachliche und verantwortliche Aufgaben der Planung, Führung, Organisation und Kontrolle unter Nutzung betriebswirtschaftlicher und personalwirtschaftlicher Steuerungsinstrumente auszuüben. Die Qualifikation umfasst die Befähigung, den Dienstleistungsprozess auch als Wertschöpfungsprozess zu verstehen und eigenverantwortlich personal- und betriebswirtschaftliche Aufgaben- und Problemstellungen unter Beachtung umfassender Qualitätsmanagementmaßnahmen einer zielgerichteten Lösung zuzuführen. Neue Strategien, Strukturen, Systeme, Prozesse oder Verhaltensweisen sind in der Organisation umzusetzen. Auszubildende, Mitarbeiter und Teams sollen geleitet und motiviert werden. Ferner ist nachzuweisen, dass zur Gestaltung eines anforderungsgerechten Dienstleistungsprozesses die Möglichkeiten von interdisziplinärer Zusammenarbeit mit internen und externen Partnern sowie multiprofessioneller Teamarbeit erkannt und genutzt werden. Bei der Steuerung und Optimierung aller betrieblichen Vorgänge sind wirtschaftliche und rechtliche sowie soziale, ökologische und ethische Grundsätze zu

beachten und regionale, nationale und internationale Rahmenbedingungen zu berücksichtigen. Hierzu gehören insbesondere:

1. Planen, Organisieren, Steuern, Überwachen und Optimieren betrieblicher Prozesse,
2. Beschaffen, Führen und Entwickeln von Personal sowie Qualifizierung der Mitarbeiter durch Aus- und Weiterbildung,
3. Lenken der Kommunikationsprozesse und Gestalten von internen sowie externen Schnittstellen,
4. Erfassen von Leistungserstellungsprozessen, Ermitteln, Interpretieren und Beurteilen von steuerungsrelevanten Daten sowie Einsetzen von Steuerungsinstrumenten,
5. Entwickeln und Ausgestalten von Unternehmenszielen und -strategien, Vorbereiten und Umsetzen unternehmerischer Entscheidungen,
6. Vorbereiten der Finanz- und Investitionsplanung, Entwickeln und Umsetzen von Finanzierungs- und Investitionskonzepten,
7. Steuern und Optimieren von Qualitätsmanagementprozessen,
8. Planen, Organisieren, Koordinieren, Überwachen und Evaluieren von Projekten,
9. Planen und Durchführen von Marketingmaßnahmen.

(3) Die erfolgreich abgelegte Prüfung führt zum anerkannten Fortbildungsabschluss „Geprüfter Fachwirt im Gesundheits- und Sozialwesen“ oder „Geprüfte Fachwirtin im Gesundheits- und Sozialwesen“.

§ 2 Zulassungsvoraussetzungen

(1) Zur Prüfung ist zuzulassen, wer

1. eine mit Erfolg abgelegte Abschlussprüfung in einem anerkannten nach dem Berufsbildungsgesetz oder der Handwerksordnung geregelten kaufmännischen, verwaltenden, medizinischen oder handwerklichen Ausbildungsberuf des Gesundheits- und Sozialwesens und danach eine mindestens einjährige Berufspraxis oder
2. eine mit Erfolg abgelegte Abschlussprüfung in einem bundesrechtlich geregelten Beruf im Gesundheitswesen oder einem dreijährigen landesrechtlich geregelten Beruf im Gesundheits- und Sozialwesen und eine mindestens einjährige Berufspraxis oder
3. ein mit Erfolg abgeschlossenes einschlägiges Hochschulstudium und eine mindestens zweijährige Berufspraxis oder

4. eine mit Erfolg abgelegte Abschlussprüfung in einem sonstigen anerkannten kaufmännischen, verwaltenden oder hauswirtschaftlichen Ausbildungsberuf und danach eine mindestens zweijährige Berufspraxis oder
5. eine mindestens fünfjährige Berufspraxis nachweist.

(2) Die Berufspraxis nach Absatz 1 muss inhaltlich wesentliche Bezüge zu den in § 1 Absatz 2 genannten Aufgaben haben. Dabei sind auch ehrenamtliche Tätigkeiten zu berücksichtigen.

(3) Abweichend von Absatz 1 ist zur Prüfung auch zuzulassen, wer durch Vorlage von Zeugnissen oder auf andere Weise glaubhaft macht, Fertigkeiten, Kenntnisse und Fähigkeiten (berufliche Handlungsfähigkeit) erworben zu haben, die die Zulassung zur Prüfung rechtfertigen.

§ 3 Gliederung und Durchführung der Prüfung

(1) Die Prüfung ist schriftlich und mündlich durchzuführen.

(2) Die Prüfung bezieht sich auf die folgenden Handlungsbereiche:

1. Planen, Steuern und Organisieren betrieblicher Prozesse,
2. Steuern von Qualitätsmanagementprozessen,
3. Gestalten von Schnittstellen und Projekten,
4. Steuern und Überwachen betriebswirtschaftlicher Prozesse und Ressourcen,
5. Führen und Entwickeln von Personal,
6. Planen und Durchführen von Marketingmaßnahmen.

(3) Die schriftliche Prüfung wird in den im Absatz 2 genannten Handlungsbereichen auf der Grundlage einer betrieblichen Situationsbeschreibung mit zwei aufeinander abgestimmten, gleichgewichtigen, daraus abgeleiteten Aufgabenstellungen durchgeführt, wobei insgesamt alle sechs Handlungsbereiche thematisiert werden. Die gesamte Bearbeitungsdauer soll 600 Minuten nicht unterschreiten und 630 Minuten nicht überschreiten. Die Punktebewertung für das Ergebnis der schriftlichen Prüfungsleistung ist gleichgewichtig aus den beiden schriftlichen Teilergebnissen zu bilden.

(4) Nach bestandener schriftlicher Prüfung wird die mündliche Prüfung durchgeführt. Diese gliedert sich in Präsentation und Fachgespräch.

(5) Anhand der Präsentation soll nachgewiesen werden, dass eine komplexe Problemstellung der betrieblichen Praxis erfasst, dargestellt, beurteilt und gelöst werden kann. Die Themenstellung muss sich auf den Handlungsbereich „Führen und Entwickeln von Personal" und auf einen weiteren frei wählbaren Handlungsbereich

gemäß Absatz 2 beziehen. Dabei soll die Dauer der Präsentation zehn Minuten betragen. Die Präsentation geht mit einem Drittel in die Bewertung der mündlichen Prüfung ein.

(6) Das Thema der Präsentation wird vom Prüfungsteilnehmer oder der Prüfungsteilnehmerin selbst formuliert und mit einer Kurzbeschreibung dem Prüfungsausschuss bei der ersten schriftlichen Prüfungsleistung eingereicht.

(7) Im Fachgespräch soll ausgehend von der Präsentation nachgewiesen werden, dass auch in weiteren in Absatz 2 aufgeführten Handlungsbereichen des Gesundheits- und Sozialwesens komplexe fachliche Sachverhalte und Zusammenhänge beurteilt sowie Lösungen und Vorgehensweisen vorgeschlagen und begründet werden können. Das Fachgespräch soll nicht länger als 20 Minuten dauern.

(8) Die mündliche Prüfung nach Absatz 4 ist nur durchzuführen, wenn in den schriftlichen Prüfungsleistungen nach Absatz 3 mindestens ausreichende Leistungen erbracht wurden.

§ 4 Inhalt der Prüfung

(1) Im Handlungsbereich „Planen, Steuern und Organisieren betrieblicher Prozesse" soll die Fähigkeit nachgewiesen werden, komplexe betriebliche Prozesse unter Berücksichtigung volkswirtschaftlicher Zusammenhänge und betrieblicher Problemstellungen sowie wirtschaftlicher und rechtlicher Rahmenbedingungen des Gesundheits- und Sozialwesens zu analysieren, zu planen, zu steuern, zu organisieren und zu überwachen. Betriebliche Ziele und Strategien sollen unter Beachtung von ökonomischen, ökologischen, ethischen und sozialen Aspekten der Nachhaltigkeit entwickelt, umgesetzt und evaluiert werden. Dabei sind Organisationskonzepte und Managementtechniken zur effektiven Prozesssteuerung im Unternehmen einzusetzen und Strategien zur Steigerung der Markt und Innovationsfähigkeit zu entwickeln und umzusetzen.

Unternehmerische Entscheidungen sollen vorbereitet und realisiert werden. Dabei soll die Fähigkeit nachgewiesen werden, sich auf verändernde Methoden und Systeme der Arbeitsorganisation sowie der Organisationsentwicklung einzustellen sowie den Wandel im Unternehmen mitzugestalten und zu fördern. In diesem Rahmen können folgende Qualifikationsinhalte geprüft werden:

1. Erläutern der Prinzipien, Strukturen und Aufgaben sowie der ökonomischen Prozesse des Gesundheits- und Sozialwesens unter Einbeziehung volkswirtschaftlicher Zusammenhänge und sozialer Auswirkungen,
2. Einordnen der Gesundheits- und Sozialpolitik in den nationalen und europäischen Kontext,
3. Erläutern rechtlicher und institutioneller Rahmenbedingungen von Einrichtungen im Gesundheits- und Sozialwesen,
4. Entwickeln, Planen, Umsetzen und Evaluieren von betrieblichen Zielen,
5. Beurteilen komplexer betrieblicher Zusammenhänge sowie Entwickeln und Umsetzen strategischer Handlungsmöglichkeiten,
6. Gestalten und Optimieren von Prozessen,
7. Anwenden von Organisationstechniken,
8. Steuern betrieblicher Veränderungsprozesse.

(2) Im Handlungsbereich „Steuern von Qualitätsmanagementprozessen“ soll die Fähigkeit nachgewiesen werden, unter Berücksichtigung von Prinzipien des Qualitätsmanagements in Einrichtungen des Gesundheits- und Sozialwesens ein Qualitätsmanagement umzusetzen und weiterzuentwickeln. Dabei sollen Qualitätsmanagementprozesse geplant, gelenkt, überprüft und optimiert, interne Audits durchgeführt sowie das Qualitätsbewusstsein der Mitarbeiter gefördert werden. In diesem Rahmen können folgende Qualifikationsinhalte geprüft werden:

1. Ermitteln und Festlegen von Qualitätszielen,
2. Anwenden von Qualitätsmanagementmethoden und -techniken,
3. Erfassen und Bewerten von Prozessdaten sowie Ermitteln von Qualitätsindikatoren,
4. Weiterentwicklung eines Risikomanagements,
5. Anwenden von Methoden des Zeit- und Selbstmanagements.

(3) Im Handlungsbereich „Gestalten von Schnittstellen und Projekten“ soll die Fähigkeit nachgewiesen werden, interne und externe Schnittstellen zu analysieren, zu planen, zu gestalten und zu kontrollieren. Dabei soll multiprofessionelle Teamarbeit organisiert und geformt sowie Kommunikationsprozesse zwischen den beteiligten Personen und Institutionen gesteuert werden. Es ist nachzuweisen, dass interdisziplinäre Kooperationsnetzwerke aufgebaut, entwickelt und gestaltet werden können. Hierbei sind Prinzipien und Methoden des Projektmanagements anzuwenden sowie Moderations- und Präsentationstechniken einzusetzen. In diesem Rahmen können folgende Qualifikationsinhalte geprüft werden:

1. Ermitteln von Schnittstellen, Planen, Organisieren, Gestalten und Pflegen von interdisziplinären Kooperationsbeziehungen und vernetzten Versorgungsformen unter Berücksichtigung der sozialökonomischen und rechtlichen Rahmenbedingungen,
2. Organisieren und Gestalten der Kommunikation zwischen den Berufsgruppen und von multiprofessioneller Teamarbeit,
3. Planen, Organisieren, Koordinieren, Überwachen und Evaluieren von Projekten und Projektgruppen.

(4) Im Handlungsbereich „Steuern und Überwachen betriebswirtschaftlicher Prozesse und Ressourcen" soll die Fähigkeit nachgewiesen werden, das interne und externe Rechnungswesen als Dokumentations-, Entscheidungs- und Kontrollinstrument zur Optimierung betriebswirtschaftlicher Abläufe und für unternehmerische Entscheidungen zu nutzen. Dabei sind Controlling-Maßnahmen durchzuführen. Des Weiteren sollen Entscheidungsprozesse bei der Beschaffung von Verbrauchs- und Investitionsgütern vorbereitet, gesteuert und umgesetzt sowie die Bereitstellung von Betriebsmitteln auch unter logistischen Gesichtspunkten gesichert werden. Dazu werden die Wirtschaftlichkeit von Leistungserstellungsprozessen analysiert und bewertet sowie steuerungsrelevante Daten ermittelt. Es ist nachzuweisen, dass unter Einschätzung und Bewertung von Risiken Finanz- und Investitionsplanungen vorbereitet sowie Finanzierungs- und Investitionskonzepte entwickelt und umgesetzt werden können. Beim Steuern und Überwachen betriebswirtschaftlicher Prozesse und Ressourcen sind die rechtlichen Bestimmungen zu berücksichtigen. In diesem Rahmen können folgende Qualifikationsinhalte geprüft werden:

1. Vorbereiten und Koordinieren von Jahresabschlussarbeiten,
2. Erläutern von Finanzierungssystemen im Gesundheits- und Sozialwesen,
3. Durchführen von Kosten- und Leistungsrechnung,
4. Einsatz von Controlling-Instrumenten,
5. Ermitteln, Auswerten und Beurteilen von betrieblichen Kennzahlen,
6. Vorbereiten der Finanz- und Investitionsplanung, Entwickeln und Umsetzen von Finanzierungs- und Investitionskonzepten.

(5) Im Handlungsbereich „Führen und Entwickeln von Personal" soll die Fähigkeit nachgewiesen werden, den Personalbedarf zu ermitteln, den Personaleinsatz zu planen, das Personal auszuwählen und zu beschaffen sowie Personalmaßnahmen umzusetzen. Aus- und Weiterbildung soll geplant, durchgeführt und kontrolliert

sowie eine systematische Personalentwicklung und Personalförderung entsprechend den betrieblichen Erfordernissen organisiert werden. Dabei soll gezeigt werden, dass Mitarbeiter, Auszubildende und Teams im Sinne der Unternehmensziele unter Berücksichtigung rechtlicher Bestimmungen und soziokultureller Hintergründe geführt, angeleitet und motiviert sowie Kommunikationsprozesse gestaltet werden können. Maßnahmen zur Verbesserung des Betriebsklimas sollen eingeleitet werden. Des Weiteren soll bei Verhandlungen und in Konfliktfällen lösungsorientiert gehandelt werden. Bei den Personalführungsmaßnahmen sind die arbeits-, haftungs- und tarifrechtlichen Vorschriften sowie die Vorgaben des betrieblichen Gesundheitsschutzes zu beachten. In diesem Rahmen können folgende Qualifikationsinhalte geprüft werden:

1. Planen, Beschaffen, Auswählen und Einsetzen von Personal,
2. Durchführen von Personalmaßnahmen,
3. Planen und Durchführen der Ausbildung,
4. Anleiten, Fördern und Motivieren von Mitarbeitern, Auszubildenden und Teams unter Beachtung von Personalzufriedenheit,
5. Beurteilen von Personalentwicklungspotenzialen sowie Festlegen und Evaluieren von Personalentwicklungszielen,
6. Anwenden des Konfliktmanagements.

(6) Im Handlungsbereich „Planen und Durchführen von Marketingmaßnahmen" soll die Fähigkeit nachgewiesen werden, unter Berücksichtigung der Marktsituation im Dienstleistungssektor Gesundheit und Soziales sowie der rechtlichen Rahmenbedingungen Marketingkonzepte zu planen, zu entwickeln und zu realisieren. Marketingziele und -maßnahmen sind auch zur Mittelbeschaffung umzusetzen und zu kontrollieren. Dabei sollen Marktinformationen gewonnen und bewertet werden. In diesem Rahmen können folgende Qualifikationsinhalte geprüft werden:

1. Durchführen von Marktanalysen,
2. Formulieren von Marketingzielen,
3. Planen und Entwickeln von Marketingkonzepten,
4. Einführen und Umsetzen von Marketing-, Sponsoring- und Fundraising-Maßnahmen, auch unter Berücksichtigung der besonderen Situation von Non-Profit-Leistungsbereichen,
5. Einsetzen von Methoden des Sozialmarketings,
6. Durchführen von Maßnahmen im Gesundheits-Marketing.

§ 5 Befreiung von einzelnen Prüfungsbestandteilen

Wird die zu prüfende Person nach § 56 Absatz 2 des Berufsbildungsgesetzes von der Ablegung einzelner Prüfungsbestandteile befreit, bleiben diese Prüfungsbestandteile für die Anwendung der §§ 6 und 7 außer Betracht. Für die übrigen Prüfungsbestandteile erhöhen sich die Anteile nach § 6 Absatz 2 Satz 2 oder Absatz 3 Satz 2 entsprechend ihrem Verhältnis zueinander.

§ 6 Bewertung der Prüfungsleistungen

(1) Jede Prüfungsleistung ist nach Maßgabe der Anlage 1 mit Punkten zu bewerten.

(2) Die beiden Aufgabenstellungen im schriftlichen Prüfungsteil nach § 3 Absatz 3 sind einzeln zu bewerten. Aus den Bewertungen der Aufgabenstellungen ist das arithmetische Mittel als Ergebnis der schriftlichen Prüfung zu berechnen.

(3) Im mündlichen Prüfungsteil sind als Prüfungsleistungen zu bewerten:

1. die Präsentation sowie
2. das Fachgespräch.

Aus den Bewertungen der Präsentation und des Fachgesprächs wird als zusammengefasste Bewertung das gewichtete arithmetische Mittel berechnet. Dabei sind die Bewertungen wie folgt zu gewichten: (die Bewertung des Fachgesprächs mit zwei Dritteln, die Bewertung der Präsentation mit einem Drittel)

§ 7 Bestehen der Prüfung, Gesamtnote

(1) Die Prüfung ist bestanden, wenn ohne Rundung in der schriftlichen und mündlichen Prüfung jeweils mindestens 50 Punkte erreicht worden sind.

(2) Ist die Prüfung bestanden, sind die Bewertungen für die schriftliche und die mündliche Prüfung jeweils kaufmännisch auf eine ganze Zahl zu runden.

(3) Den Bewertungen für die schriftliche und die mündliche Prüfung ist nach Anlage 1 die jeweilige Note als Dezimalzahl zuzuordnen. Für die Bildung einer Gesamtnote ist als Gesamtpunktzahl das arithmetische Mittel aus den Bewertungen aller Prüfungsteile zu berechnen.

(4) Die Gesamtpunktzahl ist kaufmännisch auf eine ganze Zahl zu runden. Der gerundeten Gesamtpunktzahl wird nach Anlage 1 die Note als Dezimalzahl und die Note in Worten zugeordnet. Die zugeordnete Note ist die Gesamtnote

§ 8 Zeugnisse

(1) Wer die Prüfung nach § 7 Absatz 1 bestanden hat, erhält von der zuständigen Stelle zwei Zeugnisse nach Maßgabe der Anlage 2 Teil A und B.

(2) Auf dem Zeugnis mit den Inhalten nach Anlage 2 Teil B sind die Noten als Dezimalzahlen mit einer Nachkommastelle und die Gesamtnote als Dezimalzahl mit einer Nachkommastelle und in Worten anzugeben. Jede Befreiung nach § 5 ist mit Ort, Datum und der Bezeichnung des Prüfungsgremiums der anderen vergleichbaren Prüfung anzugeben.
(3) Die Zeugnisse können zusätzliche nicht amtliche Bemerkungen zur Information (Bemerkungen) enthalten, insbesondere
1. über den erworbenen Abschluss oder
2. auf Antrag der geprüften Person über während oder anlässlich der Fortbildung außerhalb der zusätzlichen Prüfung nach § 10 erworbene besondere oder zusätzliche Fertigkeiten, Kenntnisse und Fähigkeiten.

§ 9 Wiederholung der Prüfung

(1) Eine Prüfung, die nicht bestanden ist, kann zweimal wiederholt werden.
(2) Wer auf Antrag an einer Wiederholungsprüfung teilnimmt und sich innerhalb von zwei Jahren, gerechnet vom Tage der nicht bestandenen Prüfung an, dazu anmeldet, ist von einzelnen Prüfungsleistungen zu befreien, wenn die dort in einer vorangegangenen Prüfung erbrachten Leistungen mindestens ausreichend sind. Der Antrag kann sich auch darauf richten, bestandene Prüfungsleistungen einmal zu wiederholen. Werden bestandene Prüfungsleistungen erneut geprüft, gilt in diesem Fall das Ergebnis der letzten Prüfung.

§ 10 Ausbildereignung

(1) Der Prüfungsteilnehmer oder die Prüfungsteilnehmerin kann nach erfolgreichem Abschluss der Prüfung zum „Geprüften Fachwirt im Gesundheits- und Sozialwesen“ oder zur „Geprüften Fachwirtin im Gesundheits- und Sozialwesen“ beantragen, eine zusätzliche Prüfung zum Nachweis der berufs- und arbeitspädagogischen Qualifikationen abzulegen. Diese besteht aus einer Präsentation oder der praktischen Durchführung einer Ausbildungssituation und einem Fachgespräch. Der Teilnehmer oder die Teilnehmerin wählt dazu eine Ausbildungssituation aus. Die Auswahl und Gestaltung der Ausbildungssituation ist in dem Gespräch zu begründen. Die Dauer der praktischen Prüfung soll höchstens 30 Minuten betragen. Die zusätzliche Prüfung ist bestanden, wenn mindestens ausreichende Leistungen erbracht wurden.

(2) Wer die Prüfung zum „Geprüften Fachwirt im Gesundheits- und Sozialwesen" oder zur „Geprüften Fachwirtin im Gesundheits- und Sozialwesen" nach dieser Verordnung bestanden hat, ist vom schriftlichen Teil der Prüfung der nach dem Berufsbildungsgesetz erlassenen Ausbilder-Eignungsverordnung befreit. Wer auch die zusätzliche Prüfung nach Absatz 1 bestanden hat, hat die berufs- und arbeitspädagogischen Fertigkeiten, Kenntnisse und Fähigkeiten nach dem Berufsbildungsgesetz nachgewiesen. Im Falle des Satzes 2 ist der zu prüfenden Person das Zeugnis nach § 5 der Ausbilder-Eignungsverordnung auszustellen

§ 11 Übergangsvorschriften

(1) Begonnene Prüfungsverfahren zum Fachwirt/zur Fachwirtin im Sozial- und Gesundheitswesen (IHK), zum Fachwirt/zur Fachwirtin für die Alten- und Krankenpflege (IHK), zum Fachwirt/zur Fachwirtin für die betriebswirtschaftliche Leitung von Pflegeeinrichtungen (IHK), zum Fachwirt/zur Fachwirtin für soziale Dienstleistungen (IHK), zum Sozialwirt/zur Sozialwirtin (IHK), zum Betriebssozialwirt/zur Betriebssozialwirtin (IHK) sowie zum Betriebswirt/zur Betriebswirtin für Management im Gesundheitswesen (ÄZK/ZÄK) können bis zum 31. Juli 2015 nach den bisherigen Vorschriften zu Ende geführt werden. Im Übrigen kann bei der Anmeldung zur Prüfung bis zum Ablauf des 30. Juni 2013 die Anwendung der bisherigen Vorschriften beantragt werden.

(2) Die zuständige Stelle kann auf Antrag des Prüfungsteilnehmers oder der Prüfungsteilnehmerin die Wiederholungsprüfung nach dieser Verordnung durchführen; § 7 Absatz 2 findet in diesem Fall keine Anwendung.

§ 12 Inkrafttreten

Diese Verordnung tritt am 1. Januar 2012 in Kraft.

Sozialgesetzbücher (SGB)

Das Sozialgesetzbuch gliedert sich in bisher zwölf Bücher, die jeweils nur in sich mit fortlaufenden Paragraphen nummeriert sind und daher gesetzestechnisch als jeweils eigenständige Gesetze gelten.

SGB I Allgemeiner Teil [In Kraft seit 1. Januar 1976]

Enthält die grundlegende Programmatik des SGB sowie Definitions- und Verfahrensvorschriften.

SGB II Grundsicherung für Arbeitssuchende *[In Kraft seit 1.1. 2005]*

Enthält die Förderung (einschließlich finanzieller Förderung) von erwerbsfähigen Personen über 15 Jahren bis zur Regelaltersgrenze von 65 bzw. 67 Jahren sowie deren Angehöriger, soweit diese über kein (ausreichendes) Arbeitseinkommen verfügen.

SGB III Arbeitsförderung [In Kraft seit 1. 1. 1998]

Betrifft die Leistungen der Bundesagentur für Arbeit (BA): (Arbeitsvermittlung und Leistungen bei Arbeitslosigkeit).

SGB IV Gemeinsame Vorschriften für die Sozialversicherung *[In Kraft seit 1. 1. 1977]*

Regelt neben dem Recht des Gesamtsozialversicherungsbeitrags sowie der Definitionen sozialversicherungsrechtlicher Grundbegriffe vor allem die Verfassung der Sozialversicherungsträger (Organisation, Sozialversicherungswahlen, Haushalts- und Rechnungswesen).

SGB V Gesetzliche Krankenversicherung *[In Kraft seit 1. 1. 1989]*

Betrifft Organisation, Versicherungspflicht und Leistungen der gesetzlichen Krankenkassen sowie deren Rechtsbeziehungen zu weiteren Leistungserbringern (Ärzte, Zahnärzte, Apotheker etc.).

SGB VI Gesetzliche Rentenversicherung *[In Kraft seit 1. 1. 1992]*

Betrifft Organisation und Leistungen der Träger der Deutschen Rentenversicherung (Renten wegen Alters, Rente wegen Erwerbsminderung und Hinterbliebenenrenten; Leistungen zur medizinischen, beruflichen und sonstigen Rehabilitation).

SGB VII Gesetzliche Unfallversicherung *[In Kraft seit 1. Januar 1997]*

Betrifft Organisation, Versicherungspflicht und Leistungen der gewerblichen und der landwirtschaftlichen Berufsgenossenschaften sowie der Unfallkassen der öffentlichen Hand für die Versicherungsfälle Arbeitsunfall, Wegeunfall und Berufskrankheit.

SGB VIII Kinder und Jugendhilfe [In Kraft seit 3. Oktober 1990 (neue Bundesländer) 1. Januar 1991 (alte Bundesländer)]

Betrifft Angebote und Leistungen der Träger der öffentlichen Jugendhilfe (insbes. Jugendämter) an anspruchsberechtigte bzw. hilfebedürftige Kinder und Jugendliche sowie deren Eltern und junge Erwachsene.

SGB IX Rehabilitation und Teilhabe behinderter Menschen [In Kraft seit 1. Juli 2001 / 1. Januar 2018 (Neufassung)]

Hat den Zweck, die Selbstbestimmung und gleichberechtigte Teilhabe am Leben in der Gesellschaft für Behinderte und von Behinderung bedrohter Menschen zu fördern und Benachteiligungen zu vermeiden bzw. entgegenzuwirken.

SGB X Sozialverwaltungsverfahren und Sozialdatenschutz [In Kraft seit 1. Januar 1981 (Sozialverwaltungsverfahren) 1. Januar 1983

Regelt das sozialrechtliche Verwaltungsverfahren, den Schutz der Sozialdaten sowie die Zusammenarbeit der Sozialleistungsträger untereinander und ihre Rechtsbeziehungen zu Dritten

SGB XI Soziale Pflegeversicherung *[In Kraft seit 1. Januar 1995]*

Betrifft Organisation, Versicherungspflicht und Leistungen der gesetzlichen Pflegekassen sowie deren Rechtsbeziehungen zu weiteren Leistungserbringern.

SGB XII Sozialhilfe [In Kraft seit 1. Januar 2005]

Gesetzliche Vorschriften für die Sozialhilfe in Deutschland.

Sozialgesetzbuch V - Gesetzliche Krankenversicherung

vom 1. Januar 1989, zuletzt geändert am 10.12.2021 (Auszug)

§ 1 Solidarität und Eigenverantwortung

Die Krankenversicherung als Solidargemeinschaft hat die Aufgabe, die Gesundheit der Versicherten zu erhalten, wiederherzustellen oder ihren Gesundheitszustand zu bessern. Das umfasst auch die Förderung der gesundheitlichen Eigenkompetenz und Eigenverantwortung der Versicherten. Die Versicherten sind für ihre Gesundheit mitverantwortlich; sie sollen durch eine gesundheitsbewusste Lebensführung, durch frühzeitige Beteiligung an gesundheitlichen Vorsorgemaßnahmen sowie durch aktive Mitwirkung an Krankenbehandlung und Rehabilitation dazu beitragen, den Eintritt von Krankheit und Behinderung zu vermeiden oder ihre Folgen zu überwinden. Die Krankenkassen haben den Versicherten dabei durch Aufklärung, Beratung und Leistungen zu helfen und unter Berücksichtigung von geschlechts-, alters- und behinderungsspezifischen Besonderheiten auf gesunde Lebensverhältnisse hinzuwirken.

§ 2 Leistungen [Krankenkassen]

(1) Die Krankenkassen stellen den Versicherten die im Dritten Kapitel genannten Leistungen unter Beachtung des Wirtschaftlichkeitsgebots (§ 12) zur Verfügung, soweit diese Leistungen nicht der Eigenverantwortung der Versicherten zugerechnet werden. Behandlungsmethoden, Arznei- und Heilmittel der besonderen Therapierichtungen sind nicht ausgeschlossen. Qualität und Wirksamkeit der Leistungen haben dem allgemein anerkannten Stand der medizinischen Erkenntnisse zu entsprechen und den medizinischen Fortschritt zu berücksichtigen.

(1a) Versicherte mit einer lebensbedrohlichen oder regelmäßig tödlichen Erkrankung oder mit einer zumindest wertungsmäßig vergleichbaren Erkrankung, für die eine allgemein anerkannte, dem medizinischen Standard entsprechende Leistung nicht zur Verfügung steht, können auch eine von Absatz 1 Satz 3 abweichende Leistung beanspruchen, wenn eine nicht ganz entfernt liegende Aussicht auf Heilung oder auf eine spürbare positive Einwirkung auf den Krankheitsverlauf besteht. Die Krankenkasse erteilt für Leistungen nach Satz 1 vor Beginn der Behandlung eine

Kostenübernahmeerklärung, wenn Versicherte oder behandelnde Leistungserbringer dies beantragen. Mit der Kostenübernahmeerklärung wird die Abrechnungsmöglichkeit der Leistung nach Satz 1 festgestellt.

(2) Die Versicherten erhalten die Leistungen als Sach- und Dienstleistungen, soweit dieses oder das Neunte Buch nichts Abweichendes vorsehen. Die Leistungen können auf Antrag auch als Teil eines trägerübergreifenden Persönlichen Budgets erbracht werden; § 17 Abs. 2 bis 4 des Neunten Buches in Verbindung mit der Budgetverordnung und § 159 des Neunten Buches finden Anwendung. Über die Erbringung der Sach- und Dienstleistungen schließen die Krankenkassen nach den Vorschriften des Vierten Kapitels Verträge mit den Leistungserbringern.

(3) Bei der Auswahl der Leistungserbringer ist ihre Vielfalt zu beachten. Den religiösen Bedürfnissen der Versicherten ist Rechnung zu tragen.

(4) Krankenkassen, Leistungserbringer und Versicherte haben darauf zu achten, dass die Leistungen wirksam und wirtschaftlich erbracht und nur im notwendigen Umfang in Anspruch genommen werden.

§ 3 Solidarische Finanzierung

Die Leistungen und sonstigen Ausgaben der Krankenkassen werden durch Beiträge finanziert. Dazu entrichten die Mitglieder und die Arbeitgeber Beiträge, die sich in der Regel nach den beitragspflichtigen Einnahmen der Mitglieder richten. Für versicherte Familienangehörige werden Beiträge nicht erhoben.

§ 4 Krankenkassen

(1) Die Krankenkassen sind rechtsfähige Körperschaften des öffentlichen Rechts mit Selbstverwaltung.

(2) Die Krankenversicherung ist in folgende Kassenarten gegliedert:

- Allgemeine Ortskrankenkassen,
- Betriebskrankenkassen,
- Innungskrankenkassen,
- Sozialversicherung für Landwirtschaft, Forsten und Gartenbau als Träger der Krankenversicherung der Landwirte,
- Deutsche Rentenversicherung Knappschaft-Bahn-See als Träger der Krankenversicherung Deutsche Rentenversicherung Knappschaft-Bahn-See,
- Ersatzkassen.

(3) Im Interesse der Leistungsfähigkeit und Wirtschaftlichkeit der gesetzlichen Krankenversicherung arbeiten die Krankenkassen und ihre Verbände sowohl innerhalb einer Kassenart als auch kassenartenübergreifend miteinander und mit allen anderen Einrichtungen des Gesundheitswesens eng zusammen.

(4) Die Krankenkassen haben bei der Durchführung ihrer Aufgaben und in ihren Verwaltungsangelegenheiten sparsam und wirtschaftlich zu verfahren und dabei ihre Ausgaben so auszurichten, dass Beitragserhöhungen ausgeschlossen werden, es sei denn, die notwendige medizinische Versorgung ist auch nach Ausschöpfung von Wirtschaftlichkeitsreserven nicht zu gewährleisten.

Zu den Verwaltungsausgaben zählen auch die Kosten der Krankenkasse für die Durchführung ihrer Verwaltungsaufgaben durch Dritte. Abweichend von Satz 2 sind

1. Veränderungen der für die Zuweisung nach § 270 Absatz 1 Satz 1 Buchstabe c maßgeblichen Bestimmungsgrößen sowie
2. Erhöhungen der Verwaltungsausgaben, die auf der Durchführung der Sozialversicherungswahlen beruhen, es sei denn, dass das Wahlverfahren nach § 46 Absatz 2 des Vierten Buches durchgeführt wird, zu berücksichtigen.

In Fällen unabweisbaren personellen Mehrbedarfs durch gesetzlich neu zugewiesene Aufgaben kann die Aufsichtsbehörde eine Ausnahme von Satz 2 zulassen, soweit die Krankenkasse nachweist, dass der Mehrbedarf nicht durch Ausschöpfung von Wirtschaftlichkeitsreserven gedeckt werden kann. Die Sätze 2 und 3, Satz 4 Nummer 2 und Satz 5 gelten für die Verbände der Krankenkassen entsprechend.

§ 5 Versicherungspflicht

(1) Versicherungspflichtig sind

1. Arbeiter, Angestellte und zu ihrer Berufsausbildung Beschäftigte, die gegen Arbeitsentgelt beschäftigt sind.

(5) Nach Absatz 1 Nr. 1 oder 5 bis 12 ist nicht versicherungspflichtig, wer hauptberuflich selbständig erwerbstätig ist. Bei Personen, die im Zusammenhang mit ihrer selbständigen Erwerbstätigkeit regelmäßig mindestens einen Arbeitnehmer mehr als geringfügig beschäftigen, wird vermutet, dass sie hauptberuflich selbständig erwerbstätig sind; als Arbeitnehmer gelten für Gesellschafter auch die Arbeitnehmer der Gesellschaft.

§ 6 Versicherungsfreiheit

(1) Versicherungsfrei sind

1. Arbeiter und Angestellte, deren regelmäßiges Jahresarbeitsentgelt die Jahresarbeitsentgeltgrenze nach den Absätzen 6 oder 7 übersteigt; Zuschläge, die mit Rücksicht auf den Familienstand gezahlt werden, bleiben unberücksichtigt,
2. Beamte, Richter, Soldaten auf Zeit sowie Berufssoldaten der Bundeswehr und sonstige Beschäftigte des Bundes, eines Landes, eines Gemeindeverbandes, einer Gemeinde, von öffentlich-rechtlichen Körperschaften, Anstalten, Stiftungen oder Verbänden öffentlich-rechtlicher Körperschaften oder deren Spitzenverbänden, wenn sie nach beamtenrechtlichen Vorschriften oder Grundsätzen bei Krankheit Anspruch auf Fortzahlung der Bezüge und auf Beihilfe oder Heilfürsorge haben,
3. Personen, die während der Dauer ihres Studiums als ordentliche Studierende einer Hochschule oder einer der fachlichen Ausbildung dienenden Schule gegen Arbeitsentgelt beschäftigt sind,
4. Geistliche der als öffentlich-rechtliche Körperschaften anerkannten Religionsgesellschaften, wenn sie nach beamtenrechtlichen Vorschriften oder Grundsätzen bei Krankheit Anspruch auf Fortzahlung der Bezüge und auf Beihilfe haben,
5. Lehrer, die an privaten genehmigten Ersatzschulen hauptamtlich beschäftigt sind, wenn sie nach beamtenrechtlichen Vorschriften oder Grundsätzen bei Krankheit Anspruch auf Fortzahlung der Bezüge und auf Beihilfe haben,
6. die in den Nummern 2, 4 und 5 genannten Personen, wenn ihnen ein Anspruch auf Ruhegehalt oder ähnliche Bezüge zuerkannt ist und sie Anspruch auf Beihilfe im Krankheitsfalle nach beamtenrechtlichen Vorschriften oder Grundsätzen haben,
7. satzungsmäßige Mitglieder geistlicher Genossenschaften, Diakonissen und ähnliche Personen, wenn sie sich aus überwiegend religiösen oder sittlichen Beweggründen mit Krankenpflege, Unterricht oder anderen gemeinnützigen Tätigkeiten beschäftigen und nicht mehr als freien Unterhalt oder ein geringes Entgelt beziehen, das nur zur Beschaffung der unmittelbaren Lebensbedürfnisse an Wohnung, Verpflegung, Kleidung und dergleichen ausreicht,
8. Personen, die nach dem Krankheitsfürsorgesystem der Europäischen Gemeinschaften bei Krankheit geschützt sind.

(2) Nach § 5 Abs. 1 Nr. 11 versicherungspflichtige Hinterbliebene der in Absatz 1 Nr. 2 und 4 bis 6 genannten Personen sind versicherungsfrei, wenn sie ihren Rentenanspruch nur aus der Versicherung dieser Personen ableiten und nach beamtenrechtlichen Vorschriften oder Grundsätzen bei Krankheit Anspruch auf Beihilfe haben.

(3) Die nach Absatz 1 oder anderen gesetzlichen Vorschriften mit Ausnahme von Absatz 2 und versicherungsfreien oder von der Versicherungspflicht befreiten Personen bleiben auch dann versicherungsfrei, wenn sie eine der in § 5 Abs. 1 Nr. 1 oder Nr. 5 bis 13 genannten Voraussetzungen erfüllen. Dies gilt nicht für die in Absatz 1 Nr. 3 genannten Personen, solange sie während ihrer Beschäftigung versicherungsfrei sind.

(3a) Personen, die nach Vollendung des 55. Lebensjahres versicherungspflichtig werden, sind versicherungsfrei, wenn sie in den letzten fünf Jahren vor Eintritt der Versicherungspflicht nicht gesetzlich versichert waren. Weitere Voraussetzung ist, dass diese Personen mindestens die Hälfte dieser Zeit versicherungsfrei, von der Versicherungspflicht befreit oder nach § 5 Abs. 5 nicht versicherungspflichtig waren. Der Voraussetzung nach Satz 2 stehen die Ehe oder die Lebenspartnerschaft mit einer in Satz 2 genannten Person gleich. Satz 1 gilt nicht für Personen, die nach § 5 Abs. 1 Nr. 13 versicherungspflichtig sind.

(4) Wird die Jahresarbeitsentgeltgrenze überschritten, endet die Versicherungspflicht mit Ablauf des Kalenderjahres, in dem sie überschritten wird. Dies gilt nicht, wenn das Entgelt die vom Beginn des nächsten Kalenderjahres an geltende Jahresarbeitsentgeltgrenze nicht übersteigt. Rückwirkende Erhöhungen des Entgelts werden dem Kalenderjahr zugerechnet, in dem der Anspruch auf das erhöhte Entgelt entstanden ist.

(6) Die Jahresarbeitsentgeltgrenze nach Absatz 1 Nr. 1 beträgt im Jahr 2003 45 900 Euro. Sie ändert sich zum 1. Januar eines jeden Jahres in dem Verhältnis, in dem die Bruttolöhne und -gehälter je Arbeitnehmer (§ 68 Abs. 2 Satz 1 des Sechsten Buches) im vergangenen Kalenderjahr zu den entsprechenden Bruttolöhnen und -gehältern im vorvergangenen Kalenderjahr stehen. Die veränderten Beträge werden nur für das Kalenderjahr, für das die Jahresarbeitsentgeltgrenze bestimmt wird, auf das nächsthöhere Vielfache von 450 aufgerundet. Die Bundesregierung setzt die Jahresarbeitsentgeltgrenze in der Rechtsverordnung nach § 160 des Sechsten Buches Sozialgesetzbuch fest.

(7) Abweichend von Absatz 6 Satz 1 beträgt die Jahresarbeitsentgeltgrenze für Arbeiter und Angestellte, die am 31. Dezember 2002 wegen Überschreitens der an diesem Tag geltenden Jahresarbeitsentgeltgrenze versicherungsfrei und bei einem privaten Krankenversicherungsunternehmen in einer substitutiven Krankenversicherung versichert waren, im Jahr 2003 41 400 Euro. Absatz 6 Satz 2 bis 4 gilt entsprechend.

§ 7 Versicherungsfreiheit bei geringfügiger Beschäftigung

(1) Wer eine geringfügige Beschäftigung nach §§ 8, 8a des Vierten Buches ausübt, ist in dieser Beschäftigung versicherungsfrei; dies gilt nicht für eine Beschäftigung

1. im Rahmen betrieblicher Berufsbildung,
2. nach dem Jugendfreiwilligendienstgesetz,
3. nach dem Bundesfreiwilligendienstgesetz.

§ 8 Befreiung von der Versicherungspflicht [Versicherungsfreiheit]

(1) Auf Antrag wird von der Versicherungspflicht befreit, wer versicherungspflichtig wird

1. wegen Änderung der Jahresarbeitsentgeltgrenze nach § 6 Abs. 6 Satz 2 oder Abs. 7,

1a. durch den Bezug von Arbeitslosengeld oder Unterhaltsgeld (§ 5 Abs. 1 Nr. 2) und in den letzten fünf Jahren vor dem Leistungsbezug nicht gesetzlich krankenversichert war, wenn er bei einem Krankenversicherungsunternehmen versichert ist und Vertragsleistungen erhält, die der Art und dem Umfang nach den Leistungen dieses Buches entsprechen,

2. durch Aufnahme einer nicht vollen Erwerbstätigkeit nach § 2 des Bundeserziehungsgeldgesetzes oder nach § 1 Abs. 6 des Bundeselterngeld- und Elternzeitgesetzes während der Elternzeit; die Befreiung erstreckt sich nur auf die Elternzeit,

2a. durch Herabsetzung der regelmäßigen Wochenarbeitszeit während einer Freistellung nach § 3 des Pflegezeitgesetzes oder der Familienpflegezeit nach § 2 des Familienpflegezeitgesetzes; die Befreiung erstreckt sich nur auf die Dauer einer Freistellung oder die Dauer der Familienpflegezeit,

3. weil seine Arbeitszeit auf die Hälfte oder weniger als die Hälfte der regelmäßigen Wochenarbeitszeit vergleichbarer Vollbeschäftigter des Betriebes herabgesetzt wird; dies gilt auch für Beschäftigte, die im Anschluss an ihr bisheriges

Beschäftigungsverhältnis bei einem anderen Arbeitgeber ein Beschäftigungsverhältnis aufnehmen, das die Voraussetzungen des vorstehenden Halbsatzes erfüllt, sowie für Beschäftigte, die im Anschluss an die Zeiten des Bezugs von Elterngeld oder der Inanspruchnahme von Elternzeit oder einer Freistellung nach § 3 des Pflegezeitgesetzes oder § 2 des Familienpflegezeitgesetzes ein Beschäftigungsverhältnis im Sinne des ersten Teilsatzes aufnehmen, das bei Vollbeschäftigung zur Versicherungsfreiheit nach § 6 Absatz 1 Nummer 1 führen würde; Voraussetzung ist ferner, dass der Beschäftigte seit mindestens fünf Jahren wegen Überschreitens der Jahresarbeitsentgeltgrenze versicherungsfrei ist; Zeiten des Bezugs von Erziehungsgeld oder Elterngeld oder der Inanspruchnahme von Elternzeit oder einer Freistellung nach § 3 des Pflegezeitgesetzes oder § 2 des Familienpflegezeitgesetzes werden angerechnet,

4. durch den Antrag auf Rente oder den Bezug von Rente oder die Teilnahme an einer Leistung zur Teilhabe am Arbeitsleben (§ 5 Abs. 1 Nr. 6, 11 bis 12),
5. durch die Einschreibung als Student oder die berufspraktische Tätigkeit (§ 5 Abs. 1 Nr. 9 oder 10),
6. durch die Beschäftigung als Arzt im Praktikum,
7. durch die Tätigkeit in einer Einrichtung für behinderte Menschen (§ 5 Abs. 1 Nr. 7 oder 8).

(2) Der Antrag ist innerhalb von drei Monaten nach Beginn der Versicherungspflicht bei der Krankenkasse zu stellen. Die Befreiung wirkt vom Beginn der Versicherungspflicht an, wenn seit diesem Zeitpunkt noch keine Leistungen in Anspruch genommen wurden, sonst vom Beginn des Kalendermonats an, der auf die Antragstellung folgt. Die Befreiung kann nicht widerrufen werden. Die Befreiung wird nur wirksam, wenn das Mitglied das Bestehen eines anderweitigen Anspruchs auf Absicherung im Krankheitsfall nachweist.

§ 9 Freiwillige Versicherung

(1) Der Versicherung können beitreten

1. Personen, die als Mitglieder aus der Versicherungspflicht ausgeschieden sind und in den letzten fünf Jahren vor dem Ausscheiden mindestens vierundzwanzig Monate oder unmittelbar vor dem Ausscheiden ununterbrochen mindestens zwölf Monate versichert waren; Zeiten der Mitgliedschaft nach § 189 und

Zeiten, in denen eine Versicherung allein deshalb bestanden hat, weil Arbeitslosengeld II zu Unrecht bezogen wurde, werden nicht berücksichtigt,

2. Personen, deren Versicherung nach § 10 erlischt oder nur deswegen nicht besteht, weil die Voraussetzungen des § 10 Abs. 3 vorliegen, wenn sie oder der Elternteil, aus dessen Versicherung die Familienversicherung abgeleitet wurde, die in Nummer 1 genannte Vorversicherungszeit erfüllen,
3. Personen, die erstmals eine Beschäftigung im Inland aufnehmen und nach § 6 Absatz 1 Nummer 1 versicherungsfrei sind; Beschäftigungen vor oder während der beruflichen Ausbildung bleiben unberücksichtigt,
4. schwerbehinderte Menschen im Sinne des Neunten Buches, wenn sie, ein Elternteil, ihr Ehegatte oder ihr Lebenspartner in den letzten fünf Jahren vor dem Beitritt mindestens drei Jahre versichert waren, es sei denn, sie konnten wegen ihrer Behinderung diese Voraussetzung nicht erfüllen; die Satzung kann das Recht zum Beitritt von einer Altersgrenze abhängig machen,
5. Arbeitnehmer, deren Mitgliedschaft durch Beschäftigung im Ausland oder bei einer zwischenstaatlichen oder überstaatlichen Organisation endete, wenn sie innerhalb von zwei Monaten nach Rückkehr in das Inland oder nach Beendigung ihrer Tätigkeit bei der zwischenstaatlichen oder überstaatlichen Organisation wieder eine Beschäftigung aufnehmen,
6. innerhalb von sechs Monaten nach dem Eintritt der Versicherungspflicht Bezieher einer Rente der gesetzlichen Rentenversicherung, die nach dem 31. März 2002 nach § 5 Abs. 1 Nr. 11 versicherungspflichtig geworden sind, deren Anspruch auf Rente schon an diesem Tag bestand, die aber nicht die Vorversicherungszeit nach § 5 Abs. 1 Nr. 11 in der seit dem 1. Januar 1993 geltenden Fassung erfüllt hatten und die deswegen bis zum 31. März 2002 freiwillige Mitglieder waren,
7. innerhalb von sechs Monaten nach ständiger Aufenthaltnahme im Inland oder innerhalb von drei Monaten nach Ende des Bezugs von Arbeitslosengeld II Spätaussiedler sowie deren gemäß § 7 Abs. 2 Satz 1 des Bundesvertriebenengesetzes leistungsberechtigte Ehegatten und Abkömmlinge, die bis zum Verlassen ihres früheren Versicherungsbereichs bei einem dortigen Träger der gesetzlichen Krankenversicherung versichert waren.

Für die Berechnung der Vorversicherungszeiten nach Satz 1 Nr. 1 gelten 360 Tage eines Bezugs von Leistungen, die nach § 339 des Dritten Buches berechnet werden, als zwölf Monate.

§ 10 Familienversicherung

(1) Versichert sind der Ehegatte, der Lebenspartner und die Kinder von Mitgliedern sowie die Kinder von familienversicherten Kindern, wenn diese Familienangehörigen

1. ihren Wohnsitz oder gewöhnlichen Aufenthalt im Inland haben,
2. nicht nach § 5 Abs. 1 Nr. 1, 2, 2a, 3 bis 8, 11 bis 12 oder nicht freiwillig versichert sind,
3. nicht versicherungsfrei oder nicht von der Versicherungspflicht befreit sind
4. nicht hauptberuflich selbständig erwerbstätig sind und
5. kein Gesamteinkommen haben, das regelmäßig im Monat ein Siebtel der monatlichen Bezugsgröße nach § 18 des Vierten Buches überschreitet; bei Renten wird der Zahlbetrag ohne den auf Entgeltpunkte für Kindererziehungszeiten entfallenden Teil berücksichtigt; für geringfügig Beschäftigte nach § 8 Abs. 1 Nr. 1, § 8a des Vierten Buches beträgt das zulässige Gesamteinkommen 450 Euro.

Eine hauptberufliche selbständige Tätigkeit im Sinne des Satzes 1 Nr. 4 ist nicht deshalb anzunehmen, weil eine Versicherung nach § 1 Abs. 3 des Gesetzes über die Alterssicherung der Landwirte vom 29. Juli 1994 (BGBl. I S. 1890, 1891) besteht. Ehegatten und Lebenspartner sind für die Dauer der Schutzfristen nach § 3 Abs. 2 und § 6 Abs. 1 des Mutterschutzgesetzes sowie der Elternzeit nicht versichert, wenn sie zuletzt vor diesen Zeiträumen nicht gesetzlich krankenversichert waren.

(2) Kinder sind versichert

1. bis zur Vollendung des achtzehnten Lebensjahres,
2. bis zur Vollendung des dreiundzwanzigsten Lebensjahres, wenn sie nicht erwerbstätig sind,
3. bis zur Vollendung des fünfundzwanzigsten Lebensjahres, wenn sie sich in Schul- oder Berufsausbildung befinden oder ein freiwilliges soziales Jahr oder ein freiwilliges ökologisches Jahr im Sinne des Jugendfreiwilligendienstgesetzes leisten; wird die Schul- oder Berufsausbildung durch Erfüllung einer gesetzlichen Dienstpflicht des Kindes unterbrochen oder verzögert, besteht die Versicherung auch für einen der Dauer dieses Dienstes entsprechenden Zeitraum über das fünfundzwanzigste Lebensjahr hinaus; dies gilt ab dem 1. Juli 2011 auch bei einer Unterbrechung oder Verzögerung durch den freiwilligen Wehrdienst nach § 58b des Soldatengesetzes, einen Freiwilligendienst nach dem Bundesfreiwilligendienstgesetz, dem Jugendfreiwilligendienstgesetz oder einen vergleichbaren anerkannten Freiwilligendienst oder durch eine Tätigkeit als

Entwicklungshelfer im Sinne des § 1 Absatz 1 des Entwicklungshelfer-Gesetzes für die Dauer von höchstens zwölf Monaten,

4. ohne Altersgrenze, wenn sie als behinderte Menschen (§ 2 Abs. 1 Satz 1 des Neunten Buches) außerstande sind, sich selbst zu unterhalten; Voraussetzung ist, dass die Behinderung zu einem Zeitpunkt vorlag, in dem das Kind nach Nummer 1, 2 oder 3 versichert war.

(3) Kinder sind nicht versichert, wenn der mit den Kindern verwandte Ehegatte oder Lebenspartner des Mitglieds nicht Mitglied einer Krankenkasse ist und sein Gesamteinkommen regelmäßig im Monat ein Zwölftel der Jahresarbeitsentgeltgrenze übersteigt und regelmäßig höher als das Gesamteinkommen des Mitglieds ist; bei Renten wird der Zahlbetrag berücksichtigt.

(4) Als Kinder im Sinne der Absätze 1 bis 3 gelten auch Stiefkinder und Enkel, die das Mitglied überwiegend unterhält, sowie Pflegekinder (§ 56 Abs. 2 Nr. 2 des Ersten Buches). Kinder, die mit dem Ziel der Annahme als Kind in die Obhut des Annehmenden aufgenommen sind und für die die zur Annahme erforderliche Einwilligung der Eltern erteilt ist, gelten als Kinder des Annehmenden und nicht mehr als Kinder der leiblichen Eltern. Stiefkinder im Sinne des Satzes 1 sind auch die Kinder des Lebenspartners eines Mitglieds.

§ 11 Leistungsarten [Leistungen KV]

(1) Versicherte haben nach den folgenden Vorschriften Anspruch auf Leistungen

1. bei Schwangerschaft und Mutterschaft (§§ 24c bis 24i),
2. zur Verhütung von Krankheiten und von deren Verschlimmerung sowie zur Empfängnisverhütung, bei Sterilisation und bei Schwangerschaftsabbruch (§§ 20 bis 24b),
3. zur Erfassung von gesundheitlichen Risiken und Früherkennung von Krankheiten (§§ 25 und 26),
4. zur Behandlung einer Krankheit (§§ 27 bis 52),

(2) Versicherte haben auch Anspruch auf Leistungen zur medizinischen Rehabilitation sowie auf unterhaltssichernde und andere ergänzende Leistungen, die notwendig sind, um eine Behinderung oder Pflegebedürftigkeit abzuwenden, zu beseitigen, zu mindern, auszugleichen, ihre Verschlimmerung zu verhüten oder ihre Folgen zu mildern. Leistungen der aktivierenden Pflege nach Eintritt von Pflegebedürftigkeit werden von den Pflegekassen erbracht.

(3) Bei stationärer Behandlung umfassen die Leistungen auch die aus medizinischen Gründen notwendige Mitaufnahme einer Begleitperson des Versicherten oder bei stationärer Behandlung in einem Krankenhaus nach § 108 oder einer Vorsorge- oder Rehabilitationseinrichtung nach § 107 Absatz 2 die Mitaufnahme einer Pflegekraft, soweit Versicherte ihre Pflege nach § 63b Absatz 6 Satz 1 des Zwölften Buches durch von ihnen beschäftigte besondere Pflegekräfte sicherstellen.
(4) Versicherte haben Anspruch auf ein Versorgungsmanagement insbesondere zur Lösung von Problemen beim Übergang in die verschiedenen Versorgungsbereiche; dies umfasst auch die fachärztliche Anschlussversorgung. Die betroffenen Leistungserbringer sorgen für eine sachgerechte Anschlussversorgung des Versicherten und übermitteln sich gegenseitig die erforderlichen Informationen. Sie sind zur Erfüllung dieser Aufgabe von den Krankenkassen zu unterstützen. In das Versorgungsmanagement sind die Pflegeeinrichtungen einzubeziehen; dabei ist eine enge Zusammenarbeit mit Pflegeberatern und Pflegeberaterinnen nach § 7a des Elften Buches zu gewährleisten. Das Versorgungsmanagement und eine dazu erforderliche Übermittlung von Daten darf nur mit Einwilligung und nach vorheriger Information des Versicherten erfolgen. Soweit in Verträgen nach § 140a nicht bereits entsprechende Regelungen vereinbart sind, ist das Nähere im Rahmen von Verträgen mit sonstigen Leistungserbringern der gesetzlichen Krankenversicherung und mit Leistungserbringern nach dem Elften Buch sowie mit den Pflegekassen zu regeln.
(5) Auf Leistungen besteht kein Anspruch, wenn sie als Folge eines Arbeitsunfalls oder einer Berufskrankheit im Sinne der gesetzlichen Unfallversicherung zu erbringen sind. Dies gilt auch in Fällen des § 12a des Siebten Buches.

§ 12 Wirtschaftlichkeitsgebot

(1) Die Leistungen müssen ausreichend, zweckmäßig und wirtschaftlich sein; sie dürfen das Maß des Notwendigen nicht überschreiten. Leistungen, die nicht notwendig oder unwirtschaftlich sind, können Versicherte nicht beanspruchen, dürfen die Leistungserbringer nicht bewirken und die Krankenkassen nicht bewilligen.
(2) Ist für eine Leistung ein Festbetrag festgesetzt, erfüllt die Krankenkasse ihre Leistungspflicht mit dem Festbetrag.

§ 13 Kostenerstattung

(1) Die Krankenkasse darf anstelle der Sach- oder Dienstleistung (§ 2 Abs. 2) Kosten nur erstatten, soweit es dieses oder das Neunte Buch vorsieht.

(2) Versicherte können anstelle der Sach- oder Dienstleistungen Kostenerstattung wählen. Hierüber haben sie ihre Krankenkasse vor Inanspruchnahme der Leistung in Kenntnis zu setzen. Der Leistungserbringer hat die Versicherten vor Inanspruchnahme der Leistung darüber zu informieren, dass Kosten, die nicht von der Krankenkasse übernommen werden, von dem Versicherten zu tragen sind. Eine Einschränkung der Wahl auf den Bereich der ärztlichen Versorgung, der zahnärztlichen Versorgung, den stationären Bereich oder auf veranlasste Leistungen ist möglich. Nicht im Vierten Kapitel genannte Leistungserbringer dürfen nur nach vorheriger Zustimmung der Krankenkasse in Anspruch genommen werden. Eine Zustimmung kann erteilt werden, wenn medizinische oder soziale Gründe eine Inanspruchnahme dieser Leistungserbringer rechtfertigen und eine zumindest gleichwertige Versorgung gewährleistet ist. Die Inanspruchnahme von Leistungserbringern nach § 95b Absatz 3 Satz 1 im Wege der Kostenerstattung ist ausgeschlossen. Anspruch auf Erstattung besteht höchstens in Höhe der Vergütung, die die Krankenkasse bei Erbringung als Sachleistung zu tragen hätte. Die Satzung hat das Verfahren der Kostenerstattung zu regeln. Sie kann dabei Abschläge vom Erstattungsbetrag für Verwaltungskosten in Höhe von höchstens 5 Prozent in Abzug bringen. Im Falle der Kostenerstattung nach § 129 Absatz 1 Satz 6 sind die der Krankenkasse entgangenen Rabatte nach § 130a Absatz 8 sowie die Mehrkosten im Vergleich zur Abgabe eines Arzneimittels nach § 129 Absatz 1 Satz 3 und 5 zu berücksichtigen; die Abschläge sollen pauschaliert werden. Die Versicherten sind an ihre Wahl der Kostenerstattung mindestens ein Kalendervierteljahr gebunden.

(3) Konnte die Krankenkasse eine unaufschiebbare Leistung nicht rechtzeitig erbringen oder hat sie eine Leistung zu Unrecht abgelehnt und sind dadurch Versicherten für die selbstbeschaffte Leistung Kosten entstanden, sind diese von der Krankenkasse in der entstandenen Höhe zu erstatten, soweit die Leistung notwendig war. Die Kosten für selbstbeschaffte Leistungen zur medizinischen Rehabilitation nach dem Neunten Buch werden nach § 15 des Neunten Buches erstattet.

(3a) Die Krankenkasse hat über einen Antrag auf Leistungen zügig, spätestens bis zum Ablauf von drei Wochen nach Antragseingang oder in Fällen, in denen eine gutachtliche Stellungnahme, insbesondere des Medizinischen Dienstes), eingeholt wird, innerhalb von fünf Wochen nach Antragseingang zu entscheiden. Wenn die

Krankenkasse eine gutachtliche Stellungnahme für erforderlich hält, hat sie diese unverzüglich einzuholen und die Leistungsberechtigten hierüber zu unterrichten. Der Medizinische Dienst nimmt innerhalb von drei Wochen gutachtlich Stellung. Wird ein im Bundesmantelvertrag für Zahnärzte vorgesehenes Gutachterverfahren durchgeführt, hat die Krankenkasse ab Antragseingang innerhalb von sechs Wochen zu entscheiden; der Gutachter nimmt innerhalb von vier Wochen Stellung. Kann die Krankenkasse Fristen nach Satz 1 oder Satz 4 nicht einhalten, teilt sie dies den Leistungsberechtigten unter Darlegung der Gründe rechtzeitig schriftlich oder elektronisch mit.

Erfolgt keine Mitteilung eines hinreichenden Grundes, gilt die Leistung nach Ablauf der Frist als genehmigt. Beschaffen sich Leistungsberechtigte nach Ablauf der Frist eine erforderliche Leistung selbst, ist die Krankenkasse zur Erstattung der hierdurch entstandenen Kosten verpflichtet. Die Krankenkasse berichtet dem Spitzenverband Bund der Krankenkassen jährlich über die Anzahl der Fälle, in denen Fristen nicht eingehalten oder Kostenerstattungen vorgenommen wurden. Für Leistungen zur medizinischen Rehabilitation gelten die §§ 14, 15 des Neunten Buches zur Zuständigkeitsklärung und Erstattung selbst beschaffter Leistungen.

(4) Versicherte sind berechtigt, auch Leistungserbringer in einem anderen Mitgliedstaat der Europäischen Union, einem anderen Vertragsstaat des Abkommens über den Europäischen Wirtschaftsraum oder der Schweiz anstelle der Sach- oder Dienstleistung im Wege der Kostenerstattung in Anspruch zu nehmen, es sei denn, Behandlungen für diesen Personenkreis im anderen Staat sind auf der Grundlage eines Pauschbetrages zu erstatten oder unterliegen auf Grund eines vereinbarten Erstattungsverzichts nicht der Erstattung. Es dürfen nur solche Leistungserbringer in Anspruch genommen werden, bei denen die Bedingungen des Zugangs und der Ausübung des Berufes Gegenstand einer Richtlinie der Europäischen Gemeinschaft sind oder die im jeweiligen nationalen System der Krankenversicherung des Aufenthaltsstaates zur Versorgung der Versicherten berechtigt sind. Der Anspruch auf Erstattung besteht höchstens in Höhe der Vergütung, die die Krankenkasse bei Erbringung als Sachleistung im Inland zu tragen hätte. Die Satzung hat das Verfahren der Kostenerstattung zu regeln. Sie hat dabei ausreichende Abschläge vom Erstattungsbetrag für Verwaltungskosten und fehlende Wirtschaftlichkeitsprüfungen vorzusehen sowie vorgesehene Zuzahlungen in Abzug zu bringen. Ist eine dem allgemein anerkannten Stand der medizinischen Erkenntnisse entsprechende Behandlung einer Krankheit nur in einem anderen

Mitgliedstaat der Europäischen Union oder einem anderen Vertragsstaat des Abkommens über den Europäischen Wirtschaftsraum möglich, kann die Krankenkasse die Kosten der erforderlichen Behandlung auch ganz übernehmen.

(5) Abweichend von Absatz 4 können in einem anderen Mitgliedstaat der Europäischen Union, einem anderen Vertragsstaat des Abkommens über den Europäischen Wirtschaftsraum oder der Schweiz Krankenhausleistungen nach § 39 nur nach vorheriger Zustimmung durch die Krankenkassen in Anspruch genommen werden. Die Zustimmung darf nur versagt werden, wenn die gleiche oder eine für den Versicherten ebenso wirksame, dem allgemein anerkannten Stand der medizinischen Erkenntnisse entsprechende Behandlung einer Krankheit rechtzeitig bei einem Vertragspartner der Krankenkasse im Inland erlangt werden kann.

§ 15 Ärztliche Behandlung, elektronische Gesundheitskarte

(1) Ärztliche oder zahnärztliche Behandlung wird von Ärzten oder Zahnärzten erbracht, soweit nicht in Modellvorhaben nach § 63 Abs. 3c etwas anderes bestimmt ist. Sind Hilfeleistungen anderer Personen erforderlich, dürfen sie nur erbracht werden, wenn sie vom Arzt (Zahnarzt) angeordnet und von ihm verantwortet werden.

(2) Versicherte, die ärztliche, zahnärztliche oder psychotherapeutische Behandlung in Anspruch nehmen, haben dem Arzt, Zahnarzt oder Psychotherapeuten vor Beginn der Behandlung ihre elektronische Gesundheitskarte zum Nachweis der Berechtigung zur Inanspruchnahme von Leistungen auszuhändigen.

(3) Für die Inanspruchnahme anderer Leistungen stellt die Krankenkasse den Versicherten Berechtigungsscheine aus, soweit es zweckmäßig ist. Der Berechtigungsschein ist vor der Inanspruchnahme der Leistung dem Leistungserbringer auszuhändigen.

(5) In dringenden Fällen kann die elektronische Gesundheitskarte oder der Berechtigungsschein nachgereicht werden.

(6) Jeder Versicherte erhält die elektronische Gesundheitskarte bei der erstmaligen Ausgabe und bei Beginn der Versicherung bei einer Krankenkasse sowie bei jeder weiteren, nicht vom Versicherten verschuldeten erneuten Ausgabe gebührenfrei. Die Krankenkassen haben einem Missbrauch der Karten durch geeignete Maßnahmen entgegenzuwirken. Muss die Karte auf Grund von vom Versicherten verschuldeten Gründen neu ausgestellt werden, kann eine Gebühr von 5 Euro erhoben werden; diese Gebühr ist auch von den nach § 10 Versicherten zu zahlen.

Satz 3 gilt entsprechend, wenn die Karte aus vom Versicherten verschuldeten Gründen nicht ausgestellt werden kann und von der Krankenkasse eine zur Überbrückung von Übergangszeiten befristete Ersatzbescheinigung zum Nachweis der Berechtigung zur Inanspruchnahme von Leistungen ausgestellt wird. Die wiederholte Ausstellung einer Bescheinigung nach Satz 4 kommt nur in Betracht, wenn der Versicherte bei der Ausstellung der elektronischen Gesundheitskarte mitwirkt; hierauf ist der Versicherte bei der erstmaligen Ausstellung einer Ersatzbescheinigung hinzuweisen. Die Krankenkasse kann die Aushändigung der elektronischen Gesundheitskarte vom Vorliegen der Meldung nach § 10 Abs. 6 abhängig machen.

§ 19 Erlöschen des Leistungsanspruchs

(1) Der Anspruch auf Leistungen erlischt mit dem Ende der Mitgliedschaft, soweit in diesem Gesetzbuch nichts Abweichendes bestimmt ist.

§ 20 Primäre Prävention und Gesundheitsförderung

(1) Die Krankenkasse sieht in der Satzung Leistungen zur Verhinderung und Verminderung von Krankheitsrisiken (primäre Prävention) sowie zur Förderung des selbstbestimmten gesundheitsorientierten Handelns der Versicherten (Gesundheitsförderung) vor. Die Leistungen sollen insbesondere zur Verminderung sozial bedingter sowie geschlechtsbezogener Ungleichheit von Gesundheitschancen beitragen und kind- und jugendspezifische Belange berücksichtigen. Die Krankenkasse legt dabei die Handlungsfelder und Kriterien nach Absatz 2 zugrunde.

(2) Der Spitzenverband Bund der Krankenkassen legt unter Einbeziehung unabhängigen, insbesondere gesundheitswissenschaftlichen, ärztlichen, arbeitsmedizinischen, psychotherapeutischen, psychologischen, pflegerischen, ernährungs-, sport-, sucht-, erziehungs- und sozialwissenschaftlichen Sachverstandes sowie des Sachverstandes der Menschen mit Behinderung einheitliche Handlungsfelder und Kriterien für die Leistungen nach Absatz 1 fest, insbesondere hinsichtlich Bedarf, Zielgruppen, Zugangswegen, Inhalt, Methodik, Qualität, intersektoraler Zusammenarbeit, wissenschaftlicher Evaluation und der Messung der Erreichung der mit den Leistungen verfolgten Ziele. Er bestimmt außerdem die Anforderungen und ein einheitliches Verfahren für die Zertifizierung von Leistungsangeboten durch die Krankenkassen, um insbesondere die einheitliche Qualität von Leistungen nach Absatz 4 Nummer 1 und 3 sicherzustellen. Der

Spitzenverband Bund der Krankenkassen stellt sicher, dass seine Festlegungen nach den Sätzen 1 und 2 sowie eine Übersicht der nach Satz 2 zertifizierten Leistungen der Krankenkassen auf seiner Internetseite veröffentlicht werden. Die Krankenkassen erteilen dem Spitzenverband Bund der Krankenkassen hierfür sowie für den nach § 20d Absatz 2 Nummer 2 zu erstellenden Bericht die erforderlichen Auskünfte und übermitteln ihm nicht versichertenbezogen die erforderlichen Daten.

(3) Bei der Aufgabenwahrnehmung nach Absatz 2 Satz 1 berücksichtigt der Spitzenverband Bund der Krankenkassen auch die folgenden Gesundheitsziele im Bereich der Gesundheitsförderung und Prävention:

1. Diabetes mellitus Typ 2: Erkrankungsrisiko senken, Erkrankte früh erkennen und behandeln,
2. Brustkrebs: Mortalität vermindern, Lebensqualität erhöhen,
3. Tabakkonsum reduzieren,
4. gesund aufwachsen: Lebenskompetenz, Bewegung, Ernährung,
5. gesundheitliche Kompetenz erhöhen, Souveränität der Patientinnen und Patienten stärken,
6. depressive Erkrankungen: verhindern, früh erkennen, nachhaltig behandeln,
7. gesund älter werden und
8. Alkoholkonsum reduzieren.

Bei der Berücksichtigung des in Satz 1 Nummer 1 genannten Ziels werden auch die Ziele und Teilziele beachtet, die in der Bekanntmachung über die Gesundheitsziele und Teilziele im Bereich der Prävention und Gesundheitsförderung vom 21. März 2005 (BAnz. S. 5304) festgelegt sind. Bei der Berücksichtigung der in Satz 1 Nummer 2, 3 und 8 genannten Ziele werden auch die Ziele und Teilziele beachtet, die in der Bekanntmachung über die Gesundheitsziele und Teilziele im Bereich der Prävention und Gesundheitsförderung vom 27. April 2015 (BAnz. AT 19.05.2015 B3) festgelegt sind. Bei der Berücksichtigung der in Satz 1 Nummer 4 bis 7 genannten Ziele werden auch die Ziele und Teilziele beachtet, die in der Bekanntmachung über die Gesundheitsziele und Teilziele im Bereich der Prävention und Gesundheitsförderung vom 26. Februar 2013 (BAnz. AT 26.03.2013 B3) festgelegt sind. Der Spitzenverband Bund der Krankenkassen berücksichtigt auch die von der Nationalen Arbeitsschutzkonferenz im Rahmen der gemeinsamen deutschen Arbeitsschutzstrategie nach § 20a Absatz 2 Nummer 1 des Arbeitsschutzgesetzes entwickelten Arbeitsschutzziele.

(4) Leistungen nach Absatz 1 werden erbracht als

1. Leistungen zur verhaltensbezogenen Prävention nach Absatz 5,
2. Leistungen zur Gesundheitsförderung und Prävention in Lebenswelten für in der gesetzlichen Krankenversicherung Versicherte nach § 20a und
3. Leistungen zur Gesundheitsförderung in Betrieben (betriebliche Gesundheitsförderung) nach § 20b.

(5) Die Krankenkasse kann eine Leistung zur verhaltensbezogenen Prävention nach Absatz 4 Nummer 1 erbringen, wenn diese nach Absatz 2 Satz 2 von einer Krankenkasse oder von einem mit der Wahrnehmung dieser Aufgabe beauftragten Dritten in ihrem Namen zertifiziert ist. Bei ihrer Entscheidung über eine Leistung zur verhaltensbezogenen Prävention berücksichtigt die Krankenkasse eine Präventionsempfehlung nach § 25 Absatz 1 Satz 2, nach § 26 Absatz 1 Satz 3 oder eine im Rahmen einer arbeitsmedizinischen Vorsorge oder einer sonstigen ärztlichen Untersuchung schriftlich abgegebene Empfehlung. Die Krankenkasse darf die sich aus der Präventionsempfehlung ergebenden personenbezogenen Daten nur mit schriftlicher Einwilligung und nach vorheriger schriftlicher Information des Versicherten erheben, verarbeiten und nutzen. Die Einwilligung kann jederzeit schriftlich widerrufen werden. Die Krankenkassen dürfen ihre Aufgaben nach dieser Vorschrift an andere Krankenkassen, deren Verbände oder Arbeitsgemeinschaften übertragen. Für Leistungen zur verhaltensbezogenen Prävention, die die Krankenkasse wegen besonderer beruflicher oder familiärer Umstände wohnortfern erbringt, gilt § 23 Absatz 2 Satz 2 entsprechend.

§ 23 Medizinische Vorsorgeleistungen

(1) Versicherte haben Anspruch auf ärztliche Behandlung und Versorgung mit Arznei-, Verband-, Heil- und Hilfsmitteln, wenn diese notwendig sind,

1. eine Schwächung der Gesundheit, die in absehbarer Zeit voraussichtlich zu einer Krankheit führen würde, zu beseitigen,
2. einer Gefährdung der gesundheitlichen Entwicklung eines Kindes entgegenzuwirken,
3. Krankheiten zu verhüten oder deren Verschlimmerung zu vermeiden oder
4. Pflegebedürftigkeit zu vermeiden.

(2) 1 Reichen bei Versicherten die Leistungen nach Absatz 1 nicht aus oder können sie wegen besonderer beruflicher oder familiärer Umstände nicht durchgeführt werden, erbringt die Krankenkasse aus medizinischen Gründen erforderliche ambulante Vorsorgeleistungen in anerkannten Kurorten. 2 Die Satzung der

Krankenkasse kann zu den übrigen Kosten, die Versicherten im Zusammenhang mit dieser Leistung entstehen, einen Zuschuß von bis zu 16 Euro täglich vorsehen. 3 Bei ambulanten Vorsorgeleistungen für versicherte chronisch kranke Kleinkinder kann der Zuschuss nach Satz 2 auf bis zu 25 Euro erhöht werden.

§ 24 Medizinische Vorsorge für Mütter und Väter

(1) Versicherte haben unter den in § 23 Abs. 1 genannten Voraussetzungen Anspruch auf aus medizinischen Gründen erforderliche Vorsorgeleistungen in einer Einrichtung des Müttergenesungswerks oder einer gleichartigen Einrichtung; die Leistung kann in Form einer Mutter-Kind-Maßnahme erbracht werden. Satz 1 gilt auch für Vater-Kind-Maßnahmen in dafür geeigneten Einrichtungen. Vorsorgeleistungen nach den Sätzen 1 und 2 werden in Einrichtungen erbracht, mit denen ein Versorgungsvertrag nach § 111a besteht.

(3) Versicherte, die das achtzehnte Lebensjahr vollendet haben und eine Leistung nach Absatz 1 in Anspruch nehmen, zahlen je Kalendertag den sich nach § 61 Satz 2 ergebenden Betrag an die Einrichtung. Die Zahlung ist an die Krankenkasse weiterzuleiten.

§ 24e Versorgung mit Arznei-, Verband-, Heil- und Hilfsmitteln

Die Versicherte hat während der Schwangerschaft und im Zusammenhang mit der Entbindung Anspruch auf Versorgung mit Arznei-, Verband-, Heil- und Hilfsmitteln. Die für die Leistungen nach den §§ 31 bis 33 geltenden Vorschriften gelten entsprechend; bei Schwangerschaftsbeschwerden und im Zusammenhang mit der Entbindung finden § 31 Absatz 3, § 32 Absatz 2, § 33 Absatz 8 und § 127 Absatz 4 keine Anwendung.

§ 24f Entbindung

Die Versicherte hat Anspruch auf ambulante oder stationäre Entbindung. Die Versicherte kann ambulant in einem Krankenhaus, in einer von einer Hebamme oder einem Entbindungspfleger geleiteten Einrichtung, in einer ärztlich geleiteten Einrichtung, in einer Hebammenpraxis oder im Rahmen einer Hausgeburt entbinden. Wird die Versicherte zur stationären Entbindung in einem Krankenhaus oder in einer anderen stationären Einrichtung aufgenommen, hat sie für sich und das Neugeborene Anspruch auf Unterkunft, Pflege und Verpflegung. Für diese Zeit besteht kein Anspruch auf Krankenhausbehandlung.

§ 24g Häusliche Pflege

Die Versicherte hat Anspruch auf häusliche Pflege, soweit diese wegen Schwangerschaft oder Entbindung erforderlich ist.

§ 24h Haushaltshilfe

Die Versicherte erhält Haushaltshilfe, soweit ihr wegen Schwangerschaft oder Entbindung die Weiterführung des Haushalts nicht möglich ist und eine andere im Haushalt lebende Person den Haushalt nicht weiterführen kann.

§ 24i Mutterschaftsgeld

(1) Weibliche Mitglieder, die bei Arbeitsunfähigkeit Anspruch auf Krankengeld haben oder denen wegen der Schutzfristen nach § 3 Absatz 2 und § 6 Absatz 1 des Mutterschutzgesetzes kein Arbeitsentgelt gezahlt wird, erhalten Mutterschaftsgeld. Mutterschaftsgeld erhalten auch Frauen, deren Arbeitsverhältnis unmittelbar vor Beginn der Schutzfrist nach § 3 Absatz 2 des Mutterschutzgesetzes endet, wenn sie am letzten Tag des Arbeitsverhältnisses Mitglied einer Krankenkasse waren.

§ 25 Gesundheitsuntersuchungen

(1) Versicherte, die das 18. Lebensjahr vollendet haben, haben Anspruch auf alters-, geschlechter- und zielgruppengerechte ärztliche Gesundheitsuntersuchungen zur Erfassung und Bewertung gesundheitlicher Risiken und Belastungen, zur Früherkennung von bevölkerungsmedizinisch bedeutsamen Krankheiten und eine darauf abgestimmte präventionsorientierte Beratung, einschließlich einer Überprüfung des Impfstatus im Hinblick auf die Empfehlungen der Ständigen Impfkommission nach § 20 Absatz 2 des Infektionsschutzgesetzes. Die Untersuchungen umfassen, sofern medizinisch angezeigt, eine Präventionsempfehlung für Leistungen zur verhaltensbezogenen Prävention nach § 20 Absatz 5. Die Präventionsempfehlung wird in Form einer ärztlichen Bescheinigung erteilt. Sie informiert über Möglichkeiten und Hilfen zur Veränderung gesundheitsbezogener Verhaltensweisen und kann auch auf andere Angebote zur verhaltensbezogenen Prävention hinweisen wie beispielsweise auf die vom Deutschen Olympischen Sportbund e. V. und der Bundesärztekammer empfohlenen Bewegungsangebote in Sportvereinen oder auf sonstige qualitätsgesicherte Bewegungsangebote in Sport- oder Fitnessstudios sowie auf Angebote zur Förderung einer ausgewogenen Ernährung.

(2) Versicherte, die das 18. Lebensjahr vollendet haben, haben Anspruch auf Untersuchungen zur Früherkennung von Krebserkrankungen.

(3) Voraussetzung für die Untersuchung nach den Absätzen 1 und 2 ist, dass es sich um Krankheiten handelt, die wirksam behandelt werden können oder um zu erfassende gesundheitliche Risiken und Belastungen, die durch geeignete Leistungen zur verhaltensbezogenen Prävention nach § 20 Absatz 5 vermieden, beseitigt oder vermindert werden können. Die im Rahmen der Untersuchungen erbrachten Maßnahmen zur Früherkennung setzen ferner voraus, dass

1. das Vor- und Frühstadium dieser Krankheiten durch diagnostische Maßnahmen erfassbar ist,
2. die Krankheitszeichen medizinisch-technisch genügend eindeutig zu erfassen sind,
3. genügend Ärzte und Einrichtungen vorhanden sind, um die aufgefundenen Verdachtsfälle eindeutig zu diagnostizieren und zu behandeln.

Stellt der Gemeinsame Bundesausschuss bei seinen Beratungen über eine Gesundheitsuntersuchung nach Absatz 1 fest, dass notwendige Erkenntnisse fehlen, kann er eine Richtlinie zur Erprobung der geeigneten inhaltlichen und organisatorischen Ausgestaltung der Gesundheitsuntersuchung beschließen. § 137e gilt entsprechend.

(4) Die Untersuchungen nach Absatz 1 und 2 sollen, soweit berufsrechtlich zulässig, zusammen angeboten werden. Der Gemeinsame Bundesausschuss bestimmt in den Richtlinien nach § 92 das Nähere über Inhalt, Art und Umfang der Untersuchungen sowie die Erfüllung der Voraussetzungen nach Absatz 3. Ferner bestimmt er für die Untersuchungen die Zielgruppen, Altersgrenzen und die Häufigkeit der Untersuchungen. Der Gemeinsame Bundesausschuss regelt erstmals bis zum 31. Juli 2016 in Richtlinien nach § 92 das Nähere zur Ausgestaltung der Präventionsempfehlung nach Absatz 1 Satz 2. Im Übrigen beschließt der Gemeinsame Bundesausschuss erstmals bis zum 31. Juli 2018 in Richtlinien nach § 92 das Nähere über die Gesundheitsuntersuchungen nach Absatz 1 zur Erfassung und Bewertung gesundheitlicher Risiken und Belastungen sowie eine Anpassung der Richtlinie im Hinblick auf Gesundheitsuntersuchungen zur Früherkennung von bevölkerungsmedizinisch bedeutsamen Krankheiten. Die Frist nach Satz 5 verlängert sich in dem Fall einer Erprobung nach Absatz 3 Satz 3 um zwei Jahre.

§ 26 Gesundheitsuntersuchungen für Kinder und Jugendliche

(1) Versicherte Kinder und Jugendliche haben bis zur Vollendung des 18. Lebensjahres Anspruch auf Untersuchungen zur Früherkennung von Krankheiten, die ihre körperliche, geistige oder psycho-soziale Entwicklung in nicht geringfügigem Maße gefährden. Die Untersuchungen beinhalten auch eine Erfassung und Bewertung gesundheitlicher Risiken einschließlich einer Überprüfung der Vollständigkeit des Impfstatus sowie eine darauf abgestimmte präventionsorientierte Beratung einschließlich Informationen zu regionalen Unterstützungsangeboten für Eltern und Kind. Die Untersuchungen umfassen, sofern medizinisch angezeigt, eine Präventionsempfehlung für Leistungen zur verhaltensbezogenen Prävention nach § 20 Absatz 5, die sich altersentsprechend an das Kind, den Jugendlichen oder die Eltern oder andere Sorgeberechtigte richten kann. Die Präventionsempfehlung wird in Form einer ärztlichen Bescheinigung erteilt. Zu den Früherkennungsuntersuchungen auf Zahn-, Mund- und Kieferkrankheiten gehören insbesondere die Inspektion der Mundhöhle, die Einschätzung oder Bestimmung des Kariesrisikos, die Ernährungs- und Mundhygieneberatung sowie Maßnahmen zur Schmelzhärtung der Zähne und zur Keimzahlsenkung. Die Leistungen nach Satz 5 werden bis zur Vollendung des sechsten Lebensjahres erbracht und können von Ärzten oder Zahnärzten erbracht werden.

§ 27 Krankenbehandlung

(1) Versicherte haben Anspruch auf Krankenbehandlung, wenn sie notwendig ist, um eine Krankheit zu erkennen, zu heilen, ihre Verschlimmerung zu verhüten oder Krankheitsbeschwerden zu lindern. Die Krankenbehandlung umfasst

1. Ärztliche Behandlung einschließlich Psychotherapie als ärztliche und psychotherapeutische Behandlung,
2. zahnärztliche Behandlung,

2a. Versorgung mit Zahnersatz einschließlich Zahnkronen und Suprakonstruktionen,

3. Versorgung mit Arznei-, Verband-, Heil- und Hilfsmitteln,
4. häusliche Krankenpflege, außerklinische Intensivpflege und Haushaltshilfe,
5. Krankenhausbehandlung,
6. Leistungen zur medizinischen Rehabilitation und ergänzende Leistungen.

Zur Krankenbehandlung gehört auch die palliative Versorgung der Versicherten. Bei der Krankenbehandlung ist den besonderen Bedürfnissen psychisch Kranker Rechnung zu tragen, insbesondere bei der Versorgung mit Heilmitteln und bei der medizinischen Rehabilitation. Zur Krankenbehandlung gehören auch Leistungen zur Herstellung der Zeugungs- oder Empfängnisfähigkeit, wenn diese Fähigkeit nicht vorhanden war oder durch Krankheit oder wegen einer durch Krankheit erforderlichen Sterilisation verlorengegangen war.

§ 27b Zweitmeinung

(1) Versicherte, bei denen die Indikation zu einem planbaren Eingriff gestellt wird, bei dem insbesondere im Hinblick auf die zahlenmäßige Entwicklung seiner Durchführung die Gefahr einer Indikationsausweitung nicht auszuschließen ist, haben Anspruch darauf, eine unabhängige ärztliche Zweitmeinung bei einem Arzt oder einer Einrichtung nach Absatz 3 einzuholen. Die Zweitmeinung kann nicht bei einem Arzt oder einer Einrichtung eingeholt werden, durch den oder durch die der Eingriff durchgeführt werden soll.

(2) 1 Der Gemeinsame Bundesausschuss bestimmt in seinen Richtlinien nach § 92 Absatz 1 Satz 2 Nummer 13, für welche planbaren Eingriffe nach Absatz 1 Satz 1 der Anspruch auf Einholung der Zweitmeinung im Einzelnen besteht; ab dem 1. Januar 2022 soll der Gemeinsame Bundesausschuss jährlich mindestens zwei weitere Eingriffe bestimmen, für die Anspruch auf Einholung der Zweitmeinung im Einzelnen besteht. 2 Er legt indikationsspezifische Anforderungen an die Abgabe der Zweitmeinung zum empfohlenen Eingriff und an die Erbringer einer Zweitmeinung fest, um eine besondere Expertise zur Zweitmeinungserbringung zu sichern. 3 Kriterien für die besondere Expertise sind

1. eine langjährige fachärztliche Tätigkeit in einem Fachgebiet, das für die Indikation zum Eingriff maßgeblich ist,
2. Kenntnisse über den aktuellen Stand der wissenschaftlichen Forschung zur jeweiligen Diagnostik und Therapie einschließlich Kenntnissen über Therapiealternativen zum empfohlenen Eingriff.

Der Gemeinsame Bundesausschuss kann Anforderungen mit zusätzlichen Kriterien festlegen. Zusätzliche Kriterien sind insbesondere

1. Erfahrungen mit der Durchführung des jeweiligen Eingriffs,
2. regelmäßige gutachterliche Tätigkeit in einem für die Indikation maßgeblichen Fachgebiet oder

3. besondere Zusatzqualifikationen, die für die Beurteilung einer gegebenenfalls interdisziplinär abzustimmenden Indikationsstellung von Bedeutung sind.

Der Gemeinsame Bundesausschuss berücksichtigt bei den Festlegungen nach Satz 2 die Möglichkeiten einer telemedizinischen Erbringung der Zweitmeinung. Er beschließt die Festlegungen nach den Sätzen 1 bis 5 erstmals bis zum 31. Dezember 2015.

(3) Zur Erbringung einer Zweitmeinung sind berechtigt:

1. zugelassene Ärzte,
2. zugelassene medizinische Versorgungszentren,
3. ermächtigte Ärzte und Einrichtungen,
4. zugelassene Krankenhäuser sowie
5. nicht an der vertragsärztlichen Versorgung teilnehmende Ärzte, die nur zu diesem Zweck an der vertragsärztlichen Versorgung teilnehmen,

soweit sie die Anforderungen nach Absatz 2 Satz 2 erfüllen.

(4) Die Kassenärztlichen Vereinigungen und die Landeskrankenhausgesellschaften informieren inhaltlich abgestimmt über Leistungserbringer, die unter Berücksichtigung der vom Gemeinsamen Bundesausschuss nach Absatz 2 Satz 2 festgelegten Anforderungen zur Erbringung einer unabhängigen Zweitmeinung geeignet und bereit sind.

(5) Der Arzt, der die Indikation für einen Eingriff nach Absatz 1 Satz 1 in Verbindung mit Absatz 2 Satz 1 stellt, muss den Versicherten über das Recht, eine unabhängige ärztliche Zweitmeinung einholen zu können, aufklären und ihn auf die Informationsangebote über geeignete Leistungserbringer nach Absatz 4 hinweisen. Die Aufklärung muss mündlich erfolgen; ergänzend kann auf Unterlagen Bezug genommen werden, die der Versicherte in Textform erhält. Der Arzt hat dafür Sorge zu tragen, dass die Aufklärung in der Regel mindestens zehn Tage vor dem geplanten Eingriff erfolgt. In jedem Fall hat die Aufklärung so rechtzeitig zu erfolgen, dass der Versicherte seine Entscheidung über die Einholung einer Zweitmeinung wohlüberlegt treffen kann. Der Arzt hat den Versicherten auf sein Recht auf Überlassung von Abschriften der Befundunterlagen aus der Patientenakte gemäß § 630g Absatz 2 des Bürgerlichen Gesetzbuchs, die für die Einholung der Zweitmeinung erforderlich sind, hinzuweisen. Die Kosten, die dem Arzt durch die Zusammenstellung und Überlassung von Befundunterlagen für die Zweitmeinung entstehen, trägt die Krankenkasse.

§ 28 Ärztliche und zahnärztliche Behandlung

(1) Die ärztliche Behandlung umfasst die Tätigkeit des Arztes, die zur Verhütung, Früherkennung und Behandlung von Krankheiten nach den Regeln der ärztlichen Kunst ausreichend und zweckmäßig ist. Zur ärztlichen Behandlung gehört auch die Hilfeleistung anderer Personen, die von dem Arzt angeordnet und von ihm zu verantworten ist. Die Partner der Bundesmantelverträge legen bis zum 30. Juni 2012 für die ambulante Versorgung beispielhaft fest, bei welchen Tätigkeiten Personen nach Satz 2 ärztliche Leistungen erbringen können und welche Anforderungen an die Erbringung zu stellen sind. Der Bundesärztekammer ist Gelegenheit zur Stellungnahme zu geben.

(2) Die zahnärztliche Behandlung umfasst die Tätigkeit des Zahnarztes, die zur Verhütung, Früherkennung und Behandlung von Zahn-, Mund- und Kieferkrankheiten nach den Regeln der zahnärztlichen Kunst ausreichend und zweckmäßig ist; sie umfasst auch konservierend-chirurgische Leistungen und Röntgenleistungen, die im Zusammenhang mit Zahnersatz einschließlich Zahnkronen und Suprakonstruktionen erbracht werden. Wählen Versicherte bei Zahnfüllungen eine darüber hinausgehende Versorgung, haben sie die Mehrkosten selbst zu tragen. In diesen Fällen ist von den Kassen die vergleichbare preisgünstigste plastische Füllung als Sachleistung abzurechnen. In Fällen des Satzes 2 ist vor Beginn der Behandlung eine schriftliche Vereinbarung zwischen dem Zahnarzt und dem Versicherten zu treffen. Die Mehrkostenregelung gilt nicht für Fälle, in denen intakte plastische Füllungen ausgetauscht werden. Nicht zur zahnärztlichen Behandlung gehört die kieferorthopädische Behandlung von Versicherten, die zu Beginn der Behandlung das 18. Lebensjahr vollendet haben. Dies gilt nicht für Versicherte mit schweren Kieferanomalien, die ein Ausmaß haben, das kombinierte kieferchirurgische und kieferorthopädische Behandlungsmaßnahmen erfordert. Ebenso gehören funktionsanalytische und funktionstherapeutische Maßnahmen nicht zur zahnärztlichen Behandlung; sie dürfen von den Krankenkassen auch nicht bezuschusst werden. Das Gleiche gilt für implantologische Leistungen, es sei denn, es liegen seltene vom Gemeinsamen Bundesausschuss in Richtlinien nach § 92 Abs. 1 festzulegende Ausnahmeindikationen für besonders schwere Fälle vor, in denen die Krankenkasse diese Leistung einschließlich der Suprakonstruktion als Sachleistung im Rahmen einer medizinischen Gesamtbehandlung erbringt. Absatz 1 Satz 2 gilt entsprechend.

(3) Die psychotherapeutische Behandlung einer Krankheit wird durch Psychologische Psychotherapeuten und Kinder- und Jugendlichenpsychotherapeuten nach den §§ 26 und 27 des Psychotherapeutengesetzes und durch Psychotherapeuten nach § 1 Absatz 1 Satz 1 des Psychotherapeutengesetzes (Psychotherapeuten), soweit sie zur psychotherapeutischen Behandlung zugelassen sind, sowie durch Vertragsärzte entsprechend den Richtlinien nach § 92 durchgeführt. Absatz 1 Satz 2 gilt entsprechend. Spätestens nach den probatorischen Sitzungen gemäß § 92 Abs. 6a hat der Psychotherapeut vor Beginn der Behandlung den Konsiliarbericht eines Vertragsarztes zur Abklärung einer somatischen Erkrankung sowie, falls der somatisch abklärende Vertragsarzt dies für erforderlich hält, eines psychiatrisch tätigen Vertragsarztes einzuholen.

§ 31 Arznei- und Verbandmittel, Verordnungsermächtigung

(1) Versicherte haben Anspruch auf Versorgung mit apothekenpflichtigen Arzneimitteln, soweit die Arzneimittel nicht nach § 34 oder durch Richtlinien nach § 92 Abs. 1 Satz 2 Nr. 6 ausgeschlossen sind, und auf Versorgung mit Verbandmitteln, Harn- und Blutteststreifen. Der Gemeinsame Bundesausschuss hat in den Richtlinien nach § 92 Abs. 1 Satz 2 Nr. 6 festzulegen, in welchen medizinisch notwendigen Fällen Stoffe und Zubereitungen aus Stoffen, die als Medizinprodukte nach § 3 Nr. 1 oder Nr. 2 des Medizinproduktegesetzes zur Anwendung am oder im menschlichen Körper bestimmt sind, ausnahmsweise in die Arzneimittelversorgung einbezogen werden; § 34 Abs. 1 Satz 5, 7 und 8 und Abs. 6 sowie die §§ 35, 126 und 127 gelten entsprechend. Für verschreibungspflichtige und nicht verschreibungspflichtige Medizinprodukte nach Satz 2 gilt § 34 Abs. 1 Satz 6 entsprechend. Der Vertragsarzt kann Arzneimittel, die auf Grund der Richtlinien nach § 92 Abs. 1 Satz 2 Nr. 6 von der Versorgung ausgeschlossen sind, ausnahmsweise in medizinisch begründeten Einzelfällen mit Begründung verordnen. Für die Versorgung nach Satz 1 können die Versicherten unter den Apotheken, für die der Rahmenvertrag nach § 129 Abs. 2 Geltung hat, frei wählen.

(1a) 1 Verbandmittel sind Gegenstände einschließlich Fixiermaterial, deren Hauptwirkung darin besteht, oberflächengeschädigte Körperteile zu bedecken, Körperflüssigkeiten von oberflächengeschädigten Körperteilen aufzusaugen oder beides zu erfüllen. 2 Die Eigenschaft als Verbandmittel entfällt nicht, wenn ein Gegenstand ergänzend weitere Wirkungen entfaltet, die ohne pharmakologische, immunologische oder metabolische Wirkungsweise im menschlichen Körper der

Wundheilung dienen, beispielsweise, indem er eine Wunde feucht hält, reinigt, geruchsbindend, antimikrobiell oder metallbeschichtet ist. 3 Erfasst sind auch Gegenstände, die zur individuellen Erstellung von einmaligen Verbänden an Körperteilen, die nicht oberflächengeschädigt sind, gegebenenfalls mehrfach verwendet werden, um Körperteile zu stabilisieren, zu immobilisieren oder zu komprimieren. 4 Das Nähere zur Abgrenzung von Verbandmitteln zu sonstigen Produkten zur Wundbehandlung regelt der Gemeinsame Bundesausschuss bis zum 31. August 2020 in den Richtlinien nach § 92 Absatz 1 Satz 2 Nummer 6; Absatz 1 Satz 2 gilt für diese sonstigen Produkte entsprechend. 5 Bis 36 Monate nach dem Wirksamwerden der Regelungen nach Satz 4 sind solche Gegenstände weiterhin zu Lasten der Krankenkassen zu erbringen, die vor dem Wirksamwerden der Regelungen nach Satz 4 erbracht wurden.

(2) Für ein Arznei- oder Verbandmittel, für das ein Festbetrag nach § 35 festgesetzt ist, trägt die Krankenkasse die Kosten bis zur Höhe dieses Betrages, für andere Arznei- oder Verbandmittel die vollen Kosten, jeweils abzüglich der vom Versicherten zu leistenden Zuzahlung und der Abschläge nach den §§ 130, 130a und dem Gesetz zur Einführung von Abschlägen der pharmazeutischen Großhändler. Hat die Krankenkasse mit einem pharmazeutischen Unternehmen, das ein Festbetragsarzneimittel anbietet, eine Vereinbarung nach § 130a Abs. 8 abgeschlossen, trägt die Krankenkasse abweichend von Satz 1 den Apothekenverkaufspreis dieses Mittels abzüglich der Zuzahlungen und Abschläge nach den §§ 130 und 130a Abs. 1, 3a und 3b. Diese Vereinbarung ist nur zulässig, wenn hierdurch die Mehrkosten der Überschreitung des Festbetrages ausgeglichen werden. Die Krankenkasse übermittelt die erforderlichen Angaben einschließlich des Arzneimittel- und des Institutionskennzeichens der Krankenkasse an die Vertragspartner nach § 129 Abs. 2; das Nähere ist in den Verträgen nach § 129 Abs. 2 und 5 zu vereinbaren. Versicherte und Apotheken sind nicht verpflichtet, Mehrkosten an die Krankenkasse zurückzuzahlen, wenn die von der Krankenkasse abgeschlossene Vereinbarung den gesetzlichen Anforderungen nicht entspricht.

(3) Versicherte, die das achtzehnte Lebensjahr vollendet haben, leisten an die abgebende Stelle zu jedem zu Lasten der gesetzlichen Krankenversicherung verordneten Arznei- und Verbandmittel als Zuzahlung den sich nach § 61 Satz 1 ergebenden Betrag, jedoch jeweils nicht mehr als die Kosten des Mittels. Satz 1 findet keine Anwendung bei Harn- und Blutteststreifen. Satz 1 gilt auch für Medizinprodukte, die nach Absatz 1 Satz 2 und 3 in die Versorgung mit Arzneimitteln

einbezogen worden sind. Der Spitzenverband Bund der Krankenkassen kann Arzneimittel, deren Abgabepreis des pharmazeutischen Unternehmers ohne Mehrwertsteuer mindestens um 30 vom Hundert niedriger als der jeweils gültige Festbetrag ist, der diesem Preis zugrunde liegt, von der Zuzahlung freistellen, wenn hieraus Einsparungen zu erwarten sind. Für andere Arzneimittel, für die eine Vereinbarung nach § 130a Abs. 8 besteht, kann die Krankenkasse die Zuzahlung um die Hälfte ermäßigen oder aufheben, wenn hieraus Einsparungen zu erwarten sind. Absatz 2 Satz 4 gilt entsprechend.

§ 32 Heilmittel

(1) Versicherte haben Anspruch auf Versorgung mit Heilmitteln, soweit sie nicht nach § 34 ausgeschlossen sind. Für nicht nach Satz 1 ausgeschlossene Heilmittel bleibt § 92 unberührt.

(1a) Der Gemeinsame Bundesausschuss regelt bis zum 30. Juni 2016 in seiner Richtlinie nach § 92 Absatz 1 Satz 2 Nummer 6 das Nähere zur Heilmittelversorgung von Versicherten mit langfristigem Behandlungsbedarf. Er hat insbesondere zu bestimmen, wann ein langfristiger Heilmittelbedarf vorliegt, und festzulegen, ob und inwieweit ein Genehmigungsverfahren durchzuführen ist. Ist in der Richtlinie ein Genehmigungsverfahren vorgesehen, so ist über die Anträge innerhalb von vier Wochen zu entscheiden; ansonsten gilt die Genehmigung nach Ablauf der Frist als erteilt. Soweit zur Entscheidung ergänzende Informationen des Antragstellers erforderlich sind, ist der Lauf der Frist bis zum Eingang dieser Informationen unterbrochen.

(2) Versicherte, die das achtzehnte Lebensjahr vollendet haben, haben zu den Kosten der Heilmittel als Zuzahlung den sich nach § 61 Satz 3 ergebenden Betrag an die abgebende Stelle zu leisten. Dies gilt auch, wenn Massagen, Bäder und Krankengymnastik als Bestandteil der ärztlichen Behandlung (§ 27 Satz 2 Nr. 1) oder bei ambulanter Behandlung in Krankenhäusern, Rehabilitations- oder anderen Einrichtungen abgegeben werden. Die Zuzahlung für die in Satz 2 genannten Heilmittel, die als Bestandteil der ärztlichen Behandlung abgegeben werden, errechnet sich nach den Preisen, die nach § 125 vereinbart sind.

§ 33 Hilfsmittel

(1) Versicherte haben Anspruch auf Versorgung mit Hörhilfen, Körperersatzstücken, orthopädischen und anderen Hilfsmitteln, die im Einzelfall erforderlich sind, um den

Erfolg der Krankenbehandlung zu sichern, einer drohenden Behinderung vorzubeugen oder eine Behinderung auszugleichen, soweit die Hilfsmittel nicht als allgemeine Gebrauchsgegenstände des täglichen Lebens anzusehen oder nach § 34 Abs. 4 ausgeschlossen sind. Die Hilfsmittel müssen mindestens die im Hilfsmittelverzeichnis nach § 139 Absatz 2 festgelegten Anforderungen an die Qualität der Versorgung und der Produkte erfüllen, soweit sie im Hilfsmittelverzeichnis nach § 139 Absatz 1 gelistet oder von den dort genannten Produktgruppen erfasst sind. Der Anspruch auf Versorgung mit Hilfsmitteln zum Behinderungsausgleich hängt bei stationärer Pflege nicht davon ab, in welchem Umfang eine Teilhabe am Leben der Gemeinschaft noch möglich ist; die Pflicht der stationären Pflegeeinrichtungen zur Vorhaltung von Hilfsmitteln und Pflegehilfsmitteln, die für den üblichen Pflegebetrieb jeweils notwendig sind, bleibt hiervon unberührt. Für nicht durch Satz 1 ausgeschlossene Hilfsmittel bleibt § 92 Abs. 1 unberührt. Der Anspruch umfasst auch zusätzlich zur Bereitstellung des Hilfsmittels zu erbringende, notwendige Leistungen wie die notwendige Änderung, Instandsetzung und Ersatzbeschaffung von Hilfsmitteln, die Ausbildung in ihrem Gebrauch und, soweit zum Schutz der Versicherten vor unvertretbaren gesundheitlichen Risiken erforderlich, die nach dem Stand der Technik zur Erhaltung der Funktionsfähigkeit und der technischen Sicherheit notwendigen Wartungen und technischen Kontrollen. Wählen Versicherte Hilfsmittel oder zusätzliche Leistungen, die über das Maß des Notwendigen hinausgehen, haben sie die Mehrkosten und dadurch bedingte höhere Folgekosten selbst zu tragen. § 18 Absatz 6a des Elften Buches ist zu beachten.

(2) Versicherte haben bis zur Vollendung des 18. Lebensjahres Anspruch auf Versorgung mit Sehhilfen entsprechend den Voraussetzungen nach Absatz 1. Für Versicherte, die das 18. Lebensjahr vollendet haben, besteht der Anspruch auf Sehhilfen, wenn sie

1. nach ICD 10-GM 2017 auf Grund ihrer Sehbeeinträchtigung oder Blindheit bei bestmöglicher Brillenkorrektur auf beiden Augen eine schwere Sehbeeinträchtigung mindestens der Stufe 1 oder
2. einen verordneten Fern-Korrekturausgleich für einen Refraktionsfehler von mehr als 6 Dioptrien bei Myopie oder Hyperopie oder mehr als 4 Dioptrien bei Astigmatismus

aufweisen; Anspruch auf therapeutische Sehhilfen besteht, wenn diese der Behandlung von Augenverletzungen oder Augenerkrankungen dienen. Der

Gemeinsame Bundesausschuss bestimmt in Richtlinien nach § 92, bei welchen Indikationen therapeutische Sehhilfen verordnet werden. Der Anspruch auf Versorgung mit Sehhilfen umfasst nicht die Kosten des Brillengestells.

(3) Anspruch auf Versorgung mit Kontaktlinsen besteht für anspruchsberechtigte Versicherte nach Absatz 2 nur in medizinisch zwingend erforderlichen Ausnahmefällen. Der Gemeinsame Bundesausschuss bestimmt in den Richtlinien nach § 92, bei welchen Indikationen Kontaktlinsen verordnet werden. Wählen Versicherte statt einer erforderlichen Brille Kontaktlinsen und liegen die Voraussetzungen des Satzes 1 nicht vor, zahlt die Krankenkasse als Zuschuss zu den Kosten von Kontaktlinsen höchstens den Betrag, den sie für eine erforderliche Brille aufzuwenden hätte. Die Kosten für Pflegemittel werden nicht übernommen.

(4) Ein erneuter Anspruch auf Versorgung mit Sehhilfen nach Absatz 2 besteht für Versicherte, die das vierzehnte Lebensjahr vollendet haben, nur bei einer Änderung der Sehfähigkeit um mindestens 0,5 Dioptrien; für medizinisch zwingend erforderliche Fälle kann der Gemeinsame Bundesausschuss in den Richtlinien nach § 92 Ausnahmen zulassen.

(5) Die Krankenkasse kann den Versicherten die erforderlichen Hilfsmittel auch leihweise überlassen. Sie kann die Bewilligung von Hilfsmitteln davon abhängig machen, dass die Versicherten sich das Hilfsmittel anpassen oder sich in seinem Gebrauch ausbilden lassen.

(5a) Eine vertragsärztliche Verordnung ist für die Beantragung von Leistungen nach den Absätzen 1 bis 4 nur erforderlich, soweit eine erstmalige oder erneute ärztliche Diagnose oder Therapieentscheidung medizinisch geboten ist. Abweichend von Satz 1 können die Krankenkassen eine vertragsärztliche Verordnung als Voraussetzung für die Kostenübernahme verlangen, soweit sie auf die Genehmigung der beantragten Hilfsmittelversorgung verzichtet haben.

(7) Die Krankenkasse übernimmt die jeweils vertraglich vereinbarten Preise.

(8) Versicherte, die das 18. Lebensjahr vollendet haben, leisten zu jedem zu Lasten der gesetzlichen Krankenversicherung abgegebenen Hilfsmittel als Zuzahlung den sich nach § 61 Satz 1 ergebenden Betrag zu dem von der Krankenkasse zu übernehmenden Betrag an die abgebende Stelle. Der Vergütungsanspruch nach Absatz 7 verringert sich um die Zuzahlung; § 43c Abs. 1 Satz 2 findet keine Anwendung. Die Zuzahlung bei zum Verbrauch bestimmten Hilfsmitteln beträgt 10 vom Hundert des insgesamt von der Krankenkasse zu übernehmenden Betrags, jedoch höchstens 10 Euro für den gesamten Monatsbedarf.

§ 35 Festbeträge für Arznei- und Verbandmittel

(1) Der Gemeinsame Bundesausschuss bestimmt in den Richtlinien nach § 92 Abs. 1 Satz 2 Nr. 6, für welche Gruppen von Arzneimitteln Festbeträge festgesetzt werden können. In den Gruppen sollen Arzneimittel mit

1. denselben Wirkstoffen,
2. pharmakologisch-therapeutisch vergleichbaren Wirkstoffen, insbesondere mit chemisch verwandten Stoffen,
3. therapeutisch vergleichbarer Wirkung, insbesondere Arzneimittelkombinationen,

zusammengefasst werden; unterschiedliche Bioverfügbarkeiten wirkstoffgleicher Arzneimittel sind zu berücksichtigen, sofern sie für die Therapie bedeutsam sind. Bei der Bildung von Gruppen nach Satz 1 soll bei Arzneimitteln mit Wirkstoffen zur Behandlung bakterieller Infektionskrankheiten (Antibiotika) die Resistenzsituation berücksichtigt werden. Arzneimittel, die als Reserveantibiotika für die Versorgung von Bedeutung sind, können von der Bildung von Gruppen nach Satz 1 ausgenommen werden. Die nach Satz 2 Nr. 2 und 3 gebildeten Gruppen müssen gewährleisten, dass Therapiemöglichkeiten nicht eingeschränkt werden und medizinisch notwendige Verordnungsalternativen zur Verfügung stehen; insbesondere können altersgerechte Darreichungsformen für Kinder berücksichtigt werden. Ausgenommen von den nach Satz 2 Nummer 2 und 3 gebildeten Gruppen sind Arzneimittel mit patentgeschützten Wirkstoffen, deren Wirkungsweise neuartig ist oder die eine therapeutische Verbesserung, auch wegen geringerer Nebenwirkungen, bedeuten. Als neuartig gilt ein Wirkstoff, solange derjenige Wirkstoff, der als erster dieser Gruppe in Verkehr gebracht worden ist, unter Patentschutz steht. Der Gemeinsame Bundesausschuss ermittelt auch die nach Absatz 3 notwendigen rechnerischen mittleren Tages- oder Einzeldosen oder anderen geeigneten Vergleichsgrößen. Für die Vorbereitung der Beschlüsse nach Satz 1 durch die Geschäftsstelle des Gemeinsamen Bundesausschusses gilt § 106 Absatz 3 Satz 1 entsprechend. Soweit der Gemeinsame Bundesausschuss Dritte beauftragt, hat er zu gewährleisten, dass diese ihre Bewertungsgrundsätze und die Begründung für ihre Bewertungen einschließlich der verwendeten Daten offen legen. Die Namen beauftragter Gutachter dürfen nicht genannt werden.

(1b) Eine therapeutische Verbesserung nach Absatz 1 Satz 6 liegt vor, wenn das Arzneimittel einen therapierelevanten höheren Nutzen als andere Arzneimittel dieser Wirkstoffgruppe hat und deshalb als zweckmäßige Therapie regelmäßig oder auch für relevante Patientengruppen oder Indikationsbereiche den anderen Arzneimitteln dieser Gruppe vorzuziehen ist. Bewertungen nach Satz 1 erfolgen für gemeinsame Anwendungsgebiete der Arzneimittel der Wirkstoffgruppe. Ein höherer Nutzen nach Satz 1 kann auch eine Verringerung der Häufigkeit oder des Schweregrads therapierelevanter Nebenwirkungen sein. Der Nachweis einer therapeutischen Verbesserung erfolgt aufgrund der Fachinformationen und durch Bewertung von klinischen Studien nach methodischen Grundsätzen der evidenzbasierten Medizin, soweit diese Studien allgemein verfügbar sind oder gemacht werden und ihre Methodik internationalen Standards entspricht. Vorrangig sind klinische Studien, insbesondere direkte Vergleichsstudien mit anderen Arzneimitteln dieser Wirkstoffgruppe mit patientenrelevanten Endpunkten, insbesondere Mortalität, Morbidität und Lebensqualität, zu berücksichtigen. Die Ergebnisse der Bewertung sind in der Begründung zu dem Beschluss nach Absatz 1 Satz 1 fachlich und methodisch aufzubereiten, sodass die tragenden Gründe des Beschlusses nachvollziehbar sind. Vor der Entscheidung sind die Sachverständigen nach Absatz 2 auch mündlich anzuhören. Vorbehaltlich einer abweichenden Entscheidung des Gemeinsamen Bundesausschusses aus wichtigem Grund ist die Begründung des Beschlusses bekannt zu machen, sobald die Vorlage nach § 94 Abs. 1 erfolgt, spätestens jedoch mit Bekanntgabe des Beschlusses im Bundesanzeiger. Ein Arzneimittel, das von einer Festbetragsgruppe freigestellt ist, weil es einen therapierelevanten höheren Nutzen nur für einen Teil der Patienten oder Indikationsbereiche des gemeinsamen Anwendungsgebietes nach Satz 1 hat, ist nur für diese Anwendungen wirtschaftlich; das Nähere ist in den Richtlinien nach § 92 Abs. 1 Satz 2 Nr. 6 zu regeln.

(2) Sachverständigen der medizinischen und pharmazeutischen Wissenschaft und Praxis sowie der Arzneimittelhersteller und der Berufsvertretungen der Apotheker ist vor der Entscheidung des Gemeinsamen Bundesausschusses Gelegenheit zur Stellungnahme zu geben; bei der Beurteilung von Arzneimitteln der besonderen Therapierichtungen sind auch Stellungnahmen von Sachverständigen dieser Therapierichtungen einzuholen. Die Stellungnahmen sind in die Entscheidung einzubeziehen.

(3) Der Spitzenverband Bund der Krankenkassen setzt den jeweiligen Festbetrag auf der Grundlage von rechnerischen mittleren Tages- oder Einzeldosen oder anderen geeigneten Vergleichsgrößen fest. Der Spitzenverband Bund der Krankenkassen

kann einheitliche Festbeträge für Verbandmittel festsetzen. Für die Stellungnahmen der Sachverständigen gilt Absatz 2 entsprechend.
(5) Die Festbeträge sind so festzusetzen, dass sie im Allgemeinen eine ausreichende, zweckmäßige und wirtschaftliche sowie in der Qualität gesicherte Versorgung gewährleisten. Sie haben Wirtschaftlichkeitsreserven auszuschöpfen, sollen einen wirksamen Preiswettbewerb auslösen und haben sich deshalb an möglichst preisgünstigen Versorgungsmöglichkeiten auszurichten; soweit wie möglich ist eine für die Therapie hinreichende Arzneimittelauswahl sicherzustellen. Die Festbeträge sind mindestens einmal im Jahr zu überprüfen; sie sind in geeigneten Zeitabständen an eine veränderte Marktlage anzupassen. Der Festbetrag für die Arzneimittel in einer Festbetragsgruppe nach Absatz 1 Satz 2 soll den höchsten Abgabepreis des unteren Drittels des Intervalls zwischen dem niedrigsten und dem höchsten Preis einer Standardpackung nicht übersteigen. Dabei müssen mindestens ein Fünftel aller Verordnungen und mindestens ein Fünftel aller Packungen zum Festbetrag verfügbar sein; zugleich darf die Summe der jeweiligen Vomhundertsätze der Verordnungen und Packungen, die nicht zum Festbetrag erhältlich sind, den Wert von 160 nicht überschreiten. Bei der Berechnung nach Satz 4 sind hochpreisige Packungen mit einem Anteil von weniger als 1 vom Hundert an den verordneten Packungen in der Festbetragsgruppe nicht zu berücksichtigen. Für die Zahl der Verordnungen sind die zum Zeitpunkt des Berechnungsstichtages zuletzt verfügbaren Jahresdaten nach § 84 Abs. 5 zu Grunde zu legen.
(6) Sofern zum Zeitpunkt der Anpassung des Festbetrags ein gültiger Beschluss nach § 31 Absatz 3 Satz 4 vorliegt und tatsächlich Arzneimittel auf Grund dieses Beschlusses von der Zuzahlung freigestellt sind, soll der Festbetrag so angepasst werden, dass auch nach der Anpassung eine hinreichende Versorgung mit Arzneimitteln ohne Zuzahlung gewährleistet werden kann. In diesem Fall darf die Summe nach Absatz 5 Satz 5 den Wert von 100 nicht überschreiten, wenn zu erwarten ist, dass anderenfalls keine hinreichende Anzahl zuvor auf Grund von § 31 Absatz 3 Satz 4 von der Zuzahlung freigestellter Arzneimittel weiterhin freigestellt wird.
(7) Die Festbeträge sind im Bundesanzeiger bekanntzumachen. Klagen gegen die Festsetzung der Festbeträge haben keine aufschiebende Wirkung. Ein Vorverfahren findet nicht statt. Eine gesonderte Klage gegen die Gruppeneinteilung nach Absatz 1 Satz 1 bis 6, gegen die rechnerischen mittleren Tages- oder Einzeldosen oder

anderen geeigneten Vergleichsgrößen nach Absatz 1 Satz 8 oder gegen sonstige Bestandteile der Festsetzung der Festbeträge ist unzulässig.
(8) Der Spitzenverband Bund der Krankenkassen erstellt und veröffentlicht Übersichten über sämtliche Festbeträge und die betroffenen Arzneimittel und übermittelt diese im Wege der Datenübertragung dem Deutschen Institut für medizinische Dokumentation und Information zur abruffähigen Veröffentlichung im Internet. Die Übersichten sind vierteljährlich zu aktualisieren.

§ 36 Festbeträge für Hilfsmittel

(1) Der Spitzenverband Bund der Krankenkassen bestimmt Hilfsmittel, für die Festbeträge festgesetzt werden. Dabei sollen unter Berücksichtigung des Hilfsmittelverzeichnisses nach § 139 in ihrer Funktion gleichartige und gleichwertige Mittel in Gruppen zusammengefasst und die Einzelheiten der Versorgung festgelegt werden. Den maßgeblichen Spitzenorganisationen der betroffenen Hersteller und Leistungserbringer auf Bundesebene ist unter Übermittlung der hierfür erforderlichen Informationen innerhalb einer angemessenen Frist vor der Entscheidung Gelegenheit zur Stellungnahme zu geben; die Stellungnahmen sind in die Entscheidung einzubeziehen.
(2) Der Spitzenverband Bund der Krankenkassen setzt für die Versorgung mit den nach Absatz 1 bestimmten Hilfsmitteln einheitliche Festbeträge fest. Absatz 1 Satz 3 gilt entsprechend. Die Hersteller und Leistungserbringer sind verpflichtet, dem Spitzenverband Bund der Krankenkassen auf Verlangen die zur Wahrnehmung der Aufgaben nach Satz 1 und nach Absatz 1 Satz 1 und 2 erforderlichen Informationen und Auskünfte, insbesondere auch zu den Abgabepreisen der Hilfsmittel, zu erteilen.

§ 37 Häusliche Krankenpflege

(1) Versicherte erhalten in ihrem Haushalt, ihrer Familie oder sonst an einem geeigneten Ort, insbesondere in betreuten Wohnformen, Schulen und Kindergärten, bei besonders hohem Pflegebedarf auch in Werkstätten für behinderte Menschen neben der ärztlichen Behandlung häusliche Krankenpflege durch geeignete Pflegekräfte, wenn Krankenhausbehandlung geboten, aber nicht ausführbar ist, oder wenn sie durch die häusliche Krankenpflege vermieden oder verkürzt wird. § 10 der Werkstättenverordnung bleibt unberührt. Die häusliche Krankenpflege umfasst die im Einzelfall erforderliche Grund- und Behandlungspflege sowie hauswirtschaftliche Versorgung. Der Anspruch besteht bis zu vier Wochen je Krankheitsfall. In

begründeten Ausnahmefällen kann die Krankenkasse die häusliche Krankenpflege für einen längeren Zeitraum bewilligen, wenn der Medizinische Dienst (§ 275) festgestellt hat, dass dies aus den in Satz 1 genannten Gründen erforderlich ist.

(1a) Versicherte erhalten an geeigneten Orten im Sinne von Absatz 1 Satz 1 wegen schwerer Krankheit oder wegen akuter Verschlimmerung einer Krankheit, insbesondere nach einem Krankenhausaufenthalt, nach einer ambulanten Operation oder nach einer ambulanten Krankenhausbehandlung, soweit keine Pflegebedürftigkeit mit Pflegegrad 2, 3, 4 oder 5 im Sinne des Elften Buches vorliegt, die erforderliche Grundpflege und hauswirtschaftliche Versorgung. Absatz 1 Satz 4 und 5 gilt entsprechend.

(2) Versicherte erhalten in ihrem Haushalt, ihrer Familie oder sonst an einem geeigneten Ort, insbesondere in betreuten Wohnformen, Schulen und Kindergärten, bei besonders hohem Pflegebedarf auch in Werkstätten für behinderte Menschen als häusliche Krankenpflege Behandlungspflege, wenn diese zur Sicherung des Ziels der ärztlichen Behandlung erforderlich ist. § 10 der Werkstättenverordnung bleibt unberührt. Der Anspruch nach Satz 1 besteht über die dort genannten Fälle hinaus ausnahmsweise auch für solche Versicherte in zugelassenen Pflegeeinrichtungen im Sinne des § 43 des Elften Buches, die auf Dauer, voraussichtlich für mindestens sechs Monate, einen besonders hohen Bedarf an medizinischer Behandlungspflege haben. Die Satzung kann bestimmen, dass die Krankenkasse zusätzlich zur Behandlungspflege nach Satz 1 als häusliche Krankenpflege auch Grundpflege und hauswirtschaftliche Versorgung erbringt. Die Satzung kann dabei Dauer und Umfang der Grundpflege und der hauswirtschaftlichen Versorgung nach Satz 4 bestimmen. Leistungen nach den Sätzen 4 und 5 sind nach Eintritt von Pflegebedürftigkeit mit mindestens Pflegegrad 2 im Sinne des Elften Buches nicht zulässig. Versicherte, die nicht auf Dauer in Einrichtungen nach § 71 Abs. 2 oder 4 des Elften Buches aufgenommen sind, erhalten Leistungen nach Satz 1 und den Sätzen 4 bis 6 auch dann, wenn ihr Haushalt nicht mehr besteht und ihnen nur zur Durchführung der Behandlungspflege vorübergehender Aufenthalt in einer Einrichtung oder in einer anderen geeigneten Unterkunft zur Verfügung gestellt wird. Versicherte erhalten in stationären Einrichtungen im Sinne des § 43a des Elften Buches Leistungen nach Satz 1, wenn der Bedarf an Behandlungspflege eine ständige Überwachung und Versorgung durch eine qualifizierte Pflegefachkraft erfordert.

(3) Der Anspruch auf häusliche Krankenpflege besteht nur, soweit eine im Haushalt lebende Person den Kranken in dem erforderlichen Umfang nicht pflegen und versorgen kann.
(4) Kann die Krankenkasse keine Kraft für die häusliche Krankenpflege stellen oder besteht Grund, davon abzusehen, sind den Versicherten die Kosten für eine selbstbeschaffte Kraft in angemessener Höhe zu erstatten.
(5) Versicherte, die das 18. Lebensjahr vollendet haben, leisten als Zuzahlung den sich nach § 61 Satz 3 ergebenden Betrag, begrenzt auf die für die ersten 28 Kalendertage der Leistungsinanspruchnahme je Kalenderjahr anfallenden Kosten an die Krankenkasse.
(6) Der Gemeinsame Bundesausschuss legt in Richtlinien nach § 92 fest, an welchen Orten und in welchen Fällen Leistungen nach den Absätzen 1 und 2 auch außerhalb des Haushalts und der Familie des Versicherten erbracht werden können.
(7) Der Gemeinsame Bundesausschuss regelt in Richtlinien nach § 92 unter Berücksichtigung bestehender Therapieangebote das Nähere zur Versorgung von chronischen und schwer heilenden Wunden. Die Versorgung von chronischen und schwer heilenden Wunden kann auch in spezialisierten Einrichtungen an einem geeigneten Ort außerhalb der Häuslichkeit von Versicherten erfolgen.

§ 39 Krankenhausbehandlung [Krankenhaus] [Zuzahlung KH]

(1) Die Krankenhausbehandlung wird vollstationär, stationsäquivalent, teilstationär, vor- und nachstationär sowie ambulant erbracht. Versicherte haben Anspruch auf vollstationäre oder stationsäquivalente Behandlung durch ein nach § 108 zugelassenes Krankenhaus, wenn die Aufnahme oder die Behandlung im häuslichen Umfeld nach Prüfung durch das Krankenhaus erforderlich ist, weil das Behandlungsziel nicht durch teilstationäre, vor- und nachstationäre oder ambulante Behandlung einschließlich häuslicher Krankenpflege erreicht werden kann. Die Krankenhausbehandlung umfasst im Rahmen des Versorgungsauftrags des Krankenhauses alle Leistungen, die im Einzelfall nach Art und Schwere der Krankheit für die medizinische Versorgung der Versicherten im Krankenhaus notwendig sind, insbesondere ärztliche Behandlung (§ 28 Abs. 1), Krankenpflege, Versorgung mit Arznei-, Heil- und Hilfsmitteln, Unterkunft und Verpflegung; die akutstationäre Behandlung umfasst auch die im Einzelfall erforderlichen und zum frühestmöglichen Zeitpunkt einsetzenden Leistungen zur Frührehabilitation. Die stationsäquivalente Behandlung umfasst eine psychiatrische Behandlung im häuslichen Umfeld durch

mobile ärztlich geleitete multiprofessionelle Behandlungsteams. Sie entspricht hinsichtlich der Inhalte sowie der Flexibilität und Komplexität der Behandlung einer vollstationären Behandlung.

(1a) Die Krankenhausbehandlung umfasst ein Entlassmanagement zur Unterstützung einer sektorenübergreifenden Versorgung der Versicherten beim Übergang in die Versorgung nach Krankenhausbehandlung. § 11 Absatz 4 Satz 4 gilt. Das Krankenhaus kann mit Leistungserbringern nach § 95 Absatz 1 Satz 1 vereinbaren, dass diese Aufgaben des Entlassmanagements wahrnehmen. § 11 des Apothekengesetzes bleibt unberührt. Der Versicherte hat gegenüber der Krankenkasse einen Anspruch auf Unterstützung des Entlassmanagements nach Satz 1; soweit Hilfen durch die Pflegeversicherung in Betracht kommen, kooperieren Kranken- und Pflegekassen miteinander. Soweit dies für die Versorgung des Versicherten unmittelbar nach der Entlassung erforderlich ist, können die Krankenhäuser die in § 92 Absatz 1 Satz 2 Nummer 6 genannten Leistungen verordnen und die Arbeitsunfähigkeit feststellen; hierfür gelten die Bestimmungen über die vertragsärztliche Versorgung mit der Maßgabe, dass bis zur Verwendung der Arztnummer nach § 293 Absatz 7 Satz 3 Nummer 1 eine im Rahmenvertrag nach Satz 9 erster Halbsatz zu vereinbarende alternative Kennzeichnung zu verwenden ist. Bei der Verordnung von Arzneimitteln können Krankenhäuser eine Packung mit dem kleinsten Packungsgrößenkennzeichen gemäß der Packungsgrößenverordnung verordnen; im Übrigen können die in § 92 Absatz 1 Satz 2 Nummer 6 genannten Leistungen für die Versorgung in einem Zeitraum von bis zu sieben Tagen verordnet und die Arbeitsunfähigkeit festgestellt werden (§ 92 Absatz 1 Satz 2 Nummer 7). Der Gemeinsame Bundesausschuss bestimmt in den Richtlinien nach § 92 Absatz 1 Satz 2 Nummer 6 und 7 die weitere Ausgestaltung des Verordnungsrechts nach Satz 7. Die weiteren Einzelheiten zu den Sätzen 1 bis 7, insbesondere zur Zusammenarbeit der Leistungserbringer mit den Krankenkassen, regeln der Spitzenverband Bund der Krankenkassen auch als Spitzenverband Bund der Pflegekassen, die Kassenärztliche Bundesvereinigung und die Deutsche Krankenhausgesellschaft unter Berücksichtigung der Richtlinien des Gemeinsamen Bundesausschusses bis zum 31. Dezember 2015 in einem Rahmenvertrag; § 118a Absatz 2 Satz 2 gilt entsprechend; kommt eine Vereinbarung nicht zustande, kann auch das Bundesministerium für Gesundheit das Schiedsamt anrufen. Vor Abschluss des Rahmenvertrages ist der für die Wahrnehmung der wirtschaftlichen Interessen gebildeten maßgeblichen Spitzenorganisation der Apotheker sowie den Vereinigungen der Träger der

Pflegeeinrichtungen auf Bundesebene Gelegenheit zur Stellungnahme zu geben. Das Entlassmanagement und eine dazu erforderliche Erhebung, Verarbeitung und Nutzung personenbezogener Daten dürfen nur mit Einwilligung und nach vorheriger Information des Versicherten erfolgen. Die Einwilligung kann jederzeit widerrufen werden. Information, Einwilligung und Widerruf bedürfen der Schriftform.
(2) Wählen Versicherte ohne zwingenden Grund ein anderes als ein in der ärztlichen Einweisung genanntes Krankenhaus, können ihnen die Mehrkosten ganz oder teilweise auferlegt werden.
(3) Die Landesverbände der Krankenkassen, die Ersatzkassen und die Deutsche Rentenversicherung Knappschaft-Bahn-See gemeinsam erstellen unter Mitwirkung der Landeskrankenhausgesellschaft und der Kassenärztlichen Vereinigung ein Verzeichnis der Leistungen und Entgelte für die Krankenhausbehandlung in den zugelassenen Krankenhäusern im Land oder in einer Region und passen es der Entwicklung an (Verzeichnis stationärer Leistungen und Entgelte). Dabei sind die Entgelte so zusammenzustellen, dass sie miteinander verglichen werden können. Die Krankenkassen haben darauf hinzuwirken, dass Vertragsärzte und Versicherte das Verzeichnis bei der Verordnung und Inanspruchnahme von Krankenhausbehandlung beachten.
(4) Versicherte, die das achtzehnte Lebensjahr vollendet haben, zahlen vom Beginn der vollstationären Krankenhausbehandlung an innerhalb eines Kalenderjahres für längstens 28 Tage den sich nach § 61 Satz 2 ergebenden Betrag je Kalendertag an das Krankenhaus (Zuzahlung Krankenhaus). Die innerhalb des Kalenderjahres bereits an einen Träger der gesetzlichen Rentenversicherung geleistete Zahlung nach § 32 Abs. 1 Satz 2 des Sechsten Buches sowie die nach § 40 Abs. 6 Satz 1 geleistete Zahlung sind auf die Zahlung nach Satz 1 anzurechnen.

§ 40 Leistungen zur medizinischen Rehabilitation

(1) Reicht bei Versicherten eine ambulante Krankenbehandlung nicht aus, um die in § 11 Abs. 2 beschriebenen Ziele zu erreichen, erbringt die Krankenkasse aus medizinischen Gründen erforderliche ambulante Rehabilitationsleistungen in Rehabilitationseinrichtungen, für die ein Versorgungsvertrag nach § 111c besteht; dies schließt mobile Rehabilitationsleistungen durch wohnortnahe Einrichtungen ein. Leistungen nach Satz 1 sind auch in stationären Pflegeeinrichtungen nach § 72 Abs. 1 des Elften Buches zu erbringen.

(2) Reicht die Leistung nach Absatz 1 nicht aus, so erbringt die Krankenkasse erforderliche stationäre Rehabilitation mit Unterkunft und Verpflegung in einer nach § 37 Absatz 3 des Neunten Buches zertifizierten Rehabilitationseinrichtung, mit der ein Vertrag nach § 111 besteht. Für pflegende Angehörige erbringt die Krankenkasse stationäre Rehabilitation unabhängig davon, ob die Leistung nach Absatz 1 ausreicht. Die Krankenkasse kann für pflegende Angehörige diese stationäre Rehabilitation mit Unterkunft und Verpflegung auch in einer nach § 37 Absatz 3 des Neunten Buches zertifizierten Rehabilitationseinrichtung erbringen, mit der ein Vertrag nach § 111a besteht. Wählt der Versicherte eine andere zertifizierte Einrichtung, so hat er die dadurch entstehenden Mehrkosten zu tragen; dies gilt nicht für solche Mehrkosten, die im Hinblick auf die Beachtung des Wunsch- und Wahlrechts nach § 8 des Neunten Buches angemessen sind. Die Krankenkasse führt nach Geschlecht differenzierte statistische Erhebungen über Anträge auf Leistungen nach Satz 1 und Absatz 1 sowie deren Erledigung durch. § 39 Absatz 1a gilt entsprechend mit der Maßgabe, dass bei dem Rahmenvertrag entsprechend § 39 Absatz 1a die für die Erbringung von Leistungen zur medizinischen Rehabilitation maßgeblichen Verbände auf Bundesebene zu beteiligen sind; bei Anrufung des Bundesschiedsamtes entsprechend § 118a Absatz 2 Satz 2 ist das Bundesschiedsamt anstelle der Vertreter der Deutschen Krankenhausgesellschaft um Vertreter der für die Erbringung von Leistungen zur medizinischen Rehabilitation maßgeblichen Verbände auf Bundesebene zu erweitern.

(3) Die Krankenkasse bestimmt nach den medizinischen Erfordernissen des Einzelfalls unter Beachtung des Wunsch- und Wahlrechts der Leistungsberechtigten nach § 8 des Neunten Buches Art, Dauer, Umfang, Beginn und Durchführung der Leistungen nach den Absätzen 1 und 2 sowie die Rehabilitationseinrichtung nach pflichtgemäßem Ermessen; die Krankenkasse berücksichtigt bei ihrer Entscheidung die besonderen Belange pflegender Angehöriger.

(6) Versicherte, die das achtzehnte Lebensjahr vollendet haben und eine Leistung nach Absatz 1 oder 2 in Anspruch nehmen, deren unmittelbarer Anschluss an eine Krankenhausbehandlung medizinisch notwendig ist (Anschlussrehabilitation), zahlen den sich nach § 61 Satz 2 ergebenden Betrag für längstens 28 Tage je Kalenderjahr an die Einrichtung; als unmittelbar gilt der Anschluss auch, wenn die Maßnahme innerhalb von 14 Tagen beginnt, es sei denn, die Einhaltung dieser Frist ist aus zwingenden tatsächlichen oder medizinischen Gründen nicht möglich. Die innerhalb des Kalenderjahres bereits an einen Träger der gesetzlichen Rentenversicherung

geleistete kalendertägliche Zahlung nach § 32 Abs. 1 Satz 2 des Sechsten Buches sowie die nach § 39 Abs. 4 geleistete Zahlung sind auf die Zahlung nach Satz 1 anzurechnen. Die Zahlungen sind an die Krankenkasse weiterzuleiten.

§ 44 Krankengeld

(1) Versicherte haben Anspruch auf Krankengeld, wenn die Krankheit sie arbeitsunfähig macht oder sie auf Kosten der Krankenkasse stationär in einem Krankenhaus, einer Vorsorge- oder Rehabilitationseinrichtung (§ 23 Abs. 4, §§ 24, 40 Abs. 2 und § 41) behandelt werden.

(2) Keinen Anspruch auf Krankengeld haben

1. die nach § 5 Abs. 1 Nr. 2a, 5, 6, 9, 10 oder 13 sowie die nach § 10 Versicherten; dies gilt nicht für die nach § 5 Abs. 1 Nr. 6 Versicherten, wenn sie Anspruch auf Übergangsgeld haben, und für Versicherte nach § 5 Abs. 1 Nr. 13, soweit sie abhängig beschäftigt und nicht nach den §§ 8 und 8a des Vierten Buches geringfügig beschäftigt sind,
2. hauptberuflich selbständig Erwerbstätige, es sei denn, das Mitglied erklärt gegenüber der Krankenkasse, dass die Mitgliedschaft den Anspruch auf Krankengeld umfassen soll (Wahlerklärung),
3. Versicherte nach § 5 Absatz 1 Nummer 1, die bei Arbeitsunfähigkeit nicht mindestens sechs Wochen Anspruch auf Fortzahlung des Arbeitsentgelts auf Grund des Entgeltfortzahlungsgesetzes, eines Tarifvertrags, einer Betriebsvereinbarung oder anderer vertraglicher Zusagen oder auf Zahlung einer die Versicherungspflicht begründenden Sozialleistung haben, es sei denn, das Mitglied gibt eine Wahlerklärung ab, dass die Mitgliedschaft den Anspruch auf Krankengeld umfassen soll. Dies gilt nicht für Versicherte, die nach § 10 des Entgeltfortzahlungsgesetzes Anspruch auf Zahlung eines Zuschlages zum Arbeitsentgelt haben,
4. Versicherte, die eine Rente aus einer öffentlich-rechtlichen Versicherungseinrichtung oder Versorgungseinrichtung ihrer Berufsgruppe oder von anderen vergleichbaren Stellen beziehen, die ihrer Art nach den in § 50 Abs. 1 genannten Leistungen entspricht. Für Versicherte nach Satz 1 Nr. 4 gilt § 50 Abs. 2 entsprechend, soweit sie eine Leistung beziehen, die ihrer Art nach den in dieser Vorschrift aufgeführten Leistungen entspricht.

Für die Wahlerklärung nach Satz 1 Nummer 2 und 3 gilt § 53 Absatz 8 Satz 1 entsprechend. Für die nach Nummer 2 und 3 aufgeführten Versicherten bleibt § 53 Abs. 6 unberührt.

(3) Der Anspruch auf Fortzahlung des Arbeitsentgelts bei Arbeitsunfähigkeit richtet sich nach arbeitsrechtlichen Vorschriften.

(4) Versicherte haben Anspruch auf individuelle Beratung und Hilfestellung durch die Krankenkasse, welche Leistungen und unterstützende Angebote zur Wiederherstellung der Arbeitsfähigkeit erforderlich sind. Maßnahmen nach Satz 1 und die dazu erforderliche Erhebung, Verarbeitung und Nutzung personenbezogener Daten dürfen nur mit schriftlicher Einwilligung und nach vorheriger schriftlicher Information des Versicherten erfolgen. Die Einwilligung kann jederzeit schriftlich widerrufen werden. Die Krankenkassen dürfen ihre Aufgaben nach Satz 1 an die in § 35 des Ersten Buches genannten Stellen übertragen. Das Bundesministerium für Gesundheit legt dem Deutschen Bundestag bis zum 31. Dezember 2018 einen Bericht über die Umsetzung des Anspruchs auf individuelle Beratung und Hilfestellung durch die Krankenkassen nach diesem Absatz vor.

§ 46 Entstehen des Anspruchs auf Krankengeld

Der Anspruch auf Krankengeld entsteht

1. bei Krankenhausbehandlung oder Behandlung in einer Vorsorge- oder Rehabilitationseinrichtung (§ 23 Abs. 4, §§ 24, 40 Abs. 2 und § 41) von ihrem Beginn an,
2. im Übrigen von dem Tag der ärztlichen Feststellung der Arbeitsunfähigkeit an.

Der Anspruch auf Krankengeld bleibt jeweils bis zu dem Tag bestehen, an dem die weitere Arbeitsunfähigkeit wegen derselben Krankheit ärztlich festgestellt wird, wenn diese ärztliche Feststellung spätestens am nächsten Werktag nach dem zuletzt bescheinigten Ende der Arbeitsunfähigkeit erfolgt; Samstage gelten insoweit nicht als Werktage. Für die nach dem Künstlersozialversicherungsgesetz Versicherten sowie für Versicherte, die eine Wahlerklärung nach § 44 Absatz 2 Satz 1 Nummer 2 abgegeben haben, entsteht der Anspruch von der siebten Woche der Arbeitsunfähigkeit an. Der Anspruch auf Krankengeld für die in Satz 3 genannten Versicherten nach dem Künstlersozialversicherungsgesetz entsteht bereits vor der siebten Woche der Arbeitsunfähigkeit zu dem von der Satzung bestimmten Zeitpunkt, spätestens jedoch mit Beginn der dritten Woche der Arbeitsunfähigkeit, wenn der Versicherte bei seiner Krankenkasse einen Tarif nach § 53 Abs. 6 gewählt hat.

§ 47 Höhe und Berechnung des Krankengeldes

(1) Das Krankengeld beträgt 70 vom Hundert des erzielten regelmäßigen Arbeitsentgelts und Arbeitseinkommens, soweit es der Beitragsberechnung unterliegt (Regelentgelt). Das aus dem Arbeitsentgelt berechnete Krankengeld darf 90 vom Hundert des bei entsprechender Anwendung des Absatzes 2 berechneten Nettoarbeitsentgelts nicht übersteigen. Für die Berechnung des Nettoarbeitsentgelts nach Satz 2 ist der sich aus dem kalendertäglichen Hinzurechnungsbetrag nach Absatz 2 Satz 6 ergebende Anteil am Nettoarbeitsentgelt mit dem Vomhundertsatz anzusetzen, der sich aus dem Verhältnis des kalendertäglichen Regelentgeltbetrages nach Absatz 2 Satz 1 bis 5 zu dem sich aus diesem Regelentgeltbetrag ergebenden Nettoarbeitsentgelt ergibt. Das nach Satz 1 bis 3 berechnete kalendertägliche Krankengeld darf das sich aus dem Arbeitsentgelt nach Absatz 2 Satz 1 bis 5 ergebende kalendertägliche Nettoarbeitsentgelt nicht übersteigen. Das Regelentgelt wird nach den Absätzen 2, 4 und 6 berechnet. Das Krankengeld wird für Kalendertage gezahlt. Ist es für einen ganzen Kalendermonat zu zahlen, ist dieser mit dreißig Tagen anzusetzen. Bei der Berechnung des Regelentgelts nach Satz 1 und des Nettoarbeitsentgelts nach den Sätzen 2 und 4 sind die für die jeweilige Beitragsbemessung und Beitragstragung geltenden Besonderheiten der Gleitzone nach § 20 Abs. 2 des Vierten Buches nicht zu berücksichtigen.

(2) Für die Berechnung des Regelentgelts ist das von dem Versicherten im letzten vor Beginn der Arbeitsunfähigkeit abgerechneten Entgeltabrechnungszeitraum, mindestens das während der letzten abgerechneten vier Wochen (Bemessungszeitraum) erzielte und um einmalig gezahltes Arbeitsentgelt verminderte Arbeitsentgelt durch die Zahl der Stunden zu teilen, für die es gezahlt wurde. Das Ergebnis ist mit der Zahl der sich aus dem Inhalt des Arbeitsverhältnisses ergebenden regelmäßigen wöchentlichen Arbeitsstunden zu vervielfachen und durch sieben zu teilen. Ist das Arbeitsentgelt nach Monaten bemessen oder ist eine Berechnung des Regelentgelts nach den Sätzen 1 und 2 nicht möglich, gilt der dreißigste Teil des im letzten vor Beginn der Arbeitsunfähigkeit abgerechneten Kalendermonat erzielten und um einmalig gezahltes Arbeitsentgelt verminderten Arbeitsentgelts als Regelentgelt. Wenn mit einer Arbeitsleistung Arbeitsentgelt

erzielt wird, das für Zeiten einer Freistellung vor oder nach dieser Arbeitsleistung fällig wird (Wertguthaben nach § 7b des Vierten Buches), ist für die Berechnung des Regelentgelts das im Bemessungszeitraum der Beitragsberechnung zugrundeliegende und um einmalig gezahltes Arbeitsentgelt verminderte Arbeitsentgelt maßgebend; Wertguthaben, die nicht gemäß einer Vereinbarung über flexible Arbeitszeitregelungen verwendet werden (§ 23b Abs. 2 des Vierten Buches), bleiben außer Betracht. Bei der Anwendung des Satzes 1 gilt als regelmäßige wöchentliche Arbeitszeit die Arbeitszeit, die dem gezahlten Arbeitsentgelt entspricht. Für die Berechnung des Regelentgelts ist der dreihundertsechzigste Teil des einmalig gezahlten Arbeitsentgelts, das in den letzten zwölf Kalendermonaten vor Beginn der Arbeitsunfähigkeit nach § 23a des Vierten Buches der Beitragsberechnung zugrunde gelegen hat, dem nach Satz 1 bis 5 berechneten Arbeitsentgelt hinzuzurechnen.

(3) Die Satzung kann bei nicht kontinuierlicher Arbeitsverrichtung und -vergütung abweichende Bestimmungen zur Zahlung und Berechnung des Krankengeldes vorsehen, die sicherstellen, dass das Krankengeld seine Entgeltersatzfunktion erfüllt.

(6) Das Regelentgelt wird bis zur Höhe des Betrages der kalendertäglichen Beitragsbemessungsgrenze berücksichtigt.

§ 48 Dauer des Krankengeldes

(1) Versicherte erhalten Krankengeld ohne zeitliche Begrenzung, für den Fall der Arbeitsunfähigkeit wegen derselben Krankheit jedoch für längstens achtundsiebzig Wochen innerhalb von je drei Jahren, gerechnet vom Tage des Beginns der Arbeitsunfähigkeit an. Tritt während der Arbeitsunfähigkeit eine weitere Krankheit hinzu, wird die Leistungsdauer nicht verlängert.

(2) Für Versicherte, die im letzten Dreijahreszeitraum wegen derselben Krankheit für achtundsiebzig Wochen Krankengeld bezogen haben, besteht nach Beginn eines neuen Dreijahreszeitraums ein neuer Anspruch auf Krankengeld wegen derselben Krankheit, wenn sie bei Eintritt der erneuten Arbeitsunfähigkeit mit Anspruch auf Krankengeld versichert sind und in der Zwischenzeit mindestens sechs Monate

1. nicht wegen dieser Krankheit arbeitsunfähig waren und
2. erwerbstätig waren oder der Arbeitsvermittlung zur Verfügung standen.

(3) Bei der Feststellung der Leistungsdauer des Krankengeldes werden Zeiten, in denen der Anspruch auf Krankengeld ruht oder für die das Krankengeld versagt wird,

wie Zeiten des Bezugs von Krankengeld berücksichtigt. Zeiten, für die kein Anspruch auf Krankengeld besteht, bleiben unberücksichtigt

§ 61 Zuzahlungen

Zuzahlungen, die Versicherte zu leisten haben, betragen 10 vom Hundert des Abgabepreises, mindestens jedoch 5 Euro und höchstens 10 Euro; allerdings jeweils nicht mehr als die Kosten des Mittels.
Als Zuzahlungen zu stationären Maßnahmen und zur außerklinischen Intensivpflege in vollstationären Pflegeeinrichtungen, in Einrichtungen oder Räumlichkeiten im Sinne des § 43a des Elften Buches in Verbindung mit § 71 Absatz 4 des Elften Buches sowie in Wohneinheiten nach § 132l Absatz 5 Nummer 1 werden je Kalendertag 10 Euro erhoben. 3 Bei Heilmitteln, häuslicher Krankenpflege und außerklinischer Intensivpflege an den in § 37c Absatz 2 Satz 1 Nummer 4 genannten Orten beträgt die Zuzahlung 10 vom Hundert der Kosten sowie 10 Euro je Verordnung

§ 62 Belastungsgrenze [Zuzahlung]

(1) Versicherte haben während jedes Kalenderjahres nur Zuzahlungen bis zur Belastungsgrenze zu leisten; wird die Belastungsgrenze bereits innerhalb eines Kalenderjahres erreicht, hat die Krankenkasse eine Bescheinigung darüber zu erteilen, dass für den Rest des Kalenderjahres keine Zuzahlungen mehr zu leisten sind. Die Belastungsgrenze beträgt 2 vom Hundert der jährlichen Bruttoeinnahmen zum Lebensunterhalt; für chronisch Kranke, die wegen derselben schwerwiegenden Krankheit in Dauerbehandlung sind, beträgt sie 1 vom Hundert der jährlichen Bruttoeinnahmen zum Lebensunterhalt. Abweichend von Satz 2 beträgt die Belastungsgrenze 2 vom Hundert der jährlichen Bruttoeinnahmen zum Lebensunterhalt für nach dem 1. April 1972 geborene chronisch kranke Versicherte, die ab dem 1. Januar 2008 die in § 25 Absatz 1 genannten Gesundheitsuntersuchungen vor der Erkrankung nicht regelmäßig in Anspruch genommen haben. Für Versicherte nach Satz 3, die an einem für ihre Erkrankung bestehenden strukturierten Behandlungsprogramm teilnehmen, beträgt die Belastungsgrenze 1 vom Hundert der jährlichen Bruttoeinnahmen zum Lebensunterhalt. Der Gemeinsame Bundesausschuss legt in seinen Richtlinien fest, in welchen Fällen Gesundheitsuntersuchungen ausnahmsweise nicht zwingend durchgeführt werden müssen. Die weitere Dauer der in Satz 2 genannten Behandlung ist der Krankenkasse jeweils spätestens nach Ablauf eines

Kalenderjahres nachzuweisen und vom Medizinischen Dienst, soweit erforderlich, zu prüfen; die Krankenkasse kann auf den jährlichen Nachweis verzichten, wenn bereits die notwendigen Feststellungen getroffen worden sind und im Einzelfall keine Anhaltspunkte für einen Wegfall der chronischen Erkrankung vorliegen. Die Krankenkassen sind verpflichtet, ihre Versicherten zu Beginn eines Kalenderjahres auf die für sie in diesem Kalenderjahr maßgeblichen Untersuchungen nach § 25 Abs. 1 hinzuweisen. Das Nähere zur Definition einer schwerwiegenden chronischen Erkrankung bestimmt der Gemeinsame Bundesausschuss in den Richtlinien nach § 92.

(2) Bei der Ermittlung der Belastungsgrenzen nach Absatz 1 werden die Zuzahlungen und die Bruttoeinnahmen zum Lebensunterhalt des Versicherten, seines Ehegatten oder Lebenspartners, der minderjährigen oder nach § 10 versicherten Kinder des Versicherten, seines Ehegatten oder Lebenspartners sowie der Angehörigen im Sinne des § 8 Absatz 4 des Zweiten Gesetzes über die Krankenversicherung der Landwirte jeweils zusammengerechnet, soweit sie im gemeinsamen Haushalt leben. Hierbei sind die jährlichen Bruttoeinnahmen für den ersten in dem gemeinsamen Haushalt lebenden Angehörigen des Versicherten um 15 vom Hundert und für jeden weiteren in dem gemeinsamen Haushalt lebenden Angehörigen des Versicherten und des Lebenspartners um 10 vom Hundert der jährlichen Bezugsgröße nach § 18 des Vierten Buches zu vermindern. Für jedes Kind des Versicherten und des Lebenspartners sind die jährlichen Bruttoeinnahmen um den sich aus den Freibeträgen nach § 32 Abs. 6 Satz 1 und 2 des Einkommensteuergesetzes ergebenden Betrag zu vermindern; die nach Satz 2 bei der Ermittlung der Belastungsgrenze vorgesehene Berücksichtigung entfällt. Zu den Einnahmen zum Lebensunterhalt gehören nicht Grundrenten, die Beschädigte nach dem Bundesversorgungsgesetz oder nach anderen Gesetzen in entsprechender Anwendung des Bundesversorgungsgesetzes erhalten, sowie Renten oder Beihilfen, die nach dem Bundesentschädigungsgesetz für Schäden an Körper und Gesundheit gezahlt werden, bis zur Höhe der vergleichbaren Grundrente nach dem Bundesversorgungsgesetz. Abweichend von den Sätzen 1 bis 3 ist bei Versicherten,

1. die Hilfe zum Lebensunterhalt oder Grundsicherung im Alter und bei Erwerbsminderung nach dem Zwölften Buch oder die ergänzende Hilfe zum Lebensunterhalt nach dem Bundesversorgungsgesetz oder nach einem Gesetz, das dieses für anwendbar erklärt, erhalten,

2. bei denen die Kosten der Unterbringung in einem Heim oder einer ähnlichen Einrichtung von einem Träger der Sozialhilfe oder der Kriegsopferfürsorge getragen werden

sowie für den in § 264 genannten Personenkreis als Bruttoeinnahmen zum Lebensunterhalt für die gesamte Bedarfsgemeinschaft nur der Regelsatz für die Regelbedarfsstufe 1 nach der Anlage zu § 28 des Zwölften Buches maßgeblich. Bei Versicherten, die Leistungen zur Sicherung des Lebensunterhalts nach dem Zweiten Buch erhalten, ist abweichend von den Sätzen 1 bis 3 als Bruttoeinnahmen zum Lebensunterhalt für die gesamte Bedarfsgemeinschaft nur der Regelbedarf nach § 20 Absatz 2 Satz 1 des Zweiten Buches maßgeblich. Bei Ehegatten und Lebenspartnern ist ein gemeinsamer Haushalt im Sinne des Satzes 1 auch dann anzunehmen, wenn ein Ehegatte oder Lebenspartner dauerhaft in eine vollstationäre Einrichtung aufgenommen wurde, in der Leistungen gemäß § 43 oder § 43a des Elften Buches erbracht werden.

§ 70 Qualität, Humanität und Wirtschaftlichkeit

(1) Die Krankenkassen und die Leistungserbringer haben eine bedarfsgerechte und gleichmäßige, dem allgemein anerkannten Stand der medizinischen Erkenntnisse entsprechende Versorgung der Versicherten zu gewährleisten. Die Versorgung der Versicherten muss ausreichend und zweckmäßig sein, darf das Maß des Notwendigen nicht überschreiten und muss in der fachlich gebotenen Qualität sowie wirtschaftlich erbracht werden.

(2) Die Krankenkassen und die Leistungserbringer haben durch geeignete Maßnahmen auf eine humane Krankenbehandlung ihrer Versicherten hinzuwirken.

§ 71 Beitragssatzstabilität

(1) Die Vertragspartner auf Seiten der Krankenkassen und der Leistungserbringer haben die Vereinbarungen über die Vergütungen nach diesem Buch so zu gestalten, dass Beitragserhöhungen ausgeschlossen werden, es sei denn, die notwendige medizinische Versorgung ist auch nach Ausschöpfung von Wirtschaftlichkeitsreserven nicht zu gewährleisten (Grundsatz der Beitragssatzstabilität). Ausgabensteigerungen auf Grund von gesetzlich vorgeschriebenen Vorsorge- und Früherkennungsmaßnahmen oder für zusätzliche Leistungen, die im Rahmen zugelassener strukturierter Behandlungsprogramme (§ 137g) auf Grund der Anforderungen der Richtlinien des Gemeinsamen

Bundesausschusses nach § 137f oder der Rechtsverordnung nach § 266 Abs. 7 erbracht werden, verletzten nicht den Grundsatz der Beitragssatzstabilität.

(2) Um den Vorgaben nach Absatz 1 Satz 1 Halbsatz 1 zu entsprechen, darf die vereinbarte Veränderung der jeweiligen Vergütung die sich bei Anwendung der Veränderungsrate für das gesamte Bundesgebiet nach Absatz 3 ergebende Veränderung der Vergütung nicht überschreiten. Abweichend von Satz 1 ist eine Überschreitung zulässig, wenn die damit verbundenen Mehrausgaben durch vertraglich abgesicherte oder bereits erfolgte Einsparungen in anderen Leistungsbereichen ausgeglichen werden.

(3) Das Bundesministerium für Gesundheit stellt bis zum 15. September eines jeden Jahres für die Vereinbarungen der Vergütungen des jeweils folgenden Kalenderjahres die nach den Absätzen 1 und 2 anzuwendende durchschnittliche Veränderungsrate der beitragspflichtigen Einnahmen aller Mitglieder der Krankenkassen je Mitglied für den gesamten Zeitraum der zweiten Hälfte des Vorjahres und der ersten Hälfte des laufenden Jahres gegenüber dem entsprechenden Zeitraum der jeweiligen Vorjahre fest. Grundlage sind die monatlichen Erhebungen der Krankenkassen und die vierteljährlichen Rechnungsergebnisse des Gesundheitsfonds, die die beitragspflichtigen Einnahmen aller Mitglieder der Krankenkassen ausweisen. Die Feststellung wird durch Veröffentlichung im Bundesanzeiger bekannt gemacht.

§ 72 Sicherstellung der vertragsärztlichen und vertragszahnärztlichen Versorgung

(1) Ärzte, Zahnärzte, Psychotherapeuten, medizinische Versorgungszentren und Krankenkassen wirken zur Sicherstellung der vertragsärztlichen Versorgung der Versicherten zusammen. Soweit sich die Vorschriften dieses Kapitels auf Ärzte beziehen, gelten sie entsprechend für Zahnärzte, Psychotherapeuten und medizinische Versorgungszentren, sofern nichts Abweichendes bestimmt ist.

(2) Die vertragsärztliche Versorgung ist im Rahmen der gesetzlichen Vorschriften und der Richtlinien des Gemeinsamen Bundesausschusses durch schriftliche Verträge der Kassenärztlichen Vereinigungen mit den Verbänden der Krankenkassen so zu regeln, dass eine ausreichende, zweckmäßige und wirtschaftliche Versorgung der Versicherten unter Berücksichtigung des allgemein anerkannten Standes der medizinischen Erkenntnisse gewährleistet ist und die ärztlichen Leistungen angemessen vergütet werden.

§ 73 Kassenärztliche Versorgung, Verordnungsermächtigung [Vertragsärztliche Versorgung]

(1) Die vertragsärztliche Versorgung gliedert sich in die hausärztliche und die fachärztliche Versorgung.

Die hausärztliche Versorgung beinhaltet insbesondere

1. die allgemeine und fortgesetzte ärztliche Betreuung eines Patienten in Diagnostik und Therapie bei Kenntnis seines häuslichen und familiären Umfeldes; Behandlungsmethoden, Arznei- und Heilmittel der besonderen Therapierichtungen sind nicht ausgeschlossen,
2. die Koordination diagnostischer, therapeutischer und pflegerischer Maßnahmen,
3. die Dokumentation, insbesondere Zusammenführung, Bewertung und Aufbewahrung der wesentlichen Behandlungsdaten, Befunde und Berichte aus der ambulanten und stationären Versorgung,
4. die Einleitung oder Durchführung präventiver und rehabilitativer Maßnahmen sowie die Integration nichtärztlicher Hilfen und flankierender Dienste in die Behandlungsmaßnahmen.

(1a) An der hausärztlichen Versorgung nehmen

1. Allgemeinärzte,
2. Kinderärzte,
3. Internisten ohne Schwerpunktbezeichnung, die die Teilnahme an der hausärztlichen Versorgung gewählt haben,
4. Ärzte, die nach § 95a Abs. 4 und 5 Satz 1 in das Arztregister eingetragen sind und
5. Ärzte, die am 31. Dezember 2000 an der hausärztlichen Versorgung teilgenommen haben (Hausärzte).

Die übrigen Fachärzte nehmen an der fachärztlichen Versorgung teil. Der Zulassungsausschuss kann für Kinderärzte und Internisten ohne Schwerpunktbezeichnung eine von Satz 1 abweichende befristete Regelung treffen, wenn eine bedarfsgerechte Versorgung nicht gewährleistet ist. Hat der Landesausschuss der Ärzte und Krankenkassen für die Arztgruppe der Hausärzte, der Kinderärzte oder der Fachinternisten eine Feststellung nach § 100 Absatz 1 Satz 1 getroffen, fasst der Zulassungsausschuss innerhalb von sechs Monaten den Beschluss, ob eine Regelung nach Satz 3 getroffen wird. Kinderärzte mit Schwerpunktbezeichnung können auch an der fachärztlichen Versorgung teilnehmen. Der Zulassungsausschuss kann Allgemeinärzten und Ärzten ohne

Gebietsbezeichnung, die im Wesentlichen spezielle Leistungen erbringen, auf deren Antrag die Genehmigung zur ausschließlichen Teilnahme an der fachärztlichen Versorgung erteilen.

(1b) Ein Hausarzt darf mit schriftlicher Einwilligung des Versicherten, die widerrufen werden kann, bei Leistungserbringern, die einen seiner Patienten behandeln, die den Versicherten betreffenden Behandlungsdaten und Befunde zum Zwecke der Dokumentation und der weiteren Behandlung erheben. Die einen Versicherten behandelnden Leistungserbringer sind verpflichtet, den Versicherten nach dem von ihm gewählten Hausarzt zu fragen und diesem mit schriftlicher Einwilligung des Versicherten, die widerrufen werden kann, die in Satz 1 genannten Daten zum Zwecke der bei diesem durchzuführenden Dokumentation und der weiteren Behandlung zu übermitteln; die behandelnden Leistungserbringer sind berechtigt, mit schriftlicher Einwilligung des Versicherten, die widerrufen werden kann, die für die Behandlung erforderlichen Behandlungsdaten und Befunde bei dem Hausarzt und anderen Leistungserbringern zu erheben und für die Zwecke der von ihnen zu erbringenden Leistungen zu verarbeiten und zu nutzen. Der Hausarzt darf die ihm nach den Sätzen 1 und 2 übermittelten Daten nur zu dem Zweck verarbeiten und nutzen, zu dem sie ihm übermittelt worden sind; er ist berechtigt und verpflichtet, die für die Behandlung erforderlichen Daten und Befunde an die den Versicherten auch behandelnden Leistungserbringer mit dessen schriftlicher Einwilligung, die widerrufen werden kann, zu übermitteln. § 276 Abs. 2 Satz 1 Halbsatz 2 bleibt unberührt. Bei einem Hausarztwechsel ist der bisherige Hausarzt des Versicherten verpflichtet, dem neuen Hausarzt die bei ihm über den Versicherten gespeicherten Unterlagen mit dessen Einverständnis vollständig zu übermitteln; der neue Hausarzt darf die in diesen Unterlagen enthaltenen personenbezogenen Daten erheben.

(2) Die vertragsärztliche Versorgung umfasst die

1. ärztliche Behandlung,
2. zahnärztliche Behandlung und kieferorthopädische Behandlung nach Maßgabe des § 28 Abs. 2,

2a. Versorgung mit Zahnersatz einschließlich Zahnkronen und Suprakonstruktionen, soweit sie § 56 Abs. 2 entspricht,

3. Maßnahmen zur Früherkennung von Krankheiten,
4. ärztliche Betreuung bei Schwangerschaft und Mutterschaft,
5. Verordnung von Leistungen zur medizinischen Rehabilitation,
6. Anordnung der Hilfeleistung anderer Personen,

7. Verordnung von Arznei-, Verband-, Heil- und Hilfsmitteln, Krankentransporten sowie Krankenhausbehandlung oder Behandlung in Vorsorge- oder Rehabilitationseinrichtungen,
8. Verordnung häuslicher Krankenpflege,
9. Ausstellung von Bescheinigungen und Erstellung von Berichten, die die Krankenkassen oder der Medizinische Dienst (§ 275) zur Durchführung ihrer gesetzlichen Aufgaben oder die die Versicherten für den Anspruch auf Fortzahlung des Arbeitsentgelts benötigen,
10. medizinische Maßnahmen zur Herbeiführung einer Schwangerschaft nach § 27a Abs. 1,
11. ärztlichen Maßnahmen nach den §§ 24a und 24b,
12. Verordnung von Soziotherapie,
13. Zweitmeinung nach § 27b,
14. Verordnung von spezialisierter ambulanter Palliativversorgung nach § 37b.

Satz 1 Nummer 2 bis 4, 6, 8, 10, 11 und 14 gilt nicht für Psychotherapeuten; Satz 1 Nummer 9 gilt nicht für Psychotherapeuten, soweit sich diese Regelung auf die Feststellung und die Bescheinigung von Arbeitsunfähigkeit bezieht.

(3) In den Gesamtverträgen ist zu vereinbaren, inwieweit Maßnahmen zur Vorsorge und Rehabilitation, soweit sie nicht zur kassenärztlichen Versorgung nach Absatz 2 gehören, Gegenstand der kassenärztlichen Versorgung sind.

(4) Krankenhausbehandlung darf nur verordnet werden, wenn eine ambulante Versorgung der Versicherten zur Erzielung des Heil- oder Linderungserfolgs nicht ausreicht. Die Notwendigkeit der Krankenhausbehandlung ist bei der Verordnung zu begründen. In der Verordnung von Krankenhausbehandlung sind in den geeigneten Fällen auch die beiden nächsterreichbaren, für die vorgesehene Krankenhausbehandlung geeigneten Krankenhäuser anzugeben. Das Verzeichnis nach § 39 Abs. 3 ist zu berücksichtigen.

(5) Der an der kassenärztlichen Versorgung teilnehmende Arzt und die ermächtigte Einrichtung sollen bei der Verordnung von Arzneimitteln die Preisvergleichsliste nach § 92 Abs. 2 beachten. Sie können auf dem Verordnungsblatt oder in dem elektronischen Verordnungsdatensatz ausschließen, dass die Apotheken ein preisgünstigeres wirkstoffgleiches Arzneimittel anstelle des verordneten Mittels abgeben. Verordnet der Arzt ein Arzneimittel, dessen Preis den Festbetrag nach § 35 überschreitet, hat der Arzt den Versicherten über die sich aus seiner Verordnung ergebende Pflicht zur Übernahme der Mehrkosten hinzuweisen.

(6) Zur kassenärztlichen Versorgung gehören Maßnahmen zur Früherkennung von Krankheiten nicht, wenn sie im Rahmen der Krankenhausbehandlung oder der stationären Entbindung durchgeführt werden, es sei denn, die ärztlichen Leistungen werden von einem Belegarzt erbracht.

(7) Es ist Vertragsärzten nicht gestattet, für die Zuweisung von Versicherten oder für die Vergabe und Dokumentation von Diagnosen ein Entgelt oder sonstige wirtschaftliche Vorteile sich versprechen oder sich gewähren zu lassen oder selbst zu versprechen oder zu gewähren. § 128 Absatz 2 Satz 3 gilt entsprechend.

(8) Zur Sicherung der wirtschaftlichen Verordnungsweise haben die Kassenärztlichen Vereinigungen und die Kassenärztlichen Bundesvereinigungen sowie die Krankenkassen und ihre Verbände die Vertragsärzte auch vergleichend über preisgünstige verordnungsfähige Leistungen und Bezugsquellen, einschließlich der jeweiligen Preise und Entgelte zu informieren sowie nach dem allgemeinen anerkannten Stand der medizinischen Erkenntnisse Hinweise zu Indikation und therapeutischen Nutzen zu geben. Die Informationen und Hinweise für die Verordnung von Arznei-, Verband- und Heilmitteln erfolgen insbesondere auf der Grundlage der Hinweise nach § 92 Abs. 2 Satz 3, der Rahmenvorgaben nach § 84 Abs. 7 Satz 1 und der getroffenen Arzneimittelvereinbarungen nach § 84 Abs. 1. In den Informationen und Hinweisen sind Handelsbezeichnung, Indikationen und Preise sowie weitere für die Verordnung von Arzneimitteln bedeutsame Angaben insbesondere auf Grund der Richtlinien nach § 92 Abs. 1 Satz 2 Nr. 6 in einer Weise anzugeben, die unmittelbar einen Vergleich ermöglichen; dafür können Arzneimittel ausgewählt werden, die einen maßgeblichen Anteil an der Versorgung der Versicherten im Indikationsgebiet haben. Die Kosten der Arzneimittel je Tagesdosis sind nach den Angaben der anatomisch-therapeutisch-chemischen Klassifikation anzugeben. Es gilt die vom Deutschen Institut für medizinische Dokumentation und Information im Auftrage des Bundesministeriums für Gesundheit herausgegebene Klassifikation in der jeweils gültigen Fassung. Die Übersicht ist für einen Stichtag zu erstellen und in geeigneten Zeitabständen, im Regelfall jährlich, zu aktualisieren.

§ 76 Freie Arztwahl

(1) Die Versicherten können unter den zur vertragsärztlichen Versorgung zugelassenen Ärzten, den medizinischen Versorgungszentren, den ermächtigten Ärzten, den ermächtigten oder nach § 116b an der ambulanten Versorgung teilnehmenden Einrichtungen, den Zahnkliniken der Krankenkassen, den

Eigeneinrichtungen der Krankenkassen nach § 140 Abs. 2 Satz 2, den nach § 72a Abs. 3 vertraglich zur ärztlichen Behandlung verpflichteten Ärzten und Zahnärzten, den zum ambulanten Operieren zugelassenen Krankenhäusern sowie den Einrichtungen nach § 75 Abs. 9 frei wählen. Andere Ärzte dürfen nur in Notfällen in Anspruch genommen werden. Die Inanspruchnahme der Eigeneinrichtungen der Krankenkassen nach § 140 Abs. 1 und 2 Satz 1 richtet sich nach den hierüber abgeschlossenen Verträgen. Die Zahl der Eigeneinrichtungen darf auf Grund vertraglicher Vereinbarung vermehrt werden, wenn die Voraussetzungen des § 140 Abs. 2 Satz 1 erfüllt sind.

(1a) In den Fällen des § 75 Absatz 1a Satz 6 können Versicherte auch zugelassene Krankenhäuser in Anspruch nehmen, die nicht an der vertragsärztlichen Versorgung teilnehmen. Die Inanspruchnahme umfasst auch weitere auf den Termin folgende notwendige Behandlungen, die dazu dienen, den Behandlungserfolg zu sichern oder zu festigen.

(2) Wird ohne zwingenden Grund ein anderer als einer der nächsterreichbaren an der vertragsärztlichen Versorgung teilnehmenden Ärzte, Einrichtungen oder medizinische Versorgungszentren in Anspruch genommen, hat der Versicherte die Mehrkosten zu tragen.

(3) Die Versicherten sollen den an der vertragsärztlichen Versorgung teilnehmenden Arzt innerhalb eines Kalendervierteljahres nur bei Vorliegen eines wichtigen Grundes wechseln. Der Versicherte wählt einen Hausarzt. Der Arzt hat den Versicherten vorab über Inhalt und Umfang der hausärztlichen Versorgung (§ 73) zu unterrichten; eine Teilnahme an der hausärztlichen Versorgung hat er auf seinem Praxisschild anzugeben.

(3a) Die Partner der Verträge nach § 82 Abs. 1 haben geeignete Maßnahmen zu vereinbaren, die einer unkoordinierten Mehrfachinanspruchnahme von Vertragsärzten entgegenwirken und den Informationsaustausch zwischen vor- und nachbehandelnden Ärzten gewährleisten.

(4) Die Übernahme der Behandlung verpflichtet die in Absatz 1 genannten Personen oder Einrichtungen dem Versicherten gegenüber zur Sorgfalt nach den Vorschriften des bürgerlichen Vertragsrechts.

§ 77 Kassenärztliche Vereinigungen und Bundesvereinigungen [KVB]

(1) Zur Erfüllung der ihnen durch dieses Buch übertragenen Aufgaben der vertragsärztlichen Versorgung bilden die Vertragsärzte für den Bereich jedes Landes

eine Kassenärztliche und eine Kassenzahnärztliche Vereinigung (Kassenärztliche Vereinigungen). Bestehen in einem Land mehrere Kassenärztliche Vereinigungen, können sich diese nach Absatz 2 vereinigen.

(2) Mit Zustimmung der für die Sozialversicherung zuständigen obersten Verwaltungsbehörden der Länder können sich Kassenärztliche Vereinigungen auf Beschluss ihrer Vertreterversammlungen auch für den Bereich mehrerer Länder vereinigen. Der Beschluss bedarf der Genehmigung der vor der Vereinigung zuständigen Aufsichtsbehörden. Die Bundesvereinigung nach Absatz 4 ist vor der Vereinigung zu hören. Die gemeinsame Kassenärztliche Vereinigung kann nach Bereichen der an der Vereinigung beteiligten Kassenärztlichen Vereinigungen getrennte Gesamtverträge längstens für bis zu vier Quartale anwenden. Darüber hinaus können die Vertragspartner der Gesamtverträge unterschiedliche Vergütungen im Einvernehmen mit der zuständigen Aufsichtsbehörde vereinbaren, soweit es zum Ausgleich unterschiedlicher landesrechtlicher Bestimmungen oder aus anderen besonderen Gründen erforderlich ist.

(3) Die zugelassenen Ärzte, die im Rahmen der vertragsärztlichen Versorgung in den zugelassenen medizinischen Versorgungszentren tätigen angestellten Ärzte, die bei Vertragsärzten nach § 95 Abs. 9 und 9a angestellten Ärzte, die in Eigeneinrichtungen nach § 105 Absatz 1 Satz 2 und Absatz 5 Satz 1 angestellten Ärzte und die an der vertragsärztlichen Versorgung teilnehmenden ermächtigten Krankenhausärzte sind Mitglieder der für ihren Arztsitz zuständigen Kassenärztlichen Vereinigung. Voraussetzung der Mitgliedschaft angestellter Ärzte in der für ihren Arztsitz zuständigen Kassenärztlichen Vereinigung ist, dass sie mindestens zehn Stunden pro Woche beschäftigt sind.

(4) Die Kassenärztlichen Vereinigungen bilden die Kassenärztliche Bundesvereinigung und die Kassenzahnärztliche Bundesvereinigung (Kassenärztliche Bundesvereinigungen). Die Kassenärztlichen Vereinigungen und Kassenärztlichen Bundesvereinigungen können die für sie zuständigen obersten Bundes- und Landesbehörden insbesondere in Fragen der Rechtsetzung kurzzeitig personell unterstützen. Dadurch entstehende Kosten sind ihnen grundsätzlich zu erstatten; Ausnahmen werden in den jeweiligen Gesetzen zur Feststellung der Haushalte von Bund und Ländern festgelegt.

(5) Die Kassenärztlichen Vereinigungen und die Kassenärztlichen Bundesvereinigungen sind Körperschaften des öffentlichen Rechts.

§ 87 Bundesmantelvertrag, einheitlicher Bewertungsmaßstab, bundeseinheitliche Orientierungswerte

(1) Die Kassenärztlichen Bundesvereinigungen vereinbaren mit dem Spitzenverband Bund der Krankenkassen durch Bewertungsausschüsse als Bestandteil der Bundesmantelverträge einen einheitlichen Bewertungsmaßstab für die ärztlichen und einen einheitlichen Bewertungsmaßstab für die zahnärztlichen Leistungen, im ärztlichen Bereich einschließlich der Sachkosten. In den Bundesmantelverträgen sind auch die Regelungen, die zur Organisation der vertragsärztlichen Versorgung notwendig sind, insbesondere Vordrucke und Nachweise, zu vereinbaren. Bei der Gestaltung der Arzneiverordnungsblätter ist § 73 Abs. 5 zu beachten. Die Arzneiverordnungsblätter sind so zu gestalten, daß bis zu drei Verordnungen je Verordnungsblatt möglich sind. Dabei ist für jede Verordnung ein Feld für die Auftragung des Kennzeichens nach § 300 Abs. 1 Nr. 1 sowie ein weiteres Feld vorzusehen, in dem der Arzt seine Entscheidung nach § 73 Abs. 5 durch Ankreuzen kenntlich machen kann. Die Kassenärztlichen Bundesvereinigungen und der Spitzenverband Bund der Krankenkassen prüfen, inwieweit bislang papiergebundene Verfahren zur Organisation der vertragsärztlichen Versorgung durch elektronische Kommunikationsverfahren ersetzt werden können.

§ 87b Vergütung der Ärzte (Honorarverteilung) [Arzthonorar]

(1) Die Kassenärztliche Vereinigung verteilt die vereinbarten Gesamtvergütungen an die Ärzte, Psychotherapeuten, medizinischen Versorgungszentren sowie ermächtigten Einrichtungen, die an der vertragsärztlichen Versorgung teilnehmen, getrennt für die Bereiche der hausärztlichen und der fachärztlichen Versorgung; dabei sollen die von fachärztlich tätigen Ärzten erbrachten hausärztlichen Leistungen nicht den hausärztlichen Teil der Gesamtvergütungen und die von hausärztlich tätigen Ärzten erbrachten fachärztlichen Leistungen nicht den fachärztlichen Teil der Gesamtvergütungen mindern. Die Kassenärztliche Vereinigung wendet bei der Verteilung den Verteilungsmaßstab an, der im Benehmen mit den Landesverbänden der Krankenkassen und den Ersatzkassen festgesetzt worden ist. Die Vergütung der Leistungen im Notfall und im Notdienst erfolgt aus einem vor der Trennung für die Versorgungsbereiche gebildeten eigenen Honorarvolumen mit der Maßgabe, dass für diese Leistungen im Verteilungsmaßstab keine Maßnahmen zur Begrenzung oder Minderung des Honorars angewandt werden dürfen. Bisherige Bestimmungen, insbesondere zur Zuweisung von arzt- und

praxisbezogenen Regelleistungsvolumen, gelten bis zur Entscheidung über einen Verteilungsmaßstab vorläufig fort.

(2) Der Verteilungsmaßstab hat Regelungen vorzusehen, die verhindern, dass die Tätigkeit des Leistungserbringers über seinen Versorgungsauftrag nach § 95 Absatz 3 oder seinen Ermächtigungsumfang hinaus übermäßig ausgedehnt wird; dabei soll dem Leistungserbringer eine Kalkulationssicherheit hinsichtlich der Höhe seines zu erwartenden Honorars ermöglicht werden. Der Verteilungsmaßstab hat der kooperativen Behandlung von Patienten in dafür gebildeten Versorgungsformen angemessen Rechnung zu tragen. Für Praxisnetze, die von den Kassenärztlichen Vereinigungen anerkannt sind, müssen gesonderte Vergütungsregelungen vorgesehen werden; für solche Praxisnetze können auch eigene Honorarvolumen als Teil der morbiditätsbedingten Gesamtvergütungen nach § 87a Absatz 3 gebildet werden. Im Verteilungsmaßstab sind Regelungen zur Vergütung psychotherapeutischer Leistungen der Psychotherapeuten, der Fachärzte für Kinder- und Jugendpsychiatrie und -psychotherapie, der Fachärzte für Psychiatrie und Psychotherapie, der Fachärzte für Nervenheilkunde, der Fachärzte für psychosomatische Medizin und Psychotherapie sowie der ausschließlich psychotherapeutisch tätigen Ärzte zu treffen, die eine angemessene Höhe der Vergütung je Zeiteinheit gewährleisten. Im Verteilungsmaßstab dürfen keine Maßnahmen zur Begrenzung oder Minderung des Honorars für anästhesiologische Leistungen angewandt werden, die im Zusammenhang mit vertragszahnärztlichen Behandlungen von Patienten mit mangelnder Kooperationsfähigkeit bei geistiger Behinderung oder schwerer Dyskinesie notwendig sind. Widerspruch und Klage gegen die Honorarfestsetzung sowie gegen deren Änderung oder Aufhebung haben keine aufschiebende Wirkung.

§ 87e Zahlungsanspruch bei Mehrkosten [Arzthonorar]

Abrechnungsgrundlage für die Mehrkosten nach § 28 Abs. 2 Satz 2 und § 55 Abs. 4 ist die Gebührenordnung für Zahnärzte. Der Zahlungsanspruch des Vertragszahnarztes gegenüber dem Versicherten ist bei den für diese Mehrkosten zu Grunde liegenden Leistungen auf das 2,3fache des Gebührensatzes der Gebührenordnung für Zahnärzte begrenzt. Bei Mehrkosten für lichthärtende Composite-Füllungen in Schicht- und Ätztechnik im Seitenzahnbereich nach § 28 Abs. 2 Satz 2 ist höchstens das 3,5fache des Gebührensatzes der Gebührenordnung für Zahnärzte berechnungsfähig. Die Begrenzung nach den Sätzen 2 und 3 entfällt, wenn der Gemeinsame Bundesausschuss seinen Auftrag gemäß § 92 Abs. 1a und der Bewertungsausschuss seinen Auftrag gemäß § 87 Abs. 2h Satz 2 erfüllt hat. Maßgebend ist der Tag des Inkrafttretens der Richtlinien und der Tag des Beschlusses des Bewertungsausschusses.

§ 91 Gemeinsamer Bundesausschuss

(1) Die Kassenärztlichen Bundesvereinigungen, die Deutsche Krankenhausgesellschaft und der Spitzenverband Bund der Krankenkassen bilden einen Gemeinsamen Bundesausschuss. Der Gemeinsame Bundesausschuss ist rechtsfähig. Er wird durch den Vorsitzenden des Beschlussgremiums gerichtlich und außergerichtlich vertreten.

(2) Das Beschlussgremium des Gemeinsamen Bundesausschusses besteht aus einem unparteiischen Vorsitzenden, zwei weiteren unparteiischen Mitgliedern, einem von der Kassenzahnärztlichen Bundesvereinigung, jeweils zwei von der Kassenärztlichen Bundesvereinigung und der Deutschen Krankenhausgesellschaft und fünf von dem Spitzenverband Bund der Krankenkassen benannten Mitgliedern. Für die Berufung des unparteiischen Vorsitzenden und der weiteren unparteiischen Mitglieder sowie jeweils zweier Stellvertreter einigen sich die Organisationen nach Absatz 1 Satz 1 jeweils auf einen Vorschlag und legen diese Vorschläge dem Bundesministerium für Gesundheit spätestens zwölf Monate vor Ablauf der Amtszeit vor. Als unparteiische Mitglieder und deren Stellvertreter können nur Personen benannt werden, die im vorangegangenen Jahr nicht bei den Organisationen nach Absatz 1 Satz 1, bei deren Mitgliedern, bei Verbänden von deren Mitgliedern oder in einem Krankenhaus beschäftigt oder selbst als Vertragsarzt, Vertragszahnarzt oder Vertragspsychotherapeut tätig waren. Das Bundesministerium für Gesundheit übermittelt die Vorschläge an den Ausschuss für Gesundheit des Deutschen Bundestages. Der Ausschuss für Gesundheit des Deutschen Bundestages kann einem Vorschlag nach nichtöffentlicher Anhörung der jeweils vorgeschlagenen Person innerhalb von sechs Wochen mit einer Mehrheit von zwei Dritteln seiner Mitglieder durch Beschluss widersprechen, sofern er die Unabhängigkeit oder die Unparteilichkeit der vorgeschlagenen Person als nicht gewährleistet ansieht. Die Organisationen nach Absatz 1 Satz 1 legen innerhalb von sechs Wochen, nachdem das Bundesministerium für Gesundheit den Gemeinsamen Bundesausschuss über einen erfolgten Widerspruch unterrichtet hat, einen neuen Vorschlag vor.

Widerspricht der Ausschuss für Gesundheit des Deutschen Bundestages nach Satz 5 auch dem neuen Vorschlag innerhalb von sechs Wochen oder haben die Organisationen nach Absatz 1 Satz 1 keinen neuen Vorschlag vorgelegt, erfolgt die Berufung durch das Bundesministerium für Gesundheit. Die Unparteiischen üben ihre Tätigkeit in der Regel hauptamtlich aus; eine ehrenamtliche Ausübung ist zulässig, soweit die Unparteiischen von ihren Arbeitgebern in dem für die Tätigkeit erforderlichen Umfang freigestellt werden. Die Stellvertreter der Unparteiischen sind ehrenamtlich tätig. Hauptamtliche Unparteiische stehen während ihrer Amtszeit in einem Dienstverhältnis zum Gemeinsamen Bundesausschuss. Zusätzlich zu ihren Aufgaben im Beschlussgremium übernehmen die einzelnen Unparteiischen den Vorsitz der Unterausschüsse des Gemeinsamen Bundesausschusses. Der Vorsitzende nach Absatz 1 Satz 3 stellt übergreifend die Einhaltung aller dem Gemeinsamen Bundesausschuss auferlegten gesetzlichen Fristen sicher. Zur Erfüllung dieser Aufgabe nimmt er eine zeitliche Steuerungsverantwortung wahr und hat ein Antragsrecht an das Beschlussgremium nach Satz 1, er erstattet auch den nach Absatz 11 jährlich vorzulegenden Bericht. Die Organisationen nach Absatz 1 Satz 1 schließen die Dienstvereinbarungen mit den hauptamtlichen Unparteiischen; § 35a Absatz 6 Satz 2 und Absatz 6a Satz 1 und 2 des Vierten Buches gilt entsprechend. Vergütungserhöhungen sind während der Dauer der Amtszeit der Unparteiischen unzulässig. Zu Beginn einer neuen Amtszeit eines Unparteiischen kann eine über die zuletzt nach § 35a Absatz 6a Satz 1 des Vierten Buches gebilligte Vergütung der letzten Amtsperiode oder des Vorgängers im Amt hinausgehende höhere Vergütung nur durch einen Zuschlag auf die Grundvergütung nach Maßgabe der Entwicklung des Verbraucherpreisindexes vereinbart werden. Die Aufsichtsbehörde kann zu Beginn einer neuen Amtszeit eines Unparteiischen eine niedrigere Vergütung anordnen. Die Art und die Höhe finanzieller Zuwendungen, die den Unparteiischen im Zusammenhang mit ihrer Tätigkeit als Unparteiische von Dritten gewährt werden, sind den Organisationen nach Absatz 1 Satz 1 mitzuteilen und auf die Vergütung der Unparteiischen anzurechnen oder an den Gemeinsamen Bundesausschuss abzuführen. Vereinbarungen der Organisationen nach Absatz 1 Satz 1 für die Zukunftssicherung der Unparteiischen sind nur auf der Grundlage von beitragsorientierten Zusagen zulässig. Die von den Organisationen benannten sonstigen Mitglieder des Beschlussgremiums üben ihre Tätigkeit ehrenamtlich aus; sie sind bei den Entscheidungen im Beschlussgremium an Weisungen nicht gebunden. Die Organisationen nach Absatz 1 Satz 1 benennen für jedes von ihnen benannte Mitglied bis zu drei Stellvertreter. Die Amtszeit im Beschlussgremium beträgt ab der am 1. Juli 2012 beginnenden Amtszeit sechs Jahre.

(2a) Bei Beschlüssen, die allein einen der Leistungssektoren wesentlich betreffen, werden ab dem 1. Februar 2012 alle fünf Stimmen der Leistungserbringerseite anteilig auf diejenigen Mitglieder übertragen, die von der betroffenen Leistungserbringerorganisation nach Absatz 1 Satz 1 benannt worden sind. Bei Beschlüssen, die allein zwei der drei Leistungssektoren wesentlich betreffen, werden ab dem 1. Februar 2012 die Stimmen der von der nicht betroffenen Leistungserbringerorganisation benannten Mitglieder anteilig auf diejenigen Mitglieder übertragen, die von den betroffenen Leistungserbringerorganisationen benannt worden sind. Der Gemeinsame Bundesausschuss legt in seiner Geschäftsordnung erstmals bis zum 31. Januar 2012 fest, welche Richtlinien und Entscheidungen allein einen oder allein zwei der Leistungssektoren wesentlich betreffen. Bei Beschlüssen zur Bewertung ärztlicher Untersuchungs- und Behandlungsmethoden wird die Stimme des von der Kassenzahnärztlichen Bundesvereinigung benannten Mitglieds ab dem 1. Januar 2012 anteilig auf die von der Kassenärztlichen Bundesvereinigung und der Deutschen Krankenhausgesellschaft benannten Mitglieder übertragen.

(3) Für die Tragung der Kosten des Gemeinsamen Bundesausschusses mit Ausnahme der Kosten der von den Organisationen nach Absatz 1 Satz 1 benannten Mitglieder gilt § 139c entsprechend. Im Übrigen gilt § 90 Abs. 3 Satz 4 entsprechend mit der Maßgabe, dass vor Erlass der Rechtsverordnung außerdem die Deutsche Krankenhausgesellschaft anzuhören ist.

(3a) Verletzen Mitglieder oder deren Stellvertreter, die von den in Absatz 1 Satz 1 genannten Organisationen benannt oder berufen werden, in der ihnen insoweit übertragenen Amtsführung die ihnen einem Dritten gegenüber obliegende Amtspflicht, gilt § 42 Absatz 1 bis 3 des Vierten Buches mit der Maßgabe entsprechend, dass die Verantwortlichkeit den Gemeinsamen Bundesausschuss, nicht aber die in Absatz 1 Satz 1 genannten Organisationen, trifft. Dies gilt auch im Falle einer Berufung der unparteiischen Mitglieder und deren Stellvertreter durch das Bundesministerium für Gesundheit nach Absatz 2 Satz 7. Soweit von den in Absatz 1 Satz 1 genannten Organisationen für die Vorbereitung von Entscheidungen des Gemeinsamen Bundesausschusses Personen für die nach seiner Geschäftsordnung bestehenden Gremien benannt werden und diese Personen zur

Wahrung der Vertraulichkeit der für den Gemeinsamen Bundesausschuss geheimhaltungspflichtigen, ihnen zugänglichen Unterlagen und Informationen verpflichtet werden, gilt Satz 1 entsprechend. Das Gleiche gilt für nach § 140f Absatz 2 Satz 1 zweiter Halbsatz benannte sachkundige Personen, denen zur Ausübung ihres Mitberatungsrechts für den Gemeinsamen Bundesausschuss geheimhaltungspflichtige Unterlagen und Informationen zugänglich gemacht werden, wenn sie durch den Gemeinsamen Bundesausschuss zur Wahrung der Vertraulichkeit dieser Unterlagen verpflichtet worden sind. Das Nähere regelt der Gemeinsame Bundesausschuss in seiner Geschäftsordnung.

(4) Der Gemeinsame Bundesausschuss beschließt

1. eine Verfahrensordnung, in der er insbesondere methodische Anforderungen an die wissenschaftliche sektorenübergreifende Bewertung des Nutzens, einschließlich Bewertungen nach den §§ 35a und 35b, der Notwendigkeit und der Wirtschaftlichkeit von Maßnahmen als Grundlage für Beschlüsse sowie die Anforderungen an den Nachweis der fachlichen Unabhängigkeit von Sachverständigen und das Verfahren der Anhörung zu den jeweiligen Richtlinien, insbesondere die Feststellung der anzuhörenden Stellen, die Art und Weise der Anhörung und deren Auswertung, regelt,
2. eine Geschäftsordnung, in der er Regelungen zur Arbeitsweise des Gemeinsamen Bundesausschusses insbesondere zur Geschäftsführung, zur Vorbereitung der Richtlinienbeschlüsse durch Einsetzung von in der Regel sektorenübergreifend gestalteten Unterausschüssen, zum Vorsitz der Unterausschüsse durch die Unparteiischen des Beschlussgremiums sowie zur Zusammenarbeit der Gremien und der Geschäftsstelle des Gemeinsamen Bundesausschusses trifft; in der Geschäftsordnung sind Regelungen zu treffen zur Gewährleistung des Mitberatungsrechts der von den Organisationen nach § 140f Abs. 2 entsandten sachkundigen Personen.

Die Verfahrensordnung und die Geschäftsordnung bedürfen der Genehmigung des Bundesministeriums für Gesundheit. Die Genehmigung gilt als erteilt, wenn das Bundesministerium für Gesundheit sie nicht innerhalb von drei Monaten nach Vorlage des Beschlusses und der tragenden Gründe ganz oder teilweise versagt. Das Bundesministerium für Gesundheit kann im Rahmen der Genehmigungsprüfung vom Gemeinsamen Bundesausschuss zusätzliche Informationen und ergänzende Stellungnahmen anfordern; bis zum Eingang der Auskünfte ist der Lauf der Frist nach Satz 3 unterbrochen. Wird die Genehmigung ganz oder teilweise versagt, so kann das Bundesministerium für Gesundheit insbesondere zur Sicherstellung einer sach- und funktionsgerechten Ausgestaltung der Arbeitsweise und des Bewertungsverfahrens des Gemeinsamen Bundesausschusses erforderliche Änderungen bestimmen und anordnen, dass der Gemeinsame Bundesausschuss innerhalb einer bestimmten Frist die erforderlichen Änderungen vornimmt. Kommt der Gemeinsame Bundesausschuss der Anordnung innerhalb der Frist nicht nach, so kann das Bundesministerium für Gesundheit die erforderlichen Änderungen selbst vornehmen. Die Sätze 5 und 6 gelten entsprechend, wenn sich die Erforderlichkeit der Änderung einer bereits genehmigten Regelung der Verfahrensordnung oder der Geschäftsordnung erst nachträglich ergibt. Klagen gegen Anordnungen und Maßnahmen des Bundesministeriums für Gesundheit nach den Sätzen 3 bis 7 haben keine aufschiebende Wirkung.

§ 92 Richtlinien des Gemeinsamen Bundesausschusses

(1) Der Gemeinsame Bundesausschuss beschließt die zur Sicherung der ärztlichen Versorgung erforderlichen Richtlinien über die Gewährung für eine ausreichende, zweckmäßige und wirtschaftliche Versorgung der Versicherten; dabei ist den besonderen Erfordernissen der Versorgung behinderter oder von Behinderung bedrohter Menschen und psychisch Kranker Rechnung zu tragen, vor allem bei den Leistungen zur Belastungserprobung und Arbeitstherapie; er kann dabei die Erbringung und Verordnung von Leistungen oder Maßnahmen einschränken oder ausschließen, wenn nach allgemein anerkanntem Stand der medizinischen Erkenntnisse der diagnostische oder therapeutische Nutzen, die medizinische Notwendigkeit oder die Wirtschaftlichkeit nicht nachgewiesen sind; er kann die Verordnung von Arzneimitteln einschränken oder ausschließen, wenn die Unzweckmäßigkeit erwiesen oder eine andere, wirtschaftlichere Behandlungsmöglichkeit mit vergleichbarem diagnostischen oder therapeutischen Nutzen verfügbar ist. Er soll insbesondere Richtlinien beschließen über die

1. ärztliche Behandlung,
2. zahnärztliche Behandlung einschließlich der Versorgung mit Zahnersatz sowie kieferorthopädische Behandlung,
3. Maßnahmen zur Früherkennung von Krankheiten und zur Qualitätssicherung der Früherkennungsuntersuchungen sowie zur Durchführung organisierter Krebsfrüherkennungsprogramme nach § 25a einschließlich der systematischen Erfassung, Überwachung und Verbesserung der Qualität dieser Programme,

4. ärztliche Betreuung bei Schwangerschaft und Mutterschaft,
5. Einführung neuer Untersuchungs- und Behandlungsmethoden,
6. Verordnung von Arznei-, Verband-, Heil- und Hilfsmitteln, Krankenhausbehandlung, häuslicher Krankenpflege, Soziotherapie, und außerklinischer Intensivpflege,
7. Beurteilung der Arbeitsunfähigkeit einschließlich der Arbeitsunfähigkeit nach § 44a Satz 1 sowie der nach § 5 Abs. 1 Nr. 2a versicherten erwerbsfähigen Hilfebedürftigen im Sinne des Zweiten Buches,
8. Verordnung von im Einzelfall gebotenen Leistungen zur medizinischen Rehabilitation und die Beratung über Leistungen zur medizinischen Rehabilitation, Leistungen zur Teilhabe am Arbeitsleben und ergänzende Leistungen zur Rehabilitation,
9. Bedarfsplanung,
10. medizinische Maßnahmen zur Herbeiführung einer Schwangerschaft nach § 27a Abs. 1,
11. Maßnahmen nach den §§ 24a und 24b,
12. Verordnung von Krankentransporten,
13. Qualitätssicherung,
14. spezialisierte ambulante Palliativversorgung,
15. Schutzimpfungen.

(1a) Die Richtlinien nach Absatz 1 Satz 2 Nr. 2 sind auf eine ursachengerechte, zahnsubstanzschonende und präventionsorientierte zahnärztliche Behandlung einschließlich der Versorgung mit Zahnersatz sowie kieferorthopädischer Behandlung auszurichten. Der Gemeinsame Bundesausschuss hat die Richtlinien auf der Grundlage auch von externem, umfassendem zahnmedizinisch-wissenschaftlichem Sachverstand zu beschließen. Das Bundesministerium für Gesundheit kann dem Gemeinsamen Bundesausschuss vorgeben, einen Beschluss zu einzelnen dem Bundesausschuss durch Gesetz zugewiesenen Aufgaben zu fassen oder zu überprüfen und hierzu eine angemessene Frist setzen. Bei Nichteinhaltung der Frist fasst eine aus den Mitgliedern des Bundesausschusses zu bildende Schiedsstelle innerhalb von 30 Tagen den erforderlichen Beschluss. Die Schiedsstelle besteht aus dem unparteiischen Vorsitzenden, den zwei weiteren unparteiischen Mitgliedern des Bundesausschusses und je einem von der Kassenzahnärztlichen Bundesvereinigung und dem Spitzenverband Bund der Krankenkassen bestimmten Vertreter. Vor der Entscheidung des Bundesausschusses über die Richtlinien nach

Absatz 1 Satz 2 Nr. 2 ist den für die Wahrnehmung der Interessen von Zahntechnikern maßgeblichen Spitzenorganisationen auf Bundesebene Gelegenheit zur Stellungnahme zu geben; die Stellungnahmen sind in die Entscheidung einzubeziehen.

(1b) Vor der Entscheidung des Gemeinsamen Bundesausschusses über die Richtlinien nach Absatz 1 Satz 2 Nr. 4 ist den in § 134a Absatz 1 genannten Organisationen der Leistungserbringer auf Bundesebene Gelegenheit zur Stellungnahme zu geben; die Stellungnahmen sind in die Entscheidung einzubeziehen.

(2) Die Richtlinien nach Absatz 1 Satz 2 Nr. 6 haben Arznei- und Heilmittel unter Berücksichtigung der Bewertungen nach den §§ 35a und 35b so zusammenzustellen, dass dem Arzt die wirtschaftliche und zweckmäßige Auswahl der Arzneimitteltherapie ermöglicht wird. Die Zusammenstellung der Arzneimittel ist nach Indikationsgebieten und Stoffgruppen zu gliedern. Um dem Arzt eine therapie- und preisgerechte Auswahl der Arzneimittel zu ermöglichen, sind zu den einzelnen Indikationsgebieten Hinweise aufzunehmen, aus denen sich für Arzneimittel mit pharmakologisch vergleichbaren Wirkstoffen oder therapeutisch vergleichbarer Wirkung eine Bewertung des therapeutischen Nutzens auch im Verhältnis zu den Therapiekosten und damit zur Wirtschaftlichkeit der Verordnung ergibt; § 73 Abs. 8 Satz 3 bis 6 gilt entsprechend. Um dem Arzt eine therapie- und preisgerechte Auswahl der Arzneimittel zu ermöglichen, können ferner für die einzelnen Indikationsgebiete die Arzneimittel in folgenden Gruppen zusammengefasst werden:

1. Mittel, die allgemein zur Behandlung geeignet sind,
2. Mittel, die nur bei einem Teil der Patienten oder in besonderen Fällen zur Behandlung geeignet sind,
3. Mittel, bei deren Verordnung wegen bekannter Risiken oder zweifelhafter therapeutischer Zweckmäßigkeit besondere Aufmerksamkeit geboten ist.

Absatz 3a gilt entsprechend. In den Therapiehinweisen nach den Sätzen 1 und 7 können Anforderungen an die qualitätsgesicherte Anwendung von Arzneimitteln festgestellt werden, insbesondere bezogen auf die Qualifikation des Arztes oder auf die zu behandelnden Patientengruppen. In den Richtlinien nach Absatz 1 Satz 2 Nr. 6 können auch Therapiehinweise zu Arzneimitteln außerhalb von Zusammenstellungen gegeben werden; die Sätze 3 und 4 sowie Absatz 1 Satz 1 dritter Halbsatz gelten entsprechend. Die Therapiehinweise nach den Sätzen 1 und

7 können Empfehlungen zu den Anteilen einzelner Wirkstoffe an den Verordnungen im Indikationsgebiet vorsehen. Der Gemeinsame Bundesausschuss regelt die Grundsätze für die Therapiehinweise nach den Sätzen 1 und 7 in seiner Verfahrensordnung. Verordnungseinschränkungen oder Verordnungsausschlüsse nach Absatz 1 für Arzneimittel beschließt der Gemeinsame Bundesausschuss gesondert in Richtlinien außerhalb von Therapiehinweisen. Der Gemeinsame Bundesausschuss kann die Verordnung eines Arzneimittels nur einschränken oder ausschließen, wenn die Wirtschaftlichkeit nicht durch einen Festbetrag nach § 35 hergestellt werden kann. Verordnungseinschränkungen oder -ausschlüsse eines Arzneimittels wegen Unzweckmäßigkeit nach Absatz 1 Satz 1 dürfen den Feststellungen der Zulassungsbehörde über Qualität, Wirksamkeit und Unbedenklichkeit eines Arzneimittels nicht widersprechen.

(2a) Der Gemeinsame Bundesausschuss kann im Einzelfall mit Wirkung für die Zukunft vom pharmazeutischen Unternehmer im Benehmen mit der Arzneimittelkommission der deutschen Ärzteschaft und dem Bundesinstitut für Arzneimittel und Medizinprodukte oder dem Paul-Ehrlich-Institut innerhalb einer angemessenen Frist ergänzende versorgungsrelevante Studien zur Bewertung der Zweckmäßigkeit eines Arzneimittels fordern. Absatz 3a gilt für die Forderung nach Satz 1 entsprechend. Das Nähere zu den Voraussetzungen, zu der Forderung ergänzender Studien, zu Fristen sowie zu den Anforderungen an die Studien regelt der Gemeinsame Bundesausschuss in seiner Verfahrensordnung. Werden die Studien nach Satz 1 nicht oder nicht rechtzeitig vorgelegt, kann der Gemeinsame Bundesausschuss das Arzneimittel abweichend von Absatz 1 Satz 1 von der Verordnungsfähigkeit ausschließen. Eine gesonderte Klage gegen die Forderung ergänzender Studien ist ausgeschlossen.

(3) Für Klagen gegen die Zusammenstellung der Arzneimittel nach Absatz 2 gelten die Vorschriften über die Anfechtungsklage entsprechend. Die Klagen haben keine aufschiebende Wirkung. Ein Vorverfahren findet nicht statt. Eine gesonderte Klage gegen die Gliederung nach Indikationsgebieten oder Stoffgruppen nach Absatz 2 Satz 2, die Zusammenfassung der Arzneimittel in Gruppen nach Absatz 2 Satz 4 oder gegen sonstige Bestandteile der Zusammenstellung nach Absatz 2 ist unzulässig.

(3a) Vor der Entscheidung über die Richtlinien zur Verordnung von Arzneimitteln nach Absatz 1 Satz 2 Nr. 6 und Therapiehinweisen nach Absatz 2 Satz 7 ist den Sachverständigen der medizinischen und pharmazeutischen Wissenschaft und Praxis sowie den für die Wahrnehmung der wirtschaftlichen Interessen gebildeten maßgeblichen Spitzenorganisationen der pharmazeutischen Unternehmer, den betroffenen pharmazeutischen Unternehmern, den Berufsvertretungen der Apotheker und den maßgeblichen Dachverbänden der Ärztegesellschaften der besonderen Therapierichtungen auf Bundesebene Gelegenheit zur Stellungnahme zu geben. Die Stellungnahmen sind in die Entscheidung einzubeziehen. Der Gemeinsame Bundesausschuss hat unter Wahrung der Betriebs- und Geschäftsgeheimnisse Gutachten oder Empfehlungen von Sachverständigen, die er bei Richtlinien zur Verordnung von Arzneimitteln nach Absatz 1 Satz 2 Nr. 6 sowie bei Therapiehinweisen nach Absatz 2 Satz 7 zu Grunde legt, bei Einleitung des Stellungnahmeverfahrens zu benennen und zu veröffentlichen sowie in den tragenden Gründen der Beschlüsse zu benennen.

(4) In den Richtlinien nach Absatz 1 Satz 2 Nr. 3 sind insbesondere zu regeln

1. die Anwendung wirtschaftlicher Verfahren und die Voraussetzungen, unter denen mehrere Maßnahmen zur Früherkennung zusammenzufassen sind,
2. das Nähere über die Bescheinigungen und Aufzeichnungen bei Durchführung der Maßnahmen zur Früherkennung von Krankheiten,
3. Einzelheiten zum Verfahren und zur Durchführung von Auswertungen der Aufzeichnungen sowie der Evaluation der Maßnahmen zur Früherkennung von Krankheiten einschließlich der organisierten Krebsfrüherkennungsprogramme nach § 25a.

(5) Vor der Entscheidung des Gemeinsamen Bundesausschusses über die Richtlinien nach Absatz 1 Satz 2 Nr. 8 ist den in § 111b Satz 1 genannten Organisationen der Leistungserbringer, den Rehabilitationsträgern (§ 6 Abs. 1 Nr. 2 bis 7 des Neunten Buches) sowie der Bundesarbeitsgemeinschaft für Rehabilitation Gelegenheit zur Stellungnahme zu geben; die Stellungnahmen sind in die Entscheidung einzubeziehen. In den Richtlinien ist zu regeln, bei welchen Behinderungen, unter welchen Voraussetzungen und nach welchen Verfahren die Vertragsärzte die Krankenkassen über die Behinderungen von Versicherten zu unterrichten haben.

(6) In den Richtlinien nach Absatz 1 Satz 2 Nr. 6 ist insbesondere zu regeln

1. der Katalog verordnungsfähiger Heilmittel,
2. die Zuordnung der Heilmittel zu Indikationen,
3. die Besonderheiten bei Wiederholungsverordnungen und
4. Inhalt und Umfang der Zusammenarbeit des verordnenden Vertragsarztes mit dem jeweiligen Heilmittelerbringer.

Vor der Entscheidung des Bundesausschusses über die Richtlinien zur Verordnung von Heilmitteln nach Absatz 1 Satz 2 Nr. 6 ist den in § 125 Abs. 1 Satz 1 genannten Organisationen der Leistungserbringer Gelegenheit zur Stellungnahme zu geben; die Stellungnahmen sind in die Entscheidung einzubeziehen.

6a) In den Richtlinien nach Absatz 1 Satz 2 Nr. 1 ist insbesondere das Nähere über die psychotherapeutisch behandlungsbedürftigen Krankheiten, die zur Krankenbehandlung geeigneten Verfahren, das Antrags- und Gutachterverfahren, die probatorischen Sitzungen sowie über Art, Umfang und Durchführung der Behandlung zu regeln; der Gemeinsame Bundesausschuss kann dabei Regelungen treffen, die leitliniengerecht den Behandlungsbedarf konkretisieren. Sofern sich nach einer Krankenhausbehandlung eine ambulante psychotherapeutische Behandlung anschließen soll, können erforderliche probatorische Sitzungen frühzeitig, bereits während der Krankenhausbehandlung sowohl in der vertragsärztlichen Praxis als auch in den Räumen des Krankenhauses durchgeführt werden.

(7) In den Richtlinien nach Absatz 1 Satz 2 Nr. 6 sind insbesondere zu regeln

1. die Verordnung der häuslichen Krankenpflege und deren ärztliche Zielsetzung,
2. Inhalt und Umfang der Zusammenarbeit des verordnenden Vertragsarztes mit dem jeweiligen Leistungserbringer und dem Krankenhaus,
3. die Voraussetzungen für die Verordnung häuslicher Krankenpflege und für die Mitgabe von Arzneimitteln im Krankenhaus im Anschluss an einen Krankenhausaufenthalt,
4. Näheres zur Verordnung häuslicher Krankenpflege zur Dekolonisation von Trägern mit dem Methicillin-resistenten Staphylococcus aureus (MRSA),
5. Näheres zur Verordnung häuslicher Krankenpflege zur ambulanten Palliativversorgung.

Vor der Entscheidung des Gemeinsamen Bundesausschusses über die Richtlinien zur Verordnung von häuslicher Krankenpflege nach Absatz 1 Satz 2 Nr. 6 ist den in § 132a Abs. 1 Satz 1 genannten Leistungserbringern und zu den Regelungen gemäß Satz 1 Nummer 5 zusätzlich den maßgeblichen Spitzenorganisationen der Hospizarbeit und der Palliativversorgung auf Bundesebene Gelegenheit zur Stellungnahme zu geben; die Stellungnahmen sind in die Entscheidung einzubeziehen.

(7a) Vor der Entscheidung des Gemeinsamen Bundesausschusses über die Richtlinien zur Verordnung von Hilfsmitteln nach Absatz 1 Satz 2 Nr. 6 ist den in § 127 Absatz 6 Satz 1 genannten Organisationen der Leistungserbringer und den

Spitzenorganisationen der betroffenen Hilfsmittelhersteller auf Bundesebene Gelegenheit zur Stellungnahme zu geben; die Stellungnahmen sind in die Entscheidung einzubeziehen.

(7b) Vor der Entscheidung über die Richtlinien zur Verordnung von spezialisierter ambulanter Palliativversorgung nach Absatz 1 Satz 2 Nr. 14 ist den maßgeblichen Organisationen der Hospizarbeit und der Palliativversorgung sowie den in § 132a Abs. 1 Satz 1 genannten Organisationen Gelegenheit zur Stellungnahme zu geben. Die Stellungnahmen sind in die Entscheidung einzubeziehen.

(7c) Vor der Entscheidung über die Richtlinien zur Verordnung von Soziotherapie nach Absatz 1 Satz 2 Nr. 6 ist den maßgeblichen Organisationen der Leistungserbringer der Soziotherapieversorgung Gelegenheit zur Stellungnahme zu geben; die Stellungnahmen sind in die Entscheidung einzubeziehen.

(7d) Vor der Entscheidung über die Richtlinien nach den §§ 135, 137c und § 137e ist den jeweils einschlägigen wissenschaftlichen Fachgesellschaften Gelegenheit zur Stellungnahme zu geben; bei Methoden, deren technische Anwendung maßgeblich auf dem Einsatz eines Medizinprodukts beruht, ist auch den für die Wahrnehmung der wirtschaftlichen Interessen gebildeten maßgeblichen Spitzenorganisationen der Medizinproduktehersteller und den jeweils betroffenen Medizinprodukteherstellern Gelegenheit zur Stellungnahme zu geben. Bei Methoden, bei denen radioaktive Stoffe oder ionisierende Strahlung am Menschen angewandt werden, ist auch der Strahlenschutzkommission Gelegenheit zur Stellungnahme zu geben. Die Stellungnahmen sind in die Entscheidung einzubeziehen.

(7e) Bei den Richtlinien nach Absatz 1 Satz 2 Nummer 9 erhalten die Länder ein Mitberatungsrecht. Es wird durch zwei Vertreter der Länder ausgeübt, die von der Gesundheitsministerkonferenz der Länder benannt werden. Die Mitberatung umfasst auch das Recht, Beratungsgegenstände auf die Tagesordnung setzen zu lassen und das Recht zur Anwesenheit bei der Beschlussfassung.

(7f) Bei den Richtlinien nach Absatz 1 Satz 2 Nummer 13 und den Beschlüssen nach den §§ 136b und 136c erhalten die Länder ein Mitberatungsrecht, soweit diese Richtlinien und Beschlüsse für die Krankenhausplanung von Bedeutung sind; Absatz 7e Satz 2 und 3 gilt entsprechend. Vor der Entscheidung über die Richtlinien nach § 136 Absatz 1 in Verbindung mit § 136a Absatz 1 Satz 1 bis 3 ist dem Robert Koch-Institut Gelegenheit zur Stellungnahme zu geben. Das Robert Koch-Institut hat die Stellungnahme mit den wissenschaftlichen Kommissionen am Robert Koch-Institut nach § 23 des Infektionsschutzgesetzes abzustimmen.

§ 95 Teilnahme an der vertragsärztlichen Versorgung

(1) An der vertragsärztlichen Versorgung nehmen zugelassene Ärzte und zugelassene medizinische Versorgungszentren sowie ermächtigte Ärzte und ermächtigte Einrichtungen teil. Medizinische Versorgungszentren sind ärztlich geleitete Einrichtungen, in denen Ärzte, die in das Arztregister nach Absatz 2 Satz 3 eingetragen sind, als Angestellte oder Vertragsärzte tätig sind. Der ärztliche Leiter muss in dem medizinischen Versorgungszentrum selbst als angestellter Arzt oder als Vertragsarzt tätig sein; er ist in medizinischen Fragen weisungsfrei. Sind in einem medizinischen Versorgungszentrum Angehörige unterschiedlicher Berufsgruppen, die an der vertragsärztlichen Versorgung teilnehmen, tätig, ist auch eine kooperative Leitung möglich. Die Zulassung erfolgt für den Ort der Niederlassung als Arzt oder den Ort der Niederlassung als medizinisches Versorgungszentrum (Vertragsarztsitz).

(1a) Medizinische Versorgungszentren können von zugelassenen Ärzten, von zugelassenen Krankenhäusern, von Erbringern nichtärztlicher Dialyseleistungen nach § 126 Absatz 3 oder von gemeinnützigen Trägern, die aufgrund von Zulassung, Ermächtigung an der vertragsärztlichen Versorgung teilnehmen, oder von Kommunen gegründet werden; die Gründung ist nur in der Rechtsform einer Personengesellschaft, einer eingetragenen Genossenschaft oder einer Gesellschaft mit beschränkter Haftung oder in einer öffentlich rechtlichen Rechtsform möglich. Die Zulassung von medizinischen Versorgungszentren, die am 1. Januar 2012 bereits zugelassen sind, gilt unabhängig von der Trägerschaft und der Rechtsform des medizinischen Versorgungszentrums unverändert fort. Für die Gründung von medizinischen Versorgungszentren durch Kommunen findet § 105 Absatz 5 Satz 1 bis 4 keine Anwendung.

(2) Um die Zulassung als Vertragsarzt kann sich jeder Arzt bewerben, der seine Eintragung in ein Arzt- oder Zahnarztregister (Arztregister) nachweist. Die Arztregister werden von den Kassenärztlichen Vereinigungen für jeden Zulassungsbezirk geführt. Die Eintragung in ein Arztregister erfolgt auf Antrag

1. nach Erfüllung der Voraussetzungen nach § 95a für Vertragsärzte und nach § 95c für Psychotherapeuten,
2. nach Ableistung einer zweijährigen Vorbereitungszeit für Vertragszahnärzte.

Das Nähere regeln die Zulassungsverordnungen. Um die Zulassung kann sich ein medizinisches Versorgungszentrum bewerben, dessen Ärzte in das Arztregister nach Satz 3 eingetragen sind. Für die Zulassung eines medizinischen Versorgungszentrums in der Rechtsform einer Gesellschaft mit beschränkter Haftung ist außerdem

Voraussetzung, dass die Gesellschafter selbstschuldnerische Bürgschaftserklärungen oder andere Sicherheitsleistungen nach § 232 des Bürgerlichen Gesetzbuchs für Forderungen von Kassenärztlichen Vereinigungen und Krankenkassen gegen das medizinische Versorgungszentrum aus dessen vertragsärztlicher Tätigkeit abgeben; dies gilt auch für Forderungen, die erst nach Auflösung des medizinischen Versorgungszentrums fällig werden. Die Anstellung eines Arztes in einem zugelassenen medizinischen Versorgungszentrum bedarf der Genehmigung des Zulassungsausschusses. Die Genehmigung ist zu erteilen, wenn die Voraussetzungen des Satzes 5 erfüllt sind; Absatz 9b gilt entsprechend. Anträge auf Zulassung eines Arztes und auf Zulassung eines medizinischen Versorgungszentrums sowie auf Genehmigung der Anstellung eines Arztes in einem zugelassenen medizinischen Versorgungszentrum sind abzulehnen, wenn bei Antragstellung für die dort tätigen Ärzte Zulassungsbeschränkungen nach § 103 Abs. 1 Satz 2 angeordnet sind. Für die in den medizinischen Versorgungszentren angestellten Ärzte gilt § 135 entsprechend.

§ 96 Zulassungsausschüsse

(1) Zur Beschlussfassung und Entscheidung in Zulassungssachen errichten die Kassenärztlichen Vereinigungen und die Landesverbände der Krankenkassen sowie die Ersatzkassen für den Bezirk jeder Kassenärztlichen Vereinigung oder für Teile dieses Bezirks (Zulassungsbezirk) einen Zulassungsausschuss für Ärzte und einen Zulassungsausschuss für Zahnärzte.

(2) Die Zulassungsausschüsse bestehen aus Vertretern der Ärzte und der Krankenkassen in gleicher Zahl. Die Vertreter der Ärzte und ihre Stellvertreter werden von den Kassenärztlichen Vereinigungen, die Vertreter der Krankenkassen und ihre Stellvertreter von den Landesverbänden der Krankenkassen und den Ersatzkassen bestellt. Die Mitglieder der Zulassungsausschüsse führen ihr Amt als Ehrenamt. Sie sind an Weisungen nicht gebunden. Den Vorsitz führt abwechselnd ein Vertreter der Ärzte und der Krankenkassen. Die Zulassungsausschüsse beschließen mit einfacher Stimmenmehrheit, bei Stimmengleichheit gilt ein Antrag als abgelehnt.

(3) Die Geschäfte der Zulassungsausschüsse werden bei den Kassenärztlichen Vereinigungen geführt. Die Kosten der Zulassungsausschüsse werden, soweit sie nicht durch Gebühren gedeckt sind, je zur Hälfte von den Kassenärztlichen

Vereinigungen einerseits und den Landesverbänden der Krankenkassen und den Ersatzkassen andererseits getragen.

(4) Gegen die Entscheidungen der Zulassungsausschüsse können die am Verfahren beteiligten Ärzte und Einrichtungen, die Kassenärztlichen Vereinigungen und die Landesverbände der Krankenkassen sowie die Ersatzkassen den Berufungsausschuss anrufen. Die Anrufung hat aufschiebende Wirkung.

§ 107 Krankenhäuser, Vorsorge- oder Rehabilitationseinrichtungen

(1) Krankenhäuser im Sinne dieses Gesetzbuchs sind Einrichtungen, die

1. der Krankenhausbehandlung oder Geburtshilfe dienen,
2. fachlich-medizinisch unter ständiger ärztlicher Leitung stehen, über ausreichende, ihrem Versorgungsauftrag entsprechende diagnostische und therapeutische Möglichkeiten verfügen und nach wissenschaftlich anerkannten Methoden arbeiten,
3. mit Hilfe von jederzeit verfügbarem ärztlichem, Pflege-, Funktions- und medizinisch-technischem Personal darauf eingerichtet sind, vorwiegend durch ärztliche und pflegerische Hilfeleistung Krankheiten der Patienten zu erkennen, zu heilen, ihre Verschlimmerung zu verhüten, Krankheitsbeschwerden zu lindern oder Geburtshilfe zu leisten,

und in denen

4. die Patienten untergebracht und verpflegt werden können.

(2) Vorsorge- oder Rehabilitationseinrichtungen im Sinne dieses Gesetzbuchs sind Einrichtungen, die

1. der stationären Behandlung der Patienten dienen, um

a) eine Schwächung der Gesundheit, die in absehbarer Zeit voraussichtlich zu einer Krankheit führen würde, zu beseitigen oder einer Gefährdung der gesundheitlichen Entwicklung eines Kindes entgegenzuwirken (Vorsorge) oder

b) eine Krankheit zu heilen, ihre Verschlimmerung zu verhüten oder Krankheitsbeschwerden zu lindern oder im Anschluss an Krankenhausbehandlung den dabei erzielten Behandlungserfolg zu sichern oder zu festigen, auch mit dem Ziel, eine drohende Behinderung oder Pflegebedürftigkeit abzuwenden, zu beseitigen, zu mindern, auszugleichen, ihre Verschlimmerung zu verhüten oder ihre Folgen zu mildern (Rehabilitation), wobei Leistungen der aktivierenden Pflege nicht von den Krankenkassen übernommen werden dürfen.

2. fachlich-medizinisch unter ständiger ärztlicher Verantwortung und unter Mitwirkung von besonders geschultem Personal darauf eingerichtet sind, den Gesundheitszustand der Patienten nach einem ärztlichen Behandlungsplan vorwiegend durch Anwendung von Heilmitteln einschließlich Krankengymnastik, Bewegungstherapie, Sprachtherapie oder Arbeits- und Beschäftigungstherapie, ferner durch andere geeignete Hilfen, auch durch geistige und seelische Einwirkungen, zu verbessern und den Patienten bei der Entwicklung eigener Abwehr- und Heilungskräfte zu helfen,

und in denen

3. die Patienten untergebracht und verpflegt werden können.

§ 108 Zugelassene Krankenhäuser

Die Krankenkassen dürfen Krankenhausbehandlung nur durch folgende Krankenhäuser (zugelassene Krankenhäuser) erbringen lassen:

1. Krankenhäuser, die nach den landesrechtlichen Vorschriften als Hochschulklinik anerkannt sind,
2. Krankenhäuser, die in den Krankenhausplan eines Landes aufgenommen sind (Plankrankenhäuser), oder
3. Krankenhäuser, die einen Versorgungsvertrag mit den Landesverbänden der Krankenkassen und den Verbänden der Ersatzkassen abgeschlossen haben.

§ 108a Krankenhausgesellschaften

Die Landeskrankenhausgesellschaft ist ein Zusammenschluss von Trägern zugelassener Krankenhäuser im Land. In der Deutschen Krankenhausgesellschaft sind die Landeskrankenhausgesellschaften zusammengeschlossen. Bundesverbände oder Landesverbände der Krankenhausträger können den Krankenhausgesellschaften angehören.

§ 109 Abschluss von Versorgungsverträgen mit Krankenhäusern

(1) Der Versorgungsvertrag nach § 108 Nr. 3 kommt durch Einigung zwischen den Landesverbänden der Krankenkassen und den Ersatzkassen gemeinsam und dem Krankenhausträger zustande; er bedarf der Schriftform. Bei den Hochschulkliniken gilt die Anerkennung nach den landesrechtlichen Vorschriften, bei den Plankrankenhäusern die Aufnahme in den Krankenhausbedarfsplan nach § 8 Abs. 1 Satz 2 des Krankenhausfinanzierungsgesetzes als Abschluss des

Versorgungsvertrages. Dieser ist für alle Krankenkassen im Inland unmittelbar verbindlich. Die Vertragsparteien nach Satz 1 können im Einvernehmen mit der für die Krankenhausplanung zuständigen Landesbehörde eine gegenüber dem Krankenhausplan geringere Bettenzahl vereinbaren, soweit die Leistungsstruktur des Krankenhauses nicht verändert wird; die Vereinbarung kann befristet werden. Enthält der Krankenhausplan keine oder keine abschließende Festlegung der Bettenzahl oder der Leistungsstruktur des Krankenhauses, werden diese durch die Vertragsparteien nach Satz 1 im Benehmen mit der für die Krankenhausplanung zuständigen Landesbehörde ergänzend vereinbart.

(2) Ein Anspruch auf Abschluss eines Versorgungsvertrags nach § 108 Nr. 3 besteht nicht. Bei notwendiger Auswahl zwischen mehreren geeigneten Krankenhäusern, die sich um den Abschluss eines Versorgungsvertrags bewerben, entscheiden die Landesverbände der Krankenkassen und die Ersatzkassen gemeinsam unter Berücksichtigung der öffentlichen Interessen und der Vielfalt der Krankenhausträger nach pflichtgemäßem Ermessen, welches Krankenhaus den Erfordernissen einer qualitativ hochwertigen, patienten- und bedarfsgerechten sowie leistungsfähigen und wirtschaftlichen Krankenhausbehandlung am besten gerecht wird.

(3) Ein Versorgungsvertrag nach § 108 Nr. 3 darf nicht abgeschlossen werden, wenn das Krankenhaus

1. nicht die Gewähr für eine leistungsfähige und wirtschaftliche Krankenhausbehandlung bietet,
2. bei den maßgeblichen planungsrelevanten Qualitätsindikatoren nach § 6 Absatz 1a des Krankenhausfinanzierungsgesetzes auf der Grundlage der vom Gemeinsamen Bundesausschuss nach § 136c Absatz 2 übermittelten Maßstäbe und Bewertungskriterien nicht nur vorübergehend eine in einem erheblichen Maß unzureichende Qualität aufweist, die im jeweiligen Landesrecht vorgesehenen Qualitätsanforderungen nicht nur vorübergehend und in einem erheblichen Maß nicht erfüllt, höchstens drei Jahre in Folge Qualitätsabschlägen nach § 5 Absatz 3a des Krankenhausentgeltgesetzes unterliegt oder
3. für eine bedarfsgerechte Krankenhausbehandlung der Versicherten nicht erforderlich ist.

Abschluss und Ablehnung des Versorgungsvertrags werden mit der Genehmigung durch die zuständigen Landesbehörden wirksam. Verträge, die vor dem 1. Januar 1989 nach § 371 Abs. 2 der Reichsversicherungsordnung abgeschlossen worden sind, gelten bis zu ihrer Kündigung nach § 110 weiter.

(4) Mit einem Versorgungsvertrag nach Absatz 1 wird das Krankenhaus für die Dauer des Vertrages zur Krankenhausbehandlung der Versicherten zugelassen. Das zugelassene Krankenhaus ist im Rahmen seines Versorgungsauftrags zur Krankenhausbehandlung (§ 39) der Versicherten verpflichtet. Die Krankenkassen sind verpflichtet, unter Beachtung der Vorschriften dieses Gesetzbuchs mit dem Krankenhausträger Pflegesatzverhandlungen nach Maßgabe des Krankenhausfinanzierungsgesetzes, des Krankenhausentgeltgesetzes und der Bundespflegesatzverordnung zu führen.

§ 110 Kündigung von Versorgungsverträgen mit Krankenhäusern

(1) Ein Versorgungsvertrag nach § 109 Abs. 1 kann von jeder Vertragspartei mit einer Frist von einem Jahr ganz oder teilweise gekündigt werden, von den Landesverbänden der Krankenkassen und den Ersatzkassen nur gemeinsam und nur aus den in § 109 Abs. 3 Satz 1 genannten Gründen. Die Kündigung hat zu erfolgen, wenn der in § 109 Absatz 3 Satz 1 Nummer 2 genannte Kündigungsgrund vorliegt. Eine Kündigung ist nur zulässig, wenn die Kündigungsgründe nicht nur vorübergehend bestehen. Bei Plankrankenhäusern ist die Kündigung mit einem Antrag an die zuständige Landesbehörde auf Aufhebung oder Änderung des Feststellungsbescheids nach § 8 Abs. 1 Satz 2 des Krankenhausfinanzierungsgesetzes zu verbinden, mit dem das Krankenhaus in den Krankenhausplan des Landes aufgenommen worden ist. Kommt ein Beschluss über die Kündigung eines Versorgungsvertrags durch die Landesverbände der Krankenkassen und der Ersatzkassen nicht zustande, entscheidet eine unabhängige Schiedsperson über die Kündigung, wenn dies von Kassenarten beantragt wird, die mindestens ein Drittel der landesweiten Anzahl der Versicherten auf sich vereinigen. Einigen sich die Landesverbände der Krankenkassen und die Ersatzkassen nicht auf eine Schiedsperson, wird diese von der für die Landesverbände der Krankenkassen zuständigen Aufsichtsbehörde bestimmt. Klagen gegen die Bestimmung der Schiedsperson haben keine aufschiebende Wirkung. Die Kosten des Schiedsverfahrens tragen die Landesverbände der Krankenkassen und die Ersatzkassen entsprechend der landesweiten Anzahl ihrer Versicherten. Klagen gegen die Entscheidung der Schiedsperson über die Kündigung richten sich gegen die Landesverbände der Krankenkassen und die Ersatzkassen, nicht gegen die Schiedsperson.

(2) Die Kündigung durch die in Absatz 1 Satz 1 genannten Verbände wird mit der Genehmigung durch die zuständige Landesbehörde wirksam. Diese hat ihre Entscheidung zu begründen. Bei Plankrankenhäusern kann die Genehmigung nur versagt werden, wenn und soweit das Krankenhaus für die Versorgung unverzichtbar ist und die zuständige Landesbehörde die Unabweisbarkeit des Bedarfs schriftlich oder elektronisch dargelegt hat. Die Genehmigung gilt als erteilt, wenn die zuständige Landesbehörde nicht innerhalb von drei Monaten nach Mitteilung der Kündigung widersprochen hat. Die Landesbehörde hat einen Widerspruch spätestens innerhalb von drei weiteren Monaten schriftlich oder elektronisch zu begründen. Mit Wirksamwerden der Kündigung gilt ein Plankrankenhaus insoweit nicht mehr als zugelassenes Krankenhaus.

§ 110a Qualitätsverträge

(1) Die Krankenkassen oder Zusammenschlüsse von Krankenkassen schließen zu den vom Gemeinsamen Bundesausschuss nach § 136b Absatz 1 Satz 1 Nummer 4 festgelegten Leistungen oder Leistungsbereichen mit dem Krankenhausträger Verträge zur Förderung einer qualitativ hochwertigen stationären Versorgung (Qualitätsverträge). Ziel der Qualitätsverträge ist die Erprobung, inwieweit sich eine weitere Verbesserung der Versorgung mit stationären Behandlungsleistungen, insbesondere durch die Vereinbarung von Anreizen sowie höherwertigen Qualitätsanforderungen erreichen lässt. Die Qualitätsverträge sind zu befristen; eine Verlängerung der Vertragslaufzeit ist zulässig, bis eine Empfehlung des Gemeinsamen Bundesausschusses nach § 136b Absatz 8 Satz 3 vorliegt, nach der für die jeweilige Leistung oder den jeweiligen Leistungsbereich künftig kein Qualitätsvertrag mehr zur Verfügung stehen sollte. In den Qualitätsverträgen darf nicht vereinbart werden, dass der Abschluss von Qualitätsverträgen mit anderen Krankenkassen oder Zusammenschlüssen von Krankenkassen unzulässig ist. Ein Anspruch auf Abschluss eines Qualitätsvertrags besteht nicht. Die Vertragsparteien nach Satz 1 sind befugt und verpflichtet, dem Institut nach § 137a die für die Untersuchung nach § 136b Absatz 8 Satz 1 und die Veröffentlichung nach § 136b Absatz 8 Satz 5 erforderlichen vertragsbezogenen Daten zu den Qualitätsverträgen zu übermitteln.

(2) Der Spitzenverband Bund der Krankenkassen und die Deutsche Krankenhausgesellschaft vereinbaren für die Qualitätsverträge nach Absatz 1 ab dem Jahr 2021 innerhalb von sechs Monaten nach dem Inkrafttreten eines

Beschlusses des Gemeinsamen Bundesausschusses über die weiteren neuen Leistungen oder Leistungsbereiche nach § 136b Absatz 1 Satz 1 Nummer 4 die erforderlichen Anpassungen der bis zu diesem Zeitpunkt vereinbarten verbindlichen Rahmenvorgaben für den Inhalt der Verträge. Die Rahmenvorgaben, insbesondere für die Qualitätsanforderungen, sind nur soweit zu vereinheitlichen, wie dies für eine aussagekräftige Evaluierung der Qualitätsverträge erforderlich ist. Kommt eine Vereinbarung nach Satz 1 ganz oder teilweise nicht zustande, setzt die Schiedsstelle nach § 18a Absatz 6 des Krankenhausfinanzierungsgesetzes auf Antrag einer Vertragspartei oder des Bundesministeriums für Gesundheit den Inhalt der Rahmenvorgaben fest.

§ 111 Versorgungsverträge mit Vorsorge- oder Rehabilitationseinrichtungen

(1) Die Krankenkassen dürfen medizinische Leistungen zur Vorsorge (§ 23 Abs. 4) oder Leistungen zur medizinischen Rehabilitation einschließlich der Anschlussheilbehandlung (§ 40), die eine stationäre Behandlung, aber keine Krankenhausbehandlung erfordern, nur in Vorsorge- oder Rehabilitationseinrichtungen erbringen lassen, mit denen ein Versorgungsvertrag nach Absatz 2 besteht; für pflegende Angehörige dürfen die Krankenkassen diese Leistungen auch in Vorsorge- und Rehabilitationseinrichtungen erbringen lassen, mit denen ein Vertrag nach § 111a besteht.

(2) Die Landesverbände der Krankenkassen und die Ersatzkassen gemeinsam schließen mit Wirkung für ihre Mitgliedskassen einheitliche Versorgungsverträge über die Durchführung der in Absatz 1 genannten Leistungen mit Vorsorge- oder Rehabilitationseinrichtungen, die

1. die Anforderungen des § 107 Abs. 2 erfüllen und
2. für eine bedarfsgerechte, leistungsfähige und wirtschaftliche Versorgung der Versicherten ihrer Mitgliedskassen mit stationären medizinischen Leistungen zur Vorsorge oder Leistungen zur medizinischen Rehabilitation einschließlich der Anschlussheilbehandlung notwendig sind.

§ 109 Abs. 1 Satz 1 gilt entsprechend. Die Landesverbände der Krankenkassen eines anderen Bundeslandes und die Ersatzkassen können einem nach Satz 1 geschlossenen Versorgungsvertrag beitreten, soweit für die Behandlung der Versicherten ihrer Mitgliedskassen in der Vorsorge- oder Rehabilitationseinrichtung ein Bedarf besteht.

(3) Bei Vorsorge- oder Rehabilitationseinrichtungen, die vor dem 1. Januar 1989 stationäre medizinische Leistungen für die Krankenkassen erbracht haben, gilt ein Versorgungsvertrag in dem Umfang der in den Jahren 1986 bis 1988 erbrachten Leistungen als abgeschlossen. Satz 1 gilt nicht, wenn die Einrichtung die Anforderungen nach Absatz 2 Satz 1 nicht erfüllt und die zuständigen Landesverbände der Krankenkassen und die Ersatzkassen gemeinsam dies bis zum 30. Juni 1989 gegenüber dem Träger der Einrichtung schriftlich geltend machen.
(4) Mit dem Versorgungsvertrag wird die Vorsorge- oder Rehabilitationseinrichtung für die Dauer des Vertrages zur Versorgung der Versicherten mit stationären medizinischen Leistungen zur Vorsorge oder Rehabilitation zugelassen. Der Versorgungsvertrag kann von den Landesverbänden der Krankenkassen und den Ersatzkassen gemeinsam mit einer Frist von einem Jahr gekündigt werden, wenn die Voraussetzungen für seinen Abschluss nach Absatz 2 Satz 1 nicht mehr gegeben sind. Mit der für die Krankenhausplanung zuständigen Landesbehörde ist Einvernehmen über Abschluss und Kündigung des Versorgungsvertrags anzustreben.
(5) Kommt eine Vereinbarung innerhalb von zwei Monaten, nachdem eine Vertragspartei nach Satz 1 schriftlich zur Aufnahme von Verhandlungen aufgefordert hat, nicht oder teilweise nicht zustande, wird ihr Inhalt auf Antrag einer Vertragspartei durch die Landesschiedsstelle nach § 111b festgesetzt. Die Landesschiedsstelle ist dabei an die für die Vertragsparteien geltenden Rechtsvorschriften gebunden.
(6) Soweit eine wirtschaftlich und organisatorisch selbständige, gebietsärztlich geleitete Vorsorge- oder Rehabilitationseinrichtung an einem zugelassenen Krankenhaus die Anforderungen des Absatzes 2 Satz 1 erfüllt, gelten im Übrigen die Absätze 1 bis 5.

§ 111c Versorgungsverträge mit Rehabilitationseinrichtungen

(1) Die Landesverbände der Krankenkassen und die Ersatzkassen gemeinsam schließen mit Wirkung für ihre Mitgliedskassen einheitliche Versorgungsverträge über die Durchführung der in § 40 Absatz 1 genannten ambulanten Leistungen zur medizinischen Rehabilitation mit Rehabilitationseinrichtungen,

1. für die ein Versorgungsvertrag nach § 111 Absatz 2 besteht und
2. die für eine bedarfsgerechte, leistungsfähige und wirtschaftliche Versorgung der Versicherten ihrer Mitgliedskassen mit ambulanten Leistungen zur medizinischen Rehabilitation einschließlich der Anschlussrehabilitation

notwendig sind. Soweit es für die Erbringung wohnortnaher ambulanter Leistungen zur medizinischen Rehabilitation erforderlich ist, können Verträge nach Satz 1 auch mit Einrichtungen geschlossen werden, die die in Satz 1 genannten Voraussetzungen erfüllen, ohne dass für sie ein Versorgungsvertrag nach § 111 besteht.

(2) § 109 Absatz 1 Satz 1 gilt entsprechend. Die Landesverbände der Krankenkassen eines anderen Bundeslandes und die Ersatzkassen können einem nach Absatz 1 geschlossenen Versorgungsvertrag beitreten, soweit für die Behandlung der Versicherten ihrer Mitgliedskassen in der Rehabilitationseinrichtung ein Bedarf besteht. Mit dem Versorgungsvertrag wird die Rehabilitationseinrichtung für die Dauer des Vertrages zur Versorgung der Versicherten mit ambulanten medizinischen Leistungen zur Rehabilitation zugelassen. Der Versorgungsvertrag kann von den Landesverbänden der Krankenkassen und den Ersatzkassen gemeinsam mit einer Frist von einem Jahr gekündigt werden, wenn die Voraussetzungen für seinen Abschluss nach Absatz 1 nicht mehr gegeben sind. Mit der für die Krankenhausplanung zuständigen Landesbehörde ist Einvernehmen über Abschluss und Kündigung des Versorgungsvertrags anzustreben.

(3) Die Vergütungen für die in § 40 Absatz 1 genannten Leistungen werden zwischen den Krankenkassen und den Trägern der zugelassenen Rehabilitationseinrichtungen vereinbart.

§ 112 Zweiseitige Verträge und Rahmenempfehlungen über Krankenhausbehandlung

(1) Die Landesverbände der Krankenkassen und die Ersatzkassen gemeinsam schließen mit der Landeskrankenhausgesellschaft oder mit den Vereinigungen der Krankenhausträger im Land gemeinsam Verträge, um sicherzustellen, dass Art und Umfang der Krankenhausbehandlung den Anforderungen dieses Gesetzbuchs entsprechen.

(2) Die Verträge regeln insbesondere

1. die allgemeinen Bedingungen der Krankenhausbehandlung einschließlich der

a) Aufnahme und Entlassung der Versicherten,

b) Kostenübernahme, Abrechnung der Entgelte, Berichte und Bescheinigungen,

2. die Überprüfung der Notwendigkeit und Dauer der Krankenhausbehandlung einschließlich eines Kataloges von Leistungen, die in der Regel teilstationär erbracht werden können,

3. Verfahrens- und Prüfungsgrundsätze für Wirtschaftlichkeits- und Qualitätsprüfungen,
4. die soziale Betreuung und Beratung der Versicherten im Krankenhaus,
5. den nahtlosen Übergang von der Krankenhausbehandlung zur Rehabilitation oder Pflege,
6. das Nähere über Voraussetzungen, Art und Umfang der medizinischen Maßnahmen zur Herbeiführung einer Schwangerschaft nach § 27a Abs. 1.

Sie sind für die Krankenkassen und die zugelassenen Krankenhäuser im Land unmittelbar verbindlich.

(4) Die Verträge nach Absatz 1 können von jeder Vertragspartei mit einer Frist von einem Jahr ganz oder teilweise gekündigt werden. Satz 1 gilt entsprechend für die von der Landesschiedsstelle nach Absatz 3 getroffenen Regelungen. Diese können auch ohne Kündigung jederzeit durch einen Vertrag nach Absatz 1 ersetzt werden.

(5) Der Spitzenverband Bund der Krankenkassen und die Deutsche Krankenhausgesellschaft oder die Bundesverbände der Krankenhausträger gemeinsam sollen Rahmenempfehlungen zum Inhalt der Verträge nach Absatz 1 abgeben.

(6) Beim Abschluss der Verträge nach Absatz 1 und bei Abgabe der Empfehlungen nach Absatz 5 sind, soweit darin Regelungen nach Absatz 2 Nr. 5 getroffen werden, die Spitzenorganisationen der Vorsorge- und Rehabilitationseinrichtungen zu beteiligen.

§ 113 Qualitäts- und Wirtschaftlichkeitsprüfung der Krankenhausbehandlung

(1) Die Landesverbände der Krankenkassen, die Ersatzkassen und der Landesausschuss des Verbandes der privaten Krankenversicherung können gemeinsam die Wirtschaftlichkeit, Leistungsfähigkeit und Qualität der Krankenhausbehandlung eines zugelassenen Krankenhauses durch einvernehmlich mit dem Krankenhausträger bestellte Prüfer untersuchen lassen. Kommt eine Einigung über den Prüfer nicht zustande, wird dieser auf Antrag innerhalb von zwei Monaten von der Landesschiedsstelle nach § 114 Abs. 1 bestimmt. Der Prüfer ist unabhängig und an Weisungen nicht gebunden.

(2) Die Krankenhäuser und ihre Mitarbeiter sind verpflichtet, dem Prüfer und seinen Beauftragten auf Verlangen die für die Wahrnehmung ihrer Aufgaben notwendigen Unterlagen vorzulegen und Auskünfte zu erteilen.

(3) Das Prüfungsergebnis ist, unabhängig von den sich daraus ergebenden Folgerungen für eine Kündigung des Versorgungsvertrags nach § 110, in der nächstmöglichen Pflegesatzvereinbarung mit Wirkung für die Zukunft zu berücksichtigen. Die Vorschriften über Wirtschaftlichkeitsprüfungen nach der Bundespflegesatzverordnung bleiben unberührt.
(4) Die Wirtschaftlichkeit und Qualität der Versorgung durch Hochschulambulanzen nach § 117, psychiatrische Institutsambulanzen nach § 118, sozialpädiatrische Zentren nach § 119 sowie medizinische Behandlungszentren nach § 119c werden von den Krankenkassen in entsprechender Anwendung der nach §§ 106 bis 106b und 106d und § 135b geltenden Regelungen geprüft. Die Wirtschaftlichkeit der ärztlich verordneten Leistungen im Rahmen des Entlassmanagements nach § 39 Absatz 1a Satz 5 und der Inanspruchnahme eines Krankenhauses nach § 76 Absatz 1a wird durch die Prüfungsstellen nach § 106c entsprechend §§ 106 bis 106b gegen Kostenersatz durchgeführt, soweit die Krankenkasse mit dem Krankenhaus nichts anderes vereinbart hat.

§ 115 Dreiseitige Verträge und Rahmenempfehlungen zwischen Krankenkassen, Krankenhäusern und Vertragsärzten

(1) Die Landesverbände der Krankenkassen und die Ersatzkassen gemeinsam und die Kassenärztlichen Vereinigungen schließen mit der Landeskrankenhausgesellschaft oder mit den Vereinigungen der Krankenhausträger im Land gemeinsam Verträge mit dem Ziel, durch enge Zusammenarbeit zwischen Vertragsärzten und zugelassenen Krankenhäusern eine nahtlose ambulante und stationäre Behandlung der Versicherten zu gewährleisten.
(2) Die Verträge regeln insbesondere
1. die Förderung des Belegarztwesens und der Behandlung in Einrichtungen, in denen die Versicherten durch Zusammenarbeit mehrerer Vertragsärzte ambulant und stationär versorgt werden (Praxiskliniken),
2. die gegenseitige Unterrichtung über die Behandlung der Patienten sowie über die Überlassung und Verwendung von Krankenunterlagen,
3. die Zusammenarbeit bei der Gestaltung und Durchführung eines ständig einsatzbereiten Notdienstes; darüber hinaus können auf Grundlage des einheitlichen Bewertungsmaßstabs für ärztliche Leistungen ergänzende Regelungen zur Vergütung vereinbart werden,

4. die Durchführung einer vor- und nachstationären Behandlung im Krankenhaus nach § 115a einschließlich der Prüfung der Wirtschaftlichkeit und der Verhinderung von Missbrauch; in den Verträgen können von § 115a Abs. 2 Satz 1 bis 3 abweichende Regelungen vereinbart werden,
5. die allgemeinen Bedingungen der ambulanten Behandlung im Krankenhaus,
6. ergänzende Vereinbarungen zu Voraussetzungen, Art und Umfang des Entlassmanagements nach § 39 Absatz 1a.

Sie sind für die Krankenkassen, die Vertragsärzte und die zugelassenen Krankenhäuser im Land unmittelbar verbindlich.

(3) Kommt ein Vertrag nach Absatz 1 ganz oder teilweise nicht zustande, wird sein Inhalt auf Antrag einer Vertragspartei durch die Landesschiedsstelle nach § 114 festgesetzt. Diese wird hierzu um Vertreter der Vertragsärzte in der gleichen Zahl erweitert, wie sie jeweils für die Vertreter der Krankenkassen und Krankenhäuser vorgesehen ist (erweiterte Schiedsstelle). Die Vertreter der Vertragsärzte werden von den Kassenärztlichen Vereinigungen bestellt. Das Nähere wird durch die Rechtsverordnung nach § 114 Abs. 5 bestimmt. Für die Kündigung der Verträge sowie die vertragliche Ablösung der von der erweiterten Schiedsstelle festgesetzten Verträge gilt § 112 Abs. 4 entsprechend.

(3a) Kommt eine vertragliche Regelung nach Absatz 2 Satz 1 Nummer 3 bis zum 30. Juni 2016 nicht zustande, wird ihr Inhalt innerhalb von sechs Wochen durch die Landesschiedsstelle nach § 114 festgelegt. Absatz 3 Satz 2 bis 5 gilt entsprechend.

(4) Kommt eine Regelung nach Absatz 1 bis 3 bis zum 31. Dezember 1990 ganz oder teilweise nicht zustande, wird ihr Inhalt durch Rechtsverordnung der Landesregierung bestimmt. Eine Regelung nach den Absätzen 1 bis 3 ist zulässig, solange und soweit die Landesregierung eine Rechtsverordnung nicht erlassen hat.

(5) Der Spitzenverband Bund der Krankenkassen, die Kassenärztlichen Bundesvereinigungen und die Deutsche Krankenhausgesellschaft oder die Bundesverbände der Krankenhausträger gemeinsam sollen Rahmenempfehlungen zum Inhalt der Verträge nach Absatz 1 abgeben.

§ 115a Vor- und nachstationäre Behandlung im Krankenhaus

(1) Das Krankenhaus kann bei Verordnung von Krankenhausbehandlung Versicherte in medizinisch geeigneten Fällen ohne Unterkunft und Verpflegung behandeln, um

1. die Erforderlichkeit einer vollstationären Krankenhausbehandlung zu klären oder die vollstationäre Krankenhausbehandlung vorzubereiten (vorstationäre Behandlung) oder
2. im Anschluss an eine vollstationäre Krankenhausbehandlung den Behandlungserfolg zu sichern oder zu festigen (nachstationäre Behandlung).

Das Krankenhaus kann die Behandlung nach Satz 1 auch durch hierzu ausdrücklich beauftragte niedergelassene Vertragsärzte in den Räumen des Krankenhauses oder der Arztpraxis erbringen. Absatz 2 Satz 5 findet insoweit keine Anwendung.

(2) Die vorstationäre Behandlung ist auf längstens drei Behandlungstage innerhalb von fünf Tagen vor Beginn der stationären Behandlung begrenzt. Die nachstationäre Behandlung darf sieben Behandlungstage innerhalb von 14 Tagen, bei Organübertragungen nach § 9 Absatz 2 des Transplantationsgesetzes drei Monate nach Beendigung der stationären Krankenhausbehandlung nicht überschreiten. Die Frist von 14 Tagen oder drei Monaten kann in medizinisch begründeten Einzelfällen im Einvernehmen mit dem einweisenden Arzt verlängert werden. Kontrolluntersuchungen bei Organübertragungen nach § 9 Absatz 2 des Transplantationsgesetzes dürfen vom Krankenhaus auch nach Beendigung der nachstationären Behandlung fortgeführt werden, um die weitere Krankenbehandlung oder Maßnahmen der Qualitätssicherung wissenschaftlich zu begleiten oder zu unterstützen. Eine notwendige ärztliche Behandlung außerhalb des Krankenhauses während der vor- und nachstationären Behandlung wird im Rahmen des Sicherstellungsauftrags durch die an der vertragsärztlichen Versorgung teilnehmenden Ärzte gewährleistet. Das Krankenhaus hat den einweisenden Arzt über die vor- oder nachstationäre Behandlung sowie diesen und die an der weiteren Krankenbehandlung jeweils beteiligten Ärzte über die Kontrolluntersuchungen und deren Ergebnis unverzüglich zu unterrichten. Die Sätze 2 bis 6 gelten für die Nachbetreuung von Organspendern nach § 8 Abs. 3 Satz 1 des Transplantationsgesetzes entsprechend.

(3) Die Landesverbände der Krankenkassen, die Ersatzkassen und der Landesausschuss des Verbandes der privaten Krankenversicherung gemeinsam vereinbaren mit der Landeskrankenhausgesellschaft oder mit den Vereinigungen der Krankenhausträger im Land gemeinsam und im Benehmen mit der kassenärztlichen Vereinigung die Vergütung der Leistungen mit Wirkung für die Vertragsparteien nach § 18 Abs. 2 des Krankenhausfinanzierungsgesetzes. Die Vergütung soll pauschaliert werden und geeignet sein, eine Verminderung der stationären Kosten

herbeizuführen. Der Spitzenverband Bund der Krankenkassen und die Deutsche Krankenhausgesellschaft oder die Bundesverbände der Krankenhausträger gemeinsam geben im Benehmen mit der Kassenärztlichen Bundesvereinigung Empfehlungen zur Vergütung ab. Diese gelten bis zum Inkrafttreten einer Vereinbarung nach Satz 1. Kommt eine Vereinbarung über die Vergütung innerhalb von drei Monaten nicht zustande, nachdem eine Vertragspartei schriftlich zur Aufnahme der Verhandlungen aufgefordert hat, setzt die Schiedsstelle nach § 18a Abs. 1 des Krankenhausfinanzierungsgesetzes auf Antrag einer Vertragspartei oder der zuständigen Landesbehörde die Vergütung fest.

§ 115b Ambulantes Operieren im Krankenhaus [Ambulante Operation]

(1) Der Spitzenverband Bund der Krankenkassen, die Deutsche Krankenhausgesellschaft und die Kassenärztlichen Bundesvereinigungen vereinbaren

1. einen Katalog ambulant durchführbarer Operationen, sonstiger stationsersetzender Eingriffe und stationsersetzenden Behandlungen.
2. einheitliche Vergütungen für Krankenhäuser und Vertragsärzte.

(2) Die Krankenhäuser sind zur ambulanten Durchführung der in dem Katalog genannten Operationen, stationsersetzenden Eingriffe und stationsersetzenden Behandlungen zugelassen. Hierzu bedarf es einer Mitteilung des Krankenhauses an die Landesverbände der Krankenkassen und die Ersatzkassen, die Kassenärztliche Vereinigung und den Zulassungsausschuss (§ 96); die Kassenärztliche Vereinigung unterrichtet die Landeskrankenhausgesellschaft über den Versorgungsgrad in der vertragsärztlichen Versorgung. Das Krankenhaus ist zur Einhaltung des Vertrages nach Absatz 1 verpflichtet. Die Leistungen werden unmittelbar von den Krankenkassen vergütet. Die Prüfung der Wirtschaftlichkeit und Qualität erfolgt durch die Krankenkassen; die Krankenhäuser übermitteln den Krankenkassen die Daten nach § 301, soweit dies für die Erfüllung der Aufgaben der Krankenkassen erforderlich ist.

(4) In der Vereinbarung nach Absatz 1 können Regelungen über ein gemeinsames Budget zur Vergütung der ambulanten Operationsleistungen der Krankenhäuser und der Vertragsärzte getroffen werden. Die Mittel sind aus der Gesamtvergütung und den Budgets der zum ambulanten Operieren zugelassenen Krankenhäuser aufzubringen.

§ 115c Fortsetzung der Arzneimitteltherapie nach Krankenhausbehandlung

(1) Ist im Anschluss an eine Krankenhausbehandlung die Verordnung von Arzneimitteln erforderlich, hat das Krankenhaus dem weiterbehandelnden Vertragsarzt die Therapievorschläge unter Verwendung der Wirkstoffbezeichnungen mitzuteilen. Falls preisgünstigere Arzneimittel mit pharmakologisch vergleichbaren Wirkstoffen oder therapeutisch vergleichbarer Wirkung verfügbar sind, ist mindestens ein preisgünstigerer Therapievorschlag anzugeben. Abweichungen in den Fällen der Sätze 1 und 2 sind in medizinisch begründeten Ausnahmefällen zulässig.

(2) Ist im Anschluss an eine Krankenhausbehandlung die Fortsetzung der im Krankenhaus begonnenen Arzneimitteltherapie in der vertragsärztlichen Versorgung für einen längeren Zeitraum notwendig, soll das Krankenhaus bei der Entlassung Arzneimittel anwenden, die auch bei Verordnung in der vertragsärztlichen Versorgung zweckmäßig und wirtschaftlich sind, soweit dies ohne eine Beeinträchtigung der Behandlung im Einzelfall oder ohne eine Verlängerung der Verweildauer möglich ist.

§ 115d Stationsäquivalente psychiatrische Behandlung

(1) Psychiatrische Krankenhäuser mit regionaler Versorgungsverpflichtung sowie Allgemeinkrankenhäuser mit selbständigen, fachärztlich geleiteten psychiatrischen Abteilungen mit regionaler Versorgungsverpflichtung können in medizinisch geeigneten Fällen, wenn eine Indikation für eine stationäre psychiatrische Behandlung vorliegt, anstelle einer vollstationären Behandlung eine stationsäquivalente psychiatrische Behandlung im häuslichen Umfeld erbringen. Der Krankenhausträger stellt sicher, dass die erforderlichen Ärzte und nichtärztlichen Fachkräfte und die notwendigen Einrichtungen für eine stationsäquivalente Behandlung bei Bedarf zur Verfügung stehen. In geeigneten Fällen, insbesondere wenn dies der Behandlungskontinuität dient oder aus Gründen der Wohnortnähe sachgerecht ist, kann das Krankenhaus an der ambulanten psychiatrischen Versorgung teilnehmende Leistungserbringer oder ein anderes zur Erbringung der stationsäquivalenten Behandlung berechtigtes Krankenhaus mit der Durchführung von Teilen der Behandlung beauftragen.

(2) Der Spitzenverband Bund der Krankenkassen, der Verband der Privaten Krankenversicherung und die Deutsche Krankenhausgesellschaft vereinbaren im Benehmen mit der Kassenärztlichen Bundesvereinigung bis zum 30. Juni 2017

1. die Anforderungen an die Dokumentation; dabei ist sicherzustellen, dass für die stationsäquivalente psychiatrische Behandlung die Krankenhausbehandlungsbedürftigkeit dokumentiert wird,
2. die Anforderungen an die Qualität der Leistungserbringung,
3. die Anforderungen an die Beauftragung von an der ambulanten psychiatrischen Behandlung teilnehmenden Leistungserbringern oder anderen, zur Erbringung der stationsäquivalenten Behandlung berechtigten Krankenhäusern.

Kommt eine Vereinbarung nach Satz 1 ganz oder teilweise nicht fristgerecht zustande, entscheidet die Schiedsstelle nach § 18a Absatz 6 des Krankenhausfinanzierungsgesetzes ohne Antrag einer Vertragspartei innerhalb von sechs Wochen.

(3) Die Vertragsparteien nach Absatz 2 Satz 1 vereinbaren bis zum 28. Februar 2017 im Benehmen mit den maßgeblichen medizinischen Fachgesellschaften die Leistungsbeschreibung der stationsäquivalenten psychiatrischen Behandlung als Grundlage für die Verschlüsselung der Leistungen nach § 301 Absatz 2 Satz 2.

(4) Der Spitzenverband Bund der Krankenkassen, der Verband der Privaten Krankenversicherung und die Deutsche Krankenhausgesellschaft legen dem Bundesministerium für Gesundheit bis zum 31. Dezember 2021 einen gemeinsamen Bericht über die Auswirkungen der stationsäquivalenten psychiatrischen Behandlung im häuslichen Umfeld auf die Versorgung der Patientinnen und Patienten einschließlich der finanziellen Auswirkungen vor. Die für den Bericht erforderlichen Daten sind ihnen von den Krankenkassen, den Unternehmen der privaten Krankenversicherung und den Krankenhäusern in anonymisierter Form zu übermitteln.

§ 116 Ambulante Behandlung durch Krankenhausärzte [Ambulante Behandlung]

Ärzte, die in einem Krankenhaus, einer Vorsorge- oder Rehabilitationseinrichtung, mit der ein Versorgungsvertrag nach § 111 Absatz 2 besteht, oder nach § 119b Absatz 1 Satz 3 oder 4 in einer stationären Pflegeeinrichtung tätig sind, können, soweit sie über eine abgeschlossene Weiterbildung verfügen, mit Zustimmung des jeweiligen Trägers der Einrichtung, in der der Arzt tätig ist, vom Zulassungsausschuss (§ 96) zur Teilnahme an der vertragsärztlichen Versorgung der Versicherten ermächtigt werden. Die Ermächtigung ist zu erteilen, soweit und solange eine ausreichende ärztliche Versorgung der Versicherten ohne die besonderen Untersuchungs- und

Behandlungsmethoden oder Kenntnisse von hierfür geeigneten Ärzten der in Satz 1 genannten Einrichtungen nicht sichergestellt wird.

§ 116a Ambulante Behandlung durch Krankenhäuser bei Unterversorgung

Der Zulassungsausschuss muss zugelassene Krankenhäuser für das entsprechende Fachgebiet in den Planungsbereichen, in denen der Landesausschuss der Ärzte und Krankenkassen eingetretene Unterversorgung nach § 100 Absatz 1 oder einen zusätzlichen lokalen Versorgungsbedarf nach § 100 Absatz 3 festgestellt hat, auf deren Antrag zur vertragsärztlichen Versorgung ermächtigen, soweit und solange dies zur Beseitigung der Unterversorgung oder zur Deckung des zusätzlichen lokalen Versorgungsbedarfs erforderlich ist. Der Ermächtigungsbeschluss ist nach zwei Jahren zu überprüfen.

§ 117 Hochschulambulanzen

(1) Ambulanzen, Institute und Abteilungen der Hochschulkliniken (Hochschulambulanzen) sind zur ambulanten ärztlichen Behandlung der Versicherten und der in § 75 Absatz 3 genannten Personen

1. in dem für Forschung und Lehre erforderlichen Umfang sowie
2. für solche Personen, die wegen Art, Schwere oder Komplexität ihrer Erkrankung einer Untersuchung oder Behandlung durch die Hochschulambulanz bedürfen,

ermächtigt. In den Fällen von Satz 1 Nummer 2 kann die ambulante ärztliche Behandlung nur auf Überweisung eines Facharztes in Anspruch genommen werden. Der Spitzenverband Bund der Krankenkassen, die Kassenärztliche Bundesvereinigung und die Deutsche Krankenhausgesellschaft vereinbaren die Gruppe derjenigen Patienten, die wegen Art, Schwere oder Komplexität der Erkrankung einer Versorgung durch die Hochschulambulanzen bedürfen. Sie können zudem Ausnahmen von dem fachärztlichen Überweisungsgebot in den Fällen von Satz 1 Nummer 2 vereinbaren. Kommt eine Einigung bis zum 23. Januar 2016 ganz oder teilweise nicht zustande, wird ihr Inhalt auf Antrag einer Vertragspartei durch das Bundesschiedsamt nach § 89 Absatz 4 innerhalb von drei Monaten festgelegt. Dieses wird hierzu um Vertreter der Deutschen Krankenhausgesellschaft in der gleichen Zahl erweitert, wie sie jeweils für die Vertreter der Krankenkassen und der Kassenärztlichen Bundesvereinigung vorgesehen ist (erweitertes Bundesschiedsamt). Das erweiterte Bundesschiedsamt beschließt mit einer Mehrheit von zwei Dritteln der

Stimmen der Mitglieder. Soweit und solange kein Vertrag nach Satz 3 zustande gekommen ist, können die Hochschulen oder Hochschulkliniken mit den Kassenärztlichen Vereinigungen im Einvernehmen mit den Landesverbänden der Krankenkassen und der Ersatzkassen die Festlegungen nach den Sätzen 3 und 4 vereinbaren. Ist ein Vertrag nach Satz 3 zustande gekommen, können Hochschulen oder Hochschulkliniken zur Berücksichtigung regionaler Besonderheiten mit den Kassenärztlichen Vereinigungen im Einvernehmen mit den Landesverbänden der Krankenkassen und der Ersatzkassen gemeinsam und einheitlich durch Vertrag Abweichendes von dem Vertrag nach Satz 3 regeln.

§ 118 Psychiatrische Institutsambulanzen

(1) Psychiatrische Krankenhäuser sind vom Zulassungsausschuss zur ambulanten psychiatrischen und psychotherapeutischen Versorgung der Versicherten zu ermächtigen. Die Behandlung ist auf diejenigen Versicherten auszurichten, die wegen Art, Schwere oder Dauer ihrer Erkrankung oder wegen zu großer Entfernung zu geeigneten Ärzten auf die Behandlung durch diese Krankenhäuser angewiesen sind. Der Krankenhausträger stellt sicher, dass die für die ambulante psychiatrische und psychotherapeutische Behandlung erforderlichen Ärzte und nichtärztlichen Fachkräfte sowie die notwendigen Einrichtungen bei Bedarf zur Verfügung stehen.

(2) Allgemeinkrankenhäuser mit selbständigen, fachärztlich geleiteten psychiatrischen Abteilungen mit regionaler Versorgungsverpflichtung sind zur psychiatrischen und psychotherapeutischen Behandlung der im Vertrag nach Satz 2 vereinbarten Gruppe von Kranken ermächtigt. Der Spitzenverband Bund der Krankenkassen mit der Deutschen Krankenhausgesellschaft und der Kassenärztlichen Bundesvereinigung legen in einem Vertrag die Gruppe psychisch Kranker fest, die wegen ihrer Art, Schwere oder Dauer ihrer Erkrankung der ambulanten Behandlung durch die Einrichtungen nach Satz 1 bedürfen. Kommt der Vertrag ganz oder teilweise nicht zu Stande, wird sein Inhalt auf Antrag einer Vertragspartei durch das Bundesschiedsamt nach § 89 Abs. 4 festgelegt. Dieses wird hierzu um Vertreter der Deutschen Krankenhausgesellschaft in der gleichen Zahl erweitert, wie sie jeweils für die Vertreter der Krankenkassen und der Kassenärztlichen Bundesvereinigung vorgesehen ist (erweitertes Bundesschiedsamt). Das erweiterte Bundesschiedsamt beschließt mit einer Mehrheit von zwei Dritteln der Stimmen der Mitglieder. Absatz 1 Satz 3 gilt. Für die Qualifikation der Krankenhausärzte gilt § 135 Abs. 2 entsprechend.

(3) Absatz 2 gilt für psychosomatische Krankenhäuser sowie für psychiatrische Krankenhäuser und Allgemeinkrankenhäuser mit selbständigen, fachärztlich geleiteten psychosomatischen Abteilungen entsprechend. In dem Vertrag nach Absatz 2 Satz 2 regeln die Vertragsparteien auch,

1. unter welchen Voraussetzungen eine ambulante psychosomatische Versorgung durch die Einrichtungen nach Satz 1 als bedarfsgerecht anzusehen ist, insbesondere weil sie eine zentrale Versorgungsfunktion wahrnehmen,
2. besondere Anforderungen an eine qualitativ hochwertige Leistungserbringung sowie
3. das Verfahren, in dem nachzuweisen ist, ob diese vertraglichen Vorgaben erfüllt sind.

Die ambulante ärztliche Behandlung in einer Einrichtung nach Satz 1 kann nur auf Überweisung in Anspruch genommen werden. Die Überweisung soll in der Regel durch einen Facharzt für psychosomatische Medizin und Psychotherapie oder durch Ärzte mit äquivalenter Weiterbildung oder Zusatzweiterbildung erfolgen.

(4) Die in den Absätzen 1 und 2 genannten Krankenhäuser sind vom Zulassungsausschuss auch dann zur ambulanten psychiatrischen und psychotherapeutischen Versorgung zu ermächtigen, wenn die Versorgung durch räumlich und organisatorisch nicht angebundene Einrichtungen der Krankenhäuser erfolgt, soweit und solange die Ermächtigung notwendig ist, um eine Versorgung nach Maßgabe der Absätze 1 und 2 sicherzustellen.

§ 118a Geriatrische Institutsambulanzen

(1) Geriatrische Fachkrankenhäuser, Allgemeinkrankenhäuser mit selbstständigen geriatrischen Abteilungen, geriatrische Rehabilitationskliniken und dort angestellte Ärzte sowie Krankenhausärzte können vom Zulassungsausschuss zu einer strukturierten und koordinierten ambulanten geriatrischen Versorgung der Versicherten ermächtigt werden. Die Ermächtigung ist zu erteilen, soweit und solange sie notwendig ist, um eine ausreichende ambulante geriatrische Versorgung nach Absatz 2 Satz 1 Nummer 1 sicherzustellen. Voraussetzung für die Erteilung einer Ermächtigung ist, dass die Einrichtung unter fachärztlich geriatrischer Leitung steht; die Ermächtigung eines in der geriatrischen Rehabilitationsklinik angestellten Arztes oder eines Krankenhausarztes setzt voraus, dass dieser über eine geriatrische Weiterbildung verfügt.

(2) Der Spitzenverband Bund der Krankenkassen und die Kassenärztliche Bundesvereinigung vereinbaren im Einvernehmen mit der Deutschen Krankenhausgesellschaft:

1. nhalt und Umfang einer strukturierten und koordinierten Versorgung geriatrischer Patienten nach Nummer 2,
2. die Gruppe derjenigen geriatrischen Patienten, die wegen Art, Schwere und Komplexität ihrer Krankheitsverläufe einer Versorgung nach Nummer 1 bedürfen,
3. sächliche und personelle Voraussetzungen an die Leistungserbringung sowie sonstige Anforderungen an die Qualitätssicherung und
4. in welchen Fällen die ermächtigte Einrichtung oder der ermächtigte Krankenhausarzt unmittelbar oder auf Überweisung in Anspruch genommen werden kann.

Kommt eine Vereinbarung nach Satz 1 ganz oder teilweise nicht zustande, wird ihr Inhalt auf Antrag einer Vertragspartei durch das Bundesschiedsamt nach § 89 Absatz 4 innerhalb von drei Monaten festgelegt, das hierzu um Vertreter der Deutschen Krankenhausgesellschaft sowie der Krankenkassen in jeweils gleicher Zahl erweitert wird und mit einfacher Stimmenmehrheit entscheidet; § 112 Absatz 4 gilt entsprechend.

§ 119b Ambulante Behandlung in stationären Pflegeeinrichtungen

(1) Stationäre Pflegeeinrichtungen haben einzeln oder gemeinsam bei entsprechendem Bedarf unbeschadet des § 75 Abs. 1 Kooperationsverträge mit dafür geeigneten vertragsärztlichen Leistungserbringern zu schließen. Auf Antrag der Pflegeeinrichtung hat die Kassenärztliche Vereinigung zur Sicherstellung einer ausreichenden ärztlichen Versorgung von pflegebedürftigen Versicherten in der Pflegeeinrichtung Verträge nach Satz 1 zu vermitteln. Kommt ein Vertrag nach Satz 1 nicht innerhalb einer Frist von sechs Monaten nach Zugang des Antrags der Pflegeeinrichtung zustande, ist die Pflegeeinrichtung vom Zulassungsausschuss zur Teilnahme an der vertragsärztlichen Versorgung der pflegebedürftigen Versicherten in der Pflegeeinrichtung mit angestellten Ärzten, die in das Arztregister eingetragen sind und geriatrisch fortgebildet sein sollen, zu ermächtigen; die Anstellung bedarf der Genehmigung des Zulassungsausschusses. Soll die Versorgung der pflegebedürftigen Versicherten durch einen in mehreren Pflegeeinrichtungen angestellten Arzt erfolgen, ist der angestellte Arzt zur Teilnahme an der

vertragsärztlichen Versorgung der pflegebedürftigen Versicherten in den Pflegeeinrichtungen zu ermächtigen. Das Recht auf freie Arztwahl der Versicherten in der Pflegeeinrichtung bleibt unberührt. Der in der Pflegeeinrichtung tätige Arzt ist bei seinen ärztlichen Entscheidungen nicht an Weisungen von Nichtärzten gebunden. Er soll mit den übrigen Leistungserbringern eng zusammenarbeiten.
(2) Die Vertragsparteien der Verträge nach § 82 Absatz 1 und § 87 Absatz 1 vereinbaren im Benehmen mit den Vereinigungen der Träger der Pflegeeinrichtungen auf Bundesebene sowie den Verbänden der Pflegeberufe auf Bundesebene insbesondere zur Verbesserung der Qualität der Versorgung Anforderungen an eine kooperative und koordinierte ärztliche und pflegerische Versorgung von pflegebedürftigen Versicherten in stationären Pflegeeinrichtungen.
(3) Der Bewertungsausschuss für ärztliche Leistungen evaluiert die mit der Vergütungsregelung nach § 87 Absatz 2a verbundenen Auswirkungen auf das Versorgungsgeschehen im Bereich der vertragsärztlichen Versorgung einschließlich der finanziellen Auswirkungen auf die Krankenkassen und berichtet der Bundesregierung bis zum 31. Dezember 2017 über die Ergebnisse. Die für die Durchführung der Evaluation erforderlichen Daten sind von den Kassenärztlichen Vereinigungen, den Krankenkassen und den Pflegekassen zu erfassen und jeweils über die Kassenärztliche Bundesvereinigung und den Spitzenverband Bund der Krankenkassen an den Bewertungsausschuss nach Satz 1 zu übermitteln; § 87 Absatz 3f gilt entsprechend.

§ 119c Medizinische Behandlungszentren

(1) Medizinische Behandlungszentren für Erwachsene mit geistiger Behinderung oder schweren Mehrfachbehinderungen, die fachlich unter ständiger ärztlicher Leitung stehen und die Gewähr für eine leistungsfähige und wirtschaftliche Behandlung bieten, können vom Zulassungsausschuss zur ambulanten Behandlung von Erwachsenen mit geistiger Behinderung oder schweren Mehrfachbehinderungen ermächtigt werden. Die Ermächtigung ist zu erteilen, soweit und solange sie notwendig ist, um eine ausreichende Versorgung von Erwachsenen mit geistiger Behinderung oder schweren Mehrfachbehinderungen sicherzustellen.
(2) Die Behandlung durch medizinische Behandlungszentren ist auf diejenigen Erwachsenen auszurichten, die wegen der Art, Schwere oder Komplexität ihrer Behinderung auf die ambulante Behandlung in diesen Einrichtungen angewiesen

sind. Die medizinischen Behandlungszentren sollen dabei mit anderen behandelnden Ärzten, den Einrichtungen und Diensten der Eingliederungshilfe und mit dem Öffentlichen Gesundheitsdienst eng zusammenarbeiten.

§ 120 Vergütung ambulanter Krankenhausleistungen [Ambulante Behandlung KH]

(1) Die im Krankenhaus erbrachten ambulanten ärztlichen Leistungen der ermächtigten Krankenhausärzte, die in stationären Pflegeeinrichtungen erbrachten ambulanten ärztlichen Leistungen von nach § 119b Absatz 1 Satz 4 ermächtigten Ärzten, ambulante ärztliche Leistungen, die in ermächtigten Einrichtungen erbracht werden, und Leistungen, die im Rahmen einer Inanspruchnahme nach § 27b Absatz 3 Nummer 4 oder nach § 75 Absatz 1b Satz 2, § 76 Absatz 1 Satz 2 oder Absatz 1a, § 115 Absatz 2 Satz 1 Nummer 3 sowie nach § 87 Absatz 2a Satz 14 erbracht werden, werden nach den für Vertragsärzte geltenden Grundsätzen aus der vertragsärztlichen Gesamtvergütung vergütet.
Die mit diesen Leistungen verbundenen allgemeinen Praxiskosten, die durch die Anwendung von ärztlichen Geräten entstehenden Kosten sowie die sonstigen Sachkosten sind mit den Gebühren abgegolten, soweit in den einheitlichen Bewertungsmaßstäben nichts Abweichendes bestimmt ist. Die den ermächtigten Krankenhausärzten zustehende Vergütung wird für diese vom Krankenhausträger mit der Kassenärztlichen Vereinigung abgerechnet und nach Abzug der anteiligen Verwaltungskosten sowie der dem Krankenhaus nach Satz 2 entstehenden Kosten an die berechtigten Krankenhausärzte weitergeleitet. Die Vergütung der von nach § 119b Absatz 1 Satz 4 ermächtigten Ärzten erbrachten Leistungen wird von der stationären Pflegeeinrichtung mit der Kassenärztlichen Vereinigung abgerechnet. Die Vergütung der Leistungen, die im Rahmen einer Inanspruchnahme nach § 76 Absatz 1a erbracht werden, wird vom Krankenhausträger nach Maßgabe der regionalen Euro-Gebührenordnung mit der Kassenärztlichen Vereinigung abgerechnet.
(2) Die Leistungen der Hochschulambulanzen, der psychiatrischen Institutsambulanzen, der sozialpädiatrischen Zentren und der medizinischen Behandlungszentren werden unmittelbar von der Krankenkasse vergütet. Die Vergütung wird von den Landesverbänden der Krankenkassen und den Ersatzkassen gemeinsam und einheitlich mit den Hochschulen oder Hochschulkliniken, den

Krankenhäusern oder den sie vertretenden Vereinigungen im Land vereinbart; die Höhe der Vergütung für die Leistungen der jeweiligen Hochschulambulanz gilt auch für andere Krankenkassen im Inland, wenn deren Versicherte durch diese Hochschulambulanz behandelt werden. Sie muss die Leistungsfähigkeit der Hochschulambulanzen, der psychiatrischen Institutsambulanzen, der sozialpädiatrischen Zentren und der medizinischen Behandlungszentren bei wirtschaftlicher Betriebsführung gewährleisten.

(3) Die Vergütung der Leistungen der Hochschulambulanzen, der psychiatrischen Institutsambulanzen, der sozialpädiatrischen Zentren, der medizinischen Behandlungszentren und sonstiger ermächtigter ärztlich geleiteter Einrichtungen kann pauschaliert werden. § 295 Absatz 1b Satz 1 gilt entsprechend. Das Nähere über Form und Inhalt der Abrechnungsunterlagen und der erforderlichen Vordrucke wird für die Hochschulambulanzen, die psychiatrischen Institutsambulanzen, die sozialpädiatrischen Zentren und die medizinischen Behandlungszentren von den Vertragsparteien nach § 301 Absatz 3, für die sonstigen ermächtigten ärztlich geleiteten Einrichtungen von den Vertragsparteien nach § 83 Satz 1 vereinbart. Die Vertragsparteien nach § 301 Absatz 3 vereinbaren bis zum 23. Januar 2016 bundeseinheitliche Grundsätze, die die Besonderheiten der Hochschulambulanzen angemessen abbilden, insbesondere zur Vergütungsstruktur und zur Leistungsdokumentation.

(3a) Die Vergütung der Leistungen, die im Rahmen einer Inanspruchnahme nach § 76 Absatz 1a erbracht werden, erfolgt mit den festen Preisen der regionalen Euro-Gebührenordnung zu Lasten des Anteils der morbiditätsbedingten Gesamtvergütungen, der für den Bereich der fachärztlichen Versorgung zu bilden ist, es sei denn, die Vertragsparteien nach § 87a Absatz 2 Satz 1 haben für diese Leistungen Vergütungen nach § 87a Absatz 2 Satz 3 oder § 87a Absatz 3 Satz 5 vereinbart. Eine Prüfung der Abrechnungen auf Plausibilität ist nicht vorzunehmen. Das Nähere über Form und Inhalt der Abrechnungsunterlagen und der erforderlichen Vordrucke bestimmt die Kassenärztliche Vereinigung im Einvernehmen mit der Landeskrankenhausgesellschaft und den Landesverbänden der Krankenkassen und den Ersatzkassen gemeinsam und einheitlich unter Berücksichtigung der Regelungen nach § 87 Absatz 1 Satz 2 bis zum 23. Januar 2016; § 115 Absatz 3 gilt entsprechend. Die in § 112 Absatz 1 genannten Vertragspartner treffen eine Vereinbarung über eine pauschale Vergütung und Abrechnung des

Sprechstundenbedarfs mit den Krankenkassen im Rahmen der Inanspruchnahme nach § 76 Absatz 1a; § 112 Absatz 5 gilt entsprechend.

§ 121 Belegärztliche Leistungen [Belegärzte]

(1) Die Vertragsparteien nach § 115 Abs. 1 wirken gemeinsam mit Krankenkassen und zugelassenen Krankenhäusern auf eine leistungsfähige und wirtschaftliche belegärztliche Behandlung der Versicherten hin. Die Krankenhäuser sollen Belegärzten gleicher Fachrichtung die Möglichkeit geben, ihre Patienten gemeinsam zu behandeln (kooperatives Belegarztwesen).

(2) Belegärzte im Sinne dieses Gesetzbuchs sind nicht am Krankenhaus angestellte Vertragsärzte, die berechtigt sind, ihre Patienten (Belegpatienten) im Krankenhaus unter Inanspruchnahme der hierfür bereitgestellten Dienste, Einrichtungen und Mittel vollstationär oder teilstationär zu behandeln, ohne hierfür vom Krankenhaus eine Vergütung zu erhalten.

(3) Die belegärztlichen Leistungen werden aus der vertragsärztlichen Gesamtvergütung vergütet. Die Vergütung hat die Besonderheiten der belegärztlichen Tätigkeit zu berücksichtigen. Hierzu gehören auch leistungsgerechte Entgelte für

1. den ärztlichen Bereitschaftsdienst für Belegpatienten und
2. die vom Belegarzt veranlassten Leistungen nachgeordneter Ärzte des Krankenhauses, die bei der Behandlung seiner Belegpatienten in demselben Fachgebiet wie der Belegarzt tätig werden.

(4) Der Bewertungsausschuss hat in einem Beschluss nach § 87 mit Wirkung zum 1. April 2007 im einheitlichen Bewertungsmaßstab für ärztliche Leistungen Regelungen zur angemessenen Bewertung der belegärztlichen Leistungen unter Berücksichtigung der Vorgaben nach Absatz 3 Satz 2 und 3 zu treffen.

(5) Abweichend von den Vergütungsregelungen in Absatz 2 bis 4 können Krankenhäuser mit Belegbetten zur Vergütung der belegärztlichen Leistungen mit Belegärzten Honorarverträge schließen.

(6) Für belegärztliche Leistungen gelten die Richtlinien und Beschlüsse des Gemeinsamen Bundesausschusses nach den §§ 136 bis 136b zur Qualitätssicherung im Krankenhaus bis zum Inkrafttreten vergleichbarer Regelungen für die vertragsärztliche oder sektorenübergreifende Qualitätssicherung. Die in der stationären Qualitätssicherung für belegärztliche Leistungen erhobenen Qualitätsdaten werden bei der Auswertung der planungsrelevanten

Qualitätsindikatoren nach § 136c Absatz 1 und 2 sowie bei der qualitätsabhängigen Vergütung eines Krankenhauses nach § 5 Absatz 3a des Krankenhausentgeltgesetzes berücksichtigt. Die Folgen, die diese Berücksichtigung im Verhältnis zwischen dem Krankenhaus und dem Belegarzt haben soll, werden zwischen diesen vertraglich vereinbart.

§ 129 Rahmenvertrag über die Arzneimittelversorgung [Arzneimittel]

(1) Die Apotheken sind bei der Abgabe verordneter Arzneimittel an Versicherte nach Maßgabe des Rahmenvertrages nach Absatz 2 verpflichtet zur

1. Abgabe eines preisgünstigen Arzneimittels in den Fällen, in denen der verordnende Arzt
   a) ein Arzneimittel nur unter seiner Wirkstoffbezeichnung verordnet oder
   b) die Ersetzung des Arzneimittels durch ein wirkstoffgleiches Arzneimittel nicht ausgeschlossen hat,
2. Abgabe von preisgünstigen importierten Arzneimitteln, deren für den Versicherten maßgeblicher Arzneimittelabgabepreis unter Berücksichtigung der Abschläge nach § 130a Absatz 1, 1a, 2, 3a und 3b mindestens 15 vom Hundert oder mindestens 15 Euro niedriger ist als der Preis des Bezugsarzneimittels; in dem Rahmenvertrag nach Absatz 2 können Regelungen vereinbart werden, die zusätzliche Wirtschaftlichkeitsreserven erschließen,
3. Abgabe von wirtschaftlichen Einzelmengen und
4. Angabe des Apothekenabgabepreises auf der Arzneimittelpackung.

Bei der Abgabe eines Arzneimittels nach Satz 1 Nummer 1 haben die Apotheken ein Arzneimittel abzugeben, das mit dem verordneten in Wirkstärke und Packungsgröße identisch ist, für ein gleiches Anwendungsgebiet zugelassen ist und die gleiche oder eine austauschbare Darreichungsform besitzt; als identisch gelten dabei Packungsgrößen mit dem gleichen Packungsgrößenkennzeichen nach der in § 31 Absatz 4 genannten Rechtsverordnung. Dabei ist die Ersetzung durch ein wirkstoffgleiches Arzneimittel vorzunehmen, für das eine Vereinbarung nach § 130a Abs. 8 mit Wirkung für die Krankenkasse besteht, soweit hierzu in Verträgen nach Absatz 5 nichts anderes vereinbart ist. Eine Ersetzung durch ein wirkstoffgleiches Arzneimittel ist auch bei Fertigarzneimitteln vorzunehmen, die für in Apotheken hergestellte parenterale Zubereitungen verwendet werden, wenn für das wirkstoffgleiche Arzneimittel eine Vereinbarung nach § 130a Absatz 8a mit Wirkung für die Krankenkasse besteht und sofern in Verträgen nach Absatz 5 nichts anderes vereinbart ist. Besteht keine entsprechende Vereinbarung nach § 130a Abs. 8, hat die Apotheke die Ersetzung durch ein preisgünstigeres Arzneimittel nach Maßgabe des Rahmenvertrages vorzunehmen. Abweichend von den Sätzen 3 und 5 können Versicherte gegen Kostenerstattung ein anderes Arzneimittel erhalten, wenn die Voraussetzungen nach Satz 2 erfüllt sind. § 13 Absatz 2 Satz 2 und 12 findet keine Anwendung. Bei der Abgabe von importierten Arzneimitteln und ihren Bezugsarzneimitteln gelten die Sätze 3 und 5 entsprechend; dabei hat die Abgabe eines Arzneimittels, für das eine Vereinbarung nach § 130a Absatz 8 besteht, Vorrang vor der Abgabe nach Satz 1 Nummer 2.

(1a) Der Gemeinsame Bundesausschuss gibt in den Richtlinien nach § 92 Abs. 1 Satz 2 Nr. 6 unverzüglich Hinweise zur Austauschbarkeit von Darreichungsformen unter Berücksichtigung ihrer therapeutischen Vergleichbarkeit. Der Gemeinsame Bundesausschuss bestimmt in den Richtlinien nach § 92 Absatz 1 Satz 2 Nummer 6 erstmals bis zum 30. September 2014 die Arzneimittel, bei denen die Ersetzung durch ein wirkstoffgleiches Arzneimittel abweichend von Absatz 1 Satz 1 Nummer 1 Buchstabe b ausgeschlossen ist; dabei sollen insbesondere Arzneimittel mit geringer therapeutischer Breite berücksichtigt werden. Das Nähere regelt der Gemeinsame Bundesausschuss in seiner Verfahrensordnung.

(2) Der Spitzenverband Bund der Krankenkassen und die für die Wahrnehmung der wirtschaftlichen Interessen gebildete maßgebliche Spitzenorganisation der Apotheker regeln in einem gemeinsamen Rahmenvertrag das Nähere.

(3) Der Rahmenvertrag nach Absatz 2 hat Rechtswirkung für Apotheken, wenn sie

1. einem Mitgliedsverband der Spitzenorganisation angehören und die Satzung des Verbandes vorsieht, dass von der Spitzenorganisation abgeschlossene Verträge dieser Art Rechtswirkung für die dem Verband angehörenden Apotheken haben, oder
2. dem Rahmenvertrag beitreten.

(4) Im Rahmenvertrag nach Absatz 2 ist zu regeln, welche Maßnahmen die Vertragspartner auf Landesebene ergreifen können, wenn Apotheken gegen ihre Verpflichtungen nach Absatz 1, 2 oder 5 verstoßen. In dem Rahmenvertrag ist erstmals bis zum 1. Januar 2016 zu regeln, in welchen Fällen einer Beanstandung der Abrechnung durch Krankenkassen, insbesondere bei Formfehlern, eine Retaxation vollständig oder teilweise unterbleibt; kommt eine Regelung nicht innerhalb der Frist zustande, entscheidet die Schiedsstelle nach Absatz 8. Bei gröblichen und

wiederholten Verstößen ist vorzusehen, daß Apotheken von der Versorgung der Versicherten bis zur Dauer von zwei Jahren ausgeschlossen werden können.

(5) Die Krankenkassen oder ihre Verbände können mit der für die Wahrnehmung der wirtschaftlichen Interessen maßgeblichen Organisation der Apotheker auf Landesebene ergänzende Verträge schließen. Absatz 3 gilt entsprechend. In dem Vertrag nach Satz 1 kann abweichend vom Rahmenvertrag nach Absatz 2 vereinbart werden, dass die Apotheke die Ersetzung wirkstoffgleicher Arzneimittel so vorzunehmen hat, dass der Krankenkasse Kosten nur in Höhe eines zu vereinbarenden durchschnittlichen Betrags je Arzneimittel entstehen. Verträge nach Satz 3 in der bis zum 12. Mai 2017 geltenden Fassung werden mit Ablauf des 31. August 2017 unwirksam.

(5a) Bei Abgabe eines nicht verschreibungspflichtigen Arzneimittels gilt bei Abrechnung nach § 300 ein für die Versicherten maßgeblicher Arzneimittelabgabepreis in Höhe des Abgabepreises des pharmazeutischen Unternehmens zuzüglich der Zuschläge nach den §§ 2 und 3 der Arzneimittelpreisverordnung in der am 31. Dezember 2003 gültigen Fassung.

(5b) Apotheken können an vertraglich vereinbarten Versorgungsformen beteiligt werden; die Angebote sind öffentlich auszuschreiben. In Verträgen nach Satz 1 sollen auch Maßnahmen zur qualitätsgesicherten Beratung des Versicherten durch die Apotheke vereinbart werden. In der besonderen Versorgung kann in Verträgen nach Satz 1 das Nähere über Qualität und Struktur der Arzneimittelversorgung für die an der besonderen Versorgung teilnehmenden Versicherten auch abweichend von Vorschriften dieses Buches vereinbart werden.

(5c) Für Zubereitungen aus Fertigarzneimitteln gelten die Preise, die zwischen der mit der Wahrnehmung der wirtschaftlichen Interessen gebildeten maßgeblichen Spitzenorganisation der Apotheker und dem Spitzenverband Bund der Krankenkassen auf Grund von Vorschriften nach dem Arzneimittelgesetz vereinbart sind. Für parenterale Zubereitungen aus Fertigarzneimitteln in der Onkologie haben die Vertragspartner nach Satz 1 die Höhe der Preise nach Satz 1 neu zu vereinbaren. Kommt eine Vereinbarung nach Satz 1 oder 2 ganz oder teilweise nicht zustande, entscheidet die Schiedsstelle nach Absatz 8. Die Vereinbarung nach Satz 2 ist bis zum 31. August 2017 zu treffen. Die Vereinbarung oder der Schiedsspruch gilt bis zum Wirksamwerden einer neuen Vereinbarung fort. Gelten für Fertigarzneimittel in parenteralen Zubereitungen keine Vereinbarungen über die zu berechnenden Einkaufspreise nach Satz 1, berechnet die Apotheke ihre tatsächlich vereinbarten

Einkaufspreise, höchstens jedoch die Apothekeneinkaufspreise, die bei Abgabe an Verbraucher auf Grund der Preisvorschriften nach dem Arzneimittelgesetz oder auf Grund von Satz 1 gelten, jeweils abzüglich der Abschläge nach § 130a Absatz 1. Kostenvorteile durch die Verwendung von Teilmengen von Fertigarzneimitteln sind zu berücksichtigen. Der Spitzenverband Bund der Krankenkassen und die Krankenkasse können von der Apotheke Nachweise über Bezugsquellen und verarbeitete Mengen sowie die tatsächlich vereinbarten Einkaufspreise und vom pharmazeutischen Unternehmer über die Abnehmer, die abgegebenen Mengen und die vereinbarten Preise für Fertigarzneimittel in parenteralen Zubereitungen verlangen. Sofern eine Apotheke bei der parenteralen Zubereitung aus Fertigarzneimitteln in der Onkologie einen Betrieb, der nach § 21 Absatz 2 Nummer 1b Buchstabe a erste Alternative des Arzneimittelgesetzes tätig wird, beauftragt, können der Spitzenverband Bund der Krankenkassen und die Krankenkasse von der Apotheke auch einen Nachweis über den tatsächlichen Einkaufspreis dieses Betriebs verlangen. Der Anspruch nach Satz 8 umfasst jeweils auch die auf das Fertigarzneimittel und den Gesamtumsatz bezogenen Rabatte. Klagen über den Auskunftsanspruch haben keine aufschiebende Wirkung; ein Vorverfahren findet nicht statt. Die Krankenkasse kann ihren Landesverband mit der Prüfung beauftragen.

(6) Die für die Wahrnehmung der wirtschaftlichen Interessen gebildete maßgebliche Spitzenorganisation der Apotheker ist verpflichtet, die zur Wahrnehmung der Aufgaben nach Absatz 1 Satz 4 und Absatz 1a, die zur Herstellung einer pharmakologisch-therapeutischen und preislichen Transparenz im Rahmen der Richtlinien nach § 92 Abs. 1 Satz 2 Nr. 6 und die zur Festsetzung von Festbeträgen nach § 35 Abs. 1 und 2 oder zur Erfüllung der Aufgaben nach § 35a Abs. 1 Satz 2 und Abs. 5 erforderlichen Daten dem Gemeinsamen Bundesausschuss sowie dem Spitzenverband Bund der Krankenkassen zu übermitteln und auf Verlangen notwendige Auskünfte zu erteilen. Das Nähere regelt der Rahmenvertrag nach Absatz 2.

(7) Kommt der Rahmenvertrag nach Absatz 2 ganz oder teilweise nicht oder nicht innerhalb einer vom Bundesministerium für Gesundheit bestimmten Frist zustande, wird der Vertragsinhalt durch die Schiedsstelle nach Absatz 8 festgesetzt.

(8) Der Spitzenverband Bund der Krankenkassen und die für die Wahrnehmung der wirtschaftlichen Interessen gebildete maßgebliche Spitzenorganisation der Apotheker bilden eine gemeinsame Schiedsstelle. Sie besteht aus Vertretern der

Krankenkassen und der Apotheker in gleicher Zahl sowie aus einem unparteiischen Vorsitzenden und zwei weiteren unparteiischen Mitgliedern. Über den Vorsitzenden und die zwei weiteren unparteiischen Mitglieder sowie deren Stellvertreter sollen sich die Vertragspartner einigen. Kommt eine Einigung nicht zustande, gilt § 89 Absatz 3 Satz 4 bis 6 entsprechend.

(9) Die Schiedsstelle gibt sich eine Geschäftsordnung. Die Mitglieder der Schiedsstelle führen ihr Amt als Ehrenamt. Sie sind an Weisungen nicht gebunden. Jedes Mitglied hat eine Stimme. Die Entscheidungen werden mit der Mehrheit der Mitglieder getroffen. Ergibt sich keine Mehrheit, gibt die Stimme des Vorsitzenden den Ausschlag. Klagen gegen Festsetzungen der Schiedsstelle haben keine aufschiebende Wirkung.

(10) Die Aufsicht über die Geschäftsführung der Schiedsstelle führt das Bundesministerium für Gesundheit. Es kann durch Rechtsverordnung mit Zustimmung des Bundesrates das Nähere über die Zahl und die Bestellung der Mitglieder, die Erstattung der baren Auslagen und die Entschädigung für Zeitaufwand der Mitglieder, das Verfahren sowie über die Verteilung der Kosten regeln.

§ 129a Krankenhausapotheken

Die Krankenkassen oder ihre Verbände vereinbaren mit dem Träger des zugelassenen Krankenhauses das Nähere über die Abgabe verordneter Arzneimittel durch die Krankenhausapotheke an Versicherte, insbesondere die Höhe des für den Versicherten maßgeblichen Abgabepreises. Die nach § 300 Abs. 3 getroffenen Regelungen sind Teil der Vereinbarungen nach Satz 1. Eine Krankenhausapotheke darf verordnete Arzneimittel zu Lasten von Krankenkassen nur abgeben, wenn für sie eine Vereinbarung nach Satz 1 besteht. Die Regelungen des § 129 Absatz 5c Satz 8 und 12 gelten für Vereinbarungen nach Satz 1 entsprechend.

§ 132 Versorgung mit Haushaltshilfe

(1) Über Inhalt, Umfang, Vergütung sowie Prüfung der Qualität und Wirtschaftlichkeit der Dienstleistungen zur Versorgung mit Haushaltshilfe schließen die Krankenkassen Verträge mit geeigneten Personen, Einrichtungen oder Unternehmen.

(2) Die Krankenkasse hat darauf zu achten, dass die Leistungen wirtschaftlich und preisgünstig erbracht werden. Bei der Auswahl der Leistungserbringer ist ihrer Vielfalt, insbesondere der Bedeutung der freien Wohlfahrtspflege, Rechnung zu tragen.

§ 132a Versorgung mit häuslicher Krankenpflege

(1) Der Spitzenverband Bund der Krankenkassen und die für die Wahrnehmung der Interessen von Pflegediensten maßgeblichen Spitzenorganisationen auf Bundesebene haben unter Berücksichtigung der Richtlinien nach § 92 Abs. 1 Satz 2 Nr. 6 gemeinsam Rahmenempfehlungen über die einheitliche und flächendeckende Versorgung mit häuslicher Krankenpflege abzugeben; für Pflegedienste, die einer Kirche oder einer Religionsgemeinschaft des öffentlichen Rechts oder einem sonstigen freigemeinnützigen Träger zuzuordnen sind, können die Rahmenempfehlungen gemeinsam mit den übrigen Partnern der Rahmenempfehlungen auch von der Kirche oder der Religionsgemeinschaft oder von dem Wohlfahrtsverband abgeschlossen werden, dem die Einrichtung angehört. Vor Abschluss der Vereinbarung ist der Kassenärztlichen Bundesvereinigung und der Deutschen Krankenhausgesellschaft Gelegenheit zur Stellungnahme zu geben. Die Stellungnahmen sind in den Entscheidungsprozess der Partner der Rahmenempfehlungen einzubeziehen. In den Rahmenempfehlungen sind insbesondere zu regeln:

1. Eignung der Leistungserbringer einschließlich Anforderungen an die Eignung zur Versorgung nach § 37 Absatz 7,
2. Maßnahmen zur Qualitätssicherung und Fortbildung,
3. Inhalt und Umfang der Zusammenarbeit des Leistungserbringers mit dem verordnenden Vertragsarzt und dem Krankenhaus,
4. Grundsätze der Wirtschaftlichkeit der Leistungserbringung einschließlich deren Prüfung,
5. Grundsätze der Vergütungen und ihrer Strukturen einschließlich der Transparenzvorgaben für die Vergütungsverhandlungen zum Nachweis der tatsächlich gezahlten Tariflöhne oder Arbeitsentgelte und
6. Grundsätze zum Verfahren der Prüfung der Leistungspflicht der Krankenkassen sowie zum Abrechnungsverfahren einschließlich der für diese Zwecke jeweils zu übermittelnden Daten.

Um den Besonderheiten der intensivpflegerischen Versorgung im Rahmen der häuslichen Krankenpflege Rechnung zu tragen, sind in den Rahmenempfehlungen auch Regelungen über die behandlungspflegerische Versorgung von Versicherten, die auf Grund eines besonders hohen Bedarfs an diesen Leistungen oder einer Bedrohung ihrer Vitalfunktion einer ununterbrochenen Anwesenheit einer Pflegekraft bedürfen, vorzusehen. In den Rahmenempfehlungen nach Satz 4

Nummer 6 können auch Regelungen über die nach § 302 Absatz 2 Satz 1 und Absatz 3 in Richtlinien geregelten Inhalte getroffen werden; in diesem Fall gilt § 302 Absatz 4. Die Inhalte der Rahmenempfehlungen sind den Verträgen nach Absatz 4 zugrunde zu legen.

§ 132h Versorgungsverträge mit Kurzzeitpflegeeinrichtungen

Die Krankenkassen oder die Landesverbände der Krankenkassen können mit geeigneten Einrichtungen Verträge über die Erbringung von Kurzzeitpflege nach § 39c schließen, soweit dies für eine bedarfsgerechte Versorgung notwendig ist.

§ 133 Versorgung mit Krankentransportleistungen

(1) Soweit die Entgelte für die Inanspruchnahme von Leistungen des Rettungsdienstes und anderer Krankentransporte nicht durch landesrechtliche oder kommunalrechtliche Bestimmungen festgelegt werden, schließen die Krankenkassen oder ihre Landesverbände Verträge über die Vergütung dieser Leistungen unter Beachtung des § 71 Abs. 1 bis 3 mit dafür geeigneten Einrichtungen oder Unternehmen. Kommt eine Vereinbarung nach Satz 1 nicht zu Stande und sieht das Landesrecht für diesen Fall eine Festlegung der Vergütungen vor, ist auch bei dieser Festlegung § 71 Abs. 1 bis 3 zu beachten. Sie haben dabei die Sicherstellung der flächendeckenden rettungsdienstlichen Versorgung und die Empfehlungen der Konzertierten Aktion im Gesundheitswesen zu berücksichtigen. Die vereinbarten Preise sind Höchstpreise. Die Preisvereinbarungen haben sich an möglichst preisgünstigen Versorgungsmöglichkeiten auszurichten.

(2) Werden die Entgelte für die Inanspruchnahme von Leistungen des Rettungsdienstes durch landesrechtliche oder kommunalrechtliche Bestimmungen festgelegt, können die Krankenkassen ihre Leistungspflicht zur Übernahme der Kosten auf Festbeträge an die Versicherten in Höhe vergleichbarer wirtschaftlich erbrachter Leistungen beschränken, wenn

1. vor der Entgeltfestsetzung den Krankenkassen oder ihren Verbänden keine Gelegenheit zur Erörterung gegeben wurde,
2. bei der Entgeltbemessung Investitionskosten und Kosten der Reservevorhaltung berücksichtigt worden sind, die durch eine über die Sicherstellung der Leistungen des Rettungsdienstes hinausgehende öffentliche Aufgabe der Einrichtungen bedingt sind, oder

3. die Leistungserbringung gemessen an den rechtlich vorgegebenen Sicherstellungsverpflichtungen unwirtschaftlich ist.

(3) Absatz 1 gilt auch für Leistungen des Rettungsdienstes und andere Krankentransporte im Rahmen des Personenbeförderungsgesetzes.

§ 135 Bewertung von Untersuchungs- und Behandlungsmethoden

(1) Neue Untersuchungs- und Behandlungsmethoden dürfen in der vertragsärztlichen und vertragszahnärztlichen Versorgung zu Lasten der Krankenkassen nur erbracht werden, wenn der Gemeinsame Bundesausschuss auf Antrag eines Unparteiischen nach § 91 Abs. 2 Satz 1, einer Kassenärztlichen Bundesvereinigung, einer Kassenärztlichen Vereinigung oder des Spitzenverbandes Bund der Krankenkassen in Richtlinien nach § 92 Abs. 1 Satz 2 Nr. 5 Empfehlungen abgegeben hat über

1. die Anerkennung des diagnostischen und therapeutischen Nutzens der neuen Methode sowie deren medizinische Notwendigkeit und Wirtschaftlichkeit - auch im Vergleich zu bereits zu Lasten der Krankenkassen erbrachte Methoden - nach dem jeweiligen Stand der wissenschaftlichen Erkenntnisse in der jeweiligen Therapierichtung,
2. die notwendige Qualifikation der Ärzte, die apparativen Anforderungen sowie Anforderungen an Maßnahmen der Qualitätssicherung, um eine sachgerechte Anwendung der neuen Methode zu sichern, und
3. die erforderlichen Aufzeichnungen über die ärztliche Behandlung.

Der Gemeinsame Bundesausschuss überprüft die zu Lasten der Krankenkassen erbrachten vertragsärztlichen und vertragszahnärztlichen Leistungen daraufhin, ob sie den Kriterien nach Satz 1 Nr. 1 entsprechen. Falls die Überprüfung ergibt, dass diese Kriterien nicht erfüllt werden, dürfen die Leistungen nicht mehr als vertragsärztliche oder vertragszahnärztliche Leistungen zu Lasten der Krankenkassen erbracht werden. Die Beschlussfassung über die Annahme eines Antrags nach Satz 1 muss spätestens drei Monate nach Antragseingang erfolgen. Das sich anschließende Methodenbewertungsverfahren ist in der Regel innerhalb von spätestens drei Jahren abzuschließen, es sei denn, dass auch bei Straffung des Verfahrens im Einzelfall eine längere Verfahrensdauer erforderlich ist. Hat der Gemeinsame Bundesausschuss in einem Verfahren zur Bewertung einer neuen Untersuchungs- und Behandlungsmethode nach Ablauf von sechs Monaten seit Vorliegen der für die Entscheidung erforderlichen Auswertung der wissenschaftlichen Erkenntnisse noch keinen Beschluss gefasst, können die Antragsberechtigten nach Satz 1 sowie das Bundesministerium für Gesundheit vom Gemeinsamen Bundesausschuss die Beschlussfassung innerhalb eines Zeitraums von weiteren sechs Monaten verlangen. Kommt innerhalb dieser Frist kein Beschluss zustande, darf die Untersuchungs- und Behandlungsmethode in der vertragsärztlichen oder vertragszahnärztlichen Versorgung zu Lasten der Krankenkassen erbracht werden.

(2) Für ärztliche und zahnärztliche Leistungen, welche wegen der Anforderungen an ihre Ausführung oder wegen der Neuheit des Verfahrens besonderer Kenntnisse und Erfahrungen (Fachkundenachweis), einer besonderen Praxisausstattung oder anderer Anforderungen an die Versorgungsqualität bedürfen, können die Partner der Bundesmantelverträge einheitlich entsprechende Voraussetzungen für die Ausführung und Abrechnung dieser Leistungen vereinbaren. Soweit für die notwendigen Kenntnisse und Erfahrungen, welche als Qualifikation vorausgesetzt werden müssen, in landesrechtlichen Regelungen zur ärztlichen Berufsausübung, insbesondere solchen des Facharztrechts, bundesweit inhaltsgleich und hinsichtlich der Qualitätsvoraussetzungen nach Satz 1 gleichwertige Qualifikationen eingeführt sind, sind diese notwendige und ausreichende Voraussetzung. Wird die Erbringung ärztlicher Leistungen erstmalig von einer Qualifikation abhängig gemacht, so können die Vertragspartner für Ärzte, welche entsprechende Qualifikationen nicht während einer Weiterbildung erworben haben, übergangsweise Qualifikationen einführen, welche dem Kenntnis- und Erfahrungsstand der facharztrechtlichen Regelungen entsprechen müssen. Abweichend von Satz 2 können die Vertragspartner nach Satz 1 zur Sicherung der Qualität und der Wirtschaftlichkeit der Leistungserbringung Regelungen treffen, nach denen die Erbringung bestimmter medizinisch-technischer Leistungen den Fachärzten vorbehalten ist, für die diese Leistungen zum Kern ihres Fachgebietes gehören. Die nach der Rechtsverordnung nach § 140g anerkannten Organisationen sind vor dem Abschluss von Vereinbarungen nach Satz 1 in die Beratungen der Vertragspartner einzubeziehen; die Organisationen benennen hierzu sachkundige Personen. § 140f Absatz 5 gilt entsprechend. Das Nähere zum Verfahren vereinbaren die Vertragspartner nach Satz 1. Für die Vereinbarungen nach diesem Absatz gilt § 87 Absatz 6 Satz 9 entsprechend.

§ 135a Verpflichtung der Leistungserbringer zur Qualitätssicherung

(1) Die Leistungserbringer sind zur Sicherung und Weiterentwicklung der Qualität der von ihnen erbrachten Leistungen verpflichtet. Die Leistungen müssen dem jeweiligen Stand der wissenschaftlichen Erkenntnisse entsprechen und in der fachlich gebotenen Qualität erbracht werden.

(2) Vertragsärzte, medizinische Versorgungszentren, zugelassene Krankenhäuser, Erbringer von Vorsorgeleistungen oder Rehabilitationsmaßnahmen und Einrichtungen, mit denen ein Versorgungsvertrag nach § 111a besteht, sind nach Maßgabe der §§ 136 bis 136b und 137d verpflichtet,

1. sich an einrichtungsübergreifenden Maßnahmen der Qualitätssicherung zu beteiligen, die insbesondere zum Ziel haben, die Ergebnisqualität zu verbessern und
2. einrichtungsintern ein Qualitätsmanagement einzuführen und weiterzuentwickeln, wozu in Krankenhäusern auch die Verpflichtung zur Durchführung eines patientenorientierten Beschwerdemanagements gehört.

§ 135c Förderung der Qualität durch die Deutsche Krankenhausgesellschaft

(1) Die Deutsche Krankenhausgesellschaft fördert im Rahmen ihrer Aufgaben die Qualität der Versorgung im Krankenhaus. Sie hat in ihren Beratungs- und Formulierungshilfen für Verträge der Krankenhäuser mit leitenden Ärzten im Einvernehmen mit der Bundesärztekammer Empfehlungen abzugeben, die sicherstellen, dass Zielvereinbarungen ausgeschlossen sind, die auf finanzielle Anreize insbesondere für einzelne Leistungen, Leistungsmengen, Leistungskomplexe oder Messgrößen hierfür abstellen. Die Empfehlungen sollen insbesondere die Unabhängigkeit medizinischer Entscheidungen sichern.

(2) Der Qualitätsbericht des Krankenhauses nach § 136b Absatz 1 Satz 1 Nummer 3 hat eine Erklärung zu enthalten, die unbeschadet der Rechte Dritter Auskunft darüber gibt, ob sich das Krankenhaus bei Verträgen mit leitenden Ärzten an die Empfehlungen nach Absatz 1 Satz 2 hält. Hält sich das Krankenhaus nicht an die Empfehlungen, hat es unbeschadet der Rechte Dritter anzugeben, welche Leistungen oder Leistungsbereiche von solchen Zielvereinbarungen betroffen sind.

§ 136 Richtlinien des Gemeinsamen Bundesausschusses zur Qualitätssicherung

(1) Der Gemeinsame Bundesausschuss bestimmt für die vertragsärztliche Versorgung und für zugelassene Krankenhäuser grundsätzlich einheitlich für alle Patienten durch Richtlinien nach § 92 Absatz 1 Satz 2 Nummer 13 insbesondere

1. die verpflichtenden Maßnahmen der Qualitätssicherung nach § 135a Absatz 2, § 115b Absatz 1 Satz 3 und § 116b Absatz 4 Satz 4 unter Beachtung der Ergebnisse nach § 137a Absatz 3 sowie die grundsätzlichen Anforderungen an ein einrichtungsinternes Qualitätsmanagement und
2. Kriterien für die indikationsbezogene Notwendigkeit und Qualität der durchgeführten diagnostischen und therapeutischen Leistungen, insbesondere aufwändiger medizintechnischer Leistungen; dabei sind auch Mindestanforderungen an die Struktur-, Prozess- und Ergebnisqualität festzulegen.

Soweit erforderlich erlässt der Gemeinsame Bundesausschuss die notwendigen Durchführungsbestimmungen. Er kann dabei die Finanzierung der notwendigen Strukturen zur Durchführung von Maßnahmen der einrichtungsübergreifenden Qualitätssicherung insbesondere über Qualitätssicherungszuschläge regeln.

§ 136b Beschlüsse des Gemeinsamen Bundesausschusses zur Qualitätssicherung im Krankenhaus

(1) Der Gemeinsame Bundesausschuss fasst für zugelassene Krankenhäuser grundsätzlich einheitlich für alle Patientinnen und Patienten auch Beschlüsse über

1. die im Abstand von fünf Jahren zu erbringenden Nachweise über die Erfüllung der Fortbildungspflichten der Fachärzte und der Psychotherapeuten.
2. einen Katalog planbarer Leistungen, bei denen die Qualität des Behandlungsergebnisses von der Menge der erbrachten Leistungen abhängig ist, sowie Mindestmengen für die jeweiligen Leistungen je Arzt oder Standort eines Krankenhauses oder je Arzt und Standort eines Krankenhauses,
3. Inhalt, Umfang und Datenformat eines jährlich zu veröffentlichenden strukturierten Qualitätsberichts der zugelassenen Krankenhäuser,
4. vier Leistungen oder Leistungsbereiche, zu denen Verträge nach § 110a mit Anreizen für die Einhaltung besonderer Qualitätsanforderungen erprobt werden sollen,

5. einen Katalog von Leistungen oder Leistungsbereichen, die sich für eine qualitätsabhängige Vergütung mit Zu- und Abschlägen eignen, sowie Qualitätsziele und Qualitätsindikatoren.

§ 136 Absatz 1 Satz 2 gilt entsprechend. Der Verband der Privaten Krankenversicherung, die Bundesärztekammer sowie die Berufsorganisationen der Pflegeberufe sind bei den Beschlüssen nach den Nummern 1 bis 5 zu beteiligen; bei den Beschlüssen nach den Nummern 1 und 3 ist zusätzlich die Bundespsychotherapeutenkammer zu beteiligen.

(2) Die Beschlüsse nach Absatz 1 Satz 1 sind für zugelassene Krankenhäuser unmittelbar verbindlich. Sie haben Vorrang vor Verträgen nach § 112 Absatz 1, soweit diese keine ergänzenden Regelungen zur Qualitätssicherung enthalten. Verträge zur Qualitätssicherung nach § 112 Absatz 1 gelten bis zum Inkrafttreten von Beschlüssen nach Absatz 1 und Richtlinien nach § 136 Absatz 1 fort. Ergänzende Qualitätsanforderungen im Rahmen der Krankenhausplanung der Länder sind zulässig.

§ 136c Beschlüsse des Gemeinsamen Bundesausschusses zu Qualitätssicherung und Krankenhausplanung

(1) Der Gemeinsame Bundesausschuss beschließt Qualitätsindikatoren zur Struktur-, Prozess- und Ergebnisqualität, die als Grundlage für qualitätsorientierte Entscheidungen der Krankenhausplanung geeignet sind und nach § 6 Absatz 1a des Krankenhausfinanzierungsgesetzes Bestandteil des Krankenhausplans werden. Der Gemeinsame Bundesausschuss übermittelt die Beschlüsse zu diesen planungsrelevanten Qualitätsindikatoren als Empfehlungen an die für die Krankenhausplanung zuständigen Landesbehörden; § 91 Absatz 6 bleibt unberührt. Ein erster Beschluss ist bis zum 31. Dezember 2016 zu fassen.

(2) Der Gemeinsame Bundesausschuss übermittelt den für die Krankenhausplanung zuständigen Landesbehörden sowie den Landesverbänden der Krankenkassen und den Ersatzkassen regelmäßig einrichtungsbezogen Auswertungsergebnisse der einrichtungsübergreifenden Qualitätssicherung zu nach Absatz 1 Satz 1 beschlossenen planungsrelevanten Qualitätsindikatoren sowie Maßstäbe und Kriterien zur Bewertung der Qualitätsergebnisse von Krankenhäusern. Die Maßstäbe und Kriterien müssen eine Bewertung der Qualitätsergebnisse von Krankenhäusern insbesondere im Hinblick darauf ermöglichen, ob eine in einem erheblichen Maß unzureichende Qualität im Sinne von § 8 Absatz 1a Satz 1 und Absatz 1b des

Krankenhausfinanzierungsgesetzes und § 109 Absatz 3 Satz 1 Nummer 2 vorliegt. Hierfür hat der Gemeinsame Bundesausschuss sicherzustellen, dass die Krankenhäuser dem Institut nach § 137a zu den planungsrelevanten Qualitätsindikatoren quartalsweise Daten der einrichtungsübergreifenden Qualitätssicherung liefern. Er soll das Auswertungsverfahren einschließlich des strukturierten Dialogs für diese Indikatoren um sechs Monate verkürzen.

(3) Der Gemeinsame Bundesausschuss beschließt erstmals bis zum 31. Dezember 2016 bundeseinheitliche Vorgaben für die Vereinbarung von Sicherstellungszuschlägen nach § 17b Absatz 1a Nummer 6 des Krankenhausfinanzierungsgesetzes in Verbindung mit § 5 Absatz 2 des Krankenhausentgeltgesetzes. Der Gemeinsame Bundesausschuss hat insbesondere Vorgaben zu beschließen

1. zur Erreichbarkeit (Minutenwerte) für die Prüfung, ob die Leistungen durch ein anderes geeignetes Krankenhaus, das die Leistungsart erbringt, ohne Zuschlag erbracht werden können,
2. zur Frage, wann ein geringer Versorgungsbedarf besteht, und
3. zur Frage, für welche Leistungen die notwendige Vorhaltung für die Versorgung der Bevölkerung sicherzustellen ist.

Bei dem Beschluss sind die planungsrelevanten Qualitätsindikatoren nach Absatz 1 Satz 1 zu berücksichtigen. Der Gemeinsame Bundesausschuss legt in dem Beschluss auch das Nähere über die Prüfung der Einhaltung der Vorgaben durch die zuständige Landesbehörde nach § 5 Absatz 2 Satz 5 des Krankenhausentgeltgesetzes fest. Den betroffenen medizinischen Fachgesellschaften ist Gelegenheit zur Stellungnahme zu geben. Die Stellungnahmen sind bei der Beschlussfassung zu berücksichtigen.

(4) Der Gemeinsame Bundesausschuss beschließt bis zum 31. Dezember 2017 ein gestuftes System von Notfallstrukturen in Krankenhäusern, einschließlich einer Stufe für die Nichtteilnahme an der Notfallversorgung. Hierbei sind für jede Stufe der Notfallversorgung insbesondere Mindestvorgaben zur Art und Anzahl von Fachabteilungen, zur Anzahl und Qualifikation des vorzuhaltenden Fachpersonals sowie zum zeitlichen Umfang der Bereitstellung von Notfallleistungen differenziert festzulegen. Der Gemeinsame Bundesausschuss berücksichtigt bei diesen Festlegungen planungsrelevante Qualitätsindikatoren nach Absatz 1 Satz 1, soweit diese für die Notfallversorgung von Bedeutung sind. Den betroffenen medizinischen Fachgesellschaften ist Gelegenheit zur Stellungnahme zu geben. Die Stellungnahmen sind bei der Beschlussfassung zu berücksichtigen. Der Gemeinsame

Bundesausschuss führt vor Beschlussfassung eine Folgenabschätzung durch und berücksichtigt deren Ergebnisse.

§ 137c Bewertung von Untersuchungs- und Behandlungsmethoden im Krankenhaus

(1) Der Gemeinsame Bundesausschuss nach § 91 überprüft auf Antrag des Spitzenverbandes Bund der Krankenkassen, der Deutschen Krankenhausgesellschaft oder eines Bundesverbandes der Krankenhausträger Untersuchungs- und Behandlungsmethoden, die zu Lasten der gesetzlichen Krankenkassen im Rahmen einer Krankenhausbehandlung angewandt werden oder angewandt werden sollen, daraufhin, ob sie für eine ausreichende, zweckmäßige und wirtschaftliche Versorgung der Versicherten unter Berücksichtigung des allgemein anerkannten Standes der medizinischen Erkenntnisse erforderlich sind. Ergibt die Überprüfung, dass der Nutzen einer Methode nicht hinreichend belegt ist und sie nicht das Potenzial einer erforderlichen Behandlungsalternative bietet, insbesondere weil sie schädlich oder unwirksam ist, erlässt der Gemeinsame Bundesausschuss eine entsprechende Richtlinie, wonach die Methode im Rahmen einer Krankenhausbehandlung nicht mehr zulasten der Krankenkassen erbracht werden darf. Ergibt die Überprüfung, dass der Nutzen einer Methode noch nicht hinreichend belegt ist, sie aber das Potenzial einer erforderlichen Behandlungsalternative bietet, beschließt der Gemeinsame Bundesausschuss eine Richtlinie zur Erprobung nach § 137e. Nach Abschluss der Erprobung erlässt der Gemeinsame Bundesausschuss eine Richtlinie, wonach die Methode im Rahmen einer Krankenhausbehandlung nicht mehr zulasten der Krankenkassen erbracht werden darf, wenn die Überprüfung unter Hinzuziehung der durch die Erprobung gewonnenen Erkenntnisse ergibt, dass die Methode nicht den Kriterien nach Satz 1 entspricht. Ist eine Richtlinie zur Erprobung nicht zustande gekommen, weil es an einer nach § 137e Absatz 6 erforderlichen Vereinbarung fehlt, gilt Satz 4 entsprechend. Die Beschlussfassung über die Annahme eines Antrags nach Satz 1 muss spätestens drei Monate nach Antragseingang erfolgen. Das sich anschließende Methodenbewertungsverfahren ist in der Regel innerhalb von spätestens drei Jahren abzuschließen, es sei denn, dass auch bei Straffung des Verfahrens im Einzelfall eine längere Verfahrensdauer erforderlich ist.

(2) Wird eine Beanstandung des Bundesministeriums für Gesundheit nach § 94 Abs. 1 Satz 2 nicht innerhalb der von ihm gesetzten Frist behoben, kann das

Bundesministerium die Richtlinie erlassen. Ab dem Tag des Inkrafttretens einer Richtlinie nach Absatz 1 Satz 2 oder 4 darf die ausgeschlossene Methode im Rahmen einer Krankenhausbehandlung nicht mehr zu Lasten der Krankenkassen erbracht werden; die Durchführung klinischer Studien bleibt von einem Ausschluss nach Absatz 1 Satz 4 unberührt.

(3) Untersuchungs- und Behandlungsmethoden, zu denen der Gemeinsame Bundesausschuss bisher keine Entscheidung nach Absatz 1 getroffen hat, dürfen im Rahmen einer Krankenhausbehandlung angewandt werden, wenn sie das Potential einer erforderlichen Behandlungsalternative bieten und ihre Anwendung nach den Regeln der ärztlichen Kunst erfolgt, sie also insbesondere medizinisch indiziert und notwendig ist. Dies gilt sowohl für Methoden, für die noch kein Antrag nach Absatz 1 Satz 1 gestellt wurde, als auch für Methoden, deren Bewertung nach Absatz 1 noch nicht abgeschlossen ist.

§ 137d Qualitätssicherung bei der ambulanten und stationären Vorsorge oder Rehabilitation

(1) Für stationäre Rehabilitationseinrichtungen, mit denen ein Vertrag nach § 111 oder § 111a und für ambulante Rehabilitationseinrichtungen, mit denen ein Vertrag über die Erbringung ambulanter Leistungen zur medizinischen Rehabilitation nach § 111c Absatz 1 besteht, vereinbart der Spitzenverband Bund der Krankenkassen auf der Grundlage der Empfehlungen nach § 20 Abs. 1 des Neunten Buches mit den für die Wahrnehmung der Interessen der ambulanten und stationären Rehabilitationseinrichtungen und der Einrichtungen des Müttergenesungswerks oder gleichartiger Einrichtungen auf Bundesebene maßgeblichen Spitzenorganisationen die Maßnahmen der Qualitätssicherung nach § 135a Abs. 2 Nr. 1

(2) Für stationäre Vorsorgeeinrichtungen, mit denen ein Versorgungsvertrag nach § 111 und für Einrichtungen, mit denen ein Versorgungsvertrag nach § 111a besteht, vereinbart der Spitzenverband Bund der Krankenkassen mit den für die Wahrnehmung der Interessen der stationären Vorsorgeeinrichtungen und der Einrichtungen des Müttergenesungswerks oder gleichartiger Einrichtungen auf Bundesebene maßgeblichen Spitzenorganisationen die Maßnahmen der Qualitätssicherung nach § 135a Abs. 2 Nr. 1 und die Anforderungen an ein einrichtungsinternes Qualitätsmanagement nach § 135a Abs. 2 Nr. 2. Dabei sind die gemeinsamen Empfehlungen nach § 20 Abs. 1 des Neunten Buches zu

berücksichtigen und in ihren Grundzügen zu übernehmen. Die Kostentragungspflicht nach Absatz 1 Satz 3 gilt entsprechend.
(3) Für Leistungserbringer, die ambulante Vorsorgeleistungen nach § 23 Abs. 2 erbringen, vereinbart der Spitzenverband Bund der Krankenkassen mit der Kassenärztlichen Bundesvereinigung und den maßgeblichen Bundesverbänden der Leistungserbringer, die ambulante Vorsorgeleistungen durchführen, die grundsätzlichen Anforderungen an ein einrichtungsinternes Qualitätsmanagement nach § 135a Abs. 2 Nr. 2.
(4) Die Vertragspartner haben durch geeignete Maßnahmen sicherzustellen, dass die Anforderungen an die Qualitätssicherung für die ambulante und stationäre Vorsorge und Rehabilitation einheitlichen Grundsätzen genügen, und die Erfordernisse einer sektor- und berufsgruppenübergreifenden Versorgung angemessen berücksichtigt sind. Bei Vereinbarungen nach den Absätzen 1 und 2 ist der Bundesärztekammer, der Bundespsychotherapeutenkammer und der Deutschen Krankenhausgesellschaft Gelegenheit zur Stellungnahme zu geben.

§ 137i Pflegepersonaluntergrenzen in pflegesensitiven Bereichen in Krankenhäusern; Verordnungsermächtigung [Pflegepersonal]

(1) Der Spitzenverband Bund der Krankenkassen und die Deutsche Krankenhausgesellschaft überprüfen bis zum 31. August 2019 im Benehmen mit dem Verband der Privaten Krankenversicherung die in § 6 der Pflegepersonaluntergrenzen-Verordnung festgelegten Pflegepersonal-untergrenzen und vereinbaren im Benehmen mit dem Verband der Privaten Krankenversicherung mit Wirkung zum 1. Januar 2020 eine Weiterentwicklung der in der Pflegepersonaluntergrenzen-Verordnung festgelegten pflegesensitiven Bereiche in Krankenhäusern sowie der zugehörigen Pflegepersonaluntergrenzen.
(2) Bei der Umsetzung der Vorgaben nach Absatz 1 steht das Bundesministerium für Gesundheit im ständigen fachlichen Austausch mit den Vertragsparteien nach Absatz 1 Satz 1 und beteiligt den Beauftragten der Bundesregierung für die Belange der Patientinnen und Patienten sowie Bevollmächtigten für Pflege bei den in den Sätzen 4 bis 6 vorgesehenen Verfahrensschritten. Das Bundesministerium für Gesundheit kann zur Unterstützung der Vertragsparteien nach Absatz 1 Satz 1 das Institut nach § 137a mit Gutachten beauftragen; § 137a Absatz 4 Satz 3 gilt entsprechend. Das Bundesministerium für Gesundheit ist berechtigt, an den Sitzungen der Vertragsparteien nach Absatz 1 Satz 1 teilzunehmen, und erhält deren fachliche

Unterlagen. Die Vertragsparteien nach Absatz 1 Satz 1 legen dem Bundesministerium für Gesundheit unverzüglich, spätestens bis zum 31. August 2017, einen Zeitplan mit konkreten Zeitzielen für die Entwicklung und Umsetzung der Vorgaben nach Absatz 1 vor. Sie sind verpflichtet, dem Bundesministerium für Gesundheit fortlaufend, insbesondere wenn die Umsetzung der Vorgaben nach Absatz 1 oder die Erreichung der konkreten Zeitziele des Zeitplans gefährdet sind, und auf dessen Verlangen unverzüglich Auskunft über den Bearbeitungsstand der Beratungen zu geben und mögliche Lösungen für Vereinbarungshindernisse vorzulegen. Die Vertragsparteien nach Absatz 1 Satz 1 legen dem Bundesministerium für Gesundheit bis zum 31. Januar 2018 einen Zwischenbericht über die Umsetzung der Vorgaben nach Absatz 1 vor.

(3) Kommt die Vereinbarung nach Absatz 1 ganz oder teilweise nicht fristgerecht zustande, erlässt das Bundesministerium für Gesundheit nach Fristablauf die Vorgaben nach Absatz 1 Satz 1 bis 4 und 6 durch Rechtsverordnung ohne Zustimmung des Bundesrates. Zum Erlass der Vorgaben nach Absatz 1 Satz 1 bis 4 und 6 kann das Bundesministerium für Gesundheit auf Kosten der Vertragsparteien nach Absatz 1 Satz 1 Datenerhebungen oder Auswertungen in Auftrag geben oder Sachverständigengutachten einholen. Das Bundesministerium für Gesundheit kann insbesondere das Institut für das Entgeltsystem im Krankenhaus und das Institut nach § 137a mit Auswertungen oder Sachverständigengutachten beauftragen. Wird das Institut für das Entgeltsystem im Krankenhaus beauftragt, sind die notwendigen Aufwendungen des Instituts aus dem Zuschlag nach § 17b Absatz 5 Satz 1 Nummer 1 des Krankenhausfinanzierungsgesetzes zu finanzieren; für die Aufwendungen des Instituts nach § 137a gilt § 137a Absatz 4 Satz 3 entsprechend.

(4) Für die Jahre ab 2019 haben die Krankenhäuser durch Bestätigung eines Wirtschaftsprüfers, einer Wirtschaftsprüfungsgesellschaft, eines vereidigten Buchprüfers oder einer Buchprüfungsgesellschaft den Vertragsparteien nach Absatz 1 Satz 1, den Vertragsparteien nach § 11 des Krankenhausentgeltgesetzes und der jeweiligen für die Krankenhausplanung zuständigen Behörde den Erfüllungsgrad der Einhaltung der Pflegepersonaluntergrenzen nach Absatz 1 oder Absatz 3, differenziert nach Personalgruppen und Berufsbezeichnungen und unter Berücksichtigung des Ziels der Vermeidung von Personalverlagerungseffekten, nachzuweisen. Zu diesem Zweck vereinbaren die Vertragsparteien nach Absatz 1 Satz 1 bis zum 30. Juni 2018 mit Wirkung für die Vertragsparteien nach § 11 des Krankenhausentgeltgesetzes die nähere Ausgestaltung der Nachweise. Die

Krankenhäuser übermitteln den Nachweis zum 30. Juni jedes Jahres für das jeweils vorangegangene Kalenderjahr, erstmals für das Jahr 2019 zum 30. Juni 2020. Der Erfüllungsgrad der Einhaltung der Vorgaben nach Absatz 1 oder Absatz 3, differenziert nach Personalgruppen und Berufsbezeichnungen, ist in den Qualitätsberichten der Krankenhäuser nach § 136b Absatz 1 Satz 1 Nummer 3 darzustellen. Kommt eine Vereinbarung über die nähere Ausgestaltung der Nachweise nach Satz 2 unter Einschluss der gemäß Absatz 1 Satz 5 vorzusehenden Maßnahmen zur Vermeidung von Personalverlagerungseffekten nicht zustande, trifft die Schiedsstelle nach § 18a Absatz 6 des Krankenhausfinanzierungsgesetzes ohne Antrag einer Vertragspartei nach Satz 1 innerhalb von sechs Wochen die ausstehenden Entscheidungen.

(5) Hält ein Krankenhaus die nach Absatz 1 oder Absatz 3 festgelegten verbindlichen Pflegepersonaluntergrenzen nicht ein, ohne dass ein nach Absatz 1 Satz 6 oder Absatz 3 bestimmter Ausnahmetatbestand vorliegt oder die Voraussetzungen einer nach Absatz 1 Satz 6 oder Absatz 3 bestimmten Übergangsregelung erfüllt sind, ist durch die Vertragsparteien nach § 11 des Krankenhausentgeltgesetzes ein nach Absatz 1 Satz 7 bestimmter Vergütungsabschlag zu vereinbaren.

(6) Für die nach Absatz 1 oder Absatz 3 festgelegten Pflegepersonaluntergrenzen treffen die Vertragsparteien nach Absatz 1 Satz 1 unter Schätzung der personellen und finanziellen Folgen eine Rahmenvereinbarung darüber, welche Mehrkosten, die bei der Finanzierung der Pflegepersonaluntergrenzen entstehen, in Art und Umfang von den Vertragsparteien nach § 11 des Krankenhausentgeltgesetzes bei der Vereinbarung von krankenhausindividuellen Zuschlägen nach § 5 Absatz 3c des Krankenhausentgeltgesetzes zu berücksichtigen sind. Dabei haben die Vertragsparteien nach Absatz 1 Satz 1 auf Grundlage von Auswertungen des Instituts für das Entgeltsystem im Krankenhaus festzustellen, inwieweit die Pflegepersonaluntergrenzen bereits durch Entgelte nach dem Krankenhausentgeltgesetz oder nach diesem Gesetz finanziert werden. Kommt eine Vereinbarung nach Satz 1 nicht zustande, entscheidet auf Antrag einer der Vertragsparteien nach Absatz 1 Satz 1 die Schiedsstelle nach § 18a Absatz 6 des Krankenhausfinanzierungsgesetzes.

(7) Die Vertragsparteien nach Absatz 1 Satz 1 legen dem Deutschen Bundestag über das Bundesministerium für Gesundheit bis zum 31. Dezember 2022 einen wissenschaftlich evaluierten Bericht über die Auswirkungen der festgelegten

Pflegepersonaluntergrenzen in den pflegesensitiven Bereichen in Krankenhäusern vor.

§ 139a Institut für Qualität und Wirtschaftlichkeit im Gesundheitswesen

(1) Der Gemeinsame Bundesausschuss nach § 91 gründet ein fachlich unabhängiges, rechtsfähiges, wissenschaftliches Institut für Qualität und Wirtschaftlichkeit im Gesundheitswesen und ist dessen Träger. Hierzu kann eine Stiftung des privaten Rechts errichtet werden.

(2) Die Bestellung der Institutsleitung hat im Einvernehmen mit dem Bundesministerium für Gesundheit zu erfolgen. Wird eine Stiftung des privaten Rechts errichtet, erfolgt das Einvernehmen innerhalb des Stiftungsvorstands, in den das Bundesministerium für Gesundheit einen Vertreter entsendet.

(3) Das Institut wird zu Fragen von grundsätzlicher Bedeutung für die Qualität und Wirtschaftlichkeit der im Rahmen der gesetzlichen Krankenversicherung erbrachten Leistungen insbesondere auf folgenden Gebieten tätig:

1. Recherche, Darstellung und Bewertung des aktuellen medizinischen Wissensstandes zu diagnostischen und therapeutischen Verfahren bei ausgewählten Krankheiten,
2. Erstellung von wissenschaftlichen Ausarbeitungen, Gutachten und Stellungnahmen zu Fragen der Qualität und Wirtschaftlichkeit der im Rahmen der gesetzlichen Krankenversicherung erbrachten Leistungen unter Berücksichtigung alters-, geschlechts- und lebenslagenspezifischer Besonderheiten,
3. Bewertungen evidenzbasierter Leitlinien für die epidemiologisch wichtigsten Krankheiten,
4. Abgabe von Empfehlungen zu Disease-Management-Programmen,
5. Bewertung des Nutzens und der Kosten von Arzneimitteln,
6. Bereitstellung von für alle Bürgerinnen und Bürger verständlichen allgemeinen Informationen zur Qualität und Effizienz in der Gesundheitsversorgung sowie zu Diagnostik und Therapie von Krankheiten mit erheblicher epidemiologischer Bedeutung,
7. Beteiligung an internationalen Projekten zur Zusammenarbeit und Weiterentwicklung im Bereich der evidenzbasierten Medizin.

(4) Das Institut hat zu gewährleisten, dass die Bewertung des medizinischen Nutzens nach den international anerkannten Standards der evidenzbasierten Medizin und die ökonomische Bewertung nach den hierfür maßgeblichen international anerkannten Standards, insbesondere der Gesundheitsökonomie erfolgt. Es hat in regelmäßigen Abständen über die Arbeitsprozesse und -ergebnisse einschließlich der Grundlagen für die Entscheidungsfindung öffentlich zu berichten.
(5) Das Institut hat in allen wichtigen Abschnitten des Bewertungsverfahrens Sachverständigen der medizinischen, pharmazeutischen und gesundheitsökonomischen Wissenschaft und Praxis, den Arzneimittelherstellern sowie den für die Wahrnehmung der Interessen der Patientinnen und Patienten und der Selbsthilfe chronisch Kranker und behinderter Menschen maßgeblichen Organisationen sowie der oder dem Beauftragten der Bundesregierung für die Belange der Patientinnen und Patienten Gelegenheit zur Stellungnahme zu geben. Die Stellungnahmen sind in die Entscheidung einzubeziehen.
(6) Zur Sicherstellung der fachlichen Unabhängigkeit des Instituts haben die Beschäftigten vor ihrer Einstellung alle Beziehungen zu Interessenverbänden, Auftragsinstituten, insbesondere der pharmazeutischen Industrie und der Medizinprodukteindustrie, einschließlich Art und Höhe von Zuwendungen offen zu legen.

§ 143 Ortskrankenkassen

(1) Ortskrankenkassen bestehen für abgegrenzte Regionen.
(2) Die Landesregierung kann die Abgrenzung der Regionen durch Rechtsverordnung regeln. Die Landesregierung kann die Ermächtigung auf die nach Landesrecht zuständige Behörde übertragen.
(3) Die betroffenen Länder können durch Staatsvertrag vereinbaren, dass sich die Region über mehrere Länder erstreckt.

§ 166 Landwirtschaftliche Krankenkasse

Die Sozialversicherung für Landwirtschaft, Forsten und Gartenbau als Träger der Krankenversicherung der Landwirte führt die Krankenversicherung nach dem Zweiten Gesetz über die Krankenversicherung der Landwirte durch; sie führt in Angelegenheiten der Krankenversicherung die Bezeichnung landwirtschaftliche Krankenkasse.

§ 167 Deutsche Rentenversicherung Knappschaft-Bahn-See

Die Deutsche Rentenversicherung Knappschaft-Bahn-See führt die Krankenversicherung nach den Vorschriften dieses Buches durch.

§ 198 Meldepflicht des Arbeitgebers für versicherungspflichtig Beschäftigte

Der Arbeitgeber hat die versicherungspflichtig Beschäftigten nach den §§ 28a bis 28c des Vierten Buches an die zuständige Krankenkasse zu melden.

§ 223 Beitragspflicht, beitragspflichtige Einnahmen, Beitragsbemessungsgrenze

(1) Die Beiträge sind für jeden Kalendertag der Mitgliedschaft zu zahlen, soweit dieses Buch nichts Abweichendes bestimmt.

(2) Die Beiträge werden nach den beitragspflichtigen Einnahmen der Mitglieder bemessen. Für die Berechnung ist die Woche zu sieben, der Monat zu dreißig und das Jahr zu dreihundertsechzig Tagen anzusetzen.

(3) Beitragspflichtige Einnahmen sind bis zu einem Betrag von einem Dreihundertsechzigstel der Jahresarbeitsentgeltgrenze nach § 6 Abs. 7 für den Kalendertag zu berücksichtigen (Beitragsbemessungsgrenze). Einnahmen, die diesen Betrag übersteigen, bleiben außer Ansatz, soweit dieses Buch nichts Abweichendes bestimmt.

§ 226 Beitragspflichtige Einnahmen versicherungspflichtig Beschäftigter

(1) Bei versicherungspflichtig Beschäftigten werden der Beitragsbemessung zugrunde gelegt

1. das Arbeitsentgelt aus einer versicherungspflichtigen Beschäftigung,
2. der Zahlbetrag der Rente der gesetzlichen Rentenversicherung,
3. der Zahlbetrag der der Rente vergleichbaren Einnahmen (Versorgungsbezüge),
4. das Arbeitseinkommen, soweit es neben einer Rente der gesetzlichen Rentenversicherung oder Versorgungsbezügen erzielt wird.

Dem Arbeitsentgelt steht das Vorruhestandsgeld gleich. Bei Auszubildenden, die in einer außerbetrieblichen Einrichtung im Rahmen eines Berufsausbildungsvertrages nach dem Berufsbildungsgesetz ausgebildet werden, steht die Ausbildungsvergütung dem Arbeitsentgelt gleich.

(2) Die nach Absatz 1 Satz 1 Nr. 3 und 4 zu bemessenden Beiträge sind nur zu entrichten, wenn die monatlichen beitragspflichtigen Einnahmen nach Absatz 1 Satz 1 Nr. 3 und 4 insgesamt ein Zwanzigstel der monatlichen Bezugsgröße nach § 18 des Vierten Buches übersteigen.
(3) Für Schwangere, deren Mitgliedschaft nach § 192 Abs. 2 erhalten bleibt, gelten die Bestimmungen der Satzung.
(4) Bei Arbeitnehmern, die gegen ein monatliches Arbeitsentgelt bis zum oberen Grenzbetrag der Gleitzone (§ 20 Absatz 2 des Vierten Buches) mehr als geringfügig beschäftigt sind, gilt der Betrag der beitragspflichtigen Einnahme nach § 163 Absatz 10 Satz 1 bis 5 und 8 oder § 276b des Sechsten Buches entsprechend.

§ 241 Allgemeiner Beitragssatz [Beitragssatz KV]

Der allgemeine Beitragssatz beträgt 14,6 Prozent der beitragspflichtigen Einnahmen der Mitglieder.

§ 242 Zusatzbeitrag

(1) Soweit der Finanzbedarf einer Krankenkasse durch die Zuweisungen aus dem Gesundheitsfonds nicht gedeckt ist, hat sie in ihrer Satzung zu bestimmen, dass von ihren Mitgliedern ein einkommensabhängiger Zusatzbeitrag erhoben wird. Die Krankenkassen haben den einkommensabhängigen Zusatzbeitrag als Prozentsatz der beitragspflichtigen Einnahmen jedes Mitglieds zu erheben (kassenindividueller Zusatzbeitragssatz). Der Zusatzbeitragssatz ist so zu bemessen, dass die Einnahmen aus dem Zusatzbeitrag zusammen mit den Zuweisungen aus dem Gesundheitsfonds und den sonstigen Einnahmen die im Haushaltsjahr voraussichtlich zu leistenden Ausgaben und die vorgeschriebene Höhe der Rücklage decken; dabei ist die Höhe der voraussichtlichen beitragspflichtigen Einnahmen aller Krankenkassen nach § 220 Absatz 2 Satz 2 je Mitglied zugrunde zu legen.
(2) Ergibt sich während des Haushaltsjahres, dass die Betriebsmittel der Krankenkassen einschließlich der Zuführung aus der Rücklage zur Deckung der Ausgaben nicht ausreichen, ist der Zusatzbeitragssatz nach Absatz 1 durch Änderung der Satzung zu erhöhen. Muss eine Krankenkasse kurzfristig ihre Leistungsfähigkeit erhalten, so hat der Vorstand zu beschließen, dass der Zusatzbeitragssatz bis zur satzungsmäßigen Neuregelung erhöht wird; der Beschluss bedarf der Genehmigung der Aufsichtsbehörde. Kommt kein Beschluss zustande, ordnet die Aufsichtsbehörde

die notwendige Erhöhung des Zusatzbeitragssatzes an. Klagen gegen die Anordnung nach Satz 3 haben keine aufschiebende Wirkung.

(3) Die Krankenkasse hat den Zusatzbeitrag abweichend von Absatz 1 in Höhe des durchschnittlichen Zusatzbeitragssatzes nach § 242a zu erheben für

1. Mitglieder nach § 5 Absatz 1 Nummer 2a,
2. Mitglieder nach § 5 Absatz 1 Nummer 5 und 6,
3. Mitglieder nach § 5 Absatz 1 Nummer 7 und 8, wenn das tatsächliche Arbeitsentgelt den nach § 235 Absatz 3 maßgeblichen Mindestbetrag nicht übersteigt,
4. Mitglieder, deren Mitgliedschaft nach § 192 Absatz 1 Nummer 3 oder nach § 193 Absatz 2 bis 5 oder nach § 8 des Eignungsübungsgesetzes fortbesteht,
5. Mitglieder, die Verletztengeld nach dem Siebten Buch, Versorgungskrankengeld nach dem Bundesversorgungsgesetz oder vergleichbare Entgeltersatzleistungen beziehen, sowie
6. Beschäftigte, bei denen § 20 Absatz 3 Satz 1 Nummer 1 oder Nummer 2 oder Satz 2 des Vierten Buches angewendet wird.

Auf weitere beitragspflichtige Einnahmen dieser Mitglieder findet der Beitragssatz nach Absatz 1 Anwendung.

(4) Die Vorschriften des Zweiten und Dritten Abschnitts des Vierten Buches gelten entsprechend.

(5) Die Krankenkassen melden die Zusatzbeitragssätze nach Absatz 1 dem Spitzenverband Bund der Krankenkassen. Der Spitzenverband Bund der Krankenkassen führt eine laufend aktualisierte Übersicht, welche Krankenkassen einen Zusatzbeitrag erheben und in welcher Höhe, und veröffentlicht diese Übersicht im Internet. Das Nähere zu Zeitpunkt, Form und Inhalt der Meldungen sowie zur Veröffentlichung regelt der Spitzenverband Bund der Krankenkassen.

§ 242a Durchschnittlicher Zusatzbeitragssatz

(1) Der durchschnittliche Zusatzbeitragssatz ergibt sich aus der Differenz zwischen den voraussichtlichen jährlichen Ausgaben der Krankenkassen und den voraussichtlichen jährlichen Einnahmen des Gesundheitsfonds, die für die Zuweisungen nach den §§ 266 und 270 zur Verfügung stehen, geteilt durch die voraussichtlichen jährlichen beitragspflichtigen Einnahmen der Mitglieder aller Krankenkassen, multipliziert mit 100.

(2) Das Bundesministerium für Gesundheit legt nach Auswertung der Ergebnisse des Schätzerkreises nach § 220 Absatz 2 die Höhe des durchschnittlichen Zusatzbeitragssatzes für das Folgejahr fest und gibt diesen Wert in Prozent jeweils bis zum 1. November eines Kalenderjahres im Bundesanzeiger bekannt.

§ 248 Beitragssatz aus Versorgungsbezügen und Arbeitseinkommen [Krankenkassen Beitragssatz]

Bei Versicherungspflichtigen gilt für die Bemessung der Beiträge aus Versorgungsbezügen und Arbeitseinkommen der allgemeine Beitragssatz.

§ 249 Tragung der Beiträge bei versicherungspflichtiger Beschäftigung

(1) Beschäftigte, die nach § 5 Absatz 1 Nummer 1 oder Nummer 13 versicherungspflichtig sind, und ihre Arbeitgeber tragen die nach dem Arbeitsentgelt zu bemessenden Beiträge jeweils zur Hälfte.

(2) Der Arbeitgeber trägt den Beitrag allein für Beschäftigte, soweit Beiträge für Kurzarbeitergeld zu zahlen sind.

(3) Abweichend von Absatz 1 werden die Beiträge bei versicherungspflichtig Beschäftigten mit einem monatlichen Arbeitsentgelt innerhalb der Gleitzone nach § 20 Abs. 2 des Vierten Buches vom Arbeitgeber in Höhe der Hälfte des Betrages, der sich ergibt, wenn der allgemeine oder ermäßigte Beitragssatz zuzüglich des kassenindividuellen Zusatzbeitragssatzes auf das der Beschäftigung zugrunde liegende Arbeitsentgelt angewendet wird, im Übrigen vom Versicherten getragen. Dies gilt auch für Personen, für die § 7 Absatz 3 Anwendung findet.

§ 252 Beitragszahlung [Gesundheitsfonds]

(1) Soweit gesetzlich nichts Abweichendes bestimmt ist, sind die Beiträge von demjenigen zu zahlen, der sie zu tragen hat. Abweichend von Satz 1 zahlen die Bundesagentur für Arbeit oder in den Fällen des § 6a des Zweiten Buches die zugelassenen kommunalen Träger die Beiträge für die Bezieher von Arbeitslosengeld II nach dem Zweiten Buch.

(2) Die Beitragszahlung erfolgt in den Fällen des § 251 Abs. 3, 4 und 4a an den Gesundheitsfonds. Ansonsten erfolgt die Beitragszahlung an die nach § 28i des Vierten Buches zuständige Einzugsstelle. Die Einzugsstellen leiten die nach Satz 2 gezahlten Beiträge einschließlich der Zinsen auf Beiträge und Säumniszuschläge

arbeitstäglich an den Gesundheitsfonds weiter. Das Weitere zum Verfahren der Beitragszahlungen nach Satz 1 und Beitragsweiterleitungen nach Satz 3 wird durch Rechtsverordnung nach den §§ 28c und 28n des Vierten Buches geregelt.

§ 259 Mittel der Krankenkasse

Die Mittel der Krankenkasse umfassen die Betriebsmittel, die Rücklage und das Verwaltungsvermögen.

§ 260 Betriebsmittel [Krankenkassen Betriebsmittel]

(1) Betriebsmittel dürfen nur verwendet werden

1. für die gesetzlich oder durch die Satzung vorgesehenen Aufgaben sowie für die Verwaltungskosten; die Aufgaben der Krankenkassen als Pflegekassen sind keine gesetzlichen Aufgaben im Sinne dieser Vorschrift,
2. zur Auffüllung der Rücklage und zur Bildung von Verwaltungsvermögen.

(2) Die nicht für die laufenden Ausgaben benötigten Betriebsmittel zuzüglich der Rücklage nach § 261 dürfen im Durchschnitt des Haushaltsjahres monatlich das Einfache des nach dem Haushaltsplan der Krankenkasse auf einen Monat entfallenden Betrages der Ausgaben für die in Absatz 1 Nummer 1 genannten Zwecke nicht übersteigen. Auf Antrag einer Krankenkasse, die zum Zeitpunkt der Haushaltsaufstellung über weniger als 50.000 Mitglieder verfügt, kann die zuständige Aufsichtsbehörde eine Obergrenze zulassen, die den Betrag nach Satz 1 übersteigt, soweit dies erforderlich ist. Bei der Feststellung der vorhandenen Betriebsmittel sind die Forderungen und Verpflichtungen der Krankenkasse zu berücksichtigen, soweit sie nicht der Rücklage oder dem Verwaltungsvermögen zuzuordnen sind. Durchlaufende Gelder bleiben außer Betracht.

(3) Die Betriebsmittel sind im erforderlichen Umfang bereitzuhalten und im Übrigen so anzulegen, dass sie für die in Absatz 1 genannten Zwecke verfügbar sind.

§ 261 Rücklage [Krankenkassen Rücklage]

(1) Die Krankenkasse hat zur Sicherstellung ihrer Leistungsfähigkeit eine Rücklage zu bilden.

(2) 1 Die Satzung bestimmt die Höhe der Rücklage in einem Vomhundertsatz des nach dem Haushaltsplan durchschnittlich auf den Monat entfallenden Betrages der Ausgaben für die in § 260 Abs. 1 Nr. 1 genannten Zwecke (Rücklagesoll). 2 Die

Rücklage muss mindestens ein Fünftel des Betrages der auf den Monat entfallenden Ausgaben nach Satz 1 betragen.

(3) Die Krankenkasse kann Mittel aus der Rücklage den Betriebsmitteln zuführen, wenn Einnahme- und Ausgabeschwankungen innerhalb eines Haushaltsjahres nicht durch die Betriebsmittel ausgeglichen werden können. In diesem Fall soll die Rücklage in Anspruch genommen werden, wenn dadurch Erhöhungen des Zusatzbeitragssatzes nach § 242 während des Haushaltsjahres vermieden werden.

(4) Ergibt sich bei der Aufstellung des Haushaltsplans, dass die Rücklage geringer ist als das Rücklagesoll, ist bis zur Erreichung des Rücklagesolls die Auffüllung der Rücklage im Regelfall mit einem Betrag in Höhe von mindestens der Hälfte des Rücklagesolls im Haushaltsplan vorzusehen.

(5) Übersteigt die Rücklage das Rücklagesoll, ist der übersteigende Betrag den Betriebsmitteln zuzuführen.

(6) Die Rücklage ist getrennt von den sonstigen Mitteln so anzulegen, dass sie für den nach Absatz 1 genannten Zweck verfügbar ist. Sie wird vorbehaltlich des § 262 von der Krankenkasse verwaltet.

§ 262 Gesamtrücklage [Krankenkassen Rücklage]

(1) Die Satzungen der Landesverbände können bestimmen, dass die von den Verbandsmitgliedern zu bildenden Rücklagen bis zu einem Drittel des Rücklagesolls von dem Landesverband als Sondervermögen (Gesamtrücklage) verwaltet werden. Die Gesamtrücklage ist vorrangig vor dem von der Krankenkasse verwalteten Teil der Rücklage aufzufüllen.

(2) Die im Laufe eines Jahres entstehenden Kapitalerträge und die aus den Veräußerungen erwachsenden Gewinne der Gesamtrücklage werden gegen die aus Veräußerungen entstehenden Verluste ausgeglichen. Der Unterschied wird auf die beteiligten Krankenkassen nach der Höhe ihres Rücklageguthabens beim Landesverband im Jahresdurchschnitt umgelegt.

(3) Ergibt sich nach Absatz 2 ein Überschuss, wird er den Krankenkassen ausgezahlt, deren Rücklageguthaben beim Landesverband den nach Absatz 1 bestimmten Anteil erreicht hat. Ist dieses Rücklageguthaben noch nicht erreicht, wird der Überschuss bis zur Höhe des fehlenden Betrages nicht ausgezahlt, sondern gutgeschrieben. Ergibt sich nach Absatz 2 ein Fehlbetrag, wird er dem Rücklageguthaben der Krankenkassen zur Last geschrieben.

(4) Die Krankenkasse kann über ihr Rücklageguthaben beim Landesverband erst verfügen, wenn die von ihr selbst verwalteten Rücklagemittel verbraucht sind. Hat die Krankenkasse ihr Rücklageguthaben verbraucht, kann sie von dem Landesverband ein Darlehen aus der Gesamtrücklage erhalten. Die Satzung des Landesverbands trifft Regelungen über die Voraussetzungen der Darlehensgewährung, die Rückzahlung und die Verzinsung.
(5) Die Gesamtrücklage ist so anzulegen, dass sie für die in § 261 Abs. 1 und 4 genannten Zwecke verfügbar ist.

§ 263 Verwaltungsvermögen[Krankenkassen Verwaltungsvermögen]

(1) Das Verwaltungsvermögen der Krankenkasse umfasst

1. Vermögensanlagen, die der Verwaltung der Krankenkasse sowie der Führung ihrer betrieblichen Einrichtungen (Eigenbetriebe) zu dienen bestimmt sind,
2. die zur Anschaffung und Erneuerung dieser Vermögensteile und für künftig zu zahlende Versorgungsbezüge der Bediensteten und ihrer Hinterbliebenen bereitgehaltenen Geldmittel,

soweit sie für die Erfüllung der Aufgaben der Krankenkasse erforderlich sind. Zum Verwaltungsvermögen gehören auch Grundstücke, die nur teilweise für Zwecke der Verwaltung der Krankenkasse oder für Eigenbetriebe erforderlich sind.
(2) Als Verwaltungsvermögen gelten auch sonstige Vermögensanlagen auf Grund rechtlicher Verpflichtung oder Ermächtigung, soweit sie nicht den Betriebsmitteln, der Rücklage oder einem Sondervermögen zuzuordnen sind.

§ 266 Zuweisungen aus dem Gesundheitsfonds (Risikostrukturausgleich)]

(1) Die Krankenkassen erhalten als Zuweisungen aus dem Gesundheitsfonds (§ 271) zur Deckung ihrer Ausgaben eine Grundpauschale und risikoadjustierte Zu- und Abschläge zum Ausgleich der unterschiedlichen Risikostrukturen und Zuweisungen für sonstige Ausgaben (§ 270). Mit den alters-, geschlechts- und risikoadjustierten Zuweisungen wird jährlich ein Risikostrukturausgleich durchgeführt.
(2) Die Zuordnung der Versicherten zu Risikogruppen erfolgt anhand der Risikomerkmale Alter, Geschlecht, Morbidität, regionalen Merkmalen und danach, ob die Mitglieder Anspruch auf Krankengeld haben.

Die Morbidität der Versicherten wird auf der Grundlage von Diagnosen, Diagnosegruppen, Indikationen, Indikationsgruppen, medizinischen Leistungen oder Kombinationen dieser Merkmale unmittelbar berücksichtigt.

§ 271 Gesundheitsfonds

(1) Das Bundesversicherungsamt verwaltet als Sondervermögen (Gesundheitsfonds) die eingehenden Beträge aus:

1. den von den Einzugsstellen nach § 28k Abs. 1 Satz 1 des Vierten Buches und nach § 252 Abs. 2 Satz 3 eingezogenen Beiträgen für die gesetzliche Krankenversicherung,
2. den Beiträgen aus Rentenzahlungen nach § 255,
3. den Beiträgen nach § 28k Abs. 2 des Vierten Buches,
4. der Beitragszahlung nach § 252 Abs. 2 und
5. den Bundesmitteln nach § 221.

(1a) Die eingehenden Beträge nach Absatz 1 sind, soweit es sich dabei um Zusatzbeiträge nach § 242 handelt, in voller Höhe für den Einkommensausgleich nach § 270a zu verwenden. Sie sind dem Bundesversicherungsamt als Verwalter der eingehenden Beträge aus den Zusatzbeiträgen nachzuweisen.

(2) Der Gesundheitsfonds hat liquide Mittel als Liquiditätsreserve vorzuhalten. Aus der Liquiditätsreserve sind unterjährige Schwankungen in den Einnahmen, nicht berücksichtigte Einnahmeausfälle in den nach § 242a Absatz 1 zugrunde gelegten voraussichtlichen jährlichen Einnahmen des Gesundheitsfonds und die erforderlichen Aufwendungen für die Durchführung des Einkommensausgleichs nach § 270a zu decken. Die Höhe der Liquiditätsreserve muss nach Ablauf eines Geschäftsjahres mindestens 25 Prozent der durchschnittlich auf den Monat entfallenden Ausgaben des Gesundheitsfonds betragen. Sie darf einen Betrag von 50 Prozent der durchschnittlich auf den Monat entfallenden Ausgaben des Gesundheitsfonds nicht überschreiten. Überschreitet die Höhe der Liquiditätsreserve diesen Betrag auf Grundlage der Prognose des Schätzerkreises nach § 220 Absatz 2 für das jeweilige Folgejahr abzüglich der gesetzlich vorgesehenen Entnahmen aus der Liquiditätsreserve für die Folgejahre, sind die überschüssigen Mittel jährlich bis zu einer Höhe entsprechend eines Finanzvolumens von 0,1 Beitragssatzpunkten der beitragspflichtigen Einnahmen in die Einnahmen des Gesundheitsfonds zu überführen.

Aus der Liquiditätsreserve werden im Jahr 2021.190 Millionen Euro an das Bundesministerium für Gesundheit gezahlt.
(3) Reicht die Liquiditätsreserve nicht aus, um alle Zuweisungen nach § 266 Abs. 1 Satz 1 zu erfüllen, leistet der Bund dem Gesundheitsfonds ein nicht zu verzinsendes Liquiditätsdarlehen in Höhe der fehlenden Mittel. Das Darlehen ist im Haushaltsjahr zurückzuzahlen. Die jahresendliche Rückzahlung ist durch geeignete Maßnahmen sicherzustellen.
(4) Die im Laufe eines Jahres entstehenden Kapitalerträge werden dem Sondervermögen gutgeschrieben.
(5) Die Mittel des Gesundheitsfonds sind so anzulegen, dass sie für den in den §§ 266, 269 und 270 genannten Zweck verfügbar sind.
(6) Die dem Bundesversicherungsamt bei der Verwaltung des Fonds entstehenden Ausgaben einschließlich der Ausgaben für die Durchführung und Weiterentwicklung des Risikostrukturausgleichs werden aus den Einnahmen des Gesundheitsfonds gedeckt. Das Nähere regelt die Rechtsverordnung nach § 266 Abs. 7.

§ 271a Sicherstellung der Einnahmen des Gesundheitsfonds

(1) Steigen die Beitragsrückstände einer Krankenkasse erheblich an, so hat die Krankenkasse nach Aufforderung durch das Bundesversicherungsamt diesem die Gründe hierfür zu berichten und innerhalb einer Frist von vier Wochen glaubhaft zu machen, dass der Anstieg nicht auf eine Pflichtverletzung zurückzuführen ist. Entscheidungserhebliche Tatsachen sind durch geeignete Unterlagen glaubhaft zu machen.
(2) Werden die entscheidungserheblichen Unterlagen nicht vorgelegt oder reichen diese nicht zur Glaubhaftmachung eines unverschuldeten Beitragsrückstandes aus, wird die Krankenkasse säumig. Für jeden angefangenen Monat nach Aufforderung zur Berichtslegung wird vorläufig ein Säumniszuschlag in Höhe von 10 Prozent von dem Betrag erhoben, der sich aus der Rückstandsquote des die Berichtspflicht auslösenden Monats abzüglich der des Vorjahresmonats oder der des Vorjahresdurchschnitts der Krankenkasse, multipliziert mit den insgesamt zum Soll gestellten Beiträgen der Krankenkasse des die Berichtspflicht auslösenden Monats, ergibt. Es wird der jeweils niedrigere Wert zur Berechnung der Säumniszuschläge in Ansatz gebracht.
(3) Die Krankenkasse erhält ihre Säumniszuschläge zurück, wenn sie innerhalb einer angemessenen, vom Bundesversicherungsamt festzusetzenden Frist, die im Regelfall

drei Monate nach Eintritt der Säumnis nach Absatz 2 nicht unterschreiten soll, glaubhaft macht, dass die Beitragsrückstände nicht auf eine Pflichtverletzung ihrerseits zurückzuführen sind. Anderenfalls werden die Säumniszuschläge endgültig festgesetzt und verbleiben dem Gesundheitsfonds.
(4) Bleiben die Beitragsrückstände auch nach Ablauf der Frist nach Absatz 3 erheblich im Sinne des Absatzes 1 und ist die Krankenkasse säumig im Sinne des Absatzes 2, ist von einer fortgesetzten Pflichtverletzung auszugehen. In diesem Fall soll das Bundesversicherungsamt den Säumniszuschlag um weitere 10 Prozentpunkte pro Monat bis zur vollen Höhe des für die Berechnung der Säumniszuschläge zu Grunde gelegten Differenzbetrages nach Absatz 2 erhöhen. Diese Säumniszuschläge gelten als endgültig festgesetzt und verbleiben dem Gesundheitsfonds.

§ 275 Begutachtung und Beratung [Medizinischer Dienst]

(1) Die Krankenkassen sind in den gesetzlich bestimmten Fällen oder wenn es nach Art, Schwere, Dauer oder Häufigkeit der Erkrankung oder nach dem Krankheitsverlauf erforderlich ist, verpflichtet,

1. bei Erbringung von Leistungen, insbesondere zur Prüfung von Voraussetzungen, Art und Umfang der Leistung, sowie bei Auffälligkeiten zur Prüfung der ordnungsgemäßen Abrechnung,
2. zur Einleitung von Leistungen zur Teilhabe, insbesondere zur Koordinierung der Leistungen und Zusammenarbeit der Rehabilitationsträger nach den §§ 10 bis 12 des Neunten Buches, im Benehmen mit dem behandelnden Arzt,
3. bei Arbeitsunfähigkeit

a) zur Sicherung des Behandlungserfolgs, insbesondere zur Einleitung von Maßnahmen der Leistungsträger für die Wiederherstellung der Arbeitsfähigkeit, oder
b) zur Beseitigung von Zweifeln an der Arbeitsunfähigkeit
eine gutachtliche Stellungnahme des Medizinischen Dienstes einzuholen.
(1a) Zweifel an der Arbeitsunfähigkeit nach Absatz 1 Nr. 3 Buchstabe b sind insbesondere in Fällen anzunehmen, in denen
Versicherte auffällig häufig oder auffällig häufig nur für kurze Dauer arbeitsunfähig sind oder der Beginn der Arbeitsunfähigkeit häufig auf einen Arbeitstag am Beginn oder am Ende einer Woche fällt oder

1b) die Arbeitsunfähigkeit von einem Arzt festgestellt worden ist, der durch die Häufigkeit der von ihm ausgestellten Bescheinigungen über Arbeitsunfähigkeit auffällig geworden ist.

Die Prüfung hat unverzüglich nach Vorlage der ärztlichen Feststellung über die Arbeitsunfähigkeit zu erfolgen. Der Arbeitgeber kann verlangen, dass die Krankenkasse eine gutachtliche Stellungnahme des Medizinischen Dienstes zur Überprüfung der Arbeitsunfähigkeit einholt. Die Krankenkasse kann von einer Beauftragung des Medizinischen Dienstes absehen, wenn sich die medizinischen Voraussetzungen der Arbeitsunfähigkeit eindeutig aus den der Krankenkasse vorliegenden ärztlichen Unterlagen ergeben.

(3) Die Krankenkassen können in geeigneten Fällen durch den Medizinischen Dienst prüfen lassen

1. vor Bewilligung eines Hilfsmittels, ob das Hilfsmittel erforderlich ist (§ 33); der Medizinische Dienst hat hierbei den Versicherten zu beraten; er hat mit den Orthopädischen Versorgungsstellen zusammenzuarbeiten,
2. bei Dialysebehandlung, welche Form der ambulanten Dialysebehandlung unter Berücksichtigung des Einzelfalls notwendig und wirtschaftlich ist,
3. die Evaluation durchgeführter Hilfsmittelversorgungen,
4. ob Versicherten bei der Inanspruchnahme von Versicherungsleistungen aus Behandlungsfehlern ein Schaden entstanden ist (§ 66).

(3a) Ergeben sich bei der Auswertung der Unterlagen über die Zuordnung von Patienten zu den Behandlungsbereichen nach § 4 der Psychiatrie-Personalverordnung in vergleichbaren Gruppen Abweichungen, so können die Landesverbände der Krankenkassen und die Verbände der Ersatzkassen die Zuordnungen durch den Medizinischen Dienst überprüfen lassen; das zu übermittelnde Ergebnis der Überprüfung darf keine Sozialdaten enthalten.

(4) Die Krankenkassen und ihre Verbände sollen bei der Erfüllung anderer als der in Absatz 1 bis 3 genannten Aufgaben im notwendigen Umfang den Medizinischen Dienst oder andere Gutachterdienste zu Rate ziehen, insbesondere für allgemeine medizinische Fragen der gesundheitlichen Versorgung und Beratung der Versicherten, für Fragen der Qualitätssicherung, für Vertragsverhandlungen mit den Leistungserbringern und für Beratungen der gemeinsamen Ausschüsse von Ärzten und Krankenkassen, insbesondere der Prüfungsausschüsse. Der Medizinische Dienst führt die Aufgaben nach § 116b Absatz 2 durch, wenn der erweiterte

Landesausschuss ihn hiermit nach § 116b Absatz 3 Satz 8 ganz oder teilweise beauftragt.
(5) Die Gutachterinnen und Gutachter des Medizinischen Dienstes sind bei der Wahrnehmung ihrer medizinischen Aufgaben nur ihrem ärztlichen Gewissen unterworfen. Sie sind nicht berechtigt, in die ärztliche Behandlung einzugreifen.

§ 275a Durchführung und Umfang von Qualitätskontrollen in Krankenhäusern durch den Medizinischen Dienst

(1) Der Medizinische Dienst führt nach Maßgabe der folgenden Absätze und der Richtlinie des Gemeinsamen Bundesausschusses nach § 137 Absatz 3 Kontrollen zur Einhaltung von Qualitätsanforderungen in den nach § 108 zugelassenen Krankenhäusern durch. Voraussetzung für die Durchführung einer solchen Kontrolle ist, dass der Medizinische Dienst hierzu von einer vom Gemeinsamen Bundesausschuss in der Richtlinie nach § 137 Absatz 3 festgelegten Stelle oder einer Stelle nach Absatz 4 beauftragt wurde. Die Kontrollen sind aufwandsarm zu gestalten und können unangemeldet durchgeführt werden.
(2) Art und Umfang der vom Medizinischen Dienst durchzuführenden Kontrollen bestimmen sich abschließend nach dem konkreten Auftrag, den die in den Absätzen 3 und 4 genannten Stellen erteilen. Der Auftrag muss bei Kontrollen, die durch Anhaltspunkte begründet sein müssen, in einem angemessenen Verhältnis zu den Anhaltspunkten stehen, die Auslöser für die Kontrollen sind. Gegenstand dieser Aufträge können sein

1. die Einhaltung der Qualitätsanforderungen nach den §§ 135b und 136 bis 136c,
2. die Kontrolle der Richtigkeit der Dokumentation der Krankenhäuser im Rahmen der externen stationären Qualitätssicherung und
3. die Einhaltung der Qualitätsanforderungen der Länder, soweit dies landesrechtlich vorgesehen ist.

Werden bei Durchführung der Kontrollen Anhaltspunkte für erhebliche Qualitätsmängel offenbar, die außerhalb des Kontrollauftrags liegen, so teilt der Medizinische Dienst diese dem Auftraggeber nach Absatz 3 oder Absatz 4 sowie dem Krankenhaus unverzüglich mit. Satz 2 gilt nicht für Stichprobenprüfungen zur Validierung der Qualitätssicherungsdaten nach § 137 Absatz 3 Satz 1.
(3) Die vom Gemeinsamen Bundesausschuss hierfür bestimmten Stellen beauftragen den Medizinischen Dienst nach Maßgabe der Richtlinie nach § 137 Absatz 3 mit Kontrollen nach Absatz 1 in Verbindung mit Absatz 2 Satz 3 Nummer 1 und 2. Soweit

der Auftrag auch eine Kontrolle der Richtigkeit der Dokumentation nach Absatz 2 Satz 3 Nummer 2 beinhaltet, sind dem Medizinischen Dienst vom Gemeinsamen Bundesausschuss die Datensätze zu übermitteln, die das Krankenhaus im Rahmen der externen stationären Qualitätssicherung den zuständigen Stellen gemeldet hat und deren Richtigkeit der Medizinische Dienst im Rahmen der Kontrolle zu prüfen hat.

(4) Der Medizinische Dienst kann auch von den für die Krankenhausplanung zuständigen Stellen der Länder mit Kontrollen nach Absatz 1 in Verbindung mit Absatz 2 Satz 3 Nummer 3 beauftragt werden.

§ 277 Mitteilungspflichten [Medizinischer Dienst]

(1) Der Medizinische Dienst hat der Krankenkasse das Ergebnis der Begutachtung und die wesentlichen Gründe für dieses Ergebnis mitzuteilen. Der Medizinische Dienst ist befugt und in dem Fall, dass das Ergebnis seiner Begutachtung von der Verordnung, der Einordnung der erbrachten Leistung als Leistung der gesetzlichen Krankenversicherung oder der Abrechnung der Leistung mit der Krankenkasse durch den Leistungserbringer abweicht, verpflichtet, diesem Leistungserbringer das Ergebnis seiner Begutachtung mitzuteilen; dies gilt bei Prüfungen nach § 275 Absatz 3 Satz 1 Nummer 4 nur, wenn die betroffenen Versicherten in die Übermittlung an den Leistungserbringer eingewilligt haben. Fordern Leistungserbringer nach der Mitteilung nach Satz 2 erster Halbsatz mit Einwilligung der Versicherten die wesentlichen Gründe für das Ergebnis der Begutachtung durch den Medizinischen Dienst an, ist der Medizinische Dienst zur Übermittlung dieser Gründe verpflichtet. Bei Prüfungen nach § 275c gilt Satz 2 erster Halbsatz auch für die wesentlichen Gründe für das Ergebnis der Begutachtung, soweit diese keine zusätzlichen, vom Medizinischen Dienst erhobenen versichertenbezogenen Daten enthalten. Der Medizinische Dienst hat den Versicherten die sie betreffenden Gutachten nach § 275 Absatz 3 Satz 1 Nummer 4 schriftlich oder elektronisch vollständig zu übermitteln. Nach Abschluss der Kontrollen nach § 275a hat der Medizinische Dienst die Kontrollergebnisse dem geprüften Krankenhaus und dem jeweiligen Auftraggeber mitzuteilen. Soweit in der Richtlinie nach § 137 Absatz 3 Fälle festgelegt sind, in denen Dritte wegen erheblicher Verstöße gegen Qualitätsanforderungen unverzüglich einrichtungsbezogen über das Kontrollergebnis zu informieren sind, hat der Medizinische Dienst sein Kontrollergebnis unverzüglich an die in dieser Richtlinie abschließend benannten Dritten zu übermitteln. Soweit erforderlich und in der Richtlinie des Gemeinsamen Bundesausschusses nach § 137 Absatz 3 vorgesehen, dürfen diese Mitteilungen auch personenbezogene Angaben enthalten; in der

Mitteilung an den Auftraggeber und den Dritten sind personenbezogene Daten zu anonymisieren.
(2) Die Krankenkasse hat, solange ein Anspruch auf Fortzahlung des Arbeitsentgelts besteht, dem Arbeitgeber und dem Versicherten das Ergebnis des Gutachtens des Medizinischen Dienstes über die Arbeitsunfähigkeit mitzuteilen, wenn das Gutachten mit der Bescheinigung des Kassenarztes im Ergebnis nicht übereinstimmt. Die Mitteilung darf keine Angaben über die Krankheit des Versicherten enthalten.

§ 290 Krankenversichertennummer

(1) Die Krankenkasse verwendet für jeden Versicherten eine Krankenversichertennummer. Die Krankenversichertennummer besteht aus einem unveränderbaren Teil zur Identifikation des Versicherten und einem veränderbaren Teil, der bundeseinheitliche Angaben zur Kassenzugehörigkeit enthält und aus dem bei Vergabe der Nummer an Versicherte nach § 10 sicherzustellen ist, dass der Bezug zu dem Angehörigen, der Mitglied ist, hergestellt werden kann. Der Aufbau und das Verfahren der Vergabe der Krankenversichertennummer haben den Richtlinien nach Absatz 2 zu entsprechen. Die Rentenversicherungsnummer darf nicht als Krankenversichertennummer verwendet werden. Eine Verwendung der Rentenversicherungsnummer zur Bildung der Krankenversichertennummer entsprechend den Richtlinien nach Absatz 2 ist zulässig, wenn nach dem Stand von Wissenschaft und Technik sichergestellt ist, dass nach Vergabe der Krankenversichertennummer weder aus der Krankenversichertennummer auf die Rentenversicherungsnummer noch aus der Rentenversicherungsnummer auf die Krankenversichertennummer zurückgeschlossen werden kann; dieses Erfordernis gilt auch in Bezug auf die vergebende Stelle. Die Prüfung einer Mehrfachvergabe der Krankenversichertennummer durch die Vertrauensstelle bleibt davon unberührt. Wird die Rentenversicherungsnummer zur Bildung der Krankenversichertennummer verwendet, ist für Personen, denen eine Krankenversichertennummer zugewiesen werden muss und die noch keine Rentenversicherungsnummer erhalten haben, eine Rentenversicherungsnummer zu vergeben.
(2) Der Spitzenverband Bund der Krankenkassen hat den Aufbau und das Verfahren der Vergabe der Krankenversichertennummer durch Richtlinien zu regeln. Die Krankenversichertennummer ist von einer von den Krankenkassen und ihren Verbänden räumlich, organisatorisch und personell getrennten Vertrauensstelle zu vergeben.

§ 291 Elektronische Gesundheitskarte als Versicherungsnachweis

(1) Die Krankenkasse stellt für jeden Versicherten eine elektronische Gesundheitskarte aus.

§ 295 Abrechnung ärztlicher Leistungen [Ärztliche Behandlung, Abrechnung]

(1) Die an der vertragsärztlichen Versorgung teilnehmenden Ärzte und Einrichtungen sind verpflichtet,

1. in dem Abschnitt der Arbeitsunfähigkeitsbescheinigung, den die Krankenkasse erhält, die Diagnosen,
2. in den Abrechnungsunterlagen für die vertragsärztlichen Leistungen die von ihnen erbrachten Leistungen einschließlich des Tages und, soweit für die Überprüfung der Zulässigkeit und Richtigkeit der Abrechnung erforderlich, der Uhrzeit der Behandlung, bei ärztlicher Behandlung mit Diagnosen, bei zahnärztlicher Behandlung mit Zahnbezug und Befunden,
3. in den Abrechnungsunterlagen sowie auf den Vordrucken für die vertragsärztliche Versorgung ihre Arztnummer, in Überweisungsfällen die Arztnummer des überweisenden Arztes maschinenlesbar aufzuzeichnen und zu übermitteln. Die Diagnosen nach Satz 1 Nr. 1 und 2 sind nach der Internationalen Klassifikation der Krankheiten in der jeweiligen vom Deutschen Institut für medizinische Dokumentation und Information im Auftrag des Bundesministeriums für Gesundheit herausgegebenen deutschen Fassung zu verschlüsseln. Das Bundesministerium für Gesundheit kann das Deutsche Institut für medizinische Dokumentation und Information beauftragen, den in Satz 2 genannten Schlüssel um Zusatzkennzeichen zur Gewährleistung der für die Erfüllung der Aufgaben der Krankenkassen notwendigen Aussagefähigkeit des Schlüssels zu ergänzen. Von Vertragsärzten durchgeführte Operationen und sonstige Prozeduren sind nach dem vom Deutschen Institut für medizinische Dokumentation und Information im Auftrag des Bundesministeriums für Gesundheit herausgegebenen Schlüssel zu verschlüsseln

§ 295a Abrechnung der im Rahmen von Verträgen nach § 73b und § 140a sowie vom Krankenhaus im Notfall erbrachten Leistungen

(1) Für die Abrechnung der im Rahmen von Verträgen nach § 73b und § 140a erbrachten Leistungen sind die an diesen Versorgungsformen teilnehmenden

Leistungserbringer befugt, die nach den Vorschriften dieses Kapitels erforderlichen Angaben an den Vertragspartner auf Leistungserbringerseite als verantwortliche Stelle zu übermitteln, indem diese Angaben entweder an ihn oder an eine nach Absatz 2 beauftragte andere Stelle weitergegeben werden; für den Vertragspartner auf Leistungserbringerseite gilt § 35 des Ersten Buches entsprechend. Voraussetzung ist, dass der Versicherte vor Abgabe der Teilnahmeerklärung an der Versorgungsform umfassend über die vorgesehene Datenübermittlung informiert worden ist und mit der Einwilligung in die Teilnahme zugleich in die damit verbundene Datenübermittlung schriftlich eingewilligt hat. Der Vertragspartner auf Leistungserbringerseite oder die beauftragte andere Stelle dürfen die übermittelten Daten nur zu Abrechnungszwecken verarbeiten und nutzen; sie übermitteln die Daten im Wege elektronischer Datenübertragung oder maschinell verwertbar auf Datenträgern an den jeweiligen Vertragspartner auf Krankenkassenseite.

(2) Der Vertragspartner auf Leistungserbringerseite darf eine andere Stelle mit der Erhebung, Verarbeitung und Nutzung der für die Abrechnung der in Absatz 1 genannten Leistungen erforderlichen personenbezogenen Daten beauftragen; die Vorschriften des Fünften Abschnittes bleiben unberührt. § 80 des Zehnten Buches ist anzuwenden mit der weiteren Maßgabe, dass Unterauftragsverhältnisse ausgeschlossen sind und dass abweichend von dessen Absatz 5 die Beauftragung einer nichtöffentlichen Stelle auch zulässig ist, soweit die Speicherung der Daten den gesamten Datenbestand erfasst; Auftraggeber und Auftragnehmer unterliegen der Aufsicht der nach § 38 des Bundesdatenschutzgesetzes zuständigen Aufsichtsbehörde. Für Auftraggeber und Auftragnehmer, die nicht zu den in § 35 des Ersten Buches genannten Stellen gehören, gilt diese Vorschrift entsprechend; sie haben insbesondere die technischen und organisatorischen Maßnahmen nach § 78a des Zehnten Buches zu treffen.

(3) Für die Abrechnung von im Notfall erbrachten ambulanten ärztlichen Leistungen darf das Krankenhaus eine andere Stelle mit der Erhebung, Verarbeitung und Nutzung der erforderlichen personenbezogenen Daten beauftragen, sofern der Versicherte schriftlich in die Datenweitergabe eingewilligt hat; § 291a bleibt unberührt. Der Auftragnehmer darf diese Daten nur zu Abrechnungszwecken verarbeiten und nutzen. Absatz 2 Satz 2 und 3 gilt entsprechend.

§ 301 Krankenhäuser [Krankenhaus Abrechnung]

(1) Die nach § 108 zugelassenen Krankenhäuser oder ihre Krankenhausträger sind verpflichtet, den Krankenkassen bei Krankenhausbehandlung folgende Angaben im Wege elektronischer Datenübertragung oder maschinell verwertbar auf Datenträgern zu übermitteln:

1. die Angaben nach § 291a Abs. 2 Nummern 1 bis 10 sowie das krankenhausinterne Kennzeichen des Versicherten,
2. das Institutionskennzeichen der Krankenkasse und des Krankenhauses sowie ab dem 1. Januar 2020 dessen Kennzeichen nach § 293 Absatz 6,
3. den Tag, die Uhrzeit und den Grund der Aufnahme sowie die Einweisungsdiagnose, die Aufnahmediagnose, bei einer Änderung der Aufnahmediagnose die nachfolgenden Diagnosen, die voraussichtliche Dauer der Krankenhausbehandlung sowie, falls diese überschritten wird, auf Verlangen der Krankenkasse die medizinische Begründung, bei Kleinkindern bis zu einem Jahr das Aufnahmegewicht,
4. bei ärztlicher Verordnung von Krankenhausbehandlung die Arztnummer des einweisenden Arztes, bei Verlegung das Institutionskennzeichen des veranlassenden Krankenhauses, bei Notfallaufnahme die die Aufnahme veranlassende Stelle,
5. die Bezeichnung der aufnehmenden Fachabteilung, bei Verlegung die der weiterbehandelnden Fachabteilungen,
6. Datum und Art der im oder vom jeweiligen Krankenhaus durchgeführten Operationen und sonstigen Prozeduren,
7. den Tag, die Uhrzeit und den Grund der Entlassung oder der Verlegung, bei externer Verlegung das Institutionskennzeichen der aufnehmenden Institution, bei Entlassung oder Verlegung die für die Krankenhausbehandlung maßgebliche Hauptdiagnose und die Nebendiagnosen,
8. Aussagen zur Arbeitsfähigkeit und Vorschläge zur erforderlichen weiteren Behandlung für Zwecke des Entlassmanagements nach § 39 Absatz 1a mit Angabe geeigneter Einrichtungen,
9. die nach den §§ 115a und 115b sowie nach dem Krankenhausentgeltgesetz und der Bundespflegesatzverordnung berechneten Entgelte.

Die Übermittlung der medizinischen Begründung von Verlängerungen der Verweildauer nach Satz 1 Nr. 3 sowie der Angaben nach Satz 1 Nr. 8 ist auch in nicht maschinenlesbarer Form zulässig.

(2) Die Diagnosen nach Absatz 1 Satz 1 Nr. 3 und 7 sind nach der Internationalen Klassifikation der Krankheiten in der jeweiligen vom Deutschen Institut für medizinische Dokumentation und Information im Auftrag des Bundesministeriums für Gesundheit herausgegebenen deutschen Fassung zu verschlüsseln. Die Operationen und sonstigen Prozeduren nach Absatz 1 Satz 1 Nr. 6 sind nach dem vom Deutschen Institut für medizinische Dokumentation und Information im Auftrag des Bundesministeriums für Gesundheit herausgegebenen Schlüssel zu verschlüsseln; der Schlüssel hat die sonstigen Prozeduren zu umfassen, die nach § 17b und § 17d des Krankenhausfinanzierungsgesetzes abgerechnet werden können. Das Bundesministerium für Gesundheit gibt den Zeitpunkt der Inkraftsetzung der jeweiligen Fassung des Diagnosenschlüssels nach Satz 1 sowie des Prozedurenschlüssels nach Satz 2 im Bundesanzeiger bekannt; es kann das Bundesinstitut für Arzneimittel und Medizinprodukte beauftragen, den in Satz 1 genannten Schlüssel um Zusatzkennzeichen zur Gewährleistung der für die Erfüllung der Aufgaben der Krankenkassen notwendigen Aussagefähigkeit des Schlüssels sowie um Zusatzangaben für seltene Erkrankungen zu ergänzen.

(3) Das Nähere über Form und Inhalt der erforderlichen Vordrucke, die Zeitabstände für die Übermittlung der Angaben nach Absatz 1 und das Verfahren der Abrechnung im Wege elektronischer Datenübertragung oder maschinell verwertbar auf Datenträgern vereinbart der Spitzenverband Bund der Krankenkassen mit der Deutschen Krankenhausgesellschaft oder den Bundesverbänden der Krankenhausträger gemeinsam.

Sozialgesetzbuch VII - Gesetzliche Unfallversicherung

vom 7. August 1996, zuletzt geändert am 10.12.2021

AUSZUG

§ 2 Versicherung kraft Gesetzes

(1) Kraft Gesetzes sind versichert

1. Beschäftigte,
2. Lernende während der beruflichen Aus- und Fortbildung in Betriebsstätten, Lehrwerkstätten, Schulungskursen und ähnlichen Einrichtungen,
3. Personen, die sich Untersuchungen, Prüfungen oder ähnlichen Maßnahmen unterziehen, die aufgrund von Rechtsvorschriften zur Aufnahme einer versicherten Tätigkeit oder infolge einer abgeschlossenen versicherten Tätigkeit erforderlich sind, soweit diese Maßnahmen vom Unternehmen oder einer Behörde veranlasst worden sind,
4. behinderte Menschen, die in anerkannten Werkstätten für behinderte Menschen oder in Blindenwerkstätten im Sinne des § 143 des Neunten Buches oder für diese Einrichtungen in Heimarbeit tätig sind,
5. Personen, die
   a) Unternehmer eines landwirtschaftlichen Unternehmens sind und ihre im Unternehmen mitarbeitenden Ehegatten oder Lebenspartner,
   b) im landwirtschaftlichen Unternehmen nicht nur vorübergehend mitarbeitende Familienangehörige sind,
   c) in landwirtschaftlichen Unternehmen in der Rechtsform von Kapital- oder Personenhandelsgesellschaften regelmäßig wie Unternehmer selbständig tätig sind,
   d) ehrenamtlich in Unternehmen tätig sind, die unmittelbar der Sicherung, Überwachung oder Förderung der Landwirtschaft überwiegend dienen,
   e) ehrenamtlich in den Berufsverbänden der Landwirtschaft tätig sind, wenn für das Unternehmen die landwirtschaftliche Berufsgenossenschaft zuständig ist.

6. Hausgewerbetreibende und Zwischenmeister sowie ihre mitarbeitenden Ehegatten oder Lebenspartner,
7. selbständig tätige Küstenschiffer und Küstenfischer, die zur Besatzung ihres Fahrzeugs gehören oder als Küstenfischer ohne Fahrzeug fischen und regelmäßig nicht mehr als vier Arbeitnehmer beschäftigen, sowie ihre mitarbeitenden Ehegatten oder Lebenspartner,
8.
   a) Kinder während des Besuchs von Tageseinrichtungen, deren Träger für den Betrieb der Einrichtungen der Erlaubnis nach § 45 des Achten Buches oder einer Erlaubnis aufgrund einer entsprechenden landesrechtlichen Regelung bedürfen, während der Betreuung durch geeignete Tagespflegepersonen im Sinne von § 23 des Achten Buches sowie während der Teilnahme an vorschulischen Sprachförderungskursen, wenn die Teilnahme auf Grund landesrechtlicher Regelungen erfolgt,
   b) Schüler während des Besuchs von allgemein- oder berufsbildenden Schulen und während der Teilnahme an unmittelbar vor oder nach dem Unterricht von der Schule oder im Zusammenwirken mit ihr durchgeführten Betreuungsmaßnahmen,
   c) Studierende während der Aus- und Fortbildung an Hochschulen,
9. Personen, die selbständig oder unentgeltlich, insbesondere ehrenamtlich im Gesundheitswesen oder in der Wohlfahrtspflege tätig sind,
10. Personen, die
   a) für Körperschaften, Anstalten oder Stiftungen des öffentlichen Rechts oder deren Verbände oder Arbeitsgemeinschaften, für die in den Nummern 2 und 8 genannten Einrichtungen oder für privatrechtliche Organisationen im Auftrag oder mit ausdrücklicher Einwilligung, in besonderen Fällen mit schriftlicher Genehmigung von Gebietskörperschaften ehrenamtlich tätig sind oder an Ausbildungsveranstaltungen für diese Tätigkeit teilnehmen,
   b) für öffentlich-rechtliche Religionsgemeinschaften und deren Einrichtungen oder für privatrechtliche Organisationen im Auftrag oder mit ausdrücklicher Einwilligung, in besonderen Fällen mit schriftlicher Genehmigung von öffentlich-rechtlichen Religionsgemeinschaften ehrenamtlich tätig sind oder an Ausbildungsveranstaltungen für diese Tätigkeit teilnehmen,
11. Personen, die

a) von einer Körperschaft, Anstalt oder Stiftung des öffentlichen Rechts zur Unterstützung einer Diensthandlung herangezogen werden,
b) von einer dazu berechtigten öffentlichen Stelle als Zeugen zur Beweiserhebung herangezogen werden,

12. Personen, die in Unternehmen zur Hilfe bei Unglücksfällen oder im Zivilschutz unentgeltlich, insbesondere ehrenamtlich tätig sind oder an Ausbildungsveranstaltungen dieser Unternehmen einschließlich der satzungsmäßigen Veranstaltungen, die der Nachwuchsförderung dienen, teilnehmen,
13. Personen, die
    a) bei Unglücksfällen oder gemeiner Gefahr oder Not Hilfe leisten oder einen anderen aus erheblicher gegenwärtiger Gefahr für seine Gesundheit retten,
    b) Blut oder körpereigene Organe, Organteile oder Gewebe spenden oder bei denen Voruntersuchungen oder Nachsorgemaßnahmen anlässlich der Spende vorgenommen werden,
    c) sich bei der Verfolgung oder Festnahme einer Person, die einer Straftat verdächtig ist oder zum Schutz eines widerrechtlich Angegriffenen persönlich einsetzen,
    d) Tätigkeiten als Notärztin oder Notarzt im Rettungsdienst ausüben, wenn diese Tätigkeiten neben
        aa) einer Beschäftigung mit einem Umfang von regelmäßig mindestens 15 Stunden wöchentlich außerhalb des Rettungsdienstes oder
        bb) einer Tätigkeit als zugelassener Vertragsarzt oder als Arzt in privater Niederlassung ausgeübt werden,
14. Personen, die
    a) nach den Vorschriften des Zweiten oder des Dritten Buches der Meldepflicht unterliegen, wenn sie einer besonderen, an sie im Einzelfall gerichteten Aufforderung der Bundesagentur für Arbeit, des nach § 6 Absatz 1 Satz 1 Nummer 2 des Zweiten Buches zuständigen Trägers oder eines nach § 6a des Zweiten Buches zugelassenen kommunalen Trägers nachkommen, diese oder eine andere Stelle aufzusuchen,
    b) an einer Maßnahme teilnehmen, wenn die Person selbst oder die Maßnahme über die Bundesagentur für Arbeit, einen nach § 6 Absatz 1 Satz 1 Nummer 2 des Zweiten Buches zuständigen Träger oder einen nach § 6a des Zweiten Buches zugelassenen kommunalen Träger gefördert wird,

15. Personen, die
    a) auf Kosten einer Krankenkasse oder eines Trägers der gesetzlichen Rentenversicherung oder der landwirtschaftlichen Alterskasse stationäre oder teilstationäre Behandlung oder stationäre, teilstationäre oder ambulante Leistungen zur medizinischen Rehabilitation erhalten,
    b) zur Vorbereitung von Leistungen zur Teilhabe am Arbeitsleben auf Aufforderung eines Trägers der gesetzlichen Rentenversicherung oder der Bundesagentur für Arbeit einen dieser Träger oder eine andere Stelle aufsuchen,
    c) auf Kosten eines Unfallversicherungsträgers an vorbeugenden Maßnahmen nach § 3 der Berufskrankheiten-Verordnung teilnehmen,
16. Personen, die bei der Schaffung öffentlich geförderten Wohnraums im Sinne des Zweiten Wohnungsbaugesetzes oder im Rahmen der sozialen Wohnraumförderung bei der Schaffung von Wohnraum im Sinne des § 16 Abs. 1 Nr. 1 bis 3 des Wohnraumförderungsgesetzes oder entsprechender landesrechtlicher Regelungen im Rahmen der Selbsthilfe tätig sind,
17. Pflegepersonen im Sinne des § 19 Satz 1 und 2 des Elften Buches bei der Pflege eines Pflegebedürftigen mit mindestens Pflegegrad 2 im Sinne der §§ 14 und 15 Absatz 3 des Elften Buches; die versicherte Tätigkeit umfasst pflegerische Maßnahmen in den in § 14 Absatz 2 des Elften Buches genannten Bereichen sowie Hilfen bei der Haushaltsführung nach § 18 Absatz 5a Satz 3 Nummer 2 des Elften Buches.

(1a) Versichert sind auch Personen, die nach Erfüllung der Schulpflicht auf der Grundlage einer schriftlichen Vereinbarung im Dienst eines geeigneten Trägers im Umfang von durchschnittlich mindestens acht Wochenstunden und für die Dauer von mindestens sechs Monaten als Freiwillige einen Freiwilligendienst aller Generationen unentgeltlich leisten. Als Träger des Freiwilligendienstes aller Generationen geeignet sind inländische juristische Personen des öffentlichen Rechts oder unter § 5 Abs. 1 Nr. 9 des Körperschaftsteuergesetzes fallende Einrichtungen zur Förderung gemeinnütziger, mildtätiger oder kirchlicher Zwecke (§§ 52 bis 54 der Abgabenordnung), wenn sie die Haftpflichtversicherung und eine kontinuierliche Begleitung der Freiwilligen und deren Fort- und Weiterbildung im Umfang von mindestens durchschnittlich 60 Stunden je Jahr sicherstellen. Die Träger haben fortlaufende Aufzeichnungen zu führen über die bei ihnen nach Satz 1 tätigen

Personen, die Art und den Umfang der Tätigkeiten und die Einsatzorte. Die Aufzeichnungen sind mindestens fünf Jahre lang aufzubewahren.

(2) Ferner sind Personen versichert, die wie nach Absatz 1 Nr. 1 Versicherte tätig werden. Satz 1 gilt auch für Personen, die während einer aufgrund eines Gesetzes angeordneten Freiheitsentziehung oder aufgrund einer strafrichterlichen, staatsanwaltlichen oder jugendbehördlichen Anordnung wie Beschäftigte tätig werden.

(3) Absatz 1 Nr. 1 gilt auch für

1. Personen, die im Ausland bei einer amtlichen Vertretung des Bundes oder der Länder oder bei deren Leitern, Mitgliedern oder Bediensteten beschäftigt und in der gesetzlichen Rentenversicherung nach § 4 Absatz 1 Satz 2 des Sechsten Buches pflichtversichert sind,
2. Personen, die
   a) im Sinne des Entwicklungshelfer-Gesetzes Entwicklungsdienst oder Vorbereitungsdienst leisten,
   b) einen entwicklungspolitischen Freiwilligendienst „weltwärts" im Sinne der Richtlinie des Bundesministeriums für wirtschaftliche Zusammenarbeit und Entwicklung vom 1. August 2007 (BAnz. 2008 S. 1297) leisten,
   c) einen Internationalen Jugendfreiwilligendienst im Sinne der Richtlinie Internationaler Jugendfreiwilligendienst des Bundesministeriums für Familie, Senioren, Frauen und Jugend vom 20. Dezember 2010 (GMBl S. 1778) leisten,
3. Personen, die
   a) eine Tätigkeit bei einer zwischenstaatlichen oder überstaatlichen Organisation ausüben und deren Beschäftigungsverhältnis im öffentlichen Dienst während dieser Zeit ruht,
   b) als Lehrkräfte vom Auswärtigen Amt durch das Bundesverwaltungsamt an Schulen im Ausland vermittelt worden sind oder
   c) für ihre Tätigkeit bei internationalen Einsätzen zur zivilen Krisenprävention als Sekundierte nach dem Sekundierungsgesetz abgesichert werden.

Die Versicherung nach Satz 1 Nummer 3 Buchstabe a und c erstreckt sich auch auf Unfälle oder Krankheiten, die infolge einer Verschleppung oder einer Gefangenschaft eintreten oder darauf beruhen, dass der Versicherte aus sonstigen mit seiner Tätigkeit zusammenhängenden Gründen, die er nicht zu vertreten hat, dem Einflussbereich seines Arbeitgebers oder der für die Durchführung seines

Einsatzes verantwortlichen Einrichtung entzogen ist. Gleiches gilt, wenn Unfälle oder Krankheiten auf gesundheitsschädigende oder sonst vom Inland wesentlich abweichende Verhältnisse bei der Tätigkeit oder dem Einsatz im Ausland zurückzuführen sind. Soweit die Absätze 1 bis 2 weder eine Beschäftigung noch eine selbständige Tätigkeit voraussetzen, gelten sie abweichend von § 3 Nr. 2 des Vierten Buches für alle Personen, die die in diesen Absätzen genannten Tätigkeiten im Inland ausüben; § 4 des Vierten Buches gilt entsprechend. Absatz 1 Nr. 13 gilt auch für Personen, die im Ausland tätig werden, wenn sie im Inland ihren Wohnsitz oder gewöhnlichen Aufenthalt haben.

(4) Familienangehörige im Sinne des Absatzes 1 Nr. 5 Buchstabe b sind

1. Verwandte bis zum dritten Grade,
2. Verschwägerte bis zum zweiten Grade,
3. Pflegekinder (§ 56 Abs. 2 Nr. 2 des Ersten Buches) der Unternehmer, ihrer Ehegatten oder ihrer Lebenspartner.

§ 7 Begriff

(1) Versicherungsfälle sind Arbeitsunfälle und Berufskrankheiten.

(2) Verbotswidriges Handeln schließt einen Versicherungsfall nicht aus.

§ 8 Arbeitsunfall

(1) Arbeitsunfälle sind Unfälle von Versicherten infolge einer den Versicherungsschutz nach § 2, 3 oder 6 begründenden Tätigkeit (versicherte Tätigkeit). Unfälle sind zeitlich begrenzte, von außen auf den Körper einwirkende Ereignisse, die zu einem Gesundheitsschaden oder zum Tod führen.

(2) Versicherte Tätigkeiten sind auch

1. das Zurücklegen des mit der versicherten Tätigkeit zusammenhängenden unmittelbaren Weges nach und von dem Ort der Tätigkeit,
2. das Zurücklegen des von einem unmittelbaren Weg nach und von dem Ort der Tätigkeit abweichenden Weges, um
   a) Kinder von Versicherten (§ 56 des Ersten Buches), die mit ihnen in einem gemeinsamen Haushalt leben, wegen ihrer, ihrer Ehegatten oder ihrer Lebenspartner beruflichen Tätigkeit fremder Obhut anzuvertrauen oder
   a) mit anderen Berufstätigen oder Versicherten gemeinsam ein Fahrzeug zu benutzen,

3. das Zurücklegen des von einem unmittelbaren Weg nach und von dem Ort der Tätigkeit abweichenden Weges der Kinder von Personen (§ 56 des Ersten Buches), die mit ihnen in einem gemeinsamen Haushalt leben, wenn die Abweichung darauf beruht, dass die Kinder wegen der beruflichen Tätigkeit dieser Personen oder deren Ehegatten oder deren Lebenspartner fremder Obhut anvertraut werden,
4. das Zurücklegen des mit der versicherten Tätigkeit zusammenhängenden Weges von und nach der ständigen Familienwohnung, wenn die Versicherten wegen der Entfernung ihrer Familienwohnung von dem Ort der Tätigkeit an diesem oder in dessen Nähe eine Unterkunft haben,
5. das mit einer versicherten Tätigkeit zusammenhängende Verwahren, Befördern, Instandhalten und Erneuern eines Arbeitsgeräts oder einer Schutzausrüstung sowie deren Erstbeschaffung, wenn diese auf Veranlassung der Unternehmer erfolgt.

(3) Als Gesundheitsschaden gilt auch die Beschädigung oder der Verlust eines Hilfsmittels.

§ 9 Berufskrankheit

(1) Berufskrankheiten sind Krankheiten, die die Bundesregierung durch Rechtsverordnung mit Zustimmung des Bundesrates als Berufskrankheiten bezeichnet und die Versicherte infolge einer den Versicherungsschutz nach § 2, 3 oder 6 begründenden Tätigkeit erleiden. Die Bundesregierung wird ermächtigt, in der Rechtsverordnung solche Krankheiten als Berufskrankheiten zu bezeichnen, die nach den Erkenntnissen der medizinischen Wissenschaft durch besondere Einwirkungen verursacht sind, denen bestimmte Personengruppen durch ihre versicherte Tätigkeit in erheblich höherem Grade als die übrige Bevölkerung ausgesetzt sind; sie kann dabei bestimmen, dass die Krankheiten nur dann Berufskrankheiten sind, wenn sie durch Tätigkeiten in bestimmten Gefährdungsbereichen verursacht worden sind oder wenn sie zur Unterlassung aller Tätigkeiten geführt haben, die für die Entstehung, die Verschlimmerung oder das Wiederaufleben der Krankheit ursächlich waren oder sein können. In der Rechtsverordnung kann ferner bestimmt werden, inwieweit Versicherte in Unternehmen der Seefahrt auch in der Zeit gegen Berufskrankheiten versichert sind, in der sie an Land beurlaubt sind.

(2) Die Unfallversicherungsträger haben eine Krankheit, die nicht in der Rechtsverordnung bezeichnet ist oder bei der die dort bestimmten Voraussetzungen nicht vorliegen, wie eine Berufskrankheit als Versicherungsfall anzuerkennen, sofern im Zeitpunkt der Entscheidung nach neuen Erkenntnissen der medizinischen Wissenschaft die Voraussetzungen für eine Bezeichnung nach Absatz 1 Satz 2 erfüllt sind.
(3) Erkranken Versicherte, die infolge der besonderen Bedingungen ihrer versicherten Tätigkeit in erhöhtem Maße der Gefahr der Erkrankung an einer in der Rechtsverordnung nach Absatz 1 genannten Berufskrankheit ausgesetzt waren, an einer solchen Krankheit und können Anhaltspunkte für eine Verursachung außerhalb der versicherten Tätigkeit nicht festgestellt werden, wird vermutet, dass diese infolge der versicherten Tätigkeit verursacht worden ist.
(4) Setzt die Anerkennung einer Krankheit als Berufskrankheit die Unterlassung aller Tätigkeiten voraus, die für die Entstehung, die Verschlimmerung oder das Wiederaufleben der Krankheit ursächlich waren oder sein können, haben die Unfallversicherungsträger vor Unterlassung einer noch verrichteten gefährdenden Tätigkeit darüber zu entscheiden, ob die übrigen Voraussetzungen für die Anerkennung einer Berufskrankheit erfüllt sind.
(5) Soweit Vorschriften über Leistungen auf den Zeitpunkt des Versicherungsfalls abstellen, ist bei Berufskrankheiten auf den Beginn der Arbeitsunfähigkeit oder der Behandlungsbedürftigkeit oder, wenn dies für den Versicherten günstiger ist, auf den Beginn der rentenberechtigenden Minderung der Erwerbsfähigkeit abzustellen.
(6) Die Bundesregierung regelt durch Rechtsverordnung mit Zustimmung des Bundesrates

1. Voraussetzungen, Art und Umfang von Leistungen zur Verhütung des Entstehens, der Verschlimmerung oder des Wiederauflebens von Berufskrankheiten,
2. die Mitwirkung der für den medizinischen Arbeitsschutz zuständigen Stellen bei der Feststellung von Berufskrankheiten sowie von Krankheiten, die nach Absatz 2 wie Berufskrankheiten zu entschädigen sind; dabei kann bestimmt werden, daß die für den medizinischen Arbeitsschutz zuständigen Stellen berechtigt sind, Zusammenhangsgutachten zu erstellen sowie zur Vorbereitung ihrer Gutachten Versicherte zu untersuchen oder auf Kosten der Unfallversicherungsträger andere Ärzte mit der Vornahme der Untersuchungen zu beauftragen,

3. die von den Unfallversicherungsträgern für die Tätigkeit der Stellen nach Nummer 2 zu entrichtenden Gebühren; diese Gebühren richten sich nach dem für die Begutachtung erforderlichen Aufwand und den dadurch entstehenden Kosten.

(7) Die Unfallversicherungsträger haben die für den medizinischen Arbeitsschutz zuständige Stelle über den Ausgang des Berufskrankheitenverfahrens zu unterrichten, soweit ihre Entscheidung von der gutachterlichen Stellungnahme der zuständigen Stelle abweicht.

(8) Die Unfallversicherungsträger wirken bei der Gewinnung neuer medizinisch-wissenschaftlicher Erkenntnisse insbesondere zur Fortentwicklung des Berufskrankheitenrechts mit; sie sollen durch eigene Forschung oder durch Beteiligung an fremden Forschungsvorhaben dazu beitragen, den Ursachenzusammenhang zwischen Erkrankungshäufigkeiten in einer bestimmten Personengruppe und gesundheitsschädlichen Einwirkungen im Zusammenhang mit der versicherten Tätigkeit aufzuklären.

(9) Die für den medizinischen Arbeitsschutz zuständigen Stellen dürfen zur Feststellung von Berufskrankheiten sowie von Krankheiten, die nach Absatz 2 wie Berufskrankheiten zu entschädigen sind, Daten erheben, verarbeiten oder nutzen sowie zur Vorbereitung von Gutachten Versicherte untersuchen, soweit dies im Rahmen ihrer Mitwirkung nach Absatz 6 Nr. 2 erforderlich ist; sie dürfen diese Daten insbesondere an den zuständigen Unfallversicherungsträger übermitteln. Die erhobenen Daten dürfen auch zur Verhütung von Arbeitsunfällen, Berufskrankheiten und arbeitsbedingten Gesundheitsgefahren verarbeitet oder genutzt werden. Soweit die in Satz 1 genannten Stellen andere Ärzte mit der Vornahme von Untersuchungen beauftragen, ist die Übermittlung von Daten zwischen diesen Stellen und den beauftragten Ärzten zulässig, soweit dies im Rahmen des Untersuchungsauftrages erforderlich ist.

§ 104 Beschränkung der Haftung der Unternehmer

(1) Unternehmer sind den Versicherten, die für ihre Unternehmen tätig sind oder zu ihren Unternehmen in einer sonstigen die Versicherung begründenden Beziehung stehen, sowie deren Angehörigen und Hinterbliebenen nach anderen gesetzlichen Vorschriften zum Ersatz des Personenschadens, den ein Versicherungsfall verursacht hat, nur verpflichtet, wenn sie den Versicherungsfall vorsätzlich oder auf einem nach

§ 8 Abs. 2 Nr. 1 bis 4 versicherten Weg herbeigeführt haben. Ein Forderungsübergang nach § 116 des Zehnten Buches findet nicht statt.
(2) Absatz 1 gilt entsprechend für Personen, die als Leibesfrucht durch einen Versicherungsfall im Sinne des § 12 geschädigt worden sind.
(3) Die nach Absatz 1 oder 2 verbleibenden Ersatzansprüche vermindern sich um die Leistungen, die Berechtigte nach Gesetz oder Satzung infolge des Versicherungsfalls erhalten.

§ 110 Haftung gegenüber den Sozialversicherungsträgern

(1) Haben Personen, deren Haftung nach den §§ 104 bis 107 beschränkt ist, den Versicherungsfall vorsätzlich oder grob fahrlässig herbeigeführt, haften sie den Sozialversicherungsträgern für die infolge des Versicherungsfalls entstandenen Aufwendungen, jedoch nur bis zur Höhe des zivilrechtlichen Schadenersatzanspruchs. Statt der Rente kann der Kapitalwert gefordert werden. Das Verschulden braucht sich nur auf das den Versicherungsfall verursachende Handeln oder Unterlassen zu beziehen.
(1a) Unternehmer, die Schwarzarbeit nach § 1 des Schwarzarbeitsbekämpfungsgesetzes erbringen und dadurch bewirken, dass Beiträge nach dem Sechsten Kapitel nicht, nicht in der richtigen Höhe oder nicht rechtzeitig entrichtet werden, erstatten den Unfallversicherungsträgern die Aufwendungen, die diesen infolge von Versicherungsfällen bei Ausführung der Schwarzarbeit entstanden sind. Eine nicht ordnungsgemäße Beitragsentrichtung wird vermutet, wenn die Unternehmer die Personen, bei denen die Versicherungsfälle eingetreten sind, nicht nach § 28a des Vierten Buches bei der Einzugsstelle oder der Datenstelle der Rentenversicherung angemeldet hatten.
(2) Die Sozialversicherungsträger können nach billigem Ermessen, insbesondere unter Berücksichtigung der wirtschaftlichen Verhältnisse des Schuldners, auf den Ersatzanspruch ganz oder teilweise verzichten.

§ 111 Haftung des Unternehmens

Haben ein Mitglied eines vertretungsberechtigten Organs, Abwickler oder Liquidatoren juristischer Personen, vertretungsberechtigte Gesellschafter oder Liquidatoren einer Personengesellschaft des Handelsrechts oder gesetzliche Vertreter der Unternehmer in Ausführung ihnen zustehender Verrichtungen den Versicherungsfall vorsätzlich oder grob fahrlässig verursacht, haften nach Maßgabe des § 110 auch die Vertretenen. Eine nach § 110 bestehende Haftung derjenigen, die den Versicherungsfall verursacht haben, bleibt unberührt. Das gleiche gilt für Mitglieder des Vorstandes eines nicht rechtsfähigen Vereins oder für vertretungsberechtigte Gesellschafter einer Personengesellschaft des bürgerlichen Rechts mit der Maßgabe, dass sich die Haftung auf das Vereins- oder das Gesellschaftsvermögen beschränkt.

§ 113 Verjährung

Für die Verjährung der Ansprüche nach den §§ 110 und 111 gelten die §§ 195, 199 Abs. 1 und 2 und § 203 des Bürgerlichen Gesetzbuchs entsprechend mit der Maßgabe, dass die Frist von dem Tag an gerechnet wird, an dem die Leistungspflicht für den Unfallversicherungsträger bindend festgestellt oder ein entsprechendes Urteil rechtskräftig geworden ist. Artikel 229 § 6 Abs. 1 des Einführungsgesetzes zum Bürgerlichen Gesetzbuche gilt entsprechend.

Sozialgesetzbuch IX - Rehabilitation und Teilhabe von Menschen mit Behinderungen

vom 01.07.2001, zuletzt geändert am 27.09.2021

AUSZUG

§ 1 Selbstbestimmung und Teilhabe am Leben in der Gesellschaft

Menschen mit Behinderungen oder von Behinderung bedrohte Menschen erhalten Leistungen nach diesem Buch und den für die Rehabilitationsträger geltenden Leistungsgesetzen, um ihre Selbstbestimmung und ihre volle, wirksame und gleichberechtigte Teilhabe am Leben in der Gesellschaft zu fördern, Benachteiligungen zu vermeiden oder ihnen entgegenzuwirken. Dabei wird den besonderen Bedürfnissen von Frauen und Kindern mit Behinderungen und von Behinderung bedrohter Frauen und Kinder sowie Menschen mit seelischen Behinderungen oder von einer solchen Behinderung bedrohter Menschen Rechnung getragen.

§ 2 Begriffsbestimmungen [Behinderung, Beinträchtigung]

(1) Menschen mit Behinderungen sind Menschen, die körperliche, seelische, geistige oder Sinnesbeeinträchtigungen haben, die sie in Wechselwirkung mit einstellungs- und umweltbedingten Barrieren an der gleichberechtigten Teilhabe an der Gesellschaft mit hoher Wahrscheinlichkeit länger als sechs Monate hindern können. Eine Beeinträchtigung nach Satz 1 liegt vor, wenn der Körper- und Gesundheitszustand von dem für das Lebensalter typischen Zustand abweicht. Menschen sind von Behinderung bedroht, wenn eine Beeinträchtigung nach Satz 1 zu erwarten ist.

(2) Menschen sind im Sinne des Teils 3 schwerbehindert, wenn bei ihnen ein Grad der Behinderung von wenigstens 50 vorliegt und sie ihren Wohnsitz, ihren gewöhnlichen Aufenthalt oder ihre Beschäftigung auf einem Arbeitsplatz im Sinne des § 156 rechtmäßig im Geltungsbereich dieses Gesetzbuches haben.

(3) Schwerbehinderten Menschen gleichgestellt werden sollen Menschen mit Behinderungen mit einem Grad der Behinderung von weniger als 50, aber wenigstens 30, bei denen die übrigen Voraussetzungen des Absatzes 2 vorliegen,

wenn sie infolge ihrer Behinderung ohne die Gleichstellung einen geeigneten Arbeitsplatz im Sinne des § 156 nicht erlangen oder nicht behalten können (gleichgestellte behinderte Menschen).

§ 3 Vorrang von Prävention

(1) Die Rehabilitationsträger und die Integrationsämter wirken bei der Aufklärung, Beratung, Auskunft und Ausführung von Leistungen im Sinne des Ersten Buches sowie im Rahmen der Zusammenarbeit mit den Arbeitgebern nach § 167 darauf hin, dass der Eintritt einer Behinderung einschließlich einer chronischen Krankheit vermieden wird.

(2) Die Rehabilitationsträger nach § 6 Absatz 1 Nummer 1 bis 4 und 6 und ihre Verbände wirken bei der Entwicklung und Umsetzung der Nationalen Präventionsstrategie nach den Bestimmungen der §§ 20d bis 20g des Fünften Buches mit, insbesondere mit der Zielsetzung der Vermeidung von Beeinträchtigungen bei der Teilhabe am Leben in der Gesellschaft.

(3) Bei der Erbringung von Leistungen für Personen, deren berufliche Eingliederung auf Grund gesundheitlicher Einschränkungen besonders erschwert ist, arbeiten die Krankenkassen mit der Bundesagentur für Arbeit und mit den kommunalen Trägern der Grundsicherung für Arbeitsuchende nach § 20a des Fünften Buches eng zusammen.

§ 4 Leistungen zur Teilhabe

(1) Die Leistungen zur Teilhabe umfassen die notwendigen Sozialleistungen, um unabhängig von der Ursache der Behinderung

1. die Behinderung abzuwenden, zu beseitigen, zu mindern, ihre Verschlimmerung zu verhüten oder ihre Folgen zu mildern,
2. Einschränkungen der Erwerbsfähigkeit oder Pflegebedürftigkeit zu vermeiden, zu überwinden, zu mindern oder eine Verschlimmerung zu verhüten sowie den vorzeitigen Bezug anderer Sozialleistungen zu vermeiden oder laufende Sozialleistungen zu mindern,
3. die Teilhabe am Arbeitsleben entsprechend den Neigungen und Fähigkeiten dauerhaft zu sichern oder
4. die persönliche Entwicklung ganzheitlich zu fördern und die Teilhabe am Leben in der Gesellschaft sowie eine möglichst selbständige und selbstbestimmte Lebensführung zu ermöglichen oder zu erleichtern.

(2) Die Leistungen zur Teilhabe werden zur Erreichung der in Absatz 1 genannten Ziele nach Maßgabe dieses Buches und der für die zuständigen Leistungsträger geltenden besonderen Vorschriften neben anderen Sozialleistungen erbracht. Die Leistungsträger erbringen die Leistungen im Rahmen der für sie geltenden Rechtsvorschriften nach Lage des Einzelfalles so vollständig, umfassend und in gleicher Qualität, dass Leistungen eines anderen Trägers möglichst nicht erforderlich werden.

(3) Leistungen für Kinder mit Behinderungen oder von Behinderung bedrohte Kinder werden so geplant und gestaltet, dass nach Möglichkeit Kinder nicht von ihrem sozialen Umfeld getrennt und gemeinsam mit Kindern ohne Behinderungen betreut werden können. Dabei werden Kinder mit Behinderungen alters- und entwicklungsentsprechend an der Planung und Ausgestaltung der einzelnen Hilfen beteiligt und ihre Sorgeberechtigten intensiv in Planung und Gestaltung der Hilfen einbezogen.

(4) Leistungen für Mütter und Väter mit Behinderungen werden gewährt, um diese bei der Versorgung und Betreuung ihrer Kinder zu unterstützen.

§ 5 Leistungsgruppen

Zur Teilhabe am Leben in der Gesellschaft werden erbracht:

1. Leistungen zur medizinischen Rehabilitation,
2. Leistungen zur Teilhabe am Arbeitsleben,
3. unterhaltssichernde und andere ergänzende Leistungen,
4. Leistungen zur Teilhabe an Bildung und
5. Leistungen zur sozialen Teilhabe.

§ 25 Zusammenarbeit der Rehabilitationsträger

(1) Im Rahmen der durch Gesetz, Rechtsverordnung oder allgemeine Verwaltungsvorschrift getroffenen Regelungen sind die Rehabilitationsträger verantwortlich, dass

1. die im Einzelfall erforderlichen Leistungen zur Teilhabe nahtlos, zügig sowie nach Gegenstand, Umfang und Ausführung einheitlich erbracht werden,
2. Abgrenzungsfragen einvernehmlich geklärt werden,
3. Beratung entsprechend den in den §§ 1 und 4 genannten Zielen geleistet wird,
4. Begutachtungen möglichst nach einheitlichen Grundsätzen durchgeführt werden,
5. Prävention entsprechend dem in § 3 Absatz 1 genannten Ziel geleistet wird sowie

6. die Rehabilitationsträger im Fall eines Zuständigkeitsübergangs rechtzeitig eingebunden werden.

§ 36 Rehabilitationsdienste und -einrichtungen

(1) Die Rehabilitationsträger wirken gemeinsam unter Beteiligung der Bundesregierung und der Landesregierungen darauf hin, dass die fachlich und regional erforderlichen Rehabilitationsdienste und -einrichtungen in ausreichender Anzahl und Qualität zur Verfügung stehen. Dabei achten die Rehabilitationsträger darauf, dass für eine ausreichende Anzahl von Rehabilitationsdiensten und -einrichtungen keine Zugangs- und Kommunikationsbarrieren bestehen. Die Verbände von Menschen mit Behinderungen einschließlich der Verbände der Freien Wohlfahrtspflege, der Selbsthilfegruppen und der Interessenvertretungen von Frauen mit Behinderungen sowie die für die Wahrnehmung der Interessen der ambulanten und stationären Rehabilitationseinrichtungen auf Bundesebene maßgeblichen Spitzenverbände werden beteiligt.

(2) Nehmen Rehabilitationsträger zur Ausführung von Leistungen Rehabilitationsdienste und -einrichtungen in Anspruch, erfolgt die Auswahl danach, wer die Leistung in der am besten geeigneten Form ausführt. Dabei werden Rehabilitationsdienste und -einrichtungen freier oder gemeinnütziger Träger entsprechend ihrer Bedeutung für die Rehabilitation und Teilhabe von Menschen mit Behinderungen berücksichtigt und die Vielfalt der Träger gewahrt sowie deren Selbständigkeit, Selbstverständnis und Unabhängigkeit beachtet. § 51 Absatz 1 Satz 2 Nummer 4 ist anzuwenden.

(3) Rehabilitationsträger können nach den für sie geltenden Rechtsvorschriften Rehabilitationsdienste oder -einrichtungen fördern, wenn dies zweckmäßig ist und die Arbeit dieser Dienste oder Einrichtungen in anderer Weise nicht sichergestellt werden kann.

(4) Rehabilitationsdienste und -einrichtungen mit gleicher Aufgabenstellung sollen Arbeitsgemeinschaften bilden.

§ 37 Qualitätssicherung, Zertifizierung

(1) Die Rehabilitationsträger nach § 6 Absatz 1 Nummer 1 bis 5 vereinbaren gemeinsame Empfehlungen zur Sicherung und Weiterentwicklung der Qualität der Leistungen, insbesondere zur barrierefreien Leistungserbringung, sowie für die Durchführung vergleichender Qualitätsanalysen als Grundlage für ein effektives

Qualitätsmanagement der Leistungserbringer. § 26 Absatz 4 ist entsprechend anzuwenden. Die Rehabilitationsträger nach § 6 Absatz 1 Nummer 6 und 7 können den Empfehlungen beitreten.

(2) Die Erbringer von Leistungen stellen ein Qualitätsmanagement sicher, das durch zielgerichtete und systematische Verfahren und Maßnahmen die Qualität der Versorgung gewährleistet und kontinuierlich verbessert. Stationäre Rehabilitationseinrichtungen haben sich an dem Zertifizierungsverfahren nach Absatz 3 zu beteiligen.

(3) Die Spitzenverbände der Rehabilitationsträger nach § 6 Absatz 1 Nummer 1 und 3 bis 5 vereinbaren im Rahmen der Bundesarbeitsgemeinschaft für Rehabilitation grundsätzliche Anforderungen an ein einrichtungsinternes Qualitätsmanagement nach Absatz 2 Satz 1 sowie ein einheitliches, unabhängiges Zertifizierungsverfahren, mit dem die erfolgreiche Umsetzung des Qualitätsmanagements in regelmäßigen Abständen nachgewiesen wird. Den für die Wahrnehmung der Interessen der stationären Rehabilitationseinrichtungen auf Bundesebene maßgeblichen Spitzenverbänden sowie den Verbänden von Menschen mit Behinderungen einschließlich der Verbände der Freien Wohlfahrtspflege, der Selbsthilfegruppen und der Interessenvertretungen von Frauen mit Behinderungen ist Gelegenheit zur Stellungnahme zu geben. Stationäre Rehabilitationseinrichtungen sind nur dann als geeignet anzusehen, wenn sie zertifiziert sind.

(4) Die Rehabilitationsträger können mit den Einrichtungen, die für sie Leistungen erbringen, über Absatz 1 hinausgehende Anforderungen an die Qualität und das Qualitätsmanagement vereinbaren.

(5) In Rehabilitationseinrichtungen mit Vertretungen der Menschen mit Behinderungen sind die nach Absatz 3 Satz 1 zu erstellenden Nachweise über die Umsetzung des Qualitätsmanagements diesen Vertretungen zur Verfügung zu stellen.

§ 38 Verträge mit Leistungserbringern

(1) Verträge mit Leistungserbringern müssen insbesondere folgende Regelungen über die Ausführung von Leistungen durch Rehabilitationsdienste und -einrichtungen, die nicht in der Trägerschaft eines Rehabilitationsträgers stehen, enthalten:

1. Qualitätsanforderungen an die Ausführung der Leistungen, das beteiligte Personal und die begleitenden Fachdienste,

2. die Übernahme von Grundsätzen der Rehabilitationsträger zur Vereinbarung von Vergütungen,
3. Rechte und Pflichten der Teilnehmer, soweit sich diese nicht bereits aus dem Rechtsverhältnis ergeben, das zwischen ihnen und dem Rehabilitationsträger besteht,
4. angemessene Mitwirkungsmöglichkeiten der Teilnehmer an der Ausführung der Leistungen,
5. Regelungen zur Geheimhaltung personenbezogener Daten,
6. Regelungen zur Beschäftigung eines angemessenen Anteils von Frauen mit Behinderungen, insbesondere Frauen mit Schwerbehinderungen sowie
7. das Angebot, Beratung durch den Träger der öffentlichen Jugendhilfe bei gewichtigen Anhaltspunkten für eine Kindeswohlgefährdung in Anspruch zu nehmen.

(2) Die Bezahlung tarifvertraglich vereinbarter Vergütungen sowie entsprechender Vergütungen nach kirchlichen Arbeitsrechtsregelungen kann bei Verträgen auf der Grundlage dieses Buches nicht als unwirtschaftlich abgelehnt werden. Auf Verlangen des Rehabilitationsträgers ist die Zahlung von Vergütungen nach Satz 1 nachzuweisen.

(3) Die Rehabilitationsträger wirken darauf hin, dass die Verträge nach einheitlichen Grundsätzen abgeschlossen werden. Dabei sind einheitliche Grundsätze der Wirksamkeit, Zweckmäßigkeit und Wirtschaftlichkeit zu berücksichtigten. Die Rehabilitationsträger können über den Inhalt der Verträge gemeinsame Empfehlungen nach § 26 vereinbaren. Mit den Arbeitsgemeinschaften der Rehabilitationsdienste und -einrichtungen können sie Rahmenverträge schließen. Der oder die Bundesbeauftragte für den Datenschutz und die Informationsfreiheit wird beteiligt.

(4) Absatz 1 Nummer 1 und 3 bis 6 wird für eigene Einrichtungen der Rehabilitationsträger entsprechend angewendet.

§ 49 Leistungen zur Teilhabe am Arbeitsleben, Verordnungsermächtigung

(1) Zur Teilhabe am Arbeitsleben werden die erforderlichen Leistungen erbracht, um die Erwerbsfähigkeit von Menschen mit Behinderungen oder von Behinderung bedrohter Menschen entsprechend ihrer Leistungsfähigkeit zu erhalten, zu

verbessern, herzustellen oder wiederherzustellen und ihre Teilhabe am Arbeitsleben möglichst auf Dauer zu sichern.

(2) Frauen mit Behinderungen werden gleiche Chancen im Erwerbsleben zugesichert, insbesondere durch in der beruflichen Zielsetzung geeignete, wohnortnahe und auch in Teilzeit nutzbare Angebote.

(3) Die Leistungen zur Teilhabe am Arbeitsleben umfassen insbesondere

1. Hilfen zur Erhaltung oder Erlangung eines Arbeitsplatzes einschließlich Leistungen zur Aktivierung und beruflichen Eingliederung,
2. eine Berufsvorbereitung einschließlich einer wegen der Behinderung erforderlichen Grundausbildung,
3. die individuelle betriebliche Qualifizierung im Rahmen Unterstützter Beschäftigung,
4. die berufliche Anpassung und Weiterbildung, auch soweit die Leistungen einen zur Teilnahme erforderlichen schulischen Abschluss einschließen,
5. die berufliche Ausbildung, auch soweit die Leistungen in einem zeitlich nicht überwiegenden Abschnitt schulisch durchgeführt werden,
6. die Förderung der Aufnahme einer selbständigen Tätigkeit durch die Rehabilitationsträger nach § 6 Absatz 1 Nummer 2 bis 5 und
7. sonstige Hilfen zur Förderung der Teilhabe am Arbeitsleben, um Menschen mit Behinderungen eine angemessene und geeignete Beschäftigung oder eine selbständige Tätigkeit zu ermöglichen und zu erhalten.

(4) Bei der Auswahl der Leistungen werden Eignung, Neigung, bisherige Tätigkeit sowie Lage und Entwicklung auf dem Arbeitsmarkt angemessen berücksichtigt. Soweit erforderlich, wird dabei die berufliche Eignung abgeklärt oder eine Arbeitserprobung durchgeführt; in diesem Fall werden die Kosten nach Absatz 7, Reisekosten nach § 73 sowie Haushaltshilfe und Kinderbetreuungskosten nach § 74 übernommen.

(5) Die Leistungen werden auch für Zeiten notwendiger Praktika erbracht.

(6) Die Leistungen umfassen auch medizinische, psychologische und pädagogische Hilfen, soweit diese Leistungen im Einzelfall erforderlich sind, um die in Absatz 1 genannten Ziele zu erreichen oder zu sichern und Krankheitsfolgen zu vermeiden, zu überwinden, zu mindern oder ihre Verschlimmerung zu verhüten. Leistungen sind insbesondere

1. Hilfen zur Unterstützung bei der Krankheits- und Behinderungsverarbeitung,
2. Hilfen zur Aktivierung von Selbsthilfepotentialen,

3. die Information und Beratung von Partnern und Angehörigen sowie von Vorgesetzten und Kollegen, wenn die Leistungsberechtigten dem zustimmen,
4. die Vermittlung von Kontakten zu örtlichen Selbsthilfe- und Beratungsmöglichkeiten,
5. Hilfen zur seelischen Stabilisierung und zur Förderung der sozialen Kompetenz, unter anderem durch Training sozialer und kommunikativer Fähigkeiten und im Umgang mit Krisensituationen,
6. das Training lebenspraktischer Fähigkeiten,
7. das Training motorischer Fähigkeiten,
8. die Anleitung und Motivation zur Inanspruchnahme von Leistungen zur Teilhabe am Arbeitsleben und
9. die Beteiligung von Integrationsfachdiensten im Rahmen ihrer Aufgabenstellung.

§ 50 Leistungen an Arbeitgeber

(1) Die Rehabilitationsträger nach § 6 Absatz 1 Nummer 2 bis 5 können Leistungen zur Teilhabe am Arbeitsleben auch an Arbeitgeber erbringen, insbesondere als
1. Ausbildungszuschüsse zur betrieblichen Ausführung von Bildungsleistungen,
2. Eingliederungszuschüsse,
3. Zuschüsse für Arbeitshilfen im Betrieb und
4. teilweise oder volle Kostenerstattung für eine befristete Probebeschäftigung.
(2) Die Leistungen können unter Bedingungen und Auflagen erbracht werden.
(3) Ausbildungszuschüsse nach Absatz 1 Nummer 1 können für die gesamte Dauer der Maßnahme geleistet werden. Die Ausbildungszuschüsse sollen bei Ausbildungsmaßnahmen die monatlichen Ausbildungsvergütungen nicht übersteigen, die von den Arbeitgebern im letzten Ausbildungsjahr gezahlt wurden.

§ 51 Einrichtungen der beruflichen Rehabilitation

(1) Leistungen werden durch Berufsbildungswerke, Berufsförderungswerke und vergleichbare Einrichtungen der beruflichen Rehabilitation ausgeführt, wenn Art oder Schwere der Behinderung der Leistungsberechtigten oder die Sicherung des Erfolges die besonderen Hilfen dieser Einrichtungen erforderlich machen. Die Einrichtung muss
1. eine erfolgreiche Ausführung der Leistung erwarten lassen nach Dauer, Inhalt und Gestaltung der Leistungen, nach der Unterrichtsmethode, Ausbildung und

Berufserfahrung der Leitung und der Lehrkräfte sowie nach der Ausgestaltung der Fachdienste,
2. angemessene Teilnahmebedingungen bieten und behinderungsgerecht sein, insbesondere auch die Beachtung der Erfordernisse des Arbeitsschutzes und der Unfallverhütung gewährleisten,
3. den Teilnehmenden und den von ihnen zu wählenden Vertretungen angemessene Mitwirkungsmöglichkeiten an der Ausführung der Leistungen bieten sowie
4. die Leistung nach den Grundsätzen der Wirtschaftlichkeit und Sparsamkeit, insbesondere zu angemessenen Vergütungssätzen, ausführen.
Die zuständigen Rehabilitationsträger vereinbaren hierüber gemeinsame Empfehlungen nach den §§ 26 und 37.
(2) Werden Leistungen zur beruflichen Ausbildung in Einrichtungen der beruflichen Rehabilitation ausgeführt, sollen die Einrichtungen bei Eignung der Leistungsberechtigten darauf hinwirken, dass diese Ausbildung teilweise auch in Betrieben und Dienststellen durchgeführt wird. Die Einrichtungen der beruflichen Rehabilitation unterstützen die Arbeitgeber bei der betrieblichen Ausbildung und bei der Betreuung der auszubildenden Jugendlichen mit Behinderungen.

§ 154 Pflicht der Arbeitgeber zur Beschäftigung schwerbehinderter Menschen

(1) Private und öffentliche Arbeitgeber (Arbeitgeber) mit jahresdurchschnittlich monatlich mindestens 20 Arbeitsplätzen im Sinne des § 156 haben auf wenigstens 5 Prozent der Arbeitsplätze schwerbehinderte Menschen zu beschäftigen. Dabei sind schwerbehinderte Frauen besonders zu berücksichtigen. Abweichend von Satz 1 haben Arbeitgeber mit jahresdurchschnittlich monatlich weniger als 40 Arbeitsplätzen jahresdurchschnittlich je Monat einen schwerbehinderten Menschen, Arbeitgeber mit jahresdurchschnittlich monatlich weniger als 60 Arbeitsplätzen jahresdurchschnittlich je Monat zwei schwerbehinderte Menschen zu beschäftigen.
(2) Als öffentliche Arbeitgeber im Sinne dieses Teils gelten
1. jede oberste Bundesbehörde mit ihren nachgeordneten Dienststellen, das Bundespräsidialamt, die Verwaltungen des Deutschen Bundestages und des Bundesrates, das Bundesverfassungsgericht, die obersten Gerichtshöfe des Bundes, der Bundesgerichtshof jedoch zusammengefasst mit dem Generalbundesanwalt, sowie das Bundeseisenbahnvermögen,

2. jede oberste Landesbehörde und die Staats- und Präsidialkanzleien mit ihren nachgeordneten Dienststellen, die Verwaltungen der Landtage, die Rechnungshöfe (Rechnungskammern), die Organe der Verfassungsgerichtsbarkeit der Länder und jede sonstige Landesbehörde, zusammengefasst jedoch diejenigen Behörden, die eine gemeinsame Personalverwaltung haben,
3. jede sonstige Gebietskörperschaft und jeder Verband von Gebietskörperschaften,
4. jede sonstige Körperschaft, Anstalt oder Stiftung des öffentlichen Rechts.

§ 155 Beschäftigung besonderer Gruppen schwerbehinderter Menschen

(1) Im Rahmen der Erfüllung der Beschäftigungspflicht sind in angemessenem Umfang zu beschäftigen:
1. schwerbehinderte Menschen, die nach Art oder Schwere ihrer Behinderung im Arbeitsleben besonders betroffen sind, insbesondere solche,
a) die zur Ausübung der Beschäftigung wegen ihrer Behinderung nicht nur vorübergehend einer besonderen Hilfskraft bedürfen oder
b) deren Beschäftigung infolge ihrer Behinderung nicht nur vorübergehend mit außergewöhnlichen Aufwendungen für den Arbeitgeber verbunden ist oder
c) die infolge ihrer Behinderung nicht nur vorübergehend offensichtlich nur eine wesentlich verminderte Arbeitsleistung erbringen können oder
d) bei denen ein Grad der Behinderung von wenigstens 50 allein infolge geistiger oder seelischer Behinderung oder eines Anfallsleidens vorliegt oder
e) die wegen Art oder Schwere der Behinderung keine abgeschlossene Berufsbildung im Sinne des Berufsbildungsgesetzes haben,
2. schwerbehinderte Menschen, die das 50. Lebensjahr vollendet haben.
(2) Arbeitgeber mit Stellen zur beruflichen Bildung, insbesondere für Auszubildende, haben im Rahmen der Erfüllung der Beschäftigungspflicht einen angemessenen Anteil dieser Stellen mit schwerbehinderten Menschen zu besetzen. Hierüber ist mit der zuständigen Interessenvertretung im Sinne des § 176 und der Schwerbehindertenvertretung zu beraten.

§ 156 Begriff des Arbeitsplatzes

(1) Arbeitsplätze im Sinne dieses Teils sind alle Stellen, auf denen Arbeitnehmerinnen und Arbeitnehmer, Beamtinnen und Beamte, Richterinnen und Richter sowie

Auszubildende und andere zu ihrer beruflichen Bildung Eingestellte beschäftigt werden.

(2) Als Arbeitsplätze gelten nicht die Stellen, auf denen beschäftigt werden:

1. behinderte Menschen, die an Leistungen zur Teilhabe am Arbeitsleben nach § 49 Absatz 3 Nummer 4 in Betrieben oder Dienststellen teilnehmen,
2. Personen, deren Beschäftigung nicht in erster Linie ihrem Erwerb dient, sondern vorwiegend durch Beweggründe karitativer oder religiöser Art bestimmt ist, und Geistliche öffentlich-rechtlicher Religionsgemeinschaften,
3. Personen, deren Beschäftigung nicht in erster Linie ihrem Erwerb dient und die vorwiegend zu ihrer Heilung, Wiedereingewöhnung oder Erziehung erfolgt,
4. Personen, die an Arbeitsbeschaffungsmaßnahmen nach dem Dritten Buch teilnehmen,
5. Personen, die nach ständiger Übung in ihre Stellen gewählt werden,
6. Personen, deren Arbeits-, Dienst- oder sonstiges Beschäftigungsverhältnis wegen Wehr- oder Zivildienst, Elternzeit, unbezahlten Urlaubs, wegen Bezuges einer Rente auf Zeit oder bei Altersteilzeitarbeit in der Freistellungsphase (Verblockungsmodell) ruht, solange für sie eine Vertretung eingestellt ist.

(3) Als Arbeitsplätze gelten ferner nicht Stellen, die nach der Natur der Arbeit oder nach den zwischen den Parteien getroffenen Vereinbarungen nur auf die Dauer von höchstens acht Wochen besetzt sind, sowie Stellen, auf denen Beschäftigte weniger als 18 Stunden wöchentlich beschäftigt werden.

§ 160 Ausgleichsabgabe

(1) Solange Arbeitgeber die vorgeschriebene Zahl schwerbehinderter Menschen nicht beschäftigen, entrichten sie für jeden unbesetzten Pflichtarbeitsplatz für schwerbehinderte Menschen eine Ausgleichsabgabe. Die Zahlung der Ausgleichsabgabe hebt die Pflicht zur Beschäftigung schwerbehinderter Menschen nicht auf. Die Ausgleichsabgabe wird auf der Grundlage einer jahresdurchschnittlichen Beschäftigungsquote ermittelt.

(2) Die Ausgleichsabgabe beträgt je unbesetztem Pflichtarbeitsplatz

1. 125 Euro bei einer jahresdurchschnittlichen Beschäftigungsquote von 3 Prozent bis weniger als dem geltenden Pflichtsatz,
2. 220 Euro bei einer jahresdurchschnittlichen Beschäftigungsquote von 2 Prozent bis weniger als 3 Prozent,

3. 320 Euro bei einer jahresdurchschnittlichen Beschäftigungsquote von weniger als 2 Prozent.

Abweichend von Satz 1 beträgt die Ausgleichsabgabe je unbesetztem Pflichtarbeitsplatz für schwerbehinderte Menschen

1. für Arbeitgeber mit jahresdurchschnittlich weniger als 40 zu berücksichtigenden Arbeitsplätzen bei einer jahresdurchschnittlichen Beschäftigung von weniger als einem schwerbehinderten Menschen 125 Euro und
2. für Arbeitgeber mit jahresdurchschnittlich weniger als 60 zu berücksichtigenden Arbeitsplätzen bei einer jahresdurchschnittlichen Beschäftigung von weniger als zwei schwerbehinderten Menschen 125 Euro und bei einer jahresdurchschnittlichen Beschäftigung von weniger als einem schwerbehinderten Menschen 220 Euro.

§ 161 Ausgleichsfonds

Zur besonderen Förderung der Einstellung und Beschäftigung schwerbehinderter Menschen auf Arbeitsplätzen und zur Förderung von Einrichtungen und Maßnahmen, die den Interessen mehrerer Länder auf dem Gebiet der Förderung der Teilhabe schwerbehinderter Menschen am Arbeitsleben dienen, ist beim Bundesministerium für Arbeit und Soziales als zweckgebundene Vermögensmasse ein Ausgleichsfonds für überregionale Vorhaben zur Teilhabe schwerbehinderter Menschen am Arbeitsleben gebildet. Das Bundesministerium für Arbeit und Soziales verwaltet den Ausgleichsfonds.

§ 164 Pflichten des Arbeitgebers und Rechte schwerbehinderter Menschen

(1) Die Arbeitgeber sind verpflichtet zu prüfen, ob freie Arbeitsplätze mit schwerbehinderten Menschen, insbesondere mit bei der Agentur für Arbeit arbeitslos oder arbeitsuchend gemeldeten schwerbehinderten Menschen, besetzt werden können. Sie nehmen frühzeitig Verbindung mit der Agentur für Arbeit auf. Die Bundesagentur für Arbeit oder ein Integrationsfachdienst schlägt den Arbeitgebern geeignete schwerbehinderte Menschen vor. Über die Vermittlungsvorschläge und vorliegende Bewerbungen von schwerbehinderten Menschen haben die Arbeitgeber die Schwerbehindertenvertretung und die in § 176 genannten Vertretungen unmittelbar nach Eingang zu unterrichten. Bei Bewerbungen schwerbehinderter Richterinnen und Richter wird der Präsidialrat unterrichtet und gehört, soweit dieser an der Ernennung zu beteiligen ist. Bei der

Prüfung nach Satz 1 beteiligen die Arbeitgeber die Schwerbehindertenvertretung nach § 178 Absatz 2 und hören die in § 176 genannten Vertretungen an. Erfüllt der Arbeitgeber seine Beschäftigungspflicht nicht und ist die Schwerbehindertenvertretung oder eine in § 176 genannte Vertretung mit der beabsichtigten Entscheidung des Arbeitgebers nicht einverstanden, ist diese unter Darlegung der Gründe mit ihnen zu erörtern. Dabei wird der betroffene schwerbehinderte Mensch angehört. Alle Beteiligten sind vom Arbeitgeber über die getroffene Entscheidung unter Darlegung der Gründe unverzüglich zu unterrichten. Bei Bewerbungen schwerbehinderter Menschen ist die Schwerbehindertenvertretung nicht zu beteiligen, wenn der schwerbehinderte Mensch die Beteiligung der Schwerbehindertenvertretung ausdrücklich ablehnt.

(2) Arbeitgeber dürfen schwerbehinderte Beschäftigte nicht wegen ihrer Behinderung benachteiligen. Im Einzelnen gelten hierzu die Regelungen des Allgemeinen Gleichbehandlungsgesetzes.

(3) Die Arbeitgeber stellen durch geeignete Maßnahmen sicher, dass in ihren Betrieben und Dienststellen wenigstens die vorgeschriebene Zahl schwerbehinderter Menschen eine möglichst dauerhafte behinderungsgerechte Beschäftigung finden kann. Absatz 4 Satz 2 und 3 gilt entsprechend.

(4) Die schwerbehinderten Menschen haben gegenüber ihren Arbeitgebern Anspruch auf

1. Beschäftigung, bei der sie ihre Fähigkeiten und Kenntnisse möglichst voll verwerten und weiterentwickeln können,
2. bevorzugte Berücksichtigung bei innerbetrieblichen Maßnahmen der beruflichen Bildung zur Förderung ihres beruflichen Fortkommens,
3. Erleichterungen im zumutbaren Umfang zur Teilnahme an außerbetrieblichen Maßnahmen der beruflichen Bildung,
4. behinderungsgerechte Einrichtung und Unterhaltung der Arbeitsstätten einschließlich der Betriebsanlagen, Maschinen und Geräte sowie der Gestaltung der Arbeitsplätze, des Arbeitsumfelds, der Arbeitsorganisation und der Arbeitszeit, unter besonderer Berücksichtigung der Unfallgefahr,
5. Ausstattung ihres Arbeitsplatzes mit den erforderlichen technischen Arbeitshilfen unter Berücksichtigung der Behinderung und ihrer Auswirkungen auf die Beschäftigung. Bei der Durchführung der Maßnahmen nach Satz 1 Nummer 1, 4 und 5 unterstützen die Bundesagentur für Arbeit und die Integrationsämter die Arbeitgeber unter Berücksichtigung der für die Beschäftigung wesentlichen

Eigenschaften der schwerbehinderten Menschen. Ein Anspruch nach Satz 1 besteht nicht, soweit seine Erfüllung für den Arbeitgeber nicht zumutbar oder mit unverhältnismäßigen Aufwendungen verbunden wäre oder soweit die staatlichen oder berufsgenossenschaftlichen Arbeitsschutzvorschriften oder beamtenrechtliche Vorschriften entgegenstehen.

(5) Die Arbeitgeber fördern die Einrichtung von Teilzeitarbeitsplätzen. Sie werden dabei von den Integrationsämtern unterstützt. Schwerbehinderte Menschen haben einen Anspruch auf Teilzeitbeschäftigung, wenn die kürzere Arbeitszeit wegen Art oder Schwere der Behinderung notwendig ist; Absatz 4 Satz 3 gilt entsprechend.

§ 166 Inklusionsvereinbarung

(1) Die Arbeitgeber treffen mit der Schwerbehindertenvertretung und den in § 176 genannten Vertretungen in Zusammenarbeit mit dem Inklusionsbeauftragten des Arbeitgebers (§ 181) eine verbindliche Inklusionsvereinbarung. Auf Antrag der Schwerbehindertenvertretung wird unter Beteiligung der in § 176 genannten Vertretungen hierüber verhandelt. Ist eine Schwerbehindertenvertretung nicht vorhanden, steht das Antragsrecht den in § 176 genannten Vertretungen zu. Der Arbeitgeber oder die Schwerbehindertenvertretung kann das Integrationsamt einladen, sich an den Verhandlungen über die Inklusionsvereinbarung zu beteiligen. Das Integrationsamt soll dabei insbesondere darauf hinwirken, dass unterschiedliche Auffassungen überwunden werden. Der Agentur für Arbeit und dem Integrationsamt, die für den Sitz des Arbeitgebers zuständig sind, wird die Vereinbarung übermittelt.

(2) Die Vereinbarung enthält Regelungen im Zusammenhang mit der Eingliederung schwerbehinderter Menschen, insbesondere zur Personalplanung, Arbeitsplatzgestaltung, Gestaltung des Arbeitsumfelds, Arbeitsorganisation, Arbeitszeit sowie Regelungen über die Durchführung in den Betrieben und Dienststellen. Dabei ist die gleichberechtigte Teilhabe schwerbehinderter Menschen am Arbeitsleben bei der Gestaltung von Arbeitsprozessen und Rahmenbedingungen von Anfang an zu berücksichtigen. Bei der Personalplanung werden besondere Regelungen zur Beschäftigung eines angemessenen Anteils von schwerbehinderten Frauen vorgesehen.

(3) In der Vereinbarung können insbesondere auch Regelungen getroffen werden

1. zur angemessenen Berücksichtigung schwerbehinderter Menschen bei der Besetzung freier, frei werdender oder neuer Stellen,

2. zu einer anzustrebenden Beschäftigungsquote, einschließlich eines angemessenen Anteils schwerbehinderter Frauen,
3. zu Teilzeitarbeit,
4. zur Ausbildung behinderter Jugendlicher,
5. zur Durchführung der betrieblichen Prävention (betriebliches Eingliederungsmanagement) und zur Gesundheitsförderung,
6. über die Hinzuziehung des Werks- oder Betriebsarztes auch für Beratungen über Leistungen zur Teilhabe sowie über besondere Hilfen im Arbeitsleben.

(4) In den Versammlungen schwerbehinderter Menschen berichtet der Arbeitgeber über alle Angelegenheiten im Zusammenhang mit der Eingliederung schwerbehinderter Menschen.

§ 167 Prävention [betriebliches Eingliederungsmanagement]

(1) Der Arbeitgeber schaltet bei Eintreten von personen-, verhaltens- oder betriebsbedingten Schwierigkeiten im Arbeits- oder sonstigen Beschäftigungsverhältnis, die zur Gefährdung dieses Verhältnisses führen können, möglichst frühzeitig die Schwerbehindertenvertretung und die in § 176 genannten Vertretungen sowie das Integrationsamt ein, um mit ihnen alle Möglichkeiten und alle zur Verfügung stehenden Hilfen zur Beratung und mögliche finanzielle Leistungen zu erörtern, mit denen die Schwierigkeiten beseitigt werden können und das Arbeits- oder sonstige Beschäftigungsverhältnis möglichst dauerhaft fortgesetzt werden kann.

(2) Sind Beschäftigte innerhalb eines Jahres länger als sechs Wochen ununterbrochen oder wiederholt arbeitsunfähig, klärt der Arbeitgeber mit der zuständigen Interessenvertretung im Sinne des § 176, bei schwerbehinderten Menschen außerdem mit der Schwerbehindertenvertretung, mit Zustimmung und Beteiligung der betroffenen Person die Möglichkeiten, wie die Arbeitsunfähigkeit möglichst überwunden werden und mit welchen Leistungen oder Hilfen erneuter Arbeitsunfähigkeit vorgebeugt und der Arbeitsplatz erhalten werden kann (betriebliches Eingliederungsmanagement). Beschäftigte können zusätzlich eine Vertrauensperson eigener Wahl hinzuziehen. Soweit erforderlich, wird der Werks- oder Betriebsarzt hinzugezogen.

Die betroffene Person oder ihr gesetzlicher Vertreter ist zuvor auf die Ziele des betrieblichen Eingliederungsmanagements sowie auf Art und Umfang der hierfür erhobenen und verwendeten Daten hinzuweisen. Kommen Leistungen zur Teilhabe

oder begleitende Hilfen im Arbeitsleben in Betracht, werden vom Arbeitgeber die Rehabilitationsträger oder bei schwerbehinderten Beschäftigten das Integrationsamt hinzugezogen. Diese wirken darauf hin, dass die erforderlichen Leistungen oder Hilfen unverzüglich beantragt und innerhalb der Frist des § 14 Absatz 2 Satz 2 erbracht werden. Die zuständige Interessenvertretung im Sinne des § 176, bei schwerbehinderten Menschen außerdem die Schwerbehinderten-vertretung, können die Klärung verlangen. Sie wachen darüber, dass der Arbeitgeber die ihm nach dieser Vorschrift obliegenden Verpflichtungen erfüllt.
(3) Die Rehabilitationsträger und die Integrationsämter können Arbeitgeber, die ein betriebliches Eingliederungsmanagement einführen, durch Prämien oder einen Bonus fördern.

§ 168 Erfordernis der Zustimmung [Integrationsamt]

Die Kündigung des Arbeitsverhältnisses eines schwerbehinderten Menschen durch den Arbeitgeber bedarf der vorherigen Zustimmung des Integrationsamtes.

§ 169 Kündigungsfrist

Die Kündigungsfrist beträgt mindestens vier Wochen.

Sozialgesetzbuch XI – Gesetzliche Pflegeversicherung

vom 26. Mai 1994, zuletzt geändert am 10.12.2021

§ 1 Soziale Pflegeversicherung

(1) Zur sozialen Absicherung des Risikos der Pflegebedürftigkeit wird als neuer eigenständiger Zweig der Sozialversicherung eine soziale Pflegeversicherung geschaffen.
(2) In den Schutz der sozialen Pflegeversicherung sind kraft Gesetzes alle einbezogen, die in der gesetzlichen Krankenversicherung versichert sind. Wer gegen Krankheit bei einem privaten Krankenversicherungsunternehmen versichert ist, muss eine private Pflegeversicherung abschließen.
(3) Träger der sozialen Pflegeversicherung sind die Pflegekassen; ihre Aufgaben werden von den Krankenkassen (§ 4 des Fünften Buches) wahrgenommen.
(4) Die Pflegeversicherung hat die Aufgabe, Pflegebedürftigen Hilfe zu leisten, die wegen der Schwere der Pflegebedürftigkeit auf solidarische Unterstützung angewiesen sind.
(5) In der Pflegeversicherung sollen geschlechtsspezifische Unterschiede bezüglich der Pflegebedürftigkeit von Männern und Frauen und ihrer Bedarfe an Leistungen berücksichtigt und den Bedürfnissen nach einer kultursensiblen Pflege nach Möglichkeit Rechnung getragen werden.
(6) Die Ausgaben der Pflegeversicherung werden durch Beiträge der Mitglieder und der Arbeitgeber finanziert. Die Beiträge richten sich nach den beitragspflichtigen Einnahmen der Mitglieder. Für versicherte Familienangehörige und eingetragene Lebenspartner (Lebenspartner) werden Beiträge nicht erhoben.

§ 2 Selbstbestimmung

(1) Die Leistungen der Pflegeversicherung sollen den Pflegebedürftigen helfen, trotz ihres Hilfebedarfs ein möglichst selbständiges und selbstbestimmtes Leben zu führen, das der Würde des Menschen entspricht. Die Hilfen sind darauf auszurichten, die körperlichen, geistigen und seelischen Kräfte der Pflegebedürftigen, auch in Form der aktivierenden Pflege, wiederzugewinnen oder zu erhalten.

(2) Die Pflegebedürftigen können zwischen Einrichtungen und Diensten verschiedener Träger wählen. Ihren Wünschen zur Gestaltung der Hilfe soll, soweit sie angemessen sind, im Rahmen des Leistungsrechts entsprochen werden. Wünsche der Pflegebedürftigen nach gleichgeschlechtlicher Pflege haben nach Möglichkeit Berücksichtigung zu finden.
(3) Auf die religiösen Bedürfnisse der Pflegebedürftigen ist Rücksicht zu nehmen. Auf ihren Wunsch hin sollen sie stationäre Leistungen in einer Einrichtung erhalten, in der sie durch Geistliche ihres Bekenntnisses betreut werden können.
(4) Die Pflegebedürftigen sind auf die Rechte nach den Absätzen 2 und 3 hinzuweisen.

§ 3 Vorrang der häuslichen Pflege

Die Pflegeversicherung soll mit ihren Leistungen vorrangig die häusliche Pflege und die Pflegebereitschaft der Angehörigen und Nachbarn unterstützen, damit die Pflegebedürftigen möglichst lange in ihrer häuslichen Umgebung bleiben können. Leistungen der teilstationären Pflege und der Kurzzeitpflege gehen den Leistungen der vollstationären Pflege vor.

§ 4 Art und Umfang der Leistungen [Leistungen PV]

(1) Die Leistungen der Pflegeversicherung sind Dienst-, Sach- und Geldleistungen für den Bedarf an körperbezogenen Pflegemaßnahmen, pflegerischen Betreuungsmaßnahmen und Hilfen bei der Haushaltsführung sowie Kostenerstattung, soweit es dieses Buch vorsieht. Art und Umfang der Leistungen richten sich nach der Schwere der Pflegebedürftigkeit und danach, ob häusliche, teilstationäre oder vollstationäre Pflege in Anspruch genommen wird.
(2) Bei häuslicher und teilstationärer Pflege ergänzen die Leistungen der Pflegeversicherung die familiäre, nachbarschaftliche oder sonstige ehrenamtliche Pflege und Betreuung. Bei teil- und vollstationärer Pflege werden die Pflegebedürftigen von Aufwendungen entlastet, die für ihre Versorgung nach Art und Schwere der Pflegebedürftigkeit erforderlich sind (pflegebedingte Aufwendungen), die Aufwendungen für Unterkunft und Verpflegung tragen die Pflegebedürftigen selbst.
(3) Pflegekassen, Pflegeeinrichtungen und Pflegebedürftige haben darauf hinzuwirken, dass die Leistungen wirksam und wirtschaftlich erbracht und nur im notwendigen Umfang in Anspruch genommen werden.

§ 5 Prävention in Pflegeeinrichtungen, Vorrang von Prävention und medizinischer Rehabilitation

(1) Die Pflegekassen sollen Leistungen zur Prävention in stationären Pflegeeinrichtungen nach § 71 Abs. 2 für in der sozialen Pflegeversicherung Versicherte erbringen, indem sie unter Beteiligung der versicherten Pflegebedürftigen und der Pflegeeinrichtung Vorschläge zur Verbesserung der gesundheitlichen Situation und zur Stärkung der gesundheitlichen Ressourcen und Fähigkeiten entwickeln sowie deren Umsetzung unterstützen. Die Pflichten der Pflegeeinrichtungen nach § 11 Abs. 1 bleiben unberührt. Der Spitzenverband Bund der Pflegekassen legt unter Einbeziehung unabhängigen Sachverstandes die Kriterien für die Leistungen nach Satz 1 fest, insbesondere hinsichtlich Inhalt, Methodik, Qualität, wissenschaftlicher Evaluation und der Messung der Erreichung der mit den Leistungen verfolgten Ziele.

(3) Bei der Wahrnehmung ihrer Aufgaben nach Abs. 1 sollen die Pflegekassen zusammenarbeiten und kassenübergreifende Leistungen zur Prävention erbringen. Erreicht eine Pflegekasse den in Abs. 2 festgelegten Betrag in einem Jahr nicht, stellt sie die nicht verausgabten Mittel im Folgejahr dem Spitzenverband Bund der Pflegekassen zur Verfügung, der die Mittel nach einem von ihm festzulegenden Schlüssel auf die Pflegekassen zur Wahrnehmung der Aufgaben nach Abs. 1 verteilt, die Kooperationsvereinbarungen zur Durchführung kassenübergreifender Leistungen geschlossen haben. Auf die zum Zwecke der Vorbereitung und Umsetzung der Kooperationsvereinbarungen nach Satz 2 gebildeten Arbeitsgemeinschaften findet § 94 Abs. 1a Satz 2 und 3 des Zehnten Buches keine Anwendung.

(4) Die Pflegekassen wirken unbeschadet ihrer Aufgaben nach Absatz 1 bei den zuständigen Leistungsträgern darauf hin, dass frühzeitig alle geeigneten Leistungen zur Prävention, zur Krankenbehandlung und zur medizinischen Rehabilitation eingeleitet werden, um den Eintritt von Pflegebedürftigkeit zu vermeiden.

§ 6 Eigenverantwortung

(1) Die Versicherten sollen durch gesundheitsbewusste Lebensführung, durch frühzeitige Beteiligung an Vorsorgemaßnahmen und durch aktive Mitwirkung an Krankenbehandlung und Leistungen zur medizinischen Rehabilitation dazu beitragen, Pflegebedürftigkeit zu vermeiden.

(2) Nach Eintritt der Pflegebedürftigkeit haben die Pflegebedürftigen an Leistungen zur medizinischen Rehabilitation und der aktivierenden Pflege mitzuwirken, um die

Pflegebedürftigkeit zu überwinden, zu mindern oder eine Verschlimmerung zu verhindern.

§ 7 Aufklärung, Auskunft

(1) Die Pflegekassen haben die Eigenverantwortung der Versicherten durch Aufklärung und Auskunft über eine gesunde, der Pflegebedürftigkeit vorbeugende Lebensführung zu unterstützen und auf die Teilnahme an gesundheitsfördernden Maßnahmen hinzuwirken.

(2) Die Pflegekassen haben die Versicherten und ihre Angehörigen und Lebenspartner in den mit der Pflegebedürftigkeit zusammenhängenden Fragen, insbesondere über die Leistungen der Pflegekassen sowie über die Leistungen und Hilfen anderer Träger, in für sie verständlicher Weise zu informieren und darüber aufzuklären, dass ein Anspruch besteht auf die Übermittlung

1. des Gutachtens des Medizinischen Dienstes oder eines anderen von der Pflegekasse beauftragten Gutachters sowie
2. der gesonderten Präventions- und Rehabilitationsempfehlung gemäß §18a

Mit Einwilligung des Versicherten haben der behandelnde Arzt, das Krankenhaus, die Rehabilitations- und Vorsorgeeinrichtungen sowie die Sozialleistungsträger unverzüglich die zuständige Pflegekasse zu benachrichtigen, wenn sich der Eintritt von Pflegebedürftigkeit abzeichnet oder wenn Pflegebedürftigkeit festgestellt wird. Die zuständige Pflegekasse informiert die Versicherten unverzüglich nach Eingang eines Antrags auf Leistungen nach diesem Buch insbesondere über ihren Anspruch auf die unentgeltliche Pflegeberatung nach § 7a, den nächstgelegenen Pflegestützpunkt nach § 7c sowie die Leistungs- und Preisvergleichsliste nach Absatz Ebenso gibt die zuständige Pflegekasse Auskunft über die in ihren Verträgen zur integrierten Versorgung nach § 92b Absatz 2 getroffenen Festlegungen, insbesondere zu Art, Inhalt und Umfang der zu erbringenden Leistungen und der für die Versicherten entstehenden Kosten, und veröffentlicht diese Angaben auf einer eigenen Internetseite.

§ 7a Pflegeberatung

(1) Personen, die Leistungen nach diesem Buch erhalten, haben Anspruch auf individuelle Beratung und Hilfestellung durch einen Pflegeberater oder eine Pflegeberaterin bei der Auswahl und Inanspruchnahme von bundes- oder landesrechtlich vorgesehenen Sozialleistungen sowie sonstigen Hilfsangeboten, die

auf die Unterstützung von Menschen mit Pflege-, Versorgungs- oder Betreuungsbedarf ausgerichtet sind (Pflegeberatung); Anspruchsberechtigten soll durch die Pflegekassen vor der erstmaligen Beratung unverzüglich ein zuständiger Pflegeberater, eine zuständige Pflegeberaterin oder eine sonstige Beratungsstelle benannt werden. Für das Verfahren, die Durchführung und die Inhalte der Pflegeberatung sind die Richtlinien nach § 17 Absatz 1a maßgeblich. Aufgabe der Pflegeberatung ist es insbesondere,

1. den Hilfebedarf unter Berücksichtigung der Ergebnisse der Begutachtung durch den Medizinischen Dienst sowie, wenn die nach Satz 1 anspruchsberechtigte Person zustimmt, die Ergebnisse der Beratung in der eigenen Häuslichkeit nach § 37 Absatz 3 systematisch zu erfassen und zu analysieren,
2. einen individuellen Versorgungsplan mit den im Einzelfall erforderlichen Sozialleistungen und gesundheitsfördernden, präventiven, kurativen, rehabilitativen oder sonstigen medizinischen sowie pflegerischen und sozialen Hilfen zu erstellen,
3. auf die für die Durchführung des Versorgungsplans erforderlichen Maßnahmen einschließlich deren Genehmigung durch den jeweiligen Leistungsträger hinzuwirken,
4. die Durchführung des Versorgungsplans zu überwachen und erforderlichenfalls einer veränderten Bedarfslage anzupassen,
5. bei besonders komplexen Fallgestaltungen den Hilfeprozess auszuwerten und zu dokumentieren sowie
6. über Leistungen zur Entlastung der Pflegepersonen zu informieren.

Der Versorgungsplan wird nach Maßgabe der Richtlinien nach § 17 Absatz 1a erstellt und umgesetzt; er beinhaltet insbesondere Empfehlungen zu den im Einzelfall erforderlichen Maßnahmen nach Satz 3 Nummer 3, Hinweise zu dem dazu vorhandenen örtlichen Leistungsangebot sowie zur Überprüfung und Anpassung der empfohlenen Maßnahmen. Bei Erstellung und Umsetzung des Versorgungsplans ist Einvernehmen mit dem Hilfesuchenden und allen an der Pflege, Versorgung und Betreuung Beteiligten anzustreben. Soweit Leistungen nach sonstigen bundes- oder landesrechtlichen Vorschriften erforderlich sind, sind die zuständigen Leistungsträger frühzeitig mit dem Ziel der Abstimmung einzubeziehen. Eine enge Zusammenarbeit mit anderen Koordinierungsstellen, insbesondere den gemeinsamen Servicestellen nach § 23 des Neunten Buches, ist sicherzustellen. Ihnen obliegende Aufgaben der Pflegeberatung können die Pflegekassen ganz oder teilweise auf Dritte übertragen; § 80 des Zehnten Buches bleibt unberührt. Ein Anspruch auf Pflegeberatung besteht auch dann, wenn ein Antrag auf Leistungen nach diesem Buch gestellt wurde und erkennbar ein Hilfe- und Beratungsbedarf besteht. Es ist sicherzustellen, dass im jeweiligen Pflegestützpunkt nach § 7c Pflegeberatung im Sinne dieser Vorschrift in Anspruch genommen werden kann und die Unabhängigkeit der Beratung gewährleistet ist.

(2) Auf Wunsch einer anspruchsberechtigten Person nach Absatz 1 Satz 1 erfolgt die Pflegeberatung auch gegenüber ihren Angehörigen oder weiteren Personen oder unter deren Einbeziehung. Sie erfolgt auf Wunsch einer anspruchsberechtigten Person nach Absatz 1 Satz 1 in der häuslichen Umgebung oder in der Einrichtung, in der diese Person lebt.

(3) Die Anzahl von Pflegeberatern und Pflegeberaterinnen ist so zu bemessen, dass die Aufgaben nach Absatz 1 im Interesse der Hilfesuchenden zeitnah und umfassend wahrgenommen werden können. Die Pflegekassen setzen für die persönliche Beratung und Betreuung durch Pflegeberater und Pflegeberaterinnen entsprechend qualifiziertes Personal ein, insbesondere Pflegefachkräfte, Sozialversicherungsfachangestellte oder Sozialarbeiter mit der jeweils erforderlichen Zusatzqualifikation. Der Spitzenverband Bund der Pflegekassen gibt unter Beteiligung der in § 17 Absatz 1a Satz 2 genannten Parteien bis zum 31. Juli 2018 Empfehlungen zur erforderlichen Anzahl, Qualifikation und Fortbildung von Pflegeberaterinnen und Pflegeberatern ab.

(4) Die Pflegekassen im Land haben Pflegeberater und Pflegeberaterinnen zur Sicherstellung einer wirtschaftlichen Aufgabenwahrnehmung in den Pflegestützpunkten nach Anzahl und örtlicher Zuständigkeit aufeinander abgestimmt bereitzustellen und hierüber einheitlich und gemeinsam Vereinbarungen zu treffen. Die Pflegekassen können diese Aufgabe auf die Landesverbände der Pflegekassen übertragen. Kommt eine Einigung bis zu dem in Satz 1 genannten Zeitpunkt ganz oder teilweise nicht zustande, haben die Landesverbände der Pflegekassen innerhalb eines Monats zu entscheiden; § 81 Abs. 1 Satz 2 gilt entsprechend. Die Pflegekassen und die gesetzlichen Krankenkassen können zur Aufgabenwahrnehmung durch Pflegeberater und Pflegeberaterinnen von der Möglichkeit der Beauftragung nach Maßgabe der §§ 88 bis 92 des Zehnten Buches Gebrauch machen; § 94 Absatz 1 Nummer 8 gilt entsprechend. Die durch die Tätigkeit von Pflegeberatern und Pflegeberaterinnen entstehenden Aufwendungen

werden von den Pflegekassen getragen und zur Hälfte auf die Verwaltungskostenpauschale nach § 46 Abs. 3 Satz 1 angerechnet.

§ 7c Pflegestützpunkte, Verordnungsermächtigung

(1) Zur wohnortnahen Beratung, Versorgung und Betreuung der Versicherten richten die Pflegekassen und Krankenkassen Pflegestützpunkte ein, sofern die zuständige oberste Landesbehörde dies bestimmt. Die Einrichtung muss innerhalb von sechs Monaten nach der Bestimmung durch die oberste Landesbehörde erfolgen. Kommen die hierfür erforderlichen Verträge nicht innerhalb von drei Monaten nach der Bestimmung durch die oberste Landesbehörde zustande, haben die Landesverbände der Pflegekassen innerhalb eines weiteren Monats den Inhalt der Verträge festzulegen; hierbei haben sie auch die Interessen der Ersatzkassen und der Landesverbände der Krankenkassen wahrzunehmen. Hinsichtlich der Mehrheitsverhältnisse bei der Beschlussfassung ist § 81 Absatz 1 Satz 2 entsprechend anzuwenden. Widerspruch und Anfechtungsklage gegen Maßnahmen der Aufsichtsbehörden zur Einrichtung von Pflegestützpunkten haben keine aufschiebende Wirkung.

(1a) Die für die Hilfe zur Pflege zuständigen Träger der Sozialhilfe nach dem Zwölften Buch sowie die nach Landesrecht zu bestimmenden Stellen der Altenhilfe können bis zum 31. Dezember 2023 auf Grund landesrechtlicher Vorschriften von den Pflegekassen und Krankenkassen den Abschluss einer Vereinbarung zur Einrichtung von Pflegestützpunkten verlangen. Ist in der Vereinbarung zur Einrichtung eines Pflegestützpunktes oder in den Rahmenverträgen nach Absatz 6 nichts anderes vereinbart, werden die Aufwendungen, die für den Betrieb des Pflegestützpunktes erforderlich sind, von den Trägern des Pflegestützpunktes zu gleichen Teilen unter Berücksichtigung der anrechnungsfähigen Aufwendungen für das eingesetzte Personal getragen.

(2) Aufgaben der Pflegestützpunkte sind

1. umfassende sowie unabhängige Auskunft und Beratung zu den Rechten und Pflichten nach dem Sozialgesetzbuch und zur Auswahl und Inanspruchnahme der bundes- oder landesrechtlich vorgesehenen Sozialleistungen und sonstigen Hilfsangebote einschließlich der Pflegeberatung nach § 7a in Verbindung mit den Richtlinien nach § 17 Absatz 1a,
2. Koordinierung aller für die wohnortnahe Versorgung und Betreuung in Betracht kommenden gesundheitsfördernden, präventiven, kurativen, rehabilitativen

und sonstigen medizinischen sowie pflegerischen und sozialen Hilfs- und Unterstützungsangebote einschließlich der Hilfestellung bei der Inanspruchnahme der Leistungen,
3. Vernetzung aufeinander abgestimmter pflegerischer und sozialer Versorgungs- und Betreuungsangebote.

Auf vorhandene vernetzte Beratungsstrukturen ist zurückzugreifen. Die Pflegekassen haben jederzeit darauf hinzuwirken, dass sich insbesondere die

1. nach Landesrecht zu bestimmenden Stellen für die wohnortnahe Betreuung im Rahmen der örtlichen Altenhilfe und für die Gewährung der Hilfe zur Pflege nach dem Zwölften Buch,
2. im Land zugelassenen und tätigen Pflegeeinrichtungen,
3. im Land tätigen Unternehmen der privaten Kranken- und Pflegeversicherung

an den Pflegestützpunkten beteiligen. Die Krankenkassen haben sich an den Pflegestützpunkten zu beteiligen. Träger der Pflegestützpunkte sind die beteiligten Kosten- und Leistungsträger. Die Träger

1. sollen Pflegefachkräfte in die Tätigkeit der Pflegestützpunkte einbinden,
2. haben nach Möglichkeit Mitglieder von Selbsthilfegruppen sowie ehrenamtliche und sonstige zum bürgerschaftlichen Engagement bereite Personen und Organisationen in die Tätigkeit der Pflegestützpunkte einzubinden,
3. sollen interessierten kirchlichen sowie sonstigen religiösen und gesellschaftlichen Trägern und Organisationen sowie nicht gewerblichen, gemeinwohlorientierten Einrichtungen mit öffentlich zugänglichen Angeboten und insbesondere Selbsthilfe stärkender und generationenübergreifender Ausrichtung in kommunalen Gebietskörperschaften die Beteiligung an den Pflegestützpunkten ermöglichen,
4. können sich zur Erfüllung ihrer Aufgaben dritter Stellen bedienen,
5. sollen im Hinblick auf die Vermittlung und Qualifizierung von für die Pflege und Betreuung geeigneten Kräften eng mit dem Träger der Arbeitsförderung nach dem Dritten Buch und den Trägern der Grundsicherung für Arbeitsuchende nach dem Zweiten Buch zusammenarbeiten.

(3) Die an den Pflegestützpunkten beteiligten Kostenträger und Leistungserbringer können für das Einzugsgebiet der Pflegestützpunkte Verträge zur wohnortnahen integrierten Versorgung schließen; insoweit ist § 92b mit der Maßgabe entsprechend anzuwenden, dass die Pflege- und Krankenkassen gemeinsam und einheitlich handeln.

(4) Der Pflegestützpunkt kann bei einer im Land zugelassenen und tätigen Pflegeeinrichtung errichtet werden, wenn dies nicht zu einer unzulässigen Beeinträchtigung des Wettbewerbs zwischen den Pflegeeinrichtungen führt. Die für den Betrieb des Pflegestützpunktes erforderlichen Aufwendungen werden von den Trägern der Pflegestützpunkte unter Berücksichtigung der anrechnungsfähigen Aufwendungen für das eingesetzte Personal auf der Grundlage einer vertraglichen Vereinbarung anteilig getragen. Die Verteilung der für den Betrieb des Pflegestützpunktes erforderlichen Aufwendungen wird mit der Maßgabe vereinbart, dass der auf eine einzelne Pflegekasse entfallende Anteil nicht höher sein darf als der von der Krankenkasse, bei der sie errichtet ist, zu tragende Anteil. Soweit sich private Versicherungsunternehmen, die die private Pflege-Pflichtversicherung durchführen, nicht an der Finanzierung der Pflegestützpunkte beteiligen, haben sie mit den Trägern der Pflegestützpunkte über Art, Inhalt und Umfang der Inanspruchnahme der Pflegestützpunkte durch privat Pflege-Pflichtversicherte sowie über die Vergütung der hierfür je Fall entstehenden Aufwendungen Vereinbarungen zu treffen; dies gilt für private Versicherungsunternehmen, die die private Krankenversicherung durchführen, entsprechend.

(5) Im Pflegestützpunkt tätige Personen sowie sonstige mit der Wahrnehmung von Aufgaben nach Absatz 1 befasste Stellen, insbesondere

1. nach Landesrecht für die wohnortnahe Betreuung im Rahmen der örtlichen Altenhilfe und für die Gewährung der Hilfe zur Pflege nach dem Zwölften Buch zu bestimmende Stellen,
2. Unternehmen der privaten Kranken- und Pflegeversicherung,
3. Pflegeeinrichtungen und Einzelpersonen nach § 77,
4. Mitglieder von Selbsthilfegruppen, ehrenamtliche und sonstige zum bürgerschaftlichen Engagement bereite Personen und Organisationen sowie
5. Agenturen für Arbeit und Träger der Grundsicherung für Arbeitsuchende,

dürfen Sozialdaten nur erheben, verarbeiten und nutzen, soweit dies zur Erfüllung der Aufgaben nach diesem Buch erforderlich oder durch Rechtsvorschriften des Sozialgesetzbuches oder Regelungen des Versicherungsvertrags- oder des Versicherungsaufsichtsgesetzes angeordnet oder erlaubt ist.

(6) Sofern die zuständige oberste Landesbehörde die Einrichtung von Pflegestützpunkten bestimmt hat, vereinbaren die Landesverbände der Pflegekassen mit den Landesverbänden der Krankenkassen sowie den Ersatzkassen und den für die Hilfe zur Pflege zuständigen Trägern der Sozialhilfe nach dem

Zwölften Buch und den kommunalen Spitzenverbänden auf Landesebene Rahmenverträge zur Arbeit und zur Finanzierung der Pflegestützpunkte. Bestandskräftige Rahmenverträge gelten bis zum Inkrafttreten von Rahmenverträgen nach Satz 1 fort. Die von der zuständigen obersten Landesbehörde getroffene Bestimmung zur Einrichtung von Pflegestützpunkten sowie die Empfehlungen nach Absatz 9 sind beim Abschluss der Rahmenverträge zu berücksichtigen. In den Rahmenverträgen nach Satz 1 sind die Strukturierung der Zusammenarbeit mit weiteren Beteiligten sowie die Zuständigkeit insbesondere für die Koordinierung der Arbeit, die Qualitätssicherung und die Auskunftspflicht gegenüber den Trägern, den Ländern und dem Bundesversicherungsamt zu bestimmen. Ferner sollen Regelungen zur Aufteilung der Kosten unter Berücksichtigung der Vorschriften nach Absatz 4 getroffen werden. Die Regelungen zur Kostenaufteilung gelten unmittelbar für die Pflegestützpunkte, soweit in den Verträgen zur Errichtung der Pflegestützpunkte nach Absatz 1 nichts anderes vereinbart ist.

(7) Die Landesregierungen werden ermächtigt, Schiedsstellen einzurichten. Diese setzen den Inhalt der Rahmenverträge nach Absatz 6 fest, sofern ein Rahmenvertrag nicht innerhalb der in der Rechtsverordnung nach Satz 6 zu bestimmenden Frist zustande kommt. Die Schiedsstelle besteht aus Vertretungen der Pflegekassen und der für die Hilfe zur Pflege zuständigen Träger der Sozialhilfe nach dem Zwölften Buch in gleicher Zahl sowie einem unparteiischen Vorsitzenden und zwei weiteren unparteiischen Mitgliedern. Für den Vorsitzenden und die unparteiischen Mitglieder können Stellvertretungen bestellt werden. § 76 Absatz 3 und 4 gilt entsprechend. Die Landesregierungen werden ermächtigt, durch Rechtsverordnung das Nähere über die Zahl, die Bestellung, die Amtsdauer, die Amtsführung, die Erstattung der baren Auslagen und die Entschädigung für den Zeitaufwand der Mitglieder der Schiedsstelle, die Geschäftsführung, das Verfahren, die Frist, nach deren Ablauf die Schiedsstelle ihre Arbeit aufnimmt, die Erhebung und die Höhe der Gebühren sowie über die Verteilung der Kosten zu regeln.

(8) Abweichend von Absatz 7 können die Parteien des Rahmenvertrages nach Absatz 6 Satz 1 einvernehmlich eine unparteiische Schiedsperson und zwei unparteiische Mitglieder bestellen, die den Inhalt des Rahmenvertrages nach Absatz 6 innerhalb von sechs Wochen nach ihrer Bestellung festlegen. Die Kosten des Schiedsverfahrens tragen die Vertragspartner zu gleichen Teilen.

(9) Der Spitzenverband Bund der Pflegekassen, der Spitzenverband Bund der Krankenkassen, die Bundesarbeitsgemeinschaft der überörtlichen Träger der Sozialhilfe und die Bundesvereinigung der kommunalen Spitzenverbände können gemeinsam und einheitlich Empfehlungen zur Arbeit und zur Finanzierung von Pflegestützpunkten in der gemeinsamen Trägerschaft der gesetzlichen Kranken- und Pflegekassen sowie der nach Landesrecht zu bestimmenden Stellen der Alten- und Sozialhilfe vereinbaren.

§ 11 Rechte und Pflichten der Pflegeeinrichtungen

(1) Die Pflegeeinrichtungen pflegen, versorgen und betreuen die Pflegebedürftigen, die ihre Leistungen in Anspruch nehmen, entsprechend dem allgemein anerkannten Stand medizinisch-pflegerischer Erkenntnisse. Inhalt und Organisation der Leistungen haben eine humane und aktivierende Pflege unter Achtung der Menschenwürde zu gewährleisten.

(2) Bei der Durchführung dieses Buches sind die Vielfalt der Träger von Pflegeeinrichtungen zu wahren sowie deren Selbständigkeit, Selbstverständnis und Unabhängigkeit zu achten. Dem Auftrag kirchlicher und sonstiger Träger der freien Wohlfahrtspflege, kranke, gebrechliche und pflegebedürftige Menschen zu pflegen, zu betreuen, zu trösten und sie im Sterben zu begleiten, ist Rechnung zu tragen. Freigemeinnützige und private Träger haben Vorrang gegenüber öffentlichen Trägern.

§ 12 Aufgaben der Pflegekassen

(1) Die Pflegekassen sind für die Sicherstellung der pflegerischen Versorgung ihrer Versicherten verantwortlich. Sie arbeiten dabei mit allen an der pflegerischen, gesundheitlichen und sozialen Versorgung Beteiligten eng zusammen und wirken, insbesondere durch Pflegestützpunkte nach § 7c, auf eine Vernetzung der regionalen und kommunalen Versorgungsstrukturen hin, um eine Verbesserung der wohnortnahen Versorgung pflege- und betreuungsbedürftiger Menschen zu ermöglichen. Die Pflegekassen sollen zur Durchführung der ihnen gesetzlich übertragenen Aufgaben örtliche und regionale Arbeitsgemeinschaften bilden. § 94 Abs. 2 bis 4 des Zehnten Buches gilt entsprechend.

(2) Die Pflegekassen wirken mit den Trägern der ambulanten und der stationären gesundheitlichen und sozialen Versorgung partnerschaftlich zusammen, um die für den Pflegebedürftigen zur Verfügung stehenden Hilfen zu koordinieren. Sie stellen

insbesondere über die Pflegeberatung nach § 7a sicher, dass im Einzelfall häusliche Pflegehilfe, Behandlungspflege, ärztliche Behandlung, spezialisierte Palliativversorgung, Leistungen zur Prävention, zur medizinischen Rehabilitation und zur Teilhabe nahtlos und störungsfrei ineinandergreifen. Die Pflegekassen nutzen darüber hinaus das Instrument der integrierten Versorgung nach § 92b und wirken zur Sicherstellung der haus-, fach- und zahnärztlichen Versorgung der Pflegebedürftigen darauf hin, dass die stationären Pflegeeinrichtungen Kooperationen mit niedergelassenen Ärzten eingehen oder § 119b des Fünften Buches anwenden.

§ 14 Begriff der Pflegebedürftigkeit

(1) Pflegebedürftig im Sinne dieses Buches sind Personen, die gesundheitlich bedingte Beeinträchtigungen der Selbständigkeit oder der Fähigkeiten aufweisen und deshalb der Hilfe durch andere bedürfen. Es muss sich um Personen handeln, die körperliche, kognitive oder psychische Beeinträchtigungen oder gesundheitlich bedingte Belastungen oder Anforderungen nicht selbständig kompensieren oder bewältigen können. Die Pflegebedürftigkeit muss auf Dauer, voraussichtlich für mindestens sechs Monate, und mit mindestens der in § 15 festgelegten Schwere bestehen.

(2) Maßgeblich für das Vorliegen von gesundheitlich bedingten Beeinträchtigungen der Selbständigkeit oder der Fähigkeiten sind die in den folgenden sechs Bereichen genannten pflegefachlich begründeten Kriterien:

1. Mobilität: Positionswechsel im Bett, Halten einer stabilen Sitzposition, Umsetzen, Fortbewegen innerhalb des Wohnbereichs, Treppensteigen;
2. kognitive und kommunikative Fähigkeiten: Erkennen von Personen aus dem näheren Umfeld, örtliche Orientierung, zeitliche Orientierung, Erinnern an wesentliche Ereignisse oder Beobachtungen, Steuern von mehrschrittigen Alltagshandlungen, Treffen von Entscheidungen im Alltagsleben, Verstehen von Sachverhalten und Informationen, Erkennen von Risiken und Gefahren, Mitteilen von elementaren Bedürfnissen, Verstehen von Aufforderungen, Beteiligen an einem Gespräch;
3. Verhaltensweisen und psychische Problemlagen: motorisch geprägte Verhaltensauffälligkeiten, nächtliche Unruhe, selbstschädigendes und autoaggressives Verhalten, Beschädigen von Gegenständen, physisch aggressives Verhalten gegenüber anderen Personen, verbale Aggression,

andere pflegerelevante vokale Auffälligkeiten, Abwehr pflegerischer und anderer unterstützender Maßnahmen, Wahnvorstellungen, Ängste, Antriebslosigkeit bei depressiver Stimmungslage, sozial inadäquate Verhaltensweisen, sonstige pflegerelevante inadäquate Handlungen;

4. Selbstversorgung: Waschen des vorderen Oberkörpers, Körperpflege im Bereich des Kopfes, Waschen des Intimbereichs, Duschen und Baden einschließlich Waschen der Haare, An- und Auskleiden des Oberkörpers, An- und Auskleiden des Unterkörpers, mundgerechtes Zubereiten der Nahrung und Eingießen von Getränken, Essen, Trinken, Benutzen einer Toilette oder eines Toilettenstuhls, Bewältigen der Folgen einer Harninkontinenz und Umgang mit Dauerkatheter und Urostoma, Bewältigen der Folgen einer Stuhlinkontinenz und Umgang mit Stoma, Ernährung parenteral oder über Sonde, Bestehen gravierender Probleme bei der Nahrungsaufnahme bei Kindern bis zu 18 Monaten, die einen außergewöhnlich pflegeintensiven Hilfebedarf auslösen;
5. Bewältigung von und selbständiger Umgang mit krankheits- oder therapiebedingten Anforderungen und Belastungen:
   a) in Bezug auf Medikation, Injektionen, Versorgung intravenöser Zugänge, Absaugen und Sauerstoffgabe, Einreibungen sowie Kälte- und Wärmeanwendungen, Messung und Deutung von Körperzuständen, körpernahe Hilfsmittel,
   b) in Bezug auf Verbandswechsel und Wundversorgung, Versorgung mit Stoma, regelmäßige Einmalkatheterisierung und Nutzung von Abführmethoden, Therapiemaßnahmen in häuslicher Umgebung,
   c) in Bezug auf zeit- und technikintensive Maßnahmen in häuslicher Umgebung, Arztbesuche, Besuche anderer medizinischer oder therapeutischer Einrichtungen, zeitlich ausgedehnte Besuche medizinischer oder therapeutischer Einrichtungen, Besuch von Einrichtungen zur Frühförderung bei Kindern sowie
   d) in Bezug auf das Einhalten einer Diät oder anderer krankheits- oder therapiebedingter Verhaltensvorschriften;
6. Gestaltung des Alltagslebens und sozialer Kontakte: Gestaltung des Tagesablaufs und Anpassung an Veränderungen, Ruhen und Schlafen, Sichbeschäftigen, Vornehmen von in die Zukunft gerichteten Planungen, Interaktion mit Personen im direkten Kontakt, Kontaktpflege zu Personen außerhalb des direkten Umfelds.

(3) Beeinträchtigungen der Selbständigkeit oder der Fähigkeiten, die dazu führen, dass die Haushaltsführung nicht mehr ohne Hilfe bewältigt werden kann, werden bei den Kriterien der in Absatz 2 genannten Bereiche berücksichtigt.

§ 15 Ermittlung des Grades der Pflegebedürftigkeit, Begutachtungsinstrument [Pflegegrad]

(1) Pflegebedürftige erhalten nach der Schwere der Beeinträchtigungen der Selbständigkeit oder der Fähigkeiten einen Grad der Pflegebedürftigkeit (Pflegegrad). Der Pflegegrad wird mit Hilfe eines pflegefachlich begründeten Begutachtungsinstruments ermittelt.

(2) Das Begutachtungsinstrument ist in sechs Module gegliedert, die den sechs Bereichen in § 14 Absatz 2 entsprechen. In jedem Modul sind für die in den Bereichen genannten Kriterien die in Anlage 1 dargestellten Kategorien vorgesehen. Die Kategorien stellen die in ihnen zum Ausdruck kommenden verschiedenen Schweregrade der Beeinträchtigungen der Selbständigkeit oder der Fähigkeiten dar. Den Kategorien werden in Bezug auf die einzelnen Kriterien pflegefachlich fundierte Einzelpunkte zugeordnet, die aus Anlage 1 ersichtlich sind. In jedem Modul werden die jeweils erreichbaren Summen aus Einzelpunkten nach den in Anlage 2 festgelegten Punktbereichen gegliedert. Die Summen der Punkte werden nach den in ihnen zum Ausdruck kommenden Schweregraden der Beeinträchtigungen der Selbständigkeit oder der Fähigkeiten wie folgt bezeichnet:

1. Punktbereich 0: keine Beeinträchtigungen der Selbständigkeit oder der Fähigkeiten,
2. Punktbereich 1: geringe Beeinträchtigungen der Selbständigkeit oder der Fähigkeiten,
3. Punktbereich 2: erhebliche Beeinträchtigungen der Selbständigkeit oder der Fähigkeiten,
4. Punktbereich 3: schwere Beeinträchtigungen der Selbständigkeit oder der Fähigkeiten und
5. Punktbereich 4: schwerste Beeinträchtigungen der Selbständigkeit oder der Fähigkeiten.

Jedem Punktbereich in einem Modul werden unter Berücksichtigung der in ihm zum Ausdruck kommenden Schwere der Beeinträchtigungen der Selbständigkeit oder der Fähigkeiten sowie der folgenden Gewichtung der Module die in Anlage 2 festgelegten, gewichteten Punkte zugeordnet.

Die Module des Begutachtungsinstruments werden wie folgt gewichtet:

1. Mobilität mit 10 Prozent,
2. kognitive und kommunikative Fähigkeiten sowie Verhaltensweisen und psychische Problemlagen zusammen mit 15 Prozent,
3. Selbstversorgung mit 40 Prozent,
4. Bewältigung von und selbständiger Umgang mit krankheits- oder therapiebedingten Anforderungen und Belastungen mit 20 Prozent,
5. Gestaltung des Alltagslebens und sozialer Kontakte mit 15 Prozent.

(3) Zur Ermittlung des Pflegegrades sind die bei der Begutachtung festgestellten Einzelpunkte in jedem Modul zu addieren und dem in Anlage 2 festgelegten Punktbereich sowie den sich daraus ergebenden gewichteten Punkten zuzuordnen. Den Modulen 2 und 3 ist ein gemeinsamer gewichteter Punkt zuzuordnen, der aus den höchsten gewichteten Punkten entweder des Moduls 2 oder des Moduls 3 besteht. Aus den gewichteten Punkten aller Module sind durch Addition die Gesamtpunkte zu bilden.

Auf der Basis der erreichten Gesamtpunkte sind pflegebedürftige Personen in einen der nachfolgenden Pflegegrade einzuordnen:

1. ab 12,5 bis unter 27 Gesamtpunkten in den Pflegegrad 1: geringe Beeinträchtigungen der Selbständigkeit oder der Fähigkeiten,
2. ab 27 bis unter 47,5 Gesamtpunkten in den Pflegegrad 2: erhebliche Beeinträchtigungen der Selbständigkeit oder der Fähigkeiten,
3. ab 47,5 bis unter 70 Gesamtpunkten in den Pflegegrad 3: schwere Beeinträchtigungen der Selbständigkeit oder der Fähigkeiten,
4. ab 70 bis unter 90 Gesamtpunkten in den Pflegegrad 4: schwerste Beeinträchtigungen der Selbständigkeit oder der Fähigkeiten,
5. ab 90 bis 100 Gesamtpunkten in den Pflegegrad 5: schwerste Beeinträchtigungen der Selbständigkeit oder der Fähigkeiten mit besonderen Anforderungen an die pflegerische Versorgung.

(4) Pflegebedürftige mit besonderen Bedarfskonstellationen, die einen spezifischen, außergewöhnlich hohen Hilfebedarf mit besonderen Anforderungen an die pflegerische Versorgung aufweisen, können aus pflegefachlichen Gründen dem Pflegegrad 5 zugeordnet werden, auch wenn ihre Gesamtpunkte unter 90 liegen.

(5) Bei der Begutachtung sind auch solche Kriterien zu berücksichtigen, die zu einem Hilfebedarf führen, für den Leistungen des Fünften Buches vorgesehen sind. Dies gilt auch für krankheitsspezifische Pflegemaßnahmen. Krankheitsspezifische

Pflegemaßnahmen sind Maßnahmen der Behandlungspflege, bei denen der behandlungspflegerische Hilfebedarf aus medizinisch-pflegerischen Gründen regelmäßig und auf Dauer untrennbarer Bestandteil einer pflegerischen Maßnahme in den in § 14 Absatz 2 genannten sechs Bereichen ist oder mit einer solchen notwendig in einem unmittelbaren zeitlichen und sachlichen Zusammenhang steht.
(6) Bei pflegebedürftigen Kindern wird der Pflegegrad durch einen Vergleich der Beeinträchtigungen ihrer Selbständigkeit und ihrer Fähigkeiten mit altersentsprechend entwickelten Kindern ermittelt. Im Übrigen gelten die Absätze 1 bis 5 entsprechend.
(7) Pflegebedürftige Kinder im Alter bis zu 18 Monaten werden abweichend von den Absätzen 3, 4 und 6 Satz 2 wie folgt eingestuft:
1. ab 12,5 bis unter 27 Gesamtpunkten in den Pflegegrad 2,
2. ab 27 bis unter 47,5 Gesamtpunkten in den Pflegegrad 3,
3. ab 47,5 bis unter 70 Gesamtpunkten in den Pflegegrad 4,
4. ab 70 bis 100 Gesamtpunkten in den

§ 18 Verfahren zur Feststellung der Pflegebedürftigkeit [Medizinischer Dienst]

(1) Die Pflegekassen beauftragen den Medizinischen Dienst oder andere unabhängige Gutachter mit der Prüfung, ob die Voraussetzungen der Pflegebedürftigkeit erfüllt sind und welcher Pflegegrad vorliegt. Im Rahmen dieser Prüfungen haben der Medizinische Dienst oder die von der Pflegekasse beauftragten Gutachter durch eine Untersuchung des Antragstellers die Beeinträchtigungen der Selbständigkeit oder der Fähigkeiten bei den in § 14 Absatz 2 genannten Kriterien nach Maßgabe des § 15 sowie die voraussichtliche Dauer der Pflegebedürftigkeit zu ermitteln. Darüber hinaus sind auch Feststellungen darüber zu treffen, ob und in welchem Umfang Maßnahmen zur Beseitigung, Minderung oder Verhütung einer Verschlimmerung der Pflegebedürftigkeit einschließlich der Leistungen zur medizinischen Rehabilitation geeignet, notwendig und zumutbar sind; insoweit haben Versicherte einen Anspruch gegen den zuständigen Träger auf Leistungen zur medizinischen Rehabilitation. Jede Feststellung hat zudem eine Aussage darüber zu treffen, ob Beratungsbedarf insbesondere in der häuslichen Umgebung oder in der Einrichtung, in der der Anspruchsberechtigte lebt, hinsichtlich Leistungen zur verhaltensbezogenen Prävention nach § 20 Absatz 5 des Fünften Buches besteht.

(1a) Die Pflegekassen können den Medizinischen Dienst der Krankenversicherung oder andere unabhängige Gutachter mit der Prüfung beauftragen, für welchen Zeitanteil die Pflegeversicherung bei ambulant versorgten Pflegebedürftigen, die einen besonders hohen Bedarf an behandlungspflegerischen Leistungen haben und die Leistungen der häuslichen Pflegehilfe nach § 36 und der häuslichen Krankenpflege nach § 37 Absatz 2 des Fünften Buches beziehen, die hälftigen Kosten zu tragen hat. Von den Leistungen der häuslichen Pflegehilfe nach § 36 sind nur Maßnahmen der körperbezogenen Pflege zu berücksichtigen. Bei der Prüfung des Zeitanteils sind die Richtlinien nach § 17 Absatz 1b zu beachten.

(2) Der Medizinische Dienst oder die von der Pflegekasse beauftragten Gutachter haben den Versicherten in seinem Wohnbereich zu untersuchen. Erteilt der Versicherte dazu nicht sein Einverständnis, kann die Pflegekasse die beantragten Leistungen verweigern. Die §§ 65, 66 des Ersten Buches bleiben unberührt. Die Untersuchung im Wohnbereich des Pflegebedürftigen kann ausnahmsweise unterbleiben, wenn auf Grund einer eindeutigen Aktenlage das Ergebnis der medizinischen Untersuchung bereits feststeht. Die Untersuchung ist in angemessenen Zeitabständen zu wiederholen.

(3) Die Pflegekasse leitet die Anträge zur Feststellung von Pflegebedürftigkeit unverzüglich an den Medizinischen Dienst der Krankenversicherung oder die von der Pflegekasse beauftragten Gutachter weiter. Dem Antragsteller ist spätestens 25 Arbeitstage nach Eingang des Antrags bei der zuständigen Pflegekasse die Entscheidung der Pflegekasse schriftlich mitzuteilen. Befindet sich der Antragsteller im Krankenhaus oder in einer stationären Rehabilitationseinrichtung und

1. liegen Hinweise vor, dass zur Sicherstellung der ambulanten oder stationären Weiterversorgung und Betreuung eine Begutachtung in der Einrichtung erforderlich ist, oder
2. wurde die Inanspruchnahme von Pflegezeit nach dem Pflegezeitgesetz gegenüber dem Arbeitgeber der pflegenden Person angekündigt oder
3. wurde mit dem Arbeitgeber der pflegenden Person eine Familienpflegezeit nach § 2 Absatz 1 des Familienpflegezeitgesetzes vereinbart,

ist die Begutachtung dort unverzüglich, spätestens innerhalb einer Woche nach Eingang des Antrags bei der zuständigen Pflegekasse durchzuführen; die Frist kann durch regionale Vereinbarungen verkürzt werden. Die verkürzte Begutachtungsfrist gilt auch dann, wenn der Antragsteller sich in einem Hospiz befindet oder ambulant palliativ versorgt wird. Befindet sich der Antragsteller in häuslicher Umgebung, ohne palliativ versorgt zu werden, und wurde die Inanspruchnahme von Pflegezeit nach dem Pflegezeitgesetz gegenüber dem Arbeitgeber der pflegenden Person angekündigt oder mit dem Arbeitgeber der pflegenden Person eine Familienpflegezeit nach § 2 Absatz 1 des Familienpflegezeitgesetzes vereinbart, ist eine Begutachtung durch den Medizinischen Dienst der Krankenversicherung oder die von der Pflegekasse beauftragten Gutachter spätestens innerhalb von zwei Wochen nach Eingang des Antrags bei der zuständigen Pflegekasse durchzuführen und der Antragsteller seitens des Medizinischen Dienstes oder der von der Pflegekasse beauftragten Gutachter unverzüglich schriftlich darüber zu informieren, welche Empfehlung der Medizinische Dienst oder die von der Pflegekasse beauftragten Gutachter an die Pflegekasse weiterleiten. In den Fällen der Sätze 3 bis 5 muss die Empfehlung nur die Feststellung beinhalten, ob Pflegebedürftigkeit im Sinne der §§ 14 und 15 vorliegt. Die Entscheidung der Pflegekasse ist dem Antragsteller unverzüglich nach Eingang der Empfehlung des Medizinischen Dienstes oder der beauftragten Gutachter bei der Pflegekasse schriftlich mitzuteilen. Der Antragsteller ist bei der Begutachtung auf die maßgebliche Bedeutung des Gutachtens insbesondere für eine umfassende Beratung, das Erstellen eines individuellen Versorgungsplans nach § 7a, das Versorgungsmanagement nach § 11 Absatz 4 des Fünften Buches und für die Pflegeplanung hinzuweisen. Das Gutachten wird dem Antragsteller durch die Pflegekasse übersandt, sofern er der Übersendung nicht widerspricht. Das Ergebnis des Gutachtens ist transparent darzustellen und dem Antragsteller verständlich zu erläutern. Der Spitzenverband Bund der Pflegekassen konkretisiert in den Richtlinien nach § 17 Absatz 1 die Anforderungen an eine transparente Darstellungsweise und verständliche Erläuterung des Gutachtens. Der Antragsteller kann die Übermittlung des Gutachtens auch zu einem späteren Zeitpunkt verlangen.

(3a) Die Pflegekasse ist verpflichtet, dem Antragsteller mindestens drei unabhängige Gutachter zur Auswahl zu benennen,

1. soweit nach Absatz 1 unabhängige Gutachter mit der Prüfung beauftragt werden sollen oder
2. wenn innerhalb von 20 Arbeitstagen ab Antragstellung keine Begutachtung erfolgt ist.

Auf die Qualifikation und Unabhängigkeit des Gutachters ist der Versicherte hinzuweisen. Hat sich der Antragsteller für einen benannten Gutachter entschieden, wird dem Wunsch Rechnung getragen. Der Antragsteller hat der Pflegekasse seine

Entscheidung innerhalb einer Woche ab Kenntnis der Namen der Gutachter mitzuteilen, ansonsten kann die Pflegekasse einen Gutachter aus der übersandten Liste beauftragen. Die Gutachter sind bei der Wahrnehmung ihrer Aufgaben nur ihrem Gewissen unterworfen. Satz 1 Nummer 2 gilt nicht, wenn die Pflegekasse die Verzögerung nicht zu vertreten hat.

(3b) Erteilt die Pflegekasse den schriftlichen Bescheid über den Antrag nicht innerhalb von 25 Arbeitstagen nach Eingang des Antrags oder wird eine der in Absatz 3 genannten verkürzten Begutachtungsfristen nicht eingehalten, hat die Pflegekasse nach Fristablauf für jede begonnene Woche der Fristüberschreitung unverzüglich 70 Euro an den Antragsteller zu zahlen. Dies gilt nicht, wenn die Pflegekasse die Verzögerung nicht zu vertreten hat oder wenn sich der Antragsteller in vollstationärer Pflege befindet und bereits bei ihm mindestens erhebliche Beeinträchtigungen der Selbständigkeit oder der Fähigkeiten (mindestens Pflegegrad 2) festgestellt ist. Entsprechendes gilt für die privaten Versicherungsunternehmen, die die private Pflege-Pflichtversicherung durchführen. Die Träger der Pflegeversicherung und die privaten Versicherungsunternehmen veröffentlichen jährlich jeweils bis zum 31. März des dem Berichtsjahr folgenden Jahres eine Statistik über die Einhaltung der Fristen nach Absatz 3. Die Sätze 1 bis 3 finden vom 1. November 2016 bis 31. Dezember 2017 keine Anwendung.

(4) Der Medizinische Dienst oder die von der Pflegekasse beauftragten Gutachter sollen, soweit der Versicherte einwilligt, die behandelnden Ärzte des Versicherten, insbesondere die Hausärzte, in die Begutachtung einbeziehen und ärztliche Auskünfte und Unterlagen über die für die Begutachtung der Pflegebedürftigkeit wichtigen Vorerkrankungen sowie Art, Umfang und Dauer der Hilfebedürftigkeit einholen. Mit Einverständnis des Versicherten sollen auch pflegende Angehörige oder sonstige Personen oder Dienste, die an der Pflege des Versicherten beteiligt sind, befragt werden.

(5) Die Pflege- und Krankenkassen sowie die Leistungserbringer sind verpflichtet, dem Medizinischen Dienst oder den von der Pflegekasse beauftragten Gutachtern die für die Begutachtung erforderlichen Unterlagen vorzulegen und Auskünfte zu erteilen. § 276 Abs. 1 Satz 2 und 3 des Fünften Buches gilt entsprechend.

(5a) Bei der Begutachtung sind darüber hinaus die Beeinträchtigungen der Selbständigkeit oder der Fähigkeiten in den Bereichen außerhäusliche Aktivitäten und Haushaltsführung festzustellen. Mit diesen Informationen sollen eine umfassende Beratung und das Erstellen eines individuellen Versorgungsplans nach §

7a, das Versorgungsmanagement nach § 11 Absatz 4 des Fünften Buches und eine individuelle Pflegeplanung sowie eine sachgerechte Erbringung von Hilfen bei der Haushaltsführung ermöglicht werden. Hierbei ist im Einzelnen auf die nachfolgenden Kriterien abzustellen:

1. außerhäusliche Aktivitäten: Verlassen des Bereichs der Wohnung oder der Einrichtung, Fortbewegen außerhalb der Wohnung oder der Einrichtung, Nutzung öffentlicher Verkehrsmittel im Nahverkehr, Mitfahren in einem Kraftfahrzeug, Teilnahme an kulturellen, religiösen oder sportlichen Veranstaltungen, Besuch von Schule, Kindergarten, Arbeitsplatz, einer Werkstatt für behinderte Menschen oder Besuch einer Einrichtung der Tages- oder Nachtpflege oder eines Tagesbetreuungsangebotes, Teilnahme an sonstigen Aktivitäten mit anderen Menschen;
2. Haushaltsführung: Einkaufen für den täglichen Bedarf, Zubereitung einfacher Mahlzeiten, einfache Aufräum- und Reinigungsarbeiten, aufwändige Aufräum- und Reinigungsarbeiten einschließlich Wäschepflege, Nutzung von Dienstleistungen, Umgang mit finanziellen Angelegenheiten, Umgang mit Behördenangelegenheiten.

Der Spitzenverband Bund der Pflegekassen wird ermächtigt, in den Richtlinien nach § 17 Absatz 1 die in Satz 3 genannten Kriterien pflegefachlich unter Berücksichtigung der Ziele nach Satz 2 zu konkretisieren.

(6) Der Medizinische Dienst der Krankenversicherung oder ein von der Pflegekasse beauftragter Gutachter hat der Pflegekasse das Ergebnis seiner Prüfung zur Feststellung der Pflegebedürftigkeit durch Übersendung des vollständigen Gutachtens unverzüglich mitzuteilen. In seiner oder ihrer Stellungnahme haben der Medizinische Dienst oder die von der Pflegekasse beauftragten Gutachter auch das Ergebnis der Prüfung, ob und gegebenenfalls welche Maßnahmen der Prävention und der medizinischen Rehabilitation geeignet, notwendig und zumutbar sind, mitzuteilen und Art und Umfang von Pflegeleistungen sowie einen individuellen Pflegeplan zu empfehlen. Die Feststellungen zur Prävention und zur medizinischen Rehabilitation sind durch den Medizinischen Dienst oder die von der Pflegekasse beauftragten Gutachter auf der Grundlage eines bundeseinheitlichen, strukturierten Verfahrens zu treffen und in einer gesonderten Präventions- und Rehabilitationsempfehlung zu dokumentieren. Beantragt der Pflegebedürftige Pflegegeld, hat sich die Stellungnahme auch darauf zu erstrecken, ob die häusliche Pflege in geeigneter Weise sichergestellt ist.

(6a) Der Medizinische Dienst der Krankenversicherung oder die von der Pflegekasse beauftragten Gutachter haben gegenüber der Pflegekasse in ihrem Gutachten zur Feststellung der Pflegebedürftigkeit konkrete Empfehlungen zur Hilfsmittel- und Pflegehilfsmittelversorgung abzugeben. Die Empfehlungen gelten hinsichtlich Hilfsmitteln und Pflegehilfsmitteln, die den Zielen von § 40 dienen, jeweils als Antrag auf Leistungsgewährung, sofern der Versicherte zustimmt. Die Zustimmung erfolgt gegenüber dem Gutachter im Rahmen der Begutachtung und wird im Begutachtungsformular schriftlich dokumentiert. Bezüglich der empfohlenen Pflegehilfsmittel wird die Notwendigkeit der Versorgung nach § 40 Absatz 1 Satz 2 vermutet. Bis zum 31. Dezember 2020 wird auch die Erforderlichkeit der empfohlenen Hilfsmittel, die den Zielen von § 40 dienen, nach § 33 Absatz 1 des Fünften Buches vermutet; insofern bedarf es keiner ärztlichen Verordnung gemäß § 33 Absatz 5a des Fünften Buches. Welche Hilfsmittel und Pflegehilfsmittel im Sinne von Satz 2 den Zielen von § 40 dienen, wird in den Begutachtungs-Richtlinien nach § 17 konkretisiert. Dabei ist auch die Richtlinie des Gemeinsamen Bundesausschusses nach § 92 Absatz 1 des Fünften Buches über die Verordnung von Hilfsmitteln zu berücksichtigen. Die Pflegekasse übermittelt dem Antragsteller unverzüglich die Entscheidung über die empfohlenen Hilfsmittel und Pflegehilfsmittel.

(7) Die Aufgaben des Medizinischen Dienstes werden durch Ärzte in enger Zusammenarbeit mit Pflegefachkräften und anderen geeigneten Fachkräften wahrgenommen. Die Prüfung der Pflegebedürftigkeit von Kindern ist in der Regel durch besonders geschulte Gutachter mit einer Qualifikation als Gesundheits- und Kinderkrankenpflegerin oder Gesundheits- und Kinderkrankenpfleger oder als Kinderärztin oder Kinderarzt vorzunehmen. Der Medizinische Dienst ist befugt, den Pflegefachkräften oder sonstigen geeigneten Fachkräften, die nicht dem Medizinischen Dienst angehören, die für deren jeweilige Beteiligung erforderlichen personenbezogenen Daten zu übermitteln. Für andere unabhängige Gutachter gelten die Sätze 1 bis 3 entsprechend.

§ 19 Begriff der Pflegepersonen

Pflegepersonen im Sinne dieses Buches sind Personen, die nicht erwerbsmäßig einen Pflegebedürftigen im Sinne des § 14 in seiner häuslichen Umgebung pflegen. Leistungen zur sozialen Sicherung nach § 44 erhält eine Pflegeperson nur dann, wenn sie eine oder mehrere pflegebedürftige Personen wenigstens zehn Stunden wöchentlich, verteilt auf regelmäßig mindestens zwei Tage in der Woche, pflegt.

§ 20 Versicherungspflicht in der sozialen Pflegeversicherung für Mitglieder der gesetzlichen Krankenversicherung

(1) Versicherungspflichtig in der sozialen Pflegeversicherung sind die versicherungspflichtigen Mitglieder der gesetzlichen Krankenversicherung. Dies sind:

1. Arbeiter, Angestellte und zu ihrer Berufsausbildung Beschäftigte, die gegen Arbeitsentgelt beschäftigt sind; für die Zeit des Bezugs von Kurzarbeitergeld nach dem Dritten Buch bleibt die Versicherungspflicht unberührt,
2. Personen in der Zeit, für die sie Arbeitslosengeld nach dem Dritten Buch beziehen oder nur deshalb nicht beziehen, weil der Anspruch wegen einer Sperrzeit (§ 159 des Dritten Buches) oder wegen einer Urlaubsabgeltung (§ 157 Absatz 2 des Dritten Buches) ruht; dies gilt auch, wenn die Entscheidung, die zum Bezug der Leistung geführt hat, rückwirkend aufgehoben oder die Leistung zurückgefordert oder zurückgezahlt worden ist,

2a. Personen in der Zeit, für die sie Arbeitslosengeld II nach dem Zweiten Buch beziehen, auch wenn die Entscheidung, die zum Bezug der Leistung geführt hat, rückwirkend aufgehoben oder die Leistung zurückgefordert oder zurückgezahlt worden ist, es sei denn, dass diese Leistung nur darlehensweise gewährt wird oder nur Leistungen nach § 24 Absatz 3 Satz 1 des Zweiten Buches bezogen werden,

3. Landwirte, ihre mitarbeitenden Familienangehörigen und Altenteiler, die nach § 2 des Zweiten Gesetzes über die Krankenversicherung der Landwirte versicherungspflichtig sind,
4. selbständige Künstler und Publizisten nach näherer Bestimmung des Künstlersozialversicherungsgesetzes,
5. Personen, die in Einrichtungen der Jugendhilfe, in Berufsbildungswerken oder in ähnlichen Einrichtungen für behinderte Menschen für eine Erwerbstätigkeit befähigt werden sollen,
6. Teilnehmer an Leistungen zur Teilhabe am Arbeitsleben sowie an Berufsfindung oder Arbeitserprobung, es sei denn, die Leistungen werden nach den Vorschriften des Bundesversorgungsgesetzes erbracht,
7. behinderte Menschen, die in anerkannten Werkstätten für behinderte Menschen oder in Blindenwerkstätten im Sinne des § 143 des Neunten Buches oder für diese Einrichtungen in Heimarbeit tätig sind,

8. Behinderte Menschen, die in Anstalten, Heimen oder gleichartigen Einrichtungen in gewisser Regelmäßigkeit eine Leistung erbringen, die einem Fünftel der Leistung eines voll erwerbsfähigen Beschäftigten in gleichartiger Beschäftigung entspricht; hierzu zählen auch Dienstleistungen für den Träger der Einrichtung,
9. Studenten, die an staatlichen oder staatlich anerkannten Hochschulen eingeschrieben sind, soweit sie nach § 5 Abs. 1 Nr. 9 des Fünften Buches der Krankenversicherungspflicht unterliegen,
10. Personen, die zu ihrer Berufsausbildung ohne Arbeitsentgelt beschäftigt sind oder die eine Fachschule oder Berufsfachschule besuchen oder eine in Studien- oder Prüfungsordnungen vorgeschriebene berufspraktische Tätigkeit ohne Arbeitsentgelt verrichten (Praktikanten, längstens bis zur Vollendung des 30. Lebensjahres); Auszubildende des Zweiten Bildungsweges, die sich in einem nach dem Bundesausbildungsförderungsgesetz förderungsfähigen Teil eines Ausbildungsabschnittes befinden, sind Praktikanten gleichgestellt,
11. Personen, die die Voraussetzungen für den Anspruch auf eine Rente aus der gesetzlichen Rentenversicherung erfüllen und diese Rente beantragt haben, soweit sie nach § 5 Abs. 1 Nr. 11, 11a, 11b oder 12 des Fünften Buches der Krankenversicherungspflicht unterliegen,
12. Personen, die, weil sie bisher keinen Anspruch auf Absicherung im Krankheitsfall hatten, nach § 5 Abs. 1 Nr. 13 des Fünften Buches oder nach § 2 Abs. 1 Nr. 7 des Zweiten Gesetzes über die Krankenversicherung der Landwirte der Krankenversicherungspflicht unterliegen.

(2) Als gegen Arbeitsentgelt beschäftigte Arbeiter und Angestellte im Sinne des Absatzes 1 Nr.1 gelten Bezieher von Vorruhestandsgeld, wenn sie unmittelbar vor Bezug des Vorruhestandsgeldes versicherungspflichtig waren und das Vorruhestandsgeld mindestens in Höhe von 65 vom Hundert des Bruttoarbeitsentgelts im Sinne des § 3 Abs. 2 des Vorruhestandsgesetzes gezahlt wird. Satz 1 gilt nicht für Personen, die im Ausland ihren Wohnsitz oder gewöhnlichen Aufenthalt in einem Staat haben, mit dem für Arbeitnehmer mit Wohnsitz oder gewöhnlichem Aufenthalt in diesem Staat keine über- oder zwischenstaatlichen Regelungen über Sachleistungen bei Krankheit bestehen.

(2a) Als zu ihrer Berufsausbildung Beschäftigte im Sinne des Absatzes 1 Satz 2 Nr. 1 gelten Personen, die als nicht satzungsmäßige Mitglieder geistlicher Genossenschaften oder ähnlicher religiöser Gemeinschaften für den Dienst in einer solchen Genossenschaft oder ähnlichen religiösen Gemeinschaft außerschulisch ausgebildet werden.

(3) Freiwillige Mitglieder der gesetzlichen Krankenversicherung sind versicherungspflichtig in der sozialen Pflegeversicherung.

(4) Nehmen Personen, die mindestens zehn Jahre nicht in der sozialen Pflegeversicherung oder der gesetzlichen Krankenversicherung versicherungspflichtig waren, eine dem äußeren Anschein nach versicherungspflichtige Beschäftigung oder selbständige Tätigkeit von untergeordneter wirtschaftlicher Bedeutung auf, besteht die widerlegbare Vermutung, daß eine die Versicherungspflicht begründende Beschäftigung nach Absatz 1 Nr. 1 oder eine versicherungspflichtige selbständige Tätigkeit nach Absatz 1 Nr. 3 oder 4 tatsächlich nicht ausgeübt wird. Dies gilt insbesondere für eine Beschäftigung bei Familienangehörigen oder Lebenspartnern.

§ 21 Versicherungspflicht in der sozialen Pflegeversich. für sonstige Personen

Versicherungspflicht in der sozialen Pflegeversicherung besteht auch für Personen mit Wohnsitz oder gewöhnlichem Aufenthalt im Inland, die

1. nach dem Bundesversorgungsgesetz oder nach Gesetzen, die eine entsprechende Anwendung des Bundesversorgungsgesetzes vorsehen, einen Anspruch auf Heilbehandlung oder Krankenbehandlung haben,
2. Kriegsschadenrente oder vergleichbare Leistungen nach dem Lastenausgleichsgesetz oder dem Reparationsschädengesetz oder laufende Beihilfe nach dem Flüchtlingshilfegesetz beziehen,
3. ergänzende Hilfe zum Lebensunterhalt im Rahmen der Kriegsopferfürsorge nach dem Bundesversorgungsgesetz oder nach Gesetzen beziehen, die eine entsprechende Anwendung des Bundesversorgungsgesetzes vorsehen,
4. laufende Leistungen zum Unterhalt und Leistungen der Krankenhilfe nach dem Achten Buch beziehen,
5. krankenversorgungsberechtigt nach dem Bundesentschädigungsgesetz sind,
6. in das Dienstverhältnis eines Soldaten auf Zeit berufen worden sind,

wenn sie gegen das Risiko Krankheit weder in der gesetzlichen Krankenversicherung noch bei einem privaten Krankenversicherungsunternehmen versichert sind.

§ 22 Befreiung von der Versicherungspflicht [Versicherungsfreiheit]

(1) Personen, die nach § 20 Abs. 3 in der sozialen Pflegeversicherung versicherungspflichtig sind, können auf Antrag von der Versicherungspflicht befreit werden, wenn sie nachweisen, dass sie bei einem privaten Versicherungsunternehmen gegen Pflegebedürftigkeit versichert sind und für sich und ihre Angehörigen oder Lebenspartner, die bei Versicherungspflicht nach § 25 versichert wären, Leistungen beanspruchen können, die nach Art und Umfang den Leistungen des Vierten Kapitels gleichwertig sind. Die befreiten Personen sind verpflichtet, den Versicherungsvertrag aufrechtzuerhalten, solange sie krankenversichert sind. Personen, die bei Pflegebedürftigkeit Beihilfeleistungen erhalten, sind zum Abschluss einer entsprechenden anteiligen Versicherung im Sinne des Satzes 1 verpflichtet.

(2) Der Antrag kann nur innerhalb von drei Monaten nach Beginn der Versicherungspflicht bei der Pflegekasse gestellt werden. Die Befreiung wirkt vom Beginn der Versicherungspflicht an, wenn seit diesem Zeitpunkt noch keine Leistungen in Anspruch genommen wurden, sonst vom Beginn des Kalendermonats an, der auf die Antragstellung folgt. Die Befreiung kann nicht widerrufen werden.

§ 23 Versicherungspflicht für Versicherte der privaten Krankenversicherungsunternehmen

(1) Personen, die gegen das Risiko Krankheit bei einem privaten Krankenversicherungsunternehmen mit Anspruch auf allgemeine Krankenhausleistungen oder im Rahmen von Versicherungsverträgen, die der Versicherungspflicht nach § 193 Abs. 3 des Versicherungsvertragsgesetzes genügen, versichert sind, sind vorbehaltlich des Absatzes 2 verpflichtet, bei diesem Unternehmen zur Absicherung des Risikos der Pflegebedürftigkeit einen Versicherungsvertrag abzuschließen und aufrechtzuerhalten. Der Vertrag muss ab dem Zeitpunkt des Eintritts der Versicherungspflicht für sie selbst und ihre Angehörigen oder Lebenspartner, für die in der sozialen Pflegeversicherung nach § 25 eine Familienversicherung bestünde, Vertragsleistungen vorsehen, die nach Art und Umfang den Leistungen des Vierten Kapitels gleichwertig sind. Dabei tritt an die Stelle der Sachleistungen eine der Höhe nach gleiche Kostenerstattung.

(2) Der Vertrag nach Absatz 1 kann auch bei einem anderen privaten Versicherungsunternehmen abgeschlossen werden. Das Wahlrecht ist innerhalb von sechs Monaten auszuüben. Die Frist beginnt mit dem Eintritt der individuellen

Versicherungspflicht. Das Recht zur Kündigung des Vertrages wird durch den Ablauf der Frist nicht berührt; bei fortbestehender Versicherungspflicht nach Absatz 1 wird eine Kündigung des Vertrages jedoch erst wirksam, wenn der Versicherungsnehmer nachweist, dass die versicherte Person bei einem neuen Versicherer ohne Unterbrechung versichert ist.

(3) Personen, die nach beamtenrechtlichen Vorschriften oder Grundsätzen bei Pflegebedürftigkeit Anspruch auf Beihilfe haben, sind zum Abschluss einer entsprechenden anteiligen beihilfekonformen Versicherung im Sinne des Absatzes 1 verpflichtet, sofern sie nicht nach § 20 Abs. 3 versicherungspflichtig sind. Die beihilfekonforme Versicherung ist so auszugestalten, dass ihre Vertragsleistungen zusammen mit den Beihilfeleistungen, die sich bei Anwendung der in § 46 Absatz 2 und 3 der Bundesbeihilfeverordnung festgelegten Bemessungssätze ergeben, den in Absatz 1 Satz 2 vorgeschriebenen Versicherungsschutz gewährleisten.

(4) Die Absätze 1 bis 3 gelten entsprechend für

1. Heilfürsorgeberechtigte, die nicht in der sozialen Pflegeversicherung versicherungspflichtig sind,
2. Mitglieder der Postbeamtenkrankenkasse und
3. Mitglieder der Krankenversorgung der Bundesbahnbeamten.

(5) Die Absätze 1, 3 und 4 gelten nicht für Personen, die sich auf nicht absehbare Dauer in stationärer Pflege befinden und bereits Pflegeleistungen nach § 35 Abs. 6 des Bundesversorgungsgesetzes, nach § 44 des Siebten Buches, nach § 34 des Beamtenversorgungsgesetzes oder nach den Gesetzen erhalten, die eine entsprechende Anwendung des Bundesversorgungsgesetzes vorsehen, sofern sie keine Familienangehörigen oder Lebenspartner haben, für die in der sozialen Pflegeversicherung nach § 25 eine Familienversicherung bestünde.

(6) Das private Krankenversicherungsunternehmen oder ein anderes die Pflegeversicherung betreibendes Versicherungsunternehmen sind verpflichtet,

1. für die Feststellung der Pflegebedürftigkeit sowie für die Zuordnung zu einem Pflegegrad dieselben Maßstäbe wie in der sozialen Pflegeversicherung anzulegen und
2. die in der sozialen Pflegeversicherung zurückgelegte Versicherungszeit des Mitglieds und seiner nach § 25 familienversicherten Angehörigen oder Lebenspartner auf die Wartezeit anzurechnen.

§ 25 Familienversicherung

(1) Versichert sind der Ehegatte, der Lebenspartner und die Kinder von Mitgliedern sowie die Kinder von familienversicherten Kindern, wenn diese Familienangehörigen

1. ihren Wohnsitz oder gewöhnlichen Aufenthalt im Inland haben,
2. nicht nach § 20 Abs. 1 Nr. 1 bis 8 oder 11 oder nach § 20 Abs. 3 versicherungspflichtig sind,
3. nicht nach § 22 von der Versicherungspflicht befreit oder nach § 23 in der privaten Pflegeversicherung pflichtversichert sind,
4. nicht hauptberuflich selbständig erwerbstätig sind und
5. kein Gesamteinkommen haben, das regelmäßig im Monat ein Siebtel der monatlichen Bezugsgröße nach § 18 des Vierten Buches, überschreitet; bei Renten wird der Zahlbetrag ohne den auf Entgeltpunkte für Kindererziehungszeiten entfallenden Teil berücksichtigt; für geringfügig Beschäftigte nach § 8 Abs. 1 Nr. 1, § 8a des Vierten Buches beträgt das zulässige Gesamteinkommen 450 Euro.

(2) Kinder sind versichert:

1. bis zur Vollendung des 18. Lebensjahres,
2. bis zur Vollendung des 23. Lebensjahres, wenn sie nicht erwerbstätig sind,
3. bis zur Vollendung des 25. Lebensjahres, wenn sie sich in Schul- oder Berufsausbildung befinden oder ein freiwilliges soziales Jahr oder ein freiwilliges ökologisches Jahr im Sinne des Jugendfreiwilligendienstegesetzes leisten; wird die Schul- oder Berufsausbildung durch Erfüllung einer gesetzlichen Dienstpflicht des Kindes unterbrochen oder verzögert, besteht die Versicherung auch für einen der Dauer dieses Dienstes entsprechenden Zeitraum über das 25. Lebensjahr hinaus; dies gilt ab dem 1. Juli 2011 auch bei einer Unterbrechung durch den freiwilligen Wehrdienst nach § 58b des Soldatengesetzes, einen Freiwilligendienst nach dem Bundesfreiwilligendienstgesetz, dem Jugendfreiwilligendienstegesetz oder einen vergleichbaren anerkannten Freiwilligendienst oder durch eine Tätigkeit als Entwicklungshelfer im Sinne des § 1 Absatz 1 des Entwicklungshelfer-Gesetzes für die Dauer von höchstens zwölf Monaten,
4. ohne Altersgrenze, wenn sie wegen körperlicher, geistiger oder seelischer Behinderung (§ 2 Abs. 1 des Neunten Buches) außerstande sind, sich selbst zu unterhalten; Voraussetzung ist, daß die Behinderung (§ 2 Abs. 1 des Neunten

Buches) zu einem Zeitpunkt vorlag, in dem das Kind nach Nummer 1, 2 oder 3 versichert war.

§ 10 Abs. 4 und 5 des Fünften Buches gilt entsprechend.

(3) Kinder sind nicht versichert, wenn der mit den Kindern verwandte Ehegatte oder Lebenspartner des Mitglieds nach § 22 von der Versicherungspflicht befreit oder nach § 23 in der privaten Pflegeversicherung pflichtversichert ist und sein Gesamteinkommen regelmäßig im Monat ein Zwölftel der Jahresarbeitsentgeltgrenze nach dem Fünften Buch übersteigt und regelmäßig höher als das Gesamteinkommen des Mitglieds ist; bei Renten wird der Zahlbetrag berücksichtigt.

(4) Die Versicherung nach Absatz 2 Nr. 1, 2 und 3 bleibt bei Personen, die auf Grund gesetzlicher Pflicht Wehrdienst oder Zivildienst oder die Dienstleistungen oder Übungen nach dem Vierten Abschnitt des Soldatengesetzes leisten, für die Dauer des Dienstes bestehen. Dies gilt auch für Personen in einem Wehrdienstverhältnis besonderer Art nach § 6 des Einsatz-Weiterverwendungsgesetzes.

§ 28 Leistungsarten, Grundsätze [Leistungen PV]

(1) Die Pflegeversicherung gewährt folgende Leistungen:

1. Pflegesachleistung (§ 36),
2. Pflegegeld für selbst beschaffte Pflegehilfen (§ 37),
3. Kombination von Geldleistung und Sachleistung (§ 38),
4. häusliche Pflege bei Verhinderung der Pflegeperson (§ 39),
5. Pflegehilfsmittel und wohnumfeldverbessernde Maßnahmen (§ 40),
6. Tagespflege und Nachtpflege (§ 41),
7. Kurzzeitpflege (§ 42),
8. vollstationäre Pflege (§ 43),
9. Pflege in vollstationären Einrichtungen der Hilfe für behinderte Menschen (§ 43a),

9a. Zusätzliche Betreuung und Aktivierung in stationären Pflegeeinrichtungen (§ 43b),

10. Leistungen zur sozialen Sicherung der Pflegepersonen (§ 44),
11. zusätzliche Leistungen bei Pflegezeit und kurzzeitiger Arbeitsverhinderung (§ 44a),
12. Pflegekurse für Angehörige und ehrenamtliche Pflegepersonen (§ 45),

12a. Umwandlung des ambulanten Sachleistungsbetrags (§ 45a),

13. Entlastungsbetrag (§ 45b),
14. Leistungen des Persönlichen Budgets nach § 17 Abs. 2 bis 4 des Neunten Buches,
15. zusätzliche Leistungen für Pflegebedürftige in ambulant betreuten Wohngruppen (§ 38a).

(1a) Versicherte haben gegenüber ihrer Pflegekasse oder ihrem Versicherungsunternehmen Anspruch auf Pflegeberatung (§ 7a).

(1b) Bis zum Erreichen des in § 45e Absatz 2 Satz 2 genannten Zeitpunkts haben Pflegebedürftige unter den Voraussetzungen des § 45e Absatz 1 Anspruch auf Anschubfinanzierung bei Gründung von ambulant betreuten Wohngruppen.

(2) Personen, die nach beamtenrechtlichen Vorschriften oder Grundsätzen bei Krankheit und Pflege Anspruch auf Beihilfe oder Heilfürsorge haben, erhalten die jeweils zustehenden Leistungen zur Hälfte; dies gilt auch für den Wert von Sachleistungen.

(3) Die Pflegekassen und die Leistungserbringer haben sicherzustellen, dass die Leistungen nach Absatz 1 nach allgemein anerkanntem Stand medizinisch-pflegerischer Erkenntnisse erbracht werden.

(4) Pflege schließt Sterbebegleitung mit ein; Leistungen anderer Sozialleistungsträger bleiben unberührt.

§ 28a Leistungen bei Pflegegrad 1

(1) Abweichend von § 28 Absatz 1 und 1a gewährt die Pflegeversicherung bei Pflegegrad 1 folgende Leistungen:

1. Pflegeberatung gemäß den §§ 7a und 7b,
2. Beratung in der eigenen Häuslichkeit gemäß § 37 Absatz 3,
3. zusätzliche Leistungen für Pflegebedürftige in ambulant betreuten Wohngruppen gemäß § 38a, ohne dass § 38a Absatz 1 Satz 1 Nummer 2 erfüllt sein muss,
4. Versorgung mit Pflegehilfsmitteln gemäß § 40 Absatz 1 bis 3 und 5,
5. finanzielle Zuschüsse für Maßnahmen zur Verbesserung des individuellen oder gemeinsamen Wohnumfelds gemäß § 40 Absatz 4,
6. zusätzliche Betreuung und Aktivierung in stationären Pflegeeinrichtungen gemäß § 43b,
7. zusätzliche Leistungen bei Pflegezeit und kurzzeitiger Arbeitsverhinderung gemäß § 44a,
8. Pflegekurse für Angehörige und ehrenamtliche Pflegepersonen gemäß § 45.

(2) Zudem gewährt die Pflegeversicherung den Entlastungsbetrag gemäß § 45b Absatz 1 Satz 1 in Höhe von 125 Euro monatlich. Dieser kann gemäß § 45b im Wege der Erstattung von Kosten eingesetzt werden, die dem Versicherten im Zusammenhang mit der Inanspruchnahme von Leistungen der Tages- und Nachtpflege sowie der Kurzzeitpflege, von Leistungen der ambulanten Pflegedienste im Sinne des § 36 sowie von Leistungen der nach Landesrecht anerkannten Angebote zur Unterstützung im Alltag im Sinne des § 45a Absatz 1 und 2 entstehen.
(3) Wählen Pflegebedürftige des Pflegegrades 1 vollstationäre Pflege, gewährt die Pflegeversicherung gemäß § 43 Absatz 3 einen Zuschuss in Höhe von 125 Euro monatlich.

§ 29 Wirtschaftlichkeitsgebot

(1) Die Leistungen müssen wirksam und wirtschaftlich sein; sie dürfen das Maß des Notwendigen nicht übersteigen. Leistungen, die diese Voraussetzungen nicht erfüllen, können Pflegebedürftige nicht beanspruchen, dürfen die Pflegekassen nicht bewilligen und dürfen die Leistungserbringer nicht zu Lasten der sozialen Pflegeversicherung bewirken.
(2) Leistungen dürfen nur bei Leistungserbringern in Anspruch genommen werden, mit denen die Pflegekassen oder die für sie tätigen Verbände Verträge abgeschlossen haben.

§ 31 Vorrang der Rehabilitation vor Pflege

(1) Die Pflegekassen prüfen im Einzelfall, welche Leistungen zur medizinischen Rehabilitation und ergänzenden Leistungen geeignet und zumutbar sind, Pflegebedürftigkeit zu überwinden, zu mindern oder ihre Verschlimmerung zu verhüten. Werden Leistungen nach diesem Buch gewährt, ist bei Nachuntersuchungen die Frage geeigneter und zumutbarer Leistungen zur medizinischen Rehabilitation mit zu prüfen.
(2) Die Pflegekassen haben bei der Einleitung und Ausführung der Leistungen zur Pflege sowie bei Beratung, Auskunft und Aufklärung mit den Trägern der Rehabilitation eng zusammenzuarbeiten, um Pflegebedürftigkeit zu vermeiden, zu überwinden, zu mindern oder ihre Verschlimmerung zu verhüten.
(3) Wenn eine Pflegekasse durch die gutachterlichen Feststellungen des Medizinischen Dienstes (§ 18 Abs. 6) oder auf sonstige Weise feststellt, dass im Einzelfall Leistungen zur medizinischen Rehabilitation angezeigt sind, informiert sie

schriftlich oder elektronisch unverzüglich den Versicherten sowie mit dessen Einwilligung den behandelnden Arzt sowie Angehörige, Personen des Vertrauens der Versicherten oder Pflege- und Betreuungseinrichtungen , die den versicherten versorgen, und leitet mit Einwilligung des Versicherten eine entsprechende Mitteilung dem zuständigen Rehabilitationsträger zu. Die Pflegekasse weist den Versicherten gleichzeitig auf seine Eigenverantwortung und Mitwirkungspflicht hin. Soweit der Versicherte eingewilligt hat, gilt die Mitteilung an den Rehabilitationsträger als Antragstellung für das Verfahren nach § 14 des Neunten Buches. Die Pflegekasse ist über die Leistungsentscheidung des zuständigen Rehabilitationsträgers unverzüglich zu informieren. Sie prüft in einem angemessenen zeitlichen Abstand, ob entsprechende Maßnahmen durchgeführt worden sind; soweit erforderlich, hat sie vorläufige Leistungen zur medizinischen Rehabilitation nach § 32 Abs. 1 zu erbringen.

§ 36 Pflegesachleistung

(1) Pflegebedürftige der Pflegegrade 2 bis 5 haben bei häuslicher Pflege Anspruch auf körperbezogene Pflegemaßnahmen und pflegerische Betreuungsmaßnahmen sowie auf Hilfen bei der Haushaltsführung als Sachleistung (häusliche Pflegehilfe). Der Anspruch umfasst pflegerische Maßnahmen in den in § 14 Absatz 2 genannten Bereichen Mobilität, kognitive und kommunikative Fähigkeiten, Verhaltensweisen und psychische Problemlagen, Selbstversorgung, Bewältigung von und selbständiger Umgang mit krankheits- oder therapiebedingten Anforderungen und Belastungen sowie Gestaltung des Alltagslebens und sozialer Kontakte.

(2) Häusliche Pflegehilfe wird erbracht, um Beeinträchtigungen der Selbständigkeit oder der Fähigkeiten des Pflegebedürftigen so weit wie möglich durch pflegerische Maßnahmen zu beseitigen oder zu mindern und eine Verschlimmerung der Pflegebedürftigkeit zu verhindern. Bestandteil der häuslichen Pflegehilfe ist auch die pflegefachliche Anleitung von Pflegebedürftigen und Pflegepersonen. Pflegerische Betreuungsmaßnahmen umfassen Unterstützungsleistungen zur Bewältigung und Gestaltung des alltäglichen Lebens im häuslichen Umfeld, insbesondere

1. bei der Bewältigung psychosozialer Problemlagen oder von Gefährdungen,
2. bei der Orientierung, bei der Tagesstrukturierung, bei der Kommunikation, bei der Aufrechterhaltung sozialer Kontakte und bei bedürfnisgerechten Beschäftigungen im Alltag sowie
3. durch Maßnahmen zur kognitiven Aktivierung.

(3) Der Anspruch auf häusliche Pflegehilfe umfasst je Kalendermonat
1. für Pflegebedürftige des Pflegegrades 2 Leistungen bis zu einem Gesamtwert von 724 Euro,
2. für Pflegebedürftige des Pflegegrades 3 Leistungen bis zu einem Gesamtwert von 1.363 Euro,
3. für Pflegebedürftige des Pflegegrades 4 Leistungen bis zu einem Gesamtwert von 1.693 Euro,
4. für Pflegebedürftige des Pflegegrades 5 Leistungen bis zu einem Gesamtwert von 2.095 Euro.

(4) Häusliche Pflegehilfe ist auch zulässig, wenn Pflegebedürftige nicht in ihrem eigenen Haushalt gepflegt werden; sie ist nicht zulässig, wenn Pflegebedürftige in einer stationären Pflegeeinrichtung oder in einer Einrichtung im Sinne des § 71 Absatz 4 gepflegt werden. Häusliche Pflegehilfe wird durch geeignete Pflegekräfte erbracht, die entweder von der Pflegekasse oder bei ambulanten Pflegeeinrichtungen, mit denen die Pflegekasse einen Versorgungsvertrag abgeschlossen hat, angestellt sind. Auch durch Einzelpersonen, mit denen die Pflegekasse einen Vertrag nach § 77 Absatz 1 abgeschlossen hat, kann häusliche Pflegehilfe als Sachleistung erbracht werden. Mehrere Pflegebedürftige können häusliche Pflegehilfe gemeinsam in Anspruch nehmen.

§ 37 Pflegegeld für selbst beschaffte Pflegehilfen

(1) Pflegebedürftige der Pflegegrade 2 bis 5 können anstelle der häuslichen Pflegehilfe ein Pflegegeld beantragen. Der Anspruch setzt voraus, dass der Pflegebedürftige mit dem Pflegegeld dessen Umfang entsprechend die erforderlichen körperbezogenen Pflegemaßnahmen und pflegerischen Betreuungsmaßnahmen sowie Hilfen bei der Haushaltsführung in geeigneter Weise selbst sicherstellt. Das Pflegegeld beträgt je Kalendermonat
1. 316 Euro für Pflegebedürftige des Pflegegrades 2,
2. 545 Euro für Pflegebedürftige des Pflegegrades 3,
3. 728 Euro für Pflegebedürftige des Pflegegrades 4,
4. 901 Euro für Pflegebedürftige des Pflegegrades 5.

(2) Besteht der Anspruch nach Absatz 1 nicht für den vollen Kalendermonat, ist der Geldbetrag entsprechend zu kürzen; dabei ist der Kalendermonat mit 30 Tagen anzusetzen. Die Hälfte des bisher bezogenen Pflegegeldes wird während einer Kurzzeitpflege nach § 42 für bis zu acht Wochen und während einer

Verhinderungspflege nach § 39 für bis zu sechs Wochen je Kalenderjahr fortgewährt. Das Pflegegeld wird bis zum Ende des Kalendermonats geleistet, in dem der Pflegebedürftige gestorben ist. § 118 Abs. 3 und 4 des Sechsten Buches gilt entsprechend, wenn für die Zeit nach dem Monat, in dem der Pflegebedürftige verstorben ist, Pflegegeld überwiesen wurde.

§ 38 Kombination von Geldleistung und Sachleistung [Kombinationsleistung]

Nimmt der Pflegebedürftige die ihm nach § 36 Absatz 3 zustehende Sachleistung nur teilweise in Anspruch, erhält er daneben ein anteiliges Pflegegeld im Sinne des § 37. Das Pflegegeld wird um den Vomhundertsatz vermindert, in dem der Pflegebedürftige Sachleistungen in Anspruch genommen hat. An die Entscheidung, in welchem Verhältnis er Geld- und Sachleistung in Anspruch nehmen will, ist der Pflegebedürftige für die Dauer von sechs Monaten gebunden. Anteiliges Pflegegeld wird während einer Kurzzeitpflege nach § 42 für bis zu acht Wochen und während einer Verhinderungspflege nach § 39 für bis zu sechs Wochen je Kalenderjahr in Höhe der Hälfte der vor Beginn der Kurzzeit- oder Verhinderungspflege geleisteten Höhe fortgewährt. Pflegebedürftige in vollstationären Einrichtungen der Hilfe für behinderte Menschen (§ 43a) haben Anspruch auf ungekürztes Pflegegeld anteilig für die Tage, an denen sie sich in häuslicher Pflege befinden.

§ 38a Zusätzliche Leistungen für Pflegebedürftige in ambulant betreuten Wohngruppen

(1) Pflegebedürftige haben Anspruch auf einen pauschalen Zuschlag in Höhe von 214 Euro monatlich, wenn

1. sie mit mindestens zwei und höchstens elf weiteren Personen in einer ambulant betreuten Wohngruppe in einer gemeinsamen Wohnung zum Zweck der gemeinschaftlich organisierten pflegerischen Versorgung leben und davon mindestens zwei weitere Personen pflegebedürftig im Sinne der §§ 14, 15 sind,
2. sie Leistungen nach den §§ 36, 37, 38, 45a oder § 45b beziehen
3. eine Person durch die Mitglieder der Wohngruppe gemeinschaftlich beauftragt ist, unabhängig von der individuellen pflegerischen Versorgung allgemeine organisatorische, verwaltende, betreuende oder das Gemeinschaftsleben fördernde Tätigkeiten zu verrichten oder die Wohngruppenmitglieder bei der Haushaltsführung zu unterstützen, und

4. keine Versorgungsform einschließlich teilstationärer Pflege vorliegt, in der ein Anbieter der Wohngruppe oder ein Dritter den Pflegebedürftigen Leistungen anbietet oder gewährleistet, die dem im jeweiligen Rahmenvertrag nach § 75 Absatz 1 für vollstationäre Pflege vereinbarten Leistungsumfang weitgehend entsprechen; der Anbieter einer ambulant betreuten Wohngruppe hat die Pflegebedürftigen vor deren Einzug in die Wohngruppe in geeigneter Weise darauf hinzuweisen, dass dieser Leistungsumfang von ihm oder einem Dritten nicht erbracht wird, sondern die Versorgung in der Wohngruppe auch durch die aktive Einbindung ihrer eigenen Ressourcen und ihres sozialen Umfelds sichergestellt werden kann.

Leistungen der Tages- und Nachtpflege gemäß § 41 können neben den Leistungen nach dieser Vorschrift nur in Anspruch genommen werden, wenn gegenüber der zuständigen Pflegekasse durch eine Prüfung des Medizinischen Dienstes nachgewiesen ist, dass die Pflege in der ambulant betreuten Wohngruppe ohne teilstationäre Pflege nicht in ausreichendem Umfang sichergestellt ist; dies gilt entsprechend für die Versicherten der privaten Pflege-Pflichtversicherung.

(2) Die Pflegekassen sind berechtigt, zur Feststellung der Anspruchsvoraussetzungen bei dem Antragsteller folgende Daten zu erheben, zu verarbeiten und zu nutzen und folgende Unterlagen anzufordern:

1. eine formlose Bestätigung des Antragstellers, dass die Voraussetzungen nach Absatz 1 Nummer 1 erfüllt sind,
2. die Adresse und das Gründungsdatum der Wohngruppe,
3. den Mietvertrag einschließlich eines Grundrisses der Wohnung und den Pflegevertrag nach § 120,
4. Vorname, Name, Anschrift und Telefonnummer sowie Unterschrift der Person nach Absatz 1 Nummer 3 und
5. die vereinbarten Aufgaben der Person nach Absatz 1 Nummer 3.

§ 39 Häusliche Pflege bei Verhinderung der Pflegeperson [Verhinderungspflege]

(1) Ist eine Pflegeperson wegen Erholungsurlaubs, Krankheit oder aus anderen Gründen an der Pflege gehindert, übernimmt die Pflegekasse die nachgewiesenen Kosten einer notwendigen Ersatzpflege für längstens sechs Wochen je Kalenderjahr; § 34 Absatz 2 Satz 1 gilt nicht. Voraussetzung ist, dass die Pflegeperson den Pflegebedürftigen vor der erstmaligen Verhinderung mindestens sechs Monate in

seiner häuslichen Umgebung gepflegt hat und der Pflegebedürftige zum Zeitpunkt der Verhinderung mindestens in Pflegegrad 2 eingestuft ist. Die Aufwendungen der Pflegekasse können sich im Kalenderjahr auf bis zu 1 612 Euro belaufen, wenn die Ersatzpflege durch andere Pflegepersonen sichergestellt wird als solche, die mit dem Pflegebedürftigen bis zum zweiten Grade verwandt oder verschwägert sind oder die mit ihm in häuslicher Gemeinschaft leben.

(2) Der Leistungsbetrag nach Absatz 1 Satz 3 kann um bis zu 806 Euro aus noch nicht in Anspruch genommenen Mitteln der Kurzzeitpflege nach § 42 Absatz 2 Satz 2 auf insgesamt bis zu 2 418 Euro im Kalenderjahr erhöht werden. Der für die Verhinderungspflege in Anspruch genommene Erhöhungsbetrag wird auf den Leistungsbetrag für eine Kurzzeitpflege nach § 42 Absatz 2 Satz 2 angerechnet.

(3) Bei einer Ersatzpflege durch Pflegepersonen, die mit dem Pflegebedürftigen bis zum zweiten Grade verwandt oder verschwägert sind oder mit ihm in häuslicher Gemeinschaft leben, dürfen die Aufwendungen der Pflegekasse regelmäßig den Betrag des Pflegegeldes nach § 37 Absatz 1 Satz 3 für bis zu sechs Wochen nicht überschreiten. Wird die Ersatzpflege von den in Satz 1 genannten Personen erwerbsmäßig ausgeübt, können sich die Aufwendungen der Pflegekasse abweichend von Satz 1 auf den Leistungsbetrag nach Absatz 1 Satz 3 belaufen; Absatz 2 findet Anwendung. Bei Bezug der Leistung in Höhe des Pflegegeldes für eine Ersatzpflege durch Pflegepersonen, die mit dem Pflegebedürftigen bis zum zweiten Grade verwandt oder verschwägert sind oder mit ihm in häuslicher Gemeinschaft leben, können von der Pflegekasse auf Nachweis notwendige Aufwendungen, die der Pflegeperson im Zusammenhang mit der Ersatzpflege entstanden sind, übernommen werden. Die Aufwendungen der Pflegekasse nach den Sätzen 1 und 3 dürfen zusammen den Leistungsbetrag nach Absatz 1 Satz 3 nicht übersteigen; Absatz 2 findet Anwendung.

§ 40 Pflegehilfsmittel und wohnumfeldverbessernde Maßnahmen [Verbesserung Wohnumfeld]

(1) Pflegebedürftige haben Anspruch auf Versorgung mit Pflegehilfsmitteln, die zur Erleichterung der Pflege oder zur Linderung der Beschwerden des Pflegebedürftigen beitragen oder ihm eine selbständigere Lebensführung ermöglichen, soweit die Hilfsmittel nicht wegen Krankheit oder Behinderung von der Krankenversicherung oder anderen zuständigen Leistungsträgern zu leisten sind. Die Pflegekasse überprüft die Notwendigkeit der Versorgung mit den beantragten Pflegehilfsmitteln

unter Beteiligung einer Pflegefachkraft oder des Medizinischen Dienstes. Entscheiden sich Versicherte für eine Ausstattung des Pflegehilfsmittels, die über das Maß des Notwendigen hinausgeht, haben sie die Mehrkosten und die dadurch bedingten Folgekosten selbst zu tragen. § 33 Abs. 6 und 7 des Fünften Buches gilt entsprechend.
(2) Die Aufwendungen der Pflegekassen für zum Verbrauch bestimmte Pflegehilfsmittel dürfen monatlich den Betrag von 40 Euro nicht übersteigen. Die Leistung kann auch in Form einer Kostenerstattung erbracht werden.
(3) Die Pflegekassen sollen technische Pflegehilfsmittel in allen geeigneten Fällen vorrangig leihweise überlassen. Sie können die Bewilligung davon abhängig machen, dass die Pflegebedürftigen sich das Pflegehilfsmittel anpassen oder sich selbst oder die Pflegeperson in seinem Gebrauch ausbilden lassen. Der Anspruch umfasst auch die notwendige Änderung, Instandsetzung und Ersatzbeschaffung von Pflegehilfsmitteln sowie die Ausbildung in ihrem Gebrauch. Versicherte, die das 18. Lebensjahr vollendet haben, haben zu den Kosten der Pflegehilfsmittel mit Ausnahme der Pflegehilfsmittel nach Absatz 2 eine Zuzahlung von zehn vom Hundert, höchstens jedoch 25 Euro je Pflegehilfsmittel an die abgebende Stelle zu leisten. Zur Vermeidung von Härten kann die Pflegekasse den Versicherten in entsprechender Anwendung des § 62 Abs. 1 Satz 1, 2 und 6 sowie Abs. 2 und 3 des Fünften Buches ganz oder teilweise von der Zuzahlung befreien. Versicherte, die die für sie geltende Belastungsgrenze nach § 62 des Fünften Buches erreicht haben oder unter Berücksichtigung der Zuzahlung nach Satz 4 erreichen, sind hinsichtlich des die Belastungsgrenze überschreitenden Betrags von der Zuzahlung nach diesem Buch befreit. Lehnen Versicherte die leihweise Überlassung eines Pflegehilfsmittels ohne zwingenden Grund ab, haben sie die Kosten des Pflegehilfsmittels in vollem Umfang selbst zu tragen.
(4) Die Pflegekassen können subsidiär finanzielle Zuschüsse für Maßnahmen zur Verbesserung des individuellen Wohnumfeldes des Pflegebedürftigen gewähren, beispielsweise für technische Hilfen im Haushalt, wenn dadurch im Einzelfall die häusliche Pflege ermöglicht oder erheblich erleichtert oder eine möglichst selbständige Lebensführung des Pflegebedürftigen wiederhergestellt wird. Die Zuschüsse dürfen einen Betrag in Höhe von 4 000 Euro je Maßnahme nicht übersteigen. Leben mehrere Pflegebedürftige in einer gemeinsamen Wohnung, dürfen die Zuschüsse für Maßnahmen zur Verbesserung des gemeinsamen Wohnumfeldes einen Betrag in Höhe von 4 000 Euro je Pflegebedürftigem nicht

übersteigen. Der Gesamtbetrag je Maßnahme nach Satz 3 ist auf 16 000 Euro begrenzt und wird bei mehr als vier Anspruchsberechtigten anteilig auf die Versicherungsträger der Anspruchsberechtigten aufgeteilt.

(5) Für Hilfsmittel und Pflegehilfsmittel, die sowohl den in § 23 und § 33 des Fünften Buches als auch den in Absatz 1 genannten Zwecken dienen können, prüft der Leistungsträger, bei dem die Leistung beantragt wird, ob ein Anspruch gegenüber der Krankenkasse oder der Pflegekasse besteht und entscheidet über die Bewilligung der Hilfsmittel und Pflegehilfsmittel. Zur Gewährleistung einer Absatz 1 Satz 1 entsprechenden Abgrenzung der Leistungsverpflichtungen der gesetzlichen Krankenversicherung und der sozialen Pflegeversicherung werden die Ausgaben für Hilfsmittel und Pflegehilfsmittel zwischen der jeweiligen Krankenkasse und der bei ihr errichteten Pflegekasse in einem bestimmten Verhältnis pauschal aufgeteilt. Der Spitzenverband Bund der Krankenkassen bestimmt in Richtlinien, die erstmals bis zum 30. April 2012 zu beschließen sind, die Hilfsmittel und Pflegehilfsmittel nach Satz 1, das Verhältnis, in dem die Ausgaben aufzuteilen sind, sowie die Einzelheiten zur Umsetzung der Pauschalierung. Er berücksichtigt dabei die bisherigen Ausgaben der Kranken- und Pflegekassen und stellt sicher, dass bei der Aufteilung die Zielsetzung der Vorschriften des Fünften Buches und dieses Buches zur Hilfsmittelversorgung sowie die Belange der Versicherten gewahrt bleiben. Die Richtlinien bedürfen der Genehmigung des Bundesministeriums für Gesundheit und treten am ersten Tag des auf die Genehmigung folgenden Monats in Kraft; die Genehmigung kann mit Auflagen verbunden werden. Die Richtlinien sind für die Kranken- und Pflegekassen verbindlich. Für die nach Satz 3 bestimmten Hilfsmittel und Pflegehilfsmittel richtet sich die Zuzahlung nach den §§ 33, 61 und 62 des Fünften Buches; für die Prüfung des Leistungsanspruchs gilt § 275 Absatz 3 des Fünften Buches. Die Regelungen dieses Absatzes gelten nicht für Ansprüche auf Hilfsmittel oder Pflegehilfsmittel von Pflegebedürftigen, die sich in vollstationärer Pflege befinden, sowie von Pflegebedürftigen nach § 28 Absatz 2.

§ 41 Tagespflege und Nachtpflege

(1) Pflegebedürftige der Pflegegrade 2 bis 5 haben Anspruch auf teilstationäre Pflege in Einrichtungen der Tages- oder Nachtpflege, wenn häusliche Pflege nicht in ausreichendem Umfang sichergestellt werden kann oder wenn dies zur Ergänzung oder Stärkung der häuslichen Pflege erforderlich ist. Die teilstationäre Pflege umfasst

auch die notwendige Beförderung des Pflegebedürftigen von der Wohnung zur Einrichtung der Tagespflege oder der Nachtpflege und zurück.

(2) Die Pflegekasse übernimmt im Rahmen der Leistungsbeträge nach Satz 2 die pflegebedingten Aufwendungen der teilstationären Pflege einschließlich der Aufwendungen für Betreuung und die Aufwendungen für die in der Einrichtung notwendigen Leistungen der medizinischen Behandlungspflege. Der Anspruch auf teilstationäre Pflege umfasst je Kalendermonat

1. für Pflegebedürftige des Pflegegrades 2 einen Gesamtwert bis zu 689 Euro,
2. für Pflegebedürftige des Pflegegrades 3 einen Gesamtwert bis zu 1 298 Euro,
3. für Pflegebedürftige des Pflegegrades 4 einen Gesamtwert bis zu 1 612 Euro,
4. für Pflegebedürftige des Pflegegrades 5 einen Gesamtwert bis zu 1 995 Euro.

(3) Pflegebedürftige der Pflegegrade 2 bis 5 können teilstationäre Tages- und Nachtpflege zusätzlich zu ambulanten Pflegesachleistungen, Pflegegeld oder der Kombinationsleistung nach § 38 in Anspruch nehmen, ohne dass eine Anrechnung auf diese Ansprüche erfolgt.

§ 42 Kurzzeitpflege

(1) Kann die häusliche Pflege zeitweise nicht, noch nicht oder nicht im erforderlichen Umfang erbracht werden und reicht auch teilstationäre Pflege nicht aus, besteht für Pflegebedürftige der Pflegegrade 2 bis 5 Anspruch auf Pflege in einer vollstationären Einrichtung. Dies gilt:

1. für eine Übergangszeit im Anschluss an eine stationäre Behandlung des Pflegebedürftigen oder
2. in sonstigen Krisensituationen, in denen vorübergehend häusliche oder teilstationäre Pflege nicht möglich oder nicht ausreichend ist.

(2) Der Anspruch auf Kurzzeitpflege ist auf acht Wochen pro Kalenderjahr beschränkt. Die Pflegekasse übernimmt die pflegebedingten Aufwendungen einschließlich der Aufwendungen für Betreuung sowie die Aufwendungen für Leistungen der medizinischen Behandlungspflege bis zu dem Gesamtbetrag von 1.774 Euro im Kalenderjahr. Der Leistungsbetrag nach Satz 2 kann um bis zu 1.612 Euro aus noch nicht in Anspruch genommenen Mitteln der Verhinderungspflege nach § 39 Absatz 1 Satz 3 auf insgesamt bis zu 3.386 Euro im Kalenderjahr erhöht werden. Der für die Kurzzeitpflege in Anspruch genommene Erhöhungsbetrag wird auf den Leistungsbetrag für eine Verhinderungspflege nach § 39 Absatz 1 Satz 3 angerechnet.

(3) Abweichend von den Absätzen 1 und 2 besteht der Anspruch auf Kurzzeitpflege in begründeten Einzelfällen bei zu Hause gepflegten Pflegebedürftigen auch in geeigneten Einrichtungen der Hilfe für behinderte Menschen und anderen geeigneten Einrichtungen, wenn die Pflege in einer von den Pflegekassen zur Kurzzeitpflege zugelassenen Pflegeeinrichtung nicht möglich ist oder nicht zumutbar erscheint. § 34 Abs. 2 Satz 1 findet keine Anwendung. Sind in dem Entgelt für die Einrichtung Kosten für Unterkunft und Verpflegung sowie Aufwendungen für Investitionen enthalten, ohne gesondert ausgewiesen zu sein, so sind 60 vom Hundert des Entgelts zuschussfähig. In begründeten Einzelfällen kann die Pflegekasse in Ansehung der Kosten für Unterkunft und Verpflegung sowie der Aufwendungen für Investitionen davon abweichende pauschale Abschläge vornehmen.
(4) Abweichend von den Absätzen 1 und 2 besteht der Anspruch auf Kurzzeitpflege auch in Einrichtungen, die stationäre Leistungen zur medizinischen Vorsorge oder Rehabilitation erbringen, wenn während einer Maßnahme der medizinischen Vorsorge oder Rehabilitation für eine Pflegeperson eine gleichzeitige Unterbringung und Pflege des Pflegebedürftigen erforderlich ist.

§ 43 Inhalt der Leistung [Stationäre Pflege]

(1) Pflegebedürftige der Pflegegrade 2 bis 5 haben Anspruch auf Pflege in vollstationären Einrichtungen.
(2) Für Pflegebedürftige in vollstationären Einrichtungen übernimmt die Pflegekasse im Rahmen der pauschalen Leistungsbeträge nach Satz 2 die pflegebedingten Aufwendungen einschließlich der Aufwendungen für Betreuung und die Aufwendungen für Leistungen der medizinischen Behandlungspflege. Der Anspruch beträgt je Kalendermonat

1. 770 Euro für Pflegebedürftige des Pflegegrades 2,
2. 1 262 Euro für Pflegebedürftige des Pflegegrades 3,
3. 1 775 Euro für Pflegebedürftige des Pflegegrades 4,
4. 2 005 Euro für Pflegebedürftige des Pflegegrades 5.

Abweichend von Satz 1 übernimmt die Pflegekasse auch Aufwendungen für Unterkunft und Verpflegung, soweit der nach Satz 2 gewährte Leistungsbetrag die in Satz 1 genannten Aufwendungen übersteigt.

(3) Wählen Pflegebedürftige des Pflegegrades 1 vollstationäre Pflege, erhalten sie für die in Absatz 2 Satz 1 genannten Aufwendungen einen Zuschuss in Höhe von 125 Euro monatlich.

(4) Bei vorübergehender Abwesenheit von Pflegebedürftigen aus dem Pflegeheim werden die Leistungen für vollstationäre Pflege erbracht, solange die Voraussetzungen des § 87a Abs. 1 Satz 5 und 6 vorliegen.

§ 43c Begrenzung des Eigenanteils an den pflegebedingten Aufwendungen

Pflegebedürftige der Pflegegrade 2 bis 5, die bis einschließlich zwölf Monate Leistungen nach § 43 beziehen, erhalten einen Leistungszuschlag in Höhe von 5 Prozent ihres zu zahlenden Eigenanteils an den pflegebedingten Aufwendungen. Pflegebedürftige der Pflegegrade 2 bis 5, die seit mehr als zwölf Monaten Leistungen nach § 43 beziehen, erhalten einen Leistungszuschlag in Höhe von 25 Prozent ihres zu zahlenden Eigenanteils an den pflegebedingten Aufwendungen. Pflegebedürftige der Pflegegrade 2 bis 5, die seit mehr als 24 Monaten Leistungen nach § 43 beziehen, erhalten einen Leistungszuschlag in Höhe von 45 Prozent ihres zu zahlenden Eigenanteils an den pflegebedingten Aufwendungen. Pflegebedürftige der Pflegegrade 2 bis 5, die seit mehr als 36 Monaten Leistungen nach § 43 beziehen, erhalten einen Leistungszuschlag in Höhe von 70 Prozent ihres zu zahlenden Eigenanteils an den pflegebedingten Aufwendungen. Bei der Bemessung der Monate, in denen Pflegebedürftige Leistungen nach § 43 beziehen, werden Monate, in denen nur für einen Teilzeitraum Leistungen nach § 43 bezogen worden sind, berücksichtigt. Die Pflegeeinrichtung, die den Pflegebedürftigen versorgt, stellt der Pflegekasse des Pflegebedürftigen neben dem Leistungsbetrag den Leistungszuschlag in Rechnung und dem Pflegebedürftigen den verbleibenden Eigenanteil. Die Pflegekasse übermittelt für jeden Pflegebedürftigen beim Einzug in die Pflegeeinrichtung sowie zum 1. Januar 2022 für alle vollstationär versorgten Pflegebedürftigen die bisherige Dauer des Bezugs von Leistungen nach § 43.

§ 44 Leistungen zur sozialen Sicherung der Pflegepersonen

(1) Zur Verbesserung der sozialen Sicherung der Pflegepersonen im Sinne des § 19, die einen Pflegebedürftigen mit mindestens Pflegegrad 2 pflegen, entrichten die Pflegekassen und die privaten Versicherungsunternehmen, bei denen eine private Pflege-Pflichtversicherung durchgeführt wird, sowie die sonstigen in § 170 Abs. 1 Nr.

6 des Sechsten Buches genannten Stellen Beiträge nach Maßgabe des § 166 Abs. 2 des Sechsten Buches an den zuständigen Träger der gesetzlichen Rentenversicherung, wenn die Pflegeperson regelmäßig nicht mehr als 30 Stunden wöchentlich erwerbstätig ist. Der Medizinische Dienst oder ein anderer von der Pflegekasse beauftragter unabhängiger Gutachter ermittelt im Einzelfall, ob die Pflegeperson eine oder mehrere pflegebedürftige Personen wenigstens zehn Stunden wöchentlich, verteilt auf regelmäßig mindestens zwei Tage in der Woche, pflegt. Wird die Pflege eines Pflegebedürftigen von mehreren Pflegepersonen erbracht (Mehrfachpflege), wird zudem der Umfang der jeweiligen Pflegetätigkeit je Pflegeperson im Verhältnis zum Umfang der von den Pflegepersonen zu leistenden Pflegetätigkeit insgesamt (Gesamtpflegeaufwand) ermittelt. Dabei werden die Angaben der beteiligten Pflegepersonen zugrunde gelegt. Werden keine oder keine übereinstimmenden Angaben gemacht, erfolgt eine Aufteilung zu gleichen Teilen. Die Feststellungen zu den Pflegezeiten und zum Pflegeaufwand der Pflegeperson sowie bei Mehrfachpflege zum Einzel- und Gesamtpflegeaufwand trifft die für die Pflegeleistungen nach diesem Buch zuständige Stelle. Diese Feststellungen sind der Pflegeperson auf Wunsch zu übermitteln.

(2) Für Pflegepersonen, die wegen einer Pflichtmitgliedschaft in einer berufsständischen Versorgungseinrichtung auch in ihrer Pflegetätigkeit von der Versicherungspflicht in der gesetzlichen Rentenversicherung befreit sind oder befreit wären, wenn sie in der gesetzlichen Rentenversicherung versicherungspflichtig wären und einen Befreiungsantrag gestellt hätten, werden die nach Abs. 1 zu entrichtenden Beiträge auf Antrag an die berufsständische Versorgungseinrichtung gezahlt.

§ 45 Pflegekurse für Angehörige und ehrenamtliche Pflegepersonen

(1) Die Pflegekassen haben für Angehörige und sonstige an einer ehrenamtlichen Pflegetätigkeit interessierte Personen unentgeltlich Schulungskurse durchzuführen, um soziales Engagement im Bereich der Pflege zu fördern und zu stärken, Pflege und Betreuung zu erleichtern und zu verbessern sowie pflegebedingte körperliche und seelische Belastungen zu mindern und ihrer Entstehung vorzubeugen. Die Kurse sollen Fertigkeiten für eine eigenständige Durchführung der Pflege vermitteln. Auf Wunsch der Pflegeperson und der pflegebedürftigen Person findet die Schulung auch in der häuslichen Umgebung des Pflegebedürftigen statt. § 114a Absatz 3a gilt entsprechend.

(2) Die Pflegekasse kann die Kurse entweder selbst oder gemeinsam mit anderen Pflegekassen durchführen oder geeignete andere Einrichtungen mit der Durchführung beauftragen.
(3) Über die einheitliche Durchführung sowie über die inhaltliche Ausgestaltung der Kurse können die Landesverbände der Pflegekassen Rahmenvereinbarungen mit den Trägern der Einrichtungen schließen, die die Pflegekurse durchführen.

§ 45a Angebote zur Unterstützung im Alltag, Umwandlung des ambulanten Sachleistungsbetrags (Umwandlungsanspruch), Verordnungsermächtigung

(1) Angebote zur Unterstützung im Alltag tragen dazu bei, Pflegepersonen zu entlasten, und helfen Pflegebedürftigen, möglichst lange in ihrer häuslichen Umgebung zu bleiben, soziale Kontakte aufrechtzuerhalten und ihren Alltag weiterhin möglichst selbständig bewältigen zu können. Angebote zur Unterstützung im Alltag sind

1. Angebote, in denen insbesondere ehrenamtliche Helferinnen und Helfer unter pflegefachlicher Anleitung die Betreuung von Pflegebedürftigen mit allgemeinem oder mit besonderem Betreuungsbedarf in Gruppen oder im häuslichen Bereich übernehmen (Betreuungsangebote),
2. Angebote, die der gezielten Entlastung und beratenden Unterstützung von pflegenden Angehörigen und vergleichbar nahestehenden Pflegepersonen in ihrer Eigenschaft als Pflegende dienen (Angebote zur Entlastung von Pflegenden),
3. Angebote, die dazu dienen, die Pflegebedürftigen bei der Bewältigung von allgemeinen oder pflegebedingten Anforderungen des Alltags oder im Haushalt, insbesondere bei der Haushaltsführung, oder bei der eigenverantwortlichen Organisation individuell benötigter Hilfeleistungen zu unterstützen (Angebote zur Entlastung im Alltag).
4. Die Angebote benötigen eine Anerkennung durch die zuständige Behörde nach Maßgabe des gemäß Absatz 3 erlassenen Landesrechts. Durch ein Angebot zur Unterstützung im Alltag können auch mehrere der in Satz 2 Nummer 1 bis 3 genannten Bereiche abgedeckt werden. In Betracht kommen als Angebote zur Unterstützung im Alltag insbesondere Betreuungsgruppen für an Demenz erkrankte Menschen, Helferinnen- und Helferkreise zur stundenweisen Entlastung pflegender Angehöriger oder vergleichbar nahestehender Pflegepersonen im häuslichen Bereich, die Tagesbetreuung in Kleingruppen oder Einzelbetreuung

durch anerkannte Helferinnen oder Helfer, Agenturen zur Vermittlung von Betreuungs- und Entlastungsleistungen für Pflegebedürftige und pflegende Angehörige sowie vergleichbar nahestehende Pflegepersonen, Familienentlastende Dienste, Alltagsbegleiter, Pflegebegleiter und Serviceangebote für haushaltsnahe Dienstleistungen.

Die Angebote benötigen eine Anerkennung durch die zuständige Behörde nach Maßgabe des gemäß Absatz 3 erlassenen Landesrechts. Durch ein Angebot zur Unterstützung im Alltag können auch mehrere der in Satz 2 Nummer 1 bis 3 genannten Bereiche abgedeckt werden. In Betracht kommen als Angebote zur Unterstützung im Alltag insbesondere Betreuungsgruppen für an Demenz erkrankte Menschen, Helferinnen- und Helferkreise zur stundenweisen Entlastung pflegender Angehöriger im häuslichen Bereich, die Tagesbetreuung in Kleingruppen oder Einzelbetreuung durch anerkannte Helferinnen oder Helfer, Agenturen zur Vermittlung von Betreuungs- und Entlastungsleistungen für Pflegebedürftige und pflegende Angehörige sowie vergleichbar nahestehende Pflegepersonen, Familienentlastende Dienste, Alltagsbegleiter, Pflegebegleiter und Serviceangebote für haushaltsnahe Dienstleistungen.

(2) Angebote zur Unterstützung im Alltag beinhalten die Übernahme von Betreuung und allgemeiner Beaufsichtigung, eine die vorhandenen Ressourcen und Fähigkeiten stärkende oder stabilisierende Alltagsbegleitung, Unterstützungsleistungen für Angehörige und vergleichbar Nahestehende in ihrer Eigenschaft als Pflegende zur besseren Bewältigung des Pflegealltags, die Erbringung von Dienstleistungen, organisatorische Hilfestellungen oder andere geeignete Maßnahmen. Die Angebote verfügen über ein Konzept, das Angaben zur Qualitätssicherung des Angebots sowie eine Übersicht über die Leistungen, die angeboten werden sollen, und die Höhe der den Pflegebedürftigen hierfür in Rechnung gestellten Kosten enthält. Das Konzept umfasst ferner Angaben zur zielgruppen- und tätigkeitsgerechten Qualifikation der Helfenden und zu dem Vorhandensein von Grund- und Notfallwissen im Umgang mit Pflegebedürftigen sowie dazu, wie eine angemessene Schulung und Fortbildung der Helfenden sowie eine kontinuierliche fachliche Begleitung und Unterstützung insbesondere von ehrenamtlich Helfenden in ihrer Arbeit gesichert werden. Bei wesentlichen Änderungen hinsichtlich der angebotenen Leistungen ist das Konzept entsprechend fortzuschreiben; bei Änderung der hierfür in Rechnung gestellten Kosten sind die entsprechenden Angaben zu aktualisieren.

(4) Pflegebedürftige in häuslicher Pflege mit mindestens Pfleggrad 2 können eine Kostenerstattung zum Ersatz der Aufwendungen für Leistungen der nach Landesrecht anerkannten Angebote zur Unterstützung im Alltag unter Anrechnung auf ihren Anspruch nach § 36 erhalten, soweit für den entsprechenden Leistungsbetrag nach § 36 in dem jeweiligen Monat keine ambulanten Pflegesachleistungen bezogen wurden.
Der hierfür verwendete Betrag darf je Kalendermonat 40 Prozent des nach § 36 für den jeweiligen Pflegegrad vorgesehenen Höchstleistungsbetrags nicht überschreiten.

§ 45b Entlastungsbetrag

(1) Pflegebedürftige in häuslicher Pflege haben Anspruch auf einen Entlastungsbetrag in Höhe von bis zu 125 Euro monatlich. Der Betrag ist zweckgebunden einzusetzen für qualitätsgesicherte Leistungen zur Entlastung pflegender Angehöriger und vergleichbar Nahestehender in ihrer Eigenschaft als Pflegende sowie zur Förderung der Selbständigkeit und Selbstbestimmtheit der Pflegebedürftigen bei der Gestaltung ihres Alltags. Er dient der Erstattung von Aufwendungen, die den Versicherten entstehen im Zusammenhang mit der Inanspruchnahme von

1. Leistungen der Tages- oder Nachtpflege,
2. Leistungen der Kurzzeitpflege,
3. Leistungen der ambulanten Pflegedienste im Sinne des § 36, in den Pflegegraden 2 bis 5 jedoch nicht von Leistungen im Bereich der Selbstversorgung,
4. Leistungen der nach Landesrecht anerkannten Angebote zur Unterstützung im Alltag im Sinne des § 45a.

Die Erstattung der Aufwendungen erfolgt auch, wenn für die Finanzierung der in Satz 3 genannten Leistungen Mittel der Verhinderungspflege gemäß § 39 eingesetzt werden.
(2) Der Anspruch auf den Entlastungsbetrag entsteht, sobald die in Absatz 1 Satz 1 genannten Anspruchsvoraussetzungen vorliegen, ohne dass es einer vorherigen Antragstellung bedarf. Die Kostenerstattung in Höhe des Entlastungsbetrags nach Absatz 1 erhalten die Pflegebedürftigen von der zuständigen Pflegekasse oder dem zuständigen privaten Versicherungsunternehmen sowie im Fall der Beihilfeberechtigung anteilig von der Beihilfefestsetzungsstelle bei Beantragung der dafür erforderlichen finanziellen Mittel gegen Vorlage entsprechender Belege über

entstandene Eigenbelastungen im Zusammenhang mit der Inanspruchnahme der in Absatz 1 Satz 3 genannten Leistungen.

§ 45c Förderung der Weiterentwicklung der Versorgungsstrukturen und des Ehrenamts, Verordnungsermächtigung

(1) Zur Weiterentwicklung der Versorgungsstrukturen und Versorgungskonzepte und zur Förderung ehrenamtlicher Strukturen fördert der Spitzenverband Bund der Pflegekassen im Wege der Anteilsfinanzierung aus Mitteln des Ausgleichsfonds mit 25 Millionen Euro je Kalenderjahr

1. den Auf- und Ausbau von Angeboten zur Unterstützung im Alltag im Sinne des § 45a,
2. den Auf- und Ausbau und die Unterstützung von Gruppen ehrenamtlich tätiger sowie sonstiger zum bürgerschaftlichen Engagement bereiter Personen und entsprechender ehrenamtlicher Strukturen sowie
3. Modellvorhaben zur Erprobung neuer Versorgungskonzepte und Versorgungsstrukturen insbesondere für an Demenz erkrankte Pflegebedürftige sowie andere Gruppen von Pflegebedürftigen, deren Versorgung in besonderem Maße der strukturellen Weiterentwicklung bedarf.

Die privaten Versicherungsunternehmen, die die private Pflege-Pflichtversicherung durchführen, beteiligen sich an dieser Förderung mit insgesamt 10 Prozent des in Satz 1 genannten Fördervolumens. Darüber hinaus fördert der Spitzenverband Bund der Pflegekassen aus Mitteln des Ausgleichsfonds mit 10 Millionen Euro je Kalenderjahr die strukturierte Zusammenarbeit in regionalen Netzwerken nach Absatz 9; Satz 2 gilt entsprechend. Fördermittel nach Satz 3, die in dem jeweiligen Kalenderjahr nicht in Anspruch genommen worden sind, erhöhen im Folgejahr das Fördervolumen nach Satz 1; dadurch erhöht sich auch das in Absatz 2 Satz 2 genannte Gesamtfördervolumen entsprechend.

(2) Der Zuschuss aus Mitteln der sozialen und privaten Pflegeversicherung ergänzt eine Förderung der in Absatz 1 Satz 1 genannten Zwecke durch das jeweilige Land oder die jeweilige kommunale Gebietskörperschaft. Der Zuschuss wird jeweils in gleicher Höhe gewährt wie der Zuschuss, der vom Land oder von der kommunalen Gebietskörperschaft für die einzelne Fördermaßnahme geleistet wird, sodass insgesamt ein Fördervolumen von 50 Millionen Euro im Kalenderjahr erreicht wird. Im Einvernehmen mit allen Fördergebern können Zuschüsse der kommunalen Gebietskörperschaften auch als Personal- oder Sachmittel eingebracht werden,

sofern diese Mittel nachweislich ausschließlich und unmittelbar dazu dienen, den jeweiligen Förderzweck zu erreichen. Soweit Mittel der Arbeitsförderung bei einem Projekt eingesetzt werden, sind diese einem vom Land oder von der Kommune geleisteten Zuschuss gleichgestellt.

§ 45d Förderung der Selbsthilfe, Verordnungsermächtigung

Je Kalenderjahr werden 0,15 Euro je Versicherten verwendet zur Förderung und zum Auf- und Ausbau von Selbsthilfegruppen, -organisationen und -kontaktstellen, die sich die Unterstützung von Pflegebedürftigen sowie von deren Angehörigen und vergleichbar Nahestehenden zum Ziel gesetzt haben; um eine gerechte Verteilung dieser Fördermittel auf die Länder zu gewährleisten, werden die Fördermittel der Pflegeversicherung nach dem Königsteiner Schlüssel aufgeteilt. Der Zuschuss aus den Mitteln der sozialen und privaten Pflegeversicherung nach Satz 1 ergänzt eine Förderung durch das jeweilige Land oder die jeweilige kommunale Gebietskörperschaft und wird jeweils in Höhe von 75 Prozent des Zuschusses gewährt, der für die einzelne Fördermaßnahme insgesamt geleistet wird. Davon abweichend können von den nach Satz 1 auf die Länder aufgeteilten Mitteln Fördermittel in Höhe von insgesamt je Kalenderjahr bis zu 0,01 Euro je Versicherten als Gründungszuschüsse für neue Selbsthilfegruppen, -organisationen und -kontaktstellen verwendet werden, ohne dass es für die Förderung einer Mitfinanzierung durch das Land oder durch eine kommunale Gebietskörperschaft bedarf

§ 45e Anschubfinanzierung zur Gründung von ambulant betreuten Wohngruppen

(1) Zur Förderung der Gründung von ambulant betreuten Wohngruppen wird Pflegebedürftigen, die Anspruch auf Leistungen nach § 38a haben und die an der gemeinsamen Gründung beteiligt sind, für die altersgerechte oder barrierearme Umgestaltung der gemeinsamen Wohnung zusätzlich zu dem Betrag nach § 40 Absatz 4 einmalig ein Betrag von bis zu 2 500 Euro gewährt. Der Gesamtbetrag ist je Wohngruppe auf 10 000 Euro begrenzt und wird bei mehr als vier Anspruchsberechtigten anteilig auf die Versicherungsträger der Anspruchsberechtigten aufgeteilt. Der Antrag ist innerhalb eines Jahres nach Vorliegen der Anspruchsvoraussetzungen zu stellen. Dabei kann die Umgestaltungsmaßnahme auch vor der Gründung und dem Einzug erfolgen. Die

Sätze 1 bis 4 gelten für die Versicherten der privaten Pflege-Pflichtversicherung entsprechend.

(2) Die Pflegekassen zahlen den Förderbetrag aus, wenn die Gründung einer ambulant betreuten Wohngruppe nachgewiesen wird. Der Anspruch endet mit Ablauf des Monats, in dem das Bundesversicherungsamt den Pflegekassen und dem Verband der privaten Krankenversicherung e. V. mitteilt, dass mit der Förderung eine Gesamthöhe von 30 Millionen Euro erreicht worden ist. Einzelheiten zu den Voraussetzungen und dem Verfahren der Förderung regelt der Spitzenverband Bund der Pflegekassen im Einvernehmen mit dem Verband der privaten Krankenversicherung e. V.

§ 45f Weiterentwicklung neuer Wohnformen

(1) Zur wissenschaftlich gestützten Weiterentwicklung und Förderung neuer Wohnformen werden zusätzlich 10 Millionen Euro zur Verfügung gestellt. Dabei sind insbesondere solche Konzepte einzubeziehen, die es alternativ zu stationären Einrichtungen ermöglichen, außerhalb der vollstationären Betreuung bewohnerorientiert individuelle Versorgung anzubieten.

(2) Einrichtungen, die aus diesem Grund bereits eine Modellförderung, insbesondere nach § 8 Absatz 3, erfahren haben, sind von der Förderung nach Absatz 1 Satz 1 ausgenommen. Für die Förderung gilt § 8 Absatz 3 entsprechend.

§ 46 Pflegekassen

(1) Träger der Pflegeversicherung sind die Pflegekassen. Bei jeder Krankenkasse (§ 4 Abs. 2 des Fünften Buches) wird eine Pflegekasse errichtet. Die Deutsche Rentenversicherung Knappschaft-Bahn-See als Träger der Krankenversicherung führt die Pflegeversicherung für die Versicherten durch.

(2) Die Pflegekassen sind rechtsfähige Körperschaften des öffentlichen Rechts mit Selbstverwaltung. Organe der Pflegekassen sind die Organe der Krankenkassen, bei denen sie errichtet sind. Arbeitgeber (Dienstherr) der für die Pflegekasse tätigen Beschäftigten ist die Krankenkasse, bei der die Pflegekasse errichtet ist. Krankenkassen und Pflegekassen können für Mitglieder, die ihre Kranken- und Pflegeversicherungsbeiträge selbst zu zahlen haben, die Höhe der Beiträge zur Kranken- und Pflegeversicherung in einem gemeinsamen Beitragsbescheid festsetzen. Das Mitglied ist darauf hinzuweisen, dass der Bescheid über den Beitrag zur Pflegeversicherung im Namen der Pflegekasse ergeht. In den Fällen des Satzes 4

kann auch ein gemeinsamer Widerspruchsbescheid erlassen werden; Satz 5 gilt entsprechend.

§ 51 Meldungen bei Mitgliedern der privaten Pflegeversicherung

(1) Das private Versicherungsunternehmen hat Personen, die bei ihm gegen Krankheit versichert sind und trotz Aufforderung innerhalb von sechs Monaten nach Inkrafttreten des Pflege-Versicherungsgesetzes, bei Neuabschlüssen von Krankenversicherungsverträgen innerhalb von drei Monaten nach Abschluss des Vertrages, keinen privaten Pflegeversicherungsvertrag abgeschlossen haben, unverzüglich elektronisch dem Bundesversicherungsamt zu melden. Das Versicherungsunternehmen hat auch Versicherungsnehmer zu melden, sobald diese mit der Entrichtung von sechs insgesamt vollen Monatsprämien in Verzug geraten sind. Das Bundesversicherungsamt und der Verband der privaten Krankenversicherung e. V. haben bis zum 31. Dezember 2017 Näheres über das elektronische Meldeverfahren zu vereinbaren.

(2) Der Dienstherr hat für Heilfürsorgeberechtigte, die weder privat krankenversichert noch Mitglied in der gesetzlichen Krankenversicherung sind, eine Meldung an das Bundesversicherungsamt zu erstatten. Die Postbeamtenkrankenkasse und die Krankenversorgung der Bundesbahnbeamten melden die im Zeitpunkt des Inkrafttretens des Gesetzes bei diesen Einrichtungen versicherten Mitglieder und mitversicherten Familienangehörigen an das Bundesversicherungsamt.

(3) Die Meldepflichten bestehen auch für die Fälle, in denen eine bestehende private Pflegeversicherung gekündigt und der Abschluss eines neuen Vertrages bei einem anderen Versicherungsunternehmen nicht nachgewiesen wird.

§ 53a Beauftragung von anderen unabhängigen Gutachtern durch die Pflegekassen im Verfahren zur Feststellung der Pflegebedürftigkeit

(1) Der Spitzenverband Bund der Pflegekassen erlässt bis zum 31. März 2013 mit dem Ziel einer einheitlichen Rechtsanwendung Richtlinien zur Zusammenarbeit der Pflegekassen mit anderen unabhängigen Gutachtern im Verfahren zur Feststellung der Pflegebedürftigkeit. Die Richtlinien sind für die Pflegekassen verbindlich.

(2) Die Richtlinien regeln insbesondere Folgendes:

1. die Anforderungen an die Qualifikation und die Unabhängigkeit der Gutachter,

2. das Verfahren, mit dem sichergestellt wird, dass die von den Pflegekassen beauftragten unabhängigen Gutachter bei der Feststellung der Pflegebedürftigkeit und bei der Zuordnung zu einem Pflegegrad dieselben Maßstäbe wie der Medizinische Dienst anlegen,
3. die Sicherstellung der Dienstleistungsorientierung im Begutachtungsverfahren und
4. die Einbeziehung der Gutachten der von den Pflegekassen beauftragten Gutachter in das Qualitätssicherungsverfahren der Medizinischen Dienste.

(3) Die Richtlinien bedürfen der Zustimmung des Bundesministeriums für Gesundheit.

§ 53b Richtlinien zur Qualifikation und zu den Aufgaben zusätzlicher Betreuungskräfte

Der Spitzenverband Bund der Pflegekassen hat für die zusätzlich einzusetzenden Betreuungskräfte für die Leistungen nach § 43b Richtlinien zur Qualifikation und zu den Aufgaben in stationären Pflegeeinrichtungen zu beschließen. Er hat hierzu die Bundesvereinigungen der Träger stationärer Pflegeeinrichtungen und die Verbände der Pflegeberufe auf Bundesebene anzuhören und den allgemein anerkannten Stand medizinisch-pflegerischer Erkenntnisse zu beachten. Die Richtlinien werden für alle Pflegekassen und deren Verbände sowie für die stationären Pflegeeinrichtungen erst nach Genehmigung durch das Bundesministerium für Gesundheit wirksam. § 17 Absatz 2 Satz 2 und 3 gilt entsprechend.

§ 54 Grundsatz [Beitragssatz PV]

(1) Die Mittel für die Pflegeversicherung werden durch Beiträge sowie sonstige Einnahmen gedeckt.

(2) Die Beiträge werden nach einem Vomhundertsatz (Beitragssatz) von den beitragspflichtigen Einnahmen der Mitglieder bis zur Beitragsbemessungsgrenze (§ 55) erhoben. Die Beiträge sind für jeden Kalendertag der Mitgliedschaft zu zahlen, soweit dieses Buch nichts Abweichendes bestimmt. Für die Berechnung der Beiträge ist die Woche zu sieben, der Monat zu 30 und das Jahr zu 360 Tagen anzusetzen.

§ 55 Beitragssatz, Beitragsbemessungsgrenze

(1) Der Beitragssatz beträgt bundeseinheitlich 3,05 Prozent der beitragspflichtigen Einnahmen der Mitglieder; er wird durch Gesetz festgesetzt. Für Personen, bei

denen § 28 Abs. 2 Anwendung findet, beträgt der Beitragssatz die Hälfte des Beitragssatzes nach Satz 1.

(2) Beitragspflichtige Einnahmen sind bis zu einem Betrag von 1/360 der in § 6 Abs. 7 des Fünften Buches festgelegten Jahresarbeitsentgeltgrenze für den Kalendertag zu berücksichtigen (Beitragsbemessungsgrenze).

(3) Der Beitragssatz nach Absatz 1 Satz 1 und 2 erhöht sich für Mitglieder nach Ablauf des Monats, in dem sie das 23. Lebensjahr vollendet haben, um einen Beitragszuschlag in Höhe von 0,25 Beitragssatzpunkten (Beitragszuschlag für Kinderlose). Satz 1 gilt nicht für Eltern im Sinne des § 56 Abs. 1 Satz 1 Nr. 3 und Abs. 3 Nr. 2 und 3 des Ersten Buches. Die Elterneigenschaft ist in geeigneter Form gegenüber der beitragsabführenden Stelle, von Selbstzahlern gegenüber der Pflegekasse, nachzuweisen, sofern diesen die Elterneigenschaft nicht bereits aus anderen Gründen bekannt ist. Der Spitzenverband Bund der Pflegekassen gibt Empfehlungen darüber, welche Nachweise geeignet sind. Erfolgt die Vorlage des Nachweises innerhalb von drei Monaten nach der Geburt des Kindes, gilt der Nachweis mit Beginn des Monats der Geburt als erbracht, ansonsten wirkt der Nachweis ab Beginn des Monats, der dem Monat folgt, in dem der Nachweis erbracht wird. Nachweise für vor dem 1. Januar 2005 geborene Kinder, die bis zum 30. Juni 2005 erbracht werden, wirken vom 1. Januar 2005 an. Satz 1 gilt nicht für Mitglieder, die vor dem 1. Januar 1940 geboren wurden, für Wehr- und Zivildienstleistende sowie für Bezieher von Arbeitslosengeld II.

§ 56 Beitragsfreiheit [Beitragssatz PV]

(1) Familienangehörige sind für die Dauer der Familienversicherung nach § 25 beitragsfrei.

(4) Beitragsfrei sind auf Antrag Mitglieder, die sich auf nicht absehbare Dauer in stationärer Pflege befinden und bereits Leistungen nach § 35 Abs. 6 des Bundesversorgungsgesetzes, nach § 44 des Siebten Buches, nach § 34 des Beamtenversorgungsgesetzes oder nach den Gesetzen erhalten, die eine entsprechende Anwendung des Bundesversorgungsgesetzes vorsehen, wenn sie keine Familienangehörigen haben, für die eine Versicherung nach § 25 besteht.

(5) Beitragsfrei sind Mitglieder für die Dauer des Bezuges von Pflegeunterstützungsgeld. Die Beitragsfreiheit erstreckt sich nur auf die in Satz 1 genannten Leistungen.

§ 57 Beitragspflichtige Einnahmen

(1) Bei Mitgliedern der Pflegekasse, die in der gesetzlichen Krankenversicherung pflichtversichert sind, gelten für die Beitragsbemessung die §§ 226 bis 232a, 233 bis 238 und § 244 des Fünften Buches sowie die §§ 23a und 23b Abs. 2 bis 4 des Vierten Buches. Bei Personen, die Arbeitslosengeld II beziehen, ist abweichend von § 232a Abs. 1 Satz 1 Nr. 2 des Fünften Buches das 0,2266fache der monatlichen Bezugsgröße zugrunde zu legen und sind abweichend von § 54 Absatz 2 Satz 2 die Beiträge für jeden Kalendermonat, in dem mindestens für einen Tag eine Mitgliedschaft besteht, zu zahlen; § 232a Absatz 1a des Fünften Buches gilt entsprechend.

(2) Bei Beziehern von Krankengeld gilt als beitragspflichtige Einnahmen 80 vom Hundert des Arbeitsentgelts, das der Bemessung des Krankengeldes zugrunde liegt. Dies gilt auch für den Krankengeldbezug eines rentenversicherungspflichtigen mitarbeitenden Familienangehörigen eines landwirtschaftlichen Unternehmers. Beim Krankengeldbezug eines nicht rentenversicherungspflichtigen mitarbeitenden Familienangehörigen ist der Zahlbetrag der Leistung der Beitragsbemessung zugrunde zu legen. Bei Personen, die Krankengeld nach § 44a des Fünften Buches beziehen, wird das der Leistung zugrunde liegende Arbeitsentgelt oder Arbeitseinkommen zugrunde gelegt; wird dieses Krankengeld nach § 47b des Fünften Buches gezahlt, gelten die Sätze 1 bis 3. Bei Personen, die Leistungen für den Ausfall von Arbeitseinkünften von einem privaten Krankenversicherungsunternehmen, von einem Beihilfeträger des Bundes, von einem sonstigen öffentlich-rechtlichen Träger von Kosten in Krankheitsfällen auf Bundesebene, von dem Träger der Heilfürsorge im Bereich des Bundes, von dem Träger der truppenärztlichen Versorgung oder von einem öffentlich-rechtlichen Träger von Kosten in Krankheitsfällen auf Landesebene, soweit Landesrecht dies vorsieht, im Zusammenhang mit einer nach den §§ 8 und 8a des Transplantationsgesetzes erfolgenden Spende von Organen oder Geweben oder im Zusammenhang mit einer im Sinne von § 9 des Transfusionsgesetzes erfolgenden Spende von Blut zur Separation von Blutstammzellen oder anderen Blutbestandteilen erhalten, wird das diesen Leistungen zugrunde liegende Arbeitsentgelt oder Arbeitseinkommen zugrunde gelegt. Bei Personen, die Krankengeld nach § 45 Absatz 1 des Fünften Buches beziehen, gelten als beitragspflichtige Einnahmen 80 Prozent des während der Freistellung ausgefallenen, laufenden Arbeitsentgelts oder des der Leistung zugrunde liegenden Arbeitseinkommens.

(3) Für die Beitragsbemessung der in § 20 Absatz 1 Satz 2 Nummer 3 genannten Altenteiler gilt § 45 des Zweiten Gesetzes über die Krankenversicherung der Landwirte.

(4) Bei freiwilligen Mitgliedern der gesetzlichen Krankenversicherung und bei Mitgliedern der sozialen Pflegeversicherung, die nicht in der gesetzlichen Krankenversicherung versichert sind, ist für die Beitragsbemessung § 240 des Fünften Buches entsprechend anzuwenden. Für die Beitragsbemessung der in der gesetzlichen Krankenversicherung versicherten Rentenantragsteller und freiwillig versicherten Rentner finden darüber hinaus die §§ 238a und 239 des Fünften Buches entsprechende Anwendung. Abweichend von Satz 1 ist bei Mitgliedern nach § 20 Abs. 1 Nr. 10, die in der gesetzlichen Krankenversicherung freiwillig versichert sind, § 236 des Fünften Buches entsprechend anzuwenden; als beitragspflichtige Einnahmen der satzungsmäßigen Mitglieder geistlicher Genossenschaften, Diakonissen und ähnlicher Personen, die freiwillig in der gesetzlichen Krankenversicherung versichert sind, sind der Wert für gewährte Sachbezüge oder das ihnen zur Beschaffung der unmittelbaren Lebensbedürfnisse an Wohnung, Verpflegung, Kleidung und dergleichen gezahlte Entgelt zugrunde zu legen. Bei freiwilligen Mitgliedern der gesetzlichen Krankenversicherung, die von einem Rehabilitationsträger Verletztengeld, Versorgungskrankengeld oder Übergangsgeld erhalten, gilt für die Beitragsbemessung § 235 Abs. 2 des Fünften Buches entsprechend; für die in der landwirtschaftlichen Krankenversicherung freiwillig Versicherten gilt § 46 des Zweiten Gesetzes über die Krankenversicherung der Landwirte.

(5) Der Beitragsberechnung von Personen, die nach § 26 Abs. 2 weiterversichert sind, werden für den Kalendertag der 180. Teil der monatlichen Bezugsgröße nach § 18 des Vierten Buches zugrunde gelegt.

§ 58 Tragung der Beiträge bei versicherungspflichtig Beschäftigten [Beitragssatz PV]

(1) Die nach § 20 Abs. 1 Satz 2 Nr. 1 und 12 versicherungspflichtig Beschäftigten, die in der gesetzlichen Krankenversicherung pflichtversichert sind, und ihre Arbeitgeber tragen die nach dem Arbeitsentgelt zu bemessenden Beiträge jeweils zur Hälfte. Soweit für Beschäftigte Beiträge für Kurzarbeitergeld zu zahlen sind, trägt der Arbeitgeber den Beitrag allein. Den Beitragszuschlag für Kinderlose nach § 55 Abs. 3 tragen die Beschäftigten.

(2) Zum Ausgleich der mit den Arbeitgeberbeiträgen verbundenen Belastungen der Wirtschaft werden die Länder einen gesetzlichen landesweiten Feiertag, der stets auf einen Werktag fällt, aufheben.

(3) Die in Absatz 1 genannten Beschäftigten tragen die Beiträge in Höhe von 1 vom Hundert allein, wenn der Beschäftigungsort in einem Land liegt, in dem die am 31. Dezember 1993 bestehende Anzahl der gesetzlichen landesweiten Feiertage nicht um einen Feiertag, der stets auf einen Werktag fiel, vermindert worden ist. In Fällen des § 55 Abs. 1 Satz 2 werden die Beiträge in Höhe von 0,5 vom Hundert allein getragen. Im Übrigen findet Absatz 1 Anwendung, soweit es sich nicht um eine versicherungspflichtige Beschäftigung mit einem monatlichen Arbeitsentgelt innerhalb der Gleitzone nach § 20 Abs. 2 des Vierten Buches handelt, für die Absatz 5 Satz 2 Anwendung findet. Die Beiträge der Beschäftigten erhöhen sich nicht, wenn Länder im Jahr 2017 den Reformationstag einmalig zu einem gesetzlichen Feiertag erheben.

(4) Die Aufhebung eines Feiertages wirkt für das gesamte Kalenderjahr. Handelt es sich um einen Feiertag, der im laufenden Kalenderjahr vor dem Zeitpunkt des Inkrafttretens der Regelung über die Streichung liegt, wirkt die Aufhebung erst im folgenden Kalenderjahr.

(5) § 249 Abs. 2 des Fünften Buches gilt entsprechend. § 249 Absatz 3 des Fünften Buches gilt mit der Maßgabe, dass statt des Beitragssatzes der Krankenkasse der Beitragssatz der Pflegeversicherung und bei den in Absatz 3 Satz 1 genannten Beschäftigten für die Berechnung des Beitragsanteils des Arbeitgebers ein Beitragssatz in Höhe des um einen Prozentpunkt verminderten Beitragssatzes der Pflegeversicherung Anwendung findet.

§ 60 Beitragszahlung [Beitragssatz PV]

(1) Soweit gesetzlich nichts Abweichendes bestimmt ist, sind die Beiträge von demjenigen zu zahlen, der sie zu tragen hat. § 252 Abs. 1 Satz 2, die §§ 253 bis 256a des Fünften Buches und § 49 Satz 2, die §§ 50 und 50a des Zweiten Gesetzes über die Krankenversicherung der Landwirte gelten entsprechend. Die aus einer Rente nach dem Gesetz über die Alterssicherung der Landwirte und einer laufenden Geldleistung nach dem Gesetz zur Förderung der Einstellung der landwirtschaftlichen Erwerbstätigkeit zu entrichtenden Beiträge werden von der Alterskasse gezahlt; § 28g Satz 1 des Vierten Buches gilt entsprechend.

(2) Für Bezieher von Krankengeld zahlen die Krankenkassen die Beiträge; für den Beitragsabzug gilt § 28g Satz 1 des Vierten Buches entsprechend. Die zur Tragung der Beiträge für die in § 21 Nr. 1 bis 5 genannten Mitglieder Verpflichteten können einen Dritten mit der Zahlung der Beiträge beauftragen und mit den Pflegekassen Näheres über die Zahlung und Abrechnung der Beiträge vereinbaren.
(3) Die Beiträge sind an die Krankenkassen zu zahlen; in den in § 252 Abs. 2 Satz 1 des Fünften Buches geregelten Fällen sind sie an den Gesundheitsfonds zu zahlen, der sie unverzüglich an den Ausgleichsfonds weiterzuleiten hat. Die nach Satz 1 eingegangenen Beiträge zur Pflegeversicherung sind von der Krankenkasse unverzüglich an die Pflegekasse weiterzuleiten. In den Fällen des § 252 Absatz 2 Satz 1 des Fünften Buches ist das Bundesversicherungsamt als Verwalter des Gesundheitsfonds, im Übrigen sind die Pflegekassen zur Prüfung der ordnungsgemäßen Beitragszahlung berechtigt; § 251 Absatz 5 Satz 3 bis 7 des Fünften Buches gilt entsprechend. § 24 Abs. 1 des Vierten Buches gilt. § 252 Abs. 3 des Fünften Buches gilt mit der Maßgabe, dass die Beiträge zur Pflegeversicherung den Beiträgen zur Krankenversicherung gleichstehen.
(4) Die Deutsche Rentenversicherung Bund leitet alle Pflegeversicherungsbeiträge aus Rentenleistungen der allgemeinen Rentenversicherung am fünften Arbeitstag des Monats, der dem Monat folgt, in dem die Rente fällig war, an den Ausgleichsfonds der Pflegeversicherung (§ 65) weiter. Werden Rentenleistungen am letzten Bankarbeitstag des Monats ausgezahlt, der dem Monat vorausgeht, in dem sie fällig werden (§ 272a des Sechsten Buches), leitet die Deutsche Rentenversicherung Bund die darauf entfallenden Pflegeversicherungsbeiträge am fünften Arbeitstag des laufenden Monats an den Ausgleichsfonds der Pflegeversicherung weiter.
(5) Der Beitragszuschlag nach § 55 Abs. 3 ist von demjenigen zu zahlen, der die Beiträge zu zahlen hat. Wird der Pflegeversicherungsbeitrag von einem Dritten gezahlt, hat dieser einen Anspruch gegen das Mitglied auf den von dem Mitglied zu tragenden Beitragszuschlag. Dieser Anspruch kann von dem Dritten durch Abzug von der an das Mitglied zu erbringenden Geldleistung geltend gemacht werden.
(6) Wenn kein Abzug nach Absatz 5 möglich ist, weil der Dritte keine laufende Geldleistung an das Mitglied erbringen muss, hat das Mitglied den sich aus dem Beitragszuschlag ergebenden Betrag an die Pflegekasse zu zahlen.
(7) Die Beitragszuschläge für die Bezieher von Arbeitslosengeld, Unterhaltsgeld und Kurzarbeitergeld, Ausbildungsgeld, Übergangsgeld und, soweit die Bundesagentur

beitragszahlungspflichtig ist, für Bezieher von Berufsausbildungsbeihilfe nach dem Dritten Buch werden von der Bundesagentur für Arbeit pauschal in Höhe von 20 Millionen Euro pro Jahr an den Ausgleichsfonds der Pflegeversicherung (§ 66) überwiesen. Die Bundesagentur für Arbeit kann mit Zustimmung des Bundesministeriums für Arbeit und Soziales hinsichtlich der übernommenen Beträge Rückgriff bei den genannten Leistungsbeziehern nach dem Dritten Buch nehmen. Die Bundesagentur für Arbeit kann mit dem Bundesversicherungsamt Näheres zur Zahlung der Pauschale vereinbaren.

§ 61 Beitragszuschüsse für freiwillige Mitglieder der gesetzlichen Krankenversicherung und Privatversicherte

(1) Beschäftigte, die in der gesetzlichen Krankenversicherung freiwillig versichert sind, erhalten unter den Voraussetzungen des § 58 von ihrem Arbeitgeber einen Beitragszuschuss, der in der Höhe begrenzt ist, auf den Betrag, der als Arbeitgeberanteil nach § 58 zu zahlen wäre. Bestehen innerhalb desselben Zeitraums mehrere Beschäftigungsverhältnisse, sind die beteiligten Arbeitgeber anteilmäßig nach dem Verhältnis der Höhe der jeweiligen Arbeitsentgelte zur Zahlung des Beitragszuschusses verpflichtet. Für Beschäftigte, die Kurzarbeitergeld nach dem Dritten Buch beziehen, ist zusätzlich zu dem Zuschuss nach Satz 1 die Hälfte des Betrages zu zahlen, den der Arbeitgeber bei Versicherungspflicht des Beschäftigten nach § 58 Abs. 1 Satz 2 als Beitrag zu tragen hätte.

(2) Beschäftigte, die in Erfüllung ihrer Versicherungspflicht nach den §§ 22 und 23 bei einem privaten Krankenversicherungsunternehmen versichert sind und für sich und ihre Angehörigen oder Lebenspartner, die bei Versicherungspflicht des Beschäftigten in der sozialen Pflegeversicherung nach § 25 versichert wären, Vertragsleistungen beanspruchen können, die nach Art und Umfang den Leistungen dieses Buches gleichwertig sind, erhalten unter den Voraussetzungen des § 58 von ihrem Arbeitgeber einen Beitragszuschuss. Der Zuschuss ist in der Höhe begrenzt auf den Betrag, der als Arbeitgeberanteil bei Versicherungspflicht in der sozialen Pflegeversicherung als Beitragsanteil zu zahlen wäre, höchstens jedoch auf die Hälfte des Betrages, den der Beschäftigte für seine private Pflegeversicherung zu zahlen hat. Für Beschäftigte, die Kurzarbeitergeld nach dem Dritten Buch beziehen, gilt Absatz 1 Satz 3 mit der Maßgabe, dass sie höchstens den Betrag erhalten, den sie tatsächlich zu zahlen haben. Bestehen innerhalb desselben Zeitraumes mehrere Beschäftigungsverhältnisse, sind die beteiligten Arbeitgeber anteilig nach dem

Verhältnis der Höhe der jeweiligen Arbeitsentgelte zur Zahlung des Beitragszuschusses verpflichtet.
(3) Für Bezieher von Vorruhestandsgeld, die als Beschäftigte bis unmittelbar vor Beginn der Vorruhestandsleistungen Anspruch auf den vollen oder anteiligen Beitragszuschuss nach Absatz 1 oder 2 hatten, sowie für Bezieher von Leistungen nach § 9 Abs. 1 Nr. 1 und 2 des Anspruchs- und Anwartschaftsüberführungsgesetzes und Bezieher einer Übergangsversorgung nach § 7 des Tarifvertrages über einen sozialverträglichen Personalabbau im Bereich des Bundesministeriums der Verteidigung vom 30. November 1991 bleibt der Anspruch für die Dauer der Vorruhestandsleistungen gegen den zur Zahlung des Vorruhestandsgeldes Verpflichteten erhalten. Der Zuschuss beträgt die Hälfte des Beitrages, den Bezieher von Vorruhestandsgeld als versicherungspflichtig Beschäftigte ohne den Beitragszuschlag nach § 55 Abs. 3 zu zahlen hätten, höchstens jedoch die Hälfte des Betrages, den sie ohne den Beitragszuschlag nach § 55 Abs. 3 zu zahlen haben. Absatz 1 Satz 2 gilt entsprechend.

§ 69 Sicherstellungsauftrag

Die Pflegekassen haben im Rahmen ihrer Leistungsverpflichtung eine bedarfsgerechte und gleichmäßige, dem allgemein anerkannten Stand medizinisch-pflegerischer Erkenntnisse entsprechende pflegerische Versorgung der Versicherten zu gewährleisten (Sicherstellungsauftrag). Sie schließen hierzu Versorgungsverträge sowie Vergütungsvereinbarungen mit den Trägern von Pflegeeinrichtungen (§ 71) und sonstigen Leistungserbringern. Dabei sind die Vielfalt, die Unabhängigkeit und Selbständigkeit sowie das Selbstverständnis der Träger von Pflegeeinrichtungen in Zielsetzung und Durchführung ihrer Aufgaben zu achten.

§ 70 Beitragssatzstabilität

(1) Die Pflegekassen stellen in den Verträgen mit den Leistungserbringern über Art, Umfang und Vergütung der Leistungen sicher, dass ihre Leistungsausgaben die Beitragseinnahmen nicht überschreiten (Grundsatz der Beitragssatzstabilität).
(2) Vereinbarungen über die Höhe der Vergütungen, die dem Grundsatz der Beitragssatzstabilität widersprechen, sind unwirksam.

§ 71 Pflegeeinrichtungen

(1) Ambulante Pflegeeinrichtungen (Pflegedienste) im Sinne dieses Buches sind selbständig wirtschaftende Einrichtungen, die unter ständiger Verantwortung einer ausgebildeten Pflegefachkraft Pflegebedürftige in ihrer Wohnung mit Leistungen der häuslichen Pflegehilfe im Sinne des § 36 versorgen.

(2) Stationäre Pflegeeinrichtungen (Pflegeheime) im Sinne dieses Buches sind selbständig wirtschaftende Einrichtungen, in denen Pflegebedürftige:

1. unter ständiger Verantwortung einer ausgebildeten Pflegefachkraft gepflegt werden,
2. ganztägig (vollstationär) oder tagsüber oder nachts (teilstationär) untergebracht und verpflegt werden können.

(3) Für die Anerkennung als verantwortliche Pflegefachkraft im Sinne von Absatz 1 und 2 ist neben dem Abschluss einer Ausbildung als

1. Gesundheits- und Krankenpflegerin oder Gesundheits- und Krankenpfleger,
2. Gesundheits- und Kinderkrankenpflegerin oder Gesundheits- und Kinderkrankenpfleger oder
3. Altenpflegerin oder Altenpfleger

eine praktische Berufserfahrung in dem erlernten Ausbildungsberuf von zwei Jahren innerhalb der letzten acht Jahre erforderlich. Bei ambulanten Pflegeeinrichtungen, die überwiegend behinderte Menschen pflegen und betreuen, gelten auch nach Landesrecht ausgebildete Heilerziehungspflegerinnen und Heilerziehungspfleger sowie Heilerzieherinnen und Heilerzieher mit einer praktischen Berufserfahrung von zwei Jahren innerhalb der letzten acht Jahre als ausgebildete Pflegefachkraft. Die Rahmenfrist nach Satz 1 oder 2 beginnt acht Jahre vor dem Tag, zu dem die verantwortliche Pflegefachkraft im Sinne des Absatzes 1 oder 2 bestellt werden soll. Für die Anerkennung als verantwortliche Pflegefachkraft ist ferner Voraussetzung, dass eine Weiterbildungsmaßnahme für leitende Funktionen mit einer Mindeststundenzahl, die 460 Stunden nicht unterschreiten soll, erfolgreich durchgeführt wurde.

(4) Stationäre Einrichtungen, in denen die Leistungen zur medizinischen Vorsorge, zur medizinischen Rehabilitation, zur Teilhabe am Arbeitsleben oder am Leben in der Gemeinschaft, die schulische Ausbildung oder die Erziehung kranker oder behinderter Menschen im Vordergrund des Zweckes der Einrichtung stehen, sowie Krankenhäuser sind keine Pflegeeinrichtungen im Sinne des Absatzes 2.

§ 72 Zulassung zur Pflege durch Versorgungsvertrag

(1) Die Pflegekassen dürfen ambulante und stationäre Pflege nur durch Pflegeeinrichtungen gewähren, mit denen ein Versorgungsvertrag besteht (zugelassene Pflegeeinrichtungen). In dem Versorgungsvertrag sind Art, Inhalt und Umfang der allgemeinen Pflegeleistungen (§ 84 Abs. 4) festzulegen, die von der Pflegeeinrichtung während der Dauer des Vertrages für die Versicherten zu erbringen sind (Versorgungsauftrag).

(2) Der Versorgungsvertrag wird zwischen dem Träger der Pflegeeinrichtung oder einer vertretungsberechtigten Vereinigung gleicher Träger und den Landesverbänden der Pflegekassen im Einvernehmen mit den überörtlichen Trägern der Sozialhilfe im Land abgeschlossen, soweit nicht nach Landesrecht der örtliche Träger für die Pflegeeinrichtung zuständig ist; für mehrere oder alle selbständig wirtschaftenden Einrichtungen (§ 71 Abs. 1 und 2) einschließlich für einzelne, eingestreute Pflegeplätze eines Pflegeeinrichtungsträgers, die vor Ort organisatorisch miteinander verbunden sind, kann, insbesondere zur Sicherstellung einer quartiersnahen Unterstützung zwischen den verschiedenen Versorgungsbereichen, ein einheitlicher Versorgungsvertrag (Gesamtversorgungsvertrag) geschlossen werden. Er ist für die Pflegeeinrichtung und für alle Pflegekassen im Inland unmittelbar verbindlich.

(3) Versorgungsverträge dürfen nur mit Pflegeeinrichtungen abgeschlossen werden, die

1. den Anforderungen des § 71 genügen,
2. die Gewähr für eine leistungsfähige und wirtschaftliche pflegerische Versorgung bieten sowie eine in Pflegeeinrichtungen ortsübliche Arbeitsvergütung an ihre Beschäftigten zahlen, soweit diese nicht von einer Verordnung über Mindestentgeltsätze aufgrund des Gesetzes über zwingende Arbeitsbedingungen für grenzüberschreitend entsandte und für regelmäßig im Inland beschäftigte Arbeitnehmer und Arbeitnehmerinnen (Arbeitnehmer-Entsendegesetz) erfasst sind,
3. sich verpflichten, nach Maßgabe der Vereinbarungen nach § 113 einrichtungsintern ein Qualitätsmanagement einzuführen und weiterzuentwickeln,
4. sich verpflichten, alle Expertenstandards nach § 113a anzuwenden;

ein Anspruch auf Abschluss eines Versorgungsvertrages besteht, soweit und solange die Pflegeeinrichtung diese Voraussetzungen erfüllt. Bei notwendiger Auswahl zwischen mehreren geeigneten Pflegeeinrichtungen sollen die Versorgungsverträge vorrangig mit freigemeinnützigen und privaten Trägern abgeschlossen werden. Bei ambulanten Pflegediensten ist in den Versorgungsverträgen der Einzugsbereich festzulegen, in dem die Leistungen ressourcenschonend und effizient zu erbringen sind.

(3a) Ab dem 1. September 2022 dürfen Versorgungsverträge nur mit Pflegeeinrichtungen abgeschlossen werden, die ihren Arbeitnehmerinnen und Arbeitnehmern, die Leistungen der Pflege oder Betreuung von Pflegebedürftigen erbringen, eine Entlohnung zahlen, die in Tarifverträgen oder kirchlichen Arbeitsrechtsregelungen vereinbart ist, an die die jeweiligen Pflegeeinrichtungen gebunden sind.

(3b) Mit Pflegeeinrichtungen, die nicht an Tarifverträge oder kirchliche Arbeitsrechtsregelungen für ihre Arbeitnehmerinnen und Arbeitnehmer, die Leistungen der Pflege oder Betreuung von Pflegebedürftigen erbringen, gebunden sind, dürfen Versorgungsverträge ab dem 1. September 2022 nur abgeschlossen werden, wenn sie ihren Arbeitnehmerinnen und Arbeitnehmern, die Leistungen der Pflege oder Betreuung von Pflegebedürftigen erbringen, eine Entlohnung zahlen, die

1. die Höhe der Entlohnung eines Tarifvertrags nicht unterschreitet, dessen räumlicher, zeitlicher, fachlicher und persönlicher Geltungsbereich eröffnet ist
2. die Höhe der Entlohnung eines Tarifvertrags nicht unterschreitet, dessen fachlicher Geltungsbereich mindestens eine andere Pflegeeinrichtung in der Region erfasst, in der die Pflegeeinrichtung betrieben wird, und dessen zeitlicher und persönlicher Geltungsbereich eröffnet ist, oder
3. die Höhe der Entlohnung einer der Nummer 1 oder Nummer 2 entsprechenden kirchlichen Arbeitsrechtsregelung nicht unterschreitet.

Versorgungsverträge, die mit Pflegeeinrichtungen vor dem 1. September 2022 abgeschlossen wurden, sind bis spätestens zum Ablauf des 31. August 2022 mit Wirkung ab 1. September 2022 an die Vorgaben des Absatzes 3a oder Absatzes 3b anzupassen.

(3c) Der Spitzenverband Bund der Pflegekassen legt in Richtlinien, erstmals bis zum Ablauf des 30. September 2021, das Nähere insbesondere zu den Verfahrens- und Prüfgrundsätzen für die Einhaltung der Vorgaben der Absätze 3a und 3b fest. Er hat dabei die Bundesarbeitsgemeinschaft der überörtlichen Träger der Sozialhilfe und der Eingliederungshilfe zu beteiligen. Die Richtlinien werden erst wirksam, wenn das Bundesministerium für Gesundheit sie im Einvernehmen mit dem

Bundesministerium für Arbeit und Soziales genehmigt. Beanstandungen des Bundesministeriums für Gesundheit sind innerhalb der von ihm gesetzten Frist zu beheben.

(3d) Pflegeeinrichtungen haben den Landesverbänden der Pflegekassen zur Feststellung des Vorliegens der Voraussetzungen der Absätze 3a oder 3b mitzuteilen, an welchen Tarifvertrag oder an welche kirchlichen Arbeitsrechtsregelungen sie im Fall des Absatzes 3a gebunden sind oder welcher Tarifvertrag oder welche kirchlichen Arbeitsrechtsregelungen im Fall des Absatzes 3b für sie maßgebend sind. Änderungen der Angaben gemäß Satz 1 nach Abschluss des Versorgungsvertrags sind unverzüglich mitzuteilen. Im Jahr 2022 sind alle Pflegeeinrichtungen verpflichtet, den Landesverbänden der Pflegekassen die Angaben gemäß Satz 1 oder Satz 2 spätestens bis zum Ablauf des 28. Februar 2022 mitzuteilen. Die Mitteilung nach Satz 3 gilt, sofern die Pflegeeinrichtung dem nicht widerspricht, als Antrag auf entsprechende Anpassung des Versorgungsvertrags mit Wirkung zum 1. September 2022

(4) Mit Abschluss des Versorgungsvertrages wird die Pflegeeinrichtung für die Dauer des Vertrages zur pflegerischen Versorgung der Versicherten zugelassen. Die zugelassene Pflegeeinrichtung ist im Rahmen ihres Versorgungsauftrages zur pflegerischen Versorgung der Versicherten verpflichtet; dazu gehört bei ambulanten Pflegediensten auch die Durchführung von Pflegeeinsätzen nach § 37 Abs. 3 auf Anforderung des Pflegebedürftigen. Die Pflegekassen sind verpflichtet, die Leistungen der Pflegeeinrichtung nach Maßgabe des Achten Kapitels zu vergüten.

§ 73 Abschluss von Versorgungsverträgen

(1) Der Versorgungsvertrag ist schriftlich abzuschließen.

(2) Gegen die Ablehnung eines Versorgungsvertrages durch die Landesverbände der Pflegekassen ist der Rechtsweg zu den Sozialgerichten gegeben. Ein Vorverfahren findet nicht statt; die Klage hat keine aufschiebende Wirkung.

(3) Mit Pflegeeinrichtungen, die vor dem 1. Januar 1995 ambulante Pflege, teilstationäre Pflege oder Kurzzeitpflege auf Grund von Vereinbarungen mit Sozialleistungsträgern erbracht haben, gilt ein Versorgungsvertrag als abgeschlossen. Satz 1 gilt nicht, wenn die Pflegeeinrichtung die Anforderungen nach § 72 Abs. 3 Satz 1 nicht erfüllt und die zuständigen Landesverbände der Pflegekassen dies im Einvernehmen mit dem zuständigen Träger der Sozialhilfe (§ 72 Abs. 2 Satz 1) bis zum 30. Juni 1995 gegenüber dem Träger der Einrichtung schriftlich geltend

machen. Satz 1 gilt auch dann nicht, wenn die Pflegeeinrichtung die Anforderungen nach § 72 Abs. 3 Satz 1 offensichtlich nicht erfüllt. Die Pflegeeinrichtung hat bis spätestens zum 31. März 1995 die Voraussetzungen für den Bestandschutz nach den Sätzen 1 und 2 durch Vorlage von Vereinbarungen mit Sozialleistungsträgern sowie geeigneter Unterlagen zur Prüfung und Beurteilung der Leistungsfähigkeit und Wirtschaftlichkeit gegenüber einem Landesverband der Pflegekassen nachzuweisen. Der Versorgungsvertrag bleibt wirksam, bis er durch einen neuen Versorgungsvertrag abgelöst oder gemäß § 74 gekündigt wird.

(4) Für vollstationäre Pflegeeinrichtungen gilt Absatz 3 entsprechend mit der Maßgabe, daß der für die Vorlage der Unterlagen nach Satz 3 maßgebliche Zeitpunkt der 30. September 1995 und der Stichtag nach Satz 2 der 30. Juni 1996 ist.

§ 74 Kündigung von Versorgungsverträgen

(1) Der Versorgungsvertrag kann von jeder Vertragspartei mit einer Frist von einem Jahr ganz oder teilweise gekündigt werden, von den Landesverbänden der Pflegekassen jedoch nur, wenn die zugelassene Pflegeeinrichtung nicht nur vorübergehend eine der Voraussetzungen des § 72 Abs. 3 Satz 1 nicht oder nicht mehr erfüllt; dies gilt auch, wenn die Pflegeeinrichtung ihre Pflicht wiederholt gröblich verletzt, Pflegebedürftigen ein möglichst selbständiges und selbstbestimmtes Leben zu bieten, die Hilfen darauf auszurichten, die körperlichen, geistigen und seelischen Kräfte der Pflegebedürftigen wiederzugewinnen oder zu erhalten und angemessenen Wünschen der Pflegebedürftigen zur Gestaltung der Hilfe zu entsprechen. Vor Kündigung durch die Landesverbände der Pflegekassen ist das Einvernehmen mit dem zuständigen Träger der Sozialhilfe (§ 72 Abs. 2 Satz 1) herzustellen. Die Landesverbände der Pflegekassen können im Einvernehmen mit den zuständigen Trägern der Sozialhilfe zur Vermeidung der Kündigung des Versorgungsvertrages mit dem Träger der Pflegeeinrichtung insbesondere vereinbaren, dass

1. die verantwortliche Pflegefachkraft sowie weitere Leitungskräfte zeitnah erfolgreich geeignete Fort- und Weiterbildungsmaßnahmen absolvieren,
2. die Pflege, Versorgung und Betreuung weiterer Pflegebedürftiger bis zur Beseitigung der Kündigungsgründe ganz oder teilweise vorläufig ausgeschlossen ist.

(2) Der Versorgungsvertrag kann von den Landesverbänden der Pflegekassen auch ohne Einhaltung einer Kündigungsfrist gekündigt werden, wenn die Einrichtung ihre

gesetzlichen oder vertraglichen Verpflichtungen gegenüber den Pflegebedürftigen oder deren Kostenträgern derart gröblich verletzt, daß ein Festhalten an dem Vertrag nicht zumutbar ist. Das gilt insbesondere dann, wenn Pflegebedürftige infolge der Pflichtverletzung zu Schaden kommen oder die Einrichtung nicht erbrachte Leistungen gegenüber den Kostenträgern abrechnet. Das gleiche gilt, wenn dem Träger eines Pflegeheimes nach den heimrechtlichen Vorschriften die Betriebserlaubnis entzogen oder der Betrieb des Heimes untersagt wird. Absatz 1 Satz 2 gilt entsprechend.
(3) Die Kündigung bedarf der Schriftform.

§ 75 Rahmenverträge, Bundesempfehlungen und -vereinbarungen über die pflegerische Versorgung

(1) Die Landesverbände der Pflegekassen schließen unter Beteiligung des Medizinischen Dienstes sowie des Verbandes der privaten Krankenversicherung e. V. im Land mit den Vereinigungen der Träger der ambulanten oder stationären Pflegeeinrichtungen im Land gemeinsam und einheitlich Rahmenverträge mit dem Ziel, eine wirksame und wirtschaftliche pflegerische Versorgung der Versicherten sicherzustellen. Für Pflegeeinrichtungen, die einer Kirche oder Religionsgemeinschaft des öffentlichen Rechts oder einem sonstigen freigemeinnützigen Träger zuzuordnen sind, können die Rahmenverträge auch von der Kirche oder Religionsgemeinschaft oder von dem Wohlfahrtsverband abgeschlossen werden, dem die Pflegeeinrichtung angehört.
Bei Rahmenverträgen über ambulante Pflege sind die Arbeitsgemeinschaften der örtlichen Träger der Sozialhilfe oder anderer nach Landesrecht für die Sozialhilfe zuständigen Träger, bei Rahmenverträgen über stationäre Pflege die überörtlichen Träger der Sozialhilfe und die Arbeitsgemeinschaften der örtlichen Träger der Sozialhilfe als Vertragspartei zu beteiligen. Die Rahmenverträge sind für die Pflegekassen und die zugelassenen Pflegeeinrichtungen im Inland unmittelbar verbindlich.
(2) Die Verträge regeln insbesondere:
1. den Inhalt der Pflegeleistungen einschließlich der Sterbebegleitung sowie bei stationärer Pflege die Abgrenzung zwischen den allgemeinen Pflegeleistungen, den Leistungen bei Unterkunft und Verpflegung und den Zusatzleistungen,
2. die allgemeinen Bedingungen der Pflege einschließlich der Vertragsvoraussetzungen und der Vertragserfüllung für eine leistungsfähige und

wirtschaftliche pflegerische Versorgung, der Kostenübernahme, der Abrechnung der Entgelte und der hierzu erforderlichen Bescheinigungen und Berichte,
3. Maßstäbe und Grundsätze für eine wirtschaftliche und leistungsbezogene, am Versorgungsauftrag orientierte personelle und sächliche Ausstattung der Pflegeeinrichtungen,
4. die Überprüfung der Notwendigkeit und Dauer der Pflege,
5. Abschläge von der Pflegevergütung bei vorübergehender Abwesenheit (Krankenhausaufenthalt, Beurlaubung) des Pflegebedürftigen aus dem Pflegeheim,
6. den Zugang des Medizinischen Dienstes und sonstiger von den Pflegekassen beauftragter Prüfer zu den Pflegeeinrichtungen,
7. die Verfahrens- und Prüfungsgrundsätze für Wirtschaftlichkeits- und Abrechnungsprüfungen,
8. die Grundsätze zur Festlegung der örtlichen oder regionalen Einzugsbereiche der Pflegeeinrichtungen, um Pflegeleistungen ohne lange Wege möglichst orts- und bürgernah anzubieten,
9. die Möglichkeiten, unter denen sich Mitglieder von Selbsthilfegruppen, ehrenamtliche Pflegepersonen und sonstige zum bürgerschaftlichen Engagement bereite Personen und Organisationen in der häuslichen Pflege sowie in ambulanten und stationären Pflegeeinrichtungen an der Betreuung Pflegebedürftiger beteiligen können,
10. die Verfahrens- und Prüfungsgrundsätze für die Zahlung einer ortsüblichen Vergütung an die Beschäftigten nach § 72 Absatz 3 Satz 1 Nummer 2,
11. die Anforderungen an die nach § 85 Absatz 3 geeigneten Nachweise bei den Vergütungsverhandlungen.

Durch die Regelung der sächlichen Ausstattung in Satz 1 Nr. 3 werden Ansprüche der Pflegeheimbewohner nach § 33 des Fünften Buches auf Versorgung mit Hilfsmitteln weder aufgehoben noch eingeschränkt.

§ 77 Häusliche Pflege durch Einzelpersonen

(1) Zur Sicherstellung der körperbezogenen Pflege, der pflegerischen Betreuung sowie der Haushaltsführung im Sinne des § 36 soll die Pflegekasse Verträge mit einzelnen geeigneten Pflegekräften schließen, um dem Pflegebedürftigen zu helfen, ein möglichst selbständiges und selbstbestimmtes Leben zu führen oder dem besonderen Wunsch des Pflegebedürftigen zur Gestaltung der Hilfe zu entsprechen;

Verträge mit Verwandten oder Verschwägerten des Pflegebedürftigen bis zum dritten Grad sowie mit Personen, die mit dem Pflegebedürftigen in häuslicher Gemeinschaft leben, sind unzulässig. In dem Vertrag sind Inhalt, Umfang, Qualität, Qualitätssicherung, Vergütung sowie Prüfung der Qualität und Wirtschaftlichkeit der vereinbarten Leistungen zu regeln; § 112 ist entsprechend anzuwenden. Die Vergütungen sind für Leistungen der häuslichen Pflegehilfe nach § 36 Absatz 1 zu vereinbaren. In dem Vertrag ist weiter zu regeln, dass die Pflegekräfte mit dem Pflegebedürftigen, dem sie Leistungen der häuslichen Pflegehilfe erbringen, kein Beschäftigungsverhältnis eingehen dürfen. Soweit davon abweichend Verträge geschlossen sind, sind sie zu kündigen. Die Sätze 4 und 5 gelten nicht, wenn

1. das Beschäftigungsverhältnis vor dem 1. Mai 1996 bestanden hat und
2. die vor dem 1. Mai 1996 erbrachten Pflegeleistungen von der zuständigen Pflegekasse aufgrund eines von ihr mit der Pflegekraft abgeschlossenen Vertrages vergütet worden sind.

In den Pflegeverträgen zwischen den Pflegebedürftigen und den Pflegekräften sind mindestens Art, Inhalt und Umfang der Leistungen einschließlich der dafür mit den Kostenträgern vereinbarten Vergütungen zu beschreiben. § 120 Absatz 1 Satz 2 gilt entsprechend.

(2) Die Pflegekassen können bei Bedarf einzelne Pflegekräfte zur Sicherstellung der körperbezogenen Pflege, der pflegerischen Betreuung sowie der Haushaltsführung im Sinne des § 36 anstellen, für die hinsichtlich der Wirtschaftlichkeit und Qualität ihrer Leistungen die gleichen Anforderungen wie für die zugelassenen Pflegedienste nach diesem Buch gelten.

§ 78 Verträge über Pflegehilfsmittel

(1) Der Spitzenverband Bund der Pflegekassen schließt mit den Leistungserbringern oder deren Verbänden Verträge über die Versorgung der Versicherten mit Pflegehilfsmitteln, soweit diese nicht nach den Vorschriften des Fünften Buches über die Hilfsmittel zu vergüten sind. Abweichend von Satz 1 können die Pflegekassen Verträge über die Versorgung der Versicherten mit Pflegehilfsmitteln schließen, um dem Wirtschaftlichkeitsgebot verstärkt Rechnung zu tragen. Die §§ 36, 126 und 127 des Fünften Buches gelten entsprechend.

(2) Der Spitzenverband Bund der Pflegekassen erstellt als Anlage zu dem Hilfsmittelverzeichnis nach § 139 des Fünften Buches ein systematisch strukturiertes Pflegehilfsmittelverzeichnis. Darin sind die von der Leistungspflicht der

Pflegeversicherung umfassten Pflegehilfsmittel aufzuführen, soweit diese nicht bereits im Hilfsmittelverzeichnis enthalten sind. Pflegehilfsmittel, die für eine leihweise Überlassung an die Versicherten geeignet sind, sind gesondert auszuweisen. Im Übrigen gilt § 139 des Fünften Buches entsprechend mit der Maßgabe, dass die Verbände der Pflegeberufe und der behinderten Menschen vor Erstellung und Fortschreibung des Pflegehilfsmittelverzeichnisses ebenfalls anzuhören sind.

(3) Die Landesverbände der Pflegekassen vereinbaren untereinander oder mit geeigneten Pflegeeinrichtungen das Nähere zur Ausleihe der hierfür nach Absatz 2 Satz 4 geeigneten Pflegehilfsmittel einschließlich ihrer Beschaffung, Lagerung, Wartung und Kontrolle. Die Pflegebedürftigen und die zugelassenen Pflegeeinrichtungen sind von den Pflegekassen oder deren Verbänden in geeigneter Form über die Möglichkeit der Ausleihe zu unterrichten.

§ 82 Finanzierung der Pflegeeinrichtungen

1. Zugelassene Pflegeheime und Pflegedienste erhalten nach Maßgabe dieses Kapitels eine leistungsgerechte Vergütung für die allgemeinen Pflegeleistungen (Pflegevergütung) sowie
2. bei stationärer Pflege ein angemessenes Entgelt für Unterkunft und Verpflegung.

Die Pflegevergütung ist von den Pflegebedürftigen oder deren Kostenträgern zu tragen. Sie umfasst auch die Betreuung und, soweit bei stationärer Pflege kein Anspruch auf außerklinische Intensivpflege nach § 37c des Fünften Buches besteht, die medizinische Behandlungspflege. Für Unterkunft und Verpflegung bei stationärer Pflege hat der Pflegebedürftige selbst aufzukommen.

(2) In der Pflegevergütung und in den Entgelten für Unterkunft und Verpflegung dürfen keine Aufwendungen berücksichtigt werden für

1. Maßnahmen einschließlich Kapitalkosten, die dazu bestimmt sind, die für den Betrieb der Pflegeeinrichtung notwendigen Gebäude und sonstigen abschreibungsfähigen Anlagegüter herzustellen, anzuschaffen, wiederzubeschaffen, zu ergänzen, instandzuhalten oder instandzusetzen; ausgenommen sind die zum Verbrauch bestimmten Güter (Verbrauchsgüter), die der Pflegevergütung nach Absatz 1 Satz 1 Nr. 1 zuzuordnen sind,
2. den Erwerb und die Erschließung von Grundstücken,
3. Miete, Pacht, Erbbauzins, Nutzung oder Mitbenutzung von Grundstücken, Gebäuden oder sonstigen Anlagegütern,

4. den Anlauf oder die innerbetriebliche Umstellung von Pflegeeinrichtungen,
5. die Schließung von Pflegeeinrichtungen oder ihre Umstellung auf andere Aufgaben.

(3) Soweit betriebsnotwendige Investitionsaufwendungen nach Absatz 2 Nr. 1 oder Aufwendungen für Miete, Pacht, Erbbauzins, Nutzung oder Mitbenutzung von Gebäuden oder sonstige abschreibungsfähige Anlagegüter nach Absatz 2 Nr. 3 durch öffentliche Förderung gemäß § 9 nicht vollständig gedeckt sind, kann die Pflegeeinrichtung diesen Teil der Aufwendungen den Pflegebedürftigen gesondert berechnen. Gleiches gilt, soweit die Aufwendungen nach Satz 1 vom Land durch Darlehen oder sonstige rückzahlbare Zuschüsse gefördert werden. Die gesonderte Berechnung bedarf der Zustimmung der zuständigen Landesbehörde; das Nähere hierzu, insbesondere auch zu Art, Höhe und Laufzeit sowie die Verteilung der gesondert berechenbaren Aufwendungen auf die Pflegebedürftigen einschließlich der Berücksichtigung pauschalierter Instandhaltungs- und Instandsetzungsaufwendungen sowie der zugrunde zu legenden Belegungsquote, wird durch Landesrecht bestimmt. Die Pauschalen müssen in einem angemessenen Verhältnis zur tatsächlichen Höhe der Instandhaltungs- und Instandsetzungsaufwendungen stehen.

(4) Pflegeeinrichtungen, die nicht nach Landesrecht gefördert werden, können ihre betriebsnotwendigen Investitionsaufwendungen den Pflegebedürftigen ohne Zustimmung der zuständigen Landesbehörde gesondert berechnen. Die gesonderte Berechnung ist der zuständigen Landesbehörde mitzuteilen.

(5) Öffentliche Zuschüsse zu den laufenden Aufwendungen einer Pflegeeinrichtung (Betriebskostenzuschüsse) sind von der Pflegevergütung abzuziehen.

§ 84 Bemessungsgrundsätze [Pflegesatz]

(1) Pflegesätze sind die Entgelte der Heimbewohner oder ihrer Kostenträger für die teil- oder vollstationären Pflegeleistungen des Pflegeheims sowie für die Betreuung und, soweit kein Anspruch auf außerklinische Intensivpflege nach § 37c des Fünften Buches besteht, für die medizinische Behandlungspflege. In den Pflegesätzen dürfen keine Aufwendungen berücksichtigt werden, die nicht der Finanzierungszuständigkeit der sozialen Pflegeversicherung unterliegen.

(2) Die Pflegesätze müssen leistungsgerecht sein. Sie sind nach dem Versorgungsaufwand, den der Pflegebedürftige nach Art und Schwere seiner Pflegebedürftigkeit benötigt, entsprechend den fünf Pflegegraden einzuteilen.

Davon ausgehend sind bei vollstationärer Pflege nach § 43 für die Pflegegrade 2 bis 5 einrichtungseinheitliche Eigenanteile zu ermitteln; dies gilt auch bei Änderungen der Leistungsbeträge. Die Pflegesätze müssen einem Pflegeheim bei wirtschaftlicher Betriebsführung ermöglichen, seine Aufwendungen zu finanzieren und seinen Versorgungsauftrag zu erfüllen unter Berücksichtigung einer angemessenen Vergütung ihres Unternehmerrisikos. Die Bezahlung von Gehältern bis zur Höhe tarifvertraglich vereinbarter Vergütungen sowie entsprechender Vergütungen nach kirchlichen Arbeitsrechtsregelungen kann dabei nicht als unwirtschaftlich abgelehnt werden. Für eine darüber hinausgehende Bezahlung bedarf es eines sachlichen Grundes. Überschüsse verbleiben dem Pflegeheim; Verluste sind von ihm zu tragen. Der Grundsatz der Beitragssatzstabilität ist zu beachten. Bei der Bemessung der Pflegesätze einer Pflegeeinrichtung können die Pflegesätze derjenigen Pflegeeinrichtungen, die nach Art und Größe sowie hinsichtlich der in Absatz 5 genannten Leistungs- und Qualitätsmerkmale im Wesentlichen gleichartig sind, angemessen berücksichtigt werden.

(3) Die Pflegesätze sind für alle Heimbewohner des Pflegeheimes nach einheitlichen Grundsätzen zu bemessen; eine Differenzierung nach Kostenträgern ist unzulässig.

(4) Mit den Pflegesätzen sind alle für die Versorgung der Pflegebedürftigen nach Art und Schwere ihrer Pflegebedürftigkeit erforderlichen Pflegeleistungen der Pflegeeinrichtung (allgemeine Pflegeleistungen) abgegolten. Für die allgemeinen Pflegeleistungen dürfen, soweit nichts anderes bestimmt ist, ausschließlich die nach § 85 oder § 86 vereinbarten oder nach § 85 Abs. 5 festgesetzten Pflegesätze berechnet werden, ohne Rücksicht darauf, wer zu ihrer Zahlung verpflichtet ist.

(5) In der Pflegesatzvereinbarung sind die wesentlichen Leistungs- und Qualitätsmerkmale der Einrichtung festzulegen. Hierzu gehören insbesondere

1. die Zuordnung des voraussichtlich zu versorgenden Personenkreises sowie Art, Inhalt und Umfang der Leistungen, die von der Einrichtung während des nächsten Pflegesatzzeitraums erwartet werden,
2. die von der Einrichtung für den voraussichtlich zu versorgenden Personenkreis individuell vorzuhaltende personelle Ausstattung, gegliedert nach Berufsgruppen, sowie
3. Art und Umfang der Ausstattung der Einrichtung mit Verbrauchsgütern (§ 82 Abs. 2 Nr. 1).

(6) Der Träger der Einrichtung ist verpflichtet, mit der vereinbarten personellen Ausstattung die Versorgung der Pflegebedürftigen jederzeit sicherzustellen. Er hat

bei Personalengpässen oder -ausfällen durch geeignete Maßnahmen sicherzustellen, dass die Versorgung der Pflegebedürftigen nicht beeinträchtigt wird. Auf Verlangen einer Vertragspartei hat der Träger der Einrichtung in einem Personalabgleich nachzuweisen, dass die vereinbarte Personalausstattung tatsächlich bereitgestellt und bestimmungsgemäß eingesetzt wird. Das Nähere zur Durchführung des Personalabgleichs wird in den Verträgen nach § 75 Abs. 1 und 2 geregelt.

(7) Der Träger der Einrichtung ist verpflichtet, im Falle einer Vereinbarung der Pflegesätze auf Grundlage der Bezahlung von Gehältern bis zur Höhe tarifvertraglich vereinbarter Vergütungen sowie entsprechender Vergütungen nach kirchlichen Arbeitsrechtsregelungen, die entsprechende Bezahlung der Beschäftigten jederzeit einzuhalten. Auf Verlangen einer Vertragspartei hat der Träger der Einrichtung dieses nachzuweisen. Personenbezogene Daten sind zu anonymisieren. Das Nähere zur Durchführung des Nachweises wird in den Verträgen nach § 75 Absatz 1 und 2 geregelt.

(8) Vergütungszuschläge sind abweichend von Absatz 2 Satz 2 und Absatz 4 Satz 1 sowie unter entsprechender Anwendung des Absatzes 2 Satz 1 und 5, des Absatzes 7 und des § 87a zusätzliche Entgelte zur Pflegevergütung für die Leistungen nach § 43b. Der Vergütungszuschlag ist von der Pflegekasse zu tragen und von dem privaten Versicherungsunternehmen im Rahmen des vereinbarten Versicherungsschutzes zu erstatten; § 28 Absatz 2 ist entsprechend anzuwenden. Mit den Vergütungszuschlägen sind alle zusätzlichen Leistungen der Betreuung und Aktivierung in stationären Pflegeeinrichtungen abgegolten. Pflegebedürftige dürfen mit den Vergütungszuschlägen weder ganz noch teilweise belastet werden.

§ 85 Pflegesatzverfahren [Pflegesatzverhandlung]

(1) Art, Höhe und Laufzeit der Pflegesätze werden zwischen dem Träger des Pflegeheimes und den Leistungsträgern nach Absatz 2 vereinbart.

(2) Parteien der Pflegesatzvereinbarung (Vertragsparteien) sind der Träger des einzelnen zugelassenen Pflegeheimes sowie

1. die Pflegekassen oder sonstige Sozialversicherungsträger,
2. die für die Bewohner des Pflegeheimes zuständigen Träger der Sozialhilfe sowie
3. die Arbeitsgemeinschaften der unter Nummer 1 und 2 genannten Träger,

soweit auf den jeweiligen Kostenträger oder die Arbeitsgemeinschaft im Jahr vor Beginn der Pflegesatzverhandlungen jeweils mehr als fünf vom Hundert der Berechnungstage des Pflegeheimes entfallen. Die Pflegesatzvereinbarung ist für jedes zugelassene Pflegeheim gesondert abzuschließen; § 86 Abs. 2 bleibt unberührt. Die Vereinigungen der Pflegeheime im Land, die Landesverbände der Pflegekassen sowie der Verband der privaten Krankenversicherung e. V. im Land können sich am Pflegesatzverfahren beteiligen.

(3) Die Pflegesatzvereinbarung ist im Voraus, vor Beginn der jeweiligen Wirtschaftsperiode des Pflegeheimes, für einen zukünftigen Zeitraum (Pflegesatzzeitraum) zu treffen. Das Pflegeheim hat Art, Inhalt, Umfang und Kosten der Leistungen, für die es eine Vergütung beansprucht, durch Pflegedokumentationen und andere geeignete Nachweise rechtzeitig vor Beginn der Pflegesatzverhandlungen darzulegen; es hat außerdem die schriftliche Stellungnahme der nach heimrechtlichen Vorschriften vorgesehenen Interessenvertretung der Bewohnerinnen und Bewohner beizufügen. Soweit dies zur Beurteilung seiner Wirtschaftlichkeit und Leistungsfähigkeit im Einzelfall erforderlich ist, hat das Pflegeheim auf Verlangen einer Vertragspartei zusätzliche Unterlagen vorzulegen und Auskünfte zu erteilen. Hierzu gehören auch pflegesatzerhebliche Angaben zum Jahresabschluss entsprechend den Grundsätzen ordnungsgemäßer Pflegebuchführung, zur personellen und sachlichen Ausstattung des Pflegeheims einschließlich der Kosten sowie zur tatsächlichen Stellenbesetzung und Eingruppierung. Dabei sind insbesondere die in der Pflegesatzverhandlung geltend gemachten, voraussichtlichen Personalkosten einschließlich entsprechender Erhöhungen im Vergleich zum bisherigen Pflegesatzzeitraum vorzuweisen. Personenbezogene Daten sind zu anonymisieren.

(4) Die Pflegesatzvereinbarung kommt durch Einigung zwischen dem Träger des Pflegeheimes und der Mehrheit der Kostenträger nach Absatz 2 Satz 1 zustande, die an der Pflegesatzverhandlung teilgenommen haben. Sie ist schriftlich abzuschließen. Soweit Vertragsparteien sich bei den Pflegesatzverhandlungen durch Dritte vertreten lassen, haben diese vor Verhandlungsbeginn den übrigen Vertragsparteien eine schriftliche Verhandlungs- und Abschlussvollmacht vorzulegen.

(5) Kommt eine Pflegesatzvereinbarung innerhalb von sechs Wochen nicht zustande, nachdem eine Vertragspartei schriftlich zu Pflegesatzverhandlungen aufgefordert hat, setzt die Schiedsstelle nach § 76 auf Antrag einer Vertragspartei die Pflegesätze unverzüglich, in der Regel binnen drei Monaten, fest. Satz 1 gilt auch, soweit der nach Absatz 2 Satz 1 Nr. 2 zuständige Träger der Sozialhilfe der Pflegesatzvereinbarung innerhalb von zwei Wochen nach Vertragsschluss widerspricht; der Träger der Sozialhilfe kann im Voraus verlangen, dass an Stelle der

gesamten Schiedsstelle nur der Vorsitzende und die beiden weiteren unparteiischen Mitglieder oder nur der Vorsitzende allein entscheiden. Gegen die Festsetzung ist der Rechtsweg zu den Sozialgerichten gegeben. Ein Vorverfahren findet nicht statt; die Klage hat keine aufschiebende Wirkung.

(6) Pflegesatzvereinbarungen sowie Schiedsstellenentscheidungen nach Absatz 5 Satz 1 oder 2 treten zu dem darin unter angemessener Berücksichtigung der Interessen der Pflegeheimbewohner bestimmten Zeitpunkt in Kraft; sie sind für das Pflegeheim sowie für die in dem Heim versorgten Pflegebedürftigen und deren Kostenträger unmittelbar verbindlich. Ein rückwirkendes Inkrafttreten von Pflegesätzen ist nicht zulässig. Nach Ablauf des Pflegesatzzeitraums gelten die vereinbarten oder festgesetzten Pflegesätze bis zum Inkrafttreten neuer Pflegesätze weiter.

(7) Bei unvorhersehbaren wesentlichen Veränderungen der Annahmen, die der Vereinbarung oder Festsetzung der Pflegesätze zugrunde lagen, sind die Pflegesätze auf Verlangen einer Vertragspartei für den laufenden Pflegesatzzeitraum neu zu verhandeln. Dies gilt insbesondere bei einer erheblichen Abweichung der tatsächlichen Bewohnerstruktur. Die Absätze 3 bis 6 gelten entsprechend. Im Fall von Satz 2 kann eine Festsetzung der Pflegesätze durch die Schiedsstelle abweichend von Satz 3 in Verbindung mit Absatz 5 Satz 1 bereits nach einem Monat beantragt werden.

(8) Die Vereinbarung des Vergütungszuschlags nach § 84 Absatz 8 erfolgt auf der Grundlage, dass

1. die stationäre Pflegeeinrichtung für die zusätzliche Betreuung und Aktivierung der Pflegebedürftigen über zusätzliches Betreuungspersonal, in vollstationären Pflegeeinrichtungen in sozialversicherungspflichtiger Beschäftigung verfügt und die Aufwendungen für dieses Personal weder bei der Bemessung der Pflegesätze noch bei den Zusatzleistungen nach § 88 berücksichtigt werden,
2. in der Regel für jeden Pflegebedürftigen 5 Prozent der Personalaufwendungen für eine zusätzliche Vollzeitkraft finanziert wird und
3. die Vertragsparteien Einvernehmen erzielt haben, dass der vereinbarte Vergütungszuschlag nicht berechnet werden darf, soweit die zusätzliche Betreuung und Aktivierung für Pflegebedürftige nicht erbracht wird.

Pflegebedürftige und ihre Angehörigen sind von der stationären Pflegeeinrichtung im Rahmen der Verhandlung und des Abschlusses des stationären Pflegevertrages nachprüfbar und deutlich darauf hinzuweisen, dass ein zusätzliches Betreuungsangebot besteht. Im Übrigen gelten die Absätze 1 bis 7 entsprechend.

§ 86 Pflegesatzkommission

(1) Die Landesverbände der Pflegekassen, der Verband der privaten Krankenversicherung e.V., die überörtlichen oder ein nach Landesrecht bestimmter Träger der Sozialhilfe und die Vereinigungen der Pflegeheimträger im Land bilden regional oder landesweit tätige Pflegesatzkommissionen, die anstelle der Vertragsparteien nach § 85 Abs. 2 die Pflegesätze mit Zustimmung der betroffenen Pflegeheimträger vereinbaren können. § 85 Abs. 3 bis 7 gilt entsprechend.

(2) Für Pflegeheime, die in derselben kreisfreien Gemeinde oder in demselben Landkreis liegen, kann die Pflegesatzkommission mit Zustimmung der betroffenen Pflegeheimträger für die gleichen Leistungen einheitliche Pflegesätze vereinbaren. Die beteiligten Pflegeheime sind befugt, ihre Leistungen unterhalb der nach Satz 1 vereinbarten Pflegesätze anzubieten.

(3) Die Pflegesatzkommission oder die Vertragsparteien nach § 85 Abs. 2 können auch Rahmenvereinbarungen abschließen, die insbesondere ihre Rechte und Pflichten, die Vorbereitung, den Beginn und das Verfahren der Pflegesatzverhandlungen sowie Art, Umfang und Zeitpunkt der vom Pflegeheim vorzulegenden Leistungsnachweise und sonstigen Verhandlungsunterlagen näher bestimmen. Satz 1 gilt nicht, soweit für das Pflegeheim verbindliche Regelungen nach § 75 getroffen worden sind.

§ 87 Unterkunft und Verpflegung

Die als Pflegesatzparteien betroffenen Leistungsträger (§ 85 Abs. 2) vereinbaren mit dem Träger des Pflegeheimes die von den Pflegebedürftigen zu tragenden Entgelte für die Unterkunft und für die Verpflegung jeweils getrennt. Die Entgelte müssen in einem angemessenen Verhältnis zu den Leistungen stehen. § 84 Abs. 3 und 4 und die §§ 85 und 86 gelten entsprechend; § 88 bleibt unberührt.

§ 87a Berechnung und Zahlung des Heimentgelts

(1) Die Pflegesätze, die Entgelte für Unterkunft und Verpflegung sowie die gesondert berechenbaren Investitionskosten (Gesamtheimentgelt) werden für den Tag der Aufnahme des Pflegebedürftigen in das Pflegeheim sowie für jeden weiteren Tag des Heimaufenthalts berechnet (Berechnungstag). Die Zahlungspflicht der

Heimbewohner oder ihrer Kostenträger endet mit dem Tag, an dem der Heimbewohner aus dem Heim entlassen wird oder verstirbt. Zieht ein Pflegebedürftiger in ein anderes Heim um, darf nur das aufnehmende Pflegeheim ein Gesamtheimentgelt für den Verlegungstag berechnen. Von den Sätzen 1 bis 3 abweichende Vereinbarungen zwischen dem Pflegeheim und dem Heimbewohner oder dessen Kostenträger sind nichtig. Der Pflegeplatz ist im Fall vorübergehender Abwesenheit vom Pflegeheim für einen Abwesenheitszeitraum von bis zu 42 Tagen im Kalenderjahr für den Pflegebedürftigen freizuhalten. Abweichend hiervon verlängert sich der Abwesenheitszeitraum bei Krankenhausaufenthalten und bei Aufenthalten in Rehabilitationseinrichtungen für die Dauer dieser Aufenthalte. In den Rahmenverträgen nach § 75 sind für die nach den Sätzen 5 und 6 bestimmten Abwesenheitszeiträume, soweit drei Kalendertage überschritten werden, Abschläge von mindestens 25 vom Hundert der Pflegevergütung, der Entgelte für Unterkunft und Verpflegung und der Zuschläge nach § 92b vorzusehen.

(2) Bestehen Anhaltspunkte dafür, dass der pflegebedürftige Heimbewohner auf Grund der Entwicklung seines Zustands einem höheren Pflegegrad zuzuordnen ist, so ist er auf schriftliche Aufforderung des Heimträgers verpflichtet, bei seiner Pflegekasse die Zuordnung zu einer höheren Pflegestufe zu beantragen. Die Aufforderung ist zu begründen und auch der Pflegekasse sowie bei Sozialhilfeempfängern dem zuständigen Träger der Sozialhilfe zuzuleiten. Weigert sich der Heimbewohner, den Antrag zu stellen, kann der Heimträger ihm oder seinem Kostenträger ab dem ersten Tag des zweiten Monats nach der Aufforderung vorläufig den Pflegesatz nach dem nächsthöheren Pflegegrad berechnen. Werden die Voraussetzungen für einen höheren Pflegegrad vom Medizinischen Dienst nicht bestätigt und lehnt die Pflegekasse eine Höherstufung deswegen ab, hat das Pflegeheim dem Pflegebedürftigen den überzahlten Betrag unverzüglich zurückzuzahlen; der Rückzahlungsbetrag ist rückwirkend ab dem in Satz 3 genannten Zeitpunkt mit wenigstens 5 vom Hundert zu verzinsen.

(3) Die dem pflegebedürftigen Heimbewohner nach den §§ 41 bis 43 zustehenden Leistungsbeträge sind von seiner Pflegekasse mit befreiender Wirkung unmittelbar an das Pflegeheim zu zahlen. Maßgebend für die Höhe des zu zahlenden Leistungsbetrags ist der Leistungsbescheid der Pflegekasse, unabhängig davon, ob der Bescheid bestandskräftig ist oder nicht. Die von den Pflegekassen zu zahlenden Leistungsbeträge werden bei vollstationärer Pflege (§ 43) zum 15. eines jeden Monats fällig.

(4) Pflegeeinrichtungen, die Leistungen im Sinne des § 43 erbringen, erhalten von der Pflegekasse zusätzlich den Betrag von 2 952 Euro, wenn der Pflegebedürftige nach der Durchführung aktivierender oder rehabilitativer Maßnahmen in einen niedrigeren Pflegegrad zurückgestuft wurde oder festgestellt wurde, dass er nicht mehr pflegebedürftig im Sinne der §§ 14 und 15 ist. Der Betrag wird entsprechend § 30 angepasst. Der von der Pflegekasse gezahlte Betrag ist von der Pflegeeinrichtung zurückzuzahlen, wenn der Pflegebedürftige innerhalb von sechs Monaten in einen höheren Pflegegrad oder wieder als pflegebedürftig im Sinne der §§ 14 und 15 eingestuft wird.

§ 88 Zusatzleistungen

(1) Neben den Pflegesätzen nach § 85 und den Entgelten nach § 87 darf das Pflegeheim mit den Pflegebedürftigen über die im Versorgungsvertrag vereinbarten notwendigen Leistungen hinaus (§ 72 Abs. 1 Satz 2) gesondert ausgewiesene Zuschläge für

1. besondere Komfortleistungen bei Unterkunft und Verpflegung sowie
2. zusätzliche pflegerisch-betreuende Leistungen

vereinbaren (Zusatzleistungen). Der Inhalt der notwendigen Leistungen und deren Abgrenzung von den Zusatzleistungen werden in den Rahmenverträgen nach § 75 festgelegt.

(2) Die Gewährung und Berechnung von Zusatzleistungen ist nur zulässig, wenn:

1. dadurch die notwendigen stationären oder teilstationären Leistungen des Pflegeheimes (§ 84 Abs. 4 und § 87) nicht beeinträchtigt werden,
2. die angebotenen Zusatzleistungen nach Art, Umfang, Dauer und Zeitabfolge sowie die Höhe der Zuschläge und die Zahlungsbedingungen vorher schriftlich zwischen dem Pflegeheim und dem Pflegebedürftigen vereinbart worden sind,
3. das Leistungsangebot und die Leistungsbedingungen den Landesverbänden der Pflegekassen und den überörtlichen Trägern der Sozialhilfe im Land vor Leistungsbeginn schriftlich mitgeteilt worden sind.

§ 89 Grundsätze für die Vergütungsregelung [Ambulante Pflege]

(1) 1 Die Vergütung der ambulanten Leistungen der häuslichen Pflegehilfe und der ergänzenden Unterstützungsleistungen bei der Nutzung von digitalen Pflegeanwendungen wird, soweit nicht die Gebührenordnung nach § 90 Anwendung findet, zwischen dem Träger des Pflegedienstes und den Leistungsträgern nach

Absatz 2 für alle Pflegebedürftigen nach einheitlichen Grundsätzen vereinbart. Sie muss leistungsgerecht sein. Die Vergütung muss einem Pflegedienst bei wirtschaftlicher Betriebsführung ermöglichen, seine Aufwendungen zu finanzieren und seinen Versorgungsauftrag zu erfüllen unter Berücksichtigung einer angemessenen Vergütung ihres Unternehmerrisikos. Die Bezahlung von Gehältern bis zur Höhe tarifvertraglich vereinbarter Vergütungen sowie entsprechender Vergütungen nach kirchlichen Arbeitsrechtsregelungen kann dabei nicht als unwirtschaftlich abgelehnt werden. Für eine darüber hinausgehende Bezahlung bedarf es eines sachlichen Grundes. Eine Differenzierung in der Vergütung nach Kostenträgern ist unzulässig.

(2) Vertragsparteien der Vergütungsvereinbarung sind die Träger des Pflegedienstes sowie

1. die Pflegekassen oder sonstige Sozialversicherungsträger,
2. die Träger der Sozialhilfe, die für die durch den Pflegedienst versorgten Pflegebedürftigen zuständig sind, sowie
3. die Arbeitsgemeinschaften der unter Nummer 1 und 2 genannten Träger,

soweit auf den jeweiligen Kostenträger oder die Arbeitsgemeinschaft im Jahr vor Beginn der Vergütungsverhandlungen jeweils mehr als 5 vom Hundert der vom Pflegedienst betreuten Pflegebedürftigen entfallen. Die Vergütungsvereinbarung ist für jeden Pflegedienst gesondert abzuschließen und gilt für den nach § 72 Abs. 3 Satz 3 vereinbarten Einzugsbereich, soweit nicht ausdrücklich etwas Abweichendes vereinbart wird.

(3) Die Vergütungen können, je nach Art und Umfang der Pflegeleistung, nach dem dafür erforderlichen Zeitaufwand oder unabhängig vom Zeitaufwand nach dem Leistungsinhalt des jeweiligen Pflegeeinsatzes, nach Komplexleistungen oder in Ausnahmefällen auch nach Einzelleistungen bemessen werden; sonstige Leistungen wie hauswirtschaftliche Versorgung, Behördengänge oder Fahrkosten können auch mit Pauschalen vergütet werden. Die Vergütungen haben zu berücksichtigen, dass Leistungen von mehreren Pflegebedürftigen gemeinsam abgerufen und in Anspruch genommen werden können; die sich aus einer gemeinsamen Leistungsinanspruchnahme ergebenden Zeit- und Kostenersparnisse kommen den Pflegebedürftigen zugute. § 84 Absatz 4 Satz 2 und Absatz 7, § 85 Absatz 3 bis 7 und § 86 gelten entsprechend.

§ 92b Integrierte Versorgung

(1) Die Pflegekassen können mit zugelassenen Pflegeeinrichtungen und den weiteren Vertragspartnern nach § 140a Absatz 3 Satz 1 des Fünften Buches Verträge zur integrierten Versorgung schließen oder derartigen Verträgen mit Zustimmung der Vertragspartner beitreten.

(2) In den Verträgen nach Absatz 1 ist das Nähere über Art, Inhalt und Umfang der zu erbringenden Leistungen der integrierten Versorgung sowie deren Vergütung zu regeln. Diese Verträge können von den Vorschriften der §§ 75, 85 und 89 abweichende Regelungen treffen, wenn sie dem Sinn und der Eigenart der integrierten Versorgung entsprechen, die Qualität, die Wirksamkeit und die Wirtschaftlichkeit der Versorgung durch die Pflegeeinrichtungen verbessern oder aus sonstigen Gründen zur Durchführung der integrierten Versorgung erforderlich sind. In den Pflegevergütungen dürfen keine Aufwendungen berücksichtigt werden, die nicht der Finanzierungszuständigkeit der sozialen Pflegeversicherung unterliegen. Soweit Pflegeeinrichtungen durch die integrierte Versorgung Mehraufwendungen für Pflegeleistungen entstehen, vereinbaren die Beteiligten leistungsgerechte Zuschläge zu den Pflegevergütungen (§§ 85 und 89). § 140a Absatz 2 Satz 1 bis 3 des Fünften Buches gilt für Leistungsansprüche der Pflegeversicherten gegenüber ihrer Pflegekasse entsprechend.

§ 105 Abrechnung pflegerischer Leistungen

(1) Die an der Pflegeversorgung teilnehmenden Leistungserbringer sind verpflichtet,

1. in den Abrechnungsunterlagen die von ihnen erbrachten Leistungen nach Art, Menge und Preis einschließlich des Tages und der Zeit der Leistungserbringung aufzuzeichnen,
2. in den Abrechnungsunterlagen ihr Kennzeichen (§ 103) sowie die Versichertennummer des Pflegebedürftigen anzugeben,
3. bei der Abrechnung über die Abgabe von Hilfsmitteln die Bezeichnungen des Hilfsmittelverzeichnisses nach § 78 zu verwenden.

Vom 1. Januar 1996 an sind maschinenlesbare Abrechnungsunterlagen zu verwenden.

(2) Das Nähere über Form und Inhalt der Abrechnungsunterlagen sowie Einzelheiten des Datenträgeraustausches werden vom Spitzenverband Bund der Pflegekassen im Einvernehmen mit den Verbänden der Leistungserbringer festgelegt. Der Spitzenverband Bund der Pflegekassen und die Verbände der Leistungserbringer

legen bis zum 1. Januar 2018 die Einzelheiten für eine elektronische Datenübertragung aller Angaben und Nachweise fest, die für die Abrechnung pflegerischer Leistungen in der Form elektronischer Dokumente erforderlich sind. Für die elektronische Datenübertragung elektronischer Dokumente ist neben der qualifizierten elektronischen Signatur auch ein anderes sicheres Verfahren vorzusehen, das den Absender der Daten authentifiziert und die Integrität des elektronisch übermittelten Datensatzes gewährleistet. Zur Authentifizierung des Absenders der Daten können auch der elektronische Heilberufs- oder Berufsausweis nach § 291a Absatz 5 Satz 5 des Fünften Buches, die elektronische Gesundheitskarte nach § 291 des Fünften Buches sowie der elektronische Identitätsnachweis des Personalausweises genutzt werden; die zur Authentifizierung des Absenders der Daten erforderlichen Daten dürfen zusammen mit den übrigen übermittelten Daten gespeichert und verwendet werden. § 302 Absatz 2 Satz 2 und 3 des Fünften Buches gilt entsprechend.

§ 108 Auskünfte an Versicherte

Die Pflegekassen unterrichten die Versicherten auf deren Antrag über die in einem Zeitraum von mindestens 18 Monaten vor Antragstellung in Anspruch genommenen Leistungen und deren Kosten. Eine Mitteilung an die Leistungserbringer über die Unterrichtung des Versicherten ist nicht zulässig. Die Pflegekassen können in ihren Satzungen das Nähere über das Verfahren der Unterrichtung regeln.

§ 109 Pflegestatistiken

(1) Die Bundesregierung wird ermächtigt, für Zwecke dieses Buches durch Rechtsverordnung mit Zustimmung des Bundesrates jährliche Erhebungen über ambulante und stationäre Pflegeeinrichtungen sowie über die häusliche Pflege als Bundesstatistik anzuordnen. Die Bundesstatistik kann folgende Sachverhalte umfassen:

1. Art der Pflegeeinrichtung und der Trägerschaft,
2. Art des Leistungsträgers und des privaten Versicherungsunternehmens,
3. in der ambulanten und stationären Pflege tätige Personen nach Geschlecht, Geburtsjahr, Beschäftigungsverhältnis, Tätigkeitsbereich, Dienststellung, Berufsabschluss auf Grund einer Ausbildung, Weiterbildung oder Umschulung, zusätzlich bei Auszubildenden und Umschülern Art der Ausbildung und Ausbildungsjahr, Beginn und Ende der Pflegetätigkeit,

4. sachliche Ausstattung und organisatorische Einheiten der Pflegeeinrichtung, Ausbildungsstätten an Pflegeeinrichtungen,
5. Pflegebedürftige nach Geschlecht, Geburtsjahr, Wohnort, *Postleitzahl des Wohnorts vor dem Einzug in eine vollstationäre Pflegeeinrichtung,* Art, Ursache, Grad und Dauer der Pflegebedürftigkeit, Art des Versicherungsverhältnisses,
6. in Anspruch genommene Pflegeleistungen nach Art, Dauer und Häufigkeit sowie nach Art des Kostenträgers,
7. Kosten der Pflegeeinrichtungen nach Kostenarten sowie Erlöse nach Art, Höhe und Kostenträgern.

Auskunftspflichtig sind die Träger der Pflegeeinrichtungen, die Träger der Pflegeversicherung sowie die privaten Versicherungsunternehmen gegenüber den statistischen Ämtern der Länder; die Rechtsverordnung kann Ausnahmen von der Auskunftspflicht vorsehen.

(2) Die Bundesregierung wird ermächtigt, für Zwecke dieses Buches durch Rechtsverordnung mit Zustimmung des Bundesrates jährliche Erhebungen über die Situation Pflegebedürftiger und ehrenamtlich Pflegender als Bundesstatistik anzuordnen. Die Bundesstatistik kann folgende Sachverhalte umfassen:

1. Ursachen von Pflegebedürftigkeit,
2. Pflege- und Betreuungsbedarf der Pflegebedürftigen,
3. Pflege- und Betreuungsleistungen durch Pflegefachkräfte, Angehörige und ehrenamtliche Helfer sowie Angebote zur Unterstützung im Alltag,
4. Leistungen zur Prävention und Teilhabe,
5. Maßnahmen zur Erhaltung und Verbesserung der Pflegequalität,
6. Bedarf an Pflegehilfsmitteln und technischen Hilfen,
7. Maßnahmen zur Verbesserung des Wohnumfeldes.

Auskunftspflichtig ist der Medizinische Dienst gegenüber den statistischen Ämtern der Länder; Absatz 1 Satz 3 zweiter Halbsatz gilt entsprechend.

(3) Die nach Absatz 1 Satz 3 und Absatz 2 Satz 3 Auskunftspflichtigen teilen die von der jeweiligen Statistik umfassten Sachverhalte gleichzeitig den für die Planung und Investitionsfinanzierung der Pflegeeinrichtungen zuständigen Landesbehörden mit. Die Befugnis der Länder, zusätzliche, von den Absätzen 1 und 2 nicht erfasste Erhebungen über Sachverhalte des Pflegewesens als Landesstatistik anzuordnen, bleibt unberührt. Die Verordnung nach Absatz 1 Satz 1 hat sicherzustellen, dass die Pflegeeinrichtungen diesen Auskunftsverpflichtungen gemeinsam mit der

Auskunftsverpflichtung nach Absatz 1 durch eine einheitliche Auskunftserteilung nachkommen können.

(4) Daten der Pflegebedürftigen, der in der Pflege tätigen Personen, der Angehörigen und ehrenamtlichen Helfer dürfen für Zwecke der Bundesstatistik nur in anonymisierter Form an die statistischen Ämter der Länder übermittelt werden.

§ 110 Regelungen für die private Pflegeversicherung

(1) Um sicherzustellen, dass die Belange der Personen, die nach § 23 zum Abschluss eines Pflegeversicherungsvertrages bei einem privaten Krankenversicherungsunternehmen verpflichtet sind, ausreichend gewahrt werden und dass die Verträge auf Dauer erfüllbar bleiben, ohne die Interessen der Versicherten anderer Tarife zu vernachlässigen, werden die im Geltungsbereich dieses Gesetzes zum Betrieb der Pflegeversicherung befugten privaten Krankenversicherungsunternehmen verpflichtet,

1. mit allen in § 22 und § 23 Abs. 1, 3 und 4 genannten versicherungspflichtigen Personen auf Antrag einen Versicherungsvertrag abzuschließen, der einen Versicherungsschutz in dem in § 23 Abs. 1 und 3 festgelegten Umfang vorsieht (Kontrahierungszwang); dies gilt auch für das nach § 23 Abs. 2 gewählte Versicherungsunternehmen,
2. in den Verträgen, die Versicherungspflichtige in dem nach § 23 Abs. 1 und 3 vorgeschriebenen Umfang abschließen,
   a) keinen Ausschluss von Vorerkrankungen der Versicherten,
   b) keinen Ausschluss bereits pflegebedürftiger Personen,
   c) keine längeren Wartezeiten als in der sozialen Pflegeversicherung (§ 33 Abs. 2),
   d) keine Staffelung der Prämien nach Geschlecht und Gesundheitszustand der Versicherten,
   e) keine Prämienhöhe, die den Höchstbeitrag der sozialen Pflegeversicherung übersteigt, bei Personen, die nach § 23 Abs. 3 einen Teilkostentarif abgeschlossen haben, keine Prämienhöhe, die 50 vom Hundert des Höchstbeitrages der sozialen Pflegeversicherung übersteigt,
   f) die beitragsfreie Mitversicherung der Kinder des Versicherungsnehmers unter denselben Voraussetzungen, wie in § 25 festgelegt,
   g) für Ehegatten oder Lebenspartner ab dem Zeitpunkt des Nachweises der zur Inanspruchnahme der Beitragsermäßigung berechtigenden Umstände keine

Prämie in Höhe von mehr als 150 vom Hundert des Höchstbeitrages der sozialen Pflegeversicherung, wenn ein Ehegatte oder ein Lebenspartner kein Gesamteinkommen hat, das die in § 25 Abs. 1 Satz 1 Nr. 5 genannten Einkommensgrenzen überschreitet,

vorzusehen.

(2) Die in Absatz 1 genannten Bedingungen gelten für Versicherungsverträge, die mit Personen abgeschlossen werden, die zum Zeitpunkt des Inkrafttretens dieses Gesetzes Mitglied bei einem privaten Krankenversicherungsunternehmen mit Anspruch auf allgemeine Krankenhausleistungen sind oder sich nach Artikel 41 des Pflege-Versicherungsgesetzes innerhalb von sechs Monaten nach Inkrafttreten dieses Gesetzes von der Versicherungspflicht in der sozialen Pflegeversicherung befreien lassen. Die in Absatz 1 Nr. 1 und 2 Buchstabe a bis f genannten Bedingungen gelten auch für Verträge mit Personen, die im Basistarif nach § 152 des Versicherungsaufsichtsgesetzes versichert sind. Für Personen, die im Basistarif nach § 152 des Versicherungsaufsichtsgesetzes versichert sind und deren Beitrag zur Krankenversicherung sich nach § 152 Absatz 4 des Versicherungsaufsichtsgesetzes vermindert, darf der Beitrag 50 vom Hundert des sich nach Absatz 1 Nr. 2 Buchstabe e ergebenden Beitrags nicht übersteigen; die Beitragsbegrenzung für Ehegatten oder Lebenspartner nach Absatz 1 Nr. 2 Buchstabe g gilt für diese Versicherten nicht. Würde allein durch die Zahlung des Beitrags zur Pflegeversicherung nach Satz 2 Hilfebedürftigkeit im Sinne des Zweiten oder Zwölften Buches entstehen, gilt Satz 3 entsprechend; die Hilfebedürftigkeit ist vom zuständigen Träger nach dem Zweiten oder Zwölften Buch auf Antrag des Versicherten zu prüfen und zu bescheinigen.

(3) Für Versicherungsverträge, die mit Personen abgeschlossen werden, die erst nach Inkrafttreten dieses Gesetzes Mitglied eines privaten Krankenversicherungsunternehmens mit Anspruch auf allgemeine Krankenhausleistungen werden oder die der Versicherungspflicht nach § 193 Abs. 3 des Versicherungsvertragsgesetzes genügen, gelten, sofern sie in Erfüllung der Vorsorgepflicht nach § 22 Abs. 1 und § 23 Abs. 1, 3, 4 und 4a geschlossen werden und Vertragsleistungen in dem in § 23 Abs. 1 und 3 festgelegten Umfang vorsehen, folgende Bedingungen:

1. Kontrahierungszwang,
2. kein Ausschluss von Vorerkrankungen der Versicherten,
3. keine Staffelung der Prämien nach Geschlecht,
4. keine längeren Wartezeiten als in der sozialen Pflegeversicherung,

5. für Versicherungsnehmer, die über eine Vorversicherungszeit von mindestens fünf Jahren in ihrer privaten Pflegeversicherung oder privaten Krankenversicherung verfügen, keine Prämienhöhe, die den Höchstbeitrag der sozialen Pflegeversicherung übersteigt; Absatz 1 Nr. 2 Buchstabe e gilt,
6. beitragsfreie Mitversicherung der Kinder des Versicherungsnehmers unter denselben Voraussetzungen, wie in § 25 festgelegt.

(4) Rücktritts- und Kündigungsrechte der Versicherungsunternehmen sind ausgeschlossen, solange der Kontrahierungszwang besteht.

(5) Die Versicherungsunternehmen haben den Versicherten Akteneinsicht zu gewähren. Sie haben die Berechtigten über das Recht auf Akteneinsicht zu informieren, wenn sie das Ergebnis einer Prüfung auf Pflegebedürftigkeit mitteilen. § 25 des Zehnten Buches gilt entsprechend.

§ 112 Qualitätsverantwortung

(1) Die Träger der Pflegeeinrichtungen bleiben, unbeschadet des Sicherstellungsauftrags der Pflegekassen (§ 69), für die Qualität der Leistungen ihrer Einrichtungen einschließlich der Sicherung und Weiterentwicklung der Pflegequalität verantwortlich. Maßstäbe für die Beurteilung der Leistungsfähigkeit einer Pflegeeinrichtung und die Qualität ihrer Leistungen sind die für sie verbindlichen Anforderungen in den Vereinbarungen nach § 113 sowie die vereinbarten Leistungs- und Qualitätsmerkmale (§ 84 Abs. 5).

(2) Die zugelassenen Pflegeeinrichtungen sind verpflichtet, Maßnahmen der Qualitätssicherung sowie ein Qualitätsmanagement nach Maßgabe der Vereinbarungen nach § 113 durchzuführen, Expertenstandards nach § 113a anzuwenden sowie bei Qualitätsprüfungen nach § 114 mitzuwirken. Bei stationärer Pflege erstreckt sich die Qualitätssicherung neben den allgemeinen Pflegeleistungen auch auf die medizinische Behandlungspflege, die Betreuung, die Leistungen bei Unterkunft und Verpflegung (§ 87) sowie auf die Zusatzleistungen (§ 88).

(3) Der Medizinische Dienst und der Prüfdienst des Verbandes der privaten Krankenversicherung e. V. beraten die Pflegeeinrichtungen in Fragen der Qualitätssicherung mit dem Ziel, Qualitätsmängeln rechtzeitig vorzubeugen und die Eigenverantwortung der Pflegeeinrichtungen und ihrer Träger für die Sicherung und Weiterentwicklung der Pflegequalität zu stärken.

§ 113 Maßstäbe und Grundsätze zur Sicherung und Weiterentwicklung der Pflegequalität

(1) Der Spitzenverband Bund der Pflegekassen, die Bundesarbeitsgemeinschaft der überörtlichen Träger der Sozialhilfe, die kommunalen Spitzenverbände auf Bundesebene und die Vereinigungen der Träger der Pflegeeinrichtungen auf Bundesebene vereinbaren unter Beteiligung des Medizinischen Dienstes, des Verbandes der privaten Krankenversicherung e. V., der Verbände der Pflegeberufe auf Bundesebene, der maßgeblichen Organisationen für die Wahrnehmung der Interessen und der Selbsthilfe der pflegebedürftigen und behinderten Menschen nach Maßgabe von § 118 sowie unabhängiger Sachverständiger Maßstäbe und Grundsätze für die Qualität, Qualitätssicherung und Qualitätsdarstellung in der ambulanten, teilstationären, vollstationären und Kurzzeitpflege sowie für die Entwicklung eines einrichtungsinternen Qualitätsmanagements, das auf eine stetige Sicherung und Weiterentwicklung der Pflegequalität ausgerichtet ist und flexible Maßnahmen zur Qualitätssicherung in Krisensituationen umfasst. In den Vereinbarungen sind insbesondere auch Anforderungen an eine praxistaugliche, den Pflegeprozess unterstützende und die Pflegequalität fördernde Pflegedokumentation zu regeln. Die Anforderungen dürfen über ein für die Pflegeeinrichtungen vertretbares und wirtschaftliches Maß nicht hinausgehen und sollen den Aufwand für Pflegedokumentation in ein angemessenes Verhältnis zu den Aufgaben der pflegerischen Versorgung setzen. Darüber hinaus ist in den Vereinbarungen zu regeln, dass die Mitarbeiterinnen und Mitarbeiter von ambulanten Pflegediensten, die Betreuungsmaßnahmen erbringen, entsprechend den Richtlinien nach § 112a zu den Anforderungen an das Qualitätsmanagement und die Qualitätssicherung für ambulante Betreuungsdienste qualifiziert sein müssen.
Sie sind in regelmäßigen Abständen an den medizinisch-pflegefachlichen Fortschritt anzupassen. Soweit sich in den Pflegeeinrichtungen zeitliche Einsparungen ergeben, die Ergebnis der Weiterentwicklung der Pflegedokumentation auf Grundlage des pflegefachlichen Fortschritts durch neue, den Anforderungen nach Satz 3 entsprechende Pflegedokumentationsmodelle sind, führen diese nicht zu einer Absenkung der Pflegevergütung, sondern wirken der Arbeitsverdichtung entgegen. Die Vereinbarungen sind im Bundesanzeiger zu veröffentlichen und gelten vom ersten Tag des auf die Veröffentlichung folgenden Monats. Sie sind für alle Pflegekassen und deren Verbände sowie für die zugelassenen Pflegeeinrichtungen unmittelbar verbindlich.

(1a) In den Maßstäben und Grundsätzen für die stationäre Pflege nach Absatz 1 ist insbesondere das indikatorengestützte Verfahren zur vergleichenden Messung und Darstellung von Ergebnisqualität im stationären Bereich, das auf der Grundlage einer strukturierten Datenerhebung im Rahmen des internen Qualitätsmanagements eine Qualitätsberichterstattung und die externe Qualitätsprüfung ermöglicht, zu beschreiben. Insbesondere sind die Indikatoren, das Datenerhebungsinstrument sowie die bundesweiten Verfahren für die Übermittlung, Auswertung und Bewertung der Daten sowie die von Externen durchzuführende Prüfung der Daten festzulegen. Die datenschutzrechtlichen Bestimmungen sind zu beachten, insbesondere sind personenbezogene Daten von Versicherten vor der Übermittlung an die fachlich unabhängige Institution nach Absatz 1b zu pseudonymisieren. Eine Wiederherstellung des Personenbezugs durch die fachlich unabhängige Institution nach Absatz 1b ist ausgeschlossen. Ein Datenschutzkonzept ist mit den zuständigen Datenschutzaufsichtsbehörden abzustimmen. Zur Sicherstellung der Wissenschaftlichkeit beschließen die Vertragsparteien nach Absatz 1 Satz 1 unverzüglich die Vergabe der Aufträge nach § 113b Absatz 4 Satz 2 Nummer 1 und 2.

(1b) Die Vertragsparteien nach Absatz 1 Satz 1 beauftragen im Rahmen eines Vergabeverfahrens eine fachlich unabhängige Institution, die entsprechend den Festlegungen nach Absatz 1a erhobenen Daten zusammenzuführen sowie leistungserbringerbeziehbar und fallbeziehbar nach Maßgabe von Absatz 1a auszuwerten. Das Vergabeverfahren ist spätestens bis zum 15. Januar 2018 einzuleiten und es ist sicherzustellen, dass ein Zuschlag unter Beachtung der vergaberechtlichen Vorgaben zum frühestmöglichen Zeitpunkt erfolgt. Zum Zweck der Prüfung der von den Pflegeeinrichtungen erbrachten Leistungen und deren Qualität nach den §§ 114 und 114a sowie zum Zweck der Qualitätsdarstellung nach § 115 Absatz 1a leitet die beauftragte Institution die Ergebnisse der nach Absatz 1a ausgewerteten Daten an die Landesverbände der Pflegekassen und die von ihnen beauftragten Prüfinstitutionen und Sachverständigen weiter; diese dürfen die übermittelten Daten zu den genannten Zwecken verarbeiten und nutzen. Die Vertragsparteien nach Absatz 1 Satz 1 vereinbaren diesbezüglich entsprechende Verfahren zur Weiterleitung der Daten. Die datenschutzrechtlichen Bestimmungen sind jeweils zu beachten. Die Vertragsparteien nach Absatz 1 Satz 1 sind verpflichtet, dem Bundesministerium für Gesundheit auf Verlangen unverzüglich Auskunft über den Stand der Bearbeitung ihrer Aufgaben zu geben. Die Vertragsparteien nach

Absatz 1 Satz 1 legen dem Bundesministerium für Gesundheit spätestens bis zum 31. Januar 2018 einen konkreten Zeitplan für die Bearbeitung ihrer Aufgaben vor, aus dem einzelne Umsetzungsschritte erkennbar sind. § 113b Absatz 8 Satz 3 bis 5 gilt entsprechend.

(2) Die Vereinbarungen nach Absatz 1 können von jeder Partei mit einer Frist von einem Jahr ganz oder teilweise gekündigt werden. Nach Ablauf des Vereinbarungszeitraums oder der Kündigungsfrist gilt die Vereinbarung bis zum Abschluss einer neuen Vereinbarung weiter. Die am 1. Januar 2016 bestehenden Maßstäbe und Grundsätze zur Sicherung und Weiterentwicklung der Pflege gelten bis zum Abschluss der Vereinbarungen nach Absatz 1 fort.

§ 113a Expertenstandards zur Sicherung und Weiterentwicklung der Qualität in der Pflege

(1) Die Vertragsparteien nach § 113 stellen die Entwicklung und Aktualisierung wissenschaftlich fundierter und fachlich abgestimmter Expertenstandards zur Sicherung und Weiterentwicklung der Qualität in der Pflege sicher. Expertenstandards tragen für ihren Themenbereich zur Konkretisierung des allgemein anerkannten Standes der medizinisch-pflegerischen Erkenntnisse bei. Dabei ist das Ziel, auch nach Eintritt der Pflegebedürftigkeit Leistungen zur Prävention und zur medizinischen Rehabilitation einzusetzen, zu berücksichtigen. Der Medizinische Dienst, der Verband der privaten Krankenversicherung e. V., die Verbände der Pflegeberufe auf Bundesebene sowie unabhängige Sachverständige sind zu beteiligen. Sie und die nach § 118 zu beteiligenden Organisationen für die Wahrnehmung der Interessen und der Selbsthilfe der pflegebedürftigen und behinderten Menschen können vorschlagen, zu welchen Themen Expertenstandards entwickelt werden sollen. Der Auftrag zur Entwicklung oder Aktualisierung und die Einführung von Expertenstandards erfolgen jeweils durch einen Beschluss der Vertragsparteien.

(2) Die Vertragsparteien stellen die methodische und pflegefachliche Qualität des Verfahrens der Entwicklung und Aktualisierung von Expertenstandards und die Transparenz des Verfahrens sicher. Die Anforderungen an die Entwicklung von Expertenstandards sind in einer Verfahrensordnung zu regeln. In der Verfahrensordnung ist das Vorgehen auf anerkannter methodischer Grundlage, insbesondere die wissenschaftliche Fundierung und Unabhängigkeit, die Schrittfolge der Entwicklung, der fachlichen Abstimmung, der Praxiserprobung und der

modellhaften Umsetzung eines Expertenstandards sowie die Transparenz des Verfahrens festzulegen. Die Verfahrensordnung ist durch das Bundesministerium für Gesundheit im Benehmen mit dem Bundesministerium für Familie, Senioren, Frauen und Jugend zu genehmigen.

(3) Die Expertenstandards sind im Bundesanzeiger zu veröffentlichen. Sie sind für alle Pflegekassen und deren Verbände sowie für die zugelassenen Pflegeeinrichtungen unmittelbar verbindlich. Die Vertragsparteien unterstützen die Einführung der Expertenstandards in die Praxis.

(4) Die Kosten für die Entwicklung und Aktualisierung von Expertenstandards, mit Ausnahme der Kosten für die qualifizierte Geschäftsstelle nach § 113b Absatz 6, sind Verwaltungskosten, die vom Spitzenverband Bund der Pflegekassen getragen werden. Die privaten Versicherungsunternehmen, die die private Pflege-Pflichtversicherung durchführen, beteiligen sich mit einem Anteil von 10 vom Hundert an den Aufwendungen nach Satz 1. Der Finanzierungsanteil, der auf die privaten Versicherungsunternehmen entfällt, kann von dem Verband der privaten Krankenversicherung e. V. unmittelbar an den Spitzenverband Bund der Pflegekassen geleistet werden.

§ 113c Personalbemessung in Pflegeeinrichtungen

(1) Ab dem 1. Juli 2023 kann in den Pflegesatzvereinbarungen nach § 84 Absatz 5 Satz 2 Nummer 2 für vollstationäre Pflegeeinrichtungen höchstens die sich aus nachfolgenden Personalanhaltswerten ergebende personelle Ausstattung mit Pflege- und Betreuungspersonal vereinbart werden:

1. für Hilfskraftpersonal ohne Ausbildung nach Nummer 2
a) 0,0872 Vollzeitäquivalente je Pflegebedürftigen des Pflegegrades 1,
b) 0,1202 Vollzeitäquivalente je Pflegebedürftigen des Pflegegrades 2,
c) 0,1449 Vollzeitäquivalente je Pflegebedürftigen des Pflegegrades 3,
d) 0,1627 Vollzeitäquivalente je Pflegebedürftigen des Pflegegrades 4,
e) 0,1758 Vollzeitäquivalente je Pflegebedürftigen des Pflegegrades 5,

2. für Hilfskraftpersonal mit landesrechtlich geregelter Helfer- oder Assistenzausbildung in der Pflege mit einer Ausbildungsdauer von mindestens einem Jahr
a) 0,0564 Vollzeitäquivalente je Pflegebedürftigen des Pflegegrades 1,
b) 0,0675 Vollzeitäquivalente je Pflegebedürftigen des Pflegegrades 2,
c) 0,1074 Vollzeitäquivalente je Pflegebedürftigen des Pflegegrades 3,
d) 0,1413 Vollzeitäquivalente je Pflegebedürftigen des Pflegegrades 4,
e) 0,1102 Vollzeitäquivalente je Pflegebedürftigen des Pflegegrades 5,

3. für Fachkraftpersonal
a) 0,0770 Vollzeitäquivalente je Pflegebedürftigen des Pflegegrades 1,
b) 0,1037 Vollzeitäquivalente je Pflegebedürftigen des Pflegegrades 2,
c) 0,1551 Vollzeitäquivalente je Pflegebedürftigen des Pflegegrades 3,
d) 0,2463 Vollzeitäquivalente je Pflegebedürftigen des Pflegegrades 4,
e) 0,3842 Vollzeitäquivalente je Pflegebedürftigen des Pflegegrades 5.

(2) Abweichend von Absatz 1 kann ab dem 1. Juli 2023 eine höhere personelle Ausstattung mit Pflege- und Betreuungspersonal vereinbart werden, wenn
1. in der bestehenden Pflegesatzvereinbarung gemäß § 84 Absatz 5 Satz 2 Nummer 2 bereits eine personelle Ausstattung vereinbart ist, die über die personelle Ausstattung nach Absatz 1 hinausgeht und diese personelle Ausstattung von der Pflegeeinrichtung vorgehalten wird, oder
2. in dem am 30. Juni 2023 geltenden Rahmenvertrag nach § 75 Absatz 1 eine höhere personelle Ausstattung für Fachkraftpersonal geregelt ist, als nach Absatz 1 Nummer 3 vereinbart werden kann, oder
3. die Pflegeeinrichtung sachliche Gründe für die Überschreitung der personellen Ausstattung nach Absatz 1 darlegen kann.

(3) 1 Sofern ab dem 1. Juli 2023 eine personelle Ausstattung mit Pflege- und Betreuungspersonal vereinbart wird, die über die mindestens zu vereinbarende personelle Ausstattung im Sinne von Absatz 5 Nummer 1 hinausgeht,
1. soll die Pflegeeinrichtung Maßnahmen der Personal- und Organisationsentwicklung durchführen, die nach § 8 Absatz 3b entwickelt und erprobt wurden, und
2. kann die Pflegeeinrichtung für die Stellenanteile der personellen Ausstattung, die über die mindestens zu vereinbarende personelle Ausstattung hinausgeht, auch Pflegehilfskraftpersonal vorhalten, das folgende Ausbildungen berufsbegleitend absolviert:
a) für Stellenanteile nach Absatz 1 Nummer 2 Ausbildungen nach § 12 Absatz 2 des Pflegeberufegesetzes und
b) für Stellenanteile nach Absatz 1 Nummer 3 eine Ausbildung nach § 5 des Pflegeberufegesetzes.

Finanziert werden kann auch die Differenz zwischen dem Gehalt der Pflegehilfskraft und der Ausbildungsvergütung, sofern die Pflegehilfskraft mindestens ein Jahr beruflich tätig war. 3 Finanziert werden können zudem Ausbildungsaufwendungen, soweit diese Aufwendungen nicht von anderer Stelle finanziert werden.

(4) Der Spitzenverband Bund der Pflegekassen und die Vereinigungen der Träger der Pflegeeinrichtungen auf Bundesebene geben bis zum 30. Juni 2022 unter Beteiligung des Medizinischen Dienstes Bund, des Verbandes der privaten Krankenversicherung e. V. sowie unabhängiger Sachverständiger gemeinsam mit der Bundesvereinigung der kommunalen Spitzenverbände und der Bundesarbeitsgemeinschaft der

überörtlichen Träger der Sozialhilfe und der Eingliederungshilfe gemeinsame Empfehlungen zu den Inhalten der Verträge nach Absatz 5 ab. Sie arbeiten dabei mit den Verbänden der Pflegeberufe auf Bundesebene sowie den auf Bundesebene maßgeblichen Organisationen für die Wahrnehmung der Interessen und der Selbsthilfe pflegebedürftiger und behinderter Menschen eng zusammen. Kommen die Empfehlungen nach Satz 1 nicht innerhalb der dort genannten Frist zustande, wird ein Schiedsgremium aus drei unparteiischen und unabhängigen Schiedspersonen gebildet. Der unparteiische Vorsitzende des Schiedsgremiums und die zwei weiteren unparteiischen Mitglieder führen ihr Amt als Ehrenamt. Sie werden vom Spitzenverband Bund der Pflegekassen und den Vereinigungen der Träger der Pflegeeinrichtungen auf Bundesebene benannt. Kommt eine Einigung über ihre Benennung nicht innerhalb einer vom Bundesministerium für Gesundheit gesetzten Frist zustande, erfolgt die Benennung durch das Bundesministerium für Gesundheit im Einvernehmen mit dem Bundesministerium für Arbeit und Soziales. Das Schiedsgremium setzt mit der Mehrheit seiner Mitglieder spätestens bis zum Ablauf von zwei Monaten nach seiner Bestellung die Empfehlungen fest. Die Kosten des Schiedsverfahrens tragen der Spitzenverband Bund der Pflegekassen und die Vereinigungen der Träger der Pflegeeinrichtungen auf Bundesebene zu gleichen Teilen.

(5) 1 Abweichend von § 75 Absatz 3 Satz 1 sind in den Rahmenverträgen nach § 75 Absatz 1 ab dem 1. Juli 2023 für die vollstationäre Pflege unter Berücksichtigung der Personalanhaltswerte nach Absatz 1 insbesondere zu regeln:

1. die mindestens zu vereinbarende personelle Ausstattung, die sich aus den Personalanhaltszahlen für das Pflege- und Betreuungspersonal einschließlich des Anteils der ausgebildeten Fachkräfte aus den Vorgaben der zum 30. Juni 2023 geltenden Rahmenverträge nach § 75 Absatz 1 in Verbindung mit landesrechtlichen Vorgaben ergibt; dabei sind auch die Pflegesituation in der Nacht sowie Besonderheiten in Bezug auf Einrichtungsgrößen und Einrichtungskonzeptionen einzubeziehen,
2. besondere Personalbedarfe beispielsweise für die Pflegedienstleitung, für die Qualitätsbeauftragte oder für die Praxisanleitung,
3. die erforderlichen Qualifikationen für das Pflege- und Betreuungspersonal, das von der Pflegeeinrichtung für die personelle Ausstattung nach Absatz 1 oder Absatz 2 vorzuhalten ist; bei der personellen Ausstattung mit Fachkräften sollen neben Pflegefachkräften auch andere Fachkräfte aus dem Gesundheits- und Sozialbereich vorgehalten werden können.

2 Geregelt werden kann auch, dass die Personalanhaltswerte nach Absatz 1 Nummer 1 weiter nach Qualifikationen unterteilt werden. 3 § 75 Absatz 1 Satz 4 gilt entsprechend. 4 Ab dem 1. Juli 2023 gelten die Empfehlungen nach Absatz 4 als

unmittelbar verbindlich, soweit die Rahmenverträge nach § 75 Absatz 1 keine Vorgaben nach Satz 1 Nummer 1 bis 3 regeln.

(6) 1 Ab dem 1. Juli 2023 können Anträge auf Vergütungszuschläge zur Finanzierung von zusätzlichen Fachkräften nach § 8 Absatz 6 und von zusätzlichen Pflegehilfskräften nach § 84 Absatz 9 in Verbindung mit § 85 Absatz 9 bis 11 jeweils nicht mehr gestellt werden. 2 Vergütungszuschläge nach Satz 1, die bis zum Beginn des ersten nach dem 1. Juli 2023 stattfindenden Pflegesatzverfahrens vereinbart oder beschieden worden sind, werden in diesem Pflegesatzverfahren in die Pflegesätze nach § 84 Absatz 1 und die Leistungs- und Qualitätsmerkmale nach § 84 Absatz 5 übertragen. 3 Die Übertragung hat spätestens bis zum 31. Dezember 2025 zu erfolgen.

(7) 1 Das Bundesministerium für Gesundheit prüft im Einvernehmen mit dem Bundesministerium für Familie, Senioren, Frauen und Jugend und dem Bundesministerium für Arbeit und Soziales unmittelbar nach Vorlage der erforderlichen Daten und Ergebnisse durch den Spitzenverband Bund der Pflegekassen nach Satz 3, ob eine Anpassung der Personalanhaltswerte nach Absatz 1 und der Personalanhaltszahlen nach Absatz 5 Nummer 1 möglich und notwendig ist. Die Prüfung erfolgt insbesondere im Hinblick auf

1. die Erkenntnisse aus der wissenschaftlich gestützten Begleitung der Einführung und Weiterentwicklung des wissenschaftlich fundierten Verfahrens zur einheitlichen Bemessung des Personalbedarfs in Pflegeeinrichtungen nach qualitativen und quantitativen Maßstäben für vollstationäre Pflegeeinrichtungen nach § 8 Absatz 3b,
2. die in den Ländern durchschnittlich nach den Absätzen 1 und 2 vereinbarte personelle Ausstattung mit Pflege- und Betreuungspersonal, die über die mindestens zu vereinbarende personelle Ausstattung hinausgeht, und
3. die Arbeitsmarkt- und Ausbildungssituation im Pflegebereich.

Der Spitzenverband Bund der Pflegekassen stellt dem Bundesministerium für Gesundheit spätestens bis zum 1. April 2025 die erforderlichen Daten und Ergebnisse für die Prüfung nach Satz 1 und 2 zur Verfügung. 4 Die Bundesregierung legt dem Deutschen Bundestag und dem Bundesrat innerhalb von sechs Monaten nach der Vorlage der Daten und Ergebnisse durch den Spitzenverband Bund der Pflegekassen einen Bericht über das Ergebnis der Prüfung und die tragenden Gründe sowie einen Vorschlag für die weitere Umsetzung des wissenschaftlich fundierten Verfahrens zur einheitlichen Bemessung des Personalbedarfs nach qualitativen und quantitativen Maßstäben für vollstationäre Pflegeeinrichtungen vor.

§ 114 Qualitätsprüfungen

(1) Zur Durchführung einer Qualitätsprüfung erteilen die Landesverbände der Pflegekassen dem Medizinischen Dienst, dem Prüfdienst des Verbandes der privaten

Krankenversicherung e. V. im Umfang von 10 Prozent der in einem Jahr anfallenden Prüfaufträge oder den von ihnen bestellten Sachverständigen einen Prüfauftrag. Der Prüfauftrag enthält Angaben zur Prüfart, zum Prüfgegenstand und zum Prüfumfang. Die Prüfung erfolgt als Regelprüfung, Anlassprüfung oder Wiederholungsprüfung. Die Pflegeeinrichtungen haben die ordnungsgemäße Durchführung der Prüfungen zu ermöglichen. Vollstationäre Pflegeeinrichtungen sind ab dem 1. Januar 2014 verpflichtet, die Landesverbände der Pflegekassen unmittelbar nach einer Regelprüfung darüber zu informieren, wie die ärztliche, fachärztliche und zahnärztliche Versorgung sowie die Arzneimittelversorgung in den Einrichtungen geregelt sind. Sie sollen insbesondere auf Folgendes hinweisen:

1. auf den Abschluss und den Inhalt von Kooperationsverträgen oder die Einbindung der Einrichtung in Ärztenetze,
2. auf den Abschluss von Vereinbarungen mit Apotheken sowie
3. ab dem 1. Juli 2016 auf die Zusammenarbeit mit einem Hospiz- und Palliativnetz.

Wesentliche Änderungen hinsichtlich der ärztlichen, fachärztlichen und zahnärztlichen Versorgung, der Arzneimittelversorgung sowie der Zusammenarbeit mit einem Hospiz- und Palliativnetz sind den Landesverbänden der Pflegekassen innerhalb von vier Wochen zu melden.

(2) Die Landesverbände der Pflegekassen veranlassen in zugelassenen Pflegeeinrichtungen bis zum 31. Dezember 2010 mindestens einmal und ab dem Jahre 2011 regelmäßig im Abstand von höchstens einem Jahr eine Prüfung durch den Medizinischen Dienst der Krankenversicherung, den Prüfdienst des Verbandes der privaten Krankenversicherung e. V. oder durch von ihnen bestellte Sachverständige (Regelprüfung). Abweichend von Satz 1 ist im Zeitraum vom 1. November 2019 bis zum 31. Dezember 2020 in allen zugelassenen vollstationären Pflegeeinrichtungen nur mindestens einmal eine Prüfung durchzuführen. Die Richtlinien nach § 114c zur Verlängerung des Prüfrhythmus bei guter Qualität sind zu beachten. Die Landesverbände der Pflegekassen erteilen die Prüfaufträge für zugelassene vollstationäre Pflegeeinrichtungen auf der Grundlage der von der Datenauswertungsstelle nach § 113 Absatz 1b Satz 3 übermittelten Ergebnisse. Zu prüfen ist, ob die Qualitätsanforderungen nach diesem Buch und nach den auf dieser Grundlage abgeschlossenen vertraglichen Vereinbarungen erfüllt sind. Die Regelprüfung erfasst insbesondere wesentliche Aspekte des Pflegezustandes und die Wirksamkeit der Pflege- und Betreuungsmaßnahmen (Ergebnisqualität). Sie kann auch auf den Ablauf, die Durchführung und die Evaluation der Leistungserbringung

(Prozessqualität) sowie die unmittelbaren Rahmenbedingungen der Leistungserbringung (Strukturqualität) erstreckt werden. Die Regelprüfung bezieht sich auf die Qualität der allgemeinen Pflegeleistungen, der medizinischen Behandlungspflege, der Betreuung einschließlich der zusätzlichen Betreuung und Aktivierung im Sinne des § 43b, der Leistungen bei Unterkunft und Verpflegung (§ 87) und der Zusatzleistungen (§ 88).

(3) Die Landesverbände der Pflegekassen haben im Rahmen der Zusammenarbeit mit den nach heimrechtlichen Vorschriften zuständigen Aufsichtsbehörden (§ 117) vor einer Regelprüfung insbesondere zu erfragen, ob Qualitätsanforderungen nach diesem Buch und den auf seiner Grundlage abgeschlossenen vertraglichen Vereinbarungen in einer Prüfung der nach heimrechtlichen Vorschriften zuständigen Aufsichtsbehörde oder in einem nach Landesrecht durchgeführten Prüfverfahren berücksichtigt worden sind. Hierzu können auch Vereinbarungen auf Landesebene zwischen den Landesverbänden der Pflegekassen und den nach heimrechtlichen Vorschriften zuständigen Aufsichtsbehörden sowie den für weitere Prüfverfahren zuständigen Aufsichtsbehörden getroffen werden. Um Doppelprüfungen zu vermeiden, haben die Landesverbände der Pflegekassen den Prüfumfang der Regelprüfung in angemessener Weise zu verringern, wenn

1. die Prüfungen nicht länger als neun Monate zurückliegen,
2. die Prüfergebnisse nach pflegefachlichen Kriterien den Ergebnissen einer Regelprüfung gleichwertig sind und
3. die Veröffentlichung der von den Pflegeeinrichtungen erbrachten Leistungen und deren Qualität gemäß § 115 Absatz 1a gewährleistet ist.

Die Pflegeeinrichtung kann verlangen, dass von einer Verringerung der Prüfpflicht abgesehen wird.

(4) Bei Anlassprüfungen geht der Prüfauftrag in der Regel über den jeweiligen Prüfanlass hinaus; er umfasst eine vollständige Prüfung mit dem Schwerpunkt der Ergebnisqualität. Gibt es im Rahmen einer Anlass-, Regel- oder Wiederholungsprüfung sachlich begründete Hinweise auf eine nicht fachgerechte Pflege bei Pflegebedürftigen, auf die sich die Prüfung nicht erstreckt, sind die betroffenen Pflegebedürftigen unter Beachtung der datenschutzrechtlichen Bestimmungen in die Prüfung einzubeziehen. Die Prüfung ist insgesamt als Anlassprüfung durchzuführen. Im Zusammenhang mit einer zuvor durchgeführten Regel- oder Anlassprüfung kann von den Landesverbänden der Pflegekassen eine Wiederholungsprüfung veranlasst werden, um zu überprüfen, ob die festgestellten

Qualitätsmängel durch die nach § 115 Abs. 2 angeordneten Maßnahmen beseitigt worden sind.

§ 114a Durchführung der Qualitätsprüfungen

(1) 1 Der Medizinische Dienst, der Prüfdienst des Verbandes der privaten Krankenversicherung e. V. und die von den Landesverbänden der Pflegekassen bestellten Sachverständigen sind im Rahmen ihres Prüfauftrags nach § 114 jeweils berechtigt und verpflichtet, an Ort und Stelle zu überprüfen, ob die zugelassenen Pflegeeinrichtungen die Leistungs- und Qualitätsanforderungen nach diesem Buch erfüllen. 2 Die Prüfungen sind grundsätzlich am Tag zuvor anzukündigen; Anlassprüfungen sollen unangemeldet erfolgen. 3 Die Prüfungen in zugelassenen vollstationären Pflegeeinrichtungen sollen unangekündigt erfolgen, wenn die Einrichtung ihrer Verpflichtung nach § 114b Absatz 1 gar nicht nachkommt, die Datenübermittlung unvollständig war oder von der Datenauswertungsstelle nach § 113 Absatz 1b mangelnde Plausibilität der übermittelten Daten festgestellt wurde. 4 Der Medizinische Dienst, der Prüfdienst des Verbandes der privaten Krankenversicherung e. V. und die von den Landesverbänden der Pflegekassen bestellten Sachverständigen beraten im Rahmen der Qualitätsprüfungen die Pflegeeinrichtungen in Fragen der Qualitätssicherung. 5 § 112 Abs. 3 gilt entsprechend.

(2) Sowohl bei teil- als auch bei vollstationärer Pflege sind der Medizinische Dienst, der Prüfdienst des Verbandes der privaten Krankenversicherung e. V. und die von den Landesverbänden der Pflegekassen bestellten Sachverständigen jeweils berechtigt, zum Zwecke der Qualitätssicherung die für das Pflegeheim benutzten Grundstücke und Räume jederzeit zu betreten, dort Prüfungen und Besichtigungen vorzunehmen, sich mit den Pflegebedürftigen, ihren Angehörigen, vertretungsberechtigten Personen und Betreuern in Verbindung zu setzen sowie die Beschäftigten und die Interessenvertretung der Bewohnerinnen und Bewohner zu befragen. Prüfungen und Besichtigungen zur Nachtzeit sind nur zulässig, wenn und soweit das Ziel der Qualitätssicherung zu anderen Tageszeiten nicht erreicht werden kann. Soweit Räume einem Wohnrecht der Heimbewohner unterliegen, dürfen sie ohne deren Einwilligung nur betreten werden, soweit dies zur Verhütung dringender Gefahren für die öffentliche Sicherheit und Ordnung erforderlich ist; das Grundrecht der Unverletzlichkeit der Wohnung (Artikel 13 Abs. 1 des Grundgesetzes) wird insoweit eingeschränkt. Bei der ambulanten Pflege sind der Medizinische Dienst, der

Prüfdienst des Verbandes der privaten Krankenversicherung e. V. und die von den Landesverbänden der Pflegekassen bestellten Sachverständigen berechtigt, die Qualität der Leistungen des Pflegedienstes mit Einwilligung der von dem Pflegedienst versorgten Person auch in deren Wohnung zu überprüfen. Der Medizinische Dienst und der Prüfdienst des Verbandes der privaten Krankenversicherung e. V. sollen die nach heimrechtlichen Vorschriften zuständige Aufsichtsbehörde an Prüfungen beteiligen, soweit dadurch die Prüfung nicht verzögert wird.

(3) Die Prüfungen beinhalten auch Inaugenscheinnahmen des gesundheitlichen und pflegerischen Zustands von durch die Pflegeeinrichtung versorgten Personen. Zum gesundheitlichen und pflegerischen Zustand der durch Inaugenscheinnahme in die Prüfung einbezogenen Personen können sowohl diese Personen selbst als auch Beschäftigte der Pflegeeinrichtungen, Betreuer und Angehörige sowie Mitglieder der heimrechtlichen Interessenvertretungen der Bewohnerinnen und Bewohner befragt werden. Bei der Beurteilung der Pflegequalität sind die Pflegedokumentation, die Inaugenscheinnahme von Personen nach Satz 1 und Befragungen der Beschäftigten der Pflegeeinrichtungen sowie der durch Inaugenscheinnahme in die Prüfung einbezogenen Personen, ihrer Angehörigen und der vertretungsberechtigten Personen angemessen zu berücksichtigen. Die Teilnahme an Inaugenscheinnahmen und Befragungen ist freiwillig. Durch die Ablehnung dürfen keine Nachteile entstehen. Einsichtnahmen in Pflegedokumentationen, Inaugenscheinnahmen von Personen nach Satz 1 und Befragungen von Personen nach Satz 2 sowie die damit jeweils zusammenhängende Erhebung, Verarbeitung und Nutzung personenbezogener Daten von durch Inaugenscheinnahme in die Prüfung einbezogenen Personen zum Zwecke der Erstellung eines Prüfberichts bedürfen der Einwilligung der betroffenen Personen.

(3a) Die Pflegeeinrichtungen haben im Rahmen ihrer Mitwirkungspflicht nach § 114 Absatz 1 Satz 4 insbesondere die Namen und Kontaktdaten der von ihnen versorgten Personen an die jeweiligen Prüfer weiterzuleiten. Die Prüfer sind jeweils verpflichtet, die durch Inaugenscheinnahme nach Absatz 3 Satz 1 in die Qualitätsprüfung einzubeziehenden Personen vor der Durchführung der Qualitätsprüfung in verständlicher Weise über die für die Einwilligung in die Prüfhandlungen nach Absatz 3 Satz 6 wesentlichen Umstände aufzuklären. Ergänzend kann auch auf Unterlagen Bezug genommen werden, die die durch Inaugenscheinnahme in die Prüfung einzubeziehende Person in Textform erhält. Die Aufklärung muss so rechtzeitig erfolgen, dass die durch Inaugenscheinnahme in die Prüfung einzubeziehende Person ihre Entscheidung über die Einwilligung wohlüberlegt treffen kann. Die Einwilligung nach Absatz 2 oder Absatz 3 kann erst nach Bekanntgabe der Einbeziehung der in Augenschein zu nehmenden Person in die Qualitätsprüfung erklärt werden und muss in einer Urkunde oder auf andere zur dauerhaften Wiedergabe in Schriftzeichen geeignete Weise gegenüber den Prüfern abgegeben werden, die Person des Erklärenden benennen und den Abschluss der Erklärung durch Nachbildung der Namensunterschrift oder anders erkennbar machen (Textform). Ist die durch Inaugenscheinnahme in die Prüfung einzubeziehende Person einwilligungsunfähig, ist die Einwilligung eines hierzu Berechtigten einzuholen, wobei dieser nach Maßgabe der Sätze 2 bis 4 aufzuklären ist. Ist ein Berechtigter nicht am Ort einer unangemeldeten Prüfung anwesend und ist eine rechtzeitige Einholung der Einwilligung in Textform nicht möglich, so genügt nach einer den Maßgaben der Sätze 2 bis 4 entsprechenden Aufklärung durch die Prüfer ausnahmsweise eine mündliche Einwilligung, wenn andernfalls die Durchführung der Prüfung erschwert würde. Die mündliche Einwilligung oder Nichteinwilligung des Berechtigten sowie die Gründe für ein ausnahmsweises Abweichen von der erforderlichen Textform sind schriftlich zu dokumentieren.

§ 115 Ergebnisse von Qualitätsprüfungen, Qualitätsdarstellung, Vergütungskürzung

(1) Die Medizinischen Dienste, der Prüfdienst des Verbandes der privaten Krankenversicherung e. V. sowie die von den Landesverbänden der Pflegekassen für Qualitätsprüfungen bestellten Sachverständigen haben das Ergebnis einer jeden Qualitätsprüfung sowie die dabei gewonnenen Daten und Informationen den Landesverbänden der Pflegekassen und den zuständigen Trägern der Sozialhilfe sowie den nach heimrechtlichen Vorschriften zuständigen Aufsichtsbehörden im Rahmen ihrer Zuständigkeit und bei häuslicher Pflege den zuständigen Pflegekassen zum Zwecke der Erfüllung ihrer gesetzlichen Aufgaben sowie der betroffenen Pflegeeinrichtung mitzuteilen. Die Landesverbände der Pflegekassen sind befugt und auf Anforderung verpflichtet, die ihnen nach Satz 1 bekannt gewordenen Daten und Informationen mit Zustimmung des Trägers der Pflegeeinrichtung auch seiner Trägervereinigung zu übermitteln, soweit deren Kenntnis für die Anhörung oder eine Stellungnahme der Pflegeeinrichtung zu einem Bescheid nach Absatz 2 erforderlich ist. Gegenüber Dritten sind die Prüfer und die Empfänger der Daten zur

Verschwiegenheit verpflichtet; dies gilt nicht für die zur Veröffentlichung der Ergebnisse von Qualitätsprüfungen nach Absatz 1a erforderlichen Daten und Informationen.

(1a) Die Landesverbände der Pflegekassen stellen sicher, dass die von Pflegeeinrichtungen erbrachten Leistungen und deren Qualität für die Pflegebedürftigen und ihre Angehörigen verständlich, übersichtlich und vergleichbar sowohl im Internet als auch in anderer geeigneter Form kostenfrei veröffentlicht werden. Die Vertragsparteien nach § 113 vereinbaren insbesondere auf der Grundlage der Maßstäbe und Grundsätze nach § 113 und der Richtlinien zur Durchführung der Prüfung der in Pflegeeinrichtungen erbrachten Leistungen und deren Qualität nach § 114a Absatz 7, welche Ergebnisse bei der Darstellung der Qualität für den ambulanten und den stationären Bereich zugrunde zu legen sind und inwieweit die Ergebnisse durch weitere Informationen ergänzt werden. In den Vereinbarungen sind die Ergebnisse der nach § 113b Absatz 4 Satz 2 Nummer 1 bis 4 vergebenen Aufträge zu berücksichtigen. Die Vereinbarungen umfassen auch die Form der Darstellung einschließlich einer Bewertungssystematik (Qualitätsdarstellungsvereinbarungen). Bei Anlassprüfungen nach § 114 Absatz 5 bilden die Prüfergebnisse aller in die Prüfung einbezogenen Pflegebedürftigen die Grundlage für die Bewertung und Darstellung der Qualität. Personenbezogene Daten sind zu anonymisieren. Ergebnisse von Wiederholungsprüfungen sind zeitnah zu berücksichtigen. Bei der Darstellung der Qualität ist die Art der Prüfung als Anlass-, Regel- oder Wiederholungsprüfung kenntlich zu machen. Das Datum der letzten Prüfung durch den Medizinischen Dienst oder durch den Prüfdienst des Verbandes der privaten Krankenversicherung e. V., eine Einordnung des Prüfergebnisses nach einer Bewertungssystematik sowie eine Zusammenfassung der Prüfergebnisse sind an gut sichtbarer Stelle in jeder Pflegeeinrichtung auszuhängen. Die Qualitätsdarstellungsvereinbarungen für den stationären Bereich sind bis zum 31. Dezember 2017 und für den ambulanten Bereich bis zum 31. Dezember 2018 jeweils unter Beteiligung des Medizinischen Dienstes, des Verbandes der privaten Krankenversicherung e. V. und der Verbände der Pflegeberufe auf Bundesebene zu schließen. Die auf Bundesebene maßgeblichen Organisationen für die Wahrnehmung der Interessen und der Selbsthilfe der pflegebedürftigen und behinderten Menschen wirken nach Maßgabe von § 118 mit. Die Qualitätsdarstellungsvereinbarungen sind an den medizinisch-pflegefachlichen Fortschritt anzupassen. Bestehende Vereinbarungen gelten bis zum Abschluss einer neuen Vereinbarung fort; dies gilt entsprechend auch für die bestehenden Vereinbarungen über die Kriterien der Veröffentlichung einschließlich der Bewertungssystematik (Pflege-Transparenzvereinbarungen).

§ 117 Zusammenarbeit mit den nach heimrechtlichen Vorschriften zuständigen Aufsichtsbehörden

(1) Die Landesverbände der Pflegekassen sowie der Medizinische Dienst und der Prüfdienst des Verbandes der privaten Krankenversicherung e. V. arbeiten mit den nach heimrechtlichen Vorschriften zuständigen Aufsichtsbehörden bei der Zulassung und der Überprüfung der Pflegeeinrichtungen eng zusammen, um ihre wechselseitigen Aufgaben nach diesem Buch und nach den heimrechtlichen Vorschriften insbesondere durch

1. regelmäßige gegenseitige Information und Beratung,
2. Terminabsprachen für eine gemeinsame oder arbeitsteilige Überprüfung von Pflegeeinrichtungen und
3. Verständigung über die im Einzelfall notwendigen Maßnahmen

wirksam aufeinander abzustimmen. Dabei ist sicherzustellen, dass Doppelprüfungen nach Möglichkeit vermieden werden. Zur Erfüllung dieser Aufgaben sind die Landesverbände der Pflegekassen sowie der Medizinische Dienst und der Prüfdienst des Verbandes der privaten Krankenversicherung e. V. verpflichtet, in den Arbeitsgemeinschaften nach den heimrechtlichen Vorschriften mitzuwirken und sich an entsprechenden Vereinbarungen zu beteiligen.

(2) Die Landesverbände der Pflegekassen sowie der Medizinische Dienst und der Prüfdienst des Verbandes der privaten Krankenversicherung e. V. können mit den nach heimrechtlichen Vorschriften zuständigen Aufsichtsbehörden oder den obersten Landesbehörden ein Modellvorhaben vereinbaren, das darauf zielt, eine abgestimmte Vorgehensweise bei der Prüfung der Qualität von Pflegeeinrichtungen nach diesem Buch und nach heimrechtlichen Vorschriften zu erarbeiten. Von den Richtlinien nach § 114a Absatz 7 und den nach § 115 Absatz 1a bundesweit getroffenen Vereinbarungen kann dabei für die Zwecke und die Dauer des Modellvorhabens abgewichen werden. Die Verantwortung der Pflegekassen und ihrer Verbände für die inhaltliche Bestimmung, Sicherung und Prüfung der Pflege-, Versorgungs- und Betreuungsqualität nach diesem Buch kann durch eine Zusammenarbeit mit den nach heimrechtlichen Vorschriften zuständigen

Aufsichtsbehörden oder den obersten Landesbehörden weder eingeschränkt noch erweitert werden.

(3) Zur Verwirklichung der engen Zusammenarbeit sind die Landesverbände der Pflegekassen sowie der Medizinische Dienst und der Prüfdienst des Verbandes der privaten Krankenversicherung e. V. berechtigt und auf Anforderung verpflichtet, der nach heimrechtlichen Vorschriften zuständigen Aufsichtsbehörde die ihnen nach diesem Buch zugänglichen Daten über die Pflegeeinrichtungen, insbesondere über die Zahl und Art der Pflegeplätze und der betreuten Personen (Belegung), über die personelle und sächliche Ausstattung sowie über die Leistungen und Vergütungen der Pflegeeinrichtungen, mitzuteilen. Personenbezogene Daten sind vor der Datenübermittlung zu anonymisieren.

(4) Erkenntnisse aus der Prüfung von Pflegeeinrichtungen sind vom Medizinischen Dienst, dem Prüfdienst des Verbandes der privaten Krankenversicherung e. V. oder von den sonstigen Sachverständigen oder Stellen, die Qualitätsprüfungen nach diesem Buch durchführen, unverzüglich der nach heimrechtlichen Vorschriften zuständigen Aufsichtsbehörde mitzuteilen, soweit sie zur Vorbereitung und Durchführung von aufsichtsrechtlichen Maßnahmen nach den heimrechtlichen Vorschriften erforderlich sind. § 115 Abs. 1 Satz 1 bleibt hiervon unberührt.

(5) Die Pflegekassen und ihre Verbände sowie der Medizinische Dienst und der Prüfdienst des Verbandes der privaten Krankenversicherung e. V. tragen die ihnen durch die Zusammenarbeit mit den nach heimrechtlichen Vorschriften zuständigen Aufsichtsbehörden entstehenden Kosten. Eine Beteiligung an den Kosten der nach heimrechtlichen Vorschriften zuständigen Aufsichtsbehörden oder anderer von nach heimrechtlichen Vorschriften zuständigen Aufsichtsbehörde beteiligter Stellen oder Gremien ist unzulässig.

(6) Durch Anordnungen der nach heimrechtlichen Vorschriften zuständigen Aufsichtsbehörde bedingte Mehr- oder Minderkosten sind, soweit sie dem Grunde nach vergütungsfähig im Sinne des § 82 Abs. 1 sind, in der nächstmöglichen Pflegesatzvereinbarung zu berücksichtigen. Der Widerspruch oder die Klage einer Vertragspartei oder eines Beteiligten nach § 85 Abs. 2 gegen die Anordnung hat keine aufschiebende Wirkung.

§ 120 Pflegevertrag bei häuslicher Pflege

(1) Bei häuslicher Pflege übernimmt der zugelassene Pflegedienst spätestens mit Beginn des ersten Pflegeeinsatzes auch gegenüber dem Pflegebedürftigen die

Verpflichtung, diesen nach Art und Schwere seiner Pflegebedürftigkeit, entsprechend den von ihm in Anspruch genommenen Leistungen der häuslichen Pflegehilfe im Sinne des § 36 zu versorgen (Pflegevertrag). Bei jeder wesentlichen Veränderung des Zustandes des Pflegebedürftigen hat der Pflegedienst dies der zuständigen Pflegekasse unverzüglich mitzuteilen.

(2) Der Pflegedienst hat nach Aufforderung der zuständigen Pflegekasse unverzüglich eine Ausfertigung des Pflegevertrages auszuhändigen. Der Pflegevertrag kann von dem Pflegebedürftigen jederzeit ohne Einhaltung einer Frist gekündigt werden.

(3) In dem Pflegevertrag sind mindestens Art, Inhalt und Umfang der Leistungen einschließlich der dafür mit den Kostenträgern nach § 89 vereinbarten Vergütungen für jede Leistung oder jeden Leistungskomplex einschließlich ergänzender Unterstützungsleistungen bei der Nutzung von digitalen Pflegeanwendungen gesondert zu beschreiben. Der Pflegedienst hat den Pflegebedürftigen vor Vertragsschluss und bei jeder wesentlichen Veränderung in der Regel schriftlich über die voraussichtlichen Kosten zu unterrichten. Bei der Vereinbarung des Pflegevertrages ist zu berücksichtigen, dass der Pflegebedürftige Leistungen von mehreren Leistungserbringern in Anspruch nimmt. Ebenso zu berücksichtigen ist die Bereitstellung der Informationen für eine Nutzung des Umwandlungsanspruchs nach § 45a Absatz 4.

(4) Der Anspruch des Pflegedienstes auf Vergütung seiner Leistungen der häuslichen Pflegehilfe im Sinne des § 36 und seiner ergänzenden Unterstützungsleistungen im Sinne des § 39a ist unmittelbar gegen die zuständige Pflegekasse zu richten. Soweit die von dem Pflegebedürftigen abgerufenen Leistungen nach Satz 1 den von der Pflegekasse mit Bescheid festgelegten und von ihr zu zahlenden leistungsrechtlichen Höchstbetrag überschreiten, darf der Pflegedienst dem Pflegebedürftigen für die zusätzlich abgerufenen Leistungen keine höhere als die nach § 89 vereinbarte Vergütung berechnen.

§ 140 Anzuwendendes Recht und Überleitung in die Pflegegrade

(1) Die Feststellung des Vorliegens von Pflegebedürftigkeit oder einer erheblich eingeschränkten Alltagskompetenz nach § 45a in der am 31. Dezember 2016 geltenden Fassung erfolgt jeweils auf der Grundlage des zum Zeitpunkt der Antragstellung geltenden Rechts. Der Erwerb einer Anspruchsberechtigung auf

Leistungen der Pflegeversicherung richtet sich ebenfalls nach dem zum Zeitpunkt der Antragstellung geltenden Recht.

(2) Versicherte der sozialen Pflegeversicherung und der privaten Pflege-Pflichtversicherung,

1. bei denen das Vorliegen einer Pflegestufe im Sinne der §§ 14 und 15 in der am 31. Dezember 2016 geltenden Fassung oder einer erheblich eingeschränkten Alltagskompetenz nach § 45a in der am 31. Dezember 2016 geltenden Fassung festgestellt worden ist und
2. bei denen spätestens am 31. Dezember 2016 alle Voraussetzungen für einen Anspruch auf eine regelmäßig wiederkehrende Leistung der Pflegeversicherung vorliegen,

werden mit Wirkung ab dem 1. Januar 2017 ohne erneute Antragstellung und ohne erneute Begutachtung nach Maßgabe von Satz 3 einem Pflegegrad zugeordnet. Die Zuordnung ist dem Versicherten schriftlich mitzuteilen. Für die Zuordnung gelten die folgenden Kriterien:

Versicherte, bei denen eine Pflegestufe nach den §§ 14 und 15 in der am 31. Dezember 2016 geltenden Fassung, aber nicht zusätzlich eine erheblich eingeschränkte Alltagskompetenz nach § 45a in der am 31. Dezember 2016 geltenden Fassung festgestellt wurde, werden übergeleitet

a) von Pflegestufe I in den Pflegegrad 2,
b) von Pflegestufe II in den Pflegegrad 3,
c) von Pflegestufe III in den Pflegegrad 4 oder
d) von Pflegestufe III in den Pflegegrad 5, soweit die Voraussetzungen für Leistungen nach § 36 Absatz 4 oder § 43 Absatz 3 in der am 31. Dezember 2016 geltenden Fassung festgestellt wurden;

2. Versicherte, bei denen eine erheblich eingeschränkte Alltagskompetenz nach § 45a in der am 31. Dezember 2016 geltenden Fassung festgestellt wurde, werden übergeleitet
   a) bei nicht gleichzeitigem Vorliegen einer Pflegestufe nach den §§ 14 und 15 in der am 31. Dezember 2016 geltenden Fassung in den Pflegegrad 2,
   b) bei gleichzeitigem Vorliegen der Pflegestufe I nach den §§ 14 und 15 in der am 31. Dezember 2016 geltenden Fassung in den Pflegegrad 3,
   c) bei gleichzeitigem Vorliegen der Pflegestufe II nach den §§ 14 und 15 in der am 31. Dezember 2016 geltenden Fassung in den Pflegegrad 4,

d) bei gleichzeitigem Vorliegen der Pflegestufe III nach den §§ 14 und 15 in der am 31. Dezember 2016 geltenden Fassung, auch soweit zusätzlich die Voraussetzungen für Leistungen nach § 36 Absatz 4 oder § 43 Absatz 3 in der am 31. Dezember 2016 geltenden Fassung festgestellt wurden, in den Pflegegrad 5.

(3) Die Zuordnung zu dem Pflegegrad, in den der Versicherte gemäß Absatz 2 übergeleitet worden ist, bleibt auch bei einer Begutachtung nach dem ab dem 1. Januar 2017 geltenden Recht erhalten, es sei denn, die Begutachtung führt zu einer Anhebung des Pflegegrades oder zu der Feststellung, dass keine Pflegebedürftigkeit im Sinne der §§ 14 und 15 in der ab dem 1. Januar 2017 geltenden Fassung mehr vorliegt. Satz 1 gilt auch bei einem Erlöschen der Mitgliedschaft im Sinne von § 35 ab dem 1. Januar 2017, wenn die neue Mitgliedschaft unmittelbar im Anschluss begründet wird. Die Pflegekasse, bei der die Mitgliedschaft beendet wird, ist verpflichtet, der Pflegekasse, bei der die neue Mitgliedschaft begründet wird, die bisherige Einstufung des Versicherten rechtzeitig schriftlich mitzuteilen. Entsprechendes gilt bei einem Wechsel zwischen privaten Krankenversicherungsunternehmen und einem Wechsel von sozialer zu privater sowie von privater zu sozialer Pflegeversicherung.

(4) Stellt ein Versicherter, bei dem das Vorliegen einer Pflegebedürftigkeit oder einer erheblich eingeschränkten Alltagskompetenz nach § 45a in der am 31. Dezember 2016 geltenden Fassung festgestellt wurde, ab dem 1. Januar 2017 einen erneuten Antrag auf Feststellung von Pflegebedürftigkeit und lagen die tatsächlichen Voraussetzungen für einen höheren als durch die Überleitung erreichten Pflegegrad bereits vor dem 1. Januar 2017 vor, richten sich die ab dem Zeitpunkt der Änderung der tatsächlichen Verhältnisse zu erbringenden Leistungen im Zeitraum vom 1. November 2016 bis 31. Dezember 2016 nach dem ab 1. Januar 2017 geltenden Recht. Entsprechendes gilt für Versicherte bei einem privaten Pflegeversicherungsunternehmen.

§ 145 Besitzstandsschutz für pflegebedürftige Menschen mit Behinderungen in häuslicher Pflege

Für pflegebedürftige Menschen mit Behinderungen, die am 1. Januar 2017 Anspruch auf Leistungen der Pflegeversicherung bei häuslicher Pflege haben und in einer Wohnform leben, auf die § 43a in der am 1. Januar 2017 geltenden Fassung keine Anwendung findet, findet § 43a auch in der ab dem 1. Januar 2020 geltenden Fassung keine Anwendung. Wechseln diese pflegebedürftigen Menschen mit

Behinderungen nach dem 1. Januar 2017 die Wohnform, findet Satz 1 keine Anwendung, solange sie in einer Wohnform leben, auf die § 43a in der am 1. Januar 2017 geltenden Fassung Anwendung gefunden hätte, wenn sie am 1. Januar 2017 in einer solchen Wohnform gelebt hätten.

Sozialgesetzbuch XII – Sozialhilfe

vom 27.12.2003, zuletzt geändert am 10.12.2021

AUSZUG

§ 1 Aufgabe der Sozialhilfe

Aufgabe der Sozialhilfe ist es, den Leistungsberechtigten die Führung eines Lebens zu ermöglichen, das der Würde des Menschen entspricht. Die Leistung soll sie so weit wie möglich befähigen, unabhängig von ihr zu leben; darauf haben auch die Leistungsberechtigten nach ihren Kräften hinzuarbeiten. Zur Erreichung dieser Ziele haben die Leistungsberechtigten und die Träger der Sozialhilfe im Rahmen ihrer Rechte und Pflichten zusammenzuwirken.

§ 2 Nachrang der Sozialhilfe

(1) Sozialhilfe erhält nicht, wer sich vor allem durch Einsatz seiner Arbeitskraft, seines Einkommens und seines Vermögens selbst helfen kann oder wer die erforderliche Leistung von anderen, insbesondere von Angehörigen oder von Trägern anderer Sozialleistungen, erhält.

(2) Verpflichtungen anderer, insbesondere Unterhaltspflichtiger oder der Träger anderer Sozialleistungen, bleiben unberührt. Auf Rechtsvorschriften beruhende Leistungen anderer dürfen nicht deshalb versagt werden, weil nach dem Recht der Sozialhilfe entsprechende Leistungen vorgesehen sind.

§ 3 Träger der Sozialhilfe

(1) Die Sozialhilfe wird von örtlichen und überörtlichen Trägern geleistet.

(2) Örtliche Träger der Sozialhilfe sind die kreisfreien Städte und die Kreise, soweit nicht nach Landesrecht etwas anderes bestimmt wird. Bei der Bestimmung durch Landesrecht ist zu gewährleisten, dass die zukünftigen örtlichen Träger mit der Übertragung dieser Aufgaben einverstanden sind, nach ihrer Leistungsfähigkeit zur Erfüllung der Aufgaben nach diesem Buch geeignet sind und dass die Erfüllung dieser Aufgaben in dem gesamten Kreisgebiet sichergestellt ist.

(3) Die Länder bestimmen die überörtlichen Träger der Sozialhilfe.

§ 8 Leistungen

Die Sozialhilfe umfasst:

1. Hilfe zum Lebensunterhalt (§§ 27 bis 40),
2. Grundsicherung im Alter und bei Erwerbsminderung (§§ 41 bis 46b),
3. Hilfen zur Gesundheit (§§ 47 bis 52),
4. Hilfe zur Pflege (§§ 61 bis 66),
5. Hilfe zur Überwindung besonderer sozialer Schwierigkeiten (§§ 67 bis 69),
6. Hilfe in anderen Lebenslagen (§§ 70 bis 74) sowie die jeweils gebotene Beratung und Unterstützung.

§ 9 Sozialhilfe nach der Besonderheit des Einzelfalles

(1) Die Leistungen richten sich nach der Besonderheit des Einzelfalles, insbesondere nach der Art des Bedarfs, den örtlichen Verhältnissen, den eigenen Kräften und Mitteln der Person oder des Haushalts bei der Hilfe zum Lebensunterhalt.

(2) Wünschen der Leistungsberechtigten, die sich auf die Gestaltung der Leistung richten, soll entsprochen werden, soweit sie angemessen sind. Wünschen der Leistungsberechtigten, den Bedarf stationär oder teilstationär zu decken, soll nur entsprochen werden, wenn dies nach der Besonderheit des Einzelfalles erforderlich ist, weil anders der Bedarf nicht oder nicht ausreichend gedeckt werden kann und wenn mit der Einrichtung Vereinbarungen nach den Vorschriften des Zehnten Kapitels dieses Buches bestehen. Der Träger der Sozialhilfe soll in der Regel Wünschen nicht entsprechen, deren Erfüllung mit unverhältnismäßigen Mehrkosten verbunden wäre.

(3) Auf Wunsch der Leistungsberechtigten sollen sie in einer Einrichtung untergebracht werden, in der sie durch Geistliche ihres Bekenntnisses betreut werden können.

§ 10 Leistungsformen

(1) Die Leistungen werden erbracht in Form von

1. Dienstleistungen,
2. Geldleistungen und
3. Sachleistungen.

(2) Zur Dienstleistung gehören insbesondere die Beratung in Fragen der Sozialhilfe und die Beratung und Unterstützung in sonstigen sozialen Angelegenheiten.

(3) Geldleistungen haben Vorrang vor Gutscheinen oder Sachleistungen, soweit dieses Buch nicht etwas anderes bestimmt oder mit Gutscheinen oder Sachleistungen das Ziel der Sozialhilfe erheblich besser oder wirtschaftlicher erreicht werden kann oder die Leistungsberechtigten es wünschen.

§ 19 Leistungsberechtigte

(1) Hilfe zum Lebensunterhalt nach dem Dritten Kapitel ist Personen zu leisten, die ihren notwendigen Lebensunterhalt nicht oder nicht ausreichend aus eigenen Kräften und Mitteln, insbesondere aus ihrem Einkommen und Vermögen, bestreiten können.

(2) Grundsicherung im Alter und bei Erwerbsminderung nach dem Vierten Kapitel dieses Buches ist Personen zu leisten, die die Altersgrenze nach § 41 Absatz 2 erreicht haben oder das 18. Lebensjahr vollendet haben und dauerhaft voll erwerbsgemindert sind, sofern sie ihren notwendigen Lebensunterhalt nicht oder nicht ausreichend aus eigenen Kräften und Mitteln, insbesondere aus ihrem Einkommen und Vermögen, bestreiten können. Die Leistungen der Grundsicherung im Alter und bei Erwerbsminderung gehen der Hilfe zum Lebensunterhalt nach dem Dritten Kapitel vor.

(3) Hilfen zur Gesundheit, Hilfe zur Pflege, Hilfe zur Überwindung besonderer sozialer Schwierigkeiten und Hilfen in anderen Lebenslagen werden nach dem Fünften bis Neunten Kapitel dieses Buches geleistet, soweit den Leistungsberechtigten, ihren nicht getrennt lebenden Ehegatten oder Lebenspartnern und, wenn sie minderjährig und unverheiratet sind, auch ihren Eltern oder einem Elternteil die Aufbringung der Mittel aus dem Einkommen und Vermögen nach den Vorschriften des Elften Kapitels dieses Buches nicht zuzumuten ist.

(4) Lebt eine Person bei ihren Eltern oder einem Elternteil und ist sie schwanger oder betreut ihr leibliches Kind bis zur Vollendung des sechsten Lebensjahres, werden Einkommen und Vermögen der Eltern oder des Elternteils nicht berücksichtigt.

(5) Ist den in den Absätzen 1 bis 3 genannten Personen die Aufbringung der Mittel aus dem Einkommen und Vermögen im Sinne der Absätze 1 und 2 möglich oder im Sinne des Absatzes 3 zuzumuten und sind Leistungen erbracht worden, haben sie dem Träger der Sozialhilfe die Aufwendungen in diesem Umfang zu ersetzen. Mehrere Verpflichtete haften als Gesamtschuldner.

(6) Der Anspruch der Berechtigten auf Leistungen für Einrichtungen oder auf Pflegegeld steht, soweit die Leistung den Berechtigten erbracht worden wäre, nach ihrem Tode demjenigen zu, der die Leistung erbracht oder die Pflege geleistet hat.

§ 61 Leistungsberechtigte

Personen, die pflegebedürftig im Sinne des § 61a sind, haben Anspruch auf Hilfe zur Pflege, soweit ihnen und ihren nicht getrennt lebenden Ehegatten oder Lebenspartnern nicht zuzumuten ist, dass sie die für die Hilfe zur Pflege benötigten Mittel aus dem Einkommen und Vermögen nach den Vorschriften des Elften Kapitels aufbringen. Sind die Personen minderjährig und unverheiratet, so sind auch das Einkommen und das Vermögen ihrer Eltern oder eines Elternteils zu berücksichtigen.

§ 61a Begriff der Pflegebedürftigkeit

(1) Pflegebedürftig sind Personen, die gesundheitlich bedingte Beeinträchtigungen der Selbständigkeit oder der Fähigkeiten aufweisen und deshalb der Hilfe durch andere bedürfen. Pflegebedürftige Personen im Sinne des Satzes 1 können körperliche, kognitive oder psychische Beeinträchtigungen oder gesundheitlich bedingte Belastungen oder Anforderungen nicht selbständig kompensieren oder bewältigen.

(2) Maßgeblich für die Beurteilung der Beeinträchtigungen der Selbständigkeit oder Fähigkeiten sind die folgenden Bereiche mit folgenden Kriterien:

1. Mobilität mit den Kriterien
   a) Positionswechsel im Bett,
   b) Halten einer stabilen Sitzposition,
   c) Umsetzen,
   d) Fortbewegen innerhalb des Wohnbereichs,
   e) Treppensteigen;
2. kognitive und kommunikative Fähigkeiten mit den Kriterien
   a) Erkennen von Personen aus dem näheren Umfeld,
   b) örtliche Orientierung,
   c) zeitliche Orientierung,
   d) Erinnern an wesentliche Ereignisse oder Beobachtungen,
   e) Steuern von mehrschrittigen Alltagshandlungen,
   f) Treffen von Entscheidungen im Alltagsleben,
   g) Verstehen von Sachverhalten und Informationen,

   h) Erkennen von Risiken und Gefahren,
   i) Mitteilen von elementaren Bedürfnissen,
   j) Verstehen von Aufforderungen,
   k) Beteiligen an einem Gespräch;
3. Verhaltensweisen und psychische Problemlagen mit den Kriterien
   a) motorisch geprägte Verhaltensauffälligkeiten,
   b) nächtliche Unruhe,
   c) selbstschädigendes und autoaggressives Verhalten,
   d) Beschädigen von Gegenständen,
   e) physisch aggressives Verhalten gegenüber anderen Personen,
   f) verbale Aggression,
   g) andere pflegerelevante vokale Auffälligkeiten,
   h) Abwehr pflegerischer und anderer unterstützender Maßnahmen,
   i) Wahnvorstellungen,
   j) Ängste,
   k) Antriebslosigkeit bei depressiver Stimmungslage,
   l) sozial inadäquate Verhaltensweisen,
   m) sonstige pflegerelevante inadäquate Handlungen;
4. Selbstversorgung mit den Kriterien
   a) Waschen des vorderen Oberkörpers,
   b) Körperpflege im Bereich des Kopfes,
   c) Waschen des Intimbereichs,
   d) Duschen und Baden einschließlich Waschen der Haare,
   e) An- und Auskleiden des Oberkörpers,
   f) An- und Auskleiden des Unterkörpers,
   g) mundgerechtes Zubereiten der Nahrung und Eingießen von Getränken,
   h) Essen,
   i) Trinken,
   j) Benutzen einer Toilette oder eines Toilettenstuhls,
   k) Bewältigen der Folgen einer Harninkontinenz und Umgang mit Dauerkatheter und Urostoma,
   l) Bewältigen der Folgen einer Stuhlinkontinenz und Umgang mit Stoma
   m) Ernährung parenteral oder über Sonde,

n) Bestehen gravierender Probleme bei der Nahrungsaufnahme bei Kindern bis zu 18 Monaten, die einen außergewöhnlich pflegeintensiven Hilfebedarf auslösen;

5. Bewältigung von und selbständiger Umgang mit krankheits- oder therapiebedingten Anforderungen und Belastungen in Bezug auf
   a) Medikation,
   b) Injektionen,
   c) Versorgung intravenöser Zugänge,
   d) Absaugen und Sauerstoffgabe,
   e) Einreibungen sowie Kälte- und Wärmeanwendungen,
   f) Messung und Deutung von Körperzuständen,
   g) körpernahe Hilfsmittel,
   h) Verbandswechsel und Wundversorgung,
   i) Versorgung mit Stoma,
   j) regelmäßige Einmalkatheterisierung und Nutzung von Abführmethoden,
   k) Therapiemaßnahmen in häuslicher Umgebung,
   l) zeit- und technikintensive Maßnahmen in häuslicher Umgebung,
   m) Arztbesuche,
   n) Besuch anderer medizinischer oder therapeutischer Einrichtungen,
   o) zeitlich ausgedehnte Besuche medizinischer oder therapeutischer Einrichtungen,
   p) Besuche von Einrichtungen zur Frühförderung bei Kindern,
   q) Einhalten einer Diät oder anderer krankheits- oder therapiebedingter Verhaltensvorschriften;
6. Gestaltung des Alltagslebens und sozialer Kontakte mit den Kriterien
   a) Gestaltung des Tagesablaufs und Anpassung an Veränderungen,
   b) Ruhen und Schlafen,
   c) Sichbeschäftigen,
   d) Vornehmen von in die Zukunft gerichteten Planungen,
   e) Interaktion mit Personen im direkten Kontakt,
   f) Kontaktpflege zu Personen außerhalb des direkten Umfelds.

§ 61b Pflegegrade

(1) Für die Gewährung von Leistungen der Hilfe zur Pflege sind pflegebedürftige Personen entsprechend den im Begutachtungsverfahren nach § 62 ermittelten

Gesamtpunkten in einen der Schwere der Beeinträchtigungen der Selbständigkeit oder der Fähigkeiten entsprechenden Pflegegrad einzuordnen:

1. Pflegegrad 1: geringe Beeinträchtigungen der Selbständigkeit oder der Fähigkeiten (ab 12,5 bis unter 27 Gesamtpunkte),
2. Pflegegrad 2: erhebliche Beeinträchtigungen der Selbständigkeit oder der Fähigkeiten (ab 27 bis unter 47,5 Gesamtpunkte),
3. Pflegegrad 3: schwere Beeinträchtigungen der Selbständigkeit oder der Fähigkeiten (ab 47,5 bis unter 70 Gesamtpunkte),
4. Pflegegrad 4: schwerste Beeinträchtigungen der Selbständigkeit oder der Fähigkeiten (ab 70 bis unter 90 Gesamtpunkte),
5. Pflegegrad 5: schwerste Beeinträchtigungen der Selbständigkeit oder Fähigkeiten mit besonderen Anforderungen an die pflegerische Versorgung (ab 90 bis 100 Gesamtpunkte).

(2) Pflegebedürftige mit besonderen Bedarfskonstellationen, die einen spezifischen, außergewöhnlich hohen Hilfebedarf mit besonderen Anforderungen an die pflegerische Versorgung aufweisen, können aus pflegefachlichen Gründen dem Pflegegrad 5 zugeordnet werden, auch wenn ihre Gesamtpunkte unter 90 liegen.

§ 63 Leistungen für Pflegebedürftige

(1) Die Hilfe zur Pflege umfasst für Pflegebedürftige der Pflegegrade 2, 3, 4 oder 5

1. häusliche Pflege in Form von
   a) Pflegegeld (§ 64a),
   b) häuslicher Pflegehilfe (§ 64b),
   c) Verhinderungspflege (§ 64c),
   d) Pflegehilfsmitteln (§ 64d),
   e) Maßnahmen zur Verbesserung des Wohnumfeldes (§ 64e),
   f) anderen Leistungen (§ 64f),
2. teilstationäre Pflege (§ 64g),
3. Kurzzeitpflege (§ 64h),
4. einen Entlastungsbetrag (§ 64i) und
5. stationäre Pflege (§ 65).

Die Hilfe zur Pflege schließt Sterbebegleitung mit ein.

(2) Die Hilfe zur Pflege umfasst für Pflegebedürftige des Pflegegrades 1

1. Pflegehilfsmittel (§ 64d),
2. Maßnahmen zur Verbesserung des Wohnumfeldes (§ 64e) und

3. einen Entlastungsbetrag (§ 66).

(3) Die Leistungen der Hilfe zur Pflege sind auf Antrag auch als Teil eines Persönlichen Budgets zu erbringen. § 17 Absatz 2 bis 4 des Neunten Buches in Verbindung mit der Budgetverordnung und § 159 Absatz 5 des Neunten Buches sind insoweit anzuwenden.

§ 64 Vorrang

Soweit häusliche Pflege ausreicht, soll der Träger der Sozialhilfe darauf hinwirken, dass die häusliche Pflege durch Personen, die dem Pflegebedürftigen nahestehen, oder als Nachbarschaftshilfe übernommen wird.

§ 64a Pflegegeld

(1) Pflegebedürftige der Pflegegrade 2, 3, 4 oder 5 haben bei häuslicher Pflege Anspruch auf Pflegegeld in Höhe des Pflegegeldes nach § 37 Absatz 1 des Elften Buches. Der Anspruch auf Pflegegeld setzt voraus, dass die Pflegebedürftigen und die Sorgeberechtigten bei pflegebedürftigen Kindern die erforderliche Pflege mit dem Pflegegeld in geeigneter Weise selbst sicherstellen.

(2) Besteht der Anspruch nach Absatz 1 nicht für den vollen Kalendermonat, ist das Pflegegeld entsprechend zu kürzen. Bei der Kürzung ist der Kalendermonat mit 30 Tagen anzusetzen. Das Pflegegeld wird bis zum Ende des Kalendermonats geleistet, in dem die pflegebedürftige Person gestorben ist.

(3) Stellt die Pflegekasse ihre Leistungen nach § 37 Absatz 6 des Elften Buches ganz oder teilweise ein, entfällt insoweit die Leistungspflicht nach Absatz 1.

§ 64b Häusliche Pflegehilfe

(1) Pflegebedürftige der Pflegegrade 2, 3, 4 oder 5 haben Anspruch auf körperbezogene Pflegemaßnahmen und pflegerische Betreuungsmaßnahmen sowie auf Hilfen bei der Haushaltsführung als Pflegesachleistung (häusliche Pflegehilfe), soweit die häusliche Pflege nach § 64 nicht sichergestellt werden kann. Der Anspruch auf häusliche Pflegehilfe umfasst auch die pflegefachliche Anleitung von Pflegebedürftigen und Pflegepersonen. Mehrere Pflegebedürftige der Pflegegrade 2, 3, 4 oder 5 können die häusliche Pflege gemeinsam in Anspruch nehmen. Häusliche Pflegehilfe kann auch Betreuungs- und Entlastungsleistungen durch Unterstützungsangebote im Sinne des § 45a des Elften Buches umfassen; § 64i bleibt unberührt.

(2) Pflegerische Betreuungsmaßnahmen umfassen Unterstützungsleistungen zur Bewältigung und Gestaltung des alltäglichen Lebens im häuslichen Umfeld, insbesondere
1. bei der Bewältigung psychosozialer Problemlagen oder von Gefährdungen,
2. bei der Orientierung, bei der Tagesstrukturierung, bei der Kommunikation, bei der Aufrechterhaltung sozialer Kontakte und bei bedürfnisgerechten Beschäftigungen im Alltag sowie
3. durch Maßnahmen zur kognitiven Aktivierung.

§ 64c Verhinderungspflege

Ist eine Pflegeperson im Sinne von § 64 wegen Erholungsurlaubs, Krankheit oder aus sonstigen Gründen an der häuslichen Pflege gehindert, sind die angemessenen Kosten einer notwendigen Ersatzpflege zu übernehmen.

§ 64d Pflegehilfsmittel

(1) Pflegebedürftige haben Anspruch auf Versorgung mit Pflegehilfsmitteln, die
1. zur Erleichterung der Pflege der Pflegebedürftigen beitragen,
2. zur Linderung der Beschwerden der Pflegebedürftigen beitragen oder
3. den Pflegebedürftigen eine selbständigere Lebensführung ermöglichen.
Der Anspruch umfasst die notwendige Änderung, Instandsetzung und Ersatzbeschaffung von Pflegehilfsmitteln sowie die Ausbildung in ihrem Gebrauch.
(2) Technische Pflegehilfsmittel sollen den Pflegebedürftigen in geeigneten Fällen leihweise zur Verfügung gestellt werden.

§ 64e Maßnahmen zur Verbesserung des Wohnumfeldes

Maßnahmen zur Verbesserung des Wohnumfeldes der Pflegebedürftigen können gewährt werden,
1. soweit sie angemessen sind und
2. durch sie
    a) die häusliche Pflege ermöglicht oder erheblich erleichtert werden kann oder
    b) eine möglichst selbständige Lebensführung der Pflegebedürftigen wiederhergestellt werden kann.

§ 64f Andere Leistungen

(1) Zusätzlich zum Pflegegeld nach § 64a Absatz 1 sind die Aufwendungen für die Beiträge einer Pflegeperson oder einer besonderen Pflegekraft für eine angemessene Alterssicherung zu erstatten, soweit diese nicht anderweitig sichergestellt ist.

(2) Ist neben der häuslichen Pflege nach § 64 eine Beratung der Pflegeperson geboten, sind die angemessenen Kosten zu übernehmen.

(3) Soweit die Sicherstellung der häuslichen Pflege für Pflegebedürftige der Pflegegrade 2, 3, 4 oder 5 im Rahmen des Arbeitgebermodells erfolgt, sollen die angemessenen Kosten übernommen werden.

§ 64g Teilstationäre Pflege

Pflegebedürftige der Pflegegrade 2, 3, 4 oder 5 haben Anspruch auf teilstationäre Pflege in Einrichtungen der Tages- oder Nachtpflege, soweit die häusliche Pflege nicht in ausreichendem Umfang sichergestellt werden kann oder die teilstationäre Pflege zur Ergänzung oder Stärkung der häuslichen Pflege erforderlich ist. Der Anspruch umfasst auch die notwendige Beförderung des Pflegebedürftigen von der Wohnung zur Einrichtung der Tages- oder Nachtpflege und zurück.

§ 64h Kurzzeitpflege

(1) Pflegebedürftige der Pflegegrade 2, 3, 4 oder 5 haben Anspruch auf Kurzeitpflege in einer stationären Pflegeeinrichtung, soweit die häusliche Pflege zeitweise nicht, noch nicht oder nicht im erforderlichen Umfang erbracht werden kann und die teilstationäre Pflege nach § 64g nicht ausreicht.

(2) Wenn die Pflege in einer zur Kurzzeitpflege zugelassenen Pflegeeinrichtung nach den §§ 71 und 72 des Elften Buches nicht möglich ist oder nicht zumutbar erscheint, kann die Kurzzeitpflege auch erbracht werden

1. durch geeignete Erbringer von Leistungen nach Teil 2 des Neunten Buches oder
2. in geeigneten Einrichtungen, die nicht als Einrichtung zur Kurzzeitpflege zugelassen sind.

(3) Soweit während einer Maßnahme der medizinischen Vorsorge oder Rehabilitation für eine Pflegeperson eine gleichzeitige Unterbringung und Pflege der Pflegebedürftigen erforderlich ist, kann Kurzzeitpflege auch in Vorsorge- oder Rehabilitationseinrichtungen nach § 107 Absatz 2 des Fünften Buches erbracht werden.

§ 64i Entlastungsbetrag bei den Pflegegraden 2, 3, 4 oder 5

Pflegebedürftige der Pflegegrade 2- 5 haben Anspruch auf einen Entlastungsbetrag in Höhe von bis zu 125 Euro monatlich. Der Entlastungsbetrag ist zweckgebunden einzusetzen zur

1. Entlastung pflegender Angehöriger oder nahestehender Pflegepersonen,
2. Förderung der Selbständigkeit und Selbstbestimmung der Pflegebedürftigen bei der Gestaltung ihres Alltags oder
3. Inanspruchnahme von Unterstützungsangeboten im Sinne des § 45a des Elften Buches.

§ 65 Stationäre Pflege

Pflegebedürftige der Pflegegrade 2, 3, 4 oder 5 haben Anspruch auf Pflege in stationären Einrichtungen, wenn häusliche oder teilstationäre Pflege nicht möglich ist oder wegen der Besonderheit des Einzelfalls nicht in Betracht kommt. Der Anspruch auf stationäre Pflege umfasst auch Betreuungsmaßnahmen; § 64b Absatz 2 findet entsprechende Anwendung.

§ 66 Entlastungsbetrag bei Pflegegrad 1

Pflegebedürftige des Pflegegrades 1 haben Anspruch auf einen Entlastungsbetrag in Höhe von bis zu 125 Euro monatlich. Der Entlastungsbetrag ist zweckgebunden einzusetzen zur

1. Entlastung pflegender Angehöriger oder nahestehender Pflegepersonen,
2. Förderung der Selbständigkeit und Selbstbestimmung der Pflegebedürftigen bei der Gestaltung ihres Alltags,
3. Inanspruchnahme von
   a) Leistungen der häuslichen Pflegehilfe im Sinne des § 64b,
   b) Maßnahmen zur Verbesserung des Wohnumfeldes nach § 64e,
   c) anderen Leistungen nach § 64f,
   d) Leistungen zur teilstationären Pflege im Sinne des § 64g,
4. Inanspruchnahme von Unterstützungsangeboten im Sinne des § 45a des Elften Buches.

§ 71 Altenhilfe

(1) Alten Menschen soll außer den Leistungen nach den übrigen Bestimmungen dieses Buches sowie den Leistungen der Eingliederungshilfe nach Teil 2 des Neunten Buches Altenhilfe gewährt werden. Die Altenhilfe soll dazu beitragen, Schwierigkeiten, die durch das Alter entstehen, zu verhüten, zu überwinden oder zu mildern und alten Menschen die Möglichkeit zu erhalten, selbstbestimmt am Leben in der Gemeinschaft teilzunehmen und ihre Fähigkeit zur Selbsthilfe zu stärken.

(2) Als Leistungen der Altenhilfe kommen insbesondere in Betracht:

1. Leistungen zu einer Betätigung und zum gesellschaftlichen Engagement, wenn sie vom alten Menschen gewünscht wird,
2. Leistungen bei der Beschaffung und zur Erhaltung einer Wohnung, die den Bedürfnissen des alten Menschen entspricht,
3. Beratung und Unterstützung im Vor- und Umfeld von Pflege, insbesondere in allen Fragen des Angebots an Wohnformen bei Unterstützungs-, Betreuungs- oder Pflegebedarf sowie an Diensten, die Betreuung oder Pflege leisten,
4. Beratung und Unterstützung in allen Fragen der Inanspruchnahme altersgerechter Dienste,
5. Leistungen zum Besuch von Veranstaltungen oder Einrichtungen, die der Geselligkeit, der Unterhaltung, der Bildung oder den kulturellen Bedürfnissen alter Menschen dienen,
6. Leistungen, die alten Menschen die Verbindung mit nahe stehenden Personen ermöglichen.

(3) Leistungen nach Absatz 1 sollen auch erbracht werden, wenn sie der Vorbereitung auf das Alter dienen.

(4) Altenhilfe soll ohne Rücksicht auf vorhandenes Einkommen oder Vermögen geleistet werden, soweit im Einzelfall Beratung und Unterstützung erforderlich sind.

(5) Die Leistungen der Altenhilfe sind mit den übrigen Leistungen dieses Buches, den Leistungen der örtlichen Altenhilfe und der kommunalen Infrastruktur zur Vermeidung sowie Verringerung der Pflegebedürftigkeit und zur Inanspruchnahme der Leistungen der Eingliederungshilfe zu verzahnen. Die Ergebnisse der Gesamtplanung nach § 58 sowie die Grundsätze der Koordination, Kooperation und Konvergenz der Leistungen nach den Vorschriften des Neunten Buches sind zu berücksichtigen.

§ 85 Einkommensgrenze

(1) Bei der Hilfe nach dem Fünften bis Neunten Kapitel ist der nachfragenden Person und ihrem nicht getrennt lebenden Ehegatten oder Lebenspartner die Aufbringung der Mittel nicht zuzumuten, wenn während der Dauer des Bedarfs ihr monatliches Einkommen zusammen eine Einkommensgrenze nicht übersteigt, die sich ergibt aus

1. einem Grundbetrag in Höhe des Zweifachen der Regelbedarfsstufe 1 nach der Anlage zu § 28,
2. den Aufwendungen für die Unterkunft, soweit diese den der Besonderheit des Einzelfalles angemessenen Umfang nicht übersteigen und
3. einem Familienzuschlag in Höhe des auf volle Euro aufgerundeten Betrages von 70 vom Hundert der Regelbedarfsstufe 1 nach der Anlage zu § 28 für den nicht getrennt lebenden Ehegatten oder Lebenspartner und für jede Person, die von der nachfragenden Person, ihrem nicht getrennt lebenden Ehegatten oder Lebenspartner überwiegend unterhalten worden ist oder für die sie nach der Entscheidung über die Erbringung der Sozialhilfe unterhaltspflichtig werden.

(2) Ist die nachfragende Person minderjährig und unverheiratet, so ist ihr und ihren Eltern die Aufbringung der Mittel nicht zuzumuten, wenn während der Dauer des Bedarfs das monatliche Einkommen der nachfragenden Person und ihrer Eltern zusammen eine Einkommensgrenze nicht übersteigt, die sich ergibt aus

1. einem Grundbetrag in Höhe des Zweifachen der Regelbedarfsstufe 1 nach der Anlage zu § 28,
2. den Aufwendungen für die Unterkunft, soweit diese den der Besonderheit des Einzelfalles angemessenen Umfang nicht übersteigen und
3. einem Familienzuschlag in Höhe des auf volle Euro aufgerundeten Betrages von 70 vom Hundert der Regelbedarfsstufe 1 nach der Anlage zu § 28 für einen Elternteil, wenn die Eltern zusammenleben, sowie für die nachfragende Person und für jede Person, die von den Eltern oder der nachfragenden Person überwiegend unterhalten worden ist oder für die sie nach der Entscheidung über die Erbringung der Sozialhilfe unterhaltspflichtig werden.

Leben die Eltern nicht zusammen, richtet sich die Einkommensgrenze nach dem Elternteil, bei dem die nachfragende Person lebt. Lebt sie bei keinem Elternteil, bestimmt sich die Einkommensgrenze nach Absatz 1.

(3) Die Regelbedarfsstufe 1 nach der Anlage zu § 28 bestimmt sich nach dem Ort, an dem der Leistungsberechtigte die Leistung erhält. Bei der Leistung in einer Einrichtung sowie bei Unterbringung in einer anderen Familie oder bei den in § 107

genannten anderen Personen bestimmt er sich nach dem gewöhnlichen Aufenthalt des Leistungsberechtigten oder, wenn im Falle des Absatzes 2 auch das Einkommen seiner Eltern oder eines Elternteils maßgebend ist, nach deren gewöhnlichem Aufenthalt. Ist ein gewöhnlicher Aufenthalt im Inland nicht vorhanden oder nicht zu ermitteln, ist Satz 1 anzuwenden.

§ 90 Einzusetzendes Vermögen

(1) Einzusetzen ist das gesamte verwertbare Vermögen.

(2) Die Sozialhilfe darf nicht abhängig gemacht werden vom Einsatz oder von der Verwertung

1. eines Vermögens, das aus öffentlichen Mitteln zum Aufbau oder zur Sicherung einer Lebensgrundlage oder zur Gründung eines Hausstandes erbracht wird,
2. eines Kapitals einschließlich seiner Erträge, das der zusätzlichen Altersvorsorge im Sinne des § 10a oder des Abschnitts XI des Einkommensteuergesetzes dient und dessen Ansammlung staatlich gefördert wurde,
3. eines sonstigen Vermögens, solange es nachweislich zur baldigen Beschaffung oder Erhaltung eines Hausgrundstücks im Sinne der Nummer 8 bestimmt ist, soweit dieses Wohnzwecken von Menschen mit einer wesentlichen Behinderung oder einer drohenden wesentlichen Behinderung (§ 99 Absatz 1 und 2 des Neunten Buches) oder von blinden Menschen (§ 72) oder pflegebedürftigen Menschen (§ 61) dient oder dienen soll und dieser Zweck durch den Einsatz oder die Verwertung des Vermögens gefährdet würde,
4. eines angemessenen Hausrats; dabei sind die bisherigen Lebensverhältnisse der nachfragenden Person zu berücksichtigen,
5. von Gegenständen, die zur Aufnahme oder Fortsetzung der Berufsausbildung oder der Erwerbstätigkeit unentbehrlich sind,
6. von Familien- und Erbstücken, deren Veräußerung für die nachfragende Person oder ihre Familie eine besondere Härte bedeuten würde,
7. von Gegenständen, die zur Befriedigung geistiger, insbesondere wissenschaftlicher oder künstlerischer Bedürfnisse dienen und deren Besitz nicht Luxus ist,
8. eines angemessenen Hausgrundstücks, das von der nachfragenden Person oder einer anderen in den § 19 Abs. 1 bis 3 genannten Person allein oder zusammen mit Angehörigen ganz oder teilweise bewohnt wird und nach ihrem Tod von ihren Angehörigen bewohnt werden soll. Die Angemessenheit bestimmt sich

nach der Zahl der Bewohner, dem Wohnbedarf (zum Beispiel behinderter, blinder oder pflegebedürftiger Menschen), der Grundstücksgröße, der Hausgröße, dem Zuschnitt und der Ausstattung des Wohngebäudes sowie dem Wert des Grundstücks einschließlich des Wohngebäudes,

9. kleinerer Barbeträge oder sonstiger Geldwerte; dabei ist eine besondere Notlage der nachfragenden Person zu berücksichtigen.

(3) Die Sozialhilfe darf ferner nicht vom Einsatz oder von der Verwertung eines Vermögens abhängig gemacht werden, soweit dies für den, der das Vermögen einzusetzen hat, und für seine unterhaltsberechtigten Angehörigen eine Härte bedeuten würde. Dies ist bei der Leistung nach dem Fünften bis Neunten Kapitel insbesondere der Fall, soweit eine angemessene Lebensführung oder die Aufrechterhaltung einer angemessenen Alterssicherung wesentlich erschwert würde.

Krankenhausfinanzierungsgesetz

Gesetz zur wirtschaftlichen Sicherung der Krankenhäuser und zur Regelung der Krankenhauspflegesätze (- KHG)

vom 29.06.1972, zuletzt geändert: 11.12.2021

§ 1 Grundsatz

(1) Zweck dieses Gesetzes ist die wirtschaftliche Sicherung der Krankenhäuser, um eine qualitativ hochwertige, patienten- und bedarfsgerechte Versorgung der Bevölkerung mit leistungsfähigen digital ausgestatteten, qualitativ hochwertig und eigenverantwortlich wirtschaftenden Krankenhäusern zu gewährleisten und zu sozial tragbaren Pflegesätzen beizutragen.

(2) Bei der Durchführung des Gesetzes ist die Vielfalt der Krankenhausträger zu beachten. Dabei ist nach Maßgabe des Landesrechts insbesondere die wirtschaftliche Sicherung freigemeinnütziger und privater Krankenhäuser zu gewährleisten. Die Gewährung von Fördermitteln nach diesem Gesetz darf nicht mit Auflagen verbunden werden, durch die die Selbständigkeit und Unabhängigkeit von Krankenhäusern über die Erfordernisse der Krankenhausplanung und der wirtschaftlichen Betriebsführung hinaus beeinträchtigt werden.

§ 2 Begriffsbestimmungen

Im Sinne dieses Gesetzes sind

1. Krankenhäuser:

Einrichtungen, in denen durch ärztliche und pflegerische Hilfeleistung Krankheiten, Leiden oder Körperschäden festgestellt, geheilt oder gelindert werden sollen oder Geburtshilfe geleistet wird und in denen die zu versorgenden Personen untergebracht und verpflegt werden können,

1a. mit den Krankenhäusern notwendigerweise verbundene Ausbildungsstätten staatlich anerkannte Einrichtungen an Krankenhäusern zur Ausbildung für die Berufe
   a) Ergotherapeut, Ergotherapeutin,
   b) Diätassistent, Diätassistentin,
   c) Hebamme, Entbindungspfleger,
   d) Krankengymnast, Krankengymnastin, Physiotherapeut, Physiotherapeutin

e) Pflegefachfrau, Pflegefachmann
f) Gesundheits- und Kinderkrankenpflegerin, Gesundheits- und Kinderkrankenpfleger,
g) Krankenpflegehelferin, Krankenpflegehelfer,
h) medizinisch-technischer Laboratoriumsassistent, medizinisch-technische Laboratoriumsassistentin,
i) medizinisch-technischer Radiologieassistent, medizinisch-technische Radiologieassistentin,
j) Logopäde, Logopädin,
k) Orthoptist, Orthoptistin,
l) medizinisch-technischer Assistent für Funktionsdiagnostik, medizinisch-technische Assistentin für Funktionsdiagnostik,

wenn die Krankenhäuser Träger oder Mitträger der Ausbildungsstätte sind,

2. Investitionskosten
   a) die Kosten der Errichtung (Neubau, Umbau, Erweiterungsbau) von Krankenhäusern und der Anschaffung der zum Krankenhaus gehörenden Wirtschaftsgüter, ausgenommen der zum Verbrauch bestimmten Güter (Verbrauchsgüter),
   b) die Kosten der Wiederbeschaffung der Güter des zum Krankenhaus gehörenden Anlagevermögens (Anlagegüter);

zu den Investitionskosten gehören nicht die Kosten des Grundstücks, des Grundstückserwerbs, der Grundstückserschließung sowie ihrer Finanzierung,

3. für die Zwecke dieses Gesetzes den Investitionskosten gleichstehende Kosten
   a) die Entgelte für die Nutzung der in Nummer 2 bezeichneten Anlagegüter,
   b) die Zinsen, die Tilgung und die Verwaltungskosten von Darlehen, soweit sie zur Finanzierung der in Nummer 2 sowie in Buchstabe a bezeichneten Kosten aufgewandt worden sind,
   c) die in Nummer 2 sowie in den Buchstaben a und b bezeichneten Kosten, soweit sie gemeinschaftliche Einrichtungen der Krankenhäuser betreffen,
   d) Kapitalkosten (Abschreibungen und Zinsen) für die in Nummer 2 genannten Wirtschaftsgüter,
   e) Kosten der in Nummer 2 sowie in den Buchstaben a bis d bezeichneten Art, soweit sie die mit den Krankenhäusern notwendigerweise verbundenen

Ausbildungsstätten betreffen und nicht nach anderen Vorschriften aufzubringen sind,

4. Pflegesätze:

die Entgelte der Benutzer oder ihrer Kostenträger für stationäre und teilstationäre Leistungen des Krankenhauses,

5. Pflegesatzfähige Kosten:

die Kosten des Krankenhauses, deren Berücksichtigung im Pflegesatz nicht nach diesem Gesetz ausgeschlossen ist.

§ 2a Definition von Krankenhausstandorten

(1) Der Spitzenverband Bund der Krankenkassen und die Deutsche Krankenhausgesellschaft vereinbaren im Benehmen mit den Ländern, den Kassenärztlichen Bundesvereinigungen und dem Verband der Privaten Krankenversicherung bis zum 30. Juni 2017 eine bundeseinheitliche Definition, die die Kriterien für den Standort oder die Standorte eines Krankenhauses und dessen Ambulanzen festlegt. Sie haben sicherzustellen, dass diese Definition des Standorts eines Krankenhauses und dessen Ambulanzen eine eindeutige Abgrenzung von Versorgungseinheiten insbesondere in räumlicher, organisatorischer, medizinischer, wirtschaftlicher und rechtlicher Hinsicht ermöglicht. Die Definition soll insbesondere für Zwecke der Qualitätssicherung, der Abrechnung, für die Krankenhausplanung und die Krankenhausstatistik geeignet sein. Die Möglichkeit, Vereinbarungen nach § 11 des Krankenhausentgeltgesetzes oder nach § 11 der Bundespflegesatzverordnung einheitlich für alle Standorte eines Krankenhauses zu schließen, bleibt unberührt. Die Definition ist für den Spitzenverband Bund der Krankenkassen, die Unternehmen der privaten Krankenversicherung, die Deutsche Krankenhausgesellschaft, die Kassenärztlichen Bundesvereinigungen und deren Mitglieder und Mitgliedskassen sowie für die Leistungserbringer verbindlich. Das Benehmen mit den Ländern nach Satz 1 wird mit zwei von der Gesundheitsministerkonferenz der Länder benannten Vertretern der Länder hergestellt.

(2) Kommt die Vereinbarung nach Absatz 1 Satz 1 ganz oder teilweise nicht fristgerecht zustande, legt die Schiedsstelle nach § 18a Absatz 6 ohne Antrag einer Vertragspartei innerhalb von sechs Wochen die Kriterien für den Standort oder die Standorte eines Krankenhauses und dessen Ambulanzen fest.

§ 3 Anwendungsbereich

Dieses Gesetz findet keine Anwendung auf

1. (weggefallen)
2. Krankenhäuser im Straf- oder Maßregelvollzug,
3. Polizeikrankenhäuser,
4. Krankenhäuser der Träger der allgemeine Rentenversicherung und, soweit die gesetzliche Unfallversicherung die Kosten trägt, Krankenhäuser der Träger der gesetzlichen Unfallversicherung und ihrer Vereinigungen; das gilt nicht für Fachkliniken zur Behandlung von Erkrankungen der Atmungsorgane, soweit sie der allgemeinen Versorgung der Bevölkerung mit Krankenhäusern dienen.

§ 28 bleibt unberührt.

§ 4 Duale Finanzierung

Die Krankenhäuser werden dadurch wirtschaftlich gesichert, dass

1. ihre Investitionskosten im Wege öffentlicher Förderung übernommen werden und sie
2. leistungsgerechte Erlöse aus den Pflegesätzen, die nach Maßgabe dieses Gesetzes auch Investitionskosten enthalten können, sowie Vergütungen für vor- und nachstationäre Behandlung und für ambulantes Operieren erhalten.

§ 5 Nicht förderungsfähige Einrichtungen

(1) Nach diesem Gesetz werden nicht gefördert

1. Krankenhäuser, die nach den landesrechtlichen Vorschriften für den Hochschulbau gefördert werden; dies gilt für Krankenhäuser, die Aufgaben der Ausbildung von Ärzten nach der Approbationsordnung für Ärzte vom 27. Juni 2002 (BGBl. I S. 2405), zuletzt geändert durch Artikel 71 des Gesetzes vom 21. Juni 2005 (BGBl. I S. 1818), erfüllen, nur hinsichtlich der nach den landesrechtlichen Vorschriften für Hochschulen förderfähigen Maßnahmen,
2. Krankenhäuser, die nicht die in § 67 der Abgabenordnung bezeichneten Voraussetzungen erfüllen,
3. Einrichtungen in Krankenhäusern,
   a) soweit die Voraussetzungen nach § 2 Nr. 1 nicht vorliegen, insbesondere Einrichtungen für Personen, die als Pflegefälle gelten,
   b) für Personen, die im Maßregelvollzug auf Grund strafrechtlicher Bestimmungen untergebracht sind,

4. Tuberkulosekrankenhäuser mit Ausnahme der Fachkliniken zur Behandlung von Erkrankungen der Atmungsorgane, soweit sie nach der Krankenhausplanung des Landes der allgemeinen Versorgung der Bevölkerung mit Krankenhäusern dienen,
5. Krankenhäuser, deren Träger ein nicht bereits in § 3 Satz 1 Nr. 4 genannter Sozialleistungsträger ist, soweit sie nicht nach der Krankenhausplanung des Landes der allgemeinen Versorgung der Bevölkerung mit Krankenhäusern dienen,
6. Versorgungskrankenhäuser,
7. Vorsorge- oder Rehabilitationseinrichtungen nach § 107 Abs. 2 des Fünften Buches Sozialgesetzbuch, soweit die Anwendung dieses Gesetzes nicht bereits nach § 3 Satz 1 Nr. 4 ausgeschlossen ist,
8. die mit den Krankenhäusern verbundenen Einrichtungen, die nicht unmittelbar der stationären Krankenversorgung dienen, insbesondere die nicht für den Betrieb des Krankenhauses unerläßlichen Unterkunfts- und Aufenthaltsräume,
9. Einrichtungen, die auf Grund bundesrechtlicher Rechtsvorschriften vorgehalten oder unterhalten werden; dies gilt nicht für Einrichtungen, soweit sie auf Grund des § 30 des Infektionsschutzgesetzes vom 20. Juli 2000 (BGBl. I S. 1045) vorgehalten werden,
10. Einrichtungen, soweit sie durch die besonderen Bedürfnisse des Zivilschutzes bedingt sind,
11. Krankenhäuser der Träger der gesetzlichen Unfallversicherung und ihrer Vereinigungen.

(2) Durch Landesrecht kann bestimmt werden, daß die Förderung nach diesem Gesetz auch den in Absatz 1 Nr. 2 bis 8 bezeichneten Krankenhäusern und Einrichtungen gewährt wird.

§ 6 Krankenhausplanung und Investitionsprogramme

(1) Die Länder stellen zur Verwirklichung der in § 1 genannten Ziele Krankenhauspläne und Investitionsprogramme auf; Folgekosten, insbesondere die Auswirkungen auf die Pflegesätze, sind zu berücksichtigen.

(1a) Die Empfehlungen des Gemeinsamen Bundesausschusses zu den planungsrelevanten Qualitätsindikatoren gemäß § 136c Absatz 1 des Fünften Buches Sozialgesetzbuch sind Bestandteil des Krankenhausplans. Durch Landesrecht kann die Geltung der planungsrelevanten Qualitätsindikatoren ganz oder teilweise ausgeschlossen oder eingeschränkt werden und können weitere Qualitätsanforderungen zum Gegenstand der Krankenhausplanung gemacht werden.

(2) Hat ein Krankenhaus auch für die Versorgung der Bevölkerung anderer Länder wesentliche Bedeutung, so ist die Krankenhausplanung insoweit zwischen den beteiligten Ländern abzustimmen.

(3) Die Länder stimmen ihre Krankenhausplanung auf die pflegerischen Leistungserfordernisse nach dem Elften Buch Sozialgesetzbuch ab, insbesondere mit dem Ziel, Krankenhäuser von Pflegefällen zu entlasten und dadurch entbehrlich werdende Teile eines Krankenhauses nahtlos in wirtschaftlich selbständige ambulante oder stationäre Pflegeeinrichtungen umzuwidmen.

(4) Das Nähere wird durch Landesrecht bestimmt.

§ 7 Mitwirkung der Beteiligten

(1) Bei der Durchführung dieses Gesetzes arbeiten die Landesbehörden mit den an der Krankenhausversorgung im Lande Beteiligten eng zusammen; das betroffene Krankenhaus ist anzuhören. Bei der Krankenhausplanung und der Aufstellung der Investitionsprogramme sind einvernehmliche Regelungen mit den unmittelbar Beteiligten anzustreben.

(2) Das Nähere wird durch Landesrecht bestimmt.

§ 8 Voraussetzungen der Förderung

(1) Die Krankenhäuser haben nach Maßgabe dieses Gesetzes Anspruch auf Förderung, soweit und solange sie in den Krankenhausplan eines Landes und bei Investitionen nach § 9 Abs. 1 Nr. 1 in das Investitionsprogramm aufgenommen sind. Die zuständige Landesbehörde und der Krankenhausträger können für ein Investitionsvorhaben nach § 9 Abs. 1 eine nur teilweise Förderung mit Restfinanzierung durch den Krankenhausträger vereinbaren; Einvernehmen mit den Landesverbänden der Krankenkassen, den Ersatzkassen und den Vertragsparteien nach § 18 Abs. 2 ist anzustreben. Die Aufnahme oder Nichtaufnahme in den Krankenhausplan wird durch Bescheid festgestellt. Gegen den Bescheid ist der Verwaltungsrechtsweg gegeben.

(1a) Krankenhäuser, die bei den für sie maßgeblichen planungsrelevanten Qualitätsindikatoren nach § 6 Absatz 1a auf der Grundlage der vom Gemeinsamen Bundesausschuss nach § 136c Absatz 2 Satz 1 des Fünften Buches Sozialgesetzbuch übermittelten Maßstäbe und Bewertungskriterien oder den im jeweiligen Landesrecht vorgesehenen Qualitätsvorgaben nicht nur vorübergehend eine in einem erheblichen Maß unzureichende Qualität aufweisen, dürfen insoweit ganz oder teilweise nicht in den Krankenhausplan aufgenommen werden. Die Auswertungsergebnisse nach § 136c Absatz 2 Satz 1 des Fünften Buches Sozialgesetzbuch sind zu berücksichtigen.

(1b) Plankrankenhäuser, die nach den in Absatz 1a Satz 1 genannten Vorgaben nicht nur vorübergehend eine in einem erheblichen Maß unzureichende Qualität aufweisen, sind insoweit durch Aufhebung des Feststellungsbescheides ganz oder teilweise aus dem Krankenhausplan herauszunehmen; Absatz 1a Satz 2 gilt entsprechend.

(1c) Soweit die Empfehlungen des Gemeinsamen Bundesausschusses nach § 6 Absatz 1a Satz 2 nicht Bestandteil des Krankenhausplans geworden sind, gelten die Absätze 1a und 1b nur für die im Landesrecht vorgesehenen Qualitätsvorgaben.

(2) Ein Anspruch auf Feststellung der Aufnahme in den Krankenhausplan und in das Investitionsprogramm besteht nicht. Bei notwendiger Auswahl zwischen mehreren Krankenhäusern entscheidet die zuständige Landesbehörde unter Berücksichtigung der öffentlichen Interessen und der Vielfalt der Krankenhausträger nach pflichtgemäßem Ermessen, welches Krankenhaus den Zielen der Krankenhausplanung des Landes am besten gerecht wird; die Vielfalt der Krankenhausträger ist nur dann zu berücksichtigen, wenn die Qualität der erbrachten Leistungen der Einrichtungen gleichwertig ist.

(3) Für die in § 2 Nr. 1a genannten Ausbildungsstätten gelten die Vorschriften dieses Abschnitts entsprechend.

§ 9 Fördertatbestände [Fördermittel]

(1) Die Länder fördern auf Antrag des Krankenhausträgers Investitionskosten, die entstehen insbesondere

1. für die Errichtung von Krankenhäusern einschließlich der Erstausstattung mit den für den Krankenhausbetrieb notwendigen Anlagegütern,
2. für die Wiederbeschaffung von Anlagegütern mit einer durchschnittlichen Nutzungsdauer von mehr als drei Jahren.

(2) Die Länder bewilligen auf Antrag des Krankenhausträgers ferner Fördermittel

1. für die Nutzung von Anlagegütern, soweit sie mit Zustimmung der zuständigen Landesbehörde erfolgt,

2. für Anlaufkosten, für Umstellungskosten bei innerbetrieblichen Änderungen sowie für Erwerb, Erschließung, Miete und Pacht von Grundstücken, soweit ohne die Förderung die Aufnahme oder Fortführung des Krankenhausbetriebs gefährdet wäre,
3. für Lasten aus Darlehen, die vor der Aufnahme des Krankenhauses in den Krankenhausplan für förderungsfähige Investitionskosten aufgenommen worden sind,
4. als Ausgleich für die Abnutzung von Anlagegütern, soweit sie mit Eigenmitteln des Krankenhausträgers beschafft worden sind und bei Beginn der Förderung nach diesem Gesetz vorhanden waren,
5. zur Erleichterung der Schließung von Krankenhäusern,
6. zur Umstellung von Krankenhäusern oder Krankenhausabteilungen auf andere Aufgaben, insbesondere zu ihrer Umwidmung in Pflegeeinrichtungen oder selbständige, organisatorisch und wirtschaftlich vom Krankenhaus getrennte Pflegeabteilungen.

(3) Die Länder fördern die Wiederbeschaffung kurzfristiger Anlagegüter sowie kleine bauliche Maßnahmen durch feste jährliche Pauschalbeträge, mit denen das Krankenhaus im Rahmen der Zweckbindung der Fördermittel frei wirtschaften kann; § 10 bleibt unberührt. Die Pauschalbeträge sollen nicht ausschließlich nach der Zahl der in den Krankenhausplan aufgenommenen Betten bemessen werden. Sie sind in regelmäßigen Abständen an die Kostenentwicklung anzupassen.

(3a) Der vom Land bewilligte Gesamtbetrag der laufenden und der beiden folgenden Jahrespauschalen nach Absatz 3 steht dem Krankenhaus unabhängig von einer Verringerung der tatsächlichen Bettenzahl zu, soweit die Verringerung auf einer Vereinbarung des Krankenhausträgers mit den Landesverbänden der Krankenkassen und den Ersatzkassen nach § 109 Abs. 1 Satz 4 oder 5 des Fünften Buches Sozialgesetzbuch beruht und ein Fünftel der Planbetten nicht übersteigt. § 6 Abs. 3 bleibt unberührt.

(4) Wiederbeschaffung im Sinne dieses Gesetzes ist auch die Ergänzung von Anlagegütern, soweit diese nicht über die übliche Anpassung der vorhandenen Anlagegüter an die medizinische und technische Entwicklung wesentlich hinausgeht.

(5) Die Fördermittel sind nach Maßgabe dieses Gesetzes und des Landesrechts so zu bemessen, daß sie die förderungsfähigen und unter Beachtung betriebswirtschaftlicher Grundsätze notwendigen Investitionskosten decken.

§ 10 Entwicklungsauftrag zur Reform der Investitionsfinanzierung

Für in den Krankenhausplan eines Landes aufgenommene Krankenhäuser, die Entgelte nach § 17b erhalten, sowie für in den Krankenhausplan eines Landes aufgenommene psychiatrische und psychosomatische Einrichtungen nach § 17d Absatz 1 Satz 1 wird eine Investitionsförderung durch leistungsorientierte Investitionspauschalen ermöglicht. Dafür werden Grundsätze und Kriterien für die Ermittlung eines Investitionsfallwertes auf Landesebene entwickelt. Die Investitionsfinanzierung der Hochschulkliniken ist zu berücksichtigen. Die näheren Einzelheiten des weiteren Verfahrens legen Bund und Länder fest. Das Recht der Länder, eigenständig zwischen der Förderung durch leistungsorientierte Investitionspauschalen und der Einzelförderung von Investitionen einschließlich der Pauschalförderung kurzfristiger Anlagegüter zu entscheiden, bleibt unberührt.

§ 11 Landesrechtliche Vorschriften über die Förderung

Das Nähere zur Förderung wird durch Landesrecht bestimmt. Dabei kann auch geregelt werden, daß Krankenhäuser bei der Ausbildung von Ärzten und sonstigen Fachkräften des Gesundheitswesens besondere Aufgaben zu übernehmen haben; soweit hierdurch zusätzliche Sach- und Personalkosten entstehen, ist ihre Finanzierung zu gewährleisten.

§ 12 Förderung von Vorhaben zur Verbesserung von Versorgungsstrukturen

(1) Zur Förderung von Vorhaben der Länder zur Verbesserung der Strukturen in der Krankenhausversorgung wird beim Bundesversicherungsamt aus Mitteln der Liquiditätsreserve des Gesundheitsfonds ein Fonds in Höhe von insgesamt 500 Millionen Euro errichtet (Strukturfonds). Im Fall einer finanziellen Beteiligung der privaten Krankenversicherungen an der Förderung nach Satz 1 erhöht sich das Fördervolumen um den entsprechenden Betrag. Zweck des Strukturfonds ist insbesondere der Abbau von Überkapazitäten, die Konzentration von stationären Versorgungsangeboten und Standorten sowie die Umwandlung von Krankenhäusern in nicht akutstationäre örtliche Versorgungseinrichtungen; palliative Versorgungsstrukturen sollen gefördert werden. Von dem in Satz 1 genannten Betrag, abzüglich der Aufwendungen nach Absatz 2 Satz 6 und nach § 14 Satz 4, kann jedes Land den Anteil abrufen, der sich aus dem Königsteiner Schlüssel mit Stand vom 1. Januar 2016 ergibt. Soweit durch die von einem Land bis zum 31. Juli 2017

eingereichten Anträge die ihm nach Satz 4 zustehenden Fördermittel nicht ausgeschöpft werden, werden mit diesen Mitteln Vorhaben anderer Länder gefördert, für die Anträge gestellt worden sind. Fördermittel können auch für die Finanzierung der Zinsen, der Tilgung und der Verwaltungskosten von Darlehen gewährt werden, soweit diese zur Finanzierung förderungsfähiger Vorhaben nach Satz 3 aufgenommen worden sind.

(2) Voraussetzung für die Zuteilung von Fördermitteln nach Absatz 1 ist, dass

1. die Umsetzung des zu fördernden Vorhabens am 1. Januar 2016 noch nicht begonnen hat,
2. das antragstellende Land, gegebenenfalls gemeinsam mit dem Träger der zu fördernden Einrichtung, mindestens 50 Prozent der förderungsfähigen Kosten des Vorhabens trägt,
3. das antragstellende Land sich verpflichtet,
   a) in den Jahren 2016 bis 2018 jährlich Haushaltsmittel für die Investitionsförderung der Krankenhäuser mindestens in der Höhe bereitzustellen, die dem Durchschnitt der in den Haushaltsplänen der Jahre 2012 bis 2014 hierfür ausgewiesenen Haushaltsmittel abzüglich der auf diesen Zeitraum entfallenden durchschnittlichen Zuweisungen nach Artikel 14 des Gesundheitsstrukturgesetzes oder den im Haushaltsplan des Jahres 2015 für die Investitionsförderung der Krankenhäuser ausgewiesenen Haushaltsmitteln entspricht, und
   b) die in Buchstabe a genannten Mittel um die vom Land getragenen Mittel nach Nummer 2 zu erhöhen und
4. die in Absatz 3 genannten Kriterien erfüllt sind.

Beträge, mit denen sich die Länder am Volumen des öffentlichen Finanzierungsanteils der förderfähigen Kosten nach § 6 Absatz 1 des Kommunalinvestitionsförderungsgesetzes beteiligen, dürfen nicht auf die vom Land zu tragenden Kosten nach Satz 1 Nummer 2 und auf die in den Jahren 2016 bis 2018 bereitzustellenden Haushaltsmittel nach Satz 1 Nummer 3 Buchstabe a angerechnet werden. Mittel aus dem Strukturfonds zur Förderung der Schließung eines Krankenhauses dürfen nicht gewährt werden, wenn der Krankenhausträger gegenüber dem antragstellenden Land auf Grund der Schließung zur Rückzahlung von Mitteln für die Investitionsförderung verpflichtet ist; für Mittel der Investitionsförderung, auf deren Rückzahlung das antragstellende Land verzichtet hat, gilt Satz 2 entsprechend. Das Bundesversicherungsamt prüft die Anträge und weist die Mittel zu, bis der in Absatz 1 Satz 1 genannte Betrag abzüglich der Aufwendungen nach Satz 6 und nach § 14 Satz 4 ausgeschöpft ist. Nicht zweckentsprechend verwendete oder überzahlte Mittel sind unverzüglich an das Bundesversicherungsamt zurückzuzahlen, wenn eine Verrechnung mit Ansprüchen auf Auszahlung von Fördermitteln nicht möglich ist.

(3) Das Bundesministerium für Gesundheit bestimmt durch Rechtsverordnung mit Zustimmung des Bundesrates insbesondere das Nähere

1. zu den Kriterien der Förderung und zum Verfahren der Vergabe der Fördermittel,
2. zur Verteilung der nicht ausgeschöpften Mittel nach Absatz 1 Satz 5,
3. zum Nachweis der Förderungsvoraussetzungen nach Absatz 2 Satz 1,
4. zum Nachweis der zweckentsprechenden Verwendung der Fördermittel und zur Rückzahlung überzahlter oder nicht zweckentsprechend verwendeter Fördermittel.

§ 13 Entscheidung zu den förderungsfähigen Vorhaben

Im Einvernehmen mit den Landesverbänden der Krankenkassen und den Ersatzkassen treffen die Länder die Entscheidung, welche Vorhaben gefördert werden sollen und für die dann ein Antrag auf Förderung beim Bundesversicherungsamt gestellt werden soll. Sie können andere Institutionen an der Auswahlentscheidung beteiligen. Ein Anspruch auf Förderung besteht nicht. Die Länder prüfen die zweckentsprechende Verwendung der Fördermittel.

§ 15 Beteiligung an Schließungskosten

Die Vertragsparteien nach § 18 können vereinbaren, dass sich die in § 18 Absatz 2 genannten Sozialleistungsträger an den Kosten der Schließung eines Krankenhauses beteiligen. Die Unternehmen der privaten Krankenversicherung können sich an der Vereinbarung beteiligen. Hierbei ist zu berücksichtigen, ob und inwieweit die Schließung bereits nach den §§ 12 bis 14 gefördert wird. Eine Vereinbarung nach Satz 1 darf nicht geschlossen werden, wenn der Krankenhausträger auf Grund der Schließung zur Rückzahlung von Mitteln für die Investitionsförderung verpflichtet ist, die für dieses Krankenhaus gewährt worden sind.

§ 16 Verordnung zur Regelung der Pflegesätze

Die Bundesregierung wird ermächtigt, durch Rechtsverordnung mit Zustimmung des Bundesrates Vorschriften zu erlassen über

1. die Pflegesätze der Krankenhäuser,
2. die Abgrenzung der allgemeinen stationären und teilstationären Leistungen des Krankenhauses von den Leistungen bei vor- und nachstationärer Behandlung (§ 115a des Fünften Buches Sozialgesetzbuch), den ambulanten Leistungen einschließlich der Leistungen nach § 115b des Fünften Buches Sozialgesetzbuch, den Wahlleistungen und den belegärztlichen Leistungen,
3. die Nutzungsentgelte (Kostenerstattung und Vorteilsausgleich sowie diesen vergleichbare Abgaben) der zur gesonderten Berechnung ihrer Leistungen berechtigten Ärzte an das Krankenhaus, soweit diese Entgelte pflegesatzmindernd zu berücksichtigen sind,
4. die Berücksichtigung der Erlöse aus der Vergütung für vor- und nachstationäre Behandlung (§ 115a des Fünften Buches Sozialgesetzbuch), für ambulante Leistungen einschließlich der Leistungen nach § 115b des Fünften Buches Sozialgesetzbuch und für Wahlleistungen des Krankenhauses sowie die Berücksichtigung sonstiger Entgelte bei der Bemessung der Pflegesätze,
5. die nähere Abgrenzung der in § 17 Abs. 4 bezeichneten Kosten von den pflegesatzfähigen Kosten,
6. das Verfahren nach § 18,
7. die Rechnungs- und Buchführungspflichten der Krankenhäuser,
8. ein Klagerecht des Verbandes der privaten Krankenversicherung gegenüber unangemessen hohen Entgelten für nichtärztliche Wahlleistungen.

Die Ermächtigung kann durch Rechtsverordnung auf die Landesregierungen übertragen werden; dabei kann bestimmt werden, dass die Landesregierungen die Ermächtigung durch Rechtsverordnung auf oberste Landesbehörden weiter übertragen können.

§ 17 Grundsätze für die Pflegesatzregelung

(1) Die Pflegesätze und die Vergütung für vor- und nachstationäre Behandlung nach § 115a des Fünften Buches Sozialgesetzbuch sind für alle Benutzer des Krankenhauses einheitlich zu berechnen. Die Pflegesätze sind im Voraus zu bemessen. Bei der Ermittlung der Pflegesätze ist der Grundsatz der Beitragssatzstabilität (§ 71 Abs. 1 des Fünften Buches Sozialgesetzbuch) nach

Maßgabe dieses Gesetzes und des Krankenhausentgeltgesetzes zu beachten. Überschüsse verbleiben dem Krankenhaus; Verluste sind vom Krankenhaus zu tragen. Eine Einrichtung, die in räumlicher Nähe zu einem Krankenhaus liegt und mit diesem organisatorisch verbunden ist, darf für allgemeine, dem Versorgungsauftrag des Krankenhauses entsprechende Krankenhausleistungen keine höheren Entgelte verlangen, als sie nach den Regelungen dieses Gesetzes, des Krankenhausentgeltgesetzes und der Bundespflegesatzverordnung zu leisten wären. Für nichtärztliche Wahlleistungen gilt § 17 Absatz 1, 2 und 4 des Krankenhausentgeltgesetzes entsprechend.

(1a) Für die mit pauschalierten Pflegesätzen vergüteten voll- oder teilstationären Krankenhausleistungen gelten im Bereich der DRG-Krankenhäuser die Vorgaben des § 17b und im Bereich der psychiatrischen und psychosomatischen Einrichtungen die Vorgaben des § 17d.

(2) Soweit tagesgleiche Pflegesätze vereinbart werden, müssen diese medizinisch leistungsgerecht sein und einem Krankenhaus bei wirtschaftlicher Betriebsführung ermöglichen, den Versorgungsauftrag zu erfüllen.

(3) Im Pflegesatz sind nicht zu berücksichtigen

1. Kosten für Leistungen, die nicht der stationären oder teilstationären Krankenhausversorgung dienen,
2. Kosten für wissenschaftliche Forschung und Lehre, die über den normalen Krankenhausbetrieb hinausgehen.

(4) Bei Krankenhäusern, die nach diesem Gesetz voll gefördert werden, und bei den in § 5 Abs. 1 Nr. 1 erster Halbsatz bezeichneten Krankenhäusern sind außer den in Absatz 3 genannten Kosten im Pflegesatz nicht zu berücksichtigen

1. Investitionskosten, ausgenommen die Kosten der Wiederbeschaffung von Wirtschaftsgütern mit einer durchschnittlichen Nutzungsdauer bis zu drei Jahren,
2. Kosten der Grundstücke, des Grundstückserwerbs, der Grundstückserschließung sowie ihrer Finanzierung,
3. Anlauf- und Umstellungskosten,
4. Kosten der in § 5 Abs. 1 Nr. 8 bis 10 bezeichneten Einrichtungen,
5. Kosten, für die eine sonstige öffentliche Förderung gewährt wird;

dies gilt im Falle der vollen Förderung von Teilen eines Krankenhauses nur hinsichtlich des geförderten Teils.

(4a) (weggefallen)

(4b) Instandhaltungskosten sind im Pflegesatz zu berücksichtigen. Dazu gehören auch Instandhaltungskosten für Anlagegüter, wenn in baulichen Einheiten Gebäudeteile, betriebstechnische Anlagen und Einbauten oder wenn Außenanlagen vollständig oder überwiegend ersetzt werden. Die in Satz 2 genannten Kosten werden pauschal in Höhe eines Betrages von 1,1 vom Hundert der für die allgemeinen Krankenhausleistungen vereinbarten Vergütung finanziert. Die Pflegesatzfähigkeit für die in Satz 2 genannten Kosten entfällt für alle Krankenhäuser in einem Bundesland, wenn das Land diese Kosten für die in den Krankenhausplan aufgenommenen Krankenhäuser im Wege der Einzelförderung oder der Pauschalförderung trägt.

(5) Bei Krankenhäusern, die nach diesem Gesetz nicht oder nur teilweise öffentlich gefördert werden sowie bei anteilig öffentlich geförderten Maßnahmen mit Restfinanzierung durch den Krankenhausträger, dürfen von Sozialleistungsträgern und sonstigen öffentlich-rechtlichen Kostenträgern keine höheren Pflegesätze gefordert werden, als sie von diesen für Leistungen vergleichbarer nach diesem Gesetz voll geförderter Krankenhäuser zu entrichten sind. Krankenhäuser, die nur deshalb nach diesem Gesetz nicht gefördert werden, weil sie keinen Antrag auf Förderung stellen, dürfen auch von einem Krankenhausbenutzer keine höheren als die sich aus Satz 1 ergebenden Pflegesätze fordern. Soweit bei teilweiser Förderung Investitionen nicht öffentlich gefördert werden und ein vergleichbares Krankenhaus nicht vorhanden ist, dürfen die Investitionskosten in den Pflegesatz einbezogen werden, soweit die Landesverbände der Krankenkassen und die Ersatzkassen der Investition zugestimmt haben. Die Vertragsparteien nach § 18 Abs. 2 vereinbaren die nach den Sätzen 1 und 2 maßgebenden Pflegesätze. Werden die Krankenhausleistungen mit pauschalierten Pflegesätzen nach Absatz 1a vergütet, gelten diese als Leistungen vergleichbarer Krankenhäuser im Sinne des Satzes 1.

§ 17a Finanzierung von Ausbildungskosten

(1) Die Kosten der in § 2 Nr. 1a genannten mit dem Krankenhaus notwendigerweise verbundenen Ausbildungsstätten und der Ausbildungsvergütungen für die in § 2 Nr. 1a genannten Berufe und die Mehrkosten des Krankenhauses infolge der Ausbildung sind nach Maßgabe der folgenden Vorschriften durch Zuschläge zu finanzieren, soweit diese Kosten nach diesem Gesetz zu den pflegesatzfähigen Kosten gehören und nicht nach anderen Vorschriften aufzubringen sind (Ausbildungskosten); der von dem jeweiligen Land finanzierte Teil der Ausbildungskosten ist in Abzug zu bringen.

Abweichend von Satz 1 sind bei einer Anrechnung nach Satz 3 nur die Mehrkosten der Ausbildungsvergütungen zu finanzieren. Bei der Ermittlung der Mehrkosten der Ausbildungsvergütung sind Personen, die in der Krankenpflegehilfe ausgebildet werden, im zweiten und dritten Jahr ihrer Ausbildung im Verhältnis von 9,5 zu 1 auf die Stelle einer in den Berufen der Krankenpflege oder der Kinderkrankenpflege voll ausgebildeten Person nach Teil 2 des Pflegeberufe-Gesetzes anzurechnen.

(2) Mit dem Ziel, eine sachgerechte Finanzierung sicherzustellen, schließen

1. die Vertragsparteien nach § 17b Abs. 2 Satz 1 auf Bundesebene eine Rahmenvereinbarung insbesondere über die zu finanzierenden Tatbestände und über ein Kalkulationsschema für die Verhandlung des Ausbildungsbudgets nach Absatz 3;
2. die in § 18 Abs. 1 Satz 2 genannten Beteiligten auf Landesebene ergänzende Vereinbarungen insbesondere zur Berücksichtigung der landesrechtlichen Vorgaben für die Ausbildung und zum Abzug des vom Land finanzierten Teils der Ausbildungskosten, bei einer fehlenden Vereinbarung nach Nummer 1 auch zu den dort möglichen Vereinbarungsinhalten.

Die Vereinbarungen nach Satz 1 sind bei der Vereinbarung des Ausbildungsbudgets nach Absatz 3 zu beachten. Kommt eine Vereinbarung nach Satz 1 nicht zu Stande, entscheidet auf Antrag einer Vertragspartei bei Satz 1 Nr. 1 die Schiedsstelle nach § 18a Abs. 6 und bei Satz 1 Nr. 2 die Schiedsstelle nach § 18a Abs. 1.

(3) Bei ausbildenden Krankenhäusern vereinbaren die Vertragsparteien nach § 18 Abs. 2 für einen zukünftigen Zeitraum (Vereinbarungszeitraum) ein krankenhausindividuelles Ausbildungsbudget, mit dem die Ausbildungskosten finanziert werden; § 11 Abs. 2 des Krankenhausentgeltgesetzes gilt entsprechend. Sie stellen dabei Art und Anzahl der voraussichtlich belegten Ausbildungsplätze fest. Das Budget soll die Kosten der Ausbildungsstätten bei wirtschaftlicher Betriebsgröße und Betriebsführung decken und wird in seiner Entwicklung nicht durch den Veränderungswert nach § 9 Abs. 1b Satz 1 des Krankenhausfinanzierungsgesetzes begrenzt. Die für den Vereinbarungszeitraum zu erwartenden sind zu berücksichtigen. Ab dem Jahr 2010 sind bei der Vereinbarung des Ausbildungsbudgets auch die Richtwerte nach Absatz 4b zu berücksichtigen. Soweit Richtwerte nicht vereinbart oder nicht durch Rechtsverordnung vorgegeben sind, vereinbaren die Vertragsparteien nach § 18 Abs. 2 entsprechende Finanzierungsbeträge im Rahmen des Ausbildungsbudgets. Es ist eine Angleichung der krankenhausindividuellen Finanzierungsbeträge an die Richtwerte oder im Falle

des Satzes 6 eine Angleichung der Finanzierungsbeträge im Land untereinander anzustreben; dabei sind krankenhausindividuelle Abweichungen des vom Land finanzierten Teils der Ausbildungskosten zu berücksichtigen. Soweit erforderlich schließen die Vertragsparteien Strukturverträge, die den Ausbau, die Schließung oder die Zusammenlegung von Ausbildungsstätten finanziell unterstützen und zu wirtschaftlichen Ausbildungsstrukturen führen; dabei ist Einvernehmen mit der zuständigen Landesbehörde anzustreben. Die Ausbildung in der Region darf nicht gefährdet werden. Soweit eine Ausbildungsstätte in der Region erforderlich ist, zum Beispiel weil die Entfernungen und Fahrzeiten zu anderen Ausbildungsstätten nicht zumutbar sind, können auch langfristig höhere Finanzierungsbeträge gezahlt werden; zur Prüfung der Voraussetzungen sind die Vorgaben zum Sicherstellungszuschlag nach § 17b Absatz 1a Nummer 6 in Verbindung mit § 5 Abs. 2 des Krankenhausentgeltgesetzes entsprechend anzuwenden. Weicht am Ende des Vereinbarungszeitraums die Summe der Zahlungen aus dem Ausgleichsfonds nach Absatz 5 Satz 5 und den verbleibenden Abweichungen nach Absatz 6 Satz 5 oder die Summe der Zuschläge nach Absatz 9 Satz 1 von dem vereinbarten Ausbildungsbudget ab, werden die Mehr- oder Mindererlöse vollständig über das Ausbildungsbudget des nächstmöglichen Vereinbarungszeitraums ausgeglichen. Steht bei der Verhandlung der Ausgleichsbetrag noch nicht fest, sind Teilbeträge als Abschlagszahlungen auf den Ausgleich zu berücksichtigen.

§ 17b Einführung eines pauschalierenden Entgeltsystems [DRG-Fallpauschalen]

(1) Für die Vergütung der allgemeinen Krankenhausleistungen gilt ein durchgängiges, leistungsorientiertes und pauschalierendes Vergütungssystem. Das Vergütungssystem hat Komplexitäten und Komorbiditäten abzubilden; sein Differenzierungsgrad soll praktikabel sein. Mit den Entgelten nach Satz 1 werden die allgemeinen voll- und teilstationären Krankenhausleistungen für einen Behandlungsfall vergütet. Die Fallgruppen und ihre Bewertungsrelationen sind bundeseinheitlich festzulegen. Die Bewertungsrelationen sind als Relativgewichte auf eine Bezugsleistung zu definieren; sie sind für Leistungen, bei denen in erhöhtem Maße wirtschaftlich begründete Fallzahlsteigerungen eingetreten oder zu erwarten sind, gezielt abzusenken oder in Abhängigkeit von der Fallzahl bei diesen Leistungen abgestuft vorzugeben. Um mögliche Fehlanreize durch eine systematische Übervergütung der Sachkostenanteile bei voll- und teilstationären Leistungen

jährlich zu analysieren und geeignete Maßnahmen zum Abbau vorhandener Übervergütung zu ergreifen, sind auf der Grundlage eines Konzepts des Instituts für das Entgeltsystem im Krankenhaus bis spätestens zum 30. Juni 2016 sachgerechte Korrekturen der Bewertungsrelationen der Fallpauschalen zu vereinbaren; die Analyse und die geeigneten Maßnahmen sind erstmals bei der Weiterentwicklung des Vergütungssystems für das Jahr 2017 durchzuführen. Soweit dies zur Ergänzung der Fallpauschalen in eng begrenzten Ausnahmefällen erforderlich ist, können die Vertragsparteien nach Absatz 2 Satz 1 Zusatzentgelte für Leistungen, Leistungskomplexe oder Arzneimittel vereinbaren, insbesondere für die Behandlung von Blutern mit Blutgerinnungsfaktoren oder für eine Dialyse, wenn die Behandlung des Nierenversagens nicht die Hauptleistung ist. Sie vereinbaren auch die Höhe der Entgelte; diese kann nach Regionen differenziert festgelegt werden. Nach Maßgabe des Krankenhausentgeltgesetzes können Entgelte für Leistungen, die nicht durch die Entgeltkataloge erfasst sind, durch die Vertragsparteien nach § 18 Absatz 2 vereinbart werden. Besondere Einrichtungen, deren Leistungen insbesondere aus medizinischen Gründen, wegen einer Häufung von schwerkranken Patienten oder aus Gründen der Versorgungsstruktur mit den Entgeltkatalogen noch nicht sachgerecht vergütet werden, können zeitlich befristet aus dem Vergütungssystem ausgenommen werden; unabhängig davon, ob die Leistungen mit den Entgeltkatalogen sachgerecht vergütet werden, ist bei Palliativstationen oder -einheiten, die räumlich und organisatorisch abgegrenzt sind und über mindestens fünf Betten verfügen, dafür ein schriftlicher oder elektronischer Antrag des Krankenhauses ausreichend. Entstehen bei Patientinnen oder Patienten mit außerordentlichen Untersuchungs- und Behandlungsabläufen extrem hohe Kostenunterdeckungen, die mit dem pauschalierten Vergütungssystem nicht sachgerecht finanziert werden (Kostenausreißer), sind entsprechende Fälle zur Entwicklung geeigneter Vergütungsformen vertieft zu prüfen. Zur Förderung der palliativmedizinischen Versorgung durch Palliativdienste ist die Kalkulation eines Zusatzentgelts zu ermöglichen; im Einvernehmen mit der betroffenen medizinischen Fachgesellschaft sind die hierfür erforderlichen Kriterien bis zum 29. Februar 2016 zu entwickeln.

(1a) Soweit allgemeine Krankenhausleistungen nicht oder noch nicht in die Entgelte nach Absatz 1 Satz 1 einbezogen werden können, weil der Finanzierungstatbestand nicht in allen Krankenhäusern vorliegt, sind bundeseinheitliche Regelungen für Zu- oder Abschläge zu vereinbaren, insbesondere für

1. die Notfallversorgung,
2. die besonderen Aufgaben nach § 2 Absatz 2 Satz 2 Nummer 4 des Krankenhausentgeltgesetzes,
3. die vom Gemeinsamen Bundesausschuss nach § 136b Absatz 1 Satz 1 Nummer 5 und Absatz 9 des Fünften Buches Sozialgesetzbuch festgelegten Leistungen oder Leistungsbereiche mit außerordentlich guter oder unzureichender Qualität,
4. die Beteiligung der Krankenhäuser an Maßnahmen zur Qualitätssicherung auf der Grundlage der §§ 136 und 136b des Fünften Buches Sozialgesetzbuch und die Beteiligung ganzer Krankenhäuser oder wesentlicher Teile der Einrichtungen an einrichtungsübergreifenden Fehlermeldesystemen, sofern diese den Festlegungen des Gemeinsamen Bundesausschusses nach § 136a Absatz 3 Satz 3 des Fünften Buches Sozialgesetzbuch entsprechen,
5. befristete Zuschläge für die Finanzierung von Mehrkosten auf Grund von Richtlinien des Gemeinsamen Bundesausschusses,
6. die Finanzierung der Sicherstellung einer für die Versorgung der Bevölkerung notwendigen Vorhaltung von Leistungen,
7. die Aufnahme von Begleitpersonen nach § 2 Absatz 2 Satz 2 Nummer 3 des Krankenhausentgeltgesetzes und § 2 Absatz 2 Satz 2 Nummer 3 der Bundespflegesatzverordnung sowie für
8. den Ausbildungszuschlag nach § 17a Absatz 6.

(2) Der Spitzenverband Bund der Krankenkassen und der Verband der privaten Krankenversicherung gemeinsam vereinbaren entsprechend den Vorgaben der Absätze 1, 1a und 3 mit der Deutschen Krankenhausgesellschaft ein Vergütungssystem, das sich an einem international bereits eingesetzten Vergütungssystem auf der Grundlage der Diagnosis Related Groups (DRG) orientiert, seine jährliche Weiterentwicklung und Anpassung, insbesondere an medizinische Entwicklungen, Kostenentwicklungen, Verweildauerverkürzungen und Leistungsverlagerungen zu und von anderen Versorgungsbereichen, und die Abrechnungsbestimmungen, soweit diese nicht im Krankenhausentgeltgesetz vorgegeben werden. Sie orientieren sich dabei unter Wahrung der Qualität der Leistungserbringung an wirtschaftlichen Versorgungsstrukturen und Verfahrensweisen. Die Prüfungsergebnisse nach § 137c des Fünften Buches Sozialgesetzbuch sind zu beachten. Der Bundesärztekammer ist Gelegenheit zur beratenden Teilnahme an den Sitzungen der Vertragsparteien nach Absatz 2 Satz 1

zu geben, soweit medizinische Fragen der Entgelte und der zu Grunde liegenden Leistungsabgrenzung betroffen sind; dies gilt entsprechend für einen Vertreter der Berufsorganisationen der Krankenpflegeberufe. Die betroffenen Fachgesellschaften und, soweit deren Belange berührt sind, die Spitzenorganisationen der pharmazeutischen Industrie und der Industrie für Medizinprodukte erhalten Gelegenheit zur Stellungnahme. Für die gemeinsame Beschlussfassung des Spitzenverbandes Bund der Krankenkassen und des Verbandes der privaten Krankenversicherung haben der Spitzenverband Bund der Krankenkassen zwei Stimmen und der Verband der privaten Krankenversicherung eine Stimme. Das Bundesministerium für Gesundheit kann an den Sitzungen der Vertragsparteien teilnehmen und erhält deren fachliche Unterlagen. Die Vertragsparteien veröffentlichen in geeigneter Weise die Ergebnisse der Kostenerhebungen und Kalkulationen; die der Kalkulation zugrunde liegenden Daten einzelner Krankenhäuser sind vertraulich.

(3) Die Vertragsparteien nach Absatz 2 Satz 1 vereinbaren bis zum 30. Juni 2000 die Grundstrukturen des Vergütungssystems und des Verfahrens zur Ermittlung der Bewertungsrelationen auf Bundesebene (Bewertungsverfahren), insbesondere der zu Grunde zu legenden Fallgruppen, sowie die Grundzüge ihres Verfahrens zur laufenden Pflege des Systems auf Bundesebene. Die Vertragsparteien vereinbaren die Bewertungsrelationen und die Bewertung der Zu- und Abschläge nach Absatz 1a. Die Bewertungsrelationen werden auf der Grundlage der Fallkosten einer sachgerechten und repräsentativen Auswahl von Krankenhäusern kalkuliert. Auf der Grundlage eines vom Institut für das Entgeltsystem im Krankenhaus zu entwickelnden Vorschlags vereinbaren die Vertragsparteien nach Absatz 2 Satz 1 bis spätestens zum 31. Dezember 2016 ein praktikables Konzept für eine repräsentative Kalkulation nach Satz 3 und deren Weiterentwicklung. Als Bestandteil des Konzepts haben die Vertragsparteien geeignete Maßnahmen zu seiner Umsetzung zu vereinbaren; dabei können sie insbesondere bestimmte Krankenhäuser zur Teilnahme an der Kalkulation verpflichten und Maßnahmen ergreifen, um die Lieferung uneingeschränkt verwertbarer Daten zu gewährleisten und um die Richtigkeit der übermittelten Daten umfassend überprüfen zu können.

(4) (weggefallen)

(5) Zur Finanzierung der ihnen übertragenen Aufgaben nach den Absätzen 1 bis 3 sowie § 10 Abs. 2 und § 17d vereinbaren die Vertragsparteien nach Absatz 2 Satz 1

1. einen Zuschlag für jeden abzurechnenden Krankenhausfall, mit dem die Entwicklung, Einführung und laufende Pflege des Vergütungssystems finanziert werden (DRG-Systemzuschlag); der Zuschlag dient der Finanzierung insbesondere der Entwicklung der DRG-Klassifikation und der Kodierregeln, der Ermittlung der Bewertungsrelationen, der Bewertung der Zu- und Abschläge, der Ermittlung der Richtwerte nach § 17a Abs. 4b, von pauschalierten Zahlungen für die Teilnahme von Krankenhäusern oder Ausbildungsstätten an der Kalkulation und der Vergabe von Aufträgen, auch soweit die Vertragsparteien die Aufgaben durch das Institut für das Entgeltsystem im Krankenhaus wahrnehmen lassen oder das Bundesministerium für Gesundheit nach Absatz 7 anstelle der Vertragsparteien entscheidet,
2. Maßnahmen, die sicherstellen, dass die durch den Systemzuschlag erhobenen Finanzierungsbeträge ausschließlich zur Umsetzung der in diesem Absatz genannten Aufgaben verwendet werden,
3. das Nähere zur Weiterleitung der entsprechenden Einnahmen der Krankenhäuser an die Vertragsparteien,
4. kommt eine Vereinbarung nicht zustande, entscheidet auf Antrag einer Vertragspartei die Schiedsstelle nach § 18a Abs. 6.

Die Vertragsparteien vereinbaren pauschalierte Zahlungen für die Teilnahme von Krankenhäusern oder Ausbildungsstätten an der Kalkulation, die einen wesentlichen Teil der zusätzlich entstehenden Kosten umfassen sollen; sie sollen als fester Grundbetrag je Krankenhaus und ergänzend als Finanzierung in Abhängigkeit von Anzahl und Qualität der übermittelten Datensätze gezahlt werden. Über die Teilnahme des einzelnen Krankenhauses entscheiden prospektiv die Vertragsparteien nach Absatz 2 Satz 1 auf Grund der Qualität des Rechnungswesens oder der Notwendigkeit der zu erhebenden Daten; ein Anspruch auf Teilnahme besteht nicht. Für die Vereinbarungen gilt Absatz 2 Satz 6 entsprechend. Ein Einsatz der Finanzmittel zur Deckung allgemeiner Haushalte der Vertragsparteien oder zur Finanzierung herkömmlicher Verbandsaufgaben im Zusammenhang mit dem Vergütungssystem ist unzulässig. Die vom Bundesministerium für Gesundheit zur Vorbereitung einer Rechtsverordnung nach Absatz 7 veranlassten Kosten für die Entwicklung, Einführung und laufende Pflege des Vergütungssystems sind von den Selbstverwaltungspartnern unverzüglich aus den Finanzmitteln nach Satz 1 zu begleichen; die Entscheidungen verantwortet das Bundesministerium. Der DRG-Systemzuschlag ist von den Krankenhäusern je voll- und teilstationärem

Krankenhausfall dem selbstzahlenden Patienten oder dem jeweiligen Kostenträger zusätzlich zu den tagesgleichen Pflegesätzen oder einer Fallpauschale in Rechnung zu stellen; er ist an die Vertragsparteien oder eine von ihnen benannte Stelle abzuführen. Der Zuschlag unterliegt nicht der Begrenzung der Pflegesätze durch § 10 Absatz 4 des Krankenhausentgeltgesetzes oder § 10 Absatz 3 der Bundespflegesatzverordnung; er geht nicht in den Gesamtbetrag und die Erlösausgleiche nach dem Krankenhausentgeltgesetz oder der Bundespflegesatzverordnung ein.

(6) (weggefallen)

(7) Das Bundesministerium für Gesundheit wird ermächtigt, durch Rechtsverordnung ohne Zustimmung des Bundesrates

1. Vorschriften über das Vergütungssystem zu erlassen, soweit eine Einigung der Vertragsparteien nach Absatz 2 ganz oder teilweise nicht zustande gekommen ist und eine der Vertragsparteien insoweit das Scheitern der Verhandlungen erklärt hat; die Vertragsparteien haben zu den strittigen Punkten ihre Auffassungen und die Auffassungen sonstiger Betroffener darzulegen und Lösungsvorschläge zu unterbreiten
2. abweichend von Nummer 1 auch ohne Erklärung des Scheiterns durch eine Vertragspartei nach Ablauf vorher vorgegebener Fristen für Arbeitsschritte zu entscheiden, soweit dies erforderlich ist, um die Einführung des Vergütungssystems und seine jährliche Weiterentwicklung fristgerecht sicherzustellen,
3. Leistungen oder besondere Einrichtungen nach Absatz 1 Satz 9 und 10 zu bestimmen, die mit dem DRG-Vergütungssystem noch nicht sachgerecht vergütet werden können; für diese Bereiche können die anzuwendende Art der Vergütung festgelegt sowie Vorschriften zur Ermittlung der Entgelthöhe und zu den vorzulegenden Verhandlungsunterlagen erlassen werden,
4. unter den Voraussetzungen nach den Nummern 1 und 2 Richtwerte nach § 17a Abs. 4b zur Finanzierung der Ausbildungskosten vorzugeben.

Von Vereinbarungen der Vertragsparteien nach Absatz 2 kann abgewichen werden, soweit dies für Regelungen nach Satz 1 erforderlich ist. Das Institut für das Entgeltsystem im Krankenhaus ist verpflichtet, dem Bundesministerium zur Vorbereitung von Regelungen nach Satz 1 unmittelbar und unverzüglich nach dessen Weisungen zuzuarbeiten. Das Bundesministerium kann sich von unabhängigen Sachverständigen beraten lassen. Das Institut für das Entgeltsystem im Krankenhaus ist auch im Falle einer Vereinbarung durch die Vertragsparteien nach Absatz 2 verpflichtet, auf Anforderung des Bundesministeriums Auskunft insbesondere über den Entwicklungsstand des Vergütungssystems, die Entgelte und deren Veränderungen sowie über Problembereiche und mögliche Alternativen zu erteilen. Kommt eine Vereinbarung nach Absatz 1 Satz 6 oder Absatz 3 Satz 6 nicht zustande, entscheidet auf Antrag einer Vertragspartei die Schiedsstelle nach § 18a Absatz 6.

(7a) Das Bundesministerium für Gesundheit wird ermächtigt, durch Rechtsverordnung mit Zustimmung des Bundesrates Vorschriften über die Unterlagen, die von den Krankenhäusern für die Budgetverhandlungen vorzulegen sind, zu erlassen.

(8) Die Vertragsparteien nach Absatz 2 führen eine Begleitforschung zu den Auswirkungen des neuen Vergütungssystems, insbesondere zur Veränderung der Versorgungsstrukturen und zur Qualität der Versorgung, durch; dabei sind auch die Auswirkungen auf die anderen Versorgungsbereiche sowie die Art und der Umfang von Leistungsverlagerungen zu untersuchen. Sie schreiben dazu Forschungsaufträge aus und beauftragen das Institut für das Entgeltsystem im Krankenhaus, insbesondere die Daten nach § 21 des Krankenhausentgeltgesetzes auszuwerten. Die Kosten dieser Begleitforschung werden mit dem DRG-Systemzuschlag nach Absatz 5 finanziert. Die Begleitforschung ist mit dem Bundesministerium für Gesundheit abzustimmen.

(9) (weggefallen)

(10) Über die nach Absatz 1 Satz 11 vorzunehmende vertiefte Prüfung von Kostenausreißern hinausgehend beauftragen die Vertragsparteien nach Absatz 2 bis zum 31. Dezember 2013 das Institut für das Entgeltsystem im Krankenhaus mit der Festlegung von Kriterien zur Ermittlung von Kostenausreißern und einer auf dieser Grundlage erfolgenden systematischen Prüfung, in welchem Umfang Krankenhäuser mit Kostenausreißern belastet sind. Das Institut für das Entgeltsystem im Krankenhaus entwickelt ein Regelwerk für Fallprüfungen bei Krankenhäusern, die an der DRG-Kalkulation teilnehmen. Zur sachgerechten Beurteilung der Kostenausreißer hat das Institut für das Entgeltsystem im Krankenhaus von den an der Kalkulation teilnehmenden Krankenhäusern über den Kalkulationsdatensatz hinausgehende detaillierte fallbezogene Kosten- und Leistungsdaten zu erheben. Das Institut für das Entgeltsystem im Krankenhaus veröffentlicht die Prüfergebnisse jährlich im Rahmen eines Extremkostenberichts, erstmals bis zum 31. Dezember 2014. In dem Bericht sind auch die Gründe von Kostenausreißerfällen und

Belastungsunterschieden zwischen Krankenhäusern darzulegen. Auf der Grundlage des Berichts sind geeignete Regelungen für eine sachgerechte Vergütung von Kostenausreißern im Rahmen des Entgeltsystems zu entwickeln und durch die Vertragsparteien nach Absatz 2 zu vereinbaren.

§ 17c Prüfung der Abrechnung von Pflegesätzen, Schlichtungsausschuss

(1) Der Krankenhausträger wirkt durch geeignete Maßnahmen darauf hin, dass

1. keine Patienten in das Krankenhaus aufgenommen werden, die nicht der stationären Krankenhausbehandlung bedürfen, und bei Abrechnung von tagesbezogenen Pflegesätzen keine Patienten im Krankenhaus verbleiben, die nicht mehr der stationären Krankenhausbehandlung bedürfen (Fehlbelegung),
2. eine vorzeitige Verlegung oder Entlassung aus wirtschaftlichen Gründen unterbleibt,
3. die Abrechnung der nach § 17b vergüteten Krankenhausfälle ordnungsgemäß erfolgt.

Die Krankenkassen können durch Einschaltung des Medizinischen Dienstes (§ 275 Absatz 1 des Fünften Buches Sozialgesetzbuch) die Einhaltung der in Satz 1 genannten Verpflichtungen prüfen.

(2) Der Spitzenverband Bund der Krankenkassen und die Deutsche Krankenhausgesellschaft regeln das Nähere zum Prüfverfahren nach § 275 Absatz 1c des Fünften Buches Sozialgesetzbuch; in der Vereinbarung sind abweichende Regelungen zu § 275 Absatz 1c Satz 2 des Fünften Buches Sozialgesetzbuch möglich. Dabei haben sie insbesondere Regelungen über den Zeitpunkt der Übermittlung zahlungsbegründender Unterlagen an die Krankenkassen, über das Verfahren zwischen Krankenkassen und Krankenhäusern bei Zweifeln an der Rechtmäßigkeit der Abrechnung im Vorfeld einer Beauftragung des Medizinischen Dienstes der Krankenversicherung, über den Zeitpunkt der Beauftragung des Medizinischen Dienstes der Krankenversicherung, über die Prüfungsdauer, über den Prüfungsort und über die Abwicklung von Rückforderungen zu treffen; die §§ 275 bis 283 des Fünften Buches Sozialgesetzbuch bleiben im Übrigen unberührt. Kommt eine Vereinbarung ganz oder teilweise nicht zu Stande, trifft auf Antrag einer Vertragspartei die Schiedsstelle nach § 18a Absatz 6 die ausstehenden Entscheidungen. Die Vereinbarung oder Festsetzung durch die Schiedsstelle ist für

die Krankenkassen, den Medizinischen Dienst der Krankenversicherung und die zugelassenen Krankenhäuser unmittelbar verbindlich.

(3) Der Spitzenverband Bund der Krankenkassen und die Deutsche Krankenhausgesellschaft bilden einen Schlichtungsausschuss auf Bundesebene; das Institut für das Entgeltsystem im Krankenhaus und das Deutsche Institut für Medizinische Dokumentation und Information sind Mitglieder ohne Stimmrecht. Aufgabe des Schlichtungsausschusses ist die verbindliche Klärung von Kodier- und Abrechnungsfragen von grundsätzlicher Bedeutung. Der Schlichtungsausschuss kann auch von den Landesverbänden der Krankenkassen und den Ersatzkassen sowie den Landeskrankenhausgesellschaften angerufen werden; die Vertragsparteien nach Satz 1 können weitere Anrufungsrechte einräumen. Bei den Entscheidungen sind die Stellungnahmen des Instituts für das Entgeltsystem im Krankenhaus und des Deutschen Instituts für Medizinische Dokumentation und Information zu berücksichtigen. Die Entscheidungen des Schlichtungsausschusses sind zu veröffentlichen und für die Krankenkassen, den Medizinischen Dienst der Krankenversicherung und die zugelassenen Krankenhäuser unmittelbar verbindlich. Absatz 4 Satz 4 zweiter Halbsatz sowie § 18a Absatz 6 Satz 2 bis 4, 7 und 8 sind entsprechend anzuwenden. Kommen die für die Einrichtung des Schlichtungsausschusses erforderlichen Entscheidungen nicht ganz oder teilweise zu Stande, trifft auf Antrag einer Vertragspartei die Schiedsstelle nach § 18a Absatz 6 die ausstehenden Entscheidungen. Soweit eine Einigung auf die unparteiischen Mitglieder nicht zu Stande kommt, werden diese durch das Bundesministerium für Gesundheit berufen.

(4) Zur Überprüfung der Ergebnisse der Prüfungen nach § 275 Absatz 1c des Fünften Buches Sozialgesetzbuch können die beteiligten Parteien gemeinsam eine unabhängige Schlichtungsperson bestellen. Die Bestellung der Schlichtungsperson kann für einzelne oder sämtliche Streitigkeiten erfolgen. Gegen die Entscheidung der Schlichtungsperson ist der Sozialrechtsweg gegeben. Eine gerichtliche Überprüfung der Entscheidung der Schlichtungsperson findet nur statt, wenn geltend gemacht wird, dass die Entscheidung der öffentlichen Ordnung widerspricht. Die Kosten der Schlichtungsperson tragen die am Schlichtungsverfahren beteiligten Parteien zu gleichen Teilen.

(4a) (weggefallen)

(4b) Gegen die Entscheidungen der Schiedsstelle nach Absatz 2 Satz 3, Absatz 3 Satz 7 sowie des Schlichtungsausschusses auf Bundesebene nach Absatz 3 ist der

Sozialrechtsweg gegeben. Ein Vorverfahren findet nicht statt; die Klage hat keine aufschiebende Wirkung.

(5) Das Krankenhaus hat selbstzahlenden Patienten, die für die Abrechnung der Fallpauschalen und Zusatzentgelte erforderlichen Diagnosen, Prozeduren und sonstigen Angaben mit der Rechnung zu übersenden. Sofern Versicherte der privaten Krankenversicherung von der Möglichkeit einer direkten Abrechnung zwischen dem Krankenhaus und dem privaten Krankenversicherungsunternehmen Gebrauch machen, sind die Daten entsprechend § 301 des Fünften Buches Sozialgesetzbuch im Wege des elektronischen Datenaustausches an das private Krankenversicherungsunternehmen zu übermitteln, wenn der Versicherte hierzu schriftlich seine Einwilligung, die jederzeit widerrufen werden kann, erklärt hat.

§ 17d Einführung eines pauschalierenden Entgeltsystems für psychiatrische und psychosomatische Einrichtungen

(1) Für die Vergütung der allgemeinen Krankenhausleistungen von Fachkrankenhäusern und selbständigen, gebietsärztlich geleiteten Abteilungen an somatischen Krankenhäusern für die Fachgebiete Psychiatrie und Psychotherapie, Kinder- und Jugendpsychiatrie und -psychotherapie (psychiatrische Einrichtungen) sowie Psychosomatische Medizin und Psychotherapie (psychosomatische Einrichtungen) ist ein durchgängiges, leistungsorientiertes und pauschalierendes Vergütungssystem auf der Grundlage von tagesbezogenen Entgelten einzuführen. Dabei ist zu prüfen, ob für bestimmte Leistungsbereiche andere Abrechnungseinheiten eingeführt werden können. Ebenso ist zu prüfen, inwieweit auch die im Krankenhaus ambulant zu erbringenden Leistungen der psychiatrischen Institutsambulanzen nach § 118 des Fünften Buches Sozialgesetzbuch einbezogen werden können. Das Vergütungssystem hat den unterschiedlichen Aufwand der Behandlung bestimmter, medizinisch unterscheidbarer Patientengruppen abzubilden; dabei muss unter Berücksichtigung des Einsatzzwecks des Vergütungssystems als Budgetsystem sein Differenzierungsgrad praktikabel und der Dokumentationsaufwand auf das notwendige Maß begrenzt sein. Die Bewertungsrelationen sind als Relativgewichte zu definieren. Die Definition der Entgelte und ihre Bewertungsrelationen sind bundeseinheitlich festzulegen. Die Bewertungsrelationen werden auf der Grundlage der Kosten einer sachgerechten und repräsentativen Auswahl von psychiatrischen und psychosomatischen Einrichtungen kalkuliert, die ab dem 1. Januar 2020 die vom Gemeinsamen

Bundesausschuss nach § 136a Absatz 2 des Fünften Buches Sozialgesetzbuch festgelegten Anforderungen erfüllen sollen; § 17b Absatz 3 Satz 4 bis 6 ist entsprechend anzuwenden. Soweit an der Kalkulation teilnehmende Einrichtungen die vom Gemeinsamen Bundesausschuss nach § 136a Absatz 2 des Fünften Buches Sozialgesetzbuch festgelegten Anforderungen nicht erfüllen, haben die Vertragsparteien nach § 17b Absatz 2 Satz 1 eine geeignete Übergangsfrist zu bestimmen. Vor dem 1. Januar 2020 soll für die Kalkulation eine umfassende Umsetzung der Vorgaben der Psychiatrie-Personalverordnung zur Zahl der Personalstellen erfolgen. Für die Dauer einer Übergangsfrist nach Satz 8 gelten die bisherigen Vorgaben der Psychiatrie-Personalverordnung zur Personalausstattung weiter.

(2) Mit den Entgelten nach Absatz 1 werden die voll- und teilstationären sowie stationsäquivalenten allgemeinen Krankenhausleistungen vergütet. Soweit dies zur Ergänzung der Entgelte in eng begrenzten Ausnahmefällen erforderlich ist, können die Vertragsparteien nach Absatz 3 Zusatzentgelte und deren Höhe vereinbaren. Entgelte für Leistungen, die auf Bundesebene nicht bewertet worden sind, werden durch die Vertragsparteien nach § 18 Abs. 2 vereinbart. Die Vorgaben des § 17b Absatz 1a für Zu- und Abschläge gelten entsprechend. Für die Finanzierung der Sicherstellung einer für die Versorgung der Bevölkerung notwendigen Vorhaltung von Leistungen gelten § 17b Absatz 1a Nummer 6 und § 5 Abs. 2 des Krankenhausentgeltgesetzes entsprechend. Im Rahmen von Satz 4 ist auch die Vereinbarung von Regelungen für Zu- oder Abschläge für die Teilnahme an der regionalen Versorgungsverpflichtung zu prüfen.

(3) Die Vertragsparteien nach § 17b Abs. 2 Satz 1 vereinbaren nach den Vorgaben der Absätze 1, 2 und 4 das Entgeltsystem, seine grundsätzlich jährliche Weiterentwicklung und Anpassung, insbesondere an medizinische Entwicklungen, Veränderungen der Versorgungsstrukturen und Kostenentwicklungen, und die Abrechnungsbestimmungen, soweit diese nicht gesetzlich vorgegeben werden. Es ist ein gemeinsames Entgeltsystem zu entwickeln; dabei ist von den Daten nach Absatz 9 und für Einrichtungen, die die Psychiatrie-Personalverordnung anwenden, zusätzlich von den Behandlungsbereichen nach der Psychiatrie-Personalverordnung auszugehen. Mit der Durchführung der Entwicklungsaufgaben beauftragen die Vertragsparteien das Institut für das Entgeltsystem im Krankenhaus. § 17b Abs. 2

Satz 2 bis 8 ist entsprechend anzuwenden. Zusätzlich ist der Bundespsychotherapeutenkammer Gelegenheit zur beratenden Teilnahme an den Sitzungen zu geben, soweit psychotherapeutische und psychosomatische Fragen betroffen sind.

(4) Die Vertragsparteien auf Bundesebene vereinbaren die Grundstrukturen des Vergütungssystems sowie des Verfahrens zur Ermittlung der Bewertungsrelationen auf Bundesebene, insbesondere zur Kalkulation in einer sachgerechten Auswahl von Krankenhäusern. Nach Maßgabe der Sätze 3 bis 6 ersetzt das neue Vergütungssystem die bisher abgerechneten Entgelte nach § 17 Absatz 2. Das Vergütungssystem wird bis zum 1. Januar 2017 auf Verlangen des Krankenhauses eingeführt. Das Krankenhaus hat sein Verlangen zum Zeitpunkt der Aufforderung zur Verhandlung durch die Sozialleistungsträger den anderen Vertragsparteien nach § 18 Absatz 2 Nummer 1 oder Nummer 2 schriftlich oder elektronisch mitzuteilen. Verbindlich für alle Krankenhäuser wird das Vergütungssystem zum 1. Januar 2018 eingeführt. Bis Ende des Jahres 2019 wird das Vergütungssystem für die Krankenhäuser budgetneutral umgesetzt. Ab dem Jahr 2020 sind der krankenhausindividuelle Basisentgeltwert und der Gesamtbetrag nach den näheren Bestimmungen der Bundespflegesatzverordnung von den Vertragsparteien nach § 18 Absatz 2 anzupassen. Die Vertragsparteien auf Bundesebene legen dem Bundesministerium für Gesundheit bis zum 30. Juni 2019 einen gemeinsamen Bericht über die Auswirkungen des neuen Entgeltsystems, die ersten Anwendungserfahrungen mit dem neuen Entgeltsystem sowie über die Anzahl von Modellvorhaben nach § 64b des Fünften Buches Sozialgesetzbuch und über die ersten Erkenntnisse zu diesen Modellvorhaben vor. In den Bericht sind die Stellungnahmen der Fachverbände der Psychiatrie und Psychosomatik einzubeziehen. Das Bundesministerium für Gesundheit legt den Bericht dem Deutschen Bundestag vor.

(5) Für die Finanzierung der den Vertragsparteien auf Bundesebene übertragenen Aufgaben gilt § 17b Abs. 5 entsprechend. Die erforderlichen Finanzierungsmittel sind mit dem DRG-Systemzuschlag zu erheben; dieser ist entsprechend zu erhöhen.

(6) Das Bundesministerium für Gesundheit wird ermächtigt, durch Rechtsverordnung ohne Zustimmung des Bundesrates

1. Vorschriften über das Vergütungssystem zu erlassen, soweit eine Einigung der Vertragsparteien nach Absatz 3 ganz oder teilweise nicht zustande gekommen ist und eine der Vertragsparteien insoweit das Scheitern der Verhandlungen erklärt hat; die Vertragsparteien haben zu den strittigen Punkten ihre

Auffassungen und die Auffassungen sonstiger Betroffener darzulegen und Lösungsvorschläge zu unterbreiten;

2. abweichend von Nummer 1 auch ohne Erklärung des Scheiterns durch eine Vertragspartei nach Ablauf vorher vorgegebener Fristen für Arbeitsschritte zu entscheiden, soweit dies erforderlich ist, um die Einführung des Vergütungssystems und seine jährliche Weiterentwicklung fristgerecht sicherzustellen;
3. Leistungen nach Absatz 2 Satz 3 zu bestimmen, die mit dem neuen Vergütungssystem noch nicht sachgerecht vergütet werden können; für diese Bereiche können die anzuwendende Art der Vergütung festgelegt sowie Vorschriften zur Ermittlung der Entgelthöhe und zu den vorzulegenden Verhandlungsunterlagen erlassen werden.

Das Bundesministerium für Gesundheit kann von Vereinbarungen der Vertragsparteien nach Absatz 3 abweichen, soweit dies für Regelungen nach Satz 1 erforderlich ist. Es kann sich von unabhängigen Sachverständigen beraten lassen. Das Institut für das Entgeltsystem im Krankenhaus ist verpflichtet, dem Bundesministerium für Gesundheit zur Vorbereitung von Regelungen nach Satz 1 unmittelbar und unverzüglich nach dessen Weisungen zuzuarbeiten. Es ist auch im Falle einer Vereinbarung durch die Vertragsparteien nach Absatz 3 verpflichtet, auf Anforderung des Bundesministeriums für Gesundheit Auskunft insbesondere über den Entwicklungsstand des Vergütungssystems, die Entgelte und deren Veränderungen sowie über Problembereiche und mögliche Alternativen zu erteilen. Kommt eine Vereinbarung nach Absatz 1 Satz 7 nicht zustande, entscheidet auf Antrag einer Vertragspartei die Schiedsstelle nach § 18a Absatz 6.

(7) Das Bundesministerium für Gesundheit wird ermächtigt, durch Rechtsverordnung mit Zustimmung des Bundesrates Vorschriften über die Unterlagen, die von den Krankenhäusern für die Budgetverhandlungen vorzulegen sind, zu erlassen.

(8) Die Vertragsparteien auf Bundesebene führen eine Begleitforschung zu den Auswirkungen des neuen Vergütungssystems, insbesondere zur Veränderung der Versorgungsstrukturen und zur Qualität der Versorgung, durch. Dabei sind auch die Auswirkungen auf die anderen Versorgungsbereiche sowie die Art und der Umfang von Leistungsverlagerungen zu untersuchen. § 17b Abs. 8 Satz 2 bis 4 gilt entsprechend. Erste Ergebnisse sind im Jahr 2017 zu veröffentlichen.

(9) Für Einrichtungen nach Absatz 1 Satz 1 gilt § 21 des Krankenhausentgeltgesetzes mit der Maßgabe, dass die Daten nach seinem Absatz 2 Nr. 1 Buchstabe a und e und Nr. 2 Buchstabe a bis h zu übermitteln sind.

§ 18 Pflegesatzverfahren [Budgetverhandlung]

(1) Die nach Maßgabe dieses Gesetzes für das einzelne Krankenhaus zu verhandelnden Pflegesätze werden zwischen dem Krankenhausträger und den Sozialleistungsträgern nach Absatz 2 vereinbart. Die Landeskrankenhausgesellschaft, die Landesverbände der Krankenkassen, die Ersatzkassen und der Landesausschuss des Verbandes der privaten Krankenversicherung können sich am Pflegesatzverfahren beteiligen. Die Pflegesatzvereinbarung bedarf der Zustimmung der Landesverbände der Krankenkassen und des Landesausschusses des Verbandes der privaten Krankenversicherung. Die Zustimmung gilt als erteilt, wenn die Mehrheit der Beteiligten nach Satz 3 der Vereinbarung nicht innerhalb von zwei Wochen nach Vertragsschluss widerspricht.

(2) Parteien der Pflegesatzvereinbarung (Vertragsparteien) sind der Krankenhausträger und

1. Sozialleistungsträger, soweit auf sie allein, oder
2. Arbeitsgemeinschaften von Sozialleistungsträgern, soweit auf ihre Mitglieder insgesamt

im Jahr vor Beginn der Pflegesatzverhandlungen mehr als fünf vom Hundert der Belegungs- und Berechnungstage des Krankenhauses entfallen.

(3) Die Vereinbarung soll nur für zukünftige Zeiträume getroffen werden. Der Krankenhausträger hat nach Maßgabe des Krankenhausentgeltgesetzes und der Rechtsverordnung nach § 16 Satz 1 Nr. 6 die für die Vereinbarung der Budgets und Pflegesätze erforderlichen Unterlagen über Leistungen sowie die Kosten der nicht durch pauschalierte Pflegesätze erfassten Leistungen vorzulegen. Die in Absatz 1 Satz 2 genannten Beteiligten vereinbaren die Höhe der mit Bewertungsrelationen bewerteten Entgelte nach § 17b, sofern nicht das Krankenhausentgeltgesetz oder die Bundespflegesatzverordnung eine krankenhausindividuelle Vereinbarung vorsehen, mit Wirkung für die Vertragsparteien nach Absatz 2.

(4) Kommt eine Vereinbarung über die Pflegesätze oder die Höhe der Entgelte nach Absatz 3 Satz 3 innerhalb von sechs Wochen nicht zustande, nachdem eine Vertragspartei schriftlich oder elektronisch zur Aufnahme der Pflegesatzverhandlungen aufgefordert hat, so setzt die Schiedsstelle nach § 18a Abs.

1 auf Antrag einer Vertragspartei die Pflegesätze unverzüglich fest. Die Schiedsstelle kann zur Ermittlung der vergleichbaren Krankenhäuser gemäß § 17 Abs. 5 auch gesondert angerufen werden.

(5) Die vereinbarten oder festgesetzten Pflegesätze werden von der zuständigen Landesbehörde genehmigt, wenn sie den Vorschriften dieses Gesetzes und sonstigem Recht entsprechen; die Genehmigung ist unverzüglich zu erteilen. Gegen die Genehmigung ist der Verwaltungsrechtsweg gegeben. Ein Vorverfahren findet nicht statt; die Klage hat keine aufschiebende Wirkung.

§ 18a Schiedsstelle

(1) Die Landeskrankenhausgesellschaften und die Landesverbände der Krankenkassen bilden für jedes Land oder jeweils für Teile des Landes eine Schiedsstelle. Ist für ein Land mehr als eine Schiedsstelle gebildet worden, bestimmen die Beteiligten nach Satz 1 die zuständige Schiedsstelle für mit landesweiter Geltung zu treffende Entscheidungen.

(2) Die Schiedsstellen bestehen aus einem neutralen Vorsitzenden sowie aus Vertretern der Krankenhäuser und Krankenkassen in gleicher Zahl. Der Schiedsstelle gehört auch ein von dem Landesausschuß des Verbandes der privaten Krankenversicherung bestellter Vertreter an, der auf die Zahl der Vertreter der Krankenkassen angerechnet wird. Die Vertreter der Krankenhäuser und deren Stellvertreter werden von der Landeskrankenhausgesellschaft, die Vertreter der Krankenkassen und deren Stellvertreter von den Landesverbänden der Krankenkassen bestellt. Der Vorsitzende und sein Stellvertreter werden von den beteiligten Organisationen gemeinsam bestellt; kommt eine Einigung nicht zustande, werden sie von der zuständigen Landesbehörde bestellt.

(3) Die Mitglieder der Schiedsstellen führen ihr Amt als Ehrenamt. Sie sind in Ausübung ihres Amts an Weisungen nicht gebunden. Jedes Mitglied hat eine Stimme. Die Entscheidungen werden mit der Mehrheit der Mitglieder getroffen; ergibt sich keine Mehrheit, gibt die Stimme des Vorsitzenden den Ausschlag.

(4) Die Landesregierungen werden ermächtigt, durch Rechtsverordnung das Nähere über

1. die Zahl, die Bestellung, die Amtsdauer und die Amtsführung der Mitglieder der Schiedsstelle sowie die ihnen zu gewährende Erstattung der Barauslagen und Entschädigung für Zeitverlust,

2. die Führung der Geschäfte der Schiedsstelle,

3. die Verteilung der Kosten der Schiedsstelle,
4. das Verfahren und die Verfahrensgebühren
zu bestimmen; sie können diese Ermächtigung durch Rechtsverordnung auf oberste Landesbehörden übertragen.

(5) Die Rechtsaufsicht über die Schiedsstelle führt die zuständige Landesbehörde.

(6) Der Spitzenverband Bund der Krankenkassen und die Deutsche Krankenhausgesellschaft bilden eine Schiedsstelle; diese entscheidet in den ihr nach diesem Gesetz oder der Bundespflegesatzverordnung zugewiesenen Aufgaben. Die Schiedsstelle besteht aus Vertretern des Spitzenverbandes Bund der Krankenkassen und der Deutschen Krankenhausgesellschaft in gleicher Zahl sowie einem unparteiischen Vorsitzenden und zwei weiteren unparteiischen Mitgliedern. Der Schiedsstelle gehört ein vom Verband der privaten Krankenversicherung bestellter Vertreter an, der auf die Zahl der Vertreter der Krankenkassen angerechnet wird. Die unparteiischen Mitglieder werden von den beteiligten Organisationen gemeinsam bestellt. Die unparteiischen Mitglieder werden durch den Präsidenten des Bundessozialgerichts berufen, soweit eine Einigung nicht zustande kommt. Durch die Beteiligten zuvor abgelehnte Personen können nicht berufen werden. Absatz 3 gilt entsprechend. Der Spitzenverband Bund der Krankenkassen und die Deutsche Krankenhausgesellschaft vereinbaren das Nähere über die Zahl, die Bestellung, die Amtsdauer, die Amtsführung, die Erstattung der baren Auslagen und die Entschädigung für den Zeitaufwand der Mitglieder der Schiedsstelle sowie die Geschäftsführung, das Verfahren, die Höhe und die Erhebung der Gebühren und die Verteilung der Kosten. Kommt eine Vereinbarung nach Satz 8 bis zum 31. August 1997 nicht zustande, bestimmt das Bundesministerium für Gesundheit ihren Inhalt durch Rechtsverordnung. Die Rechtsaufsicht über die Schiedsstelle führt das Bundesministerium für Gesundheit. Gegen die Entscheidung der Schiedsstelle ist der Verwaltungsrechtsweg gegeben. Ein Vorverfahren findet nicht statt; die Klage hat keine aufschiebende Wirkung.

§ 20 Nichtanwendung von Pflegesatzvorschriften

Die Vorschriften des Dritten Abschnitts mit Ausnahme des § 17 Abs. 5 finden keine Anwendung auf Krankenhäuser, die nach § 5 Abs. 1 Nr. 2, 4 oder 7 nicht gefördert werden. § 17 Abs. 5 ist bei den nach § 5 Abs. 1 Nr. 4 oder 7 nicht geförderten Krankenhäusern mit der Maßgabe anzuwenden, dass an die Stelle der Pflegesätze vergleichbarer nach diesem Gesetz voll geförderter Krankenhäuser die Pflegesätze vergleichbarer öffentlicher Krankenhäuser treten.

§ 27 Zuständigkeitsregelung

Die in diesem Gesetz den Landesverbänden der Krankenkassen zugewiesenen Aufgaben nehmen für die Ersatzkassen die nach § 212 Abs. 5 des Fünften Buches Sozialgesetzbuch benannten Bevollmächtigten, für die knappschaftliche Krankenversicherung die Deutsche Rentenversicherung Knappschaft-Bahn-See und für die Krankenversicherung der Landwirte die Sozialversicherung für Landwirtschaft, Forsten und Gartenbau wahr.

§ 28 Auskunftspflicht und Statistik

(1) Die Träger der nach § 108 des Fünften Buches Sozialgesetzbuch zur Krankenhausbehandlung zugelassenen Krankenhäuser und die Sozialleistungsträger sind verpflichtet, dem Bundesministerium für Gesundheit sowie den zuständigen Behörden der Länder auf Verlangen Auskünfte über die Umstände zu erteilen, die für die Beurteilung der Bemessung und Entwicklung der Pflegesätze nach diesem Gesetz benötigt werden. Unter die Auskunftspflicht fallen insbesondere die personelle und sachliche Ausstattung sowie die Kosten der Krankenhäuser, die im Krankenhaus in Anspruch genommenen stationären und ambulanten Leistungen sowie allgemeine Angaben über die Patienten und ihre Erkrankungen. Die zuständigen Landesbehörden können darüber hinaus von den Krankenhausträgern Auskünfte über Umstände verlangen, die sie für die Wahrnehmung ihrer Aufgaben bei der Krankenhausplanung und Krankenhausfinanzierung nach diesem Gesetz benötigen.

(2) Die Bundesregierung wird ermächtigt, für Zwecke dieses Gesetzes durch Rechtsverordnung mit Zustimmung des Bundesrates jährliche Erhebungen über Krankenhäuser einschließlich der in den §§ 3 und 5 genannten Krankenhäuser und Einrichtungen als Bundesstatistik anzuordnen. Die Bundesstatistik auf Grundlage dieser Erhebungen kann insbesondere folgende Sachverhalte umfassen:

1. Art des Krankenhauses und der Trägerschaft,
2. im Krankenhaus tätige Personen nach Geschlecht, Beschäftigungsverhältnis, Tätigkeitsbereich, Dienststellung, Aus- und Weiterbildung,
3. sachliche Ausstattung und organisatorische Einheiten des Krankenhauses,
4. Kosten nach Kostenarten,

5. in Anspruch genommene stationäre und ambulante Leistungen,
6. Patienten nach Alter, Geschlecht, Wohnort, Erkrankungen nach Hauptdiagnosen,
7. Ausbildungsstätten am Krankenhaus.

Auskunftspflichtig sind die Krankenhausträger gegenüber den statistischen Ämtern der Länder; die Rechtsverordnung kann Ausnahmen von der Auskunftspflicht vorsehen. Die Träger der nach § 108 des Fünften Buches Sozialgesetzbuch zur Krankenhausbehandlung zugelassenen Krankenhäuser teilen die von der Statistik umfassten Sachverhalte gleichzeitig den für die Krankenhausplanung und -finanzierung zuständigen Landesbehörden mit Dasselbe gilt für die Träger der nach § 111 des Fünften Buches Sozialgesetzbuch zur Vorsorge- oder Rehabilitationsbehandlung zugelassenen Einrichtungen.

(3) Die Befugnis der Länder, zusätzliche, von Absatz 2 nicht erfasste Erhebungen über Sachverhalte des Gesundheitswesens als Landesstatistik anzuordnen, bleibt unberührt.

Krankenhausentgeltgesetz - KHEntgG

Gesetz über die Entgelte für voll- und teilstationäre Krankenhausleistungen

vom 23.04.2002, zuletzt geändert 11.07.2021

§ 1 Anwendungsbereich

(1) Die vollstationären und teilstationären Leistungen der DRG-Krankenhäuser werden nach diesem Gesetz und dem Krankenhausfinanzierungsgesetz vergütet.

(2) Dieses Gesetz gilt auch für die Vergütung von Leistungen der Bundeswehrkrankenhäuser, soweit diese Zivilpatienten behandeln, und der Krankenhäuser der Träger der gesetzlichen Unfallversicherung, soweit nicht die gesetzliche Unfallversicherung die Kosten trägt. Im Übrigen gilt dieses Gesetz nicht für

1. Krankenhäuser, auf die das Krankenhausfinanzierungsgesetz nach seinem § 3 Satz 1 keine Anwendung findet,
2. Krankenhäuser, die nach § 5 Abs. 1 Nr. 2, 4 oder 7 des Krankenhausfinanzierungsgesetzes nicht gefördert werden,
3. Krankenhäuser und selbständige, gebietsärztlich geleitete Abteilungen für die Fachgebiete Psychiatrie und Psychotherapie, Kinder- und Jugendpsychiatrie und -psychotherapie sowie Psychosomatische Medizin und Psychotherapie, soweit im Krankenhausfinanzierungsgesetz oder in der Bundespflegesatzverordnung nichts Abweichendes bestimmt wird.

(3) Die vor- und nachstationäre Behandlung wird für alle Benutzer einheitlich nach § 115a des Fünften Buches Sozialgesetzbuch vergütet. Die ambulante Durchführung von Operationen und sonstiger stationsersetzender Eingriffe wird für die gesetzlich versicherten Patienten nach § 115b des Fünften Buches Sozialgesetzbuch und für sonstige Patienten nach den für sie geltenden Vorschriften, Vereinbarungen oder Tarifen vergütet.

§ 2 Krankenhausleistungen

(1) Krankenhausleistungen nach § 1 Abs. 1 sind insbesondere ärztliche Behandlung, auch durch nicht fest angestellte Ärztinnen und Ärzte, Krankenpflege, Versorgung mit Arznei-, Heil- und Hilfsmitteln, die für die Versorgung im Krankenhaus notwendig

sind, sowie Unterkunft und Verpflegung; sie umfassen allgemeine Krankenhausleistungen und Wahlleistungen. Zu den Krankenhausleistungen gehören nicht die Leistungen der Belegärzte (§ 18) sowie der Beleghebammen und -entbindungspfleger.

(2) Allgemeine Krankenhausleistungen sind die Krankenhausleistungen, die unter Berücksichtigung der Leistungsfähigkeit des Krankenhauses im Einzelfall nach Art und Schwere der Krankheit für die medizinisch zweckmäßige und ausreichende Versorgung des Patienten notwendig sind. Unter diesen Voraussetzungen gehören dazu auch

1. die während des Krankenhausaufenthalts durchgeführten Maßnahmen zur Früherkennung von Krankheiten im Sinne des Fünften Buches Sozialgesetzbuch,
2. die vom Krankenhaus veranlassten Leistungen Dritter,
3. die aus medizinischen Gründen notwendige Mitaufnahme einer Begleitperson des Patienten oder die Mitaufnahme einer Pflegekraft nach § 11 Absatz 3 des Fünften Buches Sozialgesetzbuch,
4. die besonderen Aufgaben von Zentren und Schwerpunkten für die stationäre Versorgung von Patienten, insbesondere die Aufgaben von Tumorzentren und geriatrischen Zentren sowie entsprechenden Schwerpunkten,
5. die Frührehabilitation im Sinne von § 39 Abs. 1 Satz 3 des Fünften Buches Sozialgesetzbuch,
6. das Entlassmanagement im Sinne des § 39 Absatz 1a des Fünften Buches Sozialgesetzbuch.

Nicht zu den Krankenhausleistungen nach Satz 2 Nr. 2 gehört eine Dialyse, wenn hierdurch eine entsprechende Behandlung fortgeführt wird, das Krankenhaus keine eigene Dialyseeinrichtung hat und ein Zusammenhang mit dem Grund der Krankenhausbehandlung nicht besteht. Besondere Aufgaben nach Satz 2 Nummer 4 setzen deren Ausweisung und Festlegung im Krankenhausplan des Landes oder eine gleichartige Festlegung durch die zuständige Landesbehörde im Einzelfall gegenüber dem Krankenhaus voraus. Die besonderen Aufgaben umfassen nur Leistungen, die nicht bereits durch die Fallpauschalen, nach sonstigen Regelungen dieses Gesetzes oder nach Regelungen des Fünften Buches Sozialgesetzbuch vergütet werden; sie können auch Leistungen, die nicht zur unmittelbaren stationären Patientenversorgung gehören, umfassen.

(3) Bei der Erbringung von allgemeinen Krankenhausleistungen durch nicht im Krankenhaus fest angestellte Ärztinnen und Ärzte hat das Krankenhaus sicherzustellen, dass diese für ihre Tätigkeit im Krankenhaus die gleichen Anforderungen erfüllen, wie sie auch für fest im Krankenhaus angestellte Ärztinnen und Ärzte gelten.

§ 3 Grundlagen

Die voll- und teilstationären allgemeinen Krankenhausleistungen werden vergütet durch

1. ein von den Vertragsparteien nach § 11 Abs. 1 gemeinsam vereinbartes Erlösbudget nach § 4,
2. eine von den Vertragsparteien nach § 11 Abs. 1 gemeinsam vereinbarte Erlössumme nach § 6 Abs. 3 für krankenhausindividuell zu vereinbarende Entgelte,
3. Entgelte nach § 6 Abs. 2 für neue Untersuchungs- und Behandlungsmethoden,
4. Zusatzentgelte für die Behandlung von Blutern,
5. Zu- und Abschläge nach § 7 Abs. 1.

§ 4 Vereinbarung eines Erlösbudgets [Budgetausgleich]

(1) Das von den Vertragsparteien nach § 11 Abs. 1 zu vereinbarende Erlösbudget umfasst für voll- und teilstationäre Leistungen die Fallpauschalen nach § 7 Abs. 1 Satz 1 Nr. 1 und die Zusatzentgelte nach § 7 Abs. 1 Satz 1 Nr. 2. Es umfasst nicht die krankenhausindividuell zu vereinbarenden Entgelte nach § 6 Abs. 1 bis 2a, nicht die Zusatzentgelte für die Behandlung von Blutern, nicht die Zu- und Abschläge nach § 7 Absatz 1, nicht die Entgelte für Modellvorhaben nach § 63 des Fünften Buches Sozialgesetzbuch und nicht die Vergütung nach § 140a des Fünften Buches Sozialgesetzbuch für die integrierte Versorgung.

(2) Das Erlösbudget wird leistungsorientiert ermittelt, indem für die voraussichtlich zu erbringenden Leistungen Art und Menge der Entgelte nach Absatz 1 Satz 1 mit der jeweils maßgeblichen Entgelthöhe multipliziert werden. Die Entgelthöhe für die Fallpauschalen wird ermittelt, indem diese nach den Vorgaben des Entgeltkatalogs und der Abrechnungsbestimmungen mit den effektiven Bewertungsrelationen und mit dem Landesbasisfallwert nach § 10 bewertet werden. Bei Patientinnen und Patienten, die über den Jahreswechsel im Krankenhaus stationär behandelt werden (Überlieger), werden die Erlöse aus Fallpauschalen in voller Höhe dem Jahr zugeordnet, in dem die Patientinnen und Patienten entlassen werden.

§ 5 Vereinbarung und Abrechnung von Zu- und Abschlägen

(1) Die nach § 9 Abs. 1 Satz 1 Nr. 3 vereinbarten Regelungen für bundeseinheitliche Zu- und Abschläge nach § 17b Absatz 1a des Krankenhausfinanzierungsgesetzes sind für die Vertragsparteien nach § 11 verbindlich. Auf Antrag einer Vertragspartei ist zu prüfen, ob bei dem Krankenhaus die Voraussetzungen für einen Zu- oder Abschlag vorliegen. Wurde für einen Tatbestand ein bundeseinheitlicher Zu- oder Abschlagsbetrag festgelegt, der für die Zwecke der Berechnung gegenüber den Patienten oder den Kostenträgern auf eine krankenhausindividuelle Bezugsgröße, beispielsweise die Fallzahl oder eine Erlössumme, umgerechnet werden muss, so vereinbaren die Vertragsparteien gemäß den bundeseinheitlichen Vereinbarungen den sich daraus ergebenden krankenhausindividuellen Abrechnungsbetrag oder -prozentsatz.

(2) Zur Sicherstellung einer für die Versorgung der Bevölkerung notwendigen Vorhaltung von Leistungen, die auf Grund des geringen Versorgungsbedarfs mit den auf Bundesebene vereinbarten Fallpauschalen und Zusatzentgelten nicht kostendeckend finanzierbar ist, vereinbaren die Vertragsparteien nach § 11 bei Erfüllung der Vorgaben nach den Sätzen 2, 4 und 5 sowie der Vorgaben des Gemeinsamen Bundesausschusses nach § 136c Absatz 3 des Fünften Buches Sozialgesetzbuch Sicherstellungszuschläge nach § 17b Absatz 1a Nummer 6 des Krankenhausfinanzierungsgesetzes. Die Landesregierungen werden ermächtigt, durch Rechtsverordnung ergänzende oder abweichende Vorgaben zu erlassen, insbesondere um regionalen Besonderheiten bei der Vorhaltung der für die Versorgung notwendigen Leistungseinheiten Rechnung zu tragen; dabei sind die Interessen anderer Krankenhäuser zu berücksichtigen. Die Landesregierungen können diese Ermächtigung durch Rechtsverordnung auf oberste Landesbehörden übertragen. Voraussetzung für die Vereinbarung eines Sicherstellungszuschlags ist zudem, dass das Krankenhaus für das Kalenderjahr vor der Vereinbarung ein Defizit in der Bilanz ausweist. Die zuständige Landesbehörde prüft auf Antrag einer Vertragspartei nach § 11, ob die Vorgaben für die Vereinbarung eines Sicherstellungszuschlags nach Satz 1 erfüllt sind, und entscheidet, ob ein Sicherstellungszuschlag zu vereinbaren ist; sie hat dabei auch zu prüfen, ob die Leistung durch ein anderes geeignetes Krankenhaus, das diese Leistungsart bereits erbringt, ohne Zuschlag erbracht werden kann. Im Falle einer Krankenhausfusion erfolgt bei Krankenhäusern mit unterschiedlichen Betriebsstätten die Prüfung der Weitergewährung eines Sicherstellungszuschlags durch die zuständige

Landesbehörde betriebsstättenbezogen, sofern folgende Kriterien erfüllt sind: die Betriebsstätte ist im Krankenhausplan als gesonderter Standort ausgewiesen,

1. an diesem gesonderten Standort werden mindestens drei im Krankenhausplan ausgewiesene, organisatorisch selbständig bettenführende Fachgebiete betrieben und
2. das negative wirtschaftliche Ergebnis der Betriebsstätte ist aus der Bilanz des Krankenhauses eindeutig ersichtlich und wird von einem Jahresabschlussprüfer im Auftrag der Krankenkassen bestätigt;

der Sicherstellungszuschlag kann in diesem Fall für bis zu drei Jahre weiter vereinbart werden. Klagen gegen das Ergebnis der Prüfung nach den Sätzen 5 oder 6 haben keine aufschiebende Wirkung. Für Krankenhäuser, für die bereits vor dem 1. Januar 2016 Sicherstellungszuschläge vereinbart wurden, sollen die Zuschläge übergangsweise bis zum 31. Dezember 2017 unter Anwendung der bisherigen Voraussetzungen vereinbart werden.

(3) Die Vertragsparteien nach § 11 vereinbaren die Zuschläge für besondere Aufgaben nach § 2 Absatz 2 Satz 2 Nummer 4 auf der Grundlage der Vereinbarung nach § 9 Absatz 1a Nummer 2. Für Krankenhäuser, für die bereits vor dem 1. Januar 2016 Zuschläge nach § 2 Absatz 2 Satz 2 Nummer 4 vereinbart wurden, sollen die Zuschläge übergangsweise bis zum 31. Dezember 2017 unter Anwendung der bisherigen Voraussetzungen vereinbart werden.

(3a) Die Vertragsparteien nach § 11 vereinbaren unter Berücksichtigung begründeter Besonderheiten im Krankenhaus für Leistungen oder Leistungsbereiche mit außerordentlich guter oder unzureichender Qualität auf der Grundlage der Bewertungskriterien und Auswertungsergebnisse nach § 136b Absatz 1 Satz 1 Nummer 5 und Absatz 9 des Fünften Buches Sozialgesetzbuch und auf der Grundlage der Vereinbarung nach § 9 Absatz 1a Nummer 4 einen Qualitätszu- oder -abschlag. Qualitätszu- oder -abschläge sind bezogen auf die betreffenden Leistungen oder Leistungsbereiche jeweils für Aufnahmen ab dem ersten Tag des Folgemonats der Vereinbarung anzuwenden. Sie sind für Aufnahmen bis zum letzten Tag des Monats anzuwenden, in dem die Vertragsparteien nach Satz 1 feststellen, dass die Voraussetzungen für die weitere Erhebung von Qualitätszu- oder -abschlägen nicht mehr vorliegen. Sofern die Vertragsparteien nach Satz 1 unzureichende Qualität feststellen, hat die Vereinbarung auch zu beinhalten, dass die Qualitätsmängel innerhalb eines Jahres ab dem Vereinbarungszeitpunkt zu beseitigen sind; in dieser Zeit sind keine Qualitätsabschläge zu erheben. Werden die Qualitätsmängel nicht innerhalb eines Jahres beseitigt, ist der vereinbarte Qualitätsabschlag zu erheben, sofern die Vertragsparteien feststellen, dass die Voraussetzungen für die Erhebung weiterhin vorliegen; dabei ist der Qualitätsabschlag für die Dauer von zwölf Kalendermonaten in doppelter Höhe zu erheben. Die zeitliche Begrenzung für die Erhebung von Qualitätsabschlägen nach § 8 Absatz 4 Satz 2 Nummer 2 auf höchstens drei Jahre ist zu beachten.

(3b) Für klinische Sektionen ist bei Erfüllung der Anforderungen nach § 9 Absatz 1a Nummer 3 ein Zuschlag je voll- und teilstationären Fall zu vereinbaren; hierbei ist Absatz 1 Satz 3 anzuwenden.

(3c) Bis zu einer Berücksichtigung bei der Kalkulation der Fallpauschalen und Zusatzentgelte vereinbaren die Vertragsparteien nach § 11 unter Berücksichtigung der Vorgaben nach § 9 Absatz 1a Nummer 1 befristete Zuschläge für die Finanzierung von Mehrkosten, die durch Mindestanforderungen an die Struktur- oder Prozessqualität in Richtlinien des Gemeinsamen Bundesausschusses zur Qualitätssicherung nach § 92 Absatz 1 Satz 2 Nummer 13 in Verbindung mit § 136 Absatz 1 Satz 1 Nummer 2 des Fünften Buches Sozialgesetzbuch entstehen. Die Vereinbarung von Zuschlägen ist für Krankenhäuser, die die zusätzlichen Anforderungen des Gemeinsamen Bundesausschusses nicht erfüllen, insoweit zulässig, als der Gemeinsame Bundesausschuss keine entsprechenden zeitlichen und inhaltlichen Einschränkungen vorgegeben hat. Zuschläge sind auch für Mehrkosten zu vereinbaren, wenn diese dem Krankenhaus ab dem 5. November 2015 auf Grund von Maßnahmen zur Erfüllung der zum 1. Januar 2014 in Kraft getretenen zusätzlichen Anforderungen der Qualitätssicherungs-Richtlinie Früh- und Reifgeborene des Gemeinsamen Bundesausschusses entstehen und die Maßnahmen nach dem 1. Januar 2014 vorgenommen wurden. Die Finanzierung der in den Sätzen 1 und 3 genannten Mehrkosten erfolgt bei besonderen Einrichtungen nach § 17b Absatz 1 Satz 10 des Krankenhausfinanzierungsgesetzes durch eine Berücksichtigung in den krankenhausindividuellen Entgelten. Die Begrenzung des Anstiegs der Erlössumme nach § 9 Absatz 1b Satz 1 in Verbindung mit § 6 Absatz 3 Satz 4 gilt insoweit nicht. Bei einer Vereinbarung von Zuschlägen auf Grund einer Rahmenvereinbarung nach § 137i Absatz 6 des Fünften Buches Sozialgesetzbuch sind die Sätze 1, 4 und 5 entsprechend anzuwenden.

(4) Die Erlösausgleiche nach § 4 Abs. 3 und § 15 Abs. 3 sowie ein Unterschiedsbetrag nach § 4 Abs. 5 werden über einen gemeinsamen Zu- und Abschlag auf die abgerechnete Höhe der DRG-Fallpauschalen und die Zusatzentgelte (§ 7 Abs. 1 Satz

1 Nr. 1 und 2) sowie auf die sonstigen Entgelte nach § 6 Abs. 1 Satz 1 und Abs. 2a verrechnet und unter der Bezeichnung „Zu- oder Abschlag für Erlösausgleiche“ gesondert in der Rechnung ausgewiesen. Die Höhe des Zu- oder Abschlags ist anhand eines Prozentsatzes zu berechnen, der aus dem Verhältnis des zu verrechnenden Betrags einerseits sowie des Gesamtbetrags nach § 4 Abs. 3 Satz 1 andererseits zu ermitteln und von den Vertragsparteien zu vereinbaren ist; wird die Vereinbarung erst während des Kalenderjahres geschlossen, ist ein entsprechender Prozentsatz bezogen auf die im restlichen Kalenderjahr zu erhebenden Entgelte zu vereinbaren. Würden die voll- und teilstationären Entgelte durch einen Zuschlag nach Satz 1 insgesamt um mehr als 15 Prozent erhöht, sind übersteigende Beträge in nachfolgenden Vereinbarungszeiträumen mit Hilfe des Zu- oder Abschlags nach Satz 1 bis jeweils zu dieser Grenze zu verrechnen; für das Jahr 2009 gilt abweichend eine Grenze von 30 Prozent. In seltenen Ausnahmefällen können die Vertragsparteien nach § 11 einen höheren Zuschlag vereinbaren, wenn dies erforderlich ist, um eine ansonsten hierdurch entstehende wirtschaftliche Gefährdung des Krankenhauses abzuwenden. Weicht die Summe der für das Kalenderjahr tatsächlich abgerechneten Zu- oder Abschlagsbeträge von dem zu verrechnenden Betrag nach Satz 2 ab, werden die Mehr- oder Mindererlöse vollständig ausgeglichen, indem sie über die Gesamtsumme und den Zu- oder Abschlag für das nächstmögliche Kalenderjahr verrechnet werden; dabei sind die Verrechnungen in die Grenze nach Satz 3 einzubeziehen.

(5) Kann ein Zu- oder Abschlag nach Absatz 4 wegen der Schließung des Krankenhauses nicht oder nicht im notwendigen Umfang abgerechnet werden, wird der auf die gesetzliche Krankenversicherung entfallende Anteil des noch auszugleichenden Betrags den gesetzlichen Krankenkassen, deren Versicherte im Vorjahr im Krankenhaus voll- und teilstationär behandelt wurden, gesondert in Rechnung gestellt oder an diese zurückgezahlt. Auf die einzelne Krankenkasse entfällt davon der Teilbetrag, der ihrem entsprechenden Anteil an der Summe der Entgelte im Vorjahr entspricht. Die Vertragsparteien nach § 11 können eine abweichende Vereinbarung schließen.

§ 6 Vereinbarung sonstiger Entgelte

(1) Für Leistungen, die noch nicht mit den DRG-Fallpauschalen und Zusatzentgelten sachgerecht vergütet werden können, und für besondere Einrichtungen nach § 17b Absatz 1 Satz 10 des Krankenhausfinanzierungsgesetzes vereinbaren die

Vertragsparteien nach § 11 fall- oder tagesbezogene Entgelte oder in eng begrenzten Ausnahmefällen Zusatzentgelte, sofern die Leistungen oder besonderen Einrichtungen nach Feststellung der Vertragsparteien nach § 9 oder in einer Verordnung nach § 17b Abs. 7 Satz 1 Nr. 3 des Krankenhausfinanzierungsgesetzes von der Anwendung der DRG-Fallpauschalen und Zusatzentgelte ausgenommen sind. Die Entgelte sind sachgerecht zu kalkulieren; die Empfehlungen nach § 9 Abs. 1 Satz 1 Nr. 4 sind zu beachten.

(2) Für die Vergütung neuer Untersuchungs- und Behandlungsmethoden, die mit den Fallpauschalen und Zusatzentgelten nach § 7 Satz 1 Nr. 1 und 2 noch nicht sachgerecht vergütet werden können und die nicht gemäß § 137c des Fünften Buches Sozialgesetzbuch von der Finanzierung ausgeschlossen worden sind, sollen die Vertragsparteien nach § 11 zeitlich befristete, fallbezogene Entgelte oder Zusatzentgelte außerhalb des Erlösbudgets nach § 4 Abs. 2 und der Erlössumme nach Absatz 3 vereinbaren. Die Entgelte sind sachgerecht zu kalkulieren; die Empfehlungen nach § 9 Abs. 1 Satz 1 Nr. 4 sind zu beachten. Vor der Vereinbarung einer gesonderten Vergütung hat das Krankenhaus bis spätestens zum 31. Oktober von den Vertragsparteien nach § 9 eine Information einzuholen, ob die neue Methode mit den bereits vereinbarten Fallpauschalen und Zusatzentgelten sachgerecht abgerechnet werden kann. Die Vertragsparteien nach § 11 haben die Information bei ihrer Vereinbarung zu berücksichtigen. Liegt bei fristgerecht erfolgter Anfrage nach Satz 3 bis zur Budgetvereinbarung für das Krankenhaus eine Information nicht vor, kann die Vereinbarung ohne diese Information geschlossen werden; dies gilt nicht, wenn die Budgetvereinbarung vor dem 1. Januar geschlossen wird. Die Entgelte sollen möglichst frühzeitig, auch unabhängig von der Vereinbarung des Erlösbudgets, nach § 4 vereinbart werden. Wird ein Entgelt vereinbart, melden die an der Vereinbarung beteiligten gesetzlichen Krankenkassen Art und Höhe des Entgelts an die Vertragsparteien nach § 9; dabei haben sie auch die der Vereinbarung zu Grunde liegenden Kalkulationsunterlagen und die vom Krankenhaus vorzulegende ausführliche Beschreibung der Methode zu übermitteln. Die Vertragsparteien nach § 9 können eine Bewertung der Untersuchungs- und Behandlungsmethode nach § 137c des Fünften Buches Sozialgesetzbuch veranlassen; § 137c Abs. 1 Satz 1 des Fünften Buches Sozialgesetzbuch bleibt unberührt. Für das Schiedsstellenverfahren nach § 13 kann eine Stellungnahme des Gemeinsamen Bundesausschusses nach § 137c des Fünften Buches Sozialgesetzbuch eingeholt werden.

(2a) In eng begrenzten Ausnahmefällen können die Vertragsparteien nach § 11 für Leistungen, die den Fallpauschalen und Zusatzentgelten aus den Entgeltkatalogen nach § 7 Satz 1 Nr. 1 und 2 zwar zugeordnet, mit ihnen jedoch nicht sachgerecht vergütet werden, im Rahmen der Erlössumme nach Absatz 3 ein gesondertes Zusatzentgelt vereinbaren, wenn

1. diese Leistungen auf Grund einer Spezialisierung nur von sehr wenigen Krankenhäusern in der Bundesrepublik Deutschland mit überregionalem Einzugsgebiet erbracht werden,
2. auf Grund der Komplexität der Behandlung die Behandlungskosten die Höhe der DRG-Vergütung einschließlich der Zusatzentgelte um mindestens 50 vom Hundert überschreiten und
3. das Krankenhaus sich an den Maßnahmen nach den §§ 136 und 136b des Fünften Buches Sozialgesetzbuch beteiligt.

Nach Vereinbarung des Zusatzentgelts melden die an der Vereinbarung beteiligten gesetzlichen Krankenkassen Art und Höhe des Entgelts an die Vertragsparteien nach § 9. Dabei haben sie auch die der Vereinbarung zu Grunde liegenden Kalkulationsunterlagen und die vom Krankenhaus vorzulegende ausführliche Begründung zu den Voraussetzungen nach Satz 1 zu übermitteln. Soweit für die palliativmedizinische Versorgung durch Palliativdienste noch kein Zusatzentgelt nach § 7 Absatz 1 Satz 1 Nummer 2 kalkuliert werden kann, ist hierfür ab dem Jahr 2017 unter Beachtung der nach § 17b Absatz 1 des Krankenhausfinanzierungsgesetzes für Palliativdienste entwickelten Kriterien ein gesondertes krankenhausindividuelles Zusatzentgelt zu vereinbaren; Satz 2 gilt entsprechend.

(3) Werden krankenhausindividuelle Entgelte für Leistungen oder besondere Einrichtungen nach Absatz 1 Satz 1 und Absatz 2a vereinbart, ist für diese Entgelte eine Erlössumme zu bilden. Sie umfasst nicht die Entgelte nach Absatz 2 und die Zusatzentgelte für die Behandlung von Blutern. Für die Vereinbarung der Entgelte und der Erlössumme sind Kalkulationsunterlagen nach Absatz 1 Satz 2 vorzulegen. Für besondere Einrichtungen oder Einrichtungen, deren Leistungen weitgehend über krankenhausindividuell zu vereinbarende Entgelte abgerechnet werden, gelten darüber hinaus die Vorschriften zur Vereinbarung des Gesamtbetrags nach § 6 und zu den vorzulegenden Unterlagen nach § 17 Abs. 4 in Verbindung mit den Anlagen 1 und 2 der Bundespflegesatzverordnung in der am 31. Dezember 2012 geltenden Fassung entsprechend, wobei anstelle der Veränderungsrate als maßgebliche Rate für den Anstieg der Erlössumme der Veränderungswert nach § 9 Absatz 1b Satz 1

gilt; die Unterlagen sind nur bezogen auf den Bereich der Einrichtung und nur insoweit vorzulegen, wie die anderen Vertragsparteien nach § 11 nicht darauf verzichten.

§ 6a Vereinbarung eines Pflegebudgets

(1) Die Vertragsparteien nach § 11 vereinbaren zur Finanzierung der Pflegepersonalkosten nach § 17b Absatz 4 des Krankenhausfinanzierungsgesetzes, die dem einzelnen Krankenhaus entstehen, ein Pflegebudget. Das Pflegebudget umfasst nicht

1. die Entgelte, die im Erlösbudget nach § 4 oder in der Erlössumme nach § 6 Absatz 3 berücksichtigt werden,
2. die Zu- und Abschläge nach § 7 Absatz 1 Satz 1 Nummer 4,
3. die Entgelte nach § 6 Absatz 2 und
4. die Zusatzentgelte für die Behandlung von Blutern.

Das Pflegebudget ist zweckgebunden für die Finanzierung der Pflegepersonalkosten nach Satz 1 zu verwenden. Nicht zweckentsprechend verwendete Mittel sind zurückzuzahlen.

(2) Ausgangsgrundlage für die Ermittlung des Pflegebudgets ist die Summe der im Vorjahr für das jeweilige Krankenhaus entstandenen Pflegepersonalkosten; abweichend hiervon können die Vertragsparteien nach § 17b Absatz 2 Satz 1 des Krankenhausfinanzierungsgesetzes in der Vereinbarung nach § 17b Absatz 4 Satz 2 des Krankenhausfinanzierungsgesetzes bestimmen, dass die Anzahl der Vollkräfte ohne pflegerische Qualifikation des Jahres 2018 zugrunde zu legen ist. Bei der Ermittlung sind weiterhin die für das Vereinbarungsjahr zu erwartenden Veränderungen gegenüber dem Vorjahr zu berücksichtigen, insbesondere bei der Zahl und der beruflichen Qualifikation der Pflegevollkräfte sowie bei der Kostenentwicklung; soweit dies in der Vereinbarung nach § 17b Absatz 4 Satz 2 des Krankenhausfinanzierungsgesetzes bestimmt ist, sind bei der Zahl und der beruflichen Qualifikation der Vollkräfte ohne pflegerische Qualifikation stattdessen die für das Vereinbarungsjahr zu erwartenden Veränderungen gegenüber dem Jahr 2018 zu berücksichtigen. Weichen die tatsächlichen Pflegepersonalkosten von den vereinbarten Pflegepersonalkosten ab, sind die Mehr- oder Minderkosten bei der Vereinbarung der Pflegebudgets für das auf das Vereinbarungsjahr folgende Jahr zu berücksichtigen, indem das Pflegebudget für das Vereinbarungsjahr berichtigt wird und Ausgleichszahlungen für das Vereinbarungsjahr geleistet werden. Das Pflegebudget ist in seiner Entwicklung nicht durch den Veränderungswert nach § 9 Absatz 1b Satz 1 begrenzt. Die Wirtschaftlichkeit der dem einzelnen Krankenhaus entstehenden Pflegepersonalkosten wird nicht geprüft und § 275c Absatz 6 Nummer

1 des Fünften Buches Sozialgesetzbuch ist zu beachten; die Bezahlung von Gehältern bis zur Höhe tarifvertraglich vereinbarter Vergütungen gilt als wirtschaftlich, für eine darüber hinausgehende Vergütung bedarf es eines sachlichen Grundes. Sofern das Krankenhaus ab dem Jahr 2020 Maßnahmen ergreift oder bereits ergriffene Maßnahmen fortsetzt, die zu einer Entlastung von Pflegepersonal in der unmittelbaren Patientenversorgung auf bettenführenden Stationen führen, ist von den Vertragsparteien nach § 11 zu vereinbaren, inwieweit hierdurch ohne eine Beeinträchtigung der Patientensicherheit Pflegepersonalkosten eingespart werden. Die Höhe der eingesparten Pflegepersonalkosten ist im Pflegebudget in einer Höhe von bis zu 4 Prozent des Pflegebudgets erhöhend zu berücksichtigen. Die Pflegepersonalkosten einsparende Wirkung von Maßnahmen nach Satz 6 ist vom Krankenhaus zu begründen und die Durchführung der Maßnahmen ist nachzuweisen. Bei Beschäftigung von Pflegepersonal ohne direktes Arbeitsverhältnis mit dem Krankenhaus, insbesondere von Leiharbeitnehmern im Sinne des Arbeitnehmerüberlassungsgesetzes, ist der Teil der Vergütungen, der über das tarifvertraglich vereinbarte Arbeitsentgelt für das Pflegepersonal mit direktem Arbeitsverhältnis mit dem Krankenhaus hinausgeht, und damit auch die Zahlung von Vermittlungsentgelten, nicht im Pflegebudget zu berücksichtigen.

(3) Der Krankenhausträger hat vor der Vereinbarung des jeweiligen Pflegebudgets den anderen Vertragsparteien nach § 11 Absatz 1 die jahresdurchschnittliche Stellenbesetzung in Pflegevollkräften, gegliedert nach Berufsbezeichnungen, sowie die Pflegepersonalkosten nachzuweisen. Dazu hat der Krankenhausträger jeweils die entsprechenden Ist-Daten des abgelaufenen Jahres, die Ist-Daten des laufenden Jahres sowie die Forderungsdaten für den Vereinbarungszeitraum vorzulegen; zusätzlich sind Daten und Nachweise für das Jahr 2018 vorzulegen, sofern diese nach der Vereinbarung nach § 17b Absatz 4 Satz 2 des Krankenhausfinanzierungsgesetzes für die Zuordnung von Kosten von Pflegepersonal zugrunde zu legen sind. Das vereinbarte Pflegebudget einschließlich der jahresdurchschnittlichen Stellenbesetzung der Pflegevollkräfte, gegliedert nach Berufsbezeichnungen, ist von den Vertragsparteien nach § 11 Absatz 1 zu dokumentieren; aus der Dokumentation müssen die Höhe des Pflegebudgets sowie die wesentlichen Rechengrößen zur Herleitung der vereinbarten, im Pflegebudget zu berücksichtigenden Kosten und der Höhe des Pflegebudgets hervorgehen. Nach Ablauf des Vereinbarungsjahres hat der Krankenhausträger den anderen Vertragsparteien nach § 11 Absatz 1 und dem Institut für das Entgeltsystem im Krankenhaus für die Weiterentwicklung des Entgeltsystems nach § 17b des Krankenhausfinanzierungsgesetzes jährlich jeweils bis zum 30. September eine Bestätigung des Jahresabschlussprüfers für das Vereinbarungsjahr vorzulegen über

1. die jahresdurchschnittliche Stellenbesetzung der Pflegevollkräfte insgesamt, gegliedert nach Berufsbezeichnungen,

2. die Pflegepersonalkosten insgesamt,
3. die Überprüfung der nach den Vorgaben der Vereinbarung nach § 17b Absatz 4 Satz 2 des Krankenhausfinanzierungsgesetzes und der Vereinbarung nach Absatz 1 Satz 1 im Pflegebudget
   a) zu berücksichtigenden jahresdurchschnittlichen Stellenbesetzung der Pflegevollkräfte, gegliedert nach Berufsbezeichnungen, und
   b) zu berücksichtigenden Pflegepersonalkosten,
4. eine geprüfte Aufstellung der Summe der auf das Vereinbarungsjahr entfallenden Erlöse des Krankenhauses aus den tagesbezogenen Pflegeentgelten nach § 7 Absatz 1 Satz 1 Nummer 6a und
5. die Überprüfung der zweckentsprechenden Verwendung der Mittel im Sinne des Absatzes 1 Satz 3.

Für die Vorlage der Daten nach Satz 2, die Dokumentation nach Satz 3 und die nach Satz 4 vorzulegende Bestätigung sind die Vorgaben der Vereinbarung nach § 9 Absatz 1 Nummer 8 zu beachten. Die Krankenkassen, die Vertragsparteien nach § 11 sind, übermitteln dem Institut für das Entgeltsystem im Krankenhaus unverzüglich nach der Vereinbarung des Pflegebudgets die Daten nach Satz 2 und die Dokumentation nach Satz 3 elektronisch; das Institut für das Entgeltsystem im Krankenhaus veröffentlicht die in den Sätzen 3 und 4 Nummer 1 bis 3 und 5 genannten Angaben krankenhausbezogen barrierefrei auf seiner Internetseite. Die näheren Einzelheiten zur Übermittlung der Angaben nach Satz 6 und zu Maßnahmen im Falle der nicht oder nicht unverzüglich erfolgenden Übermittlung sowie einer nicht fristgerechten Vorlage der Bestätigung des Jahresabschlussprüfers nach Satz 4 legt das Institut für das Entgeltsystem im Krankenhaus im Benehmen mit dem Spitzenverband Bund der Krankenkassen fest.

(4) Die Abzahlung des Pflegebudgets erfolgt über einen krankenhausindividuellen Pflegeentgeltwert. Der krankenhausindividuelle Pflegeentgeltwert wird berechnet, indem das für das Vereinbarungsjahr vereinbarte Pflegebudget dividiert wird durch die nach dem Pflegeerlöskatalog nach § 17b Absatz 4 Satz 5 des Krankenhausfinanzierungsgesetzes ermittelte voraussichtliche Summe der Bewertungsrelationen für das Vereinbarungsjahr. Der für das jeweilige Jahr geltende krankenhausindividuelle Pflegeentgeltwert ist der Abrechnung der mit Bewertungsrelationen bewerteten tagesbezogenen Pflegeentgelten nach § 7 Absatz 1 Satz 1 Nummer 6a für voll- und teilstationäre Belegungstage zugrunde zu legen. Ist der krankenhausindividuelle Pflegeentgeltwert für das Jahr 2020 niedriger als der nach § 15 Absatz 2a Satz 1 für den Zeitraum vom 1. April 2020 bis zum 31. Dezember 2020 geltende Pflegeentgeltwert in Höhe von 185 Euro, ist für den Zeitraum vom 1. April 2020 bis zum 31. Dezember 2020 der Pflegeentgeltwert in Höhe von 185 Euro bei der Abrechnung der tagesbezogenen Pflegeentgelte nach § 7 Absatz 1 Satz 1

Nummer 6a zugrunde zu legen; die für das Jahr 2020 in § 15 Absatz 2a Satz 3 Nummer 2 getroffenen Regelungen gelten entsprechend.

(5) Weicht die Summe der auf das Vereinbarungsjahr entfallenden Erlöse des Krankenhauses aus den tagesbezogenen Pflegeentgelten nach § 7 Absatz 1 Satz 1 Nummer 6a von dem vereinbarten Pflegebudget ab, so werden Mehr- oder Mindererlöse vollständig ausgeglichen. § 4 Absatz 3 Satz 7 und 9 ist entsprechend anzuwenden. Der ermittelte Ausgleichsbetrag ist über das Pflegebudget für den nächstmöglichen Vereinbarungszeitraum abzuwickeln.

(6) Abweichend von Absatz 1 Satz 1 gehen bei der Vereinbarung des Pflegebudgets für das Jahr 2020 die Summe der krankenhausindividuell vereinbarten Mittel nach § 4 Absatz 8 und die Mittel nach § 4 Absatz 9 in dem Pflegebudget für das Jahr 2020 auf. Die Mittel nach § 4 Absatz 9 gehen nur dann in dem Pflegebudget für das Jahr 2020 auf, soweit diese den Pflegepersonalkosten nach Absatz 1 Satz 1 zuzuordnen sind und es sich um laufende Kosten handelt. Ist die für das Jahr 2020 zu vereinbarende Summe aus dem Gesamtbetrag nach § 4 Absatz 3 Satz 1 und dem zu vereinbarenden Pflegebudget um mehr als 2 Prozent und für das Jahr 2021 um mehr als 4 Prozent niedriger als der jeweils vereinbarte Vorjahreswert, ist für diese Jahre das Pflegebudget so zu erhöhen, dass damit die Minderung der Summe aus Gesamtbetrag und Pflegebudget für das Jahr 2020 auf 2 Prozent und für das Jahr 2021 auf 4 Prozent begrenzt wird. Diese Erhöhung des Pflegebudgets unterliegt nicht der Pflicht zur Rückzahlung für nicht zweckentsprechend verwendete Mittel nach der Vereinbarung nach § 9 Absatz 1 Nummer 8. Satz 3 findet keine Anwendung bei einer Minderung der Summe aus Gesamtbetrag und Pflegebudget auf Grund von Leistungsrückgängen.

(7) Sofern die Vertragsparteien nach § 11 bis zum 20. Juli 2021 noch kein Pflegebudget nach Absatz 1 Satz 1 für das Jahr 2020 vereinbart haben, legen sie hierfür die nach § 17b Absatz 4 Satz 2 des Krankenhausfinanzierungsgesetzes vereinbarte Definition der auszugliedernden Pflegepersonalkosten und der Zuordnung von Kosten von Pflegepersonal für das Vereinbarungsjahr 2021 zugrunde.

§ 7 Entgelte für allgemeine Krankenhausleistungen [DRG-Fallpauschalen, Zusatzentgelte, individuelle DRG-Fallpauschalen, individuelle Zusatzentgelte]

(1) Die allgemeinen Krankenhausleistungen werden gegenüber den Patienten oder ihren Kostenträgern mit folgenden Entgelten abgerechnet:

1. Fallpauschalen nach dem auf Bundesebene vereinbarten Entgeltkatalog (§ 9),
2. Zusatzentgelte nach dem auf Bundesebene vereinbarten Entgeltkatalog (§ 9),
3. gesonderte Zusatzentgelte nach § 6 Abs. 2a,

4. Zu- und Abschläge nach § 17b Absatz 1a des Krankenhausfinanzierungsgesetzes und nach diesem Gesetz,
5. Entgelte für besondere Einrichtungen und für Leistungen, die noch nicht von den auf Bundesebene vereinbarten Fallpauschalen und Zusatzentgelten erfasst werden (§ 6 Abs. 1),
6. Entgelte für neue Untersuchungs- und Behandlungsmethoden, die noch nicht in die Entgeltkataloge nach § 9 Abs. 1 Satz 1 Nr. 1 und 2 aufgenommen worden sind (§ 6 Abs. 2),
7. Pflegezuschlag nach § 8 Absatz 10.

Mit diesen Entgelten werden alle für die Versorgung des Patienten erforderlichen allgemeinen Krankenhausleistungen vergütet. Darüber hinaus werden der DRG-Systemzuschlag nach § 17b Abs. 5 des Krankenhausfinanzierungsgesetzes, der Systemzuschlag für den Gemeinsamen Bundesausschuss und das Institut für Qualität und Wirtschaftlichkeit im Gesundheitswesen nach § 91 Abs. 3 Satz 1 in Verbindung mit § 139c des Fünften Buches Sozialgesetzbuch und der Telematikzuschlag nach § 377 Abs. 1 und 2 des Fünften Buches Sozialgesetzbuch abgerechnet.

(2) Die Höhe der Entgelte nach Absatz 1 Satz 1 wird wie folgt ermittelt:
1. Fallpauschalen nach Absatz 1 Satz 1 Nr. 1; die sich aus dem bundeseinheitlichen Entgeltkatalog ergebende Bewertungsrelation einschließlich der Regelungen zur Grenzverweildauer und zu Verlegungen (effektive Bewertungsrelation) wird mit dem Landesbasisfallwert multipliziert;
2. Zusatzentgelte nach Absatz 1 Satz 1 Nr. 2; die bundeseinheitliche Entgelthöhe wird dem Entgeltkatalog entnommen;
3. Fallpauschalen, Zusatzentgelte und tagesbezogene Entgelte nach Absatz 1 Satz 1 Nr. 3, 5 und 6; die Entgelte sind in der nach § 6 krankenhausindividuell vereinbarten Höhe abzurechnen;
4. Zu- und Abschläge nach Absatz 1 Satz 1 Nr. 4; die Zu- und Abschläge werden krankenhausindividuell vereinbart.

Die auf der Bundesebene vereinbarten Abrechnungsbestimmungen nach § 9 Abs. 1 Satz 1 Nr. 3 sind anzuwenden.

§ 8 Berechnung der Entgelte [DRG-Fallpauschalen, Zusatzentgelte]

(1) Die Entgelte für allgemeine Krankenhausleistungen sind für alle Benutzer des Krankenhauses einheitlich zu berechnen; § 17 Abs. 5 des Krankenhausfinanzierungsgesetzes bleibt unberührt. Bei Patienten, die im Rahmen

einer klinischen Studie behandelt werden, sind die Entgelte für allgemeine Krankenhausleistungen nach § 7 zu berechnen; dies gilt auch bei klinischen Studien mit Arzneimitteln. Die Entgelte dürfen nur im Rahmen des Versorgungsauftrags berechnet werden; dies gilt nicht für die Behandlung von Notfallpatienten. Der Versorgungsauftrag des Krankenhauses ergibt sich

1. bei einem Plankrankenhaus aus den Festlegungen des Krankenhausplans in Verbindung mit den Bescheiden zu seiner Durchführung nach § 6 Abs. 1 in Verbindung mit § 8 Abs. 1 Satz 3 des Krankenhausfinanzierungsgesetzes sowie einer ergänzenden Vereinbarung nach § 109 Abs. 1 Satz 4 des Fünften Buches Sozialgesetzbuch,
2. bei einer Hochschulklinik aus der Anerkennung nach den landesrechtlichen Vorschriften, dem Krankenhausplan nach § 6 Abs. 1 des Krankenhausfinanzierungsgesetzes sowie einer ergänzenden Vereinbarung nach § 109 Abs. 1 Satz 4 des Fünften Buches Sozialgesetzbuch,
3. bei anderen Krankenhäusern aus dem Versorgungsvertrag nach § 108 Nr. 3 des Fünften Buches Sozialgesetzbuch.

(2) Fallpauschalen werden für die Behandlungsfälle berechnet, die in dem Fallpauschalen-Katalog nach § 9 Abs. 1 Satz 1 Nr. 1 bestimmt sind. Für die Patienten von Belegärzten werden gesonderte Fallpauschalen berechnet. Zusätzlich zu einer Fallpauschale dürfen berechnet werden:

1. Zusatzentgelte nach dem Katalog nach § 9 Abs. 1 Satz 1 Nr. 2 oder nach § 6 Abs. 1 bis 2a, insbesondere für die Behandlung von Blutern mit Blutgerinnungsfaktoren sowie für eine Dialyse, wenn die Behandlung des Nierenversagens nicht die Hauptleistung ist,
2. Zu- und Abschläge nach § 17b Absatz 1a des Krankenhausfinanzierungsgesetzes und nach diesem Gesetz,
3. eine nachstationäre Behandlung nach § 115a des Fünften Buches Sozialgesetzbuch, soweit die Summe aus den stationären Belegungstagen und den vor- und nachstationären Behandlungstagen die Grenzverweildauer der Fallpauschale übersteigt; eine vorstationäre Behandlung ist neben der Fallpauschale nicht gesondert berechenbar; dies gilt auch für eine entsprechende Behandlung von Privatpatienten als allgemeine Krankenhausleistung,
4. Zuschläge nach den §§ 139c, 91 Abs. 2 Satz 6 und § 291a Abs. 7a Satz 1 und 2 des Fünften Buches Sozialgesetzbuch.

(4) Hält das Krankenhaus seine Verpflichtungen zur Qualitätssicherung nicht ein, sind von den Fallpauschalen und Zusatzentgelten Abschläge nach § 137 Absatz 1 oder Absatz 2 oder nach § 137i Absatz 5 des Fünften Buches Sozialgesetzbuch vorzunehmen. Entgelte dürfen für eine Leistung nicht berechnet werden, wenn ein Krankenhaus die Vorgaben für Mindestmengen nach § 136b Absatz 1 Satz 1 Nummer 2 des Fünften Buches Sozialgesetzbuch nicht erfüllt, soweit kein Ausnahmetatbestand nach § 136b Absatz 5a des Fünften Buches Sozialgesetzbuch geltend gemacht werden kann oder keine berechtigte mengenmäßige Erwartung nach § 136b Absatz 5 des Fünften Buches Sozialgesetzbuch nachgewiesen wird. Ferner dürfen Entgelte für Leistungen nicht berechnet werden, wenn die Prüfung nach § 275d des Fünften Buches Sozialgesetzbuch ergibt, dass die für die Leistungserbringung maßgeblichen Strukturmerkmale nicht erfüllt werden.
(5) Werden Patientinnen oder Patienten, für die eine Fallpauschale abrechenbar ist, wegen einer Komplikation im Zusammenhang mit der durchgeführten Leistung innerhalb der oberen Grenzverweildauer wieder aufgenommen, hat das Krankenhaus eine Zusammenfassung der Falldaten zu einem Fall und eine Neueinstufung in eine Fallpauschale vorzunehmen. Näheres oder Abweichendes regeln die Vertragsparteien nach § 17b Abs. 2 Satz 1 des Krankenhausfinanzierungsgesetzes oder eine Rechtsverordnung nach § 17b Abs. 7 des Krankenhausfinanzierungsgesetzes.
(6) Werden die mit einer Fallpauschale vergüteten Leistungen ohne Verlegung des Patienten durch mehrere Krankenhäuser erbracht, wird die Fallpauschale durch das Krankenhaus berechnet, das den Patienten stationär aufgenommen hat.
(7) Das Krankenhaus kann eine angemessene Vorauszahlung verlangen, wenn und soweit ein Krankenversicherungsschutz nicht nachgewiesen wird. Ab dem achten Tag des Krankenhausaufenthalts kann das Krankenhaus eine angemessene Abschlagszahlung verlangen, deren Höhe sich an den bisher erbrachten Leistungen in Verbindung mit der Höhe der voraussichtlich zu zahlenden Entgelte zu orientieren hat. Die Sätze 1 bis 2 gelten nicht, soweit andere Regelungen über eine zeitnahe Vergütung der allgemeinen Krankenhausleistungen in für das Krankenhaus verbindlichen Regelungen nach den §§ 112 bis 114 des Fünften Buches Sozialgesetzbuch oder in der Vereinbarung nach § 11 Abs. 1 getroffen werden.
(8) Das Krankenhaus hat dem selbstzahlenden Patienten oder seinem gesetzlichen Vertreter die für ihn voraussichtlich maßgebenden Entgelte so bald wie möglich schriftlich bekannt zu geben, es sei denn, der Patient ist in vollem Umfang für

Krankenhausbehandlung versichert. Im Übrigen kann jeder Patient verlangen, dass ihm unverbindlich die voraussichtlich abzurechnende Fallpauschale und deren Höhe sowie voraussichtlich zu zahlende, ergänzende Entgelte mitgeteilt werden. Stehen bei der Aufnahme eines selbstzahlenden Patienten die Entgelte noch nicht endgültig fest, ist hierauf hinzuweisen. Dabei ist mitzuteilen, dass das zu zahlende Entgelt sich erhöht, wenn das neue Entgelt während der stationären Behandlung des Patienten in Kraft tritt. Die voraussichtliche Erhöhung ist anzugeben.

(9) Die Rechnungen des Krankenhauses für selbstzahlende Patientinnen oder selbstzahlende Patienten sind in einer verständlichen und nachvollziehbaren Form zu gestalten. Dabei sind die Fallpauschalen und Zusatzentgelte mit der Nummerierung und den vollständigen Texten aus dem jeweils anzuwendenden Entgeltkatalog, den maßgeblichen Diagnose- und Prozedurenschlüsseln sowie bei Fallpauschalen den effektiven Bewertungsrelationen und dem Landesbasisfallwert auszuweisen. Zu den Diagnose- und Prozedurenschlüsseln sind außerdem die entsprechenden Textfassungen anzugeben. Weitere Entgelte sowie Zu- oder Abschläge sind mit kurzen verständlichen Texten zu bezeichnen. Die Zuschläge nach § 7 Abs. 1 Satz 3 werden in der Rechnung zusammengefasst und gemeinsam als „Systemzuschlag" ausgewiesen. Die Deutsche Krankenhausgesellschaft gibt zur Gestaltung der Rechnung eine entsprechende Empfehlung im Benehmen mit dem Verband der privaten Krankenversicherung ab. Das Verfahren nach § 301 des Fünften Buches Sozialgesetzbuch bleibt unberührt.

(10) Zur Förderung der pflegerischen Versorgung ist bei Patientinnen oder Patienten, die zur vollstationären Behandlung in das Krankenhaus aufgenommen werden, für Aufnahmen ab dem 1. Januar 2017 ein Pflegezuschlag abzurechnen und gesondert in der Rechnung auszuweisen. Die Höhe des Pflegezuschlags ist zu ermitteln, indem die jährliche Fördersumme für das Krankenhaus durch die vollstationäre Fallzahl geteilt wird, die für den Vereinbarungszeitraum des Erlösbudgets und der Erlössumme vereinbart oder festgesetzt wurde. Die jährliche Fördersumme für das Krankenhaus ist von den Vertragsparteien nach § 11 zu ermitteln, indem der Anteil der Personalkosten des Krankenhauses für das Pflegepersonal an den Personalkosten für das Pflegepersonal aller allgemeinen Krankenhäuser errechnet wird und dieser krankenhausindividuelle Anteil auf die jährlich bundesweit zur Verfügung stehende Fördersumme von 500 Millionen Euro bezogen wird; ab dem Jahr 2019 erhöht sich die Fördersumme von 500 Millionen Euro um den Betrag der

zweckentsprechend verwendeten Finanzmittel des Jahres 2018 aus dem Pflegestellen-Förderprogramm nach § 4 Absatz 8.

Grundlage für die Personalkosten für das Pflegepersonal aller allgemeinen Krankenhäuser sind jeweils die vom Statistischen Bundesamt in der Fachserie 12 Reihe 6.1 ausgewiesenen Vollzeitstellen in der Pflege mit und ohne direktem Beschäftigungsverhältnis mit dem Krankenhaus, multipliziert mit den in der Fachserie 12 Reihe 6.3 ausgewiesenen bundesdurchschnittlichen Kosten pro Pflegekraft jeweils für das Jahr, das zwei Jahre vor dem Jahr liegt, in dem der Pflegezuschlag für das Folgejahr zu vereinbaren ist; Grundlage für die Personalkosten für Pflegepersonal des einzelnen Krankenhauses sind die Vollzeitstellen in der Pflege mit und ohne direktem Beschäftigungsverhältnis mit dem Krankenhaus, die für dasselbe Jahr vom Krankenhaus an das Statistische Landesamt übermittelt wurden und die Eingang in die Statistik gefunden haben, multipliziert mit den in der Fachserie 12 Reihe 6.3 ausgewiesenen Kosten pro Pflegekraft im jeweiligen Land. Der nach Satz 2 zu berechnende Pflegezuschlag ist im Falle von § 10 Absatz 5 Satz 6 unter Berücksichtigung der durchschnittlichen Fallschwere des Krankenhauses zu erhöhen. § 5 Absatz 4 Satz 5, § 11 Absatz 4 Satz 3 und 4 sowie § 15 Absatz 2 gelten entsprechend.

§ 9 Vereinbarung auf Bundesebene

(1) Der Spitzenverband Bund der Krankenkassen und der Verband der Privaten Krankenversicherung gemeinsam vereinbaren mit der Deutschen Krankenhausgesellschaft (Vertragsparteien auf Bundesebene) mit Wirkung für die Vertragsparteien nach § 11 insbesondere

1. einen Fallpauschalen-Katalog nach § 17b Absatz 1 Satz 4 des Krankenhausfinanzierungsgesetzes einschließlich der Bewertungsrelationen sowie Regelungen zu Verlegungsfällen und zur Grenzverweildauer und der in Abhängigkeit von diesen zusätzlich zu zahlenden Entgelte oder vorzunehmenden Abschläge (effektive Bewertungsrelationen),
2. einen Katalog ergänzender Zusatzentgelte nach § 17b Absatz 1 Satz 7 des Krankenhausfinanzierungsgesetzes einschließlich der Vergütungshöhe,

1. die Erhöhungsrate für Tariferhöhungen nach § 10 Absatz 5 Satz 4.

(1a) Die Vertragsparteien auf Bundesebene vereinbaren auf der Grundlage von Absatz 1 Nummer 3

1. Vorgaben, insbesondere zur Dauer, für befristete Zuschläge für die Finanzierung von Mehrkosten auf Grund von Richtlinien des Gemeinsamen Bundesausschusses sowie auf Grund von Rahmenvereinbarungen nach § 137i Absatz 6 des Fünften Buches Sozialgesetzbuch;
2. bis zum 31. März 2016 das Nähere zur Konkretisierung der besonderen Aufgaben nach § 2 Absatz 2 Satz 2 Nummer 4; diese können sich insbesondere ergeben aus
   a) einer überörtlichen und krankenhausübergreifenden Aufgabenwahrnehmung,
   b) der Erforderlichkeit von besonderen Vorhaltungen eines Krankenhauses, insbesondere in Zentren für Seltene Erkrankungen, oder
   c) der Notwendigkeit der Konzentration der Versorgung an einzelnen Standorten wegen außergewöhnlicher technischer und personeller Voraussetzungen; dabei haben sie sicherzustellen, dass es sich nicht um Aufgaben handelt, die bereits durch die Entgelte nach Absatz 1 Nummer 1 und 2, nach sonstigen Regelungen dieses Gesetzes oder nach Regelungen des Fünften Buches Sozialgesetzbuch vergütet werden; § 17b Absatz 1 Satz 10 des Krankenhausfinanzierungsgesetzes bleibt unberührt;
3. bis zum 31. Dezember 2016 Anforderungen an die Durchführung klinischer Sektionen zur Qualitätssicherung; insbesondere legen sie bezogen auf die Anzahl stationärer Todesfälle eine zur Qualitätssicherung erforderliche Sektionsrate und Kriterien für die Auswahl der zu obduzierenden Todesfälle fest, bestimmen die Höhe der Durchschnittskosten einer Sektion und machen Vorgaben für die Berechnung des Zuschlags; als Grundlage für die Festlegung der Höhe der Durchschnittskosten einer Sektion ist das Institut für das Entgeltsystem im Krankenhaus mit der Kalkulation und deren regelmäßiger Anpassung zu beauftragen; für die Finanzierung gilt § 17b Absatz 5 des Krankenhausfinanzierungsgesetzes entsprechend;
4. bis zum 30. Juni 2018 die Höhe und die nähere Ausgestaltung von Qualitätszu- und -abschlägen für außerordentlich gute und unzureichende Qualität von Leistungen oder Leistungsbereichen auf der Grundlage der Vorgaben des Gemeinsamen Bundesausschusses nach § 136b Absatz 1 Satz 1 Nummer 5 und Absatz 9 des Fünften Buches Sozialgesetzbuch;
5. bis zum 30. Juni 2018 die Höhe und die nähere Ausgestaltung der Zu- und Abschläge für eine Teilnahme oder Nichtteilnahme von Krankenhäusern an der

Notfallversorgung, wobei bei der Ermittlung der Höhe der Zu- und Abschläge eine Unterstützung durch das Institut für das Entgeltsystem im Krankenhaus vorzusehen ist; die Zu- und Abschläge müssen sich auf das Stufensystem zu den Mindestvoraussetzungen für eine Teilnahme an der Notfallversorgung beziehen, das gemäß § 136c Absatz 4 des Fünften Buches Sozialgesetzbuch vom Gemeinsamen Bundesausschuss zu entwickeln ist;

6. jährlich zum 30. Juni, erstmals bis zum 30. Juni 2019, eine Liste der Krankenhäuser, welche die Vorgaben des Gemeinsamen Bundesausschusses zu § 136c Absatz 3 Satz 2 des Fünften Buches Sozialgesetzbuch erfüllen.

§ 10 Vereinbarung auf Landesebene

(1) Zur Bestimmung der Höhe der Fallpauschalen nach § 9 Abs. 1b Satz 1 Nr. 1 vereinbaren die in § 18 Abs. 1 Satz 2 des Krankenhausfinanzierungsgesetzes genannten Beteiligten (Vertragsparteien auf Landesebene) mit Wirkung für die Vertragsparteien nach § 11 jährlich einen landesweit geltenden Basisfallwert (Landesbasisfallwert) für das folgende Kalenderjahr. Dabei gehen sie von den Vereinbarungswerten der Krankenhäuser im Land für das laufende Kalenderjahr nach Anlage 1 Abschnitt B1 aus, insbesondere von der Summe der effektiven Bewertungsrelationen und der Erlössumme für Fallpauschalen (B1 laufende Nummer 3), und schätzen auf dieser Grundlage die voraussichtliche Entwicklung im folgenden Kalenderjahr; soweit Werte für einzelne Krankenhäuser noch nicht vorliegen, sind diese zu schätzen. Sie vereinbaren, dass Fehlschätzungen des Basisfallwerts bei der Vereinbarung des Basisfallwerts für das Folgejahr berichtigt werden. Die Vertragsparteien haben in der Vereinbarung festzulegen, zu welchen Tatbeständen und unter welchen Voraussetzungen im Folgejahr eine Verhandlung über eine Berichtigung aufgenommen wird. Bei einer Berichtigung ist zusätzlich zu der Berichtigung des vereinbarten Erlösvolumens (Basisberichtigung) ein entsprechender Ausgleich durchzuführen. Die Berichtigung nach den Sätzen 3 bis 5 ist nur durchzuführen, soweit im Rahmen der Vorgaben zur Beitragssatzstabilität bei der zu ändernden Vereinbarung des Vorjahres auch ohne eine Fehlschätzung eine Berücksichtigung des Betrags der Basisberichtigung zulässig gewesen wäre.

(2) (weggefallen)

(3) Bei der Vereinbarung sind insbesondere zu berücksichtigen:

1. der von den Vertragsparteien nach § 9 Abs. 1 Satz 2 vorgegebene Veränderungsbedarf auf Grund der jährlichen Kostenerhebung und Neukalkulation, der nicht mit den Bewertungsrelationen umgesetzt werden kann,
2. voraussichtliche allgemeine Kostenentwicklungen,
3. Möglichkeiten zur Ausschöpfung von Wirtschaftlichkeitsreserven, soweit diese nicht bereits durch die Weiterentwicklung der Bewertungsrelationen erfasst worden sind,
4. (weggefallen)
5. (weggefallen)
6. absenkend die Summe der Zuschläge nach § 7 Absatz 1 Satz 1 Nummer 4, soweit die Leistungen bislang durch den Basisfallwert finanziert worden sind oder die Zuschläge auf ergänzenden oder abweichenden Vorgaben des Landes nach § 5 Absatz 2 Satz 2 beruhen; dabei werden die Zuschläge nach § 4 Absatz 8 und 9 und § 5 Absatz 3, 3b und 3c nicht einbezogen,
7. erhöhend die Summe der Abschläge für die Nichtteilnahme an der Notfallversorgung und die befristeten Zuschläge nach § 5 Absatz 3c, soweit diese nicht mehr krankenhausindividuell erhoben werden und nicht durch Zusatzentgelte vergütet werden.

Soweit infolge einer veränderten Kodierung der Diagnosen und Prozeduren Ausgabenerhöhungen entstehen, sind diese vollständig durch eine entsprechende Absenkung des Basisfallwerts auszugleichen.

(4) Die nach Absatz 3 vereinbarte Veränderung des Basisfallwerts darf die sich bei Anwendung des Veränderungswerts nach § 9 Absatz 1b Satz 1 ergebende Veränderung des Basisfallwerts nicht überschreiten. Satz 1 gilt nicht, soweit eine Erhöhung des Basisfallwerts infolge der Weiterentwicklung des DRG-Vergütungssystems oder der Abrechnungsregeln lediglich technisch bedingt ist und nicht zu einer Erhöhung der Gesamtausgaben für Krankenhausleistungen führt oder soweit eine Berichtigung von Fehlschätzungen nach Absatz 1 durchzuführen ist. Wird aus anderen als den in Satz 2 genannten Tatbeständen eine niedrigere Summe der effektiven Bewertungsrelationen vereinbart, kann abweichend von Satz 1 ein höherer Basisfallwert vereinbart werden, wenn dies nicht zu einer Erhöhung der Gesamtausgaben für Krankenhausleistungen führt. Soweit eine Überschreitung des Veränderungswerts durch die erhöhende Berücksichtigung von befristeten Zuschlägen nach § 5 Absatz 3c im Rahmen von Absatz 3 Satz 1 Nummer 7 begründet ist, ist abweichend von Satz 1 ein höherer Basisfallwert zu vereinbaren.

§ 11 Vereinbarung für das einzelne Krankenhaus [Budgetvereinbarung]

(1) Nach Maßgabe der §§ 3 bis 6 und unter Beachtung des Versorgungsauftrags des Krankenhauses (§ 8 Abs. 1 Satz 3 und 4) und der Einhaltung der Vorgaben des Mindestmengenkatalogs nach § 136b Absatz 1 Satz 1 Nummer 2 des Fünften Buches Sozialgesetzbuch regeln die Vertragsparteien nach § 18 Abs. 2 des Krankenhausfinanzierungsgesetzes (Vertragsparteien) in der Vereinbarung das Erlösbudget nach § 4, die Summe der Bewertungsrelationen, die sonstigen Entgelte nach § 6, die Erlössumme nach § 6 Abs. 3, die Zu- und Abschläge und die Mehr- und Mindererlösausgleiche. Die Vereinbarung ist für einen zukünftigen Zeitraum (Vereinbarungszeitraum) zu schließen. Die Vereinbarung muss Bestimmungen enthalten, die eine zeitnahe Zahlung der Entgelte an das Krankenhaus gewährleisten; hierzu sollen insbesondere Regelungen über angemessene monatliche Teilzahlungen und Verzugszinsen bei verspäteter Zahlung getroffen werden.
Die Vereinbarung kommt durch Einigung zwischen den Vertragsparteien zustande, die an der Verhandlung teilgenommen haben; sie ist schriftlich oder elektronisch abzuschließen und unter Verwendung der in Absatz 4 Satz 1 genannten Unterlagen auf maschinenlesbaren Datenträgern zu dokumentieren. In der Vereinbarung ist zu regeln, dass Mittel, die nicht zweckentsprechend für die Finanzierung der Tariferhöhungen von Pflegepersonal verwendet werden, zurückzuzahlen sind.
(2) Der Vereinbarungszeitraum beträgt ein Kalenderjahr, wenn das Krankenhaus ganzjährig betrieben wird. Ein Zeitraum, der mehrere Kalenderjahre umfasst, kann vereinbart werden.
(3) Die Vertragsparteien nehmen die Verhandlung unverzüglich auf, nachdem eine Vertragspartei dazu schriftlich oder elektronisch aufgefordert hat. Die Verhandlung soll unter Berücksichtigung der Sechswochenfrist des § 18 Abs. 4 des Krankenhausfinanzierungsgesetzes so rechtzeitig abgeschlossen werden, dass das neue Erlösbudget und die neuen Entgelte mit Ablauf des laufenden Vereinbarungszeitraums in Kraft treten können.

§ 12 Vorläufige Vereinbarung

Können sich die Vertragsparteien insbesondere über die Höhe des Erlösbudgets, des Pflegebudgets oder über die Höhe sonstiger Entgelte nicht einigen und soll wegen der Gegenstände, über die keine Einigung erzielt werden konnte, die Schiedsstelle nach § 13 angerufen werden, schließen die Vertragsparteien eine Vereinbarung, soweit die Höhe unstrittig ist. 2 Die auf dieser Vereinbarung beruhenden Entgelte sind zu erheben, bis die endgültig maßgebenden Entgelte in Kraft treten. 3 Mehr- oder Mindererlöse des Krankenhauses infolge der erhobenen vorläufigen Entgelte werden durch Zu- oder Abschläge auf die Entgelte des laufenden oder eines folgenden Vereinbarungszeitraums ausgeglichen.

§ 13 Schiedsstelle

(1) Kommt eine Vereinbarung nach § 10 oder § 11 ganz oder teilweise nicht zustande, entscheidet die Schiedsstelle nach § 18a Abs. 1 des Krankenhausfinanzierungsgesetzes auf Antrag einer der in § 10 oder § 11 genannten Vertragsparteien. Sie ist dabei an die für die Vertragsparteien geltenden Rechtsvorschriften gebunden.
(2) Die Schiedsstelle entscheidet innerhalb von sechs Wochen über die Gegenstände, über die keine Einigung erreicht werden konnte.

§ 14 Genehmigung [Budgetvereinbarung]

(1) 1 Die Genehmigung des vereinbarten oder von der Schiedsstelle nach § 13 festgesetzten landesweit geltenden Basisfallwerts nach § 10, des Erlösbudgets nach § 4, der Entgelte nach § 6, des Pflegebudgets nach § 6a und der krankenhausindividuell ermittelten Zu- und Abschläge ist von einer der Vertragsparteien bei der zuständigen Landesbehörde zu beantragen. 2 Die zuständige Landesbehörde erteilt die Genehmigung, wenn die Vereinbarung oder Festsetzung den Vorschriften dieses Gesetzes sowie sonstigem Recht entspricht. 3 Sie entscheidet über die Genehmigung des landesweit geltenden Basisfallwerts und des Fixkostendegressionsabschlags nach § 10 Absatz 13 innerhalb von vier Wochen nach Eingang des Antrags.
(2) Die Vertragsparteien und die Schiedsstellen haben der zuständigen Landesbehörde die Unterlagen vorzulegen und die Auskünfte zu erteilen, die für die Prüfung der Rechtmäßigkeit erforderlich sind. Im Übrigen sind die für die Vertragsparteien bezüglich der Vereinbarung geltenden Rechtsvorschriften entsprechend anzuwenden. Die Genehmigung kann mit Nebenbestimmungen verbunden werden, soweit dies erforderlich ist, um rechtliche Hindernisse zu beseitigen, die einer uneingeschränkten Genehmigung entgegenstehen.

(3) Wird die Genehmigung eines Schiedsspruches versagt, ist die Schiedsstelle auf Antrag verpflichtet, unter Beachtung der Rechtsauffassung der Genehmigungsbehörde erneut zu entscheiden.

§ 15 Laufzeit

(1) Die für das Kalenderjahr vereinbarten Fallpauschalen und Zusatzentgelte nach § 7 Abs. 1 Satz 1 Nr. 1 und 2 werden bei Patientinnen und Patienten abgerechnet, die ab dem 1. Januar in das Krankenhaus aufgenommen werden, soweit die Vertragsparteien auf Bundesebene nichts Abweichendes vereinbart haben. Die Fallpauschalen werden mit dem Landesbasisfallwert für das Kalenderjahr bewertet. Wird der Landesbasisfallwert für das Kalenderjahr erst nach diesem Zeitpunkt genehmigt, ist er ab dem ersten Tag des Monats anzuwenden, der auf die Genehmigung folgt. Bis dahin sind die Fallpauschalen mit dem bisher geltenden Landesbasisfallwert zu bewerten und in der sich ergebenden Entgelthöhe abzurechnen. Werden die Entgeltkataloge für die Fallpauschalen oder Zusatzentgelte nach § 7 Abs. 1 Satz 1 Nr. 1 und 2 so spät vereinbart oder durch Rechtsverordnung nach § 17b Abs. 7 des Krankenhausfinanzierungsgesetzes vorgegeben, dass eine erstmalige Abrechnung erst nach dem 1. Januar möglich ist, sind bis zum Inkrafttreten der neuen Entgeltkataloge die bisher geltenden Fallpauschalen oder Zusatzentgelte weiter abzurechnen.

(2) Die für das Kalenderjahr krankenhausindividuell zu vereinbarenden Entgelte werden vom Beginn des neuen Vereinbarungszeitraums an erhoben. Wird die Vereinbarung erst nach diesem Zeitpunkt genehmigt, sind die Entgelte ab dem ersten Tag des Monats zu erheben, der auf die Genehmigung folgt, soweit in der Vereinbarung oder Schiedsstellenentscheidung kein anderer zukünftiger Zeitpunkt bestimmt ist. Bis dahin sind die bisher geltenden Entgelte der Höhe nach weiter zu erheben; dies gilt nicht, wenn

1. ein bisher krankenhausindividuell vereinbartes Entgelt ab dem 1. Januar nicht mehr abgerechnet werden darf, weil die Leistung durch ein bundeseinheitlich bewertetes Entgelt aus den neuen Entgeltkatalogen vergütet wird, oder
2. die Vertragsparteien auf Bundesebene in den Abrechnungsbestimmungen festlegen, dass hilfsweise ein anderes Entgelt abzurechnen ist.

Sie sind jedoch um die darin enthaltenen Ausgleichsbeträge zu bereinigen, wenn und soweit dies in der bisherigen Vereinbarung oder Festsetzung so bestimmt worden ist.

(3) Mehr- oder Mindererlöse infolge der Weitererhebung des bisherigen Landesbasisfallwerts und bisheriger Entgelte nach den Absätzen 1 und 2 werden grundsätzlich im restlichen Vereinbarungszeitraum ausgeglichen. Der Ausgleichsbetrag wird im Rahmen des Zu- oder Abschlags nach § 5 Abs. 4 abgerechnet.

§ 17 Wahlleistungen

(1) Neben den Entgelten für die voll- und teilstationäre Behandlung dürfen andere als die allgemeinen Krankenhausleistungen als Wahlleistungen gesondert berechnet werden, wenn die allgemeinen Krankenhausleistungen durch die Wahlleistungen nicht beeinträchtigt werden und die gesonderte Berechnung mit dem Krankenhaus vereinbart ist.

(2) Wahlleistungen sind vor der Erbringung schriftlich zu vereinbaren; der Patient ist vor Abschluss der Vereinbarung schriftlich über die Entgelte der Wahlleistungen und deren Inhalt im Einzelnen zu unterrichten. Die Art der Wahlleistungen ist der zuständigen Landesbehörde zusammen mit dem Genehmigungsantrag nach § 14 mitzuteilen.

(3) Eine Vereinbarung über wahlärztliche Leistungen erstreckt sich auf alle an der Behandlung des Patienten beteiligten angestellten oder beamteten Ärzte des Krankenhauses, soweit diese zur gesonderten Berechnung ihrer Leistungen im Rahmen der vollstationären und teilstationären sowie einer vor- und nachstationären Behandlung (§ 115a des Fünften Buches Sozialgesetzbuch) berechtigt sind, einschließlich der von diesen Ärzten veranlassten Leistungen von Ärzten und ärztlich geleiteten Einrichtungen außerhalb des Krankenhauses; darauf ist in der Vereinbarung hinzuweisen. Ein zur gesonderten Berechnung wahlärztlicher Leistungen berechtigter Arzt des Krankenhauses kann eine Abrechnungsstelle mit der Abrechnung der Vergütung für die wahlärztlichen Leistungen beauftragen oder die Abrechnung dem Krankenhausträger überlassen. Der Arzt oder eine von ihm beauftragte Abrechnungsstelle ist verpflichtet, dem Krankenhaus umgehend die zur Ermittlung der nach § 19 Abs. 2 zu erstattenden Kosten jeweils erforderlichen Unterlagen einschließlich einer Auflistung aller erbrachten Leistungen vollständig zur Verfügung zu stellen. Der Arzt ist verpflichtet, dem Krankenhaus die Möglichkeit einzuräumen, die Rechnungslegung zu überprüfen. Wird die Abrechnung vom Krankenhaus durchgeführt, leitet dieses die Vergütung nach Abzug der anteiligen Verwaltungskosten und der nach § 19 Abs. 2 zu erstattenden Kosten an den berechtigten Arzt weiter. Personenbezogene Daten dürfen an eine beauftragte

Abrechnungsstelle außerhalb des Krankenhauses nur mit Einwilligung des Betroffenen, die jederzeit widerrufen werden kann, übermittelt werden. Für die Berechnung wahlärztlicher Leistungen finden die Vorschriften der Gebührenordnung für Ärzte oder der Gebührenordnung für Zahnärzte entsprechende Anwendung, soweit sich die Anwendung nicht bereits aus diesen Gebührenordnungen ergibt.

(4) Eine Vereinbarung über gesondert berechenbare Unterkunft darf nicht von einer Vereinbarung über sonstige Wahlleistungen abhängig gemacht werden.

(5) Bei Krankenhäusern, für die die Bundespflegesatzverordnung gilt, müssen die Wahlleistungsentgelte mindestens die dafür nach § 7 Abs. 2 Satz 2 Nr. 4, 5 und 7 der Bundespflegesatzverordnung in der am 31. Dezember 2012 geltenden Fassung abzuziehenden Kosten decken.

§ 18 Belegärzte

(1) Belegärzte im Sinne dieses Gesetzes sind nicht am Krankenhaus angestellte Vertragsärzte, die berechtigt sind, ihre Patienten (Belegpatienten) im Krankenhaus unter Inanspruchnahme der hierfür bereitgestellten Dienste, Einrichtungen und Mittel stationär oder teilstationär zu behandeln, ohne hierfür vom Krankenhaus eine Vergütung zu erhalten. Leistungen des Belegarztes sind

1. seine persönlichen Leistungen,
2. der ärztliche Bereitschaftsdienst für Belegpatienten,
3. die von ihm veranlassten Leistungen nachgeordneter Ärzte des Krankenhauses, die bei der Behandlung seiner Belegpatienten in demselben Fachgebiet wie der Belegarzt tätig werden,
4. die von ihm veranlassten Leistungen von Ärzten und ärztlich geleiteten Einrichtungen außerhalb des Krankenhauses.

(2) Für Belegpatienten werden gesonderte pauschalierte Pflegesätze nach § 17 Absatz 1a des Krankenhausfinanzierungsgesetzes vereinbart, für das Entgeltsystem nach § 17d des Krankenhausfinanzierungsgesetzes frühestens für das Jahr 2017. Soweit für Belegpatientinnen und -patienten gesonderte Entgelte nach Satz 1 nicht oder noch nicht vereinbart wurden, werden gesonderte sonstige Entgelte nach § 6 oder nach § 6 der Bundespflegesatzverordnung vereinbart.

(3) Krankenhäuser mit Belegbetten, die nach § 121 Abs. 5 des Fünften Buches Sozialgesetzbuch zur Vergütung der belegärztlichen Leistungen mit Belegärzten Honorarverträge schließen, rechnen für die von Belegärzten mit Honorarverträgen

behandelten Belegpatientinnen und -patienten die mit Bewertungsrelationen bewerteten Entgelte für Hauptabteilungen in Höhe von 80 Prozent ab. Bei diesen Krankenhäusern ist bei der Vereinbarung sonstiger Entgelte nach § 6 oder nach § 6 der Bundespflegesatzverordnung die Vergütung des Belegarztes einzubeziehen.

§ 19 Kostenerstattung der Ärzte

(1) Soweit Belegärzte zur Erbringung ihrer Leistungen nach § 18 Ärzte des Krankenhauses in Anspruch nehmen, sind sie verpflichtet, dem Krankenhaus die entstehenden Kosten zu erstatten; dies gilt nicht in den Fällen des § 18 Absatz 3. Die Kostenerstattung kann pauschaliert werden. Soweit vertragliche Regelungen der Vorschrift des Satzes 1 entgegenstehen, sind sie anzupassen.

(2) Soweit ein Arzt des Krankenhauses wahlärztliche Leistungen nach § 17 Abs. 3 gesondert berechnen kann, ist er, soweit in Satz 2 nichts Abweichendes bestimmt ist, verpflichtet, dem Krankenhaus die auf diese Wahlleistungen entfallenden, nach § 7 Abs. 2 Satz 2 Nr. 4 der Bundespflegesatzverordnung in der am 31. Dezember 2012 geltenden Fassung nicht pflegesatzfähigen Kosten zu erstatten. Beruht die Berechtigung des Arztes, wahlärztliche Leistungen nach § 17 Abs. 3 gesondert zu berechnen, auf einem mit dem Krankenhausträger vor dem 1. Januar 1993 geschlossenen Vertrag oder einer vor dem 1. Januar 1993 auf Grund beamtenrechtlicher Vorschriften genehmigten Nebentätigkeit, ist der Arzt abweichend von Satz 1 verpflichtet, dem Krankenhaus die auf diese Wahlleistungen entfallenden, nach § 7 Abs. 2 Satz 2 Nr. 5 der Bundespflegesatzverordnung in der am 31. Dezember 2012 geltenden Fassung nicht pflegesatzfähigen Kosten zu erstatten.

(3) Soweit Ärzte zur Erbringung sonstiger vollstationärer oder teilstationärer ärztlicher Leistungen, die sie selbst berechnen können, Personen, Einrichtungen oder Mittel des Krankenhauses in Anspruch nehmen, sind sie verpflichtet, dem Krankenhaus die auf diese Leistungen entfallenden Kosten zu erstatten. Absatz 1 Satz 2 und 3 gilt entsprechend.

(4) Soweit ein Krankenhaus weder nach dem Krankenhausfinanzierungsgesetz noch nach den landesrechtlichen Vorschriften für den Hochschulbau gefördert wird, umfasst die Kostenerstattung nach den Absätzen 1 bis 3 auch die auf diese Leistungen entfallenden Investitionskosten.

(5) Beamtenrechtliche oder vertragliche Regelungen über die Entrichtung eines Entgelts bei der Inanspruchnahme von Einrichtungen, Personal und Material des Krankenhauses, soweit sie ein über die Kostenerstattung hinausgehendes

Nutzungsentgelt festlegen, und sonstige Abgaben der Ärzte werden durch die Vorschriften der Absätze 1 bis 4 nicht berührt.

§ 20 Zuständigkeit der Krankenkassen auf Landesebene

Die in diesem Gesetz den Landesverbänden der Krankenkassen zugewiesenen Aufgaben nehmen für die Ersatzkassen die nach § 212 Abs. 5 des Fünften Buches Sozialgesetzbuch benannten Bevollmächtigten, für die knappschaftliche Krankenversicherung die Deutsche Rentenversicherung Knappschaft-Bahn-See und für die Krankenversicherung der Landwirte die Sozialversicherung für Landwirtschaft, Forsten und Gartenbau wahr.

§ 21 Übermittlung und Nutzung von Daten

(1) Das Krankenhaus übermittelt auf einem maschinenlesbaren Datenträger jeweils zum 31. März für das jeweils vorangegangene Kalenderjahr die Daten nach Absatz 2 an die vom Institut für das Entgeltsystem im Krankenhaus geführte Datenstelle auf Bundesebene.

Bundespflegesatzverordnung - BPflV

Verordnung zur Regelung der Krankenhauspflegesätze ()

vom: 26.09.1994, zuletzt geändert am 11.07.2021

§ 1 Anwendungsbereich

(1) Nach dieser Verordnung werden die vollstationären, stationsäquivalenten und teilstationären Leistungen der Krankenhäuser und selbständigen, gebietsärztlich geleiteten Abteilungen für die Fachgebiete Psychiatrie und Psychotherapie, Kinder- und Jugendpsychiatrie und -psychotherapie sowie Psychosomatische Medizin und Psychotherapie vergütet, die nicht in das DRG-Vergütungssystem einbezogen sind. Krankenhaus im Sinne dieser Verordnung ist auch die Gesamtheit der selbstständigen, gebietsärztlich geleiteten Abteilungen für die Fachgebiete Psychiatrie und Psychotherapie, Kinder- und Jugendpsychiatrie und -psychotherapie (psychiatrische Einrichtungen) und für die Psychosomatische Medizin und Psychotherapie (psychosomatische Einrichtungen) an einem somatischen Krankenhaus.

(2) Diese Verordnung gilt nicht für

1. die Krankenhäuser, auf die das Krankenhausfinanzierungsgesetz nach seinem § 3 Satz 1 Nr. 1 bis 4 keine Anwendung findet,
2. die Krankenhäuser, die nach § 5 Abs. 1 Nr. 2, 4 oder 7 des Krankenhausfinanzierungsgesetzes nicht gefördert werden.

(3) Die vor- und nachstationäre Behandlung wird für alle Benutzer einheitlich nach § 115a des Fünften Buches Sozialgesetzbuch vergütet.

§ 2 Krankenhausleistungen

(1) Krankenhausleistungen nach § 1 Abs. 1 sind insbesondere ärztliche Behandlung, auch durch nicht fest angestellte Ärztinnen und Ärzte, Krankenpflege, Versorgung mit Arznei-, Heil- und Hilfsmitteln, die für die Versorgung im Krankenhaus oder durch das Krankenhaus notwendig sind, sowie Unterkunft und Verpflegung; sie umfassen allgemeine Krankenhausleistungen und Wahlleistungen. Zu den Krankenhausleistungen gehören nicht die Leistungen der Belegärzte (§ 18 des Krankenhausentgeltgesetzes).

(2) Allgemeine Krankenhausleistungen sind die Krankenhausleistungen, die unter Berücksichtigung der Leistungsfähigkeit des Krankenhauses im Einzelfall nach Art und Schwere der Krankheit für die medizinisch zweckmäßige und ausreichende Versorgung des Patienten notwendig sind. Unter diesen Voraussetzungen gehören dazu auch

1. die während des Krankenhausaufenthalts durchgeführten Maßnahmen zur Früherkennung von Krankheiten im Sinne des Fünften Buches Sozialgesetzbuch,
2. die vom Krankenhaus veranlassten Leistungen Dritter,
3. die aus medizinischen Gründen notwendige Mitaufnahme einer Begleitperson des Patienten oder die Mitaufnahme einer Pflegekraft nach § 11 Absatz 3 des Fünften Buches Sozialgesetzbuch,
4. das Entlassmanagement im Sinne des § 39 Absatz 1a des Fünften Buches Sozialgesetzbuch.

(3) Bei der Erbringung von allgemeinen Krankenhausleistungen durch nicht im Krankenhaus fest angestellte Ärztinnen und Ärzte hat das Krankenhaus sicherzustellen, dass diese für ihre Tätigkeit im Krankenhaus die gleichen Anforderungen erfüllen, wie sie auch für fest im Krankenhaus angestellte Ärztinnen und Ärzte gelten.

§ 3 Vereinbarung eines Gesamtbetrags

(1) Das Vergütungssystem nach § 17d des Krankenhausfinanzierungsgesetzes wird für die Jahre 2013 bis 2019 budgetneutral für das Krankenhaus eingeführt. Für die Jahre 2013, 2014, 2015, 2016 oder 2017 (Optionsjahre) erfolgt die Einführung auf Verlangen des Krankenhauses. Das Krankenhaus hat sein Verlangen zum Zeitpunkt der Aufforderung zur Verhandlung durch die Sozialleistungsträger, frühestens jedoch zum 31. Dezember des jeweiligen Vorjahres, den anderen Vertragsparteien nach § 18 Absatz 2 Nummer 1 oder 2 des Krankenhausfinanzierungsgesetzes schriftlich oder elektronisch mitzuteilen. Ab dem 1. Januar 2018 ist die Anwendung des Vergütungssystems für alle Krankenhäuser verbindlich. Für die Jahre 2013 bis 2019 dürfen die nach § 11 Absatz 4 vorzulegenden Nachweise über Art und Anzahl der Entgelte nach § 7 Satz 1 Nummer 1 und 2 nur verwendet werden, um den krankenhausindividuellen Basisentgeltwert nach den Vorgaben des Absatzes 5 zu ermitteln und die Veränderung der medizinischen Leistungsstruktur zu erörtern.

(2) Ab dem krankenhausindividuellen Einführungsjahr bis zum Jahr 2019 ist für ein Krankenhaus ein Gesamtbetrag in entsprechender Anwendung des § 6 Absatz 1 der

Bundespflegesatzverordnung in der am 31. Dezember 2012 geltenden Fassung zu vereinbaren; ab dem 1. Januar 2017 bildet der Veränderungswert nach § 9 Absatz 1 Nummer 5 die maßgebliche Rate für den Anstieg des Gesamtbetrags. Ausgangsgrundlage der Vereinbarung ist der für das jeweilige Vorjahr vereinbarte Gesamtbetrag. Dieser wird bei der Vereinbarung nach Satz 1 insbesondere vermindert um

a) anteilige Kosten für Leistungen, die im Vereinbarungszeitraum in andere Versorgungsbereiche verlagert werden,
b) darin enthaltene Kosten für Leistungen für ausländische Patientinnen und Patienten sowie Leistungen für Empfänger von Gesundheitsleistungen nach dem Asylbewerberleistungsgesetz, soweit sie nach Absatz 8 aus dem Gesamtbetrag ausgegliedert werden,

1. bereinigt um darin enthaltene Ausgleiche sowie Ausgleichszahlungen aufgrund von Berichtigungen für Vorjahre,
2. verändert um die Ausgliederung oder Wiedereingliederung von
   a) sonstigen Zu- und Abschlägen nach § 7 Satz 1 Nummer 3,
   b) Kosten für Leistungen, die im Vereinbarungszeitraum erstmals im Rahmen von Modellvorhaben nach § 63 des Fünften Buches Sozialgesetzbuch oder von Verträgen zur integrierten Versorgung nach § 140a des Fünften Buches Sozialgesetzbuch oder erstmals im Rahmen des Krankenhausbudgets vergütet werden.

Der vereinbarte Gesamtbetrag ist sachgerecht aufzuteilen auf

1. Erlöse für Entgelte nach § 7 Satz 1 Nummer 1 und 2 (Erlösbudget), einschließlich noch nicht ausgegliederter sonstiger Zu- und Abschläge nach § 7 Satz 1 Nummer 3; das Erlösbudget umfasst auch die effektiven Bewertungsrelationen,
2. Erlöse für Entgelte nach § 7 Satz 1 Nummer 4 (Erlössumme).

Der Gesamtbetrag und das Erlösbudget nach Satz 4 Nummer 1 sind um Ausgleiche und Berichtigungen für Vorjahre zu verändern; bei einer Berichtigung ist zusätzlich zu der Berichtigung des bisherigen Budgets (Basisberichtigung) ein entsprechender Ausgleich durchzuführen.

(3) Für die Jahre ab 2020 ist für ein Krankenhaus ein Gesamtbetrag nach den folgenden Vorgaben zu vereinbaren; Besonderheiten der Versorgung von Kindern und Jugendlichen sind zu berücksichtigen. Ausgangsgrundlage für die Vereinbarung des Gesamtbetrags für das Jahr 2020 ist der nach Absatz 2 vereinbarte Gesamtbetrag für das Jahr 2019. In den Folgejahren ist Ausgangsgrundlage der für das jeweilige

Vorjahr vereinbarte Gesamtbetrag. Bei der Vereinbarung sind insbesondere zu berücksichtigen:

1. Veränderungen von Art und Menge der Leistungen des Krankenhauses, die von den auf Bundesebene vereinbarten Katalogen nach § 9 Absatz 1 Nummer 1 und 2 umfasst sind,
2. Veränderungen von Art und Menge der krankenhausindividuell zu vereinbarenden Leistungen, einschließlich regionaler oder struktureller Besonderheiten in der Leistungserbringung,
3. Kostenentwicklungen sowie Verkürzungen von Verweildauern, Ergebnisse von Fehlbelegungsprüfungen und Leistungsverlagerungen, zum Beispiel in die ambulante Versorgung,
4. die Ergebnisse des leistungsbezogenen Vergleichs nach § 4,
5. die Umsetzung der vom Gemeinsamen Bundesausschuss nach § 136a Absatz 2 des Fünften Buches Sozialgesetzbuch festgelegten Anforderungen zur Ausstattung mit dem für die Behandlung erforderlichen therapeutischen Personal,
6. eine Anpassungsvereinbarung nach Satz 6.

(4) Bei der Vereinbarung einer Erhöhungsrate für Tariferhöhungen nach § 9 Absatz 1 Nummer 7 des Krankenhausentgeltgesetzes ist der von den Vertragsparteien vereinbarte Gesamtbetrag nach Absatz 2 oder Absatz 3 um 55 Prozent der nach § 9 Absatz 1 Nummer 7 des Krankenhausentgeltgesetzes vereinbarten Erhöhungsrate für Tariferhöhungen erhöhend zu berichtigen, wobei der Berichtigungsbetrag über das Budget des nächstmöglichen Pflegesatzzeitraums abzuwickeln ist; Absatz 2 Satz 5 zweiter Halbsatz und Absatz 3 Satz 12 sind zu beachten. Eine Begrenzung nach Absatz 3 Satz 5 gilt insoweit nicht.

(6) Auf Antrag eines nicht nach dem Krankenhausfinanzierungsgesetz geförderten Krankenhauses sind Investitionskosten für neue Investitionsmaßnahmen in dem Gesamtbetrag nach Absatz 2 Satz 1 oder Absatz 3 Satz 1 zusätzlich zu berücksichtigen, soweit der krankenhausindividuelle Basisentgeltwert niedriger ist als der geschätzte durchschnittliche Basisentgeltwert der Krankenhäuser in dem Land. Die Berücksichtigung erfolgt nach Maßgabe des § 17 Absatz 5 Satz 3 des Krankenhausfinanzierungsgesetzes in Verbindung mit § 8 der Bundespflegesatz-verordnung in der am 31. Dezember 2012 geltenden Fassung. Die Sätze 1 und 2 gelten entsprechend für Krankenhäuser, die aufgrund einer Vereinbarung nach § 8

Absatz 1 Satz 2 des Krankenhausfinanzierungsgesetzes nur teilweise gefördert werden.

(7) Weicht die Summe der auf das Kalenderjahr entfallenden Erlöse des Krankenhauses aus Entgelten nach § 7 Satz 1 Nummer 1, 2 und 4 von dem veränderten Gesamtbetrag nach Absatz 2 Satz 5 oder Absatz 3 Satz 12 ab, so werden die Mehr- oder Mindererlöse wie folgt ausgeglichen:

1. Mindererlöse werden für die Jahre 2013, 2014, 2015 und 2016 zu 95 Prozent und ab dem Jahr 2017 zu 50 Prozent ausgeglichen,
2. Mehrerlöse, die infolge einer veränderten Kodierung von Diagnosen und Prozeduren entstehen, werden vollständig ausgeglichen,
3. sonstige Mehrerlöse werden für die Jahre 2013, 2014, 2015 und 2016 zu 65 Prozent ausgeglichen, ab dem Jahr 2017 werden sonstige Mehrerlöse bis zur Höhe von 5 Prozent des veränderten Gesamtbetrags nach Absatz 2 Satz 5 oder Absatz 3 Satz 12 zu 85 Prozent und darüber hinaus zu 90 Prozent ausgeglichen.

Die Vertragsparteien können im Voraus abweichende Ausgleichssätze vereinbaren, wenn dies der angenommenen Entwicklung von Leistungen und deren Kosten besser entspricht. Für den Bereich der mit Bewertungsrelationen bewerteten Entgelte werden die sonstigen Mehrerlöse nach Satz 1 Nummer 3 vereinfacht ermittelt, indem folgende Faktoren miteinander multipliziert werden:

1. Anzahl der Berechnungs- und Belegungstage, die zusätzlich zu denjenigen Berechnungs- und Belegungstagen erbracht werden, die bei der Ermittlung des krankenhausindividuellen Basisentgeltwerts nach Absatz 5 Satz 3 zugrunde gelegt werden,
2. Mittelwert der vereinbarten Bewertungsrelationen je Berechnungs- und Belegungstag; der Mittelwert wird ermittelt, indem die Summe der effektiven Bewertungsrelationen nach Absatz 5 Satz 2 durch die vereinbarten Berechnungs- und Belegungstage dividiert wird, und
3. krankenhausindividueller Basisentgeltwert nach Absatz 5 Satz 3.

Soweit das Krankenhaus oder eine andere Vertragspartei nachweist, dass die sonstigen Mehrerlöse nach Satz 1 Nummer 3 infolge von Veränderungen der Leistungsstruktur mit der vereinfachten Ermittlung nach Satz 3 zu niedrig oder zu hoch bemessen sind, ist der Betrag der sonstigen Mehrerlöse entsprechend anzupassen. Die Mehrerlöse nach Satz 1 Nummer 2 werden ermittelt, indem von den insgesamt angefallenen Mehrerlösen für Entgelte, die mit Bewertungsrelationen bewertet sind, die Mehrerlöse nach Satz 3 oder Satz 4 abgezogen werden. Zur

Ermittlung der Mehr- oder Mindererlöse hat der Krankenhausträger eine vom Jahresabschlussprüfer bestätigte Aufstellung über die Erlöse des Krankenhauses aus Entgelten nach § 7 Satz 1 Nummer 1, 2 und 4 vorzulegen.

(8) Auf Verlangen des Krankenhauses werden Leistungen für ausländische Patientinnen und Patienten, die mit dem Ziel einer Krankenhausbehandlung in die Bundesrepublik Deutschland einreisen, sowie Leistungen für Empfänger von Gesundheitsleistungen nach dem Asylbewerberleistungsgesetz nicht im Rahmen des Gesamtbetrags vergütet. Das Verlangen kann für im Jahr 2015 zusätzlich erbrachte Leistungen für Empfänger von Gesundheitsleistungen nach dem Asylbewerberleistungsgesetz, die in einem nachfolgenden Vereinbarungszeitraum zu Mehrerlösausgleichen führen, nachträglich geäußert werden.

(9) Die Vertragsparteien sind an den Gesamtbetrag gebunden. Auf Verlangen einer Vertragspartei ist bei wesentlichen Änderungen der Annahmen, die der Vereinbarung des Gesamtbetrags zugrunde liegen, der Gesamtbetrag für das laufende Kalenderjahr neu zu vereinbaren. Die Vertragsparteien können im Voraus vereinbaren, dass in bestimmten Fällen der Gesamtbetrag nur teilweise neu vereinbart wird. Der Unterschiedsbetrag zum bisherigen Gesamtbetrag ist über den neu vereinbarten Gesamtbetrag abzurechnen; § 15 Absatz 2 Satz 3 gilt entsprechend.

§ 4 Leistungsbezogener Vergleich

(1) Zur Unterstützung der Vertragsparteien nach § 11 bei der Vereinbarung eines leistungsgerechten Gesamtbetrags, eines leistungsgerechten krankenhausindividuellen Basisentgeltwerts und sonstiger leistungsgerechter krankenhausindividueller Entgelte, erstellen die Vertragsparteien auf Bundesebene einen leistungsbezogenen Vergleich. In die Ermittlung der Ergebnisse des leistungsbezogenen Vergleichs sind insbesondere einzubeziehen

1. die der letzten Budgetvereinbarung zugrunde gelegten Leistungen,
2. die regionalen oder strukturellen Besonderheiten in der Leistungserbringung nach § 6 Absatz 2,
3. die vereinbarten Entgelte sowie
4. die personelle Ausstattung für die Erbringung der jeweiligen Leistungen.

Auf der Grundlage der Daten nach Satz 2 und der Vorgaben der Vereinbarung nach § 9 Absatz 1 Nummer 9 sind als Ergebnisse des leistungsbezogenen Vergleichs insbesondere auszuweisen

1. nach Leistungen oder Leistungsgruppen differenzierend die Bandbreite der vereinbarten Entgelte und statistische Lage- und Streumaße zu diesen Entgelten,
2. die regionalen oder strukturellen Besonderheiten in der Leistungserbringung nach § 6 Absatz 2 sowie
3. der Umfang der personellen Ausstattung.

Die Ergebnisse des leistungsbezogenen Vergleichs sind grundsätzlich bundes- und landesweit auszuweisen und unter gesonderter Berücksichtigung der Kinder- und Jugendpsychiatrie nach Fachgebieten zu untergliedern.

(2) Die Krankenhäuser übermitteln die Daten nach Absatz 1 Satz 2 an das Institut für das Entgeltsystem im Krankenhaus. Dieses ermittelt die Ergebnisse des leistungsbezogenen Vergleichs nach Absatz 1 Satz 3 und stellt sie den Vertragsparteien nach § 11 und den Beteiligten nach § 18 Absatz 1 Satz 2 des Krankenhausfinanzierungsgesetzes zur Verfügung. Die Ergebnisse sind so rechtzeitig zu übermitteln, dass sie für die Vorklärung nach § 11 Absatz 5 genutzt werden können.

§ 5 Vereinbarung von Zu- und Abschlägen

(1) Die nach § 9 Absatz 1 Nummer 3 vereinbarten Regelungen für bundeseinheitliche Zu- und Abschläge nach § 17d Absatz 2 Satz 4 des Krankenhausfinanzierungsgesetzes sind für die Vertragsparteien nach § 11 verbindlich. Auf Antrag einer Vertragspartei ist zu prüfen, ob bei dem Krankenhaus die Voraussetzungen für einen Zu- oder Abschlag vorliegen. Wurde für einen Tatbestand ein bundeseinheitlicher Zu- oder Abschlagsbetrag festgelegt, der für die Zwecke der Abrechnung gegenüber den Patientinnen und Patienten oder den Kostenträgern auf eine krankenhausindividuelle Bezugsgröße umgerechnet werden muss, so vereinbaren die Vertragsparteien gemäß den bundeseinheitlichen Vereinbarungen den sich daraus ergebenden krankenhausindividuellen Abrechnungsbetrag oder -prozentsatz.

(2) Für die Vereinbarung von Sicherstellungszuschlägen gilt § 17d Absatz 2 Satz 5 des Krankenhausfinanzierungsgesetzes.

(4) Für die Vereinbarung von befristeten Zuschlägen für die Finanzierung von Mehrkosten auf Grund von Richtlinien des Gemeinsamen Bundesausschusses ist § 5 Absatz 3c des Krankenhausentgeltgesetzes entsprechend anzuwenden.

§ 6 Vereinbarung sonstiger Entgelte

(1) Für Leistungen, die mit den nach § 17d des Krankenhausfinanzierungsgesetzes auf Bundesebene bewerteten Entgelten noch nicht sachgerecht vergütet werden können, vereinbaren die Vertragsparteien nach § 11 tages-, fall- oder zeitraumbezogene Entgelte, sofern die Leistungen nach Feststellung der Vertragsparteien nach § 9 oder in einer Verordnung nach § 17d Absatz 6 Satz 1 Nummer 3 des Krankenhausfinanzierungsgesetzes von der Anwendung der auf Bundesebene bewerteten Entgelte ausgenommen sind.

(2) Für regionale oder strukturelle Besonderheiten in der Leistungserbringung, die nicht bereits mit den Entgelten nach § 7 Satz 1 Nummer 1 bis 3 und 5 sachgerecht vergütet werden, vereinbaren die Vertragsparteien nach § 11 tages-, fall- oder zeitraumbezogene Entgelte oder ergänzende Zuschläge; hierzu hat das Krankenhaus die Besonderheiten und die damit verbundenen Zusatzkosten darzulegen. Nach der Vereinbarung eines Entgelts für eine regionale oder strukturelle Besonderheit in der Leistungserbringung haben die an der Vereinbarung beteiligten gesetzlichen Krankenkassen Art und Höhe des Entgelts an das Institut für das Entgeltsystem im Krankenhaus zu melden; dabei haben sie auch die der Vereinbarung zugrunde liegenden Kalkulationsunterlagen und die vom Krankenhaus vorzulegende Darlegung der Besonderheit zu übermitteln.

(3) Die Entgelte nach den Absätzen 1 und 2 sind sachgerecht zu kalkulieren. Das Krankenhaus hat die Empfehlungen nach § 9 Absatz 1 Nummer 4 zu beachten und den anderen Vertragsparteien nach § 11 entsprechende Kalkulationsunterlagen vorzulegen. In eng begrenzten Ausnahmefällen vereinbaren die Vertragsparteien Zusatzentgelte.

(4) Für die Vergütung neuer Untersuchungs- und Behandlungsmethoden, die mit den nach § 17d des Krankenhausfinanzierungsgesetzes auf Bundesebene bewerteten Entgelten noch nicht sachgerecht vergütet werden können und nicht gemäß § 137c des Fünften Buches Sozialgesetzbuch von der Finanzierung ausgeschlossen worden sind, sollen die Vertragsparteien nach § 11 erstmals für das Kalenderjahr 2020 zeitlich befristete Entgelte außerhalb des Gesamtbetrags nach § 3 Absatz 3 vereinbaren. Für die Einzelheiten des Verfahrens ist § 6 Absatz 2 Satz 2 bis 10 des Krankenhausentgeltgesetzes entsprechend anzuwenden.

§ 7 Entgelte für allgemeine Krankenhausleistungen

Die allgemeinen Krankenhausleistungen werden gegenüber den Patientinnen und Patienten oder ihren Kostenträgern mit folgenden Entgelten abgerechnet:

1. mit Bewertungsrelationen bewertete Entgelte nach dem auf Bundesebene vereinbarten Entgeltkatalog (§ 9),
2. Zusatzentgelte nach dem auf Bundesebene vereinbarten Entgeltkatalog (§ 9),
3. Ausbildungszuschlag (§ 17a Absatz 6 des Krankenhausfinanzierungsgesetzes sowie § 33 Abs. 3 Satz 1 des Pflegeberufegesetzes) und sonstige Zu- und Abschläge (§ 17d Absatz 2 Satz 4 und 5 des Krankenhausfinanzierungsgesetzes und Qualitätssicherungsabschläge nach § 8 Absatz 4),
4. Entgelte für Leistungen, die noch nicht von den auf Bundesebene vereinbarten Entgelten erfasst werden (§ 6 Absatz 1 oder Absatz 3 Satz 3), und für regionale oder strukturelle Besonderheiten in der Leistungserbringung (§ 6 Absatz 2),
5. Entgelte für neue Untersuchungs- und Behandlungsmethoden, die noch nicht in die Entgeltkataloge nach § 9 aufgenommen worden sind (§ 6 Absatz 4).

Mit diesen Entgelten werden alle für die Versorgung der Patientinnen und Patienten erforderlichen allgemeinen Krankenhausleistungen vergütet. Darüber hinaus werden folgende Zuschläge abgerechnet:

1. der DRG-Systemzuschlag nach § 17b Absatz 5 des Krankenhausfinanzierungsgesetzes,
2. der Systemzuschlag für den Gemeinsamen Bundesausschuss und das Institut für Qualität und Wirtschaftlichkeit im Gesundheitswesen nach § 91 Absatz 3 Satz 1 in Verbindung mit § 139c des Fünften Buches Sozialgesetzbuch und
3. der Telematikzuschlag nach § 377 Satz 1 und 2 des Fünften Buches Sozialgesetzbuch.

§ 8 Berechnung der Entgelte

(1) Die Entgelte für allgemeine Krankenhausleistungen sind für alle Patientinnen und Patienten des Krankenhauses einheitlich zu berechnen; § 17 Absatz 5 des Krankenhausfinanzierungsgesetzes bleibt unberührt. Bei Patientinnen und Patienten, die im Rahmen einer klinischen Studie behandelt werden, sind die Entgelte für allgemeine Krankenhausleistungen nach § 7 zu berechnen; dies gilt auch bei klinischen Studien mit Arzneimitteln. Die Entgelte dürfen nur im Rahmen des Versorgungsauftrags berechnet werden; dies gilt nicht für die Behandlung von

Notfallpatientinnen und -patienten. Der Versorgungsauftrag des Krankenhauses ergibt sich

1. bei einem Plankrankenhaus aus den Festlegungen des Krankenhausplans in Verbindung mit den Bescheiden zu seiner Durchführung nach § 6 Absatz 1 in Verbindung mit § 8 Absatz 1 Satz 3 des Krankenhausfinanzierungsgesetzes sowie aus einer ergänzenden Vereinbarung nach § 109 Absatz 1 Satz 4 des Fünften Buches Sozialgesetzbuch,
2. bei einer Hochschulklinik aus der Anerkennung nach den landesrechtlichen Vorschriften, aus dem Krankenhausplan nach § 6 Absatz 1 des Krankenhausfinanzierungsgesetzes sowie aus einer ergänzenden Vereinbarung nach § 109 Absatz 1 Satz 4 des Fünften Buches Sozialgesetzbuch,
3. bei anderen Krankenhäusern aus dem Versorgungsvertrag nach § 108 Nummer 3 des Fünften Buches Sozialgesetzbuch.

(2) Tagesbezogene Entgelte für voll- oder teilstationäre Leistungen werden für den Aufnahmetag und jeden weiteren Tag des Krankenhausaufenthalts berechnet (Berechnungstag); der Verlegungstag, der nicht zugleich Aufnahmetag ist, wird nur bei teilstationärer Behandlung berechnet. Satz 1 erster Halbsatz gilt entsprechend bei internen Verlegungen; wird ein Patient oder eine Patientin an einem Tag mehrfach intern verlegt, berechnet nur die zuletzt aufnehmende Abteilung das tagesbezogene Entgelt. Für die zusätzlich zu tagesbezogenen Entgelten berechenbaren Entgelte gelten die Vorgaben des § 8 Absatz 2 Satz 3 Nummer 1, 2 und 4 des Krankenhausentgeltgesetzes entsprechend. Sofern fallbezogene Entgelte zu berechnen sind, gelten die Vorgaben des § 8 Absatz 2 Satz 3, Absatz 5 und 6 des Krankenhausentgeltgesetzes entsprechend. Näheres oder Abweichendes wird von den Vertragsparteien nach § 17b Absatz 2 Satz 1 des Krankenhausfinanzierungsgesetzes vereinbart oder in einer Rechtsverordnung nach § 17d Absatz 6 des Krankenhausfinanzierungsgesetzes geregelt. Für die Patientinnen und Patienten von Belegärzten werden gesonderte Entgelte berechnet.

(3) Hält das Krankenhaus seine Verpflichtungen zur Qualitätssicherung nicht ein, so sind von den Entgelten nach § 7 Satz 1 Nummer 1 und 2 Abschläge nach § 137 Absatz 1 oder Absatz 2 des Fünften Buches Sozialgesetzbuch vorzunehmen.

(4) Das Krankenhaus kann von Patientinnen und Patienten eine angemessene Vorauszahlung verlangen, soweit ein Krankenversicherungsschutz nicht nachgewiesen wird. Ab dem achten Tag des Krankenhausaufenthalts kann das Krankenhaus eine angemessene Abschlagszahlung verlangen, deren Höhe sich an

den bisher erbrachten Leistungen in Verbindung mit den voraussichtlich zu zahlenden Entgelten orientiert. Die Sätze 1 bis 2 gelten nicht, soweit andere Regelungen über eine zeitnahe Vergütung der allgemeinen Krankenhausleistungen in für das Krankenhaus verbindlichen Regelungen nach den §§ 112 bis 114 des Fünften Buches Sozialgesetzbuch oder in der Vereinbarung nach § 11 Absatz 1 getroffen werden.

(5) Das Krankenhaus hat selbstzahlenden Patientinnen und Patienten oder deren gesetzlichem Vertreter die voraussichtlich maßgebenden Entgelte so bald wie möglich schriftlich oder elektronisch bekannt zu geben, es sei denn, die Patientin oder der Patient ist in vollem Umfang für die Krankenhausbehandlung versichert. Im Übrigen kann jede Patientin und jeder Patient verlangen, dass die voraussichtlich abzurechnenden Entgelte unverbindlich mitgeteilt werden. Stehen bei der Aufnahme einer selbstzahlenden Patientin oder eines selbstzahlenden Patienten die Entgelte noch nicht endgültig fest, so ist hierauf hinzuweisen. Dabei ist mitzuteilen, dass das zu zahlende Entgelt sich erhöht, wenn das neue Entgelt während der stationären Behandlung der Patientin oder des Patienten in Kraft tritt. Die voraussichtliche Erhöhung ist anzugeben.

§ 9 Vereinbarung auf Bundesebene

(1) Der Spitzenverband Bund der Krankenkassen und der Verband der privaten Krankenversicherung gemeinsam vereinbaren mit der Deutschen Krankenhausgesellschaft (Vertragsparteien auf Bundesebene) mit Wirkung für die Vertragsparteien nach § 11 insbesondere

1. einen Katalog nach § 17d Absatz 1 des Krankenhausfinanzierungsgesetzes mit insbesondere tagesbezogenen Entgelten einschließlich der Bewertungsrelationen sowie in geeigneten Fällen Regelungen zu Zu- oder Abschlägen, die nach Über- oder Unterschreitung erkrankungstypischer Behandlungszeiten vorzunehmen sind,
2. einen Katalog ergänzender Zusatzentgelte nach § 17d Absatz 2 Satz 2 des Krankenhausfinanzierungsgesetzes einschließlich der Vergütungshöhe,
3. die Abrechnungsbestimmungen für die Entgelte nach den Nummern 1 und 2 sowie die Regelungen zu Zu- und Abschlägen; § 9 Absatz 1a Nummer 1, 2, 4 und 5 des Krankenhausentgeltgesetzes gilt entsprechend,
4. Empfehlungen für die Kalkulation und die krankenhausindividuelle Vergütung von Leistungen, von regionalen oder strukturellen Besonderheiten in der

Leistungserbringung und von neuen Untersuchungs- und Behandlungsmethoden, für die nach § 6 gesonderte Entgelte vereinbart werden können,

5. bis zum 31. Oktober jeden Jahres den Veränderungswert nach Maßgabe des § 10 Absatz 6 Satz 2 oder Satz 3 des Krankenhausentgeltgesetzes, wobei bereits anderweitig finanzierte Kostensteigerungen zu berücksichtigen sind, soweit dadurch die Veränderungsrate nach § 71 Absatz 3 des Fünften Buches Sozialgesetzbuch nicht unterschritten wird; im Falle des § 10 Absatz 6 Satz 3 des Krankenhausentgeltgesetzes ist die Veränderungsrate nach § 71 Absatz 3 des Fünften Buches Sozialgesetzbuch um 40 Prozent dieser Differenz zu erhöhen,
6. den einheitlichen Aufbau der Datensätze und das Verfahren für die Übermittlung der Daten nach § 11 Absatz 4 Satz 1 sowie die Weiterentwicklung der von den Vertragsparteien auf Bundesebene vereinbarten Aufstellung der Entgelte und Budgetermittlung, wobei den Zwecken des leistungsbezogenen Vergleichs nach § 4 Rechnung zu tragen ist,
7. erstmals zum 31. März 2017 und ab 2018 bis zum 28. Februar jeden Jahres die Beschreibung von Leistungen, die für den Zweck des Vergütungssystems nach § 17d des Krankenhausfinanzierungsgesetzes in den Prozedurenschlüssel nach § 301 Absatz 2 des Fünften Buches Sozialgesetzbuch einzuführen sind, sowie die Benennung von Schlüsseln, die zu streichen sind, da sie sich für diesen Zweck als nicht erforderlich erwiesen haben; das Bundesinstitut für Arzneimittel und Medizinprodukte soll erforderliche Änderungen im Prozedurenschlüssel nach § 301 Absatz 2 des Fünften Buches Sozialgesetzbuch zum nächstmöglichen Zeitpunkt umsetzen,
8. bis zum 31. März 2017 die Ausgestaltung des Nachweises nach § 18 Absatz 2 Satz 2 und 3, insbesondere den einheitlichen Aufbau der Datensätze sowie das Verfahren für die Übermittlung der Daten,
9. bis zum 1. Januar 2019 auf der Grundlage eines Konzepts des Instituts für das Entgeltsystem im Krankenhaus die näheren Einzelheiten des leistungsbezogenen Vergleichs nach § 4, insbesondere zu dessen Ausgestaltung, Organisation, Durchführung, Finanzierung und Anwendung; in die Vereinbarung ist eine Regelung zum Verfahren für die Übermittlung der Daten nach § 4 Absatz 1 Satz 2 an das Institut für das Entgeltsystem im Krankenhaus zum Zweck der Ermittlung der Ergebnisse des leistungsbezogenen Vergleichs und zum Verfahren für die Übermittlung der Ergebnisse des leistungsbezogenen

Vergleichs nach § 4 Absatz 1 Satz 3 an die Vertragsparteien nach § 11 und die Beteiligten nach § 18 Absatz 1 Satz 2 des Krankenhausfinanzierungsgesetzes aufzunehmen.

(2) Kommt eine Vereinbarung zu Absatz 1 Nummer 1 und 2 sowie die Abrechnungsbestimmungen nach Nummer 3 ganz oder teilweise nicht zustande, gilt § 17d Absatz 6 des Krankenhausfinanzierungsgesetzes. In den übrigen Fällen entscheidet auf Antrag einer Vertragspartei die Schiedsstelle nach § 18a Absatz 6 des Krankenhausfinanzierungsgesetzes; eine Entscheidung zu Absatz 1 Nummer 5 hat die Schiedsstelle bis zum 15. November des jeweiligen Jahres zu treffen.

§ 11 Vereinbarung für das einzelne Krankenhaus

(1) Nach Maßgabe der §§ 3 bis 6 und unter Beachtung des Versorgungsauftrags des Krankenhauses (§ 8 Absatz 1 Satz 3 und 4) regeln die Vertragsparteien nach § 18 Absatz 2 des Krankenhausfinanzierungsgesetzes (Vertragsparteien) in der Vereinbarung den Gesamtbetrag, das Erlösbudget, die Summe der Bewertungsrelationen, den krankenhausindividuellen Basisentgeltwert, die Erlössumme, die sonstigen Entgelte, die Zu- und Abschläge und die Mehr- und Mindererlösausgleiche. Die Vereinbarung ist für einen zukünftigen Zeitraum (Vereinbarungszeitraum) zu treffen. Die Vereinbarung muss auch Bestimmungen enthalten, die eine zeitnahe Zahlung der Entgelte an das Krankenhaus gewährleisten; hierzu sollen insbesondere Regelungen zu angemessenen monatlichen Teilzahlungen und Verzugszinsen bei verspäteter Zahlung getroffen werden. Die Vereinbarung kommt durch Einigung zwischen den Vertragsparteien zustande, die an der Verhandlung teilgenommen haben; sie ist schriftlich oder elektronisch abzuschließen und unter Verwendung der in Absatz 4 Satz 1 genannten Unterlagen auf maschinenlesbaren Datenträgern zu dokumentieren.

(2) Der Vereinbarungszeitraum beträgt ein Kalenderjahr, wenn das Krankenhaus ganzjährig betrieben wird. Ein Zeitraum, der mehrere Kalenderjahre umfasst, kann vereinbart werden.

(3) Die Vertragsparteien nehmen die Verhandlung unverzüglich auf, nachdem eine Vertragspartei dazu schriftlich oder elektronisch aufgefordert hat. Die Verhandlung soll unter Berücksichtigung der Sechswochenfrist des § 18 Absatz 4 des Krankenhausfinanzierungsgesetzes so rechtzeitig abgeschlossen werden, dass das neue Budget und die neuen Entgelte mit Ablauf des laufenden Vereinbarungszeitraums in Kraft treten können.

(4) Der Krankenhausträger übermittelt zur Vorbereitung der Verhandlung den anderen Vertragsparteien, den in § 18 Absatz 1 Satz 2 des Krankenhausfinanzierungsgesetzes genannten Beteiligten und der zuständigen Landesbehörde

1. ab dem krankenhausindividuellen Einführungsjahr des Vergütungssystems und bis einschließlich des Jahres 2019 die Unterlagen der Vereinbarung nach § 9 Absatz 1 Nummer 6 in ihrer jeweils aktuellen Fassung sowie die Leistungs- und Kalkulationsaufstellung nach Anlage 1 in der am 31. Dezember 2012 geltenden Fassung mit Ausnahme der Abschnitte V1, V4, L4 und K4,
2. für die Jahre ab 2020 die Unterlagen der Vereinbarung nach § 9 Absatz 1 Nummer 6 in ihrer jeweils aktuellen Fassung.

Die Daten sind auf maschinenlesbaren Datenträgern vorzulegen. Das Krankenhaus hat auf gemeinsames Verlangen der anderen Vertragsparteien nach § 18 Absatz 2 Nummer 1 und 2 des Krankenhausfinanzierungsgesetzes zusätzliche Unterlagen vorzulegen und Auskünfte zu erteilen, soweit dies zur Beurteilung der Leistungen des Krankenhauses im Rahmen seines Versorgungsauftrags im Einzelfall erforderlich ist und wenn der zu erwartende Nutzen den verursachten Aufwand deutlich übersteigt.

(5) Die Vertragsparteien sind verpflichtet, wesentliche Fragen zum Versorgungsauftrag und zur Leistungsstruktur des Krankenhauses, einschließlich regionaler oder struktureller Besonderheiten in der Leistungserbringung, sowie zur Höhe der Zu- und Abschläge nach § 5 so frühzeitig gemeinsam vorzuklären, dass die Verhandlung zügig durchgeführt werden kann.

§ 12 Vorläufige Vereinbarung

Können sich die Vertragsparteien insbesondere über die Höhe des Gesamtbetrags, des Erlösbudgets, des krankenhausindividuellen Basisentgeltwerts oder über die Höhe sonstiger Entgelte nicht einigen und soll deswegen die Schiedsstelle nach § 13 angerufen werden, schließen die Vertragsparteien eine Vereinbarung, soweit die Höhe unstrittig ist. Die auf dieser Vereinbarung beruhenden Entgelte sind so lange zu erheben, bis die endgültig maßgebenden Entgelte verbindlich werden. Mehr- oder Mindererlöse des Krankenhauses infolge der erhobenen vorläufigen Entgelte werden durch Zu- oder Abschläge auf die Entgelte des laufenden oder eines folgenden Vereinbarungszeitraums ausgeglichen.

§ 13 Schiedsstelle

(1) Kommt eine Vereinbarung nach § 11 ganz oder teilweise nicht zustande, entscheidet die Schiedsstelle nach § 18a Abs. 1 des Krankenhausfinanzierungsgesetzes auf Antrag einer der in § 11 genannten Vertragsparteien. Sie ist dabei an die für die Vertragsparteien geltenden Rechtsvorschriften gebunden.
(2) Die Schiedsstelle entscheidet innerhalb von sechs Wochen über die Gegenstände, über die keine Einigung erreicht werden konnte.

§ 14 Genehmigung

(1) Die Genehmigung des vereinbarten oder von der Schiedsstelle nach § 13 festgesetzten krankenhausindividuellen Basisentgeltwerts, des Erlösbudgets, der Erlössumme, der sonstigen Entgelte und der krankenhausindividuell ermittelten Zu- und Abschläge ist von einer der Vertragsparteien bei der zuständigen Landesbehörde zu beantragen. Die zuständige Landesbehörde erteilt die Genehmigung, wenn die Vereinbarung oder Festsetzung den Vorschriften dieser Verordnung sowie sonstigem Recht entspricht.
(2) Die Vertragsparteien und die Schiedsstellen haben der zuständigen Landesbehörde die Unterlagen vorzulegen und die Auskünfte zu erteilen, die für die Prüfung der Rechtmäßigkeit erforderlich sind. Im übrigen sind die für die Vertragsparteien bezüglich der Vereinbarung geltenden Rechtsvorschriften entsprechend anzuwenden. Die Genehmigung kann mit Nebenbestimmungen verbunden werden, soweit dies erforderlich ist, um rechtliche Hindernisse zu beseitigen, die einer uneingeschränkten Genehmigung entgegenstehen.
(3) Wird die Genehmigung eines Schiedsspruches versagt, ist die Schiedsstelle auf Antrag verpflichtet, unter Beachtung der Rechtsauffassung der Genehmigungsbehörde erneut zu entscheiden.

§ 15 Laufzeit

(1) Die mit Bewertungsrelationen bewerteten Entgelte und sonstigen Entgelte werden in der für das Kalenderjahr vereinbarten krankenhausindividuellen Höhe vom Beginn des neuen Vereinbarungszeitraums an erhoben. Wird die Vereinbarung erst nach diesem Zeitpunkt genehmigt, so sind die Entgelte ab dem ersten Tag des Monats zu erheben, der auf die Genehmigung folgt, sofern in der Vereinbarung oder Schiedsstellenentscheidung kein anderer zukünftiger Zeitpunkt bestimmt ist. Bis dahin sind die bisher geltenden Entgelte weiter zu erheben; dies gilt auch bei der

Einführung des Vergütungssystems nach § 17d des Krankenhausfinanzierungsgesetzes im Jahr 2013, 2014, 2015, 2016, 2017 oder 2018. Sie sind jedoch um die darin enthaltenen Ausgleichsbeträge zu bereinigen, wenn und soweit dies in der bisherigen Vereinbarung oder Festsetzung so bestimmt worden ist.

(2) Mehr- oder Mindererlöse infolge der Weitererhebung der bisherigen Entgelte werden durch Zu- und Abschläge auf die im restlichen Vereinbarungszeitraum zu erhebenden neuen Entgelte ausgeglichen. Wird der Ausgleichsbetrag durch die Erlöse aus diesen Zu- und Abschlägen im restlichen Vereinbarungszeitraum über- oder unterschritten, so wird der abweichende Betrag über die Entgelte des nächsten Vereinbarungszeitraums ausgeglichen; es ist ein einfaches Ausgleichsverfahren zu vereinbaren. Würden die Entgelte durch diesen Ausgleich und einen Betrag nach § 3 Absatz 9 insgesamt um mehr als 30 Prozent erhöht, sind übersteigende Beträge bis jeweils zu dieser Grenze in nachfolgenden Budgets auszugleichen. Ein Ausgleich von Mindererlösen entfällt, soweit die verspätete Genehmigung der Vereinbarung von dem Krankenhaus zu vertreten ist.

§ 16 Gesondert berechenbare ärztliche und andere Leistungen

Die Berechnung belegärztlicher Leistungen richtet sich nach § 18 des Krankenhausentgeltgesetzes. Die Vereinbarung und Berechnung von Wahlleistungen auch für stationsäquivalente Behandlung richten sich nach den §§ 17 und 19 des Krankenhausentgeltgesetzes.

Fallpauschalenvereinbarung

Vereinbarung zum Fallpauschalensystem für Krankenhäuser für das Jahr 2021 (2021 – FPV 2022)

zwischen dem GKV-Spitzenverband, Berlin, und dem Verband der Privaten Krankenversicherung, Köln, gemeinsam und einheitlich sowie der Deutschen Krankenhausgesellschaft, Berlin

Präambel

Gemäß § 17b Abs.1 und 3 Krankenhausfinanzierungsgesetz (KHG) ist für die Vergütung der allgemeinen Krankenhausleistungen ein durchgängiges, leistungsorientiertes und pauschalierendes Vergütungssystem eingeführt worden. Mit dem Gesetz zur Stärkung des Pflegepersonals (Pflegepersonal-Stärkungsgesetz, PpSG) wurde in § 17b Abs. 4 Krankenhausfinanzierungsgesetz (KHG) festgelegt, dass die Pflegepersonalkosten für die unmittelbare Patientenversorgung auf bettenführenden Stationen erstmals für das Jahr 2020 aus dem G-DRG-System ausgegliedert und in einen Pflegeerlöskatalog überführt werden.

Der GKV-Spitzenverband und der Verband der Privaten Krankenversicherung vereinbaren gemeinsam mit der Deutschen Krankenhausgesellschaft gemäß § 17b Abs. 2 KHG auch dessen jährliche Weiterentwicklung und Anpassung, insbesondere an medizinische Entwicklungen, Kostenentwicklungen, Verweildauerverkürzungen und Leistungsverlagerungen zu und von anderen Versorgungsbereichen, und die Abrechnungsbestimmungen, soweit diese nicht im Krankenhausentgeltgesetz (KHEntgG) vorgegeben werden. In diesem Zusammenhang vereinbaren sie gemäß § 9 Abs. 1 Nrn. 1 bis 3 KHEntgG einen Fallpauschalenkatalog nach § 17b Abs. 1 Satz 4 KHG, einen Katalog ergänzender Zusatzentgelte nach § 17b Abs. 1 Satz 7 KHG sowie die Abrechnungsbestimmungen für diese Entgelte.

In Erfüllung dieses gesetzlichen Auftrages vereinbaren die Parteien das Folgende:

§ 1 Abrechnung von Fallpauschalen [DRG-Fallpauschalen, Grouper, Belegungstage]

(1) Die Fallpauschalen werden jeweils von dem die Leistung erbringenden Krankenhaus nach dem am Tag der voll- oder teilstationären Aufnahme geltenden Fallpauschalen-Katalog und den dazu gehörenden Abrechnungsregeln abgerechnet. Im Falle der Verlegung in ein anderes Krankenhaus rechnet jedes beteiligte Krankenhaus eine Fallpauschale ab. Diese wird nach Maßgabe des § 3 gemindert; dies gilt nicht für Fallpauschalen, die im Fallpauschalen-Katalog als Verlegungs-Fallpauschalen gekennzeichnet sind; für diese Verlegungsfälle sind beim verlegenden Krankenhaus die Regelungen des Absatzes 3 entsprechend anwendbar. Eine Verlegung im Sinne des Satzes 2 liegt vor, wenn zwischen der Entlassung aus einem Krankenhaus und der Aufnahme in einem anderen Krankenhaus nicht mehr als 24 Stunden vergangen sind.

(2) Ist die Verweildauer eines Patienten oder einer Patientin länger als die obere Grenzverweildauer, wird für den dafür im Fallpauschalen-Katalog ausgewiesenen Tag und jeden weiteren Belegungstag des Krankenhausaufenthalts zusätzlich zur Fallpauschale ein tagesbezogenes Entgelt abgerechnet. Dieses wird ermittelt, indem die für diesen Fall im Fallpauschalen-Katalog ausgewiesene Bewertungsrelation mit dem Basisfallwert multipliziert wird. Die Zahl der zusätzlich abrechenbaren Belegungstage ist wie folgt zu ermitteln:

Belegungstage insgesamt (tatsächliche Verweildauer nach Abs. 7) + 1
- erster Tag mit zusätzlichem Entgelt bei oberer Grenzverweildauer
= zusätzlich abrechenbare Belegungstage

(3) Ist die Verweildauer von nicht verlegten Patientinnen oder Patienten kürzer als die untere Grenzverweildauer, ist für die bis zur unteren Grenzverweildauer nicht erbrachten Belegungstage einschließlich des im Fallpauschalen-Katalog ausgewiesenen ersten Tages mit Abschlag ein Abschlag von der Fallpauschale vorzunehmen. Abweichend von Satz 1 gilt die Abschlagsregelung auch für die Abrechnung von Verlegungs-Fallpauschalen beim verlegenden Krankenhaus. Die Höhe des Abschlags je Tag wird ermittelt, indem die für diesen Fall im Fallpauschalen-Katalog ausgewiesene Bewertungsrelation mit dem Basisfallwert multipliziert wird. Die Zahl der Abschlagstage ist wie folgt zu ermitteln:

Erster Tag mit Abschlag bei unterer Grenzverweildauer + 1
- Belegungstage insgesamt (tatsächliche Verweildauer nach Abs. 7)
= Zahl der Abschlagstage

(4) Erfolgt die Behandlung sowohl in Hauptabteilungen als auch in belegärztlichen Abteilungen desselben Krankenhauses, ist die Höhe der Fallpauschale nach folgender Rangfolge festzulegen:

1. nach der Abteilungsart mit der höheren Zahl der Belegungstage
2. bei gleicher Zahl der Belegungstage in Haupt- und Belegabteilungen nach der Hauptabteilung

Ist im Ausnahmefall eine Fallpauschale für belegärztliche Versorgung nicht vorgegeben, ist die Fallpauschale für Hauptabteilungen abzurechnen. 2Ist bei einer belegärztlichen Versorgung im Rahmen der Geburtshilfe (MDC 14) für eine Fallpauschale eine Bewertungsrelation für die Beleghebamme in den Spalten 6 bzw. 7 nicht vorgegeben, so sind die Bewertungsrelationen der Spalte 4 bzw. 5 maßgeblich.

(5) Für jedes Neugeborene, das nach der Versorgung im Kreißsaal weiter im Krankenhaus versorgt wird, ist ein eigener Fall zu bilden und eine eigene Fallpauschale abzurechnen. In diesem Falle ist für die Mutter und das Neugeborene jeweils eine Rechnung zu erstellen. Die Fallpauschale für das gesunde Neugeborene ist mit dem für die Mutter zuständigen Kostenträger abzurechnen. In diesem Fall ist auf der Rechnung für das Neugeborene die Versichertennummer der Mutter anzugeben. Die Fallpauschale für das krankheitsbedingt behandlungsbedürftige Neugeborene ist mit dessen Kostenträger abzurechnen. Nicht krankheitsbedingt behandlungsbedürftig in diesem Sinne sind alle Neugeborenen, für welche die DRG-Fallpauschale P66D, P67D oder P67E abgerechnet werden kann. Ist im Fallpauschalen-Katalog für das Krankenhaus, in dem die Geburt stattfand, eine Mindestverweildauer für die Fallpauschale vorgegeben und wird diese nicht erreicht, ist die Versorgung des Neugeborenen mit dem Entgelt für die Mutter abgegolten und nicht als eigenständiger Fall nach § 8 zu zählen. Im Falle einer Verlegung gilt Absatz 1 Sätze 2 bis 4. Erfolgt ein Verbleib der gesunden Mutter aufgrund des krankheitsbedingt behandlungsbedürftigen Neugeborenen, so ist ab Erreichen der abgerundeten mittleren Verweildauer der vollstationären DRG-Fallpauschale für die Mutter der Zuschlag für Begleitpersonen abzurechnen; § 1 Abs. 2 findet in diesem Fall für die Fallpauschale der gesunden Mutter keine Anwendung.

(6) Zur Einstufung in die jeweils abzurechnende Fallpauschale sind Programme (Grouper) einzusetzen, die vom DRG-Institut der Selbstverwaltungspartner nach § 17b Abs. 2 KHG zertifiziert sind. Für Art und Höhe der nach dieser Vereinbarung abzurechnenden Entgelte ist der Tag der voll- oder teilstationären Aufnahme in das

Krankenhaus maßgeblich. Für die Abrechnung tagesbezogener teilstationärer Leistungen gilt als Aufnahmetag in diesem Sinne jeweils der erste Behandlungstag im Quartal. Ist bei der Zuordnung von Behandlungsfällen zu einer Fallpauschale auch das Alter der behandelten Person zu berücksichtigen, ist das Alter am Tag der Aufnahme in das Krankenhaus maßgeblich. Soweit und solange vor- bzw. nachstationäre Behandlungen nicht gesondert vergütet werden, sind deren Diagnosen und Prozeduren bei der Gruppierung und der Abrechnung der zugehörigen vollstationären Behandlung zu berücksichtigen (Neugruppierung); dies gilt nicht für Diagnosen und Prozeduren im Rahmen belegärztlicher Leistungen. Ergibt sich aus der Neugruppierung eine andere Fallpauschale, ist diese für die Abrechnung sowie für weitere Prüfungen maßgeblich.

(7) Maßgeblich für die Ermittlung der Verweildauer ist die Zahl der Belegungstage. Belegungstage sind der Aufnahmetag sowie jeder weitere Tag des Krankenhausaufenthalts ohne den Verlegungs- oder Entlassungstag aus dem Krankenhaus; wird ein Patient oder eine Patientin am gleichen Tag aufgenommen und verlegt oder entlassen, gilt dieser Tag als Aufnahmetag. Für den Fall von Wiederaufnahmen gilt § 2 Abs. 4 Satz 4. Vollständige Tage der Beurlaubung sind gesondert in der Rechnung auszuweisen und zählen nicht zur Verweildauer. Eine Beurlaubung liegt vor, wenn ein Patient mit Zustimmung des behandelnden Krankenhausarztes die Krankenhausbehandlung zeitlich befristet unterbricht, die stationäre Behandlung jedoch noch nicht abgeschlossen ist. Bei Fortsetzung der Krankenhausbehandlung nach einer Beurlaubung liegt keine Wiederaufnahme im Sinne von § 2 vor.

(8) In der Rechnung des Krankenhauses sind der sich nach dem Fallpauschalen-Katalog ergebende Betrag für die Fallpauschale sowie Abschläge, weitere Entgelte und Zuschläge gesondert auszuweisen; das Verfahren nach § 301 des Fünften Buches Sozialgesetzbuch (SGB V) bleibt unberührt.

§ 2 Wiederaufnahmen in dasselbe Krankenhaus

(1) Das Krankenhaus hat eine Zusammenfassung der Falldaten zu einem Fall und eine Neueinstufung in eine Fallpauschale vorzunehmen, wenn

1. ein Patient oder eine Patientin innerhalb der oberen Grenzverweildauer, bemessen nach der Zahl der Kalendertage ab dem Aufnahmedatum des ersten unter diese Vorschrift zur Zusammenfassung fallenden Krankenhausaufenthalts, wieder aufgenommen wird und

2. für die Wiederaufnahme eine Einstufung in dieselbe Basis-DRG vorgenommen wird. Eine Zusammenfassung und Neueinstufung nach Satz 1 wird nicht vorgenommen, wenn die Fallpauschalen dieser Basis-DRG bei Versorgung in einer Hauptabteilung in Spalte 13 oder bei belegärztlicher Versorgung in Spalte 15 des Fallpauschalen-Katalogs gekennzeichnet sind.

(2) Eine Zusammenfassung der Falldaten zu einem Fall und eine Neueinstufung in eine Fallpauschale ist auch dann vorzunehmen, wenn

1. ein Patient oder eine Patientin innerhalb von 30 Kalendertagen ab dem Aufnahmedatum des ersten unter diese Vorschrift zur Zusammenfassung fallenden Krankenhausaufenthalts wieder aufgenommen wird und
2. innerhalb der gleichen Hauptdiagnosegruppe (MDC) die zuvor abrechenbare Fallpauschale in die „medizinische Partition" oder die „andere Partition" und die anschließende Fallpauschale in die „operative Partition" einzugruppieren ist. Eine Zusammenfassung und Neueinstufung nach Satz 1 wird nicht vorgenommen, wenn einer der Krankenhausaufenthalte mit einer Fallpauschale abgerechnet werden kann, die bei Versorgung in einer Hauptabteilung in Spalte 13 oder bei belegärztlicher Versorgung in Spalte 15 des Fallpauschalen-Katalogs gekennzeichnet ist.

(3) Werden Patienten oder Patientinnen, für die eine Fallpauschale abrechenbar ist, wegen einer in den Verantwortungsbereich des Krankenhauses fallenden Komplikation im Zusammenhang mit der durchgeführten Leistung innerhalb der oberen Grenzverweildauer, bemessen nach der Zahl der Kalendertage ab dem Aufnahmedatum des ersten unter diese Vorschrift zur Zusammenfassung fallenden Aufenthalts, wieder aufgenommen, hat das Krankenhaus eine Zusammenfassung der Falldaten zu einem Fall und eine Neueinstufung in eine Fallpauschale vorzunehmen. Eine Zusammenfassung und Neueinstufung wird nicht vorgenommen bei unvermeidbaren Nebenwirkungen von Chemotherapien und Strahlentherapien im Rahmen onkologischer Behandlungen. Die Absätze 1 und 2 gehen den Vorgaben nach den Sätzen 1 und 2 vor. Die Sätze 1 und 2 ergänzen die Vorgaben nach § 8 Abs. 5 KHEntgG.

(4) Bei der Anwendung der Absätze 1 bis 3 ist für jeden Krankenhausaufenthalt eine DRG-Eingruppierung vorzunehmen. Auf dieser Grundlage hat das Krankenhaus eine Neueinstufung in eine Fallpauschale mit den Falldaten aller zusammenzuführenden Krankenhausaufenthalte durchzuführen. Hierbei ist eine chronologische Prüfung vorzunehmen. Zur Ermittlung der Verweildauer sind dabei die Belegungstage der

Aufenthalte in diesem Krankenhaus zusammenzurechnen. Die obere Grenzverweildauer, die nach Absatz 1 Satz 1 Nr. 1 für die Fallzusammenführung maßgeblich ist, ergibt sich aus dem Aufnahmedatum und der DRG-Eingruppierung des ersten unter diese Vorschrift zur Zusammenfassung fallenden Aufenthalts in diesem Krankenhaus. Hat das Krankenhaus einen der zusammenzuführenden Aufenthalte bereits abgerechnet, ist die Abrechnung zu stornieren. Maßgeblich für die zusätzliche Abrechnung von tagesbezogenen Entgelten ist die Grenzverweildauer, die sich nach der Fallzusammenführung ergibt; für die Ermittlung der Verweildauer gilt Satz 3 entsprechend. Die Sätze 1 bis 7 gelten nicht für Krankenhausaufenthalte, bei denen der Tag der Aufnahme außerhalb der Geltungsdauer dieser Vereinbarung nach § 11 liegt oder soweit tagesbezogene Entgelte nach § 6 Abs. 1 KHEntgG abzurechnen sind.

(5) Sind mehrere Aufenthalte in einem Krankenhaus aufgrund der Regelungen zur Wiederaufnahme nach den Absätzen 1 bis 3 zusammenzuführen und erfolgte bei mindestens einem Aufenthalt eine Verlegung, sind vom zusammengeführten Fall Verlegungsabschläge nach den Vorgaben des § 1 Absatz 1 Satz 3 in Verbindung mit § 3 zu berechnen.

§ 3 Abschläge bei Verlegung

(1) Im Falle einer Verlegung in ein anderes Krankenhaus ist von dem verlegenden Krankenhaus ein Abschlag vorzunehmen, wenn die im Fallpauschalen-Katalog ausgewiesene mittlere Verweildauer unterschritten wird. Die Höhe des Abschlags je Tag wird ermittelt, indem die bei Versorgung in einer Hauptabteilung in Spalte 11 oder bei belegärztlicher Versorgung in Spalte 13 des Fallpauschalen-Katalogs ausgewiesene Bewertungsrelation mit dem Basisfallwert multipliziert wird. Die Zahl der Tage, für die ein Abschlag vorzunehmen ist, wird wie folgt ermittelt:

Mittlere Verweildauer nach dem Fallpauschalen-Katalog, kaufmännisch auf die nächste ganze Zahl gerundet

- Belegungstage insgesamt (tatsächliche Verweildauer nach § 1 Abs. 7)

= Zahl der Abschlagstage

(2) Im Falle einer Verlegung aus einem anderen Krankenhaus ist von dem aufnehmenden Krankenhaus ein Abschlag entsprechend den Vorgaben des Absatzes 1 vorzunehmen, wenn die im Fallpauschalen-Katalog ausgewiesene mittlere Verweildauer im aufnehmenden Krankenhaus unterschritten wird. Dauerte die Behandlung im verlegenden Krankenhaus nicht länger als 24 Stunden, so ist im

aufnehmenden Krankenhaus kein Verlegungsabschlag nach Satz 1 vorzunehmen; bei einer frühzeitigen Entlassung durch das aufnehmende Krankenhaus ist die Regelung zur unteren Grenzverweildauer nach § 1 Abs. 3, bei einer Weiterverlegung die Abschlagsregelung nach Abs. 1 anzuwenden.

(3) Wird ein Patient oder eine Patientin aus einem Krankenhaus in weitere Krankenhäuser verlegt und von diesen innerhalb von 30 Kalendertagen ab dem Entlassungsdatum eines ersten Krankenhausaufenthalts in dasselbe Krankenhaus zurückverlegt (Rückverlegung), hat das wiederaufnehmende Krankenhaus die Falldaten des ersten Krankenhausaufenthalts und aller weiteren, innerhalb dieser Frist in diesem Krankenhaus aufgenommenen Fälle zusammenzufassen und eine Neueinstufung nach den Vorgaben des § 2 Abs. 4 Sätze 1 bis 7 in eine Fallpauschale durchzuführen sowie Absatz 2 Satz 1 anzuwenden. Kombinierte Fallzusammenführungen wegen Rückverlegung in Verbindung mit Wiederaufnahmen sind möglich. Hierbei ist eine chronologische Prüfung vorzunehmen. Prüffrist ist immer die des ersten Falles, der die Fallzusammenführung auslöst. Die Sätze 1 bis 4 finden keine Anwendung für Fälle der Hauptdiagnosegruppe für Neugeborene (MDC 15). Die Sätze 1 bis 5 gelten nicht für Krankenhausaufenthalte, bei denen der Tag der Aufnahme außerhalb der Geltungsdauer dieser Vereinbarung nach § 11 liegt oder für die anstelle einer Fallpauschale tagesbezogene Entgelte nach § 6 Abs. 1 KHEntgG abzurechnen sind.

(4) Ist in einem Krankenhaus neben dem Entgeltbereich der DRG-Fallpauschalen einerseits noch ein Entgeltbereich nach der Bundespflegesatzverordnung (BPflV) oder für besondere Einrichtungen nach § 17b Abs. 1 Satz 10 KHG andererseits vorhanden, sind diese unterschiedlichen Entgeltbereiche im Falle von internen Verlegungen wie selbstständige Krankenhäuser zu behandeln. Für den Entgeltbereich der DRG-Fallpauschalen sind die Absätze 1 bis 3 entsprechend anzuwenden.

(5) Abschläge nach den Absätzen 1 bis 3 sind nur dann vorzunehmen, insofern beide an der Verlegung beteiligten Krankenhäuser dem Geltungsbereich des Krankenhausfinanzierungsgesetzes unterliegen. Hiervon abweichend sind bei Leistungen, für die eine schriftliche Kooperationsvereinbarung zwischen den Krankenhäusern besteht, Abschläge nach Absatz 1 bis 3 vorzunehmen.

§ 5 Zusatzentgelte [individuelle Zusatzentgelte]

(1) Zusätzlich zu einer Fallpauschale oder zu den Entgelten nach § 6 Abs. 1 KHEntgG dürfen bundeseinheitliche Zusatzentgelte nach dem Zusatzentgelte-Katalog nach Anlage 2 bzw. 5 abgerechnet werden. Die Zusatzentgelte nach Satz 1 sind mit Inkrafttreten der Vereinbarung (§ 12) abrechenbar.

(2) Für die in Anlage 4 bzw. 6 benannten, mit dem bundeseinheitlichen Zusatzentgelte-Katalog nicht vergüteten Leistungen vereinbaren die Vertragsparteien nach § 11 KHEntgG krankenhausindividuelle Zusatzentgelte nach § 6 Abs. 1 KHEntgG. Diese können zusätzlich zu den DRG-Fallpauschalen oder den nach § 6 Abs. 1 KHEntgG vereinbarten Entgelten abgerechnet werden. Für die in Anlage 4 bzw. 6 gekennzeichneten Zusatzentgelte gilt § 15 Abs. 2 Satz 3 KHEntgG entsprechend. Können für die Leistungen nach Anlage 4 bzw. 6 auf Grund einer fehlenden Vereinbarung für den Vereinbarungszeitraum 2020 noch keine krankenhausindividuellen Zusatzentgelte abgerechnet werden, sind für jedes Zusatzentgelt 600,00 Euro abzurechnen. Wurden für Leistungen nach Anlage 4 bzw. 6 für das Jahr 2020 keine Zusatzentgelte vereinbart, sind im Einzelfall auf der Grundlage von § 8 Abs. 1 Satz 3 KHEntgG für jedes Zusatzentgelt 600,00 Euro abzurechnen.

§ 6 Teilstationäre Leistungen

(1) Teilstationäre Leistungen sind mit tagesbezogenen teilstationären Fallpauschalen oder mit Entgelten abzurechnen, die nach § 6 Abs. 1 Satz 1 KHEntgG krankenhausindividuell vereinbart worden sind.

(2) Werden Patientinnen oder Patienten, für die zuvor eine vollstationäre DRG-Fallpauschale abrechenbar war, zur teilstationären Behandlung in dasselbe Krankenhaus wieder aufgenommen oder wechseln sie in demselben Krankenhaus von der vollstationären Versorgung in die teilstationäre Versorgung, kann erst nach dem dritten Kalendertag ab Überschreiten der abgerundeten mittleren Verweildauer, bemessen ab dem Aufnahmedatum des stationären Aufenthalts der zuvor abgerechneten Fallpauschale, eine tagesbezogene teilstationäre Fallpauschale oder ein tagesbezogenes teilstationäres Entgelt nach § 6 Abs. 1 KHEntgG berechnet werden. Die bis dahin erbrachten teilstationären Leistungen sind mit der zuvor abgerechneten Fallpauschale abgegolten. Wurden bei der Abrechnung der vollstationären Fallpauschale Abschläge nach § 1 Abs. 3 oder § 3 vorgenommen, sind zusätzlich zu den Entgelten nach Satz 1 für jeden teilstationären Behandlungstag

tagesbezogene teilstationäre Entgelte zu berechnen, höchstens jedoch bis zur Anzahl der vollstationären Abschlagstage. Die teilstationären Prozeduren sind nicht bei der Gruppierung der zuvor abgerechneten Fallpauschale zu berücksichtigen. Die Sätze 1 bis 3 gelten nicht für tagesbezogene teilstationäre Entgelte für Leistungen der Onkologie, der Schmerztherapie, die HIV-Behandlung, für Dialysen sowie für Leistungen, die im Anschluss an die Abrechnung einer expliziten Ein-Belegungstag-DRG erbracht werden.

(3) Wird ein Patient an demselben Tag innerhalb des Krankenhauses von einer tagesbezogen vergüteten teilstationären Behandlung in eine vollstationäre Behandlung verlegt, kann für den Verlegungstag kein tagesbezogenes teilstationäres Entgelt abgerechnet werden.

§ 7 Sonstige Entgelte

(1) Sonstige Entgelte nach § 6 Abs. 1 KHEntgG können krankenhausindividuell vereinbart werden für

1. voll- und teilstationäre Leistungen, die nach den Anlagen 3a und 3b noch nicht mit DRG-Fallpauschalen vergütet werden,
2. unbewertete teilstationäre Leistungen, die nicht in Anlage 3b aufgeführt sind, und
3. besondere Einrichtungen nach § 17b Abs. 1 Satz 10 KHG. Werden fallbezogene Entgelte vereinbart, müssen auch Vereinbarungen zu den übrigen Bestandteilen der Aufstellung für fallbezogene Entgelte nach Abschnitt E3.1 der Anlage 1 KHEntgG getroffen werden, damit die Entgelte von den Abrechnungsprogrammen verarbeitet werden können, die für die DRGFallpauschalen vorgesehen sind. Für den Fall der Verlegung eines Patienten oder einer Patientin in ein anderes Krankenhaus sind Abschlagsregelungen zu vereinbaren; dies gilt nicht, soweit Verlegungs-Fallpauschalen im Sinne des § 1 Abs. 1 Satz 3 vereinbart werden. Für den Fall der Wiederaufnahme eines Patienten oder einer Patientin in dasselbe Krankenhaus sollen für fallbezogene Entgelte Vereinbarungen getroffen werden, die den Vorgaben nach § 2 Abs. 1, 2 und 4 entsprechen.

(2) Für die Abrechnung von fallbezogenen Entgelten gelten die Abrechnungsbestimmungen nach § 8 Abs. 2 und 4 KHEntgG und nach § 2 Abs. 3 entsprechend.

(3) Tagesbezogene Entgelte werden für den Aufnahmetag und jeden weiteren Tag des Krankenhausaufenthalts abgerechnet (Berechnungstage); der Entlassungs- oder Verlegungstag, der nicht zugleich Aufnahmetag ist, wird nur bei tagesbezogenen Entgelten für teilstationäre Behandlung nach § 6 Abs. 1 Satz 1 abgerechnet. (4) 1Für die in den Anlagen 3a und 3b gekennzeichneten Entgelte gilt § 15 Abs. 2 Satz 3 KHEntgG entsprechend. 2Können für die Leistungen nach Anlage 3a auf Grund einer fehlenden Vereinbarung für den Vereinbarungszeitraum 2020 noch keine krankenhausindividuellen Entgelte abgerechnet werden, sind für jeden Belegungstag 600,00 Euro abzurechnen. 3Können für die Leistungen nach Anlage 3b auf Grund einer fehlenden Vereinbarung für den Vereinbarungszeitraum 2020 noch keine krankenhausindividuellen Entgelte abgerechnet werden, sind für jeden Belegungstag 300,00 Euro abzurechnen. 4Wurden für Leistungen nach Anlage 3a für das Jahr 2018 keine Entgelte vereinbart, sind im Einzelfall auf der Grundlage von § 8 Abs. 1 Satz 3 KHEntgG für jeden Belegungstag 450,00 Euro abzurechnen.

§ 8 Tagesbezogene Pflegeentgelte

(1) Zusätzlich zu vollstationären und teilstationären Entgelten sind für alle ab dem01.01.2021 aufgenommenen Patienten tagesbezogene Pflegeentgelte gemäß § 7 Abs. 1 Nr. 6a KHEntgG abzurechnen. Die Pflegeentgelte werden jeweils von dem die Leistung erbringenden Krankenhaus nach dem am Tag der voll- oder teilstationären Aufnahme geltenden Pflegeerlöskatalog und den dazu gehörenden Abrechnungsregeln abgerechnet.

(2) Das tagesbezogene Pflegeentgelt wird ermittelt, indem die maßgebliche Bewertungsrelation jeweils mit dem krankenhausindividuellen Pflegeentgeltwert multipliziert und das Ergebnis kaufmännisch auf zwei Nachkommastellen gerundet wird.

Für die Rechnungsstellung wird der Entgeltbetrag nach Satz 1 mit der Anzahl der Berechnungstage je tagesbezogenem Entgelt multipliziert und in der Rechnung ausgewiesen.

(3) Für die Ermittlung der für den Pflegeerlös relevanten Bewertungsrelation ist die Zuordnung zu einem Entgelt gemäß den Vorgaben dieser Vereinbarung in der jeweils gültigen Fassung maßgeblich. Die Zahl der Berechnungstage richtet sich nach den Vorgaben zur Ermittlung der Verweildauer nach § 1 Abs. 7 und § 7Abs. 3. 3Die Fallzählung bleibt von der neuen Pflegepersonalkostenfinanzierung ab dem Jahr 2021 unberührt und ergibt sich weiterhin aus den Vorgaben des § 9.4Sofern die Höhe von Zu- oder Abschlägen anhand eines Prozentsatzes zu berechnen ist, richtet sich die Ermittlung nach den hierfür maßgeblichen gesetzlichen Vorgaben.

(4) Kann auf Grund einer fehlenden Vereinbarung für das Jahr 2020 noch kein krankenhausindividueller Pflegeentgeltwert angewendet werden, erfolgt die Abrechnung von Patienten, die ab dem 1. Januar 2021 in das Krankenhaus aufgenommen werden, nach den Vorgaben des § 15 Abs. 2a KHEntgG.
(5) Für Leistungen, die unter die Regelung nach § 7 Abs. 1 Satz 1 Nr. 2 und Nr. 3 (teilstationäre Leistungen, die nicht in Anlage 3b aufgeführt sind und besondere Einrichtungen) fallen, gilt eine Pflegebewertungsrelation von 1,0 für vollstationäre Fälle und 0,5 für teilstationäre Fälle, sofern die Vertragsparteien nach § 11KHEntgG keine abweichenden Festlegungen treffen.
(6) Bei unterjähriger Genehmigung des Krankenhausbudgets erfolgt die Abrechnung für alle Aufnahmen ab dem Tag des Wirksamwerdens der Budgetvereinbarung2021 mit dem neuen genehmigten krankenhausindividuellen Pflegeentgeltwert.

§ 9 Fallzählung

(1) Jede abgerechnete vollstationäre Fallpauschale zählt im Jahr der Entlassung als ein Fall. Dies gilt auch für Neugeborene sowie für vollstationäre Fallpauschalen, die mit nur einem Belegungstag ausgewiesen sind. Bei einer Wiederaufnahme nach § 2 und einer Rückverlegung nach § 3 Abs. 3 ist jeweils nur die Fallpauschale zu zählen, die nach der Neueinstufung für die zusammengefassten Krankenhausaufenthalte abgerechnet wird. Bei Abrechnung von tagesbezogenen teilstationären Fallpauschalen wird für jeden Patienten, der wegen derselben Erkrankung regelmäßig oder mehrfach behandelt wird, je Quartal ein Fall gezählt.
(2) Leistungen, für die Entgelte nach § 6 Abs. 1 KHEntgG abgerechnet werden, sind wie folgt zu zählen:

1. Jedes fallbezogene Entgelt für eine voll- oder teilstationäre Leistung zählt als ein Fall.
2a. Bei Abrechnung von tagesbezogenen vollstationären Entgelten zählt jede Aufnahme als ein Fall.
   b) Bei Abrechnung von tagesbezogenen teilstationären Entgelten wird für jeden Patienten, der wegen derselben Erkrankung regelmäßig oder mehrfach behandelt wird, je Quartal ein Fall gezählt.

DRG-Entgeltkatalogverordnung 2022 – DRG-EKV

Verordnung zu den Entgeltkatalogen für DRG-Krankenhäuser für das Jahr 2022 und zur Liquiditätssicherung der Krankenhäuser

Artikel 1.

Verordnung zu den Entgeltkatalogen für DRG-Krankenhäuser für das Jahr 2022 (DRG-Entgeltkatalogverordnung 2022 – DRG-EKV 2022)
Der Fallpauschalen-Katalog nach § 9 Absatz 1 Nummer 1 des Krankenhausentgeltgesetzes, der Katalog ergänzender Zusatzentgelte nach § 9 Absatz 1 Nummer 2 des Krankenhausentgeltgesetzes und der Pflegeerlöskatalog nach § 9 Absatz 1 Nummer 2a des Krankenhausentgeltgesetzes werden für das Jahr 2022 mit den Entgeltkatalogen nach den Anlagen 1 bis 8 dieser Verordnung vorgegeben.

Artikel 2

Änderung der Verordnung zur Regelung weiterer Maßnahmen zur wirtschaftlichen Sicherung der Krankenhäuser§ 4 Absatz 6 der Verordnung zur Regelung weiterer Maßnahmen zur wirtschaftlichen Sicherung der Krankenhäuser vom 7. April 2021 (BAnz AT 08.04.2021 V1), die durch Artikel 1 der Verordnung vom 1. Juni 2021 (BAnz AT 02.06.2021V1) geändert worden ist, wird wie folgt gefasst:„(6) Die Frist nach § 415 Satz 1 des Fünften Buches Sozialgesetzbuch wird bis zum 30. Juni 2022 verlängert.“

Anlage 1

Fallpauschalen-Katalog und Pflegeerlöskatalog (Entgelte nach § 9 Absatz 1 Nummer 1 und 2a des Krankenhausentgeltgesetzes) Teil a Bewertungsrelationen bei Versorgung durch Hauptabteilungen Teil b Bewertungsrelationen bei Versorgung durch Belegabteilungen Teil c Bewertungsrelationen bei teilstationärer Versorgung Teil d Bewertungsrelationen mit gezielter Absenkung in Abhängigkeit der Median-

Fallzahl bei Versorgung durch Hauptabteilung Teil e Bewertungsrelationen mit gezielter Absenkung in Abhängigkeit der Median-Fallzahl bei Versorgung durch Belegabteilung

Anlage 2

Zusatzentgelte-Katalog – Liste –(Entgelte nach § 9 Absatz 1 Nummer 2 des Krankenhausentgeltgesetzes)

Anlage 3a

Nicht mit dem Fallpauschalen-Katalog vergütete vollstationäre Leistungen und Pflegeerlöskatalog (Entgelte nach § 6 Absatz 1 Satz 1 des Krankenhausentgeltgesetzes)

Anlage 3b

Nicht mit dem Fallpauschalen-Katalog vergütete teilstationäre Leistungen und Pflegeerlöskatalog(Entgelte nach § 6 Absatz 1 Satz 1 des Krankenhausentgeltgesetzes)

Anlage 4 Zusatzentgelte-Katalog

– Liste –(Entgelte nach § 6 Absatz 1 Satz 1 des Krankenhausentgeltgesetzes)

Anlage 5

Zusatzentgelte-Katalog – Definition und differenzierte Beträge –(Entgelte nach § 9 Absatz 1 Nummer 2 des Krankenhausentgeltgesetzes)

Anlage 6

Zusatzentgelte-Katalog – Definition –(Entgelte nach § 6 Absatz 1 Satz 1 des Krankenhausentgeltgesetzes)

Anlage 7

Zusatzentgelte-Katalog – Blutgerinnungsstörungen –(Entgelte nach § 6 Absatz 1 Satz 1 des Krankenhausentgeltgesetzes)

Anlage 8

Ergänzende Informationen zur Abrechnung von bewerteten Zusatzentgelten aus dem Zusatzentgelte-Katalog (Anlage 2 und Anlage 5)

Krankenhaus-Buchführungsverordnung - KHBV

Verordnung über die Rechnungs- und Buchführungspflichten von Krankenhäusern

vom: 10.04.1978, zuletzt geändert am 07.08.2021

§ 1 Anwendungsbereich

(1) Die Rechnungs- und Buchführungspflichten von Krankenhäusern regeln sich nach den Vorschriften dieser Verordnung und deren Anlagen, unabhängig davon, ob das Krankenhaus Kaufmann im Sinne des Handelsgesetzbuchs ist, und unabhängig von der Rechtsform des Krankenhauses. Soweit die Absätze 3 und 4 nichts anderes bestimmen, bleiben die Rechnungs- und Buchführungspflichten nach dem Handels- und Steuerrecht sowie nach anderen Vorschriften unberührt.

(2) Diese Verordnung gilt nicht für

1. die Krankenhäuser, auf die das Krankenhausfinanzierungsgesetz nach seinem § 3 Satz 1 Nr. 1 bis 4 keine Anwendung findet,
2. die Krankenhäuser, die nach § 5 Abs. 1 Nr. 2, 4 oder 7 des Krankenhausfinanzierungsgesetzes nicht gefördert werden, es sei denn, dass diese Krankenhäuser auf Grund Landesrechts nach § 5 Abs. 2 des Krankenhausfinanzierungsgesetzes gefördert werden, oder
3. die Bundeswehrkrankenhäuser und die Krankenhäuser der Träger der gesetzlichen Unfallversicherung.

(3) Krankenhäuser, die Kapitalgesellschaften im Sinne des Zweiten Abschnitts des Dritten Buchs des Handelsgesetzbuchs sind, brauchen auch für Zwecke des Handelsrechts bei der Aufstellung, Feststellung und Offenlegung ihres Jahresabschlusses nach dem Handelsgesetzbuch die Gliederungsvorschriften der §§ 266 und 275 des Handelsgesetzbuchs nicht anzuwenden. Nehmen die Krankenhäuser nach Satz 1 das Wahlrecht nach Satz 1 in Anspruch, so haben sie bei der Aufstellung, Feststellung und Offenlegung die Bilanz nach Anlage 1, die Gewinn- und Verlustrechnung nach Anlage 2 und den Anlagennachweis nach Anlage 3 zu gliedern. Nehmen die Krankenhäuser nach Satz 1 das Wahlrecht nach Satz 1 nicht in Anspruch, haben sie außerhalb des handelsrechtlichen Jahresabschlusses zusätzlich

gesonderte Dokumente bestehend aus den in Satz 2 näher bezeichneten Unterlagen zu erstellen. Die im Anlagennachweis vorgeschriebenen Angaben sind auch für den Posten "Immaterielle Vermögensgegenstände" und jeweils für die Posten des Finanzanlagevermögens zu machen.
(4) Bei Inanspruchnahme des Wahlrechts nach Absatz 3 Satz 1 für Zwecke des Handelsrechts gelten die Erleichterungen für kleine und mittelgroße Kapitalgesellschaften nach § 266 Abs. 1 Satz 3 und § 276 des Handelsgesetzbuchs bei der Aufstellung und Feststellung nicht; bei der Offenlegung nach den §§ 325 bis 328 des Handelsgesetzbuchs dürfen § 266 Abs. 1 Satz 3 und § 276 des Handelsgesetzbuchs mit der Maßgabe angewendet werden, dass in der Bilanz nach Anlage 1 und im Anlagennachweis nach Anlage 3 nur die mit Buchstaben und römischen Zahlen bezeichneten Posten ausgewiesen werden müssen und dass in der Gewinn- und Verlustrechnung nach Anlage 2 die Posten 1 bis 8 und 10 zu dem Posten "Rohergebnis" zusammengefasst werden dürfen.

§ 2 Geschäftsjahr

Das Geschäftsjahr ist das Kalenderjahr.

§ 3 Buchführung, Inventar

Das Krankenhaus führt seine Bücher nach den Regeln der kaufmännischen doppelten Buchführung; im Übrigen gelten die §§ 238 und 239 des Handelsgesetzbuchs. Die Konten sind nach dem Kontenrahmen der Anlage 4 einzurichten, es sei denn, dass durch ein ordnungsmäßiges Überleitungsverfahren die Umschlüsselung auf den Kontenrahmen sichergestellt wird. Für das Inventar gelten die §§ 240 und 241 des Handelsgesetzbuchs.

§ 4 Jahresabschluss

(1) Der Jahresabschluss des Krankenhauses besteht aus der Bilanz, der Gewinn- und Verlustrechnung und dem Anhang einschließlich des Anlagennachweises. Die Bilanz ist nach der Anlage 1, die Gewinn- und Verlustrechnung nach der Anlage 2, der Anlagennachweis nach der Anlage 3 zu gliedern; im Übrigen richten sich Inhalt und Umfang des Jahresabschlusses nach Abs. 3.
(2) Der Jahresabschluss soll innerhalb von vier Monaten nach Ablauf des Geschäftsjahres aufgestellt werden.

(3) Für die Aufstellung und den Inhalt des Jahresabschlusses gelten die §§ 242 bis 256a sowie § 264 Absatz 1a und 2, § 265 Abs. 2, 5 und 8, § 268 Abs. 1 und 3, § 270 Abs. 2, die §§ 271, 272, 274, 275 Absatz 4, § 277 Absatz 1 bis 3 Satz 1 und § 284 Absatz 2 Nummer 1 und 2 des Handelsgesetzbuchs sowie Artikel 28, 42 bis 44 des Einführungsgesetzes zum Handelsgesetzbuch, soweit diese Verordnung nichts anderes bestimmt.

§ 5 Einzelvorschriften zum Jahresabschluss

(1) Vermögensgegenstände des Anlagevermögens, deren Nutzung zeitlich begrenzt ist, sind zu den Anschaffungs- oder Herstellungskosten, vermindert um Abschreibungen, anzusetzen. Kann ein Krankenhaus, das erstmals nach den Grundsätzen dieser Verordnung eine Bewertung des Anlagevermögens vornimmt, zum Stichtag der Eröffnungsbilanz die tatsächlichen Anschaffungs- oder Herstellungskosten nicht ohne unvertretbaren Aufwand ermitteln, so sind den Preisverhältnissen des vermutlichen Anschaffungs- oder Herstellungszeitpunkts entsprechende Erfahrungswerte als Anschaffungs- oder Herstellungskosten anzusetzen. Vermögensgegenstände des Anlagevermögens, die am 1. Januar 1972 bis auf einen Erinnerungsposten abgeschrieben waren, können mit diesem Restbuchwert angesetzt werden.

(2) Nicht auf dem Krankenhausfinanzierungsgesetz beruhende Zuweisungen und Zuschüsse der öffentlichen Hand für Investitionen in aktivierte Vermögensgegenstände des Anlagevermögens sind in der Bilanz auf der Passivseite als "Sonderposten aus Zuweisungen und Zuschüssen der öffentlichen Hand", vermindert um den Betrag der bis zum jeweiligen Bilanzstichtag angefallenen Abschreibungen auf die mit diesen Mitteln finanzierten Vermögensgegenstände des Anlagevermögens, auszuweisen.

(3) Fördermittel nach dem Krankenhausfinanzierungsgesetz für Investitionen in aktivierte Vermögensgegenstände des Anlagevermögens sind in der Bilanz auf der Passivseite als "Sonderposten aus Fördermitteln nach KHG", vermindert um den Betrag der bis zum jeweiligen Bilanzstichtag angefallenen Abschreibungen auf die mit diesen Mitteln finanzierten Vermögensgegenstände des Anlagevermögens, auszuweisen.

(4) Sind Fördermittel für Lasten aus Darlehen, die vor Aufnahme des Krankenhauses in den Krankenhausplan für förderungsfähige Investitionskosten des Krankenhauses aufgenommen worden sind, bewilligt worden, ist in Höhe des Teils der jährlichen

Abschreibungen auf die mit diesen Mitteln finanzierten Vermögensgegenstände des Anlagevermögens, der nicht durch den Tilgungsanteil der Fördermittel gedeckt ist, in der Bilanz auf der Aktivseite ein "Ausgleichsposten aus Darlehensförderung" zu bilden. Ist der Tilgungsanteil der Fördermittel aus der Darlehensförderung höher als die jährlichen Abschreibungen auf die mit diesen Mitteln finanzierten Vermögensgegenstände des Anlagevermögens, ist in der Bilanz in Höhe des überschießenden Betrages auf der Passivseite ein "Ausgleichsposten aus Darlehensförderung" zu bilden. Für die in § 2 Nr. 1a des Krankenhausfinanzierungsgesetzes genannten Ausbildungsstätten gelten Satz 1 und 2 entsprechend.

(5) In Höhe der Abschreibungen auf die aus Eigenmitteln des Krankenhausträgers vor Beginn der Förderung beschafften Vermögensgegenstände des Anlagevermögens, für die ein Ausgleich für die Abnutzung in der Zeit ab Beginn der Förderung verlangt werden kann, ist in der Bilanz auf der Aktivseite ein "Ausgleichsposten für Eigenmittelförderung" zu bilden.

(6) Unter dem Eigenkapital sind bei Krankenhäusern in einer anderen Rechtsform als der Kapitalgesellschaft oder ohne eigene Rechtspersönlichkeit als "festgesetztes Kapital" die Beträge auszuweisen, die vom Krankenhausträger auf Dauer zur Verfügung gestellt werden. Als "Kapitalrücklagen" sind sonstige Einlagen des Krankenhausträgers auszuweisen. Für Gewinnrücklagen gilt § 272 Abs. 3 des Handelsgesetzbuchs entsprechend.

§ 6 Aufbewahrung und Vorlegung von Unterlagen

Für die Aufbewahrung von Unterlagen, die Aufbewahrungsfristen und die Vorlegung von Unterlagen gelten die §§ 257 und 261 des Handelsgesetzbuchs.

§ 8 Kosten- und Leistungsrechnung

Das Krankenhaus hat eine Kosten- und Leistungsrechnung zu führen, die eine betriebsinterne Steuerung sowie eine Beurteilung der Wirtschaftlichkeit und Leistungsfähigkeit erlaubt; sie muss die Ermittlung der pflegesatzfähigen Kosten sowie bis zum Jahr 2016 die Erstellung der Leistungs- und Kalkulationsaufstellung nach den Vorschriften der Bundespflegesatzverordnung in der am 31. Dezember 2012 geltenden Fassung ermöglichen. Dazu gehören folgende Mindestanforderungen:

1. Das Krankenhaus hat die auf Grund seiner Aufgaben und Struktur erforderlichen Kostenstellen zu bilden.

Es sollen, sofern hierfür Kosten und Leistungen anfallen, mindestens die Kostenstellen gebildet werden, die sich aus dem Kostenstellenrahmen der Anlage 5 ergeben. Bei abweichender Gliederung dieser Kostenstellen soll durch ein ordnungsmäßiges Überleitungsverfahren die Umschlüsselung auf den Kostenstellenrahmen sichergestellt werden.
Die Kosten sind aus der Buchführung nachprüfbar herzuleiten.
Die Kosten und Leistungen sind verursachungsgerecht nach Kostenstellen zu erfassen; sie sind darüber hinaus den anfordernden Kostenstellen zuzuordnen, soweit dies für die in Satz 1 genannten Zwecke erforderlich ist.

§ 9 Befreiungsvorschrift

Ein Krankenhaus mit bis zu 100 Betten oder mit nur einer bettenführenden Abteilung kann von den Pflichten nach § 8 befreit werden, soweit die mit diesen Pflichten verbundenen Kosten in keinem angemessenen Verhältnis zu dem erreichbaren Nutzen stehen und die in § 8 Satz 1 genannten Zwecke auf andere Weise erreicht werden können. Über die Befreiung entscheidet auf Antrag des Krankenhauses die zuständige Landesbehörde; dabei sind einvernehmliche Regelungen mit den in § 18 Absatz 1 Satz 2 des Krankenhausfinanzierungsgesetzes genannten Beteiligten anzustreben.

§ 10 Ordnungswidrigkeiten

Ordnungswidrig im Sinne des § 334 Abs. 1 Satz 1 Nr. 6 des Handelsgesetzbuchs handelt, wer als Mitglied des vertretungsberechtigten Organs oder des Aufsichtsrats eines Krankenhauses, das Kapitalgesellschaft ist, bei der Aufstellung oder Feststellung eines Jahresabschlusses

1. entgegen § 1 Abs. 3 Satz 2
   a) die Bilanz nicht nach Anlage 1,
   b) die Gewinn- und Verlustrechnung nicht nach Anlage 2 oder
   c) den Anlagennachweis nicht nach Anlage 3 gliedert oder
2. entgegen § 1 Abs. 3 Satz 4 die dort bezeichneten zusätzlichen Angaben im Anlagennachweis nicht, nicht in der vorgeschriebenen Form oder nicht mit dem vorgeschriebenen Inhalt macht. § 11 Übergangsvorschrift

(1) § 279 des Handelsgesetzbuchs ist letztmals auf einen Jahresabschluss anzuwenden, der für ein Geschäftsjahr aufzustellen ist, das vor dem 1. Januar 2010 beginnt. Die Anlagen 1 und 4 mit den Änderungen, die durch das

Bilanzrechtsmodernisierungsgesetz vom 25. Mai 2009 (BGBl. I S. 1102) und durch Artikel 1 Nummer 3 und 4 der Verordnung zur Änderung von Rechnungslegungsverordnungen vom 9. Juni 2011 (BGBl. I S. 1041) erfolgt sind, sind erstmals auf Jahresabschlüsse für Geschäftsjahre anzuwenden, die nach dem 31. Dezember 2009, im Fall des Artikels 66 Absatz 3 Satz 6 des Einführungsgesetzes zum Handelsgesetzbuch nach dem 31. Dezember 2008 beginnen. Die Anlagen 1 und 4 in der bis zum 28. Mai 2009 geltenden Fassung sind letztmals auf einen Jahresabschluss anzuwenden, der für ein Geschäftsjahr aufzustellen ist, das vor dem 1. Januar 2010 beginnt. Soweit im Übrigen in dieser Verordnung auf Bestimmungen des Handelsgesetzbuchs in der Fassung des Bilanzrechtsmodernisierungsgesetzes vom 25. Mai 2009 (BGBl. I S. 1102) verwiesen wird, gelten die in den Artikeln 66 und 67 des Einführungsgesetzes zum Handelsgesetzbuch enthaltenen Übergangsregelungen entsprechend. Artikel 66 Abs. 3 Satz 6 des Einführungsgesetzes zum Handelsgesetzbuch gilt entsprechend.

(2) § 1 Absatz 3, § 10 Nummer 2, die Gliederung der Gewinn- und Verlustrechnung (Anlage 2) sowie die Kontenrahmen für die Buchführung in der Fassung des Bilanzrichtlinie-Umsetzungsgesetzes vom 17. Juli 2015 (BGBl. I S. 1245) sind erstmals auf den Jahresabschluss für das nach dem 31. Dezember 2015 beginnende Geschäftsjahr und die gegebenenfalls hierauf bezogenen Dokumente nach § 1 Absatz 3 Satz 3 anzuwenden.

(3) § 4 Absatz 3 sowie die Anlagen 2 und 4 in der Fassung der Zweiten Verordnung zur Änderung von Rechnungslegungsverordnungen vom 21. Dezember 2016 (BGBl. I S. 3076) sind erstmals auf den Jahresabschluss für das nach dem 31. Dezember 2015 beginnende Geschäftsjahr und die gegebenenfalls hierauf bezogenen Dokumente nach § 1 Absatz 3 Satz 3 anzuwenden.

Anlage 1: Gliederung der Bilanz

Aktivseite

A. Anlagevermögen:

I. Immaterielle Vermögensgegenstände

1. Selbst geschaffene gewerbliche Schutzrechte und ähnliche Rechte und Werte (KUGr. 0901)
2. entgeltlich erworbene Konzessionen, gewerbliche Schutzrechte und ähnliche Rechte und Werte sowie Lizenzen an solchen Rechten und Werten (KUGr. 0902)
3. Geschäfts- oder Firmenwert (KUGr. 0903)
4. geleistete Anzahlungen (KUGr. 091)

II. Sachanlagen:

1. Grundstücke und grundstücksgleiche Rechte mit Betriebsbauten einschließlich der Betriebsbauten auf fremden Grundstücken (KGr. 01; KUGr. 050, 053)
2. Grundstücke und grundstücksgleiche Rechte mit Wohnbauten einschließlich der Wohnbauten auf fremden Grundstücken (KGr. 03, KUGr. 052; KUGr. 053, soweit nicht unter 1.)
3. Grundstücke und grundstücksgleiche Rechte ohne Bauten (KGr. 04)
4. technische Anlagen (KGr. 06)
5. Einrichtungen und Ausstattungen (KGr. 07)
6. geleistete Anzahlungen und Anlagen im Bau (KGr. 08)

III. Finanzanlagen:

1. Anteile an verbundenen Unternehmen (KUGr. 092) ++)
2. Ausleihungen an verbundene Unternehmen (KUGr. 093) ++)
3. Beteiligungen (KUGr. 094)
4. Ausleihungen an Unternehmen, mit denen ein Beteiligungsverhältnis besteht (KUGr. 095) ++)
5. Wertpapiere des Anlagevermögens (KUGr. 096)
6. sonstige Finanzanlagen (KUGr. 097) davon bei Gesellschaftern bzw. dem Krankenhausträger

B. Umlaufvermögen:

1. Vorräte: 1. Roh-, Hilfs- und Betriebsstoffe (KUGr. 100-105)

2. unfertige Erzeugnisse, unfertige Leistungen (KUGr. 106)
3. fertige Erzeugnisse und Waren (KUGr. 107)
4. geleistete Anzahlungen (KGr. 11)

II. Forderungen und sonstige Vermögensgegenstände:
1. Forderungen aus Lieferungen und Leistungen (KGr. 12), davon mit einer Restlaufzeit von mehr als einem Jahr
2. Forderungen an Gesellschafter bzw. den Krankenhausträger (KUGr. 160), davon mit einer Restlaufzeit von mehr als einem Jahr
3. Forderungen nach dem Krankenhausfinanzierungsrecht (KGr. 15), davon nach der BPflV (KUGr. 151), davon mit einer Restlaufzeit von mehr als einem Jahr
4. Forderungen gegen verbundene Unternehmen (KUGr. 161) ++), davon mit einer Restlaufzeit von mehr als einem Jahr
5. Forderungen gegen Unternehmen, mit denen ein Beteiligungsverhältnis besteht (KUGr. 162) ++), davon mit einer Restlaufzeit von mehr als einem Jahr
6. Eingefordertes, noch nicht eingezahltes Kapital (KUGr. 164) ++)
7. sonstige Vermögensgegenstände (KUGr. 163), davon mit einer Restlaufzeit von mehr als einem Jahr

III. Wertpapiere des Umlaufvermögens (KGr. 14),
davon Anteile an verbundenen Unternehmen (KUGr. 140) ++)
IV: Schecks, Kassenbestand, Bundesbank- und Postgiroguthaben, Guthaben bei Kreditinstituten (KGr. 13)

C. Ausgleichsposten nach dem KHG:
1. Ausgleichsposten aus Darlehensförderung (KUGr. 180)
2. Ausgleichsposten für Eigenmittelförderung (KUGr. 181)

D. Rechnungsabgrenzungsposten:
1. Disagio (KUGr. 170)
2. andere Abgrenzungsposten (KUGr. 171)

E. Aktive latente Steuern (KGr. 19) ++)
F. Aktiver Unterschiedsbetrag aus der Vermögensverrechnung
G. Nicht durch Eigenkapital gedeckter Fehlbetrag

Passivseite

A. Eigenkapital:

1. Eingefordertes Kapital (KUGr. 2003)

Gezeichnetes Kapital (KUGr. 2001) abzüglich nicht eingeforderter ausstehender Einlagen (KUGr. 2002)

2. Kapitalrücklagen (KUGr. 201)
3. Gewinnrücklagen (KUGr. 202)
4. Gewinnvortrag/Verlustvortrag (KUGr. 203)
5. Jahresüberschuss/Jahresfehlbetrag (KUGr. 204)

B. Sonderposten aus Zuwendungen zur Finanzierung des Sachanlagevermögens:

1. Sonderposten aus Fördermitteln nach dem KHG (KGr. 22)
2. Sonderposten aus Zuweisungen und Zuschüssen der öffentlichen Hand (KGr. 23)
3. Sonderposten aus Zuwendungen Dritter (KGr. 21)

C. Rückstellungen:

1. Rückstellungen für Pensionen und ähnliche Verpflichtungen (KGr. 27)
2. Steuerrückstellungen (KUGr. 280)
3. sonstige Rückstellungen (KUGr. 281)

D. Verbindlichkeiten:

1. Verbindlichkeiten gegenüber Kreditinstituten (KGr. 34), davon gefördert nach dem KHG, davon mit einer Restlaufzeit bis zu einem Jahr
2. erhaltene Anzahlungen (KGr. 36), davon mit einer Restlaufzeit bis zu einem Jahr
3. Verbindlichkeiten aus Lieferungen und Leistungen (KGr. 32), davon mit einer Restlaufzeit bis zu einem Jahr
4. Verbindlichkeiten aus der Annahme gezogener Wechsel und der Ausstellung eigener Wechsel (KGr. 33), davon mit einer Restlaufzeit bis zu einem Jahr
5. Verbindlichkeiten gegenüber Gesellschaftern bzw. dem Krankenhausträger (KUGr. 370), davon mit einer Restlaufzeit bis zu einem Jahr
6. Verbindlichkeiten nach dem Krankenhausfinanzierungsrecht (KGr. 35), davon nach der BPflV (KUGr. 351), davon mit einer Restlaufzeit bis zu einem Jahr
7. Verbindlichkeiten aus sonstigen Zuwendungen zur Finanzierung des Anlagevermögen (KUGr. 371), davon mit einer Restlaufzeit bis zu einem Jahr

8. Verbindlichkeiten gegenüber verbundenen Unternehmen (KUGr. 372) ++), davon mit einer Restlaufzeit bis zu einem Jahr
9. Verbindlichkeiten gegenüber Unternehmen, mit denen ein Beteiligungsverhältnis besteht (KUGr. 373) ++), davon mit einer Restlaufzeit bis zu einem Jahr
10. sonstige Verbindlichkeiten (KUGr. 374), davon mit einer Restlaufzeit bis zu einem Jahr

E. Ausgleichsposten aus Darlehensförderung (KGr. 24)
F. Rechnungsabgrenzungsposten (KGr. 38)
G. Passive latente Steuern (KGr. 39) ++)
Haftungsverhältnisse:

Gliederung der Gewinn- und Verlustrechnung

1. Erlöse aus Krankenhausleistungen (KGr. 40)
2. Erlöse aus Wahlleistungen (KGr. 41)
3. Erlöse aus ambulanten Leistungen des Krankenhauses (KGr. 42)
4. Nutzungsentgelte der Ärzte (KGr. 43)

4a. Umsatzerlöse nach § 277 Absatz 1 des Handelsgesetzbuchs (KGr. 44, 45, 57, 58; KUGr. 591), soweit nicht in den Nummern 1 bis 4 enthalten davon aus Ausgleichsbeträgen für frühere Geschäftsjahre (KGr. 58)

5. Erhöhung oder Verminderung des Bestandes an fertigen und unfertigen Erzeugnissen/unfertigen Leistungen (KUGr. 550 u. 551)
6. andere aktivierte Eigenleistungen (KUGr. 552)
7. Zuweisungen und Zuschüsse der öffentlichen Hand, soweit nicht unter Nr. 11 (KUGr. 472)
8. Sonstige betriebliche Erträge (KUGr. 473, 520; KGr. 54; KUGr. 592)
9. Personalaufwand
   a) Löhne und Gehälter (KGr. 60, 64)
   b) soziale Abgaben und Aufwendungen für Altersversorgung und für Unterstützung (KGr. 61-63), davon für Altersversorgung (KGr. 62)
10. Materialaufwand
    a) Aufwendungen für Roh-, Hilfs- und Betriebsstoffe (KUGr. 650; KGr. 66 ohne Kto. 6601, 6609, 6616 und 6618; KGr. 67; KUGr. 680; KGr. 71)
    b) Aufwendungen für bezogene Leistungen (KUGr. 651 Kto. 6601, 6609, 6616 und 6618; KUGr. 681)

Zwischenergebnis

11. Erträge aus Zuwendungen zur Finanzierung von Investitionen (KGr. 46; KUGr. 470, 471), davon Fördermittel nach dem KHG (KGr. 46)
12. Erträge aus der Einstellung von Ausgleichsposten aus Darlehensförderung und für Eigenmittelförderung (KGr. 48)
13. Erträge aus der Auflösung von Sonderposten/Verbindlichkeiten nach dem KHG und auf Grund sonstiger Zuwendungen zur Finanzierung des Anlagevermögens (KUGr. 490-491)
14. Erträge aus der Auflösung des Ausgleichspostens für Darlehensförderung (KUGr. 492)

15. Aufwendungen aus der Zuführung zu Sonderposten/Verbindlichkeiten nach dem KHG und auf Grund sonstiger Zuwendungen zur Finanzierung des Anlagevermögens (KUGr. 752, 754, 755)
16. Aufwendungen aus der Zuführung zu Ausgleichsposten aus Darlehensförderung (KUGr. 753)
17. Aufwendungen für die nach dem KHG geförderte Nutzung von Anlagegegenständen (KGr. 77)
18. Aufwendungen für nach dem KHG geförderte, nicht aktivierungsfähige Maßnahmen (KUGr. 721)
19. Aufwendungen aus der Auflösung der Ausgleichsposten aus Darlehensförderung und für Eigenmittelförderung (KUGr. 750, 751)
20. Abschreibungen
    a) auf immaterielle Vermögensgegenstände des Anlagevermögens und Sachanlagen (KUGr. 760, 761)
    b) auf Vermögensgegenstände des Umlaufvermögens, soweit diese die im Krankenhaus üblichen Abschreibungen überschreiten (KUGr. 765)
21. sonstige betriebliche Aufwendungen (KGr. 69, 70; KUGr. 720, 731, 732, 763, 764, 781, 782, 790, 791, 793, 794), davon aus Ausgleichsbeträgen für frühere Geschäftsjahre (KUGr. 790)

Zwischenergebnis

22. Erträge aus Beteiligungen (KUGr. 500, 521), davon aus verbundenen Unternehmen (Kto. 5000) ++)
23. Erträge aus anderen Wertpapieren und aus Ausleihungen des Finanzanlagevermögens (KUGr. 501, 521), davon aus verbundenen Unternehmen (Kto. 5010, 5210) ++)
24. sonstige Zinsen und ähnliche Erträge (KGr. 51), davon aus verbundenen Unternehmen (KUGr. 510) ++)
25. Abschreibungen auf Finanzanlagen und auf Wertpapiere des Umlaufvermögens (KUGr. 762)
26. Zinsen und ähnliche Aufwendungen (KGr. 74), davon für Betriebsmittelkredite (KUGr. 740), davon an verbundene Unternehmen (KUGr. 741) ++)
27. Steuern (KUGr. 730) davon vom Einkommen und vom Ertrag
28. Jahresüberschuss/Jahresfehlbetrag

Pflege-Buchführungsverordnung - PBV

Verordnung über die Rechnungs- und Buchführungspflichten der Pflegeeinrichtungen

vom 22.11.1995 zuletzt geändert am 07.08.2021

Eingangsformel

Auf Grund des § 83 Abs. 1 Satz 1 Nr. 3 des Elften Buches Sozialgesetzbuch - Soziale Pflegeversicherung – vom 26. Mai 1994 (BGBl. I S. 1014) verordnet die Bundesregierung und auf Grund des durch Artikel 1 Nr. 8 des Gesetzes vom 19. Dezember 1985 (BGBl. I S. 2355) eingefügten und durch Artikel 1 Nr. 7 Buchstabe a des Gesetzes vom 24. Juni 1994 (BGBl. I S. 1377) geänderten § 330 Abs. 1 des Handelsgesetzbuchs verordnet das Bundesministerium der Justiz im Einvernehmen mit dem Bundesministerium der Finanzen und dem Bundesministerium für Wirtschaft:

§ 1 Anwendungsbereich

(1) Die Rechnungs- und Buchführungspflichten der Pflegeeinrichtungen richten sich nach dieser Verordnung, unabhängig davon, ob die Pflegeeinrichtung Kaufmann im Sinne des Handelsgesetzbuchs ist, und unabhängig von der Rechtsform der Pflegeeinrichtung. Rechnungs-, Buchführungs- und Aufzeichnungspflichten nach anderen Vorschriften bleiben unberührt.

(2) Pflegeeinrichtungen im Sinne dieser Verordnung sind

1. ambulante Pflegeeinrichtungen (Pflegedienste),
2. teilstationäre und vollstationäre Pflegeeinrichtungen (Pflegeheime), mit denen ein Versorgungsvertrag nach dem Elften Buch Sozialgesetzbuch besteht (zugelassene Pflegeeinrichtungen). Erbringt eine zugelassene Pflegeeinrichtung neben Leistungen nach dem Elften Buch Sozialgesetzbuch andere Sozialleistungen im Sinne des Ersten Buches Sozialgesetzbuch (gemischte Einrichtung), so sind ihre Rechnungs- und Buchführungspflichten nach dieser Verordnung auf die Leistungen beschränkt, für die sie nach dem Elften Buch Sozialgesetzbuch als Pflegeeinrichtung zugelassen ist.

§ 2 Geschäftsjahr

Das Geschäftsjahr ist das Kalenderjahr.

§ 3 Buchführung, Inventar

(1) Die Pflegeeinrichtungen führen ihre Bücher nach den Regeln der kaufmännischen doppelten Buchführung. Für Buchführung und Inventar gelten die §§ 238 bis 241 des Handelsgesetzbuchs.

(2) Die Konten sind nach dem Kontenrahmen der Anlage 4 einzurichten. Bei Verwendung eines hiervon abweichenden Kontenplanes hat die Pflegeeinrichtung durch ein ordnungsmäßiges Überleitungsverfahren die Umschlüsselung auf den Kontenrahmen nach Satz 1 zu gewährleisten.

§ 4 Jahresabschluss

(1) Der Jahresabschluss der Pflegeeinrichtung besteht aus:

1. der Bilanz, gegliedert nach Anlage 1,
2. der Gewinn- und Verlustrechnung, gegliedert nach Anlage 2, sowie
3. dem Anhang einschließlich des nach den Anlagen 3a und 3b gegliederten Anlagen- und Fördernachweises.

Der Jahresabschluss ist innerhalb von sechs Monaten nach Ablauf des Geschäftsjahres aufzustellen. Für die Aufstellung und den Inhalt des Jahresabschlusses gelten § 242, § 243 Abs. 1 und 2, die §§ 244 bis 256a, 264 Absatz 1a und 2, § 265 Abs. 2, 5 und 8, § 268 Abs. 3, die §§ 272, 274, 275 Absatz 4, § 277 Absatz 1 und 3 Satz 1, § 284 Absatz 2 Nummer 1 und 2 des Handelsgesetzbuchs sowie Artikel 28, 42 bis 44 des Einführungsgesetzes zum Handelsgesetzbuch.

(2) Soweit ein Träger mehrere Pflegeeinrichtungen betreibt, die keine Vollkaufleute im Sinne des Handelsgesetzbuchs sind, kann er diese in einem Jahresabschluss zusammenfassen. Dabei ist der Anlagen- und Fördernachweis nach den Anlagen 3a und 3b für jede Pflegeeinrichtung gesondert zu erstellen. § 7 bleibt unberührt.

(3) Bei gemischten Einrichtungen im Sinne des § 1 Abs. 2 Satz 2 kann der Träger

1. einen auf die Leistungen nach dem Elften Buch Sozialgesetzbuch begrenzten Jahresabschluss (Teil- Jahresabschluss) erstellen oder
2. unter Verwendung der Anlagen 3a und 3b die Erträge und Aufwendungen seiner Pflegeeinrichtungen in einer nach Anlage 2 gegliederten Teil-Gewinn- und Verlustrechnung so zusammenfassen, dass sie von den anderen Leistungsbereichen der Einrichtung getrennt sind. Ist eine Abgrenzung nicht

möglich, haben die erforderlichen Zuordnungen zu den verschiedenen Leistungsbereichen auf der Grundlage von vorsichtigen und wirklichkeitsnahen Schätzungen zu erfolgen. § 7 bleibt unberührt.

§ 5 Einzelvorschriften zur Bilanz

(1) Vermögensgegenstände des Anlagevermögens, deren Nutzung zeitlich begrenzt ist, sind in der Bilanz höchstens zu den Anschaffungs- oder Herstellungskosten, vermindert um Abschreibungen, anzusetzen. Kann eine zugelassene Pflegeeinrichtung, die erstmals nach den Grundsätzen dieser Verordnung eine Bewertung des Anlagevermögens vornimmt, zum Stichtag der Eröffnungsbilanz die tatsächlichen Anschaffungs- oder Herstellungskosten nicht ohne unvertretbaren Aufwand ermitteln, so sind den Preisverhältnissen des vermutlichen Anschaffungs- oder Herstellungszeitpunkts entsprechende Erfahrungswerte als Anschaffungs- oder Herstellungskosten anzusetzen. Vermögensgegenstände des Anlagevermögens, die bei Pflegeheimen am 1. Januar 1997, bei Pflegediensten am 1. Januar 1998 bis auf einen Erinnerungsposten abgeschrieben sind, können mit diesem Restbuchwert angesetzt werden.

(2) Vermögensgegenstände des Anlagevermögens, die mit öffentlichen Fördermitteln oder sonstigen Zuwendungen Dritter angeschafft oder hergestellt worden sind, sind auf der Aktivseite der Bilanz mit dem Bruttowert anzusetzen. Auf der Passivseite der Bilanz sind die bereits zweckentsprechend verwendeten Fördermittel oder Zuwendungen als Sonderposten gesondert auszuweisen, vermindert um den Betrag der bis zum jeweiligen Bilanzstichtag angefallenen Abschreibungen auf die mit diesen Mitteln finanzierten Vermögensgegenstände des Anlagevermögens.

(3) Bei Pflegeeinrichtungen ohne eigene Rechtspersönlichkeit oder in einer anderen Rechtsform als der Kapitalgesellschaft sind in der Bilanz unter dem Eigenkapital als "gewährtes Kapital" die Beträge auszuweisen, die der Einrichtung für die Erfüllung ihres Versorgungsauftrags nach dem 11. Buch Sozialgesetzbuch vom Rechtsträger auf Dauer zur Verfügung gestellt werden. Sonstige Einlagen des Rechtsträgers sind als Kapitalrücklagen auszuweisen. Für Gewinnrücklagen gilt §272 Abs.3 des Handelsgesetzbuchs entsprechend.

(4) Sind der Pflegeeinrichtung vor Aufnahme in den Landespflegeplan für Lasten aus Darlehen Fördermittel bewilligt worden, so ist in Höhe des Teils der jährlichen

Abschreibungen auf die mit diesen Mitteln finanzierten Vermögensgegenstände des Anlagevermögens, der nicht durch den Tilgungsanteil der Fördermittel gedeckt ist, in der Bilanz auf der Aktivseite ein "Ausgleichsposten aus Darlehensförderung" zu bilden. Ist der Tilgungsanteil der Fördermittel aus der Darlehensförderung höher als die jährlichen Abschreibungen auf die mit diesen Mitteln finanzierten Vermögensgegenstände des Anlagevermögens, so ist in der Bilanz in Höhe des überschießenden Betrages auf der Passivseite ein "Ausgleichsposten aus Darlehensförderung" zu bilden.

(5) In Höhe der Abschreibungen auf die aus Eigenmitteln des Trägers der Pflegeeinrichtung vor Beginn der Förderung beschafften Vermögensgegenstände des Anlagevermögens, für die ein Ausgleich für die Abnutzung in der Zeit ab Beginn der Förderung verlangt werden kann, ist in der Bilanz auf der Aktivseite ein "Ausgleichsposten für Eigenmittelförderung" zu bilden.

§ 6 Aufbewahrung und Vorlegung von Unterlagen

Für die Aufbewahrung von Unterlagen, die Aufbewahrungsfristen und die Vorlegung von Unterlagen gelten die §§ 257 und 261 des Handelsgesetzbuchs.

§ 7 Kosten- und Leistungsrechnung

Die zugelassenen Pflegeeinrichtungen haben eine Kosten- und Leistungsrechnung zu führen, die eine betriebsinterne Steuerung sowie eine Beurteilung der Wirtschaftlichkeit und Leistungsfähigkeit ermöglicht. Die Kosten- und Leistungsrechnung muss die Ermittlung und Abgrenzung der Kosten der jeweiligen Betriebszweige sowie die Erstellung der Leistungsnachweise nach den Vorschriften des Achten Kapitels des Elften Buches Sozialgesetzbuch ermöglichen. Dazu gehören folgende Mindestanforderungen:

1. Die Pflegeeinrichtungen haben die auf Grund ihrer Aufgaben und Strukturen erforderlichen Kostenstellen zu bilden; dabei kann der Kostenstellenrahmen nach dem Muster der Anlage 5 angewendet werden.
2. Die Kosten sind aus der Buchführung nachprüfbar herzuleiten.
3. Die Kosten und Leistungen sind verursachungsgerecht nach Kostenstellen zu erfassen; sie sind darüber hinaus den anfordernden Kostenstellen zuzuordnen, soweit dies für die in Satz 1 genannten Zwecke erforderlich ist.

4. Die Kosten und Leistungen sind verursachungsgerecht den Kostenträgern zuzuordnen; dabei kann die Kostenträgerübersicht nach dem Muster der Anlage 6 angewendet werden.
5. Bei Einrichtungen nach § 4 Abs. 2 oder 3 muss eine verursachungsgerechte Abgrenzung der Kosten und Erträge mit anteiliger Zuordnung auf die verschiedenen Einrichtungen erfolgen; § 4 Abs. 3 Nr. 2 Satz 2 gilt entsprechend.

§ 8 Wahlrecht für Kapitalgesellschaften

(1) Pflegeeinrichtungen, die Kapitalgesellschaften im Sinne des Zweiten Abschnitts des Dritten Buches des Handelsgesetzbuchs sind, brauchen auch für Zwecke des Handelsrechts bei der Aufstellung, Feststellung und Offenlegung ihres Jahresabschlusses nach dem Handelsgesetzbuch die Gliederungsvorschriften der §§ 266 und § 275 des Handelsgesetzbuchs nicht anzuwenden. [2]Nehmen die Pflegeeinrichtungen nach Satz 1 das Wahlrecht nach Satz 1 in Anspruch, so haben sie bei der Aufstellung, Feststellung und Offenlegung die Bilanz nach Anlage 1, die Gewinn- und Verlustrechnung nach Anlage 2 und den Anlagennachweis nach Anlage 3a zu gliedern. [3]Nehmen die Pflegeeinrichtungen nach Satz 1 das Wahlrecht nach Satz 1 nicht in Anspruch, haben sie außerhalb des handelsrechtlichen Jahresabschlusses zusätzlich gesonderte Dokumente bestehend aus den in Satz 2 näher bezeichneten Unterlagen zu erstellen. [4]Die im Anlagennachweis vorgeschriebenen Angaben sind auch für den Posten "Immaterielle Vermögensgegenstände" und jeweils für die Posten des Finanzanlagevermögens zu machen.

(2) Bei Inanspruchnahme des Wahlrechts nach Absatz 1 Satz 1 für Zwecke des Handelsrechts gelten die Erleichterungen für kleine und mittelgroße Kapitalgesellschaften nach § 266 Abs. 1 Satz 3 und § 276 des Handelsgesetzbuchs bei der Aufstellung und Feststellung nicht; bei der Offenlegung nach den §§ 325 bis 328 des Handelsgesetzbuchs dürfen § 266 Abs. 1 Satz 3 und § 276 des Handelsgesetzbuchs mit der Maßgabe angewendet werden, dass in der Bilanz nach Anlage1 und im Anlagennachweis nach Anlage 3a nur die mit Buchstaben und römischen Zahlen bezeichneten Posten ausgewiesen werden müssen und dass in der Gewinn- und Verlustrechnung nach Anlage 2 die Posten 1 bis 8 und 10 zu dem Posten "Rohergebnis" zusammengefasst werden dürfen.

§ 9 Befreiungen

(1) [1]Von den Vorschriften dieser Verordnung sind befreit:

1. Pflegedienste mit bis zu sechs Vollzeitkräften; Teilzeitkräfte sind auf Vollzeitkräfte umzurechnen,
2. teilstationäre Pflegeeinrichtungen und Einrichtungen der Kurzzeitpflege mit bis zu acht Pflegesätzen,
3. vollstationäre Pflegeeinrichtungen mit bis zu zwanzig Pflegeplätzen.

Für die Ermittlung der Vollzeitkräfte und der Pflegeplätze sind die Durchschnittswerte im abgelaufenen Geschäftsjahr maßgebend. [3]Satz 1 gilt nicht für Pflegeeinrichtungen, deren Umsätze aus der Erfüllung ihres Versorgungsauftrages nach dem Elften Buch des Sozialgesetzbuchs (ohne Investitionsaufwendungen) bei Pflegeheimen 500 000 Euro, bei Pflegediensten 250 000 Euro im abgelaufenen Geschäftsjahr übersteigen.

(2) [1]Von den Vorschriften dieser Verordnung können ganz oder teilweise befreit werden:

1. Pflegedienste mit sieben bis zu zehn Vollzeitkräften; Teilzeitkräfte sind auf Vollzeitkräfte umzurechnen,
2. teilstationäre Pflegeeinrichtungen und Einrichtungen der Kurzzeitpflege mit neun bis zu fünfzehn Pflegeplätzen,
3. vollstationäre Pflegeeinrichtungen mit einundzwanzig bis zu dreißig Pflegeplätzen.

Absatz 1 Satz 2 gilt entsprechend. [3]Über eine Befreiung und ihre Versagung entscheiden auf Antrag des Trägers der Pflegeeinrichtung die Landesverbände der Pflegekassen gemeinsam im Einvernehmen mit der zuständigen Landesbehörde nach pflichtgemäßem Ermessen. [4]Maßstab für diese Ermessensentscheidung ist insbesondere die Frage, ob die mit der Anwendung der Verordnung verbundenen Kosten in einem angemessenen Verhältnis zu dem erreichbaren Nutzen stehen oder ob die in § 7 gestellten Anforderungen nicht auch auf andere Weise erreicht werden können.

(3) [1]Pflegeeinrichtungen, die nach Absatz 1 oder 2 von den Vorschriften dieser Verordnung befreit sind, haben eine vereinfachte Einnahmen- und Ausgabenrechnung zu führen, die den Grundsätzen ordnungsmäßiger Buchführung entspricht; als Mindestanforderung gelten die in § 259 Abs. 1 des Bürgerlichen Gesetzbuchs aufgeführten Rechenschaftspflichten entsprechend. [2]Die Auskunfts-

und Nachweispflichten der Pflegeeinrichtungen nach dem Siebten und Achten Kapitel des Elften Buches Sozialgesetzbuch bleiben unberührt.

§ 10 PBV – Ordnungswidrigkeiten

Ordnungswidrig im Sinne des § 334 Abs. 1 Satz 1 Nr. 6 des Handelsgesetzbuchs handelt, wer als Mitglied des vertretungsberechtigten Organs oder des Aufsichtsrats einer Pflegeeinrichtung, die Kapitalgesellschaft ist, bei der Aufstellung oder Feststellung des Jahresabschlusses

entgegen § 8 Abs. 1 Satz 2

die Bilanz nicht nach Anlage 1,

die Gewinn- und Verlustrechnung nicht nach Anlage 2,

den Anlagennachweis nicht nach Anlage 3a gliedert oder

entgegen § 8 Abs. 1 Satz 4 die dort bezeichneten zusätzlichen Angaben im Anlagennachweis nicht, nicht in der vorgeschriebenen Form oder nicht mit dem vorgeschriebenen Inhalt macht.

§ 11 Inkrafttreten und Übergangsvorschriften

(1) Diese Verordnung tritt am 1. Januar 1996 in Kraft.

(2) § 279 des Handelsgesetzbuchs ist letztmals auf einen Jahresabschluss anzuwenden, der für ein Geschäftsjahr aufzustellen ist, das vor dem 1. Januar 2010 beginnt. Die Anlagen 1 und 4 mit den Änderungen, die durch das Bilanzrechtsmodernisierungsgesetz vom 25. Mai 2009 (BGBl. I S. 1102) und durch Artikel 6 Nummer 3 bis 5 der Verordnung zur Änderung von Rechnungslegungsverordnungen vom 9. Juni 2011 (BGBl. I S. 1041) erfolgt sind, sind erstmals auf Jahresabschlüsse für Geschäftsjahre anzuwenden, die nach dem 31. Dezember 2009, im Fall des Artikels 66 Absatz 3 Satz 6 des Einführungsgesetzes zum Handelsgesetzbuch nach dem 31. Dezember 2008 beginnen. Die Anlagen 1 und 4 in der bis zum 28. Mai 2009 geltenden Fassung sind letztmals auf einen Jahresabschluss anzuwenden, der für ein Geschäftsjahr aufzustellen ist, das vor dem 1. Januar 2010 beginnt. Soweit im Übrigen in dieser Verordnung auf Bestimmungen des Handelsgesetzbuchs in der Fassung des Bilanzrechtsmodernisierungsgesetzes vom 25. Mai 2009 (BGBl. I S. 1102) verwiesen wird, gelten die in den Artikeln 66 und 67 des Einführungsgesetzes zum Handelsgesetzbuch enthaltenen Übergangsregelungen entsprechend. Artikel 66 Abs. 3 Satz 6 des Einführungsgesetzes zum Handelsgesetzbuch gilt entsprechend.

(3) Die §§ 4, 8 und 10, das Formblatt für die Bilanz (Anlage 1), die Gliederung der Gewinn- und Verlustrechnung (Anlage 2) sowie die Kontenrahmen für die Buchführung in der Fassung des Bilanzrichtlinie-Umsetzungsgesetzes vom 17. Juli 2015 (BGBl. I S. 1245) sind erstmals auf Jahresabschlüsse für nach dem 31. Dezember 2015 beginnende Geschäftsjahre und die gegebenenfalls hierauf bezogenen Dokumente nach § 8 Absatz 1 Satz 3 anzuwenden.

(4) § 4 Absatz 1 Satz 3 und die Nummern 4a, 8, 22 und 28 der Gliederung der Gewinn- und Verlustrechnung (Anlage 2) in der Fassung der Zweiten Verordnung zur Änderung von Rechnungslegungsverordnungen vom 21. Dezember 2016 (BGBl. I S. 3076) sind erstmals auf Jahresabschlüsse für nach dem 31. Dezember 2015 beginnende Geschäftsjahre und die gegebenenfalls hierauf bezogenen Dokumente nach § 8 Absatz 1 Satz 3 anzuwenden.

(5) Die Nummern 1 bis 3 der Gliederung der Gewinn- und Verlustrechnung (Anlage 2), der Kontenrahmen für die Buchführung (Anlage 4) sowie die Anlagen 5 und 6 in der Fassung der Zweiten Verordnung zur Änderung von Rechnungslegungsverordnungen vom 21. Dezember 2016 (BGBl. I S. 3076) sind erstmals auf Jahresabschlüsse für nach dem 31. Dezember 2016 beginnende Geschäftsjahre und die gegebenenfalls hierauf bezogenen Dokumente nach § 8 Absatz 1 Satz 3 anzuwenden.

Anlage 1: Bilanz Pflege

Aktivseite

A. Anlagevermögen:

I. Immaterielle Vermögensgegenstände

1. Selbst geschaffene gewerbliche Schutzrechte und ähnliche Rechte und Werte (KUGr.0800)
2. entgeltlich erworbene Konzessionen, gewerbliche Schutzrechte und ähnliche Rechte und Werte sowie Lizenzen an solchen Rechten und Werten (KUGr.0801)
3. Geschäfts- oder Firmenwert (KUGr.0802)
4. geleistete Anzahlungen (KUGr.0803)

II. Sachanlagen:

1. Grundstücke und grundstücksgleiche Rechte mit Betriebsbauten einschließlich der Betriebsbauten auf fremden Grundstücken (KGr.01, KUGr.040 u. 042)
2. Grundstücke und grundstücksgleiche Rechte mit Wohnbauten einschließlich der Wohnbauten auf fremden Grundstücken (KGr.02, KUGr.041 u. 042, soweit nicht unter 1.)
3. Grundstücke und grundstücksgleiche Rechte ohne Bauten (KGr.03)
4. Technische Anlagen (KGr.05)
5. Einrichtungen und Ausstattungen ohne Fahrzeuge (KGr.06 ohne KUGr.063)
6. Fahrzeuge (KUGr.063)
7. Geleistete Anzahlungen und Anlagen im Bau (KGr.07)

III. Finanzanlagen

1. Anteile an verbundenen Unternehmen**) (KUGr.081)
2. Ausleihungen an verbundene Unternehmen**) (KUGr.082)
3. Beteiligungen (KUGr.083)
4. Ausleihungen an Unternehmen, mit denen ein Beteiligungsverhältnis besteht**) (KUGr.084)
5. Wertpapiere des Anlagevermögens (KUGr.085)
6. Sonstige Finanzanlagen (KUGr.086)

B. Umlaufvermögen

I. Vorräte

1. Roh-, Hilfs- und Betriebsstoffe (KUGr.101)
2. Geleistete Anzahlungen (KUGr.102)

II. Forderungen und sonstige Vermögensgegenstände
1. Forderungen aus Lieferungen und Leistungen (KGr.11), davon mit einer Restlaufzeit von mehr als einem Jahr
2. Forderungen an Gesellschafter oder Träger der Einrichtung (KUGr.160), davon mit einer Restlaufzeit von mehr als einem Jahr
3. Forderungen gegen verbundene Unternehmen**) (KUGr.161), davon mit einer Restlaufzeit von mehr als einem Jahr
4. Forderungen gegen Unternehmen, mit denen ein Beteiligungsverhältnis besteht**) (KUGr.162), davon mit einer Restlaufzeit von mehr als einem Jahr
5. Forderungen aus öffentlicher Förderung (KGr.14), davon mit einer Restlaufzeit von mehr als einem Jahr
6. Forderungen aus nicht-öffentlicher Förderung (KGr.15), davon mit einer Restlaufzeit von mehr als einem Jahr
7. Eingefordertes, noch nicht eingezahltes Kapital**) (KUGr.165)
8. Sonstige Vermögensgegenstände (KUGr.163, 164) davon mit einer Restlaufzeit von mehr als einem Jahr

III. Wertpapiere des Umlaufvermögens (KGr.13), davon Anteile an verbundenen Unternehmen

IV. Kassenbestand, Guthaben bei Kreditinstituten und Schecks (KGr.12)

C. Ausgleichsposten
1. Ausgleichsposten aus Darlehensförderung (KUGr.171)
2. Ausgleichsposten für Eigenmittelförderung (KUGr.172)

D. Rechnungsabgrenzungsposten (KGr.18)

E. Aktive latente Steuern**) (KUGr.164)

F. Aktiver Unterschiedsbetrag aus der Vermögensverrechnung

G. Nicht durch Eigenkapital gedeckter Fehlbetrag

*) Die Klammerhinweise auf den Kontenrahmen entfallen in der Bilanz.

**) Ausweis dieser Posten nur bei Kapitalgesellschaften

Passivseite

A. Eigenkapital

1. Eingefordertes Kapital (KUGr.2003) Gezeichnetes Kapital (KUGr.2001) abzüglich nicht eingeforderter ausstehender Einlagen (KUGr.2002)
2. Kapitalrücklagen (KUGr.201)
3. Gewinnrücklagen (KUGr.202)
4. Gewinnvortrag/Verlustvortrag (KUGr.203)
5. Jahresüberschuß/Jahresfehlbetrag (KUGr.204)

B. Sonderposten aus Zuschüssen und Zuweisungen zur Finanzierung des Sachanlagevermögens

C. Rückstellungen (KGr.24)

D. Verbindlichkeiten

1. Verbindlichkeiten aus Lieferungen und Leistungen (KGr.30), davon mit einer Restlaufzeit bis zu einem Jahr
2. Verbindlichkeiten gegenüber Kreditinstituten (KGr.31), davon mit einer Restlaufzeit bis zu einem Jahr
3. Erhaltene Anzahlungen (KGr.34), davon mit einer Restlaufzeit bis zu einem Jahr
4. Verbindlichkeiten gegenüber Gesellschaftern oder dem Träger der Einrichtung (KUGr.354), davon mit einer Restlaufzeit bis zu einem Jahr
5. Verbindlichkeiten gegenüber verbundenen Unternehmen**) (KUGr.355), davon mit einer Restlaufzeit bis zu einem Jahr
6. Verbindlichkeiten gegenüber Unternehmen, mit denen ein Beteiligungsverhältnis besteht**) (KUGr.356), davon mit einer Restlaufzeit bis zu einem Jahr
7. Verbindlichkeiten aus öffentlichen Fördermitteln für Investitionen (KGr.32), davon mit einer Restlaufzeit bis zu einem Jahr
8. Verbindlichkeiten aus nicht-öffentlicher Förderung für Investitionen (KGr.33), davon mit einer Restlaufzeit bis zu einem Jahr
9. Sonstige Verbindlichkeiten (KUGr.350 bis 353, 357, KGr.36) davon mit einer Restlaufzeit bis zu einem Jahr davon im Rahmen der sozialen Sicherheit
10. Verwahrgeldkonto (KGr.37)

E. Ausgleichsposten aus Darlehensförderung (KGr.23)

F. Rechnungsabgrenzungsposten (KGr.38)

G. Passive latente Steuern (KGr.39)**)

Anlage 2: GuV Pflege

Gliederung der Gewinn- und Verlustrechnung (Fundstelle: BGBl. I 1995, 1535 - 1536; bzgl. der einzelnen Änderungen vgl. Fußnote)

1. Erträge aus ambulanter, teilstationärer und vollstationärer Pflege sowie aus Kurzzeitpflege (KGr. 40 bis 43)
2. Erträge aus Unterkunft und Verpflegung (KUGr. 416, 426, 436)
3. Erträge aus Zusatzleistungen und Transportleistungen (KUGr. 417, 4191, 427, 437)
4. Erträge aus gesonderter Berechnung von Investitionskosten gegenüber Pflegebedürftigen (KUGr. 464)

4a. Umsatzerlöse nach § 277 Absatz 1 des Handelsgesetzbuchs (KUGr. 480 bis 485, 488; KGr. 55), soweit nicht in den Nummern 1 bis 4 enthalten

5. Zuweisungen und Zuschüsse zu Betriebskosten (KGr. 44)
6. Erhöhung oder Verminderung des Bestandes an fertigen/unfertigen Erzeugnissen und Leistungen (KUGr. 540)
7. Andere aktivierte Eigenleistungen (KUGr. 541)
8. Sonstige betriebliche Erträge (KUGr. 486, 487; KGr. 52, 53)
9. Personalaufwand
   a) Löhne und Gehälter (KGr. 60)
   b) Sozialabgaben, Altersversorgung und sonstige Aufwendungen (KGr. 61 bis 64)
10. Materialaufwand
    a) Lebensmittel (KGr. 65)
    b) Aufwendungen für Zusatzleistungen (KGr. 66)
    c) Wasser, Energie, Brennstoffe (KGr. 67)
    d) Wirtschaftsbedarf/Verwaltungsbedarf (KGr. 68, 70)
11. Aufwendungen für zentrale Dienstleistungen (KUGr.685)
12. Steuern, Abgaben, Versicherungen (KGr.71)
13. Sachaufwendungen für Hilfs- und Nebenbetriebe (KGr.73)
14. Mieten, Pacht, Leasing (KGr.76)

Zwischenergebnis

15. Erträge aus öffentlicher und nicht-öffentlicher Förderung von Investitionen (KGr.45, 46; KUGr.486)
16. Erträge aus der Auflösung von Sonderposten (KGr.47)

17. Erträge aus der Erstattung von Ausgleichsposten aus Darlehns- und Eigenmittelförderung (KUGr.487)
18. Aufwendungen aus der Zuführung zu Sonderposten/Verbindlichkeiten (KGr.74)
19. Aufwendungen aus der Zuführung zu Ausgleichsposten aus Darlehensförderung (KUGr.784)
20. Abschreibungen
    a) Abschreibungen auf immaterielle Vermögensgegenstände und Sachanlagen (KUGr.750, 751)
    b) Abschreibungen auf Forderungen und sonstige Vermögensgegenstände (KUGr. 753, 754)
21. Aufwendungen für Instandhaltung und Instandsetzung (KUGr.771)
22. Sonstige betriebliche Aufwendungen (KUGr.772)

Zwischenergebnis

23. Erträge aus Beteiligungen (KUGr.500*), 501)
24. Erträge aus Finanzanlagen (KUGr.502*), 503)
25. Zinsen und ähnliche Erträge (KGr.51)
26. Abschreibungen auf Finanzanlagen und Wertpapiere des Umlaufvermögens (KUGr.752)
27. Zinsen und ähnliche Aufwendungen (KGr.72)
28. (weggefallen)

29. Jahresüberschuss/Jahresfehlbetrag

*) Ausweis dieser Posten nur bei Kapitalgesellschaften.

Handelsgesetzbuch (HGB)

vom 10.05.1897, zuletzt geändert am 10.08.2021

AUSZUG

§ 1 [Kaufmann]

(1) Kaufmann im Sinne dieses Gesetzbuchs ist, wer ein Handelsgewerbe betreibt.

(2) Handelsgewerbe ist jeder Gewerbebetrieb, es sei denn, dass das Unternehmen nach Art oder Umfang einen in kaufmännischer Weise eingerichteten Geschäftsbetrieb nicht erfordert.

§ 2 [Handelsregister]

Ein gewerbliches Unternehmen, dessen Gewerbebetrieb nicht schon nach § 1 Abs. 2 Handelsgewerbe ist, gilt als Handelsgewerbe im Sinne dieses Gesetzbuchs, wenn die Firma des Unternehmens in das Handelsregister eingetragen ist. Der Unternehmer ist berechtigt, aber nicht verpflichtet, die Eintragung nach den für die Eintragung kaufmännischer Firmen geltenden Vorschriften herbeizuführen. Ist die Eintragung erfolgt, so findet eine Löschung der Firma auch auf Antrag des Unternehmers statt, sofern nicht die Voraussetzung des § 1 Abs. 2 eingetreten ist.

§ 8 Handelsregister

(1) Das Handelsregister wird von den Gerichten elektronisch geführt.

(2) Andere Datensammlungen dürfen nicht unter Verwendung oder Beifügung der Bezeichnung "Handelsregister" in den Verkehr gebracht werden.

§ 8a Eintragungen in das Handelsregister; Verordnungsermächtigung

(1) Eine Eintragung in das Handelsregister wird wirksam, sobald sie in den für die Handelsregistereintragungen bestimmten Datenspeicher aufgenommen ist und auf Dauer inhaltlich unverändert in lesbarer Form wiedergegeben werden kann.

(2) Die Landesregierungen werden ermächtigt, durch Rechtsverordnung nähere Bestimmungen über die elektronische Führung des Handelsregisters, die elektronische Anmeldung, die elektronische Einreichung von Dokumenten sowie deren Aufbewahrung zu treffen, soweit nicht durch das Bundesministerium der

Justiz und für Verbraucherschutz nach § 387 Abs. 2 des Gesetzes über das Verfahren in Familiensachen und in den Angelegenheiten der freiwilligen Gerichtsbarkeit entsprechende Vorschriften erlassen werden. Dabei können sie auch Einzelheiten der Datenübermittlung regeln sowie die Form zu übermittelnder elektronischer Dokumente festlegen, um die Eignung für die Bearbeitung durch das Gericht sicherzustellen. Die Landesregierungen können die Ermächtigung durch Rechtsverordnung auf die Landesjustizverwaltungen übertragen.

§ 9 Einsichtnahme in das Handelsregister und das Unternehmensregister

(1) Die Einsichtnahme in das Handelsregister sowie in die zum Handelsregister eingereichten Dokumente ist jedem zu Informationszwecken gestattet. Die Landesjustizverwaltungen bestimmen das elektronische Informations- und Kommunikationssystem, über das die Daten aus den Handelsregistern abrufbar sind, und sind für die Abwicklung des elektronischen Abrufverfahrens zuständig. Die Landesregierung kann die Zuständigkeit durch Rechtsverordnung abweichend regeln; sie kann diese Ermächtigung durch Rechtsverordnung auf die Landesjustizverwaltung übertragen. Die Länder können ein länderübergreifendes, zentrales elektronisches Informations- und Kommunikationssystem bestimmen. Sie können auch eine Übertragung der Abwicklungsaufgaben auf die zuständige Stelle eines anderen Landes sowie mit dem Betreiber des Unternehmensregisters eine Übertragung der Abwicklungsaufgaben auf das Unternehmensregister vereinbaren.
(2) Sind Dokumente nur in Papierform vorhanden, kann die elektronische Übermittlung nur für solche Schriftstücke verlangt werden, die weniger als zehn Jahre vor dem Zeitpunkt der Antragstellung zum Handelsregister eingereicht wurden.
(3) Die Übereinstimmung der übermittelten Daten mit dem Inhalt des Handelsregisters und den zum Handelsregister eingereichten Dokumenten wird auf Antrag durch das Gericht beglaubigt. Dafür ist eine qualifizierte elektronische Signatur zu verwenden.
(4) Von den Eintragungen und den eingereichten Dokumenten kann ein Ausdruck verlangt werden. Von den zum Handelsregister eingereichten Schriftstücken, die nur in Papierform vorliegen, kann eine Abschrift gefordert werden. Die Abschrift ist von der Geschäftsstelle zu beglaubigen und der Ausdruck als amtlicher Ausdruck zu fertigen, wenn nicht auf die Beglaubigung verzichtet wird.

(5) Das Gericht hat auf Verlangen eine Bescheinigung darüber zu erteilen, dass bezüglich des Gegenstandes einer Eintragung weitere Eintragungen nicht vorhanden sind oder dass eine bestimmte Eintragung nicht erfolgt ist.
(6) Für die Einsichtnahme in das Unternehmensregister gilt Absatz 1 Satz 1 entsprechend. Anträge nach den Absätzen 2 bis 5 können auch über das Unternehmensregister an das Gericht vermittelt werden. Die Einsichtnahme in die Bilanz einer Kleinstkapitalgesellschaft (§ 267a), die von dem Recht nach § 326 Absatz 2 Gebrauch gemacht hat, erfolgt nur auf Antrag durch Übermittlung einer Kopie.

§ 10 Bekanntmachung der Eintragungen

Das Gericht macht die Eintragungen in das Handelsregister in dem von der Landesjustizverwaltung bestimmten elektronischen Informations- und Kommunikationssystem in der zeitlichen Folge ihrer Eintragung nach Tagen geordnet bekannt; § 9 Abs. 1 Satz 4 und 5 gilt entsprechend. Soweit nicht ein Gesetz etwas anderes vorschreibt, werden die Eintragungen ihrem ganzen Inhalt nach veröffentlicht.

§ 17 [Firma]

(1) Die Firma eines Kaufmanns ist der Name, unter dem er seine Geschäfte betreibt und die Unterschrift abgibt.
(2) Ein Kaufmann kann unter seiner Firma klagen und verklagt werden.

§ 18 [Firma]

(1) Die Firma muss zur Kennzeichnung des Kaufmanns geeignet sein und Unterscheidungskraft besitzen.
(2) Die Firma darf keine Angaben enthalten, die geeignet sind, über geschäftliche Verhältnisse, die für die angesprochenen Verkehrskreise wesentlich sind, irrezuführen. Im Verfahren vor dem Registergericht wird die Eignung zur Irreführung nur berücksichtigt, wenn sie ersichtlich ist.

§ 19

(1) Die Firma muss, auch wenn sie nach den §§ 21, 22, 24 oder nach anderen gesetzlichen Vorschriften fortgeführt wird, enthalten:

1. bei Einzelkaufleuten die Bezeichnung "eingetragener Kaufmann", "eingetragene Kauffrau" oder eine allgemein verständliche Abkürzung dieser Bezeichnung, insbesondere "e.K.", "e.Kfm." oder "e.Kfr.",
2. bei einer offenen Handelsgesellschaft die Bezeichnung "offene Handelsgesellschaft" oder eine allgemein verständliche Abkürzung dieser Bezeichnung;
3. bei einer Kommanditgesellschaft die Bezeichnung "Kommanditgesellschaft" oder eine allgemein verständliche Abkürzung dieser Bezeichnung.

(2) Wenn in einer offenen Handelsgesellschaft oder Kommanditgesellschaft keine natürliche Person persönlich haftet, muß die Firma, auch wenn sie nach den §§ 21, 22, 24 oder nach anderen gesetzlichen Vorschriften fortgeführt wird, eine Bezeichnung enthalten, welche die Haftungsbeschränkung kennzeichnet.

§ 29

Jeder Kaufmann ist verpflichtet, seine Firma, den Ort und die inländische Geschäftsanschrift seiner Handelsniederlassung bei dem Gericht, in dessen Bezirke sich die Niederlassung befindet, zur Eintragung in das Handelsregister anzumelden.

§ 30

(1) Jede neue Firma muss sich von allen an demselben Ort oder in derselben Gemeinde bereits bestehenden und in das Handelsregister oder in das Genossenschaftsregister eingetragenen Firmen deutlich unterscheiden.

(2) Hat ein Kaufmann mit einem bereits eingetragenen Kaufmanne die gleichen Vornamen und den gleichen Familiennamen und will auch er sich dieser Namen als seiner Firma bedienen, so muss er der Firma einen Zusatz beifügen, durch den sie sich von der bereits eingetragenen Firma deutlich unterscheidet.

(3) Besteht an dem Orte oder in der Gemeinde, wo eine Zweigniederlassung errichtet wird, bereits eine gleiche eingetragene Firma, so muss der Firma für die Zweigniederlassung ein der Vorschrift des Absatzes 2 entsprechender Zusatz beigefügt werden.

(4) Durch die Landesregierungen kann bestimmt werden, dass benachbarte Orte oder Gemeinden als ein Ort oder als eine Gemeinde im Sinne dieser Vorschriften anzusehen sind.

§ 31

(1) Eine Änderung der Firma oder ihrer Inhaber, die Verlegung der Niederlassung an einen anderen Ort sowie die Änderung der inländischen Geschäftsanschrift ist nach den Vorschriften des § 29 zur Eintragung in das Handelsregister anzumelden.
(2) Das gleiche gilt, wenn die Firma erlischt. Kann die Anmeldung des Erlöschens einer eingetragenen Firma durch die hierzu Verpflichteten nicht auf dem in § 14 bezeichneten Wege herbeigeführt werden, so hat das Gericht das Erlöschen von Amts wegen einzutragen.

§ 32

(1) Wird über das Vermögen eines Kaufmanns das Insolvenzverfahren eröffnet, so ist dies von Amts wegen in das Handelsregister einzutragen. Das gleiche gilt für

1. die Aufhebung des Eröffnungsbeschlusses,
2. die Bestellung eines vorläufigen Insolvenzverwalters, wenn zusätzlich dem Schuldner ein allgemeines Verfügungsverbot auferlegt oder angeordnet wird, dass Verfügungen des Schuldners nur mit Zustimmung des vorläufigen Insolvenzverwalters wirksam sind, und die Aufhebung einer derartigen Sicherungsmaßnahme,
3. die Anordnung der Eigenverwaltung durch den Schuldner und deren Aufhebung sowie die Anordnung der Zustimmungsbedürftigkeit bestimmter Rechtsgeschäfte des Schuldners,
4. die Einstellung und die Aufhebung des Verfahrens und
5. die Überwachung der Erfüllung eines Insolvenzplans und die Aufhebung der Überwachung.

(2) Die Eintragungen werden nicht bekanntgemacht. Die Vorschriften des § 15 sind nicht anzuwenden.

§ 33

(1) Eine juristische Person, deren Eintragung in das Handelsregister mit Rücksicht auf den Gegenstand oder auf die Art und den Umfang ihres Gewerbebetriebes zu erfolgen hat, ist von sämtlichen Mitgliedern des Vorstandes zur Eintragung anzumelden.
(2) Der Anmeldung sind die Satzung der juristischen Person und die Urkunden über die Bestellung des Vorstandes in Urschrift oder in öffentlich beglaubigter Abschrift beizufügen; ferner ist anzugeben, welche Vertretungsmacht die Vorstandsmitglieder haben. Bei der Eintragung sind die Firma und der Sitz der juristischen Person, der

Gegenstand des Unternehmens, die Mitglieder des Vorstandes und ihre Vertretungsmacht anzugeben. Besondere Bestimmungen der Satzung über die Zeitdauer des Unternehmens sind gleichfalls einzutragen.
(3) Die Errichtung einer Zweigniederlassung ist durch den Vorstand anzumelden.
(4) Für juristische Personen im Sinne von Absatz 1 gilt die Bestimmung des § 37a entsprechend.

§ 34

(1) Jede Änderung der nach § 33 Abs. 2 Satz 2 und 3 einzutragenden Tatsachen oder der Satzung, die Auflösung der juristischen Person, falls sie nicht die Folge der Eröffnung des Insolvenzverfahrens ist, sowie die Personen der Liquidatoren, ihre Vertretungsmacht, jeder Wechsel der Liquidatoren und jede Änderung ihrer Vertretungsmacht sind zur Eintragung in das Handelsregister anzumelden.
(2) Bei der Eintragung einer Änderung der Satzung genügt, soweit nicht die Änderung die in § 33 Abs. 2 Satz 2 und 3 bezeichneten Angaben betrifft, die Bezugnahme auf die bei dem Gericht eingereichten Urkunden über die Änderung.
(3) Die Anmeldung hat durch den Vorstand oder, sofern die Eintragung erst nach der Anmeldung der ersten Liquidatoren geschehen soll, durch die Liquidatoren zu erfolgen.
(4) Die Eintragung gerichtlich bestellter Vorstandsmitglieder oder Liquidatoren geschieht von Amts wegen.
(5) Im Falle des Insolvenzverfahrens finden die Vorschriften des § 32 Anwendung.

§ 48 [Prokura]

(1) Die Prokura kann nur von dem Inhaber des Handelsgeschäfts oder seinem gesetzlichen Vertreter und nur mittels ausdrücklicher Erklärung erteilt werden.
(2) Die Erteilung kann an mehrere Personen gemeinschaftlich erfolgen (Gesamtprokura).

§ 49

(1) Die Prokura ermächtigt zu allen Arten von gerichtlichen und außergerichtlichen Geschäften und Rechtshandlungen, die der Betrieb eines Handelsgewerbes mit sich bringt.
(2) Zur Veräußerung und Belastung von Grundstücken ist der Prokurist nur ermächtigt, wenn ihm diese Befugnis besonders erteilt ist.

§ 50

(1) Eine Beschränkung des Umfanges der Prokura ist Dritten gegenüber unwirksam.
(2) Dies gilt insbesondere von der Beschränkung, dass die Prokura nur für gewisse Geschäfte oder gewisse Arten von Geschäften oder nur unter gewissen Umständen oder für eine gewisse Zeit oder an einzelnen Orten ausgeübt werden soll.
(3) Eine Beschränkung der Prokura auf den Betrieb einer von mehreren Niederlassungen des Geschäftsinhabers ist Dritten gegenüber nur wirksam, wenn die Niederlassungen unter verschiedenen Firmen betrieben werden. Eine Verschiedenheit der Firmen im Sinne dieser Vorschrift wird auch dadurch begründet, dass für eine Zweigniederlassung der Firma ein Zusatz beigefügt wird, der sie als Firma der Zweigniederlassung bezeichnet.

§ 51

Der Prokurist hat in der Weise zu zeichnen, dass er der Firma seinen Namen mit einem die Prokura andeutenden Zusatze beifügt.

§ 52

(1) Die Prokura ist ohne Rücksicht auf das der Erteilung zugrunde liegende Rechtsverhältnis jederzeit widerruflich, unbeschadet des Anspruchs auf die vertragsmäßige Vergütung.
(2) Die Prokura ist nicht übertragbar.
(3) Die Prokura erlischt nicht durch den Tod des Inhabers des Handelsgeschäfts.

§ 53

(1) Die Erteilung der Prokura ist von dem Inhaber des Handelsgeschäfts zur Eintragung in das Handelsregister anzumelden. Ist die Prokura als Gesamtprokura erteilt, so muss auch dies zur Eintragung angemeldet werden.
(2) Das Erlöschen der Prokura ist in gleicher Weise wie die Erteilung zur Eintragung anzumelden.

§ 54

(1) Ist jemand ohne Erteilung der Prokura zum Betrieb eines Handelsgewerbes oder zur Vornahme einer bestimmten zu einem Handelsgewerbe gehörigen Art von Geschäften oder zur Vornahme einzelner zu einem Handelsgewerbe gehöriger Geschäfte ermächtigt, so erstreckt sich die Vollmacht (Handlungsvollmacht) auf alle

Geschäfte und Rechtshandlungen, die der Betrieb eines derartigen Handelsgewerbes oder die Vornahme derartiger Geschäfte gewöhnlich mit sich bringt.

(2) Zur Veräußerung oder Belastung von Grundstücken, zur Eingehung von Wechselverbindlichkeiten, zur Aufnahme von Darlehen und zur Prozessführung ist der Handlungsbevollmächtigte nur ermächtigt, wenn ihm eine solche Befugnis besonders erteilt ist.

(3) Sonstige Beschränkungen der Handlungsvollmacht braucht ein Dritter nur dann gegen sich gelten zu lassen, wenn er sie kannte oder kennen musste.

§ 55

(1) Die Vorschriften des § 54 finden auch Anwendung auf Handlungsbevollmächtigte, die Handelsvertreter sind oder die als Handlungsgehilfen damit betraut sind, außerhalb des Betriebes des Prinzipals Geschäfte in dessen Namen abzuschließen.

(2) Die ihnen erteilte Vollmacht zum Abschluss von Geschäften bevollmächtigt sie nicht, abgeschlossene Verträge zu ändern, insbesondere Zahlungsfristen zu gewähren.

(3) Zur Annahme von Zahlungen sind sie nur berechtigt, wenn sie dazu bevollmächtigt sind.

(4) Sie gelten als ermächtigt, die Anzeige von Mängeln einer Ware, die Erklärung, dass eine Ware zur Verfügung gestellt werde, sowie ähnliche Erklärungen, durch die ein Dritter seine Rechte aus mangelhafter Leistung geltend macht oder sie vorbehält, entgegenzunehmen; sie können die dem Unternehmer (Prinzipal) zustehenden Rechte auf Sicherung des Beweises geltend machen.

§ 56

Wer in einem Laden oder in einem offenen Warenlager angestellt ist, gilt als ermächtigt zu Verkäufen und Empfangnahmen, die in einem derartigen Laden oder Warenlager gewöhnlich geschehen.

§ 57

Der Handlungsbevollmächtigte hat sich bei der Zeichnung jedes eine Prokura andeutenden Zusatzes zu enthalten; er hat mit einem das Vollmachtsverhältnis ausdrückenden Zusatze zu zeichnen.

§ 58
Der Handlungsbevollmächtigte kann ohne Zustimmung des Inhabers des Handelsgeschäfts seine Handlungsvollmacht auf einen anderen nicht übertragen.

§ 123
(1) Die Wirksamkeit der offenen Handelsgesellschaft tritt im Verhältnisse zu Dritten mit dem Zeitpunkt ein, in welchem die Gesellschaft in das Handelsregister eingetragen wird.
(2) Beginnt die Gesellschaft ihre Geschäfte schon vor der Eintragung, so tritt die Wirksamkeit mit dem Zeitpunkte des Geschäftsbeginns ein, soweit nicht aus § 2 oder § 105 Abs. 2 sich ein anderes ergibt.
(3) Eine Vereinbarung, dass die Gesellschaft erst mit einem späteren Zeitpunkt ihren Anfang nehmen soll, ist Dritten gegenüber unwirksam.

§ 124 [oHG]
1) Die offene Handelsgesellschaft kann unter ihrer Firma Rechte erwerben und Verbindlichkeiten eingehen, Eigentum und andere dingliche Rechte an Grundstücken erwerben, vor Gericht klagen und verklagt werden.
(2) Zur Zwangsvollstreckung in das Gesellschaftsvermögen ist ein gegen die Gesellschaft gerichteter vollstreckbarer Schuldtitel erforderlich.

§ 125 [Gesellschafter]
(1) Zur Vertretung der Gesellschaft ist jeder Gesellschafter ermächtigt, wenn er nicht durch den Gesellschaftsvertrag von der Vertretung ausgeschlossen ist.
(2) Im Gesellschaftsvertrage kann bestimmt werden, dass alle oder mehrere Gesellschafter nur in Gemeinschaft zur Vertretung der Gesellschaft ermächtigt sein sollen (Gesamtvertretung). Die zur Gesamtvertretung berechtigten Gesellschafter können einzelne von ihnen zur Vornahme bestimmter Geschäfte oder bestimmter Arten von Geschäften ermächtigen. Ist der Gesellschaft gegenüber eine Willenserklärung abzugeben, so genügt die Abgabe gegenüber einem der zur Mitwirkung bei der Vertretung befugten Gesellschafter.
(3) Im Gesellschaftsvertrage kann bestimmt werden, dass die Gesellschafter, wenn nicht mehrere zusammen handeln, nur in Gemeinschaft mit einem Prokuristen zur Vertretung der Gesellschaft ermächtigt sein sollen. Die Vorschriften des Absatzes 2 Satz 2 und 3 finden in diesem Falle entsprechende Anwendung.

§ 125a [Geschäftsbrief]

(1) Auf allen Geschäftsbriefen der Gesellschaft gleichviel welcher Form, die an einen bestimmten Empfänger gerichtet werden, müssen die Rechtsform und der Sitz der Gesellschaft, das Registergericht und die Nummer, unter der die Gesellschaft in das Handelsregister eingetragen ist, angegeben werden. Bei einer Gesellschaft, bei der kein Gesellschafter eine natürliche Person ist, sind auf den Geschäftsbriefen der Gesellschaft ferner die Firmen der Gesellschafter anzugeben sowie für die Gesellschafter die nach § 35a des Gesetzes betreffend die Gesellschaften mit beschränkter Haftung oder § 80 des Aktiengesetzes für Geschäftsbriefe vorgeschriebenen Angaben zu machen. Die Angaben nach Satz 2 sind nicht erforderlich, wenn zu den Gesellschaftern der Gesellschaft eine offene Handelsgesellschaft oder Kommanditgesellschaft gehört, bei der ein persönlich haftender Gesellschafter eine natürliche Person ist.

(2) Für Vordrucke und Bestellscheine ist § 37a Abs. 2 und 3, für Zwangsgelder gegen die zur Vertretung der Gesellschaft ermächtigten Gesellschafter oder deren organschaftliche Vertreter und die Liquidatoren ist § 37a Abs. 4 entsprechend anzuwenden.

§ 126 [Gesellschafter]

(1) Die Vertretungsmacht der Gesellschafter erstreckt sich auf alle gerichtlichen und außergerichtlichen Geschäfte und Rechtshandlungen einschließlich der Veräußerung und Belastung von Grundstücken sowie der Erteilung und des Widerrufs einer Prokura.

(2) Eine Beschränkung des Umfanges der Vertretungsmacht ist Dritten gegenüber unwirksam; dies gilt insbesondere von der Beschränkung, dass sich die Vertretung nur auf gewisse Geschäfte oder Arten von Geschäften erstrecken oder dass sie nur unter gewissen Umständen oder für eine gewisse Zeit oder an einzelnen Orten stattfinden soll.

(3) In betreff der Beschränkung auf den Betrieb einer von mehreren Niederlassungen der Gesellschaft finden die Vorschriften des § 50 Abs. 3 entsprechende Anwendung.

§ 127

Die Vertretungsmacht kann einem Gesellschafter auf Antrag der übrigen Gesellschafter durch gerichtliche Entscheidung entzogen werden, wenn ein wichtiger Grund vorliegt; ein solcher Grund ist insbesondere grobe Pflichtverletzung oder Unfähigkeit zur ordnungsgemäßen Vertretung der Gesellschaft.

§ 128

Die Gesellschafter haften für die Verbindlichkeiten der Gesellschaft den Gläubigern als Gesamtschuldner persönlich. Eine entgegenstehende Vereinbarung ist Dritten gegenüber unwirksam.

§ 129

(1) Wird ein Gesellschafter wegen einer Verbindlichkeit der Gesellschaft in Anspruch genommen, so kann er Einwendungen, die nicht in seiner Person begründet sind, nur insoweit geltend machen, als sie von der Gesellschaft erhoben werden können.
(2) Der Gesellschafter kann die Befriedigung des Gläubigers verweigern, solange der Gesellschaft das Recht zusteht, das ihrer Verbindlichkeit zugrunde liegende Rechtsgeschäft anzufechten.
(3) Die gleiche Befugnis hat der Gesellschafter, solange sich der Gläubiger durch Aufrechnung gegen eine fällige Forderung der Gesellschaft befriedigen kann.
(4) Aus einem gegen die Gesellschaft gerichteten vollstreckbaren Schuldtitel findet die Zwangsvollstreckung gegen die Gesellschafter nicht statt.

§ 130

(1) Wer in eine bestehende Gesellschaft eintritt, haftet gleich den anderen Gesellschaftern nach Maßgabe der §§ 128 und 129 für die vor seinem Eintritte begründeten Verbindlichkeiten der Gesellschaft, ohne Unterschied, ob die Firma eine Änderung erleidet oder nicht.
(2) Eine entgegenstehende Vereinbarung ist Dritten gegenüber unwirksam.

§ 130a

(1) Nachdem bei einer Gesellschaft, bei der kein Gesellschafter eine natürliche Person ist, die Zahlungsunfähigkeit eingetreten ist oder sich ihre Überschuldung ergeben hat, dürfen die organschaftlichen Vertreter der zur Vertretung der Gesellschaft ermächtigten Gesellschafter und die Liquidatoren für die Gesellschaft keine Zahlungen leisten. Dies gilt nicht von Zahlungen, die auch nach diesem Zeitpunkt mit der Sorgfalt eines ordentlichen und gewissenhaften Geschäftsleiters vereinbar sind. Entsprechendes gilt für Zahlungen an Gesellschafter, soweit diese zur

Zahlungsunfähigkeit der Gesellschaft führen mussten, es sei denn, dies war auch bei Beachtung der in Satz 2 bezeichneten Sorgfalt nicht erkennbar. Die Sätze 1 bis 3 gelten nicht, wenn zu den Gesellschaftern der offenen Handelsgesellschaft eine andere offene Handelsgesellschaft oder Kommanditgesellschaft gehört, bei der ein persönlich haftender Gesellschafter eine natürliche Person ist.

(2) Wird entgegen § 15a Abs. 1 der Insolvenzordnung die Eröffnung des Insolvenzverfahrens nicht oder nicht rechtzeitig beantragt oder werden entgegen Absatz 1 Zahlungen geleistet, so sind die organschaftlichen Vertreter der zur Vertretung der Gesellschaft ermächtigten Gesellschafter und die Liquidatoren der Gesellschaft gegenüber zum Ersatz des daraus entstehenden Schadens als Gesamtschuldner verpflichtet. Ist dabei streitig, ob sie die Sorgfalt eines ordentlichen und gewissenhaften Geschäftsleiters angewandt haben, so trifft sie die Beweislast. Die Ersatzpflicht kann durch Vereinbarung mit den Gesellschaftern weder eingeschränkt noch ausgeschlossen werden. Soweit der Ersatz zur Befriedigung der Gläubiger der Gesellschaft erforderlich ist, wird die Ersatzpflicht weder durch einen Verzicht oder Vergleich der Gesellschaft noch dadurch aufgehoben, dass die Handlung auf einem Beschluss der Gesellschafter beruht. Satz 4 gilt nicht, wenn der Ersatzpflichtige zahlungsunfähig ist und sich zur Abwendung des Insolvenzverfahrens mit seinen Gläubigern vergleicht oder wenn die Ersatzpflicht in einem Insolvenzplan geregelt wird. Die Ansprüche aus diesen Vorschriften verjähren in fünf Jahren.

(3) Diese Vorschriften gelten sinngemäß, wenn die in den Absätzen 1 und 2 genannten organschaftlichen Vertreter ihrerseits Gesellschaften sind, bei denen kein Gesellschafter eine natürliche Person ist, oder sich die Verbindung von Gesellschaften in dieser Art fortsetzt.

§ 131

(1) Die offene Handelsgesellschaft wird aufgelöst:

1. durch den Ablauf der Zeit, für welche sie eingegangen ist;
2. durch Beschluss der Gesellschafter;
3. durch die Eröffnung des Insolvenzverfahrens über das Vermögen der Gesellschaft;
4. durch gerichtliche Entscheidung.

(2) Eine offene Handelsgesellschaft, bei der kein persönlich haftender Gesellschafter eine natürliche Person ist, wird ferner aufgelöst:

1. mit der Rechtskraft des Beschlusses, durch den die Eröffnung des Insolvenzverfahrens mangels Masse abgelehnt worden ist;

2. durch die Löschung wegen Vermögenslosigkeit nach § 394 des Gesetzes über das Verfahren in Familiensachen und in den Angelegenheiten der freiwilligen Gerichtsbarkeit.

Dies gilt nicht, wenn zu den persönlich haftenden Gesellschaftern eine andere offene Handelsgesellschaft oder Kommanditgesellschaft gehört, bei der ein persönlich haftender Gesellschafter eine natürliche Person ist.

(3) Folgende Gründe führen mangels abweichender vertraglicher Bestimmung zum Ausscheiden eines Gesellschafters:

1. Tod des Gesellschafters,
2. Eröffnung des Insolvenzverfahrens über das Vermögen des Gesellschafters,
3. Kündigung des Gesellschafters,
4. Kündigung durch den Privatgläubiger des Gesellschafters,
5. Eintritt von weiteren im Gesellschaftsvertrag vorgesehenen Fällen,
6. Beschluss der Gesellschafter.

Der Gesellschafter scheidet mit dem Eintritt des ihn betreffenden Ereignisses aus, im Falle der Kündigung aber nicht vor Ablauf der Kündigungsfrist.

§ 132

Die Kündigung eines Gesellschafters kann, wenn die Gesellschaft für unbestimmte Zeit eingegangen ist, nur für den Schluss eines Geschäftsjahrs erfolgen; sie muss mindestens sechs Monate vor diesem Zeitpunkte stattfinden.

§ 133

(1) Auf Antrag eines Gesellschafters kann die Auflösung der Gesellschaft vor dem Ablauf der für ihre Dauer bestimmten Zeit oder bei einer für unbestimmte Zeit eingegangenen Gesellschaft ohne Kündigung durch gerichtliche Entscheidung ausgesprochen werden, wenn ein wichtiger Grund vorliegt.

(2) Ein solcher Grund ist insbesondere vorhanden, wenn ein anderer Gesellschafter eine ihm nach dem Gesellschaftsvertrag obliegende wesentliche Verpflichtung vorsätzlich oder aus grober Fahrlässigkeit verletzt oder wenn die Erfüllung einer solchen Verpflichtung unmöglich wird.

(3) Eine Vereinbarung, durch welche das Recht des Gesellschafters, die Auflösung der Gesellschaft zu verlangen, ausgeschlossen oder diesen Vorschriften zuwider beschränkt wird, ist nichtig.

§ 134

Eine Gesellschaft, die für die Lebenszeit eines Gesellschafters eingegangen ist oder nach dem Ablaufe der für ihre Dauer bestimmten Zeit stillschweigend fortgesetzt wird, steht im Sinne der Vorschriften der §§ 132 und 133 einer für unbestimmte Zeit eingegangenen Gesellschaft gleich.

§ 135

Hat ein Privatgläubiger eines Gesellschafters, nachdem innerhalb der letzten sechs Monate eine Zwangsvollstreckung in das bewegliche Vermögen des Gesellschafters ohne Erfolg versucht ist, auf Grund eines nicht bloß vorläufig vollstreckbaren Schuldtitels die Pfändung und Überweisung des Anspruchs auf dasjenige erwirkt, was dem Gesellschafter bei der Auseinandersetzung zukommt, so kann er die Gesellschaft ohne Rücksicht darauf, ob sie für bestimmte oder unbestimmte Zeit eingegangen ist, sechs Monate vor dem Ende des Geschäftsjahrs für diesen Zeitpunkt kündigen.

§ 139

(1) Ist im Gesellschaftsvertrage bestimmt, dass im Falle des Todes eines Gesellschafters die Gesellschaft mit dessen Erben fortgesetzt werden soll, so kann jeder Erbe sein Verbleiben in der Gesellschaft davon abhängig machen, dass ihm unter Belassung des bisherigen Gewinnanteils die Stellung eines Kommanditisten eingeräumt und der auf ihn fallende Teil der Einlage des Erblassers als seine Kommanditeinlage anerkannt wird.

(2) Nehmen die übrigen Gesellschafter einen dahingehenden Antrag des Erben nicht an, so ist dieser befugt, ohne Einhaltung einer Kündigungsfrist sein Ausscheiden aus der Gesellschaft zu erklären.

(3) Die bezeichneten Rechte können von dem Erben nur innerhalb einer Frist von drei Monaten nach dem Zeitpunkt, in welchem er von dem Anfalle der Erbschaft Kenntnis erlangt hat, geltend gemacht werden. Auf den Lauf der Frist finden die für die Verjährung geltenden Vorschriften des § 210 des Bürgerlichen Gesetzbuchs entsprechende Anwendung. Ist bei dem Ablaufe der drei Monate das Recht zur Ausschlagung der Erbschaft noch nicht verloren, so endigt die Frist nicht vor dem Ablaufe der Ausschlagungsfrist.

(4) Scheidet innerhalb der Frist des Absatzes 3 der Erbe aus der Gesellschaft aus oder wird innerhalb der Frist die Gesellschaft aufgelöst oder dem Erben die Stellung eines

Kommanditisten eingeräumt, so haftet er für die bis dahin entstandenen Gesellschaftsschulden nur nach Maßgabe der die Haftung des Erben für die Nachlassverbindlichkeiten betreffenden Vorschriften des bürgerlichen Rechtes.
(5) Der Gesellschaftsvertrag kann die Anwendung der Vorschriften der Absätze 1 bis 4 nicht ausschließen; es kann jedoch für den Fall, dass der Erbe sein Verbleiben in der Gesellschaft von der Einräumung der Stellung eines Kommanditisten abhängig macht, sein Gewinnanteil anders als der des Erblassers bestimmt werden.

§ 140

(1) Tritt in der Person eines Gesellschafters ein Umstand ein, der nach § 133 für die übrigen Gesellschafter das Recht begründet, die Auflösung der Gesellschaft zu verlangen, so kann vom Gericht anstatt der Auflösung die Ausschließung dieses Gesellschafters aus der Gesellschaft ausgesprochen werden, sofern die übrigen Gesellschafter dies beantragen. Der Ausschließungsklage steht nicht entgegen, dass nach der Ausschließung nur ein Gesellschafter verbleibt.
(2) Für die Auseinandersetzung zwischen der Gesellschaft und dem ausgeschlossenen Gesellschafter ist die Vermögenslage der Gesellschaft in dem Zeitpunkt maßgebend, in welchem die Klage auf Ausschließung erhoben ist.

§ 143

(1) Die Auflösung der Gesellschaft ist von sämtlichen Gesellschaftern zur Eintragung in das Handelsregister anzumelden. Dies gilt nicht in den Fällen der Eröffnung oder der Ablehnung der Eröffnung des Insolvenzverfahrens über das Vermögen der Gesellschaft (§ 131 Abs. 1 Nr. 3 und Abs. 2 Nr. 1). In diesen Fällen hat das Gericht die Auflösung und ihren Grund von Amts wegen einzutragen. Im Falle der Löschung der Gesellschaft (§ 131 Abs. 2 Nr. 2) entfällt die Eintragung der Auflösung.
(2) Absatz 1 Satz 1 gilt entsprechend für das Ausscheiden eines Gesellschafters aus der Gesellschaft.
(3) Ist anzunehmen, dass der Tod eines Gesellschafters die Auflösung oder das Ausscheiden zur Folge gehabt hat, so kann, auch ohne dass die Erben bei der Anmeldung mitwirken, die Eintragung erfolgen, soweit einer solchen Mitwirkung besondere Hindernisse entgegenstehen.

§ 144

(1) Ist die Gesellschaft durch die Eröffnung des Insolvenzverfahrens über ihr Vermögen aufgelöst, das Verfahren aber auf Antrag des Schuldners eingestellt oder nach der Bestätigung eines Insolvenzplans, der den Fortbestand der Gesellschaft vorsieht, aufgehoben, so können die Gesellschafter die Fortsetzung der Gesellschaft beschließen.

(2) Die Fortsetzung ist von sämtlichen Gesellschaftern zur Eintragung in das Handelsregister anzumelden.

§ 145

(1) Nach der Auflösung der Gesellschaft findet die Liquidation statt, sofern nicht eine andere Art der Auseinandersetzung von den Gesellschaftern vereinbart oder über das Vermögen der Gesellschaft das Insolvenzverfahren eröffnet ist.

(2) Ist die Gesellschaft durch Kündigung des Gläubigers eines Gesellschafters oder durch die Eröffnung des Insolvenzverfahrens über das Vermögen eines Gesellschafters aufgelöst, so kann die Liquidation nur mit Zustimmung des Gläubigers oder des Insolvenzverwalters unterbleiben; ist im Insolvenzverfahren Eigenverwaltung angeordnet, so tritt an die Stelle der Zustimmung des Insolvenzverwalters die Zustimmung des Schuldners.

(3) Ist die Gesellschaft durch Löschung wegen Vermögenslosigkeit aufgelöst, so findet eine Liquidation nur statt, wenn sich nach der Löschung herausstellt, dass Vermögen vorhanden ist, das der Verteilung unterliegt.

§ 146

(1) Die Liquidation erfolgt, sofern sie nicht durch Beschluss der Gesellschafter oder durch den Gesellschaftsvertrag einzelnen Gesellschaftern oder anderen Personen übertragen ist, durch sämtliche Gesellschafter als Liquidatoren. Mehrere Erben eines Gesellschafters haben einen gemeinsamen Vertreter zu bestellen.

(2) Auf Antrag eines Beteiligten kann aus wichtigen Gründen die Ernennung von Liquidatoren durch das Gericht erfolgen, in dessen Bezirke die Gesellschaft ihren Sitz hat; das Gericht kann in einem solchen Falle Personen zu Liquidatoren ernennen, die nicht zu den Gesellschaftern gehören. Als Beteiligter gilt außer den Gesellschaftern im Falle des § 135 auch der Gläubiger, durch den die Kündigung erfolgt ist. Im Falle des § 145 Abs. 3 sind die Liquidatoren auf Antrag eines Beteiligten durch das Gericht zu ernennen.

(3) Ist über das Vermögen eines Gesellschafters das Insolvenzverfahren eröffnet und ist ein Insolvenzverwalter bestellt, so tritt dieser an die Stelle des Gesellschafters.

§ 147

Die Abberufung von Liquidatoren geschieht durch einstimmigen Beschluss der nach § 146 Abs. 2 und 3 Beteiligten; sie kann auf Antrag eines Beteiligten aus wichtigen Gründen auch durch das Gericht erfolgen.

§ 148

(1) Die Liquidatoren und ihre Vertretungsmacht sind von sämtlichen Gesellschaftern zur Eintragung in das Handelsregister anzumelden. Das gleiche gilt von jeder Änderung in den Personen der Liquidatoren oder in ihrer Vertretungsmacht. Im Falle des Todes eines Gesellschafters kann, wenn anzunehmen ist, dass die Anmeldung den Tatsachen entspricht, die Eintragung erfolgen, auch ohne dass die Erben bei der Anmeldung mitwirken, soweit einer solchen Mitwirkung besondere Hindernisse entgegenstehen.

(2) Die Eintragung gerichtlich bestellter Liquidatoren sowie die Eintragung der gerichtlichen Abberufung von Liquidatoren geschieht von Amts wegen.

§ 149

Die Liquidatoren haben die laufenden Geschäfte zu beendigen, die Forderungen einzuziehen, das übrige Vermögen in Geld umzusetzen und die Gläubiger zu befriedigen; zur Beendigung schwebender Geschäfte können sie auch neue Geschäfte eingehen. Die Liquidatoren vertreten innerhalb ihres Geschäftskreises die Gesellschaft gerichtlich und außergerichtlich.

§ 155

(1) Das nach Berichtigung der Schulden verbleibende Vermögen der Gesellschaft ist von den Liquidatoren nach dem Verhältnisse der Kapitalanteile, wie sie sich auf Grund der Schlussbilanz ergeben, unter die Gesellschafter zu verteilen.

(2) Das während der Liquidation entbehrliche Geld wird vorläufig verteilt. Zur Deckung noch nicht fälliger oder streitiger Verbindlichkeiten sowie zur Sicherung der den Gesellschaftern bei der Schlussverteilung zukommenden Beträge ist das Erforderliche zurückzubehalten. Die Vorschriften des § 122 Abs. 1 finden während der Liquidation keine Anwendung.

(3) Entsteht über die Verteilung des Gesellschaftsvermögens Streit unter den Gesellschaftern, so haben die Liquidatoren die Verteilung bis zur Entscheidung des Streites auszusetzen.

§ 156

Bis zur Beendigung der Liquidation kommen in Bezug auf das Rechtsverhältnis der bisherigen Gesellschafter untereinander sowie der Gesellschaft zu Dritten die Vorschriften des zweiten und dritten Titels zur Anwendung, soweit sich nicht aus dem gegenwärtigen Titel oder aus dem Zwecke der Liquidation ein anderes ergibt.

§ 157

(1) Nach der Beendigung der Liquidation ist das Erlöschen der Firma von den Liquidatoren zur Eintragung in das Handelsregister anzumelden.
(2) Die Bücher und Papiere der aufgelösten Gesellschaft werden einem der Gesellschafter oder einem Dritten in Verwahrung gegeben. Der Gesellschafter oder der Dritte wird in Ermangelung einer Verständigung durch das Gericht bestimmt, in dessen Bezirke die Gesellschaft ihren Sitz hat.
(3) Die Gesellschafter und deren Erben behalten das Recht auf Einsicht und Benutzung der Bücher und Papiere.

§ 158

Vereinbaren die Gesellschafter statt der Liquidation eine andere Art der Auseinandersetzung, so finden, solange noch ungeteiltes Gesellschaftsvermögen vorhanden ist, im Verhältnis zu Dritten die für die Liquidation geltenden Vorschriften entsprechende Anwendung.

§ 159

(1) Die Ansprüche gegen einen Gesellschafter aus Verbindlichkeiten der Gesellschaft verjähren in fünf Jahren nach der Auflösung der Gesellschaft, sofern nicht der Anspruch gegen die Gesellschaft einer kürzeren Verjährung unterliegt.
(2) Die Verjährung beginnt mit dem Ende des Tages, an welchem die Auflösung der Gesellschaft in das Handelsregister des für den Sitz der Gesellschaft zuständigen Gerichts eingetragen wird.
(3) Wird der Anspruch des Gläubigers gegen die Gesellschaft erst nach der Eintragung fällig, so beginnt die Verjährung mit dem Zeitpunkte der Fälligkeit.

(4) Der Neubeginn der Verjährung und ihre Hemmung nach § 204 des Bürgerlichen Gesetzbuchs gegenüber der aufgelösten Gesellschaft wirken auch gegenüber den Gesellschaftern, die der Gesellschaft zur Zeit der Auflösung angehört haben.

§ 160

(1) Scheidet ein Gesellschafter aus der Gesellschaft aus, so haftet er für ihre bis dahin begründeten Verbindlichkeiten, wenn sie vor Ablauf von fünf Jahren nach dem Ausscheiden fällig und daraus Ansprüche gegen ihn in einer in § 197 Abs. 1 Nr. 3 bis 5 des Bürgerlichen Gesetzbuchs bezeichneten Art festgestellt sind oder eine gerichtliche oder behördliche Vollstreckungshandlung vorgenommen oder beantragt wird; bei öffentlich-rechtlichen Verbindlichkeiten genügt der Erlass eines Verwaltungsakts. Die Frist beginnt mit dem Ende des Tages, an dem das Ausscheiden in das Handelsregister des für den Sitz der Gesellschaft zuständigen Gerichts eingetragen wird. Die für die Verjährung geltenden §§ 204, 206, 210, 211 und 212 Abs. 2 und 3 des Bürgerlichen Gesetzbuches sind entsprechend anzuwenden.
(2) Einer Feststellung in einer in § 197 Abs. 1 Nr. 3 bis 5 des Bürgerlichen Gesetzbuchs bezeichneten Art bedarf es nicht, soweit der Gesellschafter den Anspruch schriftlich anerkannt hat.
(3) Wird ein Gesellschafter Kommanditist, so sind für die Begrenzung seiner Haftung für die im Zeitpunkt der Eintragung der Änderung in das Handelsregister begründeten Verbindlichkeiten die Absätze 1 und 2 entsprechend anzuwenden. Dies gilt auch, wenn er in der Gesellschaft oder einem ihr als Gesellschafter angehörenden Unternehmen geschäftsführend tätig wird. Seine Haftung als Kommanditist bleibt unberührt.

§ 161 [Kommanditgesellschaft]

(1) Eine Gesellschaft, deren Zweck auf den Betrieb eines Handelsgewerbes unter gemeinschaftlicher Firma gerichtet ist, ist eine Kommanditgesellschaft, wenn bei einem oder bei einigen von den Gesellschaftern die Haftung gegenüber den Gesellschaftsgläubigern auf den Betrag einer bestimmten Vermögenseinlage beschränkt ist (Kommanditisten), während bei dem anderen Teil der Gesellschafter eine Beschränkung der Haftung nicht stattfindet (persönlich haftende Gesellschafter).

(2) Soweit nicht in diesem Abschnitt ein anderes vorgeschrieben ist, finden auf die Kommanditgesellschaft die für die offene Handelsgesellschaft geltenden Vorschriften Anwendung.

§ 162

(1) Die Anmeldung der Gesellschaft hat außer den in § 106 Abs. 2 vorgesehenen Angaben die Bezeichnung der Kommanditisten und den Betrag der Einlage eines jeden von ihnen zu enthalten. Ist eine Gesellschaft bürgerlichen Rechts Kommanditist, so sind auch deren Gesellschafter entsprechend § 106 Abs. 2 und spätere Änderungen in der Zusammensetzung der Gesellschafter zur Eintragung anzumelden.
(2) Bei der Bekanntmachung der Eintragung der Gesellschaft sind keine Angaben zu den Kommanditisten zu machen; die Vorschriften des § 15 sind insoweit nicht anzuwenden.
(3) Diese Vorschriften finden im Falle des Eintritts eines Kommanditisten in eine bestehende Handelsgesellschaft und im Falle des Ausscheidens eines Kommanditisten aus einer Kommanditgesellschaft entsprechende Anwendung.

§ 163

Für das Verhältnis der Gesellschafter untereinander gelten in Ermangelung abweichender Bestimmungen des Gesellschaftsvertrags die besonderen Vorschriften der §§ 164 bis 169.

§ 164 [Kommanditist]

Die Kommanditisten sind von der Führung der Geschäfte der Gesellschaft ausgeschlossen; sie können einer Handlung der persönlich haftenden Gesellschafter nicht widersprechen, es sei denn, dass die Handlung über den gewöhnlichen Betrieb des Handelsgewerbes der Gesellschaft hinausgeht. Die Vorschriften des § 116 Abs. 3 bleiben unberührt.

§ 166 [Kommanditist]

(1) Der Kommanditist ist berechtigt, die abschriftliche Mitteilung des Jahresabschlusses zu verlangen und dessen Richtigkeit unter Einsicht der Bücher und Papiere zu prüfen.
(2) Die in § 118 dem von der Geschäftsführung ausgeschlossenen Gesellschafter eingeräumten weiteren Rechte stehen dem Kommanditisten nicht zu.

(3) Auf Antrag eines Kommanditisten kann das Gericht, wenn wichtige Gründe vorliegen, die Mitteilung einer Bilanz und eines Jahresabschlusses oder sonstiger Aufklärungen sowie die Vorlegung der Bücher und Papiere jederzeit anordnen.

§ 167 [Kommanditist]

(1) Die Vorschriften des § 120 über die Berechnung des Gewinns oder Verlustes gelten auch für den Kommanditisten.
(2) Jedoch wird der einem Kommanditisten zukommende Gewinn seinem Kapitalanteil nur so lange zugeschrieben, als dieser den Betrag der bedungenen Einlage nicht erreicht.
(3) An dem Verluste nimmt der Kommanditist nur bis zum Betrage seines Kapitalanteils und seiner noch rückständigen Einlage teil.

§ 168

(1) Die Anteile der Gesellschafter am Gewinne bestimmen sich, soweit der Gewinn den Betrag von vier vom Hundert der Kapitalanteile nicht übersteigt, nach den Vorschriften des § 121 Abs. 1 und 2.
(2) In Ansehung des Gewinns, welcher diesen Betrag übersteigt, sowie in Ansehung des Verlustes gilt, soweit nicht ein anderes vereinbart ist, ein den Umständen nach angemessenes Verhältnis der Anteile als bedungen.

§ 169

(1) § 122 findet auf den Kommanditisten keine Anwendung. Dieser hat nur Anspruch auf Auszahlung des ihm zukommenden Gewinns; er kann auch die Auszahlung des Gewinns nicht fordern, solange sein Kapitalanteil durch Verlust unter den auf die bedungene Einlage geleisteten Betrag herabgemindert ist oder durch die Auszahlung unter diesen Betrag herabgemindert werden würde.
(2) Der Kommanditist ist nicht verpflichtet, den bezogenen Gewinn wegen späterer Verluste zurückzuzahlen.

§ 170

Der Kommanditist ist zur Vertretung der Gesellschaft nicht ermächtigt.

§ 171 [Kommanditist]

(1) Der Kommanditist haftet den Gläubigern der Gesellschaft bis zur Höhe seiner Einlage unmittelbar; die Haftung ist ausgeschlossen, soweit die Einlage geleistet ist.
(2) Ist über das Vermögen der Gesellschaft das Insolvenzverfahren eröffnet, so wird während der Dauer des Verfahrens das den Gesellschaftsgläubigern nach Absatz 1 zustehende Recht durch den Insolvenzverwalter oder den Sachwalter ausgeübt.

§ 172

(1) Im Verhältnis zu den Gläubigern der Gesellschaft wird nach der Eintragung in das Handelsregister die Einlage eines Kommanditisten durch den in der Eintragung angegebenen Betrag bestimmt.
(2) Auf eine nicht eingetragene Erhöhung der aus dem Handelsregister ersichtlichen Einlage können sich die Gläubiger nur berufen, wenn die Erhöhung in handelsüblicher Weise kundgemacht oder ihnen in anderer Weise von der Gesellschaft mitgeteilt worden ist.
(3) Eine Vereinbarung der Gesellschafter, durch die einem Kommanditisten die Einlage erlassen oder gestundet wird, ist den Gläubigern gegenüber unwirksam.
(4) Soweit die Einlage eines Kommanditisten zurückbezahlt wird, gilt sie den Gläubigern gegenüber als nicht geleistet. Das gleiche gilt, soweit ein Kommanditist Gewinnanteile entnimmt, während sein Kapitalanteil durch Verlust unter den Betrag der geleisteten Einlage herabgemindert ist, oder soweit durch die Entnahme der Kapitalanteil unter den bezeichneten Betrag herabgemindert wird. Bei der Berechnung des Kapitalanteils nach Satz 2 sind Beträge im Sinn des § 268 Abs. 8 nicht zu berücksichtigen.
(5) Was ein Kommanditist auf Grund einer in gutem Glauben errichteten Bilanz in gutem Glauben als Gewinn bezieht, ist er in keinem Falle zurückzuzahlen verpflichtet.
(6) Gegenüber den Gläubigern einer Gesellschaft, bei der kein persönlich haftender Gesellschafter eine natürliche Person ist, gilt die Einlage eines Kommanditisten als nicht geleistet, soweit sie in Anteilen an den persönlich haftenden Gesellschaftern bewirkt ist. Dies gilt nicht, wenn zu den persönlich haftenden Gesellschaftern eine offene Handelsgesellschaft oder Kommanditgesellschaft gehört, bei der ein persönlich haftender Gesellschafter eine natürliche Person ist.

§ 173

(1) Wer in eine bestehende Handelsgesellschaft als Kommanditist eintritt, haftet nach Maßgabe der §§ 171 und 172 für die vor seinem Eintritte begründeten Verbindlichkeiten der Gesellschaft, ohne Unterschied, ob die Firma eine Änderung erleidet oder nicht.

(2) Eine entgegenstehende Vereinbarung ist Dritten gegenüber unwirksam.

§ 174

Eine Herabsetzung der Einlage eines Kommanditisten ist, solange sie nicht in das Handelsregister des Gerichts, in dessen Bezirke die Gesellschaft ihren Sitz hat, eingetragen ist, den Gläubigern gegenüber unwirksam; Gläubiger, deren Forderungen zur Zeit der Eintragung begründet waren, brauchen die Herabsetzung nicht gegen sich gelten zu lassen.

§ 175

Die Erhöhung sowie die Herabsetzung einer Einlage ist durch die sämtlichen Gesellschafter zur Eintragung in das Handelsregister anzumelden. § 162 Abs. 2 gilt entsprechend. Auf die Eintragung in das Handelsregister des Sitzes der Gesellschaft finden die Vorschriften des § 14 keine Anwendung.

§ 176

(1) Hat die Gesellschaft ihre Geschäfte begonnen, bevor sie in das Handelsregister des Gerichts, in dessen Bezirke sie ihren Sitz hat, eingetragen ist, so haftet jeder Kommanditist, der dem Geschäftsbeginn zugestimmt hat, für die bis zur Eintragung begründeten Verbindlichkeiten der Gesellschaft gleich einem persönlich haftenden Gesellschafter, es sei denn, dass seine Beteiligung als Kommanditist dem Gläubiger bekannt war. Diese Vorschrift kommt nicht zur Anwendung, soweit sich aus § 2 oder § 105 Abs. 2 ein anderes ergibt.

(2) Tritt ein Kommanditist in eine bestehende Handelsgesellschaft ein, so findet die Vorschrift des Absatzes 1 Satz 1 für die in der Zeit zwischen seinem Eintritt und dessen Eintragung in das Handelsregister begründeten Verbindlichkeiten der Gesellschaft entsprechende Anwendung.

§ 177

Beim Tod eines Kommanditisten wird die Gesellschaft mangels abweichender vertraglicher Bestimmung mit den Erben fortgesetzt.

§ 238 Buchführungspflicht

(1) Jeder Kaufmann ist verpflichtet, Bücher zu führen und in diesen seine Handelsgeschäfte und die Lage seines Vermögens nach den Grundsätzen ordnungsmäßiger Buchführung ersichtlich zu machen. Die Buchführung muss so beschaffen sein, dass sie einem sachverständigen Dritten innerhalb angemessener Zeit einen Überblick über die Geschäftsvorfälle und über die Lage des Unternehmens vermitteln kann. Die Geschäftsvorfälle müssen sich in ihrer Entstehung und Abwicklung verfolgen lassen.

(2) Der Kaufmann ist verpflichtet, eine mit der Urschrift übereinstimmende Wiedergabe der abgesandten Handelsbriefe (Kopie, Abdruck, Abschrift oder sonstige Wiedergabe des Wortlauts auf einem Schrift-, Bild- oder anderen Datenträger) zurückzubehalten.

§ 239 Führung der Handelsbücher

(1) Bei der Führung der Handelsbücher und bei den sonst erforderlichen Aufzeichnungen hat sich der Kaufmann einer lebenden Sprache zu bedienen. Werden Abkürzungen, Ziffern, Buchstaben oder Symbole verwendet, muss im Einzelfall deren Bedeutung eindeutig festliegen.

(2) Die Eintragungen in Büchern und die sonst erforderlichen Aufzeichnungen müssen vollständig, richtig, zeitgerecht und geordnet vorgenommen werden.

(3) Eine Eintragung oder eine Aufzeichnung darf nicht in einer Weise verändert werden, dass der ursprüngliche Inhalt nicht mehr feststellbar ist. Auch solche Veränderungen dürfen nicht vorgenommen werden, deren Beschaffenheit es ungewiss lässt, ob sie ursprünglich oder erst später gemacht worden sind.

(4) Die Handelsbücher und die sonst erforderlichen Aufzeichnungen können auch in der geordneten Ablage von Belegen bestehen oder auf Datenträgern geführt werden, soweit diese Formen der Buchführung einschließlich des dabei angewandten Verfahrens den Grundsätzen ordnungsmäßiger Buchführung entsprechen. Bei der Führung der Handelsbücher und der sonst erforderlichen Aufzeichnungen auf Datenträgern muss insbesondere sichergestellt sein, dass die Daten während der Dauer der Aufbewahrungsfrist verfügbar sind und jederzeit

innerhalb angemessener Frist lesbar gemacht werden können. Absätze 1 bis 3 gelten sinngemäß.

§ 240 Inventar

(1) Jeder Kaufmann hat zu Beginn seines Handelsgewerbes seine Grundstücke, seine Forderungen und Schulden, den Betrag seines baren Geldes sowie seine sonstigen Vermögensgegenstände genau zu verzeichnen und dabei den Wert der einzelnen Vermögensgegenstände und Schulden anzugeben.

(2) Er hat demnächst für den Schluss eines jeden Geschäftsjahrs ein solches Inventar aufzustellen. Die Dauer des Geschäftsjahrs darf zwölf Monate nicht überschreiten. Die Aufstellung des Inventars ist innerhalb der einem ordnungsmäßigen Geschäftsgang entsprechenden Zeit zu bewirken.

(3) Vermögensgegenstände des Sachanlagevermögens sowie Roh-, Hilfs- und Betriebsstoffe können, wenn sie regelmäßig ersetzt werden und ihr Gesamtwert für das Unternehmen von nachrangiger Bedeutung ist, mit einer gleichbleibenden Menge und einem gleichbleibenden Wert angesetzt werden, sofern ihr Bestand in seiner Größe, seinem Wert und seiner Zusammensetzung nur geringen Veränderungen unterliegt. Jedoch ist in der Regel alle drei Jahre eine körperliche Bestandsaufnahme durchzuführen.

(4) Gleichartige Vermögensgegenstände des Vorratsvermögens sowie andere gleichartige oder annähernd gleichwertige bewegliche Vermögensgegenstände und Schulden können jeweils zu einer Gruppe zusammengefasst und mit dem gewogenen Durchschnittswert angesetzt werden.

§ 241 Inventurvereinfachungsverfahren

(1) Bei der Aufstellung des Inventars darf der Bestand der Vermögensgegenstände nach Art, Menge und Wert auch mit Hilfe anerkannter mathematisch-statistischer Methoden auf Grund von Stichproben ermittelt werden. Das Verfahren muss den Grundsätzen ordnungsmäßiger Buchführung entsprechen. Der Aussagewert des auf diese Weise aufgestellten Inventars muss dem Aussagewert eines auf Grund einer körperlichen Bestandsaufnahme aufgestellten Inventars gleichkommen.

(2) Bei der Aufstellung des Inventars für den Schluss eines Geschäftsjahrs bedarf es einer körperlichen Bestandsaufnahme der Vermögensgegenstände für diesen Zeitpunkt nicht, soweit durch Anwendung eines den Grundsätzen ordnungsmäßiger Buchführung entsprechenden anderen Verfahrens gesichert ist, dass der Bestand

der Vermögensgegenstände nach Art, Menge und Wert auch ohne die körperliche Bestandsaufnahme für diesen Zeitpunkt festgestellt werden kann.

(3) In dem Inventar für den Schluss eines Geschäftsjahrs brauchen Vermögensgegenstände nicht verzeichnet zu werden, wenn

1. der Kaufmann ihren Bestand auf Grund einer körperlichen Bestandsaufnahme oder auf Grund eines nach Absatz 2 zulässigen anderen Verfahrens nach Art, Menge und Wert in einem besonderen Inventar verzeichnet hat, das für einen Tag innerhalb der letzten drei Monate vor oder der ersten beiden Monate nach dem Schluss des Geschäftsjahrs aufgestellt ist, und
2. auf Grund des besonderen Inventars durch Anwendung eines den Grundsätzen ordnungsmäßiger Buchführung entsprechenden Fortschreibungs- oder Rückrechnungsverfahrens gesichert ist, dass der am Schluss des Geschäftsjahrs vorhandene Bestand der Vermögensgegenstände für diesen Zeitpunkt ordnungsgemäß bewertet werden kann.

§ 241a Befreiung von der Pflicht zur Buchführung und Erstellung eines Inventars

Einzelkaufleute, die an den Abschlussstichtagen von zwei aufeinander folgenden Geschäftsjahren nicht mehr als jeweils 600 000 Euro Umsatzerlöse und jeweils 60 000 Euro Jahresüberschuss aufweisen, brauchen die §§ 238 bis 241 nicht anzuwenden. Im Fall der Neugründung treten die Rechtsfolgen schon ein, wenn die Werte des Satzes 1 am ersten Abschlussstichtag nach der Neugründung nicht überschritten werden.

§ 242 Pflicht zur Aufstellung [Jahresabschluss]

(1) Der Kaufmann hat zu Beginn seines Handelsgewerbes und für den Schluss eines jeden Geschäftsjahrs einen das Verhältnis seines Vermögens und seiner Schulden darstellenden Abschluss (Eröffnungsbilanz, Bilanz) aufzustellen. Auf die Eröffnungsbilanz sind die für den Jahresabschluss geltenden Vorschriften entsprechend anzuwenden, soweit sie sich auf die Bilanz beziehen.

(2) Er hat für den Schluss eines jeden Geschäftsjahrs eine Gegenüberstellung der Aufwendungen und Erträge des Geschäftsjahrs (Gewinn- und Verlustrechnung) aufzustellen.

(3) Die Bilanz und die Gewinn- und Verlustrechnung bilden den Jahresabschluss.

(4) Die Absätze 1 bis 3 sind auf Einzelkaufleute im Sinn des § 241a nicht anzuwenden. Im Fall der Neugründung treten die Rechtsfolgen nach Satz 1 schon ein, wenn die Werte des § 241a Satz 1 am ersten Abschlussstichtag nach der Neugründung nicht überschritten werden.

§ 243 Aufstellungsgrundsatz [Jahresabschluss]

(1) Der Jahresabschluss ist nach den Grundsätzen ordnungsmäßiger Buchführung aufzustellen.

(2) Er muss klar und übersichtlich sein.

(3) Der Jahresabschluss ist innerhalb der einem ordnungsmäßigen Geschäftsgang entsprechenden Zeit aufzustellen.

§ 244 Sprache. Währungseinheit

Der Jahresabschluss ist in deutscher Sprache und in Euro aufzustellen.

§ 245 Unterzeichnung

Der Jahresabschluss ist vom Kaufmann unter Angabe des Datums zu unterzeichnen. Sind mehrere persönlich haftende Gesellschafter vorhanden, so haben sie alle zu unterzeichnen.

§ 246 Vollständigkeit. Verrechnungsverbot

(1) Der Jahresabschluss hat sämtliche Vermögensgegenstände, Schulden, Rechnungsabgrenzungsposten sowie Aufwendungen und Erträge zu enthalten, soweit gesetzlich nichts anderes bestimmt ist. Vermögensgegenstände sind in der Bilanz des Eigentümers aufzunehmen; ist ein Vermögensgegenstand nicht dem Eigentümer, sondern einem anderen wirtschaftlich zuzurechnen, hat dieser ihn in seiner Bilanz auszuweisen. Schulden sind in die Bilanz des Schuldners aufzunehmen. Der Unterschiedsbetrag, um den die für die Übernahme eines Unternehmens bewirkte Gegenleistung den Wert der einzelnen Vermögensgegenstände des Unternehmens abzüglich der Schulden im Zeitpunkt der Übernahme übersteigt (entgeltlich erworbener Geschäfts- oder Firmenwert), gilt als zeitlich begrenzt nutzbarer Vermögensgegenstand.

(2) Posten der Aktivseite dürfen nicht mit Posten der Passivseite, Aufwendungen nicht mit Erträgen, Grundstücksrechte nicht mit Grundstückslasten verrechnet werden. Vermögensgegenstände, die dem Zugriff aller übrigen Gläubiger entzogen

sind und ausschließlich der Erfüllung von Schulden aus Altersversorgungsverpflichtungen oder vergleichbaren langfristig fälligen Verpflichtungen dienen, sind mit diesen Schulden zu verrechnen; entsprechend ist mit den zugehörigen Aufwendungen und Erträgen aus der Abzinsung und aus dem zu verrechnenden Vermögen zu verfahren. Übersteigt der beizulegende Zeitwert der Vermögensgegenstände den Betrag der Schulden, ist der übersteigende Betrag unter einem gesonderten Posten zu aktivieren.

(3) Die auf den vorhergehenden Jahresabschluss angewandten Ansatzmethoden sind beizubehalten. § 252 Abs. 2 ist entsprechend anzuwenden.

§ 247 Inhalt der Bilanz [Bilanz]

(1) In der Bilanz sind das Anlage- und das Umlaufvermögen, das Eigenkapital, die Schulden sowie die Rechnungsabgrenzungsposten gesondert auszuweisen und hinreichend aufzugliedern.

(2) Beim Anlagevermögen sind nur die Gegenstände auszuweisen, die bestimmt sind, dauernd dem Geschäftsbetrieb zu dienen.

§ 248 Bilanzierungsverbote und -wahlrechte

(1) In die Bilanz dürfen nicht als Aktivposten aufgenommen werden:

1. Aufwendungen für die Gründung eines Unternehmens,
2. Aufwendungen für die Beschaffung des Eigenkapitals und
3. Aufwendungen für den Abschluss von Versicherungsverträgen.

(2) Selbst geschaffene immaterielle Vermögensgegenstände des Anlagevermögens können als Aktivposten in die Bilanz aufgenommen werden. Nicht aufgenommen werden dürfen selbst geschaffene Marken, Drucktitel, Verlagsrechte, Kundenlisten oder vergleichbare immaterielle Vermögensgegenstände des Anlagevermögens.

§ 249Rückstellungen [Rückstellung]

(1) Rückstellungen sind für ungewisse Verbindlichkeiten und für drohende Verluste aus schwebenden Geschäften zu bilden. Ferner sind Rückstellungen zu bilden für

1. im Geschäftsjahr unterlassene Aufwendungen für Instandhaltung, die im folgenden Geschäftsjahr innerhalb von drei Monaten, oder für Abraumbeseitigung, die im folgenden Geschäftsjahr nachgeholt werden,
2. Gewährleistungen, die ohne rechtliche Verpflichtung erbracht werden.

(2) Für andere als die in Absatz 1 bezeichneten Zwecke dürfen Rückstellungen nicht gebildet werden. Rückstellungen dürfen nur aufgelöst werden, soweit der Grund hierfür entfallen ist.

§ 250 Rechnungsabgrenzungsposten [Rechnungsabgrenzung]

(1) Als Rechnungsabgrenzungsposten sind auf der Aktivseite Ausgaben vor dem Abschlussstichtag auszuweisen, soweit sie Aufwand für eine bestimmte Zeit nach diesem Tag darstellen.

(2) Auf der Passivseite sind als Rechnungsabgrenzungsposten Einnahmen vor dem Abschlussstichtag auszuweisen, soweit sie Ertrag für eine bestimmte Zeit nach diesem Tag darstellen.

(3) Ist der Erfüllungsbetrag einer Verbindlichkeit höher als der Ausgabebetrag, so darf der Unterschiedsbetrag in den Rechnungsabgrenzungsposten auf der Aktivseite aufgenommen werden. Der Unterschiedsbetrag ist durch planmäßige jährliche Abschreibungen zu tilgen, die auf die gesamte Laufzeit der Verbindlichkeit verteilt werden können.

§ 251 Haftungsverhältnisse

Unter der Bilanz sind, sofern sie nicht auf der Passivseite auszuweisen sind, Verbindlichkeiten aus der Begebung und Übertragung von Wechseln, aus Bürgschaften, Wechsel- und Scheckbürgschaften und aus Gewährleistungsverträgen sowie Haftungsverhältnisse aus der Bestellung von Sicherheiten für fremde Verbindlichkeiten zu vermerken; sie dürfen in einem Betrag angegeben werden. Haftungsverhältnisse sind auch anzugeben, wenn ihnen gleichwertige Rückgriffsforderungen gegenüberstehen.

§ 252 Allgemeine Bewertungsgrundsätze

(1) Bei der Bewertung der im Jahresabschluss ausgewiesenen Vermögensgegenstände und Schulden gilt insbesondere folgendes:

1. Die Wertansätze in der Eröffnungsbilanz des Geschäftsjahrs müssen mit denen der Schlussbilanz des vorhergehenden Geschäftsjahrs übereinstimmen.
2. Bei der Bewertung ist von der Fortführung der Unternehmenstätigkeit auszugehen, sofern dem nicht tatsächliche oder rechtliche Gegebenheiten entgegenstehen.

3. Die Vermögensgegenstände und Schulden sind zum Abschlussstichtag einzeln zu bewerten.
4. Es ist vorsichtig zu bewerten, namentlich sind alle vorhersehbaren Risiken und Verluste, die bis zum Abschlussstichtag entstanden sind, zu berücksichtigen, selbst wenn diese erst zwischen dem Abschlussstichtag und dem Tag der Aufstellung des Jahresabschlusses bekanntgeworden sind; Gewinne sind nur zu berücksichtigen, wenn sie am Abschlussstichtag realisiert sind.
5. Aufwendungen und Erträge des Geschäftsjahrs sind unabhängig von den Zeitpunkten der entsprechenden Zahlungen im Jahresabschluss zu berücksichtigen.
6. Die auf den vorhergehenden Jahresabschluss angewandten Bewertungsmethoden sind beizubehalten.

(2) Von den Grundsätzen des Absatzes 1 darf nur in begründeten Ausnahmefällen abgewichen werden.

§ 253 Zugangs- und Folgebewertung

(1) Vermögensgegenstände sind höchstens mit den Anschaffungs- oder Herstellungskosten, vermindert um die Abschreibungen nach den Absätzen 3 bis 5, anzusetzen. Verbindlichkeiten sind zu ihrem Erfüllungsbetrag und Rückstellungen in Höhe des nach vernünftiger kaufmännischer Beurteilung notwendigen Erfüllungsbetrages anzusetzen. Soweit sich die Höhe von Altersversorgungsverpflichtungen ausschließlich nach dem beizulegenden Zeitwert von Wertpapieren im Sinn des § 266 Abs. 2 A. III. 5 bestimmt, sind Rückstellungen hierfür zum beizulegenden Zeitwert dieser Wertpapiere anzusetzen, soweit er einen garantierten Mindestbetrag übersteigt. Nach § 246 Abs. 2 Satz 2 zu verrechnende Vermögensgegenstände sind mit ihrem beizulegenden Zeitwert zu bewerten. Kleinstkapitalgesellschaften (§ 267a) dürfen eine Bewertung zum beizulegenden Zeitwert nur vornehmen, wenn sie von keiner der in § 264 Absatz 1 Satz 5, § 266 Absatz 1 Satz 4, § 275 Absatz 5 und § 326 Absatz 2 vorgesehenen Erleichterungen Gebrauch machen. Macht eine Kleinstkapitalgesellschaft von mindestens einer der in Satz 5 genannten Erleichterungen Gebrauch, erfolgt die Bewertung der Vermögensgegenstände nach Satz 1, auch soweit eine Verrechnung nach § 246 Absatz 2 Satz 2 vorgesehen ist.

(2) Rückstellungen mit einer Restlaufzeit von mehr als einem Jahr sind abzuzinsen mit dem ihrer Restlaufzeit entsprechenden durchschnittlichen Marktzinssatz, der

sich im Falle von Rückstellungen für Altersversorgungsverpflichtungen aus den vergangenen zehn Geschäftsjahren und im Falle sonstiger Rückstellungen aus den vergangenen sieben Geschäftsjahren ergibt. Abweichend von Satz 1 dürfen Rückstellungen für Altersversorgungsverpflichtungen oder vergleichbare langfristig fällige Verpflichtungen pauschal mit dem durchschnittlichen Marktzinssatz abgezinst werden, der sich bei einer angenommenen Restlaufzeit von 15 Jahren ergibt. Die Sätze 1 und 2 gelten entsprechend für auf Rentenverpflichtungen beruhende Verbindlichkeiten, für die eine Gegenleistung nicht mehr zu erwarten ist. Der nach den Sätzen 1 und 2 anzuwendende Abzinsungszinssatz wird von der Deutschen Bundesbank nach Maßgabe einer Rechtsverordnung ermittelt und monatlich bekannt gegeben. In der Rechtsverordnung nach Satz 4, die nicht der Zustimmung des Bundesrates bedarf, bestimmt das Bundesministerium der Justiz und für Verbraucherschutz im Benehmen mit der Deutschen Bundesbank das Nähere zur Ermittlung der Abzinsungszinssätze, insbesondere die Ermittlungsmethodik und deren Grundlagen, sowie die Form der Bekanntgabe.
(3) Bei Vermögensgegenständen des Anlagevermögens, deren Nutzung zeitlich begrenzt ist, sind die Anschaffungs- oder die Herstellungskosten um planmäßige Abschreibungen zu vermindern. Der Plan muss die Anschaffungs- oder Herstellungskosten auf die Geschäftsjahre verteilen, in denen der Vermögensgegenstand voraussichtlich genutzt werden kann. Kann in Ausnahmefällen die voraussichtliche Nutzungsdauer eines selbst geschaffenen immateriellen Vermögensgegenstands des Anlagevermögens nicht verlässlich geschätzt werden, sind planmäßige Abschreibungen auf die Herstellungskosten über einen Zeitraum von zehn Jahren vorzunehmen. Satz 3 findet auf einen entgeltlich erworbenen Geschäfts- oder Firmenwert entsprechende Anwendung. Ohne Rücksicht darauf, ob ihre Nutzung zeitlich begrenzt ist, sind bei Vermögensgegenständen des Anlagevermögens bei voraussichtlich dauernder Wertminderung außerplanmäßige Abschreibungen vorzunehmen, um diese mit dem niedrigeren Wert anzusetzen, der ihnen am Abschlussstichtag beizulegen ist. Bei Finanzanlagen können außerplanmäßige Abschreibungen auch bei voraussichtlich nicht dauernder Wertminderung vorgenommen werden.
(4) Bei Vermögensgegenständen des Umlaufvermögens sind Abschreibungen vorzunehmen, um diese mit einem niedrigeren Wert anzusetzen, der sich aus einem Börsen- oder Marktpreis am Abschlussstichtag ergibt. Ist ein Börsen- oder Marktpreis nicht festzustellen und übersteigen die Anschaffungs- oder

Herstellungskosten den Wert, der den Vermögensgegenständen am Abschlussstichtag beizulegen ist, so ist auf diesen Wert abzuschreiben.

(5) Ein niedrigerer Wertansatz nach Absatz 3 Satz 5 oder 6 und Absatz 4 darf nicht beibehalten werden, wenn die Gründe dafür nicht mehr bestehen. Ein niedrigerer Wertansatz eines entgeltlich erworbenen Geschäfts- oder Firmenwertes ist beizubehalten.

(6) Im Falle von Rückstellungen für Altersversorgungsverpflichtungen ist der Unterschiedsbetrag zwischen dem Ansatz der Rückstellungen nach Maßgabe des entsprechenden durchschnittlichen Marktzinssatzes aus den vergangenen zehn Geschäftsjahren und dem Ansatz der Rückstellungen nach Maßgabe des entsprechenden durchschnittlichen Marktzinssatzes aus den vergangenen sieben Geschäftsjahren in jedem Geschäftsjahr zu ermitteln. Gewinne dürfen nur ausgeschüttet werden, wenn die nach der Ausschüttung verbleibenden frei verfügbaren Rücklagen zuzüglich eines Gewinnvortrags und abzüglich eines Verlustvortrags mindestens dem Unterschiedsbetrag nach Satz 1 entsprechen. Der Unterschiedsbetrag nach Satz 1 ist in jedem Geschäftsjahr im Anhang oder unter der Bilanz darzustellen.

§ 255 Bewertungsmaßstäbe [Anschaffungskosten]

(1) Anschaffungskosten sind die Aufwendungen, die geleistet werden, um einen Vermögensgegenstand zu erwerben und ihn in einen betriebsbereiten Zustand zu versetzen, soweit sie dem Vermögensgegenstand einzeln zugeordnet werden können. Zu den Anschaffungskosten gehören auch die Nebenkosten sowie die nachträglichen Anschaffungskosten. Anschaffungspreisminderungen, die dem Vermögensgegenstand einzeln zugeordnet werden können, sind abzusetzen.

(2) Herstellungskosten sind die Aufwendungen, die durch den Verbrauch von Gütern und die Inanspruchnahme von Diensten für die Herstellung eines Vermögensgegenstands, seine Erweiterung oder für eine über seinen ursprünglichen Zustand hinausgehende wesentliche Verbesserung entstehen. Dazu gehören die Materialkosten, die Fertigungskosten und die Sonderkosten der Fertigung sowie angemessene Teile der Materialgemeinkosten, der Fertigungsgemeinkosten und des Werteverzehrs des Anlagevermögens, soweit dieser durch die Fertigung veranlasst ist. Bei der Berechnung der Herstellungskosten dürfen angemessene Teile der Kosten der allgemeinen Verwaltung sowie angemessene Aufwendungen für soziale Einrichtungen des Betriebs, für freiwillige soziale Leistungen und für die betriebliche

Altersversorgung einbezogen werden, soweit diese auf den Zeitraum der Herstellung entfallen. Forschungs- und Vertriebskosten dürfen nicht einbezogen werden.

(2a) Herstellungskosten eines selbst geschaffenen immateriellen Vermögensgegenstands des Anlagevermögens sind die bei dessen Entwicklung anfallenden Aufwendungen nach Absatz 2. Entwicklung ist die Anwendung von Forschungsergebnissen oder von anderem Wissen für die Neuentwicklung von Gütern oder Verfahren oder die Weiterentwicklung von Gütern oder Verfahren mittels wesentlicher Änderungen. Forschung ist die eigenständige und planmäßige Suche nach neuen wissenschaftlichen oder technischen Erkenntnissen oder Erfahrungen allgemeiner Art, über deren technische Verwertbarkeit und wirtschaftliche Erfolgsaussichten grundsätzlich keine Aussagen gemacht werden können. Können Forschung und Entwicklung nicht verlässlich voneinander unterschieden werden, ist eine Aktivierung ausgeschlossen.

(3) Zinsen für Fremdkapital gehören nicht zu den Herstellungskosten. Zinsen für Fremdkapital, das zur Finanzierung der Herstellung eines Vermögensgegenstands verwendet wird, dürfen angesetzt werden, soweit sie auf den Zeitraum der Herstellung entfallen; in diesem Falle gelten sie als Herstellungskosten des Vermögensgegenstands.

(4) Der beizulegende Zeitwert entspricht dem Marktpreis. Soweit kein aktiver Markt besteht, anhand dessen sich der Marktpreis ermitteln lässt, ist der beizulegende Zeitwert mit Hilfe allgemein anerkannter Bewertungsmethoden zu bestimmen. Lässt sich der beizulegende Zeitwert weder nach Satz 1 noch nach Satz 2 ermitteln, sind die Anschaffungs- oder Herstellungskosten gemäß § 253 Abs. 4 fortzuführen. Der zuletzt nach Satz 1 oder 2 ermittelte beizulegende Zeitwert gilt als Anschaffungs- oder Herstellungskosten im Sinn des Satzes 3.

§ 257 Aufbewahrung von Unterlagen [Aufbewahrungsfristen]

(1) Jeder Kaufmann ist verpflichtet, die folgenden Unterlagen geordnet aufzubewahren:

1. Handelsbücher, Inventare, Eröffnungsbilanzen, Jahresabschlüsse, Einzelabschlüsse nach § 325 Abs. 2a, Lageberichte, Konzernabschlüsse, Konzernlageberichte sowie die zu ihrem Verständnis erforderlichen Arbeitsanweisungen und sonstigen Organisationsunterlagen,
2. die empfangenen Handelsbriefe,
3. Wiedergaben der abgesandten Handelsbriefe,

4. Belege für Buchungen in den von ihm nach § 238 Abs. 1 zu führenden Büchern (Buchungsbelege).

(2) Handelsbriefe sind nur Schriftstücke, die ein Handelsgeschäft betreffen.

(3) Mit Ausnahme der Eröffnungsbilanzen und Abschlüsse können die in Absatz 1 aufgeführten Unterlagen auch als Wiedergabe auf einem Bildträger oder auf anderen Datenträgern aufbewahrt werden, wenn dies den Grundsätzen ordnungsmäßiger Buchführung entspricht und sichergestellt ist, dass die Wiedergabe oder die Daten

1. mit den empfangenen Handelsbriefen und den Buchungsbelegen bildlich und mit den anderen Unterlagen inhaltlich übereinstimmen, wenn sie lesbar gemacht werden,
2. während der Dauer der Aufbewahrungsfrist verfügbar sind und jederzeit innerhalb angemessener Frist lesbar gemacht werden können.

Sind Unterlagen auf Grund des § 239 Abs. 4 Satz 1 auf Datenträgern hergestellt worden, können statt des Datenträgers die Daten auch ausgedruckt aufbewahrt werden; die ausgedruckten Unterlagen können auch nach Satz 1 aufbewahrt werden.

(4) Die in Absatz 1 Nr. 1 und 4 aufgeführten Unterlagen sind zehn Jahre, die sonstigen in Absatz 1 aufgeführten Unterlagen sechs Jahre aufzubewahren.

(5) Die Aufbewahrungsfrist beginnt mit dem Schluss des Kalenderjahrs, in dem die letzte Eintragung in das Handelsbuch gemacht, das Inventar aufgestellt, die Eröffnungsbilanz oder der Jahresabschluss festgestellt, der Einzelabschluss nach § 325 Abs. 2a oder der Konzernabschluss aufgestellt, der Handelsbrief empfangen oder abgesandt worden oder der Buchungsbeleg entstanden ist.

§ 264 Pflicht zur Aufstellung; Befreiung

(1) Die gesetzlichen Vertreter einer Kapitalgesellschaft haben den Jahresabschluss (§ 242) um einen Anhang zu erweitern, der mit der Bilanz und der Gewinn- und Verlustrechnung eine Einheit bildet, sowie einen Lagebericht aufzustellen. Die gesetzlichen Vertreter einer kapitalmarktorientierten Kapitalgesellschaft, die nicht zur Aufstellung eines Konzernabschlusses verpflichtet ist, haben den Jahresabschluss um eine Kapitalflussrechnung und einen Eigenkapitalspiegel zu erweitern, die mit der Bilanz, Gewinn- und Verlustrechnung und dem Anhang eine Einheit bilden; sie können den Jahresabschluss um eine Segmentberichterstattung erweitern. Der Jahresabschluss und der Lagebericht sind von den gesetzlichen Vertretern in den

ersten drei Monaten des Geschäftsjahrs für das vergangene Geschäftsjahr aufzustellen. Kleine Kapitalgesellschaften (§ 267 Abs. 1) brauchen den Lagebericht nicht aufzustellen; sie dürfen den Jahresabschluss auch später aufstellen, wenn dies einem ordnungsgemäßen Geschäftsgang entspricht, jedoch innerhalb der ersten sechs Monate des Geschäftsjahres. Kleinstkapitalgesellschaften (§ 267a) brauchen den Jahresabschluss nicht um einen Anhang zu erweitern, wenn sie

1. die in § 268 Absatz 7 genannten Angaben,
2. die in § 285 Nummer 9 Buchstabe c genannten Angaben und
3. im Falle einer Aktiengesellschaft die in § 160 Absatz 3 Satz 2 des Aktiengesetzes genannten Angaben

unter der Bilanz angeben.

(1a) In dem Jahresabschluss sind die Firma, der Sitz, das Registergericht und die Nummer, unter der die Gesellschaft in das Handelsregister eingetragen ist, anzugeben. Befindet sich die Gesellschaft in Liquidation oder Abwicklung, ist auch diese Tatsache anzugeben.

(2) Der Jahresabschluss der Kapitalgesellschaft hat unter Beachtung der Grundsätze ordnungsmäßiger Buchführung ein den tatsächlichen Verhältnissen entsprechendes Bild der Vermögens-, Finanz- und Ertragslage der Kapitalgesellschaft zu vermitteln. Führen besondere Umstände dazu, dass der Jahresabschluss ein den tatsächlichen Verhältnissen entsprechendes Bild im Sinne des Satzes 1 nicht vermittelt, so sind im Anhang zusätzliche Angaben zu machen.

(3) Eine Kapitalgesellschaft, die nicht im Sinne des § 264d kapitalmarktorientiert ist und als Tochterunternehmen in den Konzernabschluss eines Mutterunternehmens mit Sitz in einem Mitgliedstaat der Europäischen Union oder einem anderen Vertragsstaat des Abkommens über den Europäischen Wirtschaftsraum einbezogen ist, braucht die Vorschriften dieses Unterabschnitts und des Dritten und Vierten Unterabschnitts dieses Abschnitts nicht anzuwenden, wenn alle folgenden Voraussetzungen erfüllt sind:

1. alle Gesellschafter des Tochterunternehmens haben der Befreiung für das jeweilige Geschäftsjahr zugestimmt;
2. das Mutterunternehmen hat sich bereit erklärt, für die von dem Tochterunternehmen bis zum Abschlussstichtag eingegangenen Verpflichtungen im folgenden Geschäftsjahr einzustehen;
3. der Konzernabschluss und der Konzernlagebericht des Mutterunternehmens sind nach den Rechtsvorschriften des Staates, in dem das Mutterunternehmen

seinen Sitz hat, und im Einklang mit folgenden Richtlinien aufgestellt und geprüft worden:

a) Richtlinie 2013/34/EU des Europäischen Parlaments und des Rates vom 26. Juni 2013 über den Jahresabschluss, den konsolidierten Abschluss und damit verbundene Berichte von Unternehmen bestimmter Rechtsformen und zur Änderung der Richtlinie 2006/43/EG des Europäischen Parlaments und des Rates und zur Aufhebung der Richtlinien 78/660/EWG und 83/349/EWG des Rates (ABl. L 182 vom 29.6.2013, S. 19), die zuletzt durch die Richtlinie 2014/102/EU (ABl. L 334 vom 21.11.2014, S. 86) geändert worden ist,
b) Richtlinie 2006/43/EG des Europäischen Parlaments und des Rates vom 17. Mai 2006 über Abschlussprüfungen von Jahresabschlüssen und konsolidierten Abschlüssen, zur Änderung der Richtlinien 78/660/EWG und 83/349/EWG des Rates und zur Aufhebung der Richtlinie 84/253/EWG des Rates (ABl. L 157 vom 9.6.2006, S. 87), die durch die Richtlinie 2013/34/EU (ABl. L 182 vom 29.6.2013, S. 19) geändert worden ist;

4. die Befreiung des Tochterunternehmens ist im Anhang des Konzernabschlusses des Mutterunternehmens angegeben und
5. für das Tochterunternehmen sind nach § 325 Absatz 1 bis 1b offengelegt worden:
   a) der Beschluss nach Nummer 1,
   b) die Erklärung nach Nummer 2,
   c) der Konzernabschluss,
   d) der Konzernlagebericht und
   e) der Bestätigungsvermerk zum Konzernabschluss und Konzernlagebericht des Mutterunternehmens nach Nummer 3.

Hat bereits das Mutterunternehmen einzelne oder alle der in Satz 1 Nummer 5 bezeichneten Unterlagen offengelegt, braucht das Tochterunternehmen die betreffenden Unterlagen nicht erneut offenzulegen, wenn sie im Bundesanzeiger unter dem Tochterunternehmen auffindbar sind; § 326 Absatz 2 ist auf diese Offenlegung nicht anzuwenden. Satz 2 gilt nur dann, wenn das Mutterunternehmen die betreffende Unterlage in deutscher oder in englischer Sprache offengelegt hat oder das Tochterunternehmen zusätzlich eine beglaubigte Übersetzung dieser Unterlage in deutscher Sprache nach § 325 Absatz 1 bis 1b offenlegt.

(4) Absatz 3 ist nicht anzuwenden, wenn eine Kapitalgesellschaft das Tochterunternehmen eines Mutterunternehmens ist, das einen Konzernabschluss nach den Vorschriften des Publizitätsgesetzes aufgestellt hat, und wenn in diesem Konzernabschluss von dem Wahlrecht des § 13 Absatz 3 Satz 1 des Publizitätsgesetzes Gebrauch gemacht worden ist; § 314 Absatz 3 bleibt unberührt.

§ 264a Anwendung auf bestimmte offene Handelsgesellschaften und Kommanditgesellschaften

(1) Die Vorschriften des Ersten bis Fünften Unterabschnitts des Zweiten Abschnitts sind auch anzuwenden auf offene Handelsgesellschaften und Kommanditgesellschaften, bei denen nicht wenigstens ein persönlich haftender Gesellschafter

1. eine natürliche Person oder
2. eine offene Handelsgesellschaft, Kommanditgesellschaft oder andere Personengesellschaft mit einer natürlichen Person als persönlich haftendem Gesellschafter

ist oder sich die Verbindung von Gesellschaften in dieser Art fortsetzt.

(2) In den Vorschriften dieses Abschnitts gelten als gesetzliche Vertreter einer offenen Handelsgesellschaft und Kommanditgesellschaft nach Absatz 1 die Mitglieder des vertretungsberechtigten Organs der vertretungsberechtigten Gesellschaften.

§ 264b Befreiung der offenen Handelsgesellschaften und Kommanditgesellschaften im Sinne des § 264a von der Anwendung der Vorschriften dieses Abschnitts

Eine Personenhandelsgesellschaft im Sinne des § 264a Absatz 1 ist von der Verpflichtung befreit, einen Jahresabschluss und einen Lagebericht nach den Vorschriften dieses Abschnitts aufzustellen, prüfen zu lassen und offenzulegen, wenn alle folgenden Voraussetzungen erfüllt sind:

1. die betreffende Gesellschaft ist einbezogen in den Konzernabschluss und in den Konzernlagebericht
    a) eines persönlich haftenden Gesellschafters der betreffenden Gesellschaft oder
    b) eines Mutterunternehmens mit Sitz in einem Mitgliedstaat der Europäischen Union oder einem anderen Vertragsstaat des Abkommens

über den Europäischen Wirtschaftsraum, wenn in diesen Konzernabschluss eine größere Gesamtheit von Unternehmen einbezogen ist;
2. die in § 264 Absatz 3 Satz 1 Nummer 3 genannte Voraussetzung ist erfüllt;
3. die Befreiung der Personenhandelsgesellschaft ist im Anhang des Konzernabschlusses angegeben und
4. für die Personenhandelsgesellschaft sind der Konzernabschluss, der Konzernlagebericht und der Bestätigungsvermerk nach § 325 Absatz 1 bis 1b offengelegt worden; § 264 Absatz 3 Satz 2 und 3 ist entsprechend anzuwenden.

§ 264c Besondere Bestimmungen für offene Handelsgesellschaften und Kommanditgesellschaften im Sinne des § 264a

(1) Ausleihungen, Forderungen und Verbindlichkeiten gegenüber Gesellschaftern sind in der Regel als solche jeweils gesondert auszuweisen oder im Anhang anzugeben. Werden sie unter anderen Posten ausgewiesen, so muss diese Eigenschaft vermerkt werden.

(2) § 266 Abs. 3 Buchstabe A ist mit der Maßgabe anzuwenden, dass als Eigenkapital die folgenden Posten gesondert auszuweisen sind:

I. Kapitalanteile

II. Rücklagen

III. Gewinnvortrag/Verlustvortrag

IV. Jahresüberschuss/Jahresfehlbetrag.

Anstelle des Postens "Gezeichnetes Kapital" sind die Kapitalanteile der persönlich haftenden Gesellschafter auszuweisen; die dürfen auch zusammengefasst ausgewiesen werden. Der auf den Kapitalanteil eines persönlich haftenden Gesellschafters für das Geschäftsjahr entfallende Verlust ist von dem Kapitalanteil abzuschreiben. Soweit der Verlust den Kapitalanteil übersteigt, ist er auf der Aktivseite unter der Bezeichnung, "Einzahlungsverpflichtungen persönlich haftender Gesellschafter" unter den Forderungen gesondert auszuweisen, soweit eine Zahlungsverpflichtung besteht. Besteht keine Zahlungsverpflichtung, so ist der Betrag als "Nicht durch Vermögenseinlagen gedeckter Verlustanteil persönlich haftender Gesellschafter" zu bezeichnen und gemäß § 268 Abs. 3 auszuweisen. Die Sätze 2 bis 5 sind auf die Einlagen von Kommanditisten entsprechend anzuwenden, wobei diese insgesamt gesondert gegenüber den Kapitalanteilen der persönlich haftenden Gesellschafter auszuweisen sind. Eine Forderung darf jedoch nur ausgewiesen werden, soweit eine Einzahlungsverpflichtung besteht; dasselbe gilt,

wenn ein Kommanditist Gewinnanteile entnimmt, während sein Kapitalanteil durch Verlust unter den Betrag der geleisteten Einlage herabgemindert ist, oder soweit durch die Entnahme der Kapitalanteil unter den bezeichneten Betrag herabgemindert wird. Als Rücklagen sind nur solche Beträge auszuweisen, die auf Grund einer gesellschaftsrechtlichen Vereinbarung gebildet worden sind. Im Anhang ist der Betrag der im Handelsregister gemäß § 172 Abs. 1 eingetragenen Einlagen anzugeben, soweit diese nicht geleistet sind.
(3) Das sonstige Vermögen der Gesellschafter (Privatvermögen) darf nicht in die Bilanz und die auf das Privatvermögen entfallenden Aufwendungen und Erträge dürfen nicht in die Gewinn- und Verlustrechnung aufgenommen werden. In der Gewinn- und Verlustrechnung darf jedoch nach dem Posten "Jahresüberschuss/Jahresfehlbetrag" ein dem Steuersatz der Komplementärgesellschaft entsprechender Steueraufwand der Gesellschafter offen abgesetzt oder hinzugerechnet werden.
(4) Anteile an Komplementärgesellschaften sind in der Bilanz auf der Aktivseite unter den Posten A.III.1 oder A.III.3 auszuweisen. § 272 Abs. 4 ist mit der Maßgabe anzuwenden, dass für diese Anteile in Höhe des aktivierten Betrags nach dem Posten "Eigenkapital" ein Sonderposten unter der Bezeichnung "Ausgleichsposten für aktivierte eigene Anteile" zu bilden ist.
(5) Macht die Gesellschaft von einem Wahlrecht nach § 266 Absatz 1 Satz 3 oder Satz 4 Gebrauch, richtet sich die Gliederung der verkürzten Bilanz nach der Ausübung dieses Wahlrechts. Die Ermittlung der Bilanzposten nach den vorstehenden Absätzen bleibt unberührt.

§ 265 Allgemeine Grundsätze für die Gliederung [Jahresabschluss]

(1) Die Form der Darstellung, insbesondere die Gliederung der aufeinanderfolgenden Bilanzen und Gewinn- und Verlustrechnungen, ist beizubehalten, soweit nicht in Ausnahmefällen wegen besonderer Umstände Abweichungen erforderlich sind. Die Abweichungen sind im Anhang anzugeben und zu begründen.
(2) In der Bilanz sowie in der Gewinn- und Verlustrechnung ist zu jedem Posten der entsprechende Betrag des vorhergehenden Geschäftsjahrs anzugeben. Sind die Beträge nicht vergleichbar, so ist dies im Anhang anzugeben und zu erläutern. Wird der Vorjahresbetrag angepasst, so ist auch dies im Anhang anzugeben und zu erläutern.

(3) Fällt ein Vermögensgegenstand oder eine Schuld unter mehrere Posten der Bilanz, so ist die Mitzugehörigkeit zu anderen Posten bei dem Posten, unter dem der Ausweis erfolgt ist, zu vermerken oder im Anhang anzugeben, wenn dies zur Aufstellung eines klaren und übersichtlichen Jahresabschlusses erforderlich ist.
(4) Sind mehrere Geschäftszweige vorhanden und bedingt dies die Gliederung des Jahresabschlusses nach verschiedenen Gliederungsvorschriften, so ist der Jahresabschluss nach der für einen Geschäftszweig vorgeschriebenen Gliederung aufzustellen und nach der für die anderen Geschäftszweige vorgeschriebenen Gliederung zu ergänzen. Die Ergänzung ist im Anhang anzugeben und zu begründen.
(5) Eine weitere Untergliederung der Posten ist zulässig; dabei ist jedoch die vorgeschriebene Gliederung zu beachten. Neue Posten und Zwischensummen dürfen hinzugefügt werden, wenn ihr Inhalt nicht von einem vorgeschriebenen Posten gedeckt wird.
(6) Gliederung und Bezeichnung der mit arabischen Zahlen versehenen Posten der Bilanz und der Gewinn- und Verlustrechnung sind zu ändern, wenn dies wegen Besonderheiten der Kapitalgesellschaft zur Aufstellung eines klaren und übersichtlichen Jahresabschlusses erforderlich ist.
(7) Die mit arabischen Zahlen versehenen Posten der Bilanz und der Gewinn- und Verlustrechnung können, wenn nicht besondere Formblätter vorgeschrieben sind, zusammengefasst ausgewiesen werden, wenn

1. sie einen Betrag enthalten, der für die Vermittlung eines den tatsächlichen Verhältnissen entsprechenden Bildes im Sinne des § 264 Abs. 2 nicht erheblich ist, oder
2. dadurch die Klarheit der Darstellung vergrößert wird; in diesem Falle müssen die zusammengefassten Posten jedoch im Anhang gesondert ausgewiesen werden.

(8) Ein Posten der Bilanz oder der Gewinn- und Verlustrechnung, der keinen Betrag ausweist, braucht nicht aufgeführt zu werden, es sei denn, dass im vorhergehenden Geschäftsjahr unter diesem Posten ein Betrag ausgewiesen wurde.

§ 266 Gliederung der Bilanz [Bilanz]

(1) Die Bilanz ist in Kontoform aufzustellen. Dabei haben mittelgroße und große Kapitalgesellschaften (§ 267 Absatz 2 und 3) auf der Aktivseite die in Absatz 2 und auf der Passivseite die in Absatz 3 bezeichneten Posten gesondert und in der vorgeschriebenen Reihenfolge auszuweisen. Kleine Kapitalgesellschaften (§ 267 Abs. 1) brauchen nur eine verkürzte Bilanz aufzustellen, in die nur die in den Absätzen 2

und 3 mit Buchstaben und römischen Zahlen bezeichneten Posten gesondert und in der vorgeschriebenen Reihenfolge aufgenommen werden. Kleinstkapitalgesellschaften (§ 267a) brauchen nur eine verkürzte Bilanz aufzustellen, in die nur die in den Absätzen 2 und 3 mit Buchstaben bezeichneten Posten gesondert und in der vorgeschriebenen Reihenfolge aufgenommen werden.

(2) Aktivseite

A. Anlagevermögen:

I. Immaterielle Vermögensgegenstände:

1. Selbst geschaffene gewerbliche Schutzrechte und ähnliche Rechte und Werte;
2. entgeltlich erworbene Konzessionen, gewerbliche Schutzrechte und ähnliche Rechte und Werte sowie Lizenzen an solchen Rechten und Werten;
3. Geschäfts- oder Firmenwert;
4. geleistete Anzahlungen;

II. Sachanlagen:

1. Grundstücke, grundstücksgleiche Rechte und Bauten einschließlich der Bauten auf fremden Grundstücken;
2. technische Anlagen und Maschinen;
3. andere Anlagen, Betriebs- und Geschäftsausstattung;
4. geleistete Anzahlungen und Anlagen im Bau;

III. Finanzanlagen:

1. Anteile an verbundenen Unternehmen;
2. Ausleihungen an verbundene Unternehmen;
3. Beteiligungen;
4. Ausleihungen an Unternehmen, mit denen ein Beteiligungsverhältnis besteht;
5. Wertpapiere des Anlagevermögens;
6. sonstige Ausleihungen.

B. Umlaufvermögen:

I. Vorräte:

1. Roh-, Hilfs- und Betriebsstoffe;
2. unfertige Erzeugnisse, unfertige Leistungen;
3. fertige Erzeugnisse und Waren;
4. geleistete Anzahlungen;

II. Forderungen und sonstige Vermögensgegenstände:

1. Forderungen aus Lieferungen und Leistungen;
2. Forderungen gegen verbundene Unternehmen;

3. Forderungen gegen Unternehmen, mit denen ein Beteiligungsverhältnis besteht;
4. sonstige Vermögensgegenstände;

III. Wertpapiere:

1. Anteile an verbundenen Unternehmen;
2. sonstige Wertpapiere;

IV. Kassenbestand, Bundesbankguthaben, Guthaben bei Kreditinstituten und Schecks.

C. Rechnungsabgrenzungsposten.

D. Aktive latente Steuern.

E. Aktiver Unterschiedsbetrag aus der Vermögensverrechnung.

(3) Passivseite

A. Eigenkapital:

I. Gezeichnetes Kapital;

II. Kapitalrücklage;

III. Gewinnrücklagen:

1. gesetzliche Rücklage;
2. Rücklage für Anteile an einem herrschenden oder mehrheitlich beteiligten Unternehmen;
3. satzungsmäßige Rücklagen;
4. andere Gewinnrücklagen;

IV. Gewinnvortrag/Verlustvortrag;

V. Jahresüberschuss/Jahresfehlbetrag.

B. Rückstellungen:

1. Rückstellungen für Pensionen und ähnliche Verpflichtungen;
2. Steuerrückstellungen;
3. sonstige Rückstellungen.

C. Verbindlichkeiten:

1. Anleihen, davon konvertibel;
2. Verbindlichkeiten gegenüber Kreditinstituten;
3. erhaltene Anzahlungen auf Bestellungen;
4. Verbindlichkeiten aus Lieferungen und Leistungen;
5. Verbindlichkeiten aus der Annahme gezogener Wechsel und der Ausstellung eigener Wechsel;

6. Verbindlichkeiten gegenüber verbundenen Unternehmen;
7. Verbindlichkeiten gegenüber Unternehmen, mit denen ein Beteiligungsverhältnis besteht;
8. sonstige Verbindlichkeiten, davon aus Steuern, davon im Rahmen der sozialen Sicherheit.

D. Rechnungsabgrenzungsposten.

E. Passive latente Steuern.

§ 270 Bildung bestimmter Posten

(1) Einstellungen in die Kapitalrücklage und deren Auflösung sind bereits bei der Aufstellung der Bilanz vorzunehmen.

(2) Wird die Bilanz unter Berücksichtigung der vollständigen oder teilweisen Verwendung des Jahresergebnisses aufgestellt, so sind Entnahmen aus Gewinnrücklagen sowie Einstellungen in Gewinnrücklagen, die nach Gesetz, Gesellschaftsvertrag oder Satzung vorzunehmen sind oder auf Grund solcher Vorschriften beschlossen worden sind, bereits bei der Aufstellung der Bilanz zu berücksichtigen.

§ 271 Beteiligungen. Verbundene Unternehmen

(1) Beteiligungen sind Anteile an anderen Unternehmen, die bestimmt sind, dem eigenen Geschäftsbetrieb durch Herstellung einer dauernden Verbindung zu jenen Unternehmen zu dienen. Dabei ist es unerheblich, ob die Anteile in Wertpapieren verbrieft sind oder nicht. Eine Beteiligung wird vermutet, wenn die Anteile an einem Unternehmen insgesamt den fünften Teil des Nennkapitals dieses Unternehmens oder, falls ein Nennkapital nicht vorhanden ist, den fünften Teil der Summe aller Kapitalanteile an diesem Unternehmen überschreiten. Auf die Berechnung ist § 16 Abs. 2 und 4 des Aktiengesetzes entsprechend anzuwenden. Die Mitgliedschaft in einer eingetragenen Genossenschaft gilt nicht als Beteiligung im Sinne dieses Buches.

(2) Verbundene Unternehmen im Sinne dieses Buches sind solche Unternehmen, die als Mutter- oder Tochterunternehmen (§ 290) in den Konzernabschluss eines Mutterunternehmens nach den Vorschriften über die Vollkonsolidierung einzubeziehen sind, das als oberstes Mutterunternehmen den am weitestgehenden Konzernabschluss nach dem Zweiten Unterabschnitt aufzustellen hat, auch wenn die

Aufstellung unterbleibt, oder das einen befreienden Konzernabschluss nach den §§ 291 oder 292 aufstellt oder aufstellen könnte; Tochterunternehmen, die nach § 296 nicht einbezogen werden, sind ebenfalls verbundene Unternehmen.

§ 272 Eigenkapital [Eigenkapital]

(1) Gezeichnetes Kapital ist mit dem Nennbetrag anzusetzen. Die nicht eingeforderten ausstehenden Einlagen auf das gezeichnete Kapital sind von dem Posten „Gezeichnetes Kapital" offen abzusetzen; der verbleibende Betrag ist als Posten „Eingefordertes Kapital" in der Hauptspalte der Passivseite auszuweisen; der eingeforderte, aber noch nicht eingezahlte Betrag ist unter den Forderungen gesondert auszuweisen und entsprechend zu bezeichnen.

(1a) Der Nennbetrag oder, falls ein solcher nicht vorhanden ist, der rechnerische Wert von erworbenen eigenen Anteilen ist in der Vorspalte offen von dem Posten „Gezeichnetes Kapital" abzusetzen. Der Unterschiedsbetrag zwischen dem Nennbetrag oder dem rechnerischen Wert und den Anschaffungskosten der eigenen Anteile ist mit den frei verfügbaren Rücklagen zu verrechnen. Aufwendungen, die Anschaffungsnebenkosten sind, sind Aufwand des Geschäftsjahrs.

(1b) Nach der Veräußerung der eigenen Anteile entfällt der Ausweis nach Absatz 1a Satz 1. Ein den Nennbetrag oder den rechnerischen Wert übersteigender Differenzbetrag aus dem Veräußerungserlös ist bis zur Höhe des mit den frei verfügbaren Rücklagen verrechneten Betrages in die jeweiligen Rücklagen einzustellen. Ein darüber hinausgehender Differenzbetrag ist in die Kapitalrücklage gemäß Absatz 2 Nr. 1 einzustellen. Die Nebenkosten der Veräußerung sind Aufwand des Geschäftsjahrs.

(2) Als Kapitalrücklage sind auszuweisen

1. der Betrag, der bei der Ausgabe von Anteilen einschließlich von Bezugsanteilen über den Nennbetrag oder, falls ein Nennbetrag nicht vorhanden ist, über den rechnerischen Wert hinaus erzielt wird;
2. der Betrag, der bei der Ausgabe von Schuldverschreibungen für Wandlungsrechte und Optionsrechte zum Erwerb von Anteilen erzielt wird;
3. der Betrag von Zuzahlungen, die Gesellschafter gegen Gewährung eines Vorzugs für ihre Anteile leisten;
4. der Betrag von anderen Zuzahlungen, die Gesellschafter in das Eigenkapital leisten.

(3) Als Gewinnrücklagen dürfen nur Beträge ausgewiesen werden, die im Geschäftsjahr oder in einem früheren Geschäftsjahr aus dem Ergebnis gebildet worden sind. Dazu gehören aus dem Ergebnis zu bildende gesetzliche oder auf Gesellschaftsvertrag oder Satzung beruhende Rücklagen und andere Gewinnrücklagen.
(4) Für Anteile an einem herrschenden oder mit Mehrheit beteiligten Unternehmen ist eine Rücklage zu bilden. In die Rücklage ist ein Betrag einzustellen, der dem auf der Aktivseite der Bilanz für die Anteile an dem herrschenden oder mit Mehrheit beteiligten Unternehmen angesetzten Betrag entspricht. Die Rücklage, die bereits bei der Aufstellung der Bilanz zu bilden ist, darf aus vorhandenen frei verfügbaren Rücklagen gebildet werden. Die Rücklage ist aufzulösen, soweit die Anteile an dem herrschenden oder mit Mehrheit beteiligten Unternehmen veräußert, ausgegeben oder eingezogen werden oder auf der Aktivseite ein niedrigerer Betrag angesetzt wird.
(5) Übersteigt der auf eine Beteiligung entfallende Teil des Jahresüberschusses in der Gewinn- und Verlustrechnung die Beträge, die als Dividende oder Gewinnanteil eingegangen sind oder auf deren Zahlung die Kapitalgesellschaft einen Anspruch hat, ist der Unterschiedsbetrag in eine Rücklage einzustellen, die nicht ausgeschüttet werden darf. Die Rücklage ist aufzulösen, soweit die Kapitalgesellschaft die Beträge vereinnahmt oder einen Anspruch auf ihre Zahlung erwirbt.

§ 275 Gliederung [GuV]

(1) Die Gewinn- und Verlustrechnung ist in Staffelform nach dem Gesamtkostenverfahren oder dem Umsatzkostenverfahren aufzustellen. Dabei sind die in Absatz 2 oder 3 bezeichneten Posten in der angegebenen Reihenfolge gesondert auszuweisen.
(2) Bei Anwendung des Gesamtkostenverfahrens sind auszuweisen:

1. Umsatzerlöse
2. Erhöhung oder Verminderung des Bestands an fertigen und unfertigen Erzeugnissen
3. andere aktivierte Eigenleistungen
4. sonstige betriebliche Erträge
5. Materialaufwand:
   a) Aufwendungen für Roh-, Hilfs- und Betriebsstoffe und für bezogene Waren
   b) Aufwendungen für bezogene Leistungen
6. Personalaufwand:

   a) Löhne und Gehälter
   b) soziale Abgaben und Aufwendungen für Altersversorgung und für Unterstützung, davon für Altersversorgung
7. Abschreibungen:
   a) auf immaterielle Vermögensgegenstände des Anlagevermögens und Sachanlagen
   b) auf Vermögensgegenstände des Umlaufvermögens, soweit diese die in der Kapitalgesellschaft üblichen Abschreibungen überschreiten
8. sonstige betriebliche Aufwendungen
9. Erträge aus Beteiligungen, davon aus verbundenen Unternehmen
10. Erträge aus anderen Wertpapieren und Ausleihungen des Finanzanlagevermögens, davon aus verbundenen Unternehmen
11. sonstige Zinsen und ähnliche Erträge, davon aus verbundenen Unternehmen
12. Abschreibungen auf Finanzanlagen und auf Wertpapiere des Umlaufvermögens
13. Zinsen und ähnliche Aufwendungen, davon an verbundene Unternehmen
14. Steuern vom Einkommen und vom Ertrag
15. Ergebnis nach Steuern
16. sonstige Steuern
17. Jahresüberschuss/Jahresfehlbetrag.

(3) Bei Anwendung des Umsatzkostenverfahrens sind auszuweisen:

1. Umsatzerlöse
2. Herstellungskosten der zur Erzielung der Umsatzerlöse erbrachten Leistungen
3. Bruttoergebnis vom Umsatz
4. Vertriebskosten
5. allgemeine Verwaltungskosten
6. sonstige betriebliche Erträge
7. sonstige betriebliche Aufwendungen
8. Erträge aus Beteiligungen, davon aus verbundenen Unternehmen
9. Erträge aus anderen Wertpapieren und Ausleihungen des Finanzanlagevermögens, davon aus verbundenen Unternehmen
10. sonstige Zinsen und ähnliche Erträge, davon aus verbundenen Unternehmen
11. Abschreibungen auf Finanzanlagen und auf Wertpapiere des Umlaufvermögens
12. Zinsen und ähnliche Aufwendungen, davon an verbundene Unternehmen
13. Steuern vom Einkommen und vom Ertrag
14. Ergebnis nach Steuern

15. sonstige Steuern
16. Jahresüberschuss/Jahresfehlbetrag.

(4) Veränderungen der Kapital- und Gewinnrücklagen dürfen in der Gewinn- und Verlustrechnung erst nach dem Posten "Jahresüberschuss/Jahresfehlbetrag" ausgewiesen werden.

(5) Kleinstkapitalgesellschaften (§ 267a) können anstelle der Staffelungen nach den Absätzen 2 und 3 die Gewinn- und Verlustrechnung wie folgt darstellen:

1. Umsatzerlöse,
2. sonstige Erträge,
3. Materialaufwand,
4. Personalaufwand,
5. Abschreibungen,
6. sonstige Aufwendungen,
7. Steuern,
8. Jahresüberschuss/Jahresfehlbetrag.

§ 289 Inhalt des Lageberichts

(1) Im Lagebericht sind der Geschäftsverlauf einschließlich des Geschäftsergebnisses und die Lage der Kapitalgesellschaft so darzustellen, dass ein den tatsächlichen Verhältnissen entsprechendes Bild vermittelt wird. Er hat eine ausgewogene und umfassende, dem Umfang und der Komplexität der Geschäftstätigkeit entsprechende Analyse des Geschäftsverlaufs und der Lage der Gesellschaft zu enthalten. In die Analyse sind die für die Geschäftstätigkeit bedeutsamsten finanziellen Leistungsindikatoren einzubeziehen und unter Bezugnahme auf die im Jahresabschluss ausgewiesenen Beträge und Angaben zu erläutern. Ferner ist im Lagebericht die voraussichtliche Entwicklung mit ihren wesentlichen Chancen und Risiken zu beurteilen und zu erläutern; zugrunde liegende Annahmen sind anzugeben. Die Mitglieder des vertretungsberechtigten Organs einer Kapitalgesellschaft im Sinne des § 264 Abs. 2 Satz 3 haben zu versichern, dass nach bestem Wissen im Lagebericht der Geschäftsverlauf einschließlich des Geschäftsergebnisses und die Lage der Kapitalgesellschaft so dargestellt sind, dass ein den tatsächlichen Verhältnissen entsprechendes Bild vermittelt wird, und dass die wesentlichen Chancen und Risiken im Sinne des Satzes 4 beschrieben sind.

(2) Im Lagebericht ist auch einzugehen auf:

1.

a) die Risikomanagementziele und -methoden der Gesellschaft einschließlich ihrer Methoden zur Absicherung aller wichtigen Arten von Transaktionen, die im Rahmen der Bilanzierung von Sicherungsgeschäften erfasst werden, sowie
b) die Preisänderungs-, Ausfall- und Liquiditätsrisiken sowie die Risiken aus Zahlungsstromschwankungen, denen die Gesellschaft ausgesetzt ist, jeweils in Bezug auf die Verwendung von Finanzinstrumenten durch die Gesellschaft und sofern dies für die Beurteilung der Lage oder der voraussichtlichen Entwicklung von Belang ist;

2. den Bereich Forschung und Entwicklung sowie
3. bestehende Zweigniederlassungen der Gesellschaft.

Sind im Anhang Angaben nach § 160 Absatz 1 Nummer 2 des Aktiengesetzes zu machen, ist im Lagebericht darauf zu verweisen.

(3) Bei einer großen Kapitalgesellschaft (§ 267 Abs. 3) gilt Absatz 1 Satz 3 entsprechend für nichtfinanzielle Leistungsindikatoren, wie Informationen über Umwelt- und Arbeitnehmerbelange, soweit sie für das Verständnis des Geschäftsverlaufs oder der Lage von Bedeutung sind.

(4) Kapitalgesellschaften im Sinn des § 264d haben im Lagebericht die wesentlichen Merkmale des internen Kontroll- und des Risikomanagementsystems im Hinblick auf den Rechnungslegungsprozess zu beschreiben.

§ 325 Offenlegung

(1) Die Mitglieder des vertretungsberechtigten Organs von Kapitalgesellschaften haben für die Gesellschaft folgende Unterlagen in deutscher Sprache offenzulegen:

1. den festgestellten oder gebilligten Jahresabschluss, den Lagebericht und den Bestätigungsvermerk oder den Vermerk über dessen Versagung sowie
2. den Bericht des Aufsichtsrats und die nach § 161 des Aktiengesetzes vorgeschriebene Erklärung.

Die Unterlagen sind elektronisch beim Betreiber des Bundesanzeigers in einer Form einzureichen, die ihre Bekanntmachung ermöglicht.

(1a) Die Unterlagen nach Absatz 1 Satz 1 sind spätestens ein Jahr nach dem Abschlussstichtag des Geschäftsjahrs einzureichen, auf das sie sich beziehen. Liegen die Unterlagen nach Absatz 1 Satz 1 Nummer 2 nicht innerhalb der Frist vor, sind sie unverzüglich nach ihrem Vorliegen nach Absatz 1 offenzulegen.

(1b) Wird der Jahresabschluss oder der Lagebericht geändert, so ist auch die Änderung nach Absatz 1 Satz 1 offenzulegen. Ist im Jahresabschluss nur der Vorschlag für die Ergebnisverwendung enthalten, ist der Beschluss über die Ergebnisverwendung nach seinem Vorliegen nach Absatz 1 Satz 1 offenzulegen.

(2) Die Mitglieder des vertretungsberechtigten Organs der Kapitalgesellschaft haben für diese die in Absatz 1 bezeichneten Unterlagen jeweils unverzüglich nach der Einreichung im Bundesanzeiger bekannt machen zu lassen.

(2a) Bei der Offenlegung nach Absatz 2 kann an die Stelle des Jahresabschlusses ein Einzelabschluss treten, der nach den in § 315e Absatz 1 bezeichneten internationalen Rechnungslegungsstandards aufgestellt worden ist. Ein Unternehmen, das von diesem Wahlrecht Gebrauch macht, hat die dort genannten Standards vollständig zu befolgen. Auf einen solchen Abschluss sind § 243 Abs. 2, die §§ 244, 245, 257, 264 Absatz 1a, 2 Satz 3, § 285 Nr. 7, 8 Buchstabe b, Nr. 9 bis 11a, 14 bis 17, § 286 Abs. 1, und 3 anzuwenden. Die Verpflichtung, einen Lagebericht offenzulegen, bleibt unberührt; der Lagebericht nach § 289 muss in dem erforderlichen Umfang auch auf den Einzelabschluss nach Satz 1 Bezug nehmen. Die übrigen Vorschriften des Zweiten Unterabschnitts des Ersten Abschnitts und des Ersten Unterabschnitts des Zweiten Abschnitts gelten insoweit nicht. Kann wegen der Anwendung des § 286 Abs. 1 auf den Anhang die in Satz 2 genannte Voraussetzung nicht eingehalten werden, entfällt das Wahlrecht nach Satz 1.

(2b) Die befreiende Wirkung der Offenlegung des Einzelabschlusses nach Absatz 2a tritt ein, wenn

1. statt des vom Abschlussprüfer zum Jahresabschluss erteilten Bestätigungsvermerks oder des Vermerks über dessen Versagung der entsprechende Vermerk zum Abschluss nach Absatz 2a in die Offenlegung nach Absatz 2 einbezogen wird,
2. der Vorschlag für die Verwendung des Ergebnisses und gegebenenfalls der Beschluss über seine Verwendung unter Angabe des Jahresüberschusses oder Jahresfehlbetrags in die Offenlegung nach Absatz 2 einbezogen werden und
3. der Jahresabschluss mit dem Bestätigungsvermerk oder dem Vermerk über dessen Versagung nach Absatz 1 und 1a Satz 1 offen gelegt wird.

(3) Die Absätze 1 bis 2 und 4 Satz 1 gelten entsprechend für die Mitglieder des vertretungsberechtigten Organs einer Kapitalgesellschaft, die einen Konzernabschluss und einen Konzernlagebericht aufzustellen haben.

(3a) Wird der Konzernabschluss zusammen mit dem Jahresabschluss des Mutterunternehmens oder mit einem von diesem aufgestellten Einzelabschluss nach Absatz 2a bekannt gemacht, können die Vermerke des Abschlussprüfers nach § 322 zu beiden Abschlüssen zusammengefasst werden; in diesem Fall können auch die jeweiligen Prüfungsberichte zusammengefasst werden.
(4) Bei einer Kapitalgesellschaft im Sinn des § 264d, die keine Kapitalgesellschaft im Sinn des § 327a ist, beträgt die Frist nach Absatz 1a Satz 1 längstens vier Monate. Für die Wahrung der Fristen nach Satz 1 und Absatz 1a Satz 1 ist der Zeitpunkt der Einreichung der Unterlagen maßgebend.
(5) Auf Gesetz, Gesellschaftsvertrag oder Satzung beruhende Pflichten der Gesellschaft, den Jahresabschluss, den Einzelabschluss nach Absatz 2a, den Lagebericht, den Konzernabschluss oder den Konzernlagebericht in anderer Weise bekannt zu machen, einzureichen oder Personen zugänglich zu machen, bleiben unberührt.

Bürgerliches Gesetzbuch (BGB)

vom 18.08.1896, zuletzt geändert am 10.08.2021

AUSZUG

§ 1 Beginn der Rechtsfähigkeit
Die Rechtsfähigkeit des Menschen beginnt mit der Vollendung der Geburt.

§ 2 Eintritt der Volljährigkeit
Die Volljährigkeit tritt mit der Vollendung des 18. Lebensjahres ein.

§ 13 Verbraucher
Verbraucher ist jede natürliche Person, die ein Rechtsgeschäft zu Zwecken abschließt, die überwiegend weder ihrer gewerblichen noch ihrer selbständigen beruflichen Tätigkeit zugerechnet werden können.

§ 14 Unternehmer
(1) Unternehmer ist eine natürliche oder juristische Person oder eine rechtsfähige Personengesellschaft, die bei Abschluss eines Rechtsgeschäfts in Ausübung ihrer gewerblichen oder selbständigen beruflichen Tätigkeit handelt.
(2) Eine rechtsfähige Personengesellschaft ist eine Personengesellschaft, die mit der Fähigkeit ausgestattet ist, Rechte zu erwerben und Verbindlichkeiten einzugehen.

§ 21 Nicht wirtschaftlicher Verein
Ein Verein, dessen Zweck nicht auf einen wirtschaftlichen Geschäftsbetrieb gerichtet ist, erlangt Rechtsfähigkeit durch Eintragung in das Vereinsregister des zuständigen Amtsgerichts.

§ 24 Sitz
Als Sitz eines Vereins gilt, wenn nicht ein anderes bestimmt ist, der Ort, an welchem die Verwaltung geführt wird.

§ 26 Vorstand und Vertretung

(1) Der Verein muss einen Vorstand haben. Der Vorstand vertritt den Verein gerichtlich und außergerichtlich; er hat die Stellung eines gesetzlichen Vertreters. Der Umfang der Vertretungsmacht kann durch die Satzung mit Wirkung gegen Dritte beschränkt werden.

(2) Besteht der Vorstand aus mehreren Personen, so wird der Verein durch die Mehrheit der Vorstandsmitglieder vertreten. Ist eine Willenserklärung gegenüber einem Verein abzugeben, so genügt die Abgabe gegenüber einem Mitglied des Vorstands.

§ 27 Bestellung und Geschäftsführung des Vorstands

(1) Die Bestellung des Vorstands erfolgt durch Beschluss der Mitgliederversammlung.

(2) Die Bestellung ist jederzeit widerruflich, unbeschadet des Anspruchs auf die vertragsmäßige Vergütung. Die Widerruflichkeit kann durch die Satzung auf den Fall beschränkt werden, dass ein wichtiger Grund für den Widerruf vorliegt; ein solcher Grund ist insbesondere grobe Pflichtverletzung oder Unfähigkeit zur ordnungsmäßigen Geschäftsführung.

(3) Auf die Geschäftsführung des Vorstands finden die für den Auftrag geltenden Vorschriften der §§ 664 bis 670 entsprechende Anwendung. Die Mitglieder des Vorstands sind unentgeltlich tätig.

§ 31 Vereinshaftung für Organe

Der Verein ist für den Schaden verantwortlich, den der Vorstand, ein Mitglied des Vorstands oder ein anderer verfassungsmäßig berufener Vertreter durch eine in Ausführung der ihm zustehenden Verrichtungen begangene, zum Schadensersatz verpflichtende Handlung einem Dritten zufügt.

§ 31a Vereinshaftung von Organmitgliedern und besonderen Vertretern

(1) Sind Organmitglieder oder besondere Vertreter unentgeltlich tätig oder erhalten sie für ihre Tätigkeit eine Vergütung, die 720 Euro jährlich nicht übersteigt, haften sie dem Verein für einen bei der Wahrnehmung ihrer Pflichten verursachten Schaden nur bei Vorliegen von Vorsatz oder grober Fahrlässigkeit. Satz 1 gilt auch für die Haftung gegenüber den Mitgliedern des Vereins. Ist streitig, ob ein Organmitglied

oder ein besonderer Vertreter einen Schaden vorsätzlich oder grob fahrlässig verursacht hat, trägt der Verein oder das Vereinsmitglied die Beweislast.
(2) Sind Organmitglieder oder besondere Vertreter nach Absatz 1 Satz 1 einem anderen zum Ersatz eines Schadens verpflichtet, den sie bei der Wahrnehmung ihrer Pflichten verursacht haben, so können sie von dem Verein die Befreiung von der Verbindlichkeit verlangen. Satz 1 gilt nicht, wenn der Schaden vorsätzlich oder grob fahrlässig verursacht wurde.

§ 31b Vereinshaftung von Vereinsmitgliedern

(1) Sind Vereinsmitglieder unentgeltlich für den Verein tätig oder erhalten sie für ihre Tätigkeit eine Vergütung, die 840 Euro jährlich nicht übersteigt, haften sie dem Verein für einen Schaden, den sie bei der Wahrnehmung der ihnen übertragenen satzungsgemäßen Vereinsaufgaben verursachen, nur bei Vorliegen von Vorsatz oder grober Fahrlässigkeit. § 31a Absatz 1 Satz 3 ist entsprechend anzuwenden.
(2) Sind Vereinsmitglieder nach Absatz 1 Satz 1 einem anderen zum Ersatz eines Schadens verpflichtet, den sie bei der Wahrnehmung der ihnen übertragenen satzungsgemäßen Vereinsaufgaben verursacht haben, so können sie von dem Verein die Befreiung von der Verbindlichkeit verlangen. Satz 1 gilt nicht, wenn die Vereinsmitglieder den Schaden vorsätzlich oder grob fahrlässig verursacht haben.

§ 32 Mitgliederversammlung; Beschlussfassung

(1) Die Angelegenheiten des Vereins werden, soweit sie nicht von dem Vorstand oder einem anderen Vereinsorgan zu besorgen sind, durch Beschlussfassung in einer Versammlung der Mitglieder geordnet. Zur Gültigkeit des Beschlusses ist erforderlich, dass der Gegenstand bei der Berufung bezeichnet wird. Bei der Beschlussfassung entscheidet die Mehrheit der abgegebenen Stimmen.
(2) Auch ohne Versammlung der Mitglieder ist ein Beschluss gültig, wenn alle Mitglieder ihre Zustimmung zu dem Beschluss schriftlich erklären.

§ 33 Satzungsänderung

(1) Zu einem Beschluss, der eine Änderung der Satzung enthält, ist eine Mehrheit von drei Vierteln der abgegebenen Stimmen erforderlich. Zur Änderung des Zweckes des Vereins ist die Zustimmung aller Mitglieder erforderlich; die Zustimmung der nicht erschienenen Mitglieder muss schriftlich erfolgen.

(2) Beruht die Rechtsfähigkeit des Vereins auf Verleihung, so ist zu jeder Änderung der Satzung die Genehmigung der zuständigen Behörde erforderlich.

§ 36 Berufung der Mitgliederversammlung

Die Mitgliederversammlung ist in den durch die Satzung bestimmten Fällen sowie dann zu berufen, wenn das Interesse des Vereins es erfordert.

§ 38 Mitgliedschaft

Die Mitgliedschaft ist nicht übertragbar und nicht vererblich. Die Ausübung der Mitgliedschaftsrechte kann nicht einem anderen überlassen werden.

§ 39 Austritt aus dem Verein

(1) Die Mitglieder sind zum Austritt aus dem Verein berechtigt.

(2) Durch die Satzung kann bestimmt werden, dass der Austritt nur am Schluss eines Geschäftsjahrs oder erst nach dem Ablauf einer Kündigungsfrist zulässig ist; die Kündigungsfrist kann höchstens zwei Jahre betragen.

§ 41 Auflösung des Vereins

Der Verein kann durch Beschluss der Mitgliederversammlung aufgelöst werden. Zu dem Beschluss ist eine Mehrheit von drei Vierteln der abgegebenen Stimmen erforderlich, wenn nicht die Satzung ein anderes bestimmt.

§ 42 Insolvenz

(1) Der Verein wird durch die Eröffnung des Insolvenzverfahrens und mit Rechtskraft des Beschlusses, durch den die Eröffnung des Insolvenzverfahrens mangels Masse abgewiesen worden ist, aufgelöst. Wird das Verfahren auf Antrag des Schuldners eingestellt oder nach der Bestätigung eines Insolvenzplans, der den Fortbestand des Vereins vorsieht, aufgehoben, so kann die Mitgliederversammlung die Fortsetzung des Vereins beschließen. Durch die Satzung kann bestimmt werden, dass der Verein im Falle der Eröffnung des Insolvenzverfahrens als nicht rechtsfähiger Verein fortbesteht; auch in diesem Falle kann unter den Voraussetzungen des Satzes 2 die Fortsetzung als rechtsfähiger Verein beschlossen werden.

(2) Der Vorstand hat im Falle der Zahlungsunfähigkeit oder der Überschuldung die Eröffnung des Insolvenzverfahrens zu beantragen. Wird die Stellung des Antrags verzögert, so sind die Vorstandsmitglieder, denen ein Verschulden zur Last fällt, den

Gläubigern für den daraus entstehenden Schaden verantwortlich; sie haften als Gesamtschuldner.

§ 55 Zuständigkeit für die Registereintragung

Die Eintragung eines Vereins der in § 21 bezeichneten Art in das Vereinsregister hat bei dem Amtsgericht zu geschehen, in dessen Bezirk der Verein seinen Sitz hat.

§ 56 Mindestmitgliederzahl des Vereins

Die Eintragung soll nur erfolgen, wenn die Zahl der Mitglieder mindestens sieben beträgt.

§ 57 Vereinssatzung Mindesterfordernisse

(1) Die Satzung muss den Zweck, den Namen und den Sitz des Vereins enthalten und ergeben, dass der Verein eingetragen werden soll.
(2) Der Name soll sich von den Namen der an demselben Orte oder in derselben Gemeinde bestehenden eingetragenen Vereine deutlich unterscheiden.

§ 58 Sollinhalt der Vereinssatzung

Die Satzung soll Bestimmungen enthalten:
1. über den Eintritt und Austritt der Mitglieder,
2. darüber, ob und welche Beiträge von den Mitgliedern zu leisten sind,
3. über die Bildung des Vorstands,
4. über die Voraussetzungen, unter denen die Mitgliederversammlung zu berufen ist, über die Form der Berufung und über die Beurkundung der Beschlüsse.

§ 71 Änderungen der Satzung

(1) Änderungen der Satzung bedürfen zu ihrer Wirksamkeit der Eintragung in das Vereinsregister. Die Änderung ist von dem Vorstand zur Eintragung anzumelden. Der Anmeldung sind eine Abschrift des die Änderung enthaltenden Beschlusses und der Wortlaut der Satzung beizufügen.
In dem Wortlaut der Satzung müssen die geänderten Bestimmungen mit dem Beschluss über die Satzungsänderung, die unveränderten Bestimmungen mit dem zuletzt eingereichten vollständigen Wortlaut der Satzung und, wenn die Satzung geändert worden ist, ohne dass ein vollständiger Wortlaut der Satzung eingereicht wurde, auch mit den zuvor eingetragenen Änderungen übereinstimmen.

§ 74 Auflösung

(1) Die Auflösung des Vereins sowie die Entziehung der Rechtsfähigkeit ist in das Vereinsregister einzutragen.

(2) Wird der Verein durch Beschluss der Mitgliederversammlung oder durch den Ablauf der für die Dauer des Vereins bestimmten Zeit aufgelöst, so hat der Vorstand die Auflösung zur Eintragung anzumelden. Der Anmeldung ist im ersteren Falle eine Abschrift des Auflösungsbeschlusses beizufügen.

§ 104 Geschäftsunfähigkeit

Geschäftsunfähig ist:

1. wer nicht das siebente Lebensjahr vollendet hat,
2. wer sich in einem die freie Willensbestimmung ausschließenden Zustand krankhafter Störung der

Geistestätigkeit befindet, sofern nicht der Zustand seiner Natur nach ein vorübergehender ist.

§ 105 Nichtigkeit der Willenserklärung

(1) Die Willenserklärung eines Geschäftsunfähigen ist nichtig.

(2) Nichtig ist auch eine Willenserklärung, die im Zustand der Bewusstlosigkeit oder vorübergehender Störung der Geistestätigkeit abgegeben wird.

§ 105a Geschäfte des täglichen Lebens

Tätigt ein volljähriger Geschäftsunfähiger ein Geschäft des täglichen Lebens, das mit geringwertigen Mitteln bewirkt werden kann, so gilt der von ihm geschlossene Vertrag in Ansehung von Leistung und, soweit vereinbart, Gegenleistung als wirksam, sobald Leistung und Gegenleistung bewirkt sind. Satz 1 gilt nicht bei einer erheblichen Gefahr für die Person oder das Vermögen des Geschäftsunfähigen.

§ 106 Beschränkte Geschäftsfähigkeit Minderjähriger

Ein Minderjähriger, der das siebente Lebensjahr vollendet hat, ist nach Maßgabe der §§ 107 bis 113 in der Geschäftsfähigkeit beschränkt.

§ 107 Einwilligung des gesetzlichen Vertreters

Der Minderjährige bedarf zu einer Willenserklärung, durch die er nicht lediglich einen rechtlichen Vorteil erlangt, der Einwilligung seines gesetzlichen Vertreters.

§ 108 Vertragsschluss ohne Einwilligung [Gesetzlicher Vertreter]

(1) Schließt der Minderjährige einen Vertrag ohne die erforderliche Einwilligung des gesetzlichen Vertreters, so hängt die Wirksamkeit des Vertrags von der Genehmigung des Vertreters ab.

(2) Fordert der andere Teil den Vertreter zur Erklärung über die Genehmigung auf, so kann die Erklärung nur ihm gegenüber erfolgen; eine vor der Aufforderung dem Minderjährigen gegenüber erklärte Genehmigung oder Verweigerung der Genehmigung wird unwirksam. Die Genehmigung kann nur bis zum Ablauf von zwei Wochen nach dem Empfang der Aufforderung erklärt werden; wird sie nicht erklärt, so gilt sie als verweigert.

(3) Ist der Minderjährige unbeschränkt geschäftsfähig geworden, so tritt seine Genehmigung an die Stelle der Genehmigung des Vertreters.

§ 164 Wirkung der Erklärung des Vertreters

(1) Eine Willenserklärung, die jemand innerhalb der ihm zustehenden Vertretungsmacht im Namen des Vertretenen abgibt, wirkt unmittelbar für und gegen den Vertretenen. Es macht keinen Unterschied, ob die Erklärung ausdrücklich im Namen des Vertretenen erfolgt oder ob die Umstände ergeben, dass sie in dessen Namen erfolgen soll.

(2) Tritt der Wille, in fremdem Namen zu handeln, nicht erkennbar hervor, so kommt der Mangel des Willens, im eigenen Namen zu handeln, nicht in Betracht.

(3) Die Vorschriften des Absatzes 1 finden entsprechende Anwendung, wenn eine gegenüber einem anderen abzugebende Willenserklärung dessen Vertreter gegenüber erfolgt.

§ 165 Beschränkt geschäftsfähiger Vertreter

Die Wirksamkeit einer von oder gegenüber einem Vertreter abgegebenen Willenserklärung wird nicht dadurch beeinträchtigt, dass der Vertreter in der Geschäftsfähigkeit beschränkt ist.

§ 167 Erteilung der Vollmacht

(1) Die Erteilung der Vollmacht erfolgt durch Erklärung gegenüber dem zu Bevollmächtigenden oder dem Dritten, dem gegenüber die Vertretung stattfinden soll.

(2) Die Erklärung bedarf nicht der Form, welche für das Rechtsgeschäft bestimmt ist, auf das sich die Vollmacht bezieht.

§ 168 Erlöschen der Vollmacht

Das Erlöschen der Vollmacht bestimmt sich nach dem ihrer Erteilung zugrunde liegenden Rechtsverhältnis. Die Vollmacht ist auch bei dem Fortbestehen des Rechtsverhältnisses widerruflich, sofern sich nicht aus diesem ein anderes ergibt. Auf die Erklärung des Widerrufs findet die Vorschrift des § 167 Abs. 1 entsprechende Anwendung.

§ 169 Vollmacht des Beauftragten und des geschäftsführenden Gesellschafters

Soweit nach den §§ 674, 729 die erloschene Vollmacht eines Beauftragten oder eines geschäftsführenden Gesellschafters als fortbestehend gilt, wirkt sie nicht zugunsten eines Dritten, der bei der Vornahme eines Rechtsgeschäfts das Erlöschen kennt oder kennen muss.

§ 170 Wirkungsdauer der Vollmacht

Wird die Vollmacht durch Erklärung gegenüber einem Dritten erteilt, so bleibt sie diesem gegenüber in Kraft, bis ihm das Erlöschen von dem Vollmachtgeber angezeigt wird.

§ 177 Vertragsschluss durch Vertreter ohne Vertretungsmacht

(1) Schließt jemand ohne Vertretungsmacht im Namen eines anderen einen Vertrag, so hängt die Wirksamkeit des Vertrags für und gegen den Vertretenen von dessen Genehmigung ab.

(2) Fordert der andere Teil den Vertretenen zur Erklärung über die Genehmigung auf, so kann die Erklärung nur ihm gegenüber erfolgen; eine vor der Aufforderung dem Vertreter gegenüber erklärte Genehmigung oder Verweigerung der Genehmigung wird unwirksam. Die Genehmigung kann nur bis zum Ablauf von zwei Wochen nach dem Empfang der Aufforderung erklärt werden; wird sie nicht erklärt, so gilt sie als verweigert.

§ 179 Haftung des Vertreters ohne Vertretungsmacht

(1) Wer als Vertreter einen Vertrag geschlossen hat, ist, sofern er nicht seine Vertretungsmacht nachweist, dem anderen Teil nach dessen Wahl zur Erfüllung oder zum Schadensersatz verpflichtet, wenn der Vertretene die Genehmigung des Vertrags verweigert.
(2) Hat der Vertreter den Mangel der Vertretungsmacht nicht gekannt, so ist er nur zum Ersatz desjenigen Schadens verpflichtet, welchen der andere Teil dadurch erleidet, dass er auf die Vertretungsmacht vertraut, jedoch nicht über den Betrag des Interesses hinaus, welches der andere Teil an der Wirksamkeit des Vertrags hat.
(3) Der Vertreter haftet nicht, wenn der andere Teil den Mangel der Vertretungsmacht kannte oder kennen musste. Der Vertreter haftet auch dann nicht, wenn er in der Geschäftsfähigkeit beschränkt war, es sei denn, dass er mit Zustimmung seines gesetzlichen Vertreters gehandelt hat.

§ 194 Gegenstand der Verjährung

(1) Das Recht, von einem anderen ein Tun oder Unterlassen zu verlangen (Anspruch), unterliegt der Verjährung.
(2) Ansprüche aus einem familienrechtlichen Verhältnis unterliegen der Verjährung nicht, soweit sie auf die Herstellung des dem Verhältnis entsprechenden Zustands für die Zukunft oder auf die Einwilligung in eine genetische Untersuchung zur Klärung der leiblichen Abstammung gerichtet sind.

§ 195 Regelmäßige Verjährungsfrist

Die regelmäßige Verjährungsfrist beträgt drei Jahre.

§ 196 Verjährungsfrist bei Rechten an einem Grundstück

Ansprüche auf Übertragung des Eigentums an einem Grundstück sowie auf Begründung, Übertragung oder Aufhebung eines Rechts an einem Grundstück oder auf Änderung des Inhalts eines solchen Rechts sowie die Ansprüche auf die Gegenleistung verjähren in zehn Jahren.

§ 197 Dreißigjährige Verjährungsfrist

In 30 Jahren verjähren, soweit nicht ein anderes bestimmt ist,
(1) Schadensersatzansprüche, die auf der vorsätzlichen Verletzung des Lebens, des Körpers, der Gesundheit, der Freiheit oder der sexuellen Selbstbestimmung

beruhen, Herausgabeansprüche aus Eigentum, anderen dinglichen Rechten, den §§ 2018, 2130 und 2362 sowie die Ansprüche, die der Geltendmachung der Herausgabeansprüche dienen, rechtskräftig festgestellte Ansprüche, Ansprüche aus vollstreckbaren Vergleichen oder vollstreckbaren Urkunden, Ansprüche, die durch die im Insolvenzverfahren erfolgte Feststellung vollstreckbar geworden sind, und Ansprüche auf Erstattung der Kosten der Zwangsvollstreckung.

(2) Soweit Ansprüche nach Abs. 1 Nr. 3 bis 5 künftig fällig werdende regelmäßig wiederkehrende Leistungen zum Inhalt haben, tritt an die Stelle der Verjährungsfrist von 30 Jahren die regelmäßige Verjährungsfrist.

§ 198 Verjährung bei Rechtsnachfolge

Gelangt eine Sache, hinsichtlich derer ein dinglicher Anspruch besteht, durch Rechtsnachfolge in den Besitz eines Dritten, so kommt die während des Besitzes des Rechtsvorgängers verstrichene Verjährungszeit dem Rechtsnachfolger zugute.

§ 199 Beginn der regelmäßigen Verjährungsfrist und Verjährungshöchstfristen

(1) Die regelmäßige Verjährungsfrist beginnt, soweit nicht ein anderer Verjährungsbeginn bestimmt ist, mit dem Schluss des Jahres, in dem

1. der Anspruch entstanden ist und
2. der Gläubiger von den den Anspruch begründenden Umständen und der Person des Schuldners Kenntnis erlangt oder ohne grobe Fahrlässigkeit erlangen müsste.

(2) Schadensersatzansprüche, die auf der Verletzung des Lebens, des Körpers, der Gesundheit oder der Freiheit beruhen, verjähren ohne Rücksicht auf ihre Entstehung und die Kenntnis oder grob fahrlässige Unkenntnis in 30 Jahren von der Begehung der Handlung, der Pflichtverletzung oder dem sonstigen, den Schaden auslösenden Ereignis an.

(3) Sonstige Schadensersatzansprüche verjähren

1. ohne Rücksicht auf die Kenntnis oder grob fahrlässige Unkenntnis in zehn Jahren von ihrer Entstehung an und
2. ohne Rücksicht auf ihre Entstehung und die Kenntnis oder grob fahrlässige Unkenntnis in 30 Jahren von der Begehung der Handlung, der Pflichtverletzung oder dem sonstigen, den Schaden auslösenden Ereignis an. Maßgeblich ist die früher endende Frist.

(3a) Ansprüche, die auf einem Erbfall beruhen oder deren Geltendmachung die Kenntnis einer Verfügung von Todes wegen voraussetzt, verjähren ohne Rücksicht auf die Kenntnis oder grob fahrlässige Unkenntnis in 30 Jahren von der Entstehung des Anspruchs an.
(4) Andere Ansprüche als die nach den Absätzen 2 bis 3a verjähren ohne Rücksicht auf die Kenntnis oder grob fahrlässige Unkenntnis in zehn Jahren von ihrer Entstehung an.
(5) Geht der Anspruch auf ein Unterlassen, so tritt an die Stelle der Entstehung die Zuwiderhandlung.

§ 241 Pflichten aus dem Schuldverhältnis

(1) Kraft des Schuldverhältnisses ist der Gläubiger berechtigt, von dem Schuldner eine Leistung zu fordern. Die Leistung kann auch in einem Unterlassen bestehen.
(2) Das Schuldverhältnis kann nach seinem Inhalt jeden Teil zur Rücksicht auf die Rechte, Rechtsgüter und Interessen des anderen Teils verpflichten.

§ 241a Unbestellte Leistungen

(1) Durch die Lieferung beweglicher Sachen, die nicht auf Grund von Zwangsvollstreckungsmaßnahmen oder anderen gerichtlichen Maßnahmen verkauft werden (Waren), oder durch die Erbringung sonstiger Leistungen durch einen Unternehmer an den Verbraucher wird ein Anspruch gegen den Verbraucher nicht begründet, wenn der Verbraucher die Waren oder sonstigen Leistungen nicht bestellt hat.
(2) Gesetzliche Ansprüche sind nicht ausgeschlossen, wenn die Leistung nicht für den Empfänger bestimmt war oder in der irrigen Vorstellung einer Bestellung erfolgte und der Empfänger dies erkannt hat oder bei Anwendung der im Verkehr erforderlichen Sorgfalt hätte erkennen können.
(3) Von den Regelungen dieser Vorschrift darf nicht zum Nachteil des Verbrauchers abgewichen werden. Die Regelungen finden auch Anwendung, wenn sie durch anderweitige Gestaltungen umgangen werden.

§ 278 Verantwortlichkeit des Schuldners für Dritte [Schadensersatz]

Der Schuldner hat ein Verschulden seines gesetzlichen Vertreters und der Personen, deren er sich zur Erfüllung seiner Verbindlichkeit bedient, in gleichem Umfang zu vertreten wie eigenes Verschulden. Die Vorschrift des § 276 Abs. 3 findet keine Anwendung.

§ 280 Schadensersatz wegen Pflichtverletzung

(1) Verletzt der Schuldner eine Pflicht aus dem Schuldverhältnis, so kann der Gläubiger Ersatz des hierdurch entstehenden Schadens verlangen. Dies gilt nicht, wenn der Schuldner die Pflichtverletzung nicht zu vertreten hat.
(2) Schadensersatz wegen Verzögerung der Leistung kann der Gläubiger nur unter der zusätzlichen Voraussetzung des § 286 verlangen.
(3) Schadensersatz statt der Leistung kann der Gläubiger nur unter den zusätzlichen Voraussetzungen des § 281, des § 282 oder des § 283 verlangen.

§ 305 Einbeziehung Allgemeiner Geschäftsbedingungen in den Vertrag

(1) Allgemeine Geschäftsbedingungen sind alle für eine Vielzahl von Verträgen vorformulierten Vertragsbedingungen, die eine Vertragspartei (Verwender) der anderen Vertragspartei bei Abschluss eines Vertrags stellt. Gleichgültig ist, ob die Bestimmungen einen äußerlich gesonderten Bestandteil des Vertrags bilden oder in die Vertragsurkunde selbst aufgenommen werden, welchen Umfang sie haben, in welcher Schriftart sie verfasst sind und welche Form der Vertrag hat. Allgemeine Geschäftsbedingungen liegen nicht vor, soweit die Vertragsbedingungen zwischen den Vertragsparteien im Einzelnen ausgehandelt sind.
(2) Allgemeine Geschäftsbedingungen werden nur dann Bestandteil eines Vertrags, wenn der Verwender bei Vertragsschluss

1. die andere Vertragspartei ausdrücklich oder, wenn ein ausdrücklicher Hinweis wegen der Art des Vertragsschlusses nur unter unverhältnismäßigen Schwierigkeiten möglich ist, durch deutlich sichtbaren Aushang am Ort des Vertragsschlusses auf sie hinweist und
2. der anderen Vertragspartei die Möglichkeit verschafft, in zumutbarer Weise, die auch eine für den Verwender erkennbare körperliche Behinderung der anderen Vertragspartei angemessen berücksichtigt, von ihrem Inhalt Kenntnis zu nehmen,

und wenn die andere Vertragspartei mit ihrer Geltung einverstanden ist.
(3) Die Vertragsparteien können für eine bestimmte Art von Rechtsgeschäften die Geltung bestimmter Allgemeiner Geschäftsbedingungen unter Beachtung der in Absatz 2 bezeichneten Erfordernisse im Voraus vereinbaren.

§ 346 Wirkungen des Rücktritts

(1) Hat sich eine Vertragspartei vertraglich den Rücktritt vorbehalten oder steht ihr ein gesetzliches Rücktrittsrecht zu, so sind im Falle des Rücktritts die empfangenen Leistungen zurückzugewähren und die gezogenen Nutzungen herauszugeben.

(2) Statt der Rückgewähr oder Herausgabe hat der Schuldner Wertersatz zu leisten, soweit

1. die Rückgewähr oder die Herausgabe nach der Natur des Erlangten ausgeschlossen ist,
2. er den empfangenen Gegenstand verbraucht, veräußert, belastet, verarbeitet oder umgestaltet hat,
3. der empfangene Gegenstand sich verschlechtert hat oder untergegangen ist; jedoch bleibt die durch die bestimmungsgemäße Ingebrauchnahme entstandene Verschlechterung außer Betracht.Ist im Vertrag eine Gegenleistung bestimmt, ist sie bei der Berechnung des Wertersatzes zugrunde zu legen; ist Wertersatz für den Gebrauchsvorteil eines Darlehens zu leisten, kann nachgewiesen werden, dass der Wert des Gebrauchsvorteils niedriger war.

(3) Die Pflicht zum Wertersatz entfällt,

1. wenn sich der zum Rücktritt berechtigende Mangel erst während der Verarbeitung oder Umgestaltung des Gegenstandes gezeigt hat,
2. soweit der Gläubiger die Verschlechterung oder den Untergang zu vertreten hat oder der Schaden bei ihm gleichfalls eingetreten wäre,
3. wenn im Falle eines gesetzlichen Rücktrittsrechts die Verschlechterung oder der Untergang beim Berechtigten eingetreten ist, obwohl dieser diejenige Sorgfalt beobachtet hat, die er in eigenen Angelegenheiten anzuwenden pflegt. Eine verbleibende Bereicherung ist herauszugeben.

(4) Der Gläubiger kann wegen Verletzung einer Pflicht aus Absatz 1 nach Maßgabe der §§ 280 bis 283 Schadensersatz verlangen.

§ 347 Nutzungen und Verwendungen nach Rücktritt

(1) Zieht der Schuldner Nutzungen entgegen den Regeln einer ordnungsmäßigen Wirtschaft nicht, obwohl ihm das möglich gewesen wäre, so ist er dem Gläubiger zum Wertersatz verpflichtet. Im Falle eines gesetzlichen Rücktrittsrechts hat der Berechtigte hinsichtlich der Nutzungen nur für diejenige Sorgfalt einzustehen, die er in eigenen Angelegenheiten anzuwenden pflegt.

(2) Gibt der Schuldner den Gegenstand zurück, leistet er Wertersatz oder ist seine Wertersatzpflicht gemäß § 346 Abs. 3 Nr. 1 oder 2 ausgeschlossen, so sind ihm notwendige Verwendungen zu ersetzen. Andere Aufwendungen sind zu ersetzen, soweit der Gläubiger durch diese bereichert wird.

§ 433 Vertragstypische Pflichten beim Kaufvertrag

(1) Durch den Kaufvertrag wird der Verkäufer einer Sache verpflichtet, dem Käufer die Sache zu übergeben und das Eigentum an der Sache zu verschaffen. Der Verkäufer hat dem Käufer die Sache frei von Sach- und Rechtsmängeln zu verschaffen.

(2) Der Käufer ist verpflichtet, dem Verkäufer den vereinbarten Kaufpreis zu zahlen und die gekaufte Sache abzunehmen.

§ 434 Sachmangel

(1) Die Sache ist frei von Sachmängeln, wenn sie bei Gefahrübergang die vereinbarte Beschaffenheit hat. Soweit
die Beschaffenheit nicht vereinbart ist, ist die Sache frei von Sachmängeln,

1. wenn sie sich für die nach dem Vertrag vorausgesetzte Verwendung eignet, sonst
2. wenn sie sich für die gewöhnliche Verwendung eignet und eine Beschaffenheit aufweist, die bei Sachen der gleichen Art üblich ist und die der Käufer nach der Art der Sache erwarten kann. Zu der Beschaffenheit nach Satz 2 Nr. 2 gehören auch Eigenschaften, die der Käufer nach den öffentlichen Äußerungen des Verkäufers, des Herstellers (§ 4 Abs. 1 und 2 des Produkthaftungsgesetzes) oder seines Gehilfen insbesondere in der Werbung oder bei der Kennzeichnung über bestimmte Eigenschaften der Sache erwarten kann, es sei denn, dass der Verkäufer die Äußerung nicht kannte und auch nicht kennen musste, dass sie im Zeitpunkt des Vertragsschlusses in gleichwertiger Weise berichtigt war oder dass sie die Kaufentscheidung nicht beeinflussen konnte.

(2) Ein Sachmangel ist auch dann gegeben, wenn die vereinbarte Montage durch den Verkäufer oder dessen Erfüllungsgehilfen unsachgemäß durchgeführt worden ist. Ein Sachmangel liegt bei einer zur Montage bestimmten Sache ferner vor, wenn die Montageanleitung mangelhaft ist, es sei denn, die Sache ist fehlerfrei montiert worden.

(3) Einem Sachmangel steht es gleich, wenn der Verkäufer eine andere Sache oder eine zu geringe Menge liefert.

§ 435 Rechtsmangel

Die Sache ist frei von Rechtsmängeln, wenn Dritte in Bezug auf die Sache keine oder nur die im Kaufvertrag übernommenen Rechte gegen den Käufer geltend machen können. Einem Rechtsmangel steht es gleich, wenn im Grundbuch ein Recht eingetragen ist, das nicht besteht.

§ 488 Vertragstypische Pflichten beim Darlehensvertrag

(1) Durch den Darlehensvertrag wird der Darlehensgeber verpflichtet, dem Darlehensnehmer einen Geldbetrag in der vereinbarten Höhe zur Verfügung zu stellen. Der Darlehensnehmer ist verpflichtet, einen geschuldeten Zins zu zahlen und bei Fälligkeit das zur Verfügung gestellte Darlehen zurückzuzahlen.

(2) Die vereinbarten Zinsen sind, soweit nicht ein anderes bestimmt ist, nach dem Ablauf je eines Jahres und, wenn das Darlehen vor dem Ablauf eines Jahres zurückzuzahlen ist, bei der Rückzahlung zu entrichten.

(3) Ist für die Rückzahlung des Darlehens eine Zeit nicht bestimmt, so hängt die Fälligkeit davon ab, dass der Darlehensgeber oder der Darlehensnehmer kündigt. Die Kündigungsfrist beträgt drei Monate. Sind Zinsen nicht geschuldet, so ist der Darlehensnehmer auch ohne Kündigung zur Rückzahlung berechtigt.

§ 489 Ordentliches Kündigungsrecht des Darlehensnehmers

(1) Der Darlehensnehmer kann einen Darlehensvertrag mit gebundenem Sollzinssatz ganz oder teilweise kündigen,

1. wenn die Sollzinsbindung vor der für die Rückzahlung bestimmten Zeit endet und keine neue Vereinbarung über den Sollzinssatz getroffen ist, unter Einhaltung einer Kündigungsfrist von einem Monat frühestens für den Ablauf des Tages, an dem die Sollzinsbindung endet; ist eine Anpassung des Sollzinssatzes in bestimmten Zeiträumen bis zu einem Jahr vereinbart, so kann der Darlehensnehmer jeweils nur für den Ablauf des Tages, an dem die Sollzinsbindung endet, kündigen;
2. in jedem Fall nach Ablauf von zehn Jahren nach dem vollständigen Empfang unter Einhaltung einer Kündigungsfrist von sechs Monaten; wird nach dem Empfang des Darlehens eine neue Vereinbarung über die Zeit der Rückzahlung

oder den Sollzinssatz getroffen, so tritt der Zeitpunkt dieser Vereinbarung an die Stelle des Zeitpunkts des Empfangs.

(2) Der Darlehensnehmer kann einen Darlehensvertrag mit veränderlichem Zinssatz jederzeit unter Einhaltung einer Kündigungsfrist von drei Monaten kündigen.

(3) Eine Kündigung des Darlehensnehmers gilt als nicht erfolgt, wenn er den geschuldeten Betrag nicht binnen zwei Wochen nach Wirksamwerden der Kündigung zurückzahlt.

(4) Das Kündigungsrecht des Darlehensnehmers nach den Absätzen 1 und 2 kann nicht durch Vertrag ausgeschlossen oder erschwert werden. Dies gilt nicht bei Darlehen an den Bund, ein Sondervermögen des Bundes, ein Land, eine Gemeinde, einen Gemeindeverband, die Europäischen Gemeinschaften oder ausländische Gebietskörperschaften.

(5) Sollzinssatz ist der gebundene oder veränderliche periodische Prozentsatz, der pro Jahr auf das in Anspruch genommene Darlehen angewendet wird. Der Sollzinssatz ist gebunden, wenn für die gesamte Vertragslaufzeit ein Sollzinssatz oder mehrere Sollzinssätze vereinbart sind, die als feststehende Prozentzahl ausgedrückt werden. Ist für die gesamte Vertragslaufzeit keine Sollzinsbindung vereinbart, gilt der Sollzinssatz nur für diejenigen Zeiträume als gebunden, für die er durch eine feste Prozentzahl bestimmt ist.

§ 490 Außerordentliches Kündigungsrecht

(1) Wenn in den Vermögensverhältnissen des Darlehensnehmers oder in der Werthaltigkeit einer für das Darlehen gestellten Sicherheit eine wesentliche Verschlechterung eintritt oder einzutreten droht, durch die die Rückzahlung des Darlehens, auch unter Verwertung der Sicherheit, gefährdet wird, kann der Darlehensgeber den Darlehensvertrag vor Auszahlung des Darlehens im Zweifel stets, nach Auszahlung nur in der Regel fristlos kündigen.

(2) Der Darlehensnehmer kann einen Darlehensvertrag, bei dem der Sollzinssatz gebunden und das Darlehen durch ein Grund- oder Schiffspfandrecht gesichert ist, unter Einhaltung der Fristen des § 488 Abs. 3 Satz 2 vorzeitig kündigen, wenn seine berechtigten Interessen dies gebieten und seit dem vollständigen Empfang des Darlehens sechs Monate abgelaufen sind. Ein solches Interesse liegt insbesondere vor, wenn der Darlehensnehmer ein Bedürfnis nach einer anderweitigen Verwertung der zur Sicherung des Darlehens beliehenen Sache hat. Der Darlehensnehmer hat

dem Darlehensgeber denjenigen Schaden zu ersetzen, der diesem aus der vorzeitigen Kündigung entsteht (Vorfälligkeitsentschädigung).

§ 611 Vertragstypische Pflichten beim Dienstvertrag

(1) Durch den Dienstvertrag wird derjenige, welcher Dienste zusagt, zur Leistung der versprochenen Dienste, der andere Teil zur Gewährung der vereinbarten Vergütung verpflichtet.
(2) Gegenstand des Dienstvertrags können Dienste jeder Art sein.

§ 611a Arbeitsvertrag

(1) Durch den Arbeitsvertrag wird der Arbeitnehmer im Dienste eines anderen zur Leistung weisungsgebundener, fremdbestimmter Arbeit in persönlicher Abhängigkeit verpflichtet. Das Weisungsrecht kann Inhalt, Durchführung, Zeit und Ort der Tätigkeit betreffen. Weisungsgebunden ist, wer nicht im Wesentlichen frei seine Tätigkeit gestalten und seine Arbeitszeit bestimmen kann. Der Grad der persönlichen Abhängigkeit hängt dabei auch von der Eigenart der jeweiligen Tätigkeit ab. Für die Feststellung, ob ein Arbeitsvertrag vorliegt, ist eine Gesamtbetrachtung aller Umstände vorzunehmen. Zeigt die tatsächliche Durchführung des Vertragsverhältnisses, das es sich um ein Arbeitsverhältnis handelt, kommt es auf die Bezeichnung im Vertrag nicht an.
(2) Der Arbeitgeber ist zur Zahlung der vereinbarten Vergütung verpflichtet.

§ 612 Vergütung

(1) Eine Vergütung gilt als stillschweigend vereinbart, wenn die Dienstleistung den Umständen nach nur gegen eine Vergütung zu erwarten ist.
(2) Ist die Höhe der Vergütung nicht bestimmt, so ist bei dem Bestehen einer Taxe die taxmäßige Vergütung, in Ermangelung einer Taxe die übliche Vergütung als vereinbart anzusehen.

§ 612a Maßregelungsverbot

Der Arbeitgeber darf einen Arbeitnehmer bei einer Vereinbarung oder einer Maßnahme nicht benachteiligen, weil der Arbeitnehmer in zulässiger Weise seine Rechte ausübt.

§ 613 Unübertragbarkeit

Der zur Dienstleistung Verpflichtete hat die Dienste im Zweifel in Person zu leisten. Der Anspruch auf die Dienste ist im Zweifel nicht übertragbar.

§ 613a Rechte und Pflichten bei Betriebsübergang

(1) Geht ein Betrieb oder Betriebsteil durch Rechtsgeschäft auf einen anderen Inhaber über, so tritt dieser in die Rechte und Pflichten aus den im Zeitpunkt des Übergangs bestehenden Arbeitsverhältnissen ein. Sind diese Rechte und Pflichten durch Rechtsnormen eines Tarifvertrags oder durch eine Betriebsvereinbarung geregelt, so werden sie Inhalt des Arbeitsverhältnisses zwischen dem neuen Inhaber und dem Arbeitnehmer und dürfen nicht vor Ablauf eines Jahres nach dem Zeitpunkt des Übergangs zum Nachteil des Arbeitnehmers geändert werden. Satz 2 gilt nicht, wenn die Rechte und Pflichten bei dem neuen Inhaber durch Rechtsnormen eines anderen Tarifvertrags oder durch eine andere Betriebsvereinbarung geregelt werden. Vor Ablauf der Frist nach Satz 2 können die Rechte und Pflichten geändert werden, wenn der Tarifvertrag oder die Betriebsvereinbarung nicht mehr gilt oder bei fehlender beiderseitiger Tarifgebundenheit im Geltungsbereich eines anderen Tarifvertrags dessen Anwendung zwischen dem neuen Inhaber und dem Arbeitnehmer vereinbart wird.

(2) Der bisherige Arbeitgeber haftet neben dem neuen Inhaber für Verpflichtungen nach Absatz 1, soweit sie vor dem Zeitpunkt des Übergangs entstanden sind und vor Ablauf von einem Jahr nach diesem Zeitpunkt fällig werden, als Gesamtschuldner. Werden solche Verpflichtungen nach dem Zeitpunkt des Übergangs fällig, so haftet der bisherige Arbeitgeber für sie jedoch nur in dem Umfang, der dem im Zeitpunkt des Übergangs abgelaufenen Teil ihres Bemessungszeitraums entspricht.

(3) Absatz 2 gilt nicht, wenn eine juristische Person oder eine Personenhandelsgesellschaft durch Umwandlung erlischt.

(4) Die Kündigung des Arbeitsverhältnisses eines Arbeitnehmers durch den bisherigen Arbeitgeber oder durch den neuen Inhaber wegen des Übergangs eines Betriebs oder eines Betriebsteils ist unwirksam. Das Recht zur Kündigung des Arbeitsverhältnisses aus anderen Gründen bleibt unberührt.

(5) Der bisherige Arbeitgeber oder der neue Inhaber hat die von einem Übergang betroffenen Arbeitnehmer vor dem Übergang in Textform zu unterrichten über:

1. den Zeitpunkt oder den geplanten Zeitpunkt des Übergangs,
2. den Grund für den Übergang,

3. die rechtlichen, wirtschaftlichen und sozialen Folgen des Übergangs für die Arbeitnehmer und
4. die hinsichtlich der Arbeitnehmer in Aussicht genommenen Maßnahmen.

(6) Der Arbeitnehmer kann dem Übergang des Arbeitsverhältnisses innerhalb eines Monats nach Zugang der Unterrichtung nach Absatz 5 schriftlich widersprechen. Der Widerspruch kann gegenüber dem bisherigen Arbeitgeber oder dem neuen Inhaber erklärt werden.

§ 614 Fälligkeit der Vergütung

Die Vergütung ist nach der Leistung der Dienste zu entrichten. Ist die Vergütung nach Zeitabschnitten bemessen, so ist sie nach dem Ablauf der einzelnen Zeitabschnitte zu entrichten.

§ 619a Beweislast bei Haftung des Arbeitnehmers

Abweichend von § 280 Abs. 1 hat der Arbeitnehmer dem Arbeitgeber Ersatz für den aus der Verletzung einer Pflicht aus dem Arbeitsverhältnis entstehenden Schaden nur zu leisten, wenn er die Pflichtverletzung zu vertreten hat.

§ 620 Beendigung des Dienstverhältnisses

(1) Das Dienstverhältnis endigt mit dem Ablauf der Zeit, für die es eingegangen ist.

(2) Ist die Dauer des Dienstverhältnisses weder bestimmt noch aus der Beschaffenheit oder dem Zwecke der Dienste zu entnehmen, so kann jeder Teil das Dienstverhältnis nach Maßgabe der §§ 621 bis 623 kündigen.

(3) Für Arbeitsverträge, die auf bestimmte Zeit abgeschlossen werden, gilt das Teilzeit- und Befristungsgesetz.

§ 621 Kündigungsfristen bei Dienstverhältnissen

Bei einem Dienstverhältnis, das kein Arbeitsverhältnis im Sinne des § 622 ist, ist die Kündigung zulässig,

1. wenn die Vergütung nach Tagen bemessen ist, an jedem Tag für den Ablauf des folgenden Tages;
2. wenn die Vergütung nach Wochen bemessen ist, spätestens am ersten Werktag einer Woche für den Ablauf des folgenden Sonnabends;
3. wenn die Vergütung nach Monaten bemessen ist, spätestens am 15. eines Monats für den Schluss des Kalendermonats;

4. wenn die Vergütung nach Vierteljahren oder längeren Zeitabschnitten bemessen ist, unter Einhaltung einer Kündigungsfrist von sechs Wochen für den Schluss eines Kalendervierteljahrs;
5. wenn die Vergütung nicht nach Zeitabschnitten bemessen ist, jederzeit; bei einem die Erwerbstätigkeit des Verpflichteten vollständig oder hauptsächlich in Anspruch nehmenden Dienstverhältnis ist jedoch eine Kündigungsfrist von zwei Wochen einzuhalten.

§ 622 Kündigungsfristen bei Arbeitsverhältnissen

(1) Das Arbeitsverhältnis eines Arbeiters oder eines Angestellten (Arbeitnehmers) kann mit einer Frist von vier Wochen zum Fünfzehnten oder zum Ende eines Kalendermonats gekündigt werden.

(2) Für eine Kündigung durch den Arbeitgeber beträgt die Kündigungsfrist, wenn das Arbeitsverhältnis in dem Betrieb oder Unternehmen

1. zwei Jahre bestanden hat, einen Monat zum Ende eines Kalendermonats,
2. fünf Jahre bestanden hat, zwei Monate zum Ende eines Kalendermonats,
3. acht Jahre bestanden hat, drei Monate zum Ende eines Kalendermonats,
4. zehn Jahre bestanden hat, vier Monate zum Ende eines Kalendermonats,
5. zwölf Jahre bestanden hat, fünf Monate zum Ende eines Kalendermonats,
6. 15 Jahre bestanden hat, sechs Monate zum Ende eines Kalendermonats,
7. 20 Jahre bestanden hat, sieben Monate zum Ende eines Kalendermonats.

(3) Während einer vereinbarten Probezeit, längstens für die Dauer von sechs Monaten, kann das Arbeitsverhältnis mit einer Frist von zwei Wochen gekündigt werden.

(4) Von den Absätzen 1 bis 3 abweichende Regelungen können durch Tarifvertrag vereinbart werden. Im Geltungsbereich eines solchen Tarifvertrags gelten die abweichenden tarifvertraglichen Bestimmungen zwischen nicht tarifgebundenen Arbeitgebern und Arbeitnehmern, wenn ihre Anwendung zwischen ihnen vereinbart ist.

(5) Einzelvertraglich kann eine kürzere als die in Absatz 1 genannte Kündigungsfrist nur vereinbart werden,

1. wenn ein Arbeitnehmer zur vorübergehenden Aushilfe eingestellt ist; dies gilt nicht, wenn das Arbeitsverhältnis über die Zeit von drei Monaten hinaus fortgesetzt wird;

2. wenn der Arbeitgeber in der Regel nicht mehr als 20 Arbeitnehmer ausschließlich der zu ihrer Berufsbildung Beschäftigten beschäftigt und die Kündigungsfrist vier Wochen nicht unterschreitet. Bei der Feststellung der Zahl der beschäftigten Arbeitnehmer sind teilzeitbeschäftigte Arbeitnehmer mit einer regelmäßigen wöchentlichen Arbeitszeit von nicht mehr als 20 Stunden mit 0,5 und nicht mehr als 30 Stunden mit 0,75 zu berücksichtigen. Die einzelvertragliche Vereinbarung längerer als der in den Absätzen 1 bis 3 genannten Kündigungsfristen bleibt hiervon unberührt.

(6) Für die Kündigung des Arbeitsverhältnisses durch den Arbeitnehmer darf keine längere Frist vereinbart werden als für die Kündigung durch den Arbeitgeber.

§ 623 Schriftform der Kündigung

Die Beendigung von Arbeitsverhältnissen durch Kündigung oder Auflösungsvertrag bedürfen zu ihrer Wirksamkeit der Schriftform; die elektronische Form ist ausgeschlossen.

§ 624 Kündigungsfrist bei Verträgen über mehr als fünf Jahre

Ist das Dienstverhältnis für die Lebenszeit einer Person oder für längere Zeit als fünf Jahre eingegangen, so kann es von dem Verpflichteten nach dem Ablauf von fünf Jahren gekündigt werden. Die Kündigungsfrist beträgt sechs Monate.

§ 625 Stillschweigende Verlängerung

Wird das Dienstverhältnis nach dem Ablauf der Dienstzeit von dem Verpflichteten mit Wissen des anderen Teiles fortgesetzt, so gilt es als auf unbestimmte Zeit verlängert, sofern nicht der andere Teil unverzüglich widerspricht.

§ 626 Fristlose Kündigung aus wichtigem Grund

(1) Das Dienstverhältnis kann von jedem Vertragsteil aus wichtigem Grund ohne Einhaltung einer Kündigungsfrist gekündigt werden, wenn Tatsachen vorliegen, auf Grund derer dem Kündigenden unter Berücksichtigung aller Umstände des Einzelfalles und unter Abwägung der Interessen beider Vertragsteile die Fortsetzung des Dienstverhältnisses bis zum Ablauf der Kündigungsfrist oder bis zu der vereinbarten Beendigung des Dienstverhältnisses nicht zugemutet werden kann.

(2) Die Kündigung kann nur innerhalb von zwei Wochen erfolgen. Die Frist beginnt mit dem Zeitpunkt, in dem der Kündigungsberechtigte von den für die Kündigung

maßgebenden Tatsachen Kenntnis erlangt. Der Kündigende muss dem anderen Teil auf Verlangen den Kündigungsgrund unverzüglich schriftlich mitteilen.

§ 627 Fristlose Kündigung bei Vertrauensstellung

(1) Bei einem Dienstverhältnis, das kein Arbeitsverhältnis im Sinne des § 622 ist, ist die Kündigung auch ohne die in § 626 bezeichnete Voraussetzung zulässig, wenn der zur Dienstleistung Verpflichtete, ohne in einem dauernden Dienstverhältnis mit festen Bezügen zu stehen, Dienste höherer Art zu leisten hat, die auf Grund besonderen Vertrauens übertragen zu werden pflegen.
(2) Der Verpflichtete darf nur in der Art kündigen, dass sich der Dienstberechtigte die Dienste anderweit beschaffen kann, es sei denn, dass ein wichtiger Grund für die unzeitige Kündigung vorliegt. Kündigt er ohne solchen Grund zur Unzeit, so hat er dem Dienstberechtigten den daraus entstehenden Schaden zu ersetzen.

§ 628 Teilvergütung und Schadensersatz bei fristloser Kündigung

(1) Wird nach dem Beginn der Dienstleistung das Dienstverhältnis auf Grund des § 626 oder des § 627 gekündigt, so kann der Verpflichtete einen seinen bisherigen Leistungen entsprechenden Teil der Vergütung verlangen. Kündigt er, ohne durch vertragswidriges Verhalten des anderen Teiles dazu veranlasst zu sein, oder veranlasst er durch sein vertragswidriges Verhalten die Kündigung des anderen Teiles, so steht ihm ein Anspruch auf die Vergütung insoweit nicht zu, als seine bisherigen Leistungen infolge der Kündigung für den anderen Teil kein Interesse haben. Ist die Vergütung für eine spätere Zeit im Voraus entrichtet, so hat der Verpflichtete sie nach Maßgabe des § 346 oder, wenn die Kündigung wegen eines Umstands erfolgt, den er nicht zu vertreten hat, nach den Vorschriften über die Herausgabe einer ungerechtfertigten Bereicherung zurückzuerstatten.
(2) Wird die Kündigung durch vertragswidriges Verhalten des anderen Teiles veranlasst, so ist dieser zum Ersatz des durch die Aufhebung des Dienstverhältnisses entstehenden Schadens verpflichtet.

§ 629 Freizeit zur Stellungssuche

Nach der Kündigung eines dauernden Dienstverhältnisses hat der Dienstberechtigte dem Verpflichteten auf Verlangen angemessene Zeit zum Aufsuchen eines anderen Dienstverhältnisses zu gewähren.

§ 630 Pflicht zur Zeugniserteilung

Bei der Beendigung eines dauernden Dienstverhältnisses kann der Verpflichtete von dem anderen Teil ein schriftliches Zeugnis über das Dienstverhältnis und dessen Dauer fordern. Das Zeugnis ist auf Verlangen auf die Leistungen und die Führung im Dienst zu erstrecken. Die Erteilung des Zeugnisses in elektronischer Form ist ausgeschlossen. Wenn der Verpflichtete ein Arbeitnehmer ist, findet § 109 der Gewerbeordnung Anwendung.

§ 630a Vertragstypische Pflichten beim Behandlungsvertrag

(1) Durch den Behandlungsvertrag wird derjenige, welcher die medizinische Behandlung eines Patienten zusagt (Behandelnder), zur Leistung der versprochenen Behandlung, der andere Teil (Patient) zur Gewährung der vereinbarten Vergütung verpflichtet, soweit nicht ein Dritter zur Zahlung verpflichtet ist.

(2) Die Behandlung hat nach den zum Zeitpunkt der Behandlung bestehenden, allgemein anerkannten fachlichen Standards zu erfolgen, soweit nicht etwas anderes vereinbart ist.

§ 630c Mitwirkung der Vertragsparteien; Informationspflichten

(1) Behandelnder und Patient sollen zur Durchführung der Behandlung zusammenwirken.

(2) Der Behandelnde ist verpflichtet, dem Patienten in verständlicher Weise zu Beginn der Behandlung und, soweit erforderlich, in deren Verlauf sämtliche für die Behandlung wesentlichen Umstände zu erläutern, insbesondere die Diagnose, die voraussichtliche gesundheitliche Entwicklung, die Therapie und die zu und nach der Therapie zu ergreifenden Maßnahmen. Sind für den Behandelnden Umstände erkennbar, die die Annahme eines Behandlungsfehlers begründen, hat er den Patienten über diese auf Nachfrage oder zur Abwendung gesundheitlicher Gefahren zu informieren. Ist dem Behandelnden oder einem seiner in § 52 Absatz 1 der Strafprozessordnung bezeichneten Angehörigen ein Behandlungsfehler unterlaufen, darf die Information nach Satz 2 zu Beweiszwecken in einem gegen den Behandelnden oder gegen seinen Angehörigen geführten Straf- oder Bußgeldverfahren nur mit Zustimmung des Behandelnden verwendet werden.

(3) Weiß der Behandelnde, dass eine vollständige Übernahme der Behandlungskosten durch einen Dritten nicht gesichert ist oder ergeben sich nach den Umständen hierfür hinreichende Anhaltspunkte, muss er den Patienten vor

Beginn der Behandlung über die voraussichtlichen Kosten der Behandlung in Textform informieren. Weitergehende Formanforderungen aus anderen Vorschriften bleiben unberührt.
(4) Der Information des Patienten bedarf es nicht, soweit diese ausnahmsweise aufgrund besonderer Umstände entbehrlich ist, insbesondere wenn die Behandlung unaufschiebbar ist oder der Patient auf die Information ausdrücklich verzichtet hat.

§ 630d Einwilligung

(1) Vor Durchführung einer medizinischen Maßnahme, insbesondere eines Eingriffs in den Körper oder die Gesundheit, ist der Behandelnde verpflichtet, die Einwilligung des Patienten einzuholen.
Ist der Patient einwilligungsunfähig, ist die Einwilligung eines hierzu Berechtigten einzuholen, soweit nicht eine Patientenverfügung nach § 1901a Absatz 1 Satz 1 die Maßnahme gestattet oder untersagt. Weitergehende Anforderungen an die Einwilligung aus anderen Vorschriften bleiben unberührt. Kann eine Einwilligung für eine unaufschiebbare Maßnahme nicht rechtzeitig eingeholt werden, darf sie ohne Einwilligung durchgeführt werden, wenn sie dem mutmaßlichen Willen des Patienten entspricht.
(2) Die Wirksamkeit der Einwilligung setzt voraus, dass der Patient oder im Fall des Absatzes 1 Satz 2 der zur Einwilligung Berechtigte vor der Einwilligung nach Maßgabe von § 630e Absatz 1 bis 4 aufgeklärt worden ist.
(3) Die Einwilligung kann jederzeit und ohne Angabe von Gründen formlos widerrufen werden.

§ 630e Aufklärungspflichten

(1) Der Behandelnde ist verpflichtet, den Patienten über sämtliche für die Einwilligung wesentlichen Umstände aufzuklären. Dazu gehören insbesondere Art, Umfang, Durchführung, zu erwartende Folgen und Risiken der Maßnahme sowie ihre Notwendigkeit, Dringlichkeit, Eignung und Erfolgsaussichten im Hinblick auf die Diagnose oder die Therapie. Bei der Aufklärung ist auch auf Alternativen zur Maßnahme hinzuweisen, wenn mehrere medizinisch gleichermaßen indizierte und übliche Methoden zu wesentlich unterschiedlichen Belastungen, Risiken oder Heilungschancen führen können.
(2) Die Aufklärung muss

1. mündlich durch den Behandelnden oder durch eine Person erfolgen, die über die zur Durchführung der Maßnahme notwendige Ausbildung verfügt; ergänzend kann auch auf Unterlagen Bezug genommen werden, die der Patient in Textform erhält,
2. so rechtzeitig erfolgen, dass der Patient seine Entscheidung über die Einwilligung wohlüberlegt treffen kann, 3. für den Patienten verständlich sein.

Dem Patienten sind Abschriften von Unterlagen, die er im Zusammenhang mit der Aufklärung oder Einwilligung unterzeichnet hat, auszuhändigen.

(3) Der Aufklärung des Patienten bedarf es nicht, soweit diese ausnahmsweise aufgrund besonderer Umstände entbehrlich ist, insbesondere wenn die Maßnahme unaufschiebbar ist oder der Patient auf die Aufklärung ausdrücklich verzichtet hat.

(4) Ist nach § 630d Absatz 1 Satz 2 die Einwilligung eines hierzu Berechtigten einzuholen, ist dieser nach Maßgabe der Absätze 1 bis 3 aufzuklären.

(5) Im Fall des § 630d Absatz 1 Satz 2 sind die wesentlichen Umstände nach Absatz 1 auch dem Patienten entsprechend seinem Verständnis zu erläutern, soweit dieser aufgrund seines Entwicklungsstandes und seiner Verständnismöglichkeiten in der Lage ist, die Erläuterung aufzunehmen, und soweit dies seinem Wohl nicht zuwiderläuft. Absatz 3 gilt entsprechend.

§ 630f Dokumentation der Behandlung

(1) Der Behandelnde ist verpflichtet, zum Zweck der Dokumentation in unmittelbarem zeitlichen Zusammenhang mit der Behandlung eine Patientenakte in Papierform oder elektronisch zu führen. Berichtigungen und Änderungen von Eintragungen in der Patientenakte sind nur zulässig, wenn neben dem ursprünglichen Inhalt erkennbar bleibt, wann sie vorgenommen worden sind. Dies ist auch für elektronisch geführte Patientenakten sicherzustellen.

(2) Der Behandelnde ist verpflichtet, in der Patientenakte sämtliche aus fachlicher Sicht für die derzeitige und künftige Behandlung wesentlichen Maßnahmen und deren Ergebnisse aufzuzeichnen, insbesondere die Anamnese, Diagnosen, Untersuchungen, Untersuchungsergebnisse, Befunde, Therapien und ihre Wirkungen, Eingriffe und ihre Wirkungen, Einwilligungen und Aufklärungen. Arztbriefe sind in die Patientenakte aufzunehmen.

(3) Der Behandelnde hat die Patientenakte für die Dauer von zehn Jahren nach Abschluss der Behandlung aufzubewahren, soweit nicht nach anderen Vorschriften andere Aufbewahrungsfristen bestehen.

§ 630g Einsichtnahme in die Patientenakte

(1) Dem Patienten ist auf Verlangen unverzüglich Einsicht in die vollständige, ihn betreffende Patientenakte zu gewähren, soweit der Einsichtnahme nicht erhebliche therapeutische Gründe oder sonstige erhebliche Rechte Dritter entgegenstehen. Die Ablehnung der Einsichtnahme ist zu begründen. § 811 ist entsprechend anzuwenden.
(2) Der Patient kann auch elektronische Abschriften von der Patientenakte verlangen. Er hat dem Behandelnden die entstandenen Kosten zu erstatten.
(3) Im Fall des Todes des Patienten stehen die Rechte aus den Absätzen 1 und 2 zur Wahrnehmung der vermögensrechtlichen Interessen seinen Erben zu. Gleiches gilt für die nächsten Angehörigen des Patienten, soweit sie immaterielle Interessen geltend machen. Die Rechte sind ausgeschlossen, soweit der Einsichtnahme der ausdrückliche oder mutmaßliche Wille des Patienten entgegensteht.

§ 630h Beweislast bei Haftung für Behandlungs- und Aufklärungsfehler

(1) Ein Fehler des Behandelnden wird vermutet, wenn sich ein allgemeines Behandlungsrisiko verwirklicht hat, das für den Behandelnden voll beherrschbar war und das zur Verletzung des Lebens, des Körpers oder der Gesundheit des Patienten geführt hat.
(2) Der Behandelnde hat zu beweisen, dass er eine Einwilligung gemäß § 630d eingeholt und entsprechend den Anforderungen des § 630e aufgeklärt hat. Genügt die Aufklärung nicht den Anforderungen des § 630e, kann der Behandelnde sich darauf berufen, dass der Patient auch im Fall einer ordnungsgemäßen Aufklärung in die Maßnahme eingewilligt hätte.
(3) Hat der Behandelnde eine medizinisch gebotene wesentliche Maßnahme und ihr Ergebnis entgegen § 630f Absatz 1 oder Absatz 2 nicht in der Patientenakte aufgezeichnet oder hat er die Patientenakte entgegen § 630f Absatz 3 nicht aufbewahrt, wird vermutet, dass er diese Maßnahme nicht getroffen hat.
(4) War ein Behandelnder für die von ihm vorgenommene Behandlung nicht befähigt, wird vermutet, dass die mangelnde Befähigung für den Eintritt der Verletzung des Lebens, des Körpers oder der Gesundheit ursächlich war.
(5) Liegt ein grober Behandlungsfehler vor und ist dieser grundsätzlich geeignet, eine Verletzung des Lebens, des Körpers oder der Gesundheit der tatsächlich eingetretenen Art herbei zuführen, wird vermutet, dass der Behandlungsfehler für diese Verletzung ursächlich war. Dies gilt auch dann, wenn es der Behandelnde

unterlassen hat, einen medizinisch gebotenen Befund rechtzeitig zu erheben oder zu sichern, soweit der Befund mit hinreichender Wahrscheinlichkeit ein Ergebnis erbracht hätte, das Anlass zu weiteren Maßnahmen gegeben hätte, und wenn das Unterlassen solcher Maßnahmen grob fehlerhaft gewesen wäre.

§ 631 Vertragstypische Pflichten beim Werkvertrag

(1) Durch den Werkvertrag wird der Unternehmer zur Herstellung des versprochenen Werkes, der Besteller zur Entrichtung der vereinbarten Vergütung verpflichtet.

(2) Gegenstand des Werkvertrags kann sowohl die Herstellung oder Veränderung einer Sache als auch ein anderer durch Arbeit oder Dienstleistung herbeizuführender Erfolg sein.

§ 632 Vergütung

(1) Eine Vergütung gilt als stillschweigend vereinbart, wenn die Herstellung des Werkes den Umständen nach nur gegen eine Vergütung zu erwarten ist.

(2) Ist die Höhe der Vergütung nicht bestimmt, so ist bei dem Bestehen einer Taxe die taxmäßige Vergütung, in Ermangelung einer Taxe die übliche Vergütung als vereinbart anzusehen.

(3) Ein Kostenanschlag ist im Zweifel nicht zu vergüten.

§ 632a Abschlagszahlungen

(1) Der Unternehmer kann von dem Besteller eine Abschlagszahlung in Höhe des Wertes der von ihm erbrachten und nach dem Vertrag geschuldeten Leistungen verlangen. Sind die erbrachten Leistungen nicht vertragsgemäß, kann der Besteller die Zahlung eines angemessenen Teils des Abschlags verweigern. Die Beweislast für die vertragsgemäße Leistung verbleibt bis zur Abnahme beim Unternehmer. § 641 Abs. 3 gilt entsprechend. Die Leistungen sind durch eine Aufstellung nachzuweisen, die eine rasche und sichere Beurteilung der Leistungen ermöglichen muss. Die Sätze 1 bis 5 gelten auch für erforderliche Stoffe oder Bauteile, die angeliefert oder eigens angefertigt und bereitgestellt sind, wenn dem Besteller nach seiner Wahl Eigentum an den Stoffen oder Bauteilen übertragen oder entsprechende Sicherheit hierfür geleistet wird.

(2) Die Sicherheit nach Absatz 1 Satz 6 kann auch durch eine Garantie oder ein sonstiges Zahlungsversprechen eines im Geltungsbereich dieses Gesetzes zum Geschäftsbetrieb befugten Kreditinstituts oder Kreditversicherers geleistet werden.

§ 633 Sach- und Rechtsmangel

(1) Der Unternehmer hat dem Besteller das Werk frei von Sach- und Rechtsmängeln zu verschaffen.

(2) Das Werk ist frei von Sachmängeln, wenn es die vereinbarte Beschaffenheit hat. Soweit die Beschaffenheit nicht vereinbart ist, ist das Werk frei von Sachmängeln,

1. wenn es sich für die nach dem Vertrag vorausgesetzte, sonst
2. für die gewöhnliche Verwendung eignet und eine Beschaffenheit aufweist, die bei Werken der gleichen Art üblich ist und die der Besteller nach der Art des Werkes erwarten kann.

Einem Sachmangel steht es gleich, wenn der Unternehmer ein anderes als das bestellte Werk oder das Werk in zu geringer Menge herstellt.

(3) Das Werk ist frei von Rechtsmängeln, wenn Dritte in Bezug auf das Werk keine oder nur die im Vertrag übernommenen Rechte gegen den Besteller geltend machen können.

§ 634 Rechte des Bestellers bei Mängeln

Ist das Werk mangelhaft, kann der Besteller, wenn die Voraussetzungen der folgenden Vorschriften vorliegen und soweit nicht ein anderes bestimmt ist,

1. nach § 635 Nacherfüllung verlangen,
2. nach § 637 den Mangel selbst beseitigen und Ersatz der erforderlichen Aufwendungen verlangen,
3. nach den §§ 636, 323 und 326 Abs. 5 von dem Vertrag zurücktreten oder nach § 638 die Vergütung mindern und
4. nach den §§ 636, 280, 281, 283 und 311a Schadensersatz oder nach § 284 Ersatz vergeblicher Aufwendungen verlangen.

§ 634a Verjährung der Mängelansprüche

(1) Die in § 634 Nr. 1, 2 und 4 bezeichneten Ansprüche verjähren

1. vorbehaltlich der Nummer 2 in zwei Jahren bei einem Werk, dessen Erfolg in der Herstellung, Wartung oder Veränderung einer Sache oder in der Erbringung von Planungs- oder Überwachungsleistungen hierfür besteht,

2. in fünf Jahren bei einem Bauwerk und einem Werk, dessen Erfolg in der Erbringung von Planungs- oder Überwachungsleistungen hierfür besteht, und
3. im Übrigen in der regelmäßigen Verjährungsfrist.

(2) Die Verjährung beginnt in den Fällen des Absatzes 1 Nr. 1 und 2 mit der Abnahme.

(3) Abweichend von Absatz 1 Nr. 1 und 2 und Absatz 2 verjähren die Ansprüche in der regelmäßigen Verjährungsfrist, wenn der Unternehmer den Mangel arglistig verschwiegen hat. Im Fall des Absatzes 1 Nr. 2 tritt die Verjährung jedoch nicht vor Ablauf der dort bestimmten Frist ein.

(4) Für das in § 634 bezeichnete Rücktrittsrecht gilt § 218. Der Besteller kann trotz einer Unwirksamkeit des Rücktritts nach § 218 Abs. 1 die Zahlung der Vergütung insoweit verweigern, als er auf Grund des Rücktritts dazu berechtigt sein würde. Macht er von diesem Recht Gebrauch, kann der Unternehmer vom Vertrag zurücktreten.

(5) Auf das in § 634 bezeichnete Minderungsrecht finden § 218 und Absatz 4 Satz 2 entsprechende Anwendung.

§ 635 Nacherfüllung

(1) Verlangt der Besteller Nacherfüllung, so kann der Unternehmer nach seiner Wahl den Mangel beseitigen oder ein neues Werk herstellen.

(2) Der Unternehmer hat die zum Zwecke der Nacherfüllung erforderlichen Aufwendungen, insbesondere Transport-, Wege-, Arbeits- und Materialkosten zu tragen.

(3) Der Unternehmer kann die Nacherfüllung unbeschadet des § 275 Abs. 2 und 3 verweigern, wenn sie nur mit unverhältnismäßigen Kosten möglich ist.

(4) Stellt der Unternehmer ein neues Werk her, so kann er vom Besteller Rückgewähr des mangelhaften Werkes nach Maßgabe der §§ 346 bis 348 verlangen.

§ 636 Besondere Bestimmungen für Rücktritt und Schadensersatz

Außer in den Fällen der § 281 Abs. 2 und 323 Abs. 2 bedarf es der Fristsetzung auch dann nicht, wenn der Unternehmer die Nacherfüllung gemäß § 635 Abs. 3 verweigert oder wenn die Nacherfüllung fehlgeschlagen oder dem Besteller unzumutbar ist.

§ 637 Selbstvornahme

(1) Der Besteller kann wegen eines Mangels des Werkes nach erfolglosem Ablauf einer von ihm zur Nacherfüllung bestimmten angemessenen Frist den Mangel selbst

beseitigen und Ersatz der erforderlichen Aufwendungen verlangen, wenn nicht der Unternehmer die Nacherfüllung zu Recht verweigert.
(2) § 323 Abs. 2 findet entsprechende Anwendung. Der Bestimmung einer Frist bedarf es auch dann nicht, wenn die Nacherfüllung fehlgeschlagen oder dem Besteller unzumutbar ist.
(3) Der Besteller kann von dem Unternehmer für die zur Beseitigung des Mangels erforderlichen Aufwendungen Vorschuss verlangen.

§ 638 Minderung

(1) Statt zurückzutreten, kann der Besteller die Vergütung durch Erklärung gegenüber dem Unternehmer mindern. Der Ausschlussgrund des § 323 Abs. 5 Satz 2 findet keine Anwendung.
(2) Sind auf der Seite des Bestellers oder auf der Seite des Unternehmers mehrere beteiligt, so kann die Minderung nur von allen oder gegen alle erklärt werden.
(3) Bei der Minderung ist die Vergütung in dem Verhältnis herabzusetzen, in welchem zur Zeit des Vertragsschlusses der Wert des Werkes in mangelfreiem Zustand zu dem wirklichen Wert gestanden haben würde. Die Minderung ist, soweit erforderlich, durch Schätzung zu ermitteln.
(4) Hat der Besteller mehr als die geminderte Vergütung gezahlt, so ist der Mehrbetrag vom Unternehmer zu erstatten. § 346 Abs. 1 und § 347 Abs. 1 finden entsprechende Anwendung.

§ 639 Haftungsausschluss

Auf eine Vereinbarung, durch welche die Rechte des Bestellers wegen eines Mangels ausgeschlossen oder beschränkt werden, kann sich der Unternehmer nicht berufen, soweit er den Mangel arglistig verschwiegen oder eine Garantie für die Beschaffenheit des Werkes übernommen hat.

§ 640 Abnahme

(1) Der Besteller ist verpflichtet, das vertragsmäßig hergestellte Werk abzunehmen, sofern nicht nach der Beschaffenheit des Werkes die Abnahme ausgeschlossen ist. Wegen unwesentlicher Mängel kann die Abnahme nicht verweigert werden.
(2) Als abgenommen gilt ein Werk auch, wenn der Unternehmer dem Besteller nach Fertigstellung des Werks eine angemessene Frist zur Abnahme gesetzt hat und der Besteller die Abnahme nicht innerhalb dieser Frist unter Angabe mindestens eines

Mangels verweigert hat. Ist der Besteller ein Verbraucher, so treten die Rechtsfolgen des Satzes 1 nur dann ein, wenn der Unternehmer den Besteller zusammen mit der Aufforderung zur Abnahme auf die Folgen einer nicht erklärten oder ohne Angabe von Mängeln verweigerten Abnahme hingewiesen hat; der Hinweis muss in Textform erfolgen.

(3) Nimmt der Besteller ein mangelhaftes Werk gemäß Absatz 1 Satz 1 ab, obschon er den Mangel kennt, so stehen ihm die in § 634 Nr. 1 bis 3 bezeichneten Rechte nur zu, wenn er sich seine Rechte wegen des Mangels bei der Abnahme vorbehält.

§ 641 Fälligkeit der Vergütung

(1) Die Vergütung ist bei der Abnahme des Werkes zu entrichten. Ist das Werk in Teilen abzunehmen und die Vergütung für die einzelnen Teile bestimmt, so ist die Vergütung für jeden Teil bei dessen Abnahme zu entrichten.

(2) Die Vergütung des Unternehmers für ein Werk, dessen Herstellung der Besteller einem Dritten versprochen hat, wird spätestens fällig,

1. soweit der Besteller von dem Dritten für das versprochene Werk wegen dessen Herstellung seine Vergütung oder Teile davon erhalten hat,
2. soweit das Werk des Bestellers von dem Dritten abgenommen worden ist oder als abgenommen gilt oder
3. wenn der Unternehmer dem Besteller erfolglos eine angemessene Frist zur Auskunft über die in den Nummern 1 und 2 bezeichneten Umstände bestimmt hat.

Hat der Besteller dem Dritten wegen möglicher Mängel des Werks Sicherheit geleistet, gilt Satz 1 nur, wenn der Unternehmer dem Besteller entsprechende Sicherheit leistet.

(3) Kann der Besteller die Beseitigung eines Mangels verlangen, so kann er nach der Fälligkeit die Zahlung eines angemessenen Teils der Vergütung verweigern; angemessen ist in der Regel das Doppelte der für die Beseitigung des Mangels erforderlichen Kosten.

(4) Eine in Geld festgesetzte Vergütung hat der Besteller von der Abnahme des Werkes an zu verzinsen, sofern nicht die Vergütung gestundet ist.

§ 642 Mitwirkung des Bestellers

(1) Ist bei der Herstellung des Werkes eine Handlung des Bestellers erforderlich, so kann der Unternehmer, wenn der Besteller durch das Unterlassen der Handlung in Verzug der Annahme kommt, eine angemessene Entschädigung verlangen.
(2) Die Höhe der Entschädigung bestimmt sich einerseits nach der Dauer des Verzugs und der Höhe der vereinbarten Vergütung, andererseits nach demjenigen, was der Unternehmer infolge des Verzugs an Aufwendungen erspart oder durch anderweitige Verwendung seiner Arbeitskraft erwerben kann.

§ 643 Kündigung bei unterlassener Mitwirkung

Der Unternehmer ist im Falle des § 642 berechtigt, dem Besteller zur Nachholung der Handlung eine angemessene Frist mit der Erklärung zu bestimmen, dass er den Vertrag kündige, wenn die Handlung nicht bis zum Ablauf der Frist vorgenommen werde. Der Vertrag gilt als aufgehoben, wenn nicht die Nachholung bis zum Ablauf der Frist erfolgt.

§ 644 Gefahrtragung

(1) Der Unternehmer trägt die Gefahr bis zur Abnahme des Werkes. Kommt der Besteller in Verzug der Annahme, so geht die Gefahr auf ihn über. Für den zufälligen Untergang und eine zufällige Verschlechterung des von dem Besteller gelieferten Stoffes ist der Unternehmer nicht verantwortlich.
(2) Versendet der Unternehmer das Werk auf Verlangen des Bestellers nach einem anderen Ort als dem Erfüllungsort, so finden die für den Kauf geltenden Vorschriften des § 447 entsprechende Anwendung.

§ 645 Verantwortlichkeit des Bestellers

(1) Ist das Werk vor der Abnahme infolge eines Mangels des von dem Besteller gelieferten Stoffes oder infolge einer von dem Besteller für die Ausführung erteilten Anweisung untergegangen, verschlechtert oder unausführbar geworden, ohne dass ein Umstand mitgewirkt hat, den der Unternehmer zu vertreten hat, so kann der Unternehmer einen der geleisteten Arbeit entsprechenden Teil der Vergütung und Ersatz der in der Vergütung nicht inbegriffenen Auslagen verlangen. Das Gleiche gilt, wenn der Vertrag in Gemäßheit des § 643 aufgehoben wird.
(2) Eine weitergehende Haftung des Bestellers wegen Verschuldens bleibt unberührt.

§ 648 Kündigungsrecht des Bestellers

Der Besteller kann bis zur Vollendung des Werkes jederzeit den Vertrag kündigen. Kündigt der Besteller, so ist der Unternehmer berechtigt, die vereinbarte Vergütung zu verlangen; er muss sich jedoch dasjenige anrechnen lassen, was er infolge der Aufhebung des Vertrags an Aufwendungen erspart oder durch anderweitige Verwendung seiner Arbeitskraft erwirbt oder zu erwerben böswillig unterlässt. Es wird vermutet, dass danach dem Unternehmer 5 vom Hundert der auf den noch nicht erbrachten Teil der Werkleistung entfallenden vereinbarten Vergütung zustehen.

§ 649 Kostenanschlag

(1) Ist dem Vertrag ein Kostenanschlag zugrunde gelegt worden, ohne dass der Unternehmer die Gewähr für die Richtigkeit des Anschlags übernommen hat, und ergibt sich, dass das Werk nicht ohne eine wesentliche Überschreitung des Anschlags ausführbar ist, so steht dem Unternehmer, wenn der Besteller den Vertrag aus diesem Grund kündigt, nur der im § 645 Abs. 1 bestimmte Anspruch zu.
(2) Ist eine solche Überschreitung des Anschlags zu erwarten, so hat der Unternehmer dem Besteller unverzüglich Anzeige zu machen.

§ 650 Anwendung des Kaufrechts

Auf einen Vertrag, der die Lieferung herzustellender oder zu erzeugender beweglicher Sachen zum Gegenstand
hat, finden die Vorschriften über den Kauf Anwendung. § 442 Abs. 1 Satz 1 findet bei diesen Verträgen auch Anwendung, wenn der Mangel auf den vom Besteller gelieferten Stoff zurückzuführen ist. Soweit es sich bei den herzustellenden oder zu erzeugenden beweglichen Sachen um nicht vertretbare Sachen handelt, sind auch die §§ 642, 643, 645, 649 und 650 mit der Maßgabe anzuwenden, dass an die Stelle der Abnahme der nach den §§ 446 und 447 maßgebliche Zeitpunkt tritt.

§ 688 Vertragstypische Pflichten bei der Verwahrung

Durch den Verwahrungsvertrag wird der Verwahrer verpflichtet, eine ihm von dem Hinterleger übergebene bewegliche Sache aufzubewahren.

§ 689 Vergütung

Eine Vergütung für die Aufbewahrung gilt als stillschweigend vereinbart, wenn die Aufbewahrung den Umständen nach nur gegen eine Vergütung zu erwarten ist.

§ 690 Haftung bei unentgeltlicher Verwahrung

Wird die Aufbewahrung unentgeltlich übernommen, so hat der Verwahrer nur für diejenige Sorgfalt einzustehen, welche er in eigenen Angelegenheiten anzuwenden pflegt.

§ 691 Hinterlegung bei Dritten

Der Verwahrer ist im Zweifel nicht berechtigt, die hinterlegte Sache bei einem Dritten zu hinterlegen. Ist die Hinterlegung bei einem Dritten gestattet, so hat der Verwahrer nur ein ihm bei dieser Hinterlegung zur Last fallendes Verschulden zu vertreten. Für das Verschulden eines Gehilfen ist er nach § 278 verantwortlich.

§ 692 Änderung der Aufbewahrung

Der Verwahrer ist berechtigt, die vereinbarte Art der Aufbewahrung zu ändern, wenn er den Umständen nach annehmen darf, dass der Hinterleger bei Kenntnis der Sachlage die Änderung billigen würde. Der Verwahrer hat vor der Änderung dem Hinterleger Anzeige zu machen und dessen Entschließung abzuwarten, wenn nicht mit dem Aufschub Gefahr verbunden ist.

§ 694 Schadensersatzpflicht des Hinterlegers

Der Hinterleger hat den durch die Beschaffenheit der hinterlegten Sache dem Verwahrer entstehenden Schaden zu ersetzen, es sei denn, dass er die Gefahr drohende Beschaffenheit der Sache bei der Hinterlegung weder kennt noch kennen muss oder dass er sie dem Verwahrer angezeigt oder dieser sie ohne Anzeige gekannt hat.

§ 705 Inhalt des Gesellschaftsvertrags

Durch den Gesellschaftsvertrag verpflichten sich die Gesellschafter gegenseitig, die Erreichung eines gemeinsamen Zweckes in der durch den Vertrag bestimmten Weise zu fördern, insbesondere die vereinbarten Beiträge zu leisten.

§ 706 Beiträge der Gesellschafter

(1) Die Gesellschafter haben in Ermangelung einer anderen Vereinbarung gleiche Beiträge zu leisten.

(2) Sind vertretbare oder verbrauchbare Sachen beizutragen, so ist im Zweifel anzunehmen, dass sie gemeinschaftliches Eigentum der Gesellschafter werden sollen. Das Gleiche gilt von nicht vertretbaren und nicht verbrauchbaren Sachen, wenn sie nach einer Schätzung beizutragen sind, die nicht bloß für die Gewinnverteilung bestimmt ist.

(3) Der Beitrag eines Gesellschafters kann auch in der Leistung von Diensten bestehen.

§ 707 Erhöhung des vereinbarten Beitrags

Zur Erhöhung des vereinbarten Beitrags oder zur Ergänzung der durch Verlust verminderten Einlage ist ein Gesellschafter nicht verpflichtet.

§ 708 Haftung der Gesellschafter

Ein Gesellschafter hat bei der Erfüllung der ihm obliegenden Verpflichtungen nur für diejenige Sorgfalt einzustehen, welche er in eigenen Angelegenheiten anzuwenden pflegt.

§ 709 Gemeinschaftliche Geschäftsführung

(1) Die Führung der Geschäfte der Gesellschaft steht den Gesellschaftern gemeinschaftlich zu; für jedes Geschäft ist die Zustimmung aller Gesellschafter erforderlich.

(2) Hat nach dem Gesellschaftsvertrag die Mehrheit der Stimmen zu entscheiden, so ist die Mehrheit im Zweifel nach der Zahl der Gesellschafter zu berechnen.

§ 710 Übertragung der Geschäftsführung

Ist in dem Gesellschaftsvertrag die Führung der Geschäfte einem Gesellschafter oder mehreren Gesellschaftern übertragen, so sind die übrigen Gesellschafter von der Geschäftsführung ausgeschlossen. Ist die Geschäftsführung mehreren Gesellschaftern übertragen, so findet die Vorschrift des § 709 entsprechende Anwendung.

§ 711 Widerspruchsrecht

Steht nach dem Gesellschaftsvertrag die Führung der Geschäfte allen oder mehreren Gesellschaftern in der Art zu, dass jeder allein zu handeln berechtigt ist, so kann jeder der Vornahme eines Geschäfts durch den anderen widersprechen. Im Falle des Widerspruchs muss das Geschäft unterbleiben.

§ 712 Entziehung und Kündigung der Geschäftsführung

(1) Die einem Gesellschafter durch den Gesellschaftsvertrag übertragene Befugnis zur Geschäftsführung kann ihm durch einstimmigen Beschluss oder, falls nach dem Gesellschaftsvertrag die Mehrheit der Stimmen entscheidet, durch Mehrheitsbeschluss der übrigen Gesellschafter entzogen werden, wenn ein wichtiger Grund vorliegt; ein solcher Grund ist insbesondere grobe Pflichtverletzung oder Unfähigkeit zur ordnungsmäßigen Geschäftsführung.
(2) Der Gesellschafter kann auch seinerseits die Geschäftsführung kündigen, wenn ein wichtiger Grund vorliegt; die für den Auftrag geltende Vorschrift des § 671 Abs. 2, 3 findet entsprechende Anwendung.

§ 713 Rechte und Pflichten der geschäftsführenden Gesellschafter

Die Rechte und Verpflichtungen der geschäftsführenden Gesellschafter bestimmen sich nach den für den Auftrag geltenden Vorschriften der §§ 664 bis 670, soweit sich nicht aus dem Gesellschaftsverhältnis ein anderes ergibt.

§ 714 Vertretungsmacht

Soweit einem Gesellschafter nach dem Gesellschaftsvertrag die Befugnis zur Geschäftsführung zusteht, ist er im Zweifel auch ermächtigt, die anderen Gesellschafter Dritten gegenüber zu vertreten.

§ 715 Entziehung der Vertretungsmacht

Ist im Gesellschaftsvertrag ein Gesellschafter ermächtigt, die anderen Gesellschafter Dritten gegenüber zu vertreten, so kann die Vertretungsmacht nur nach Maßgabe des § 712 Abs. 1 und, wenn sie in Verbindung mit der Befugnis zur Geschäftsführung erteilt worden ist, nur mit dieser entzogen werden.

§ 716 Kontrollrecht der Gesellschafter

(1) Ein Gesellschafter kann, auch wenn er von der Geschäftsführung ausgeschlossen ist, sich von den Angelegenheiten der Gesellschaft persönlich unterrichten, die Geschäftsbücher und die Papiere der Gesellschaft einsehen und sich aus ihnen eine Übersicht über den Stand des Gesellschaftsvermögens anfertigen.

(2) Eine dieses Recht ausschließende oder beschränkende Vereinbarung steht der Geltendmachung des Rechts nicht entgegen, wenn Grund zu der Annahme unredlicher Geschäftsführung besteht.

§ 717 Nichtübertragbarkeit der Gesellschafterrechte

Die Ansprüche, die den Gesellschaftern aus dem Gesellschaftsverhältnis gegeneinander zustehen, sind nicht übertragbar. Ausgenommen sind die einem Gesellschafter aus seiner Geschäftsführung zustehenden Ansprüche, soweit deren Befriedigung vor der Auseinandersetzung verlangt werden kann, sowie die Ansprüche auf einen Gewinnanteil oder auf dasjenige, was dem Gesellschafter bei der Auseinandersetzung zukommt.

§ 718 Gesellschaftsvermögen

(1) Die Beiträge der Gesellschafter und die durch die Geschäftsführung für die Gesellschaft erworbenen Gegenstände werden gemeinschaftliches Vermögen der Gesellschafter (Gesellschaftsvermögen).

(2) Zu dem Gesellschaftsvermögen gehört auch, was auf Grund eines zu dem Gesellschaftsvermögen gehörenden Rechts oder als Ersatz für die Zerstörung, Beschädigung oder Entziehung eines zu dem Gesellschaftsvermögen gehörenden Gegenstands erworben wird.

§ 719 Gesamthänderische Bindung

(1) Ein Gesellschafter kann nicht über seinen Anteil an dem Gesellschaftsvermögen und an den einzelnen dazu gehörenden Gegenständen verfügen; er ist nicht berechtigt, Teilung zu verlangen.

(2) Gegen eine Forderung, die zum Gesellschaftsvermögen gehört, kann der Schuldner nicht eine ihm gegen einen einzelnen Gesellschafter zustehende Forderung aufrechnen.

§ 720 Schutz des gutgläubigen Schuldners

Die Zugehörigkeit einer nach § 718 Abs. 1 erworbenen Forderung zum Gesellschaftsvermögen hat der Schuldner erst dann gegen sich gelten zu lassen, wenn er von der Zugehörigkeit Kenntnis erlangt.

§ 721 Gewinn- und Verlustverteilung

(1) Ein Gesellschafter kann den Rechnungsabschluss und die Verteilung des Gewinns und Verlustes erst nach der Auflösung der Gesellschaft verlangen.

(2) Ist die Gesellschaft von längerer Dauer, so hat der Rechnungsabschluss und die Gewinnverteilung im Zweifel am Schluss jedes Geschäftsjahrs zu erfolgen.

§ 722 Anteile am Gewinn und Verlust

(1) Sind die Anteile der Gesellschafter am Gewinn und Verlust nicht bestimmt, so hat jeder Gesellschafter ohne Rücksicht auf die Art und die Größe seines Beitrags einen gleichen Anteil am Gewinn und Verlust.

(2) Ist nur der Anteil am Gewinn oder am Verlust bestimmt, so gilt die Bestimmung im Zweifel für Gewinn und Verlust.

§ 723 Kündigung durch Gesellschafter

(1) Ist die Gesellschaft nicht für eine bestimmte Zeit eingegangen, so kann jeder Gesellschafter sie jederzeit kündigen. Ist eine Zeitdauer bestimmt, so ist die Kündigung vor dem Ablauf der Zeit zulässig, wenn ein wichtiger Grund vorliegt. Ein wichtiger Grund liegt insbesondere vor,

1. wenn ein anderer Gesellschafter eine ihm nach dem Gesellschaftsvertrag obliegende wesentliche Verpflichtung vorsätzlich oder aus grober Fahrlässigkeit verletzt hat oder wenn die Erfüllung einer solchen Verpflichtung unmöglich wird,
2. wenn der Gesellschafter das 18. Lebensjahr vollendet hat.

Der volljährig Gewordene kann die Kündigung nach Nummer 2 nur binnen drei Monaten von dem Zeitpunkt an erklären, in welchem er von seiner Gesellschafterstellung Kenntnis hatte oder haben musste. Das Kündigungsrecht besteht nicht, wenn der Gesellschafter bezüglich des Gegenstands der Gesellschaft zum selbständigen Betrieb eines Erwerbsgeschäfts gemäß § 112 ermächtigt war oder der Zweck der Gesellschaft allein der Befriedigung seiner persönlichen Bedürfnisse

diente. Unter den gleichen Voraussetzungen ist, wenn eine Kündigungsfrist bestimmt ist, die Kündigung ohne Einhaltung der Frist zulässig.
(2) Die Kündigung darf nicht zur Unzeit geschehen, es sei denn, dass ein wichtiger Grund für die unzeitige Kündigung vorliegt. Kündigt ein Gesellschafter ohne solchen Grund zur Unzeit, so hat er den übrigen Gesellschaftern den daraus entstehenden Schaden zu ersetzen.
(3) Eine Vereinbarung, durch welche das Kündigungsrecht ausgeschlossen oder diesen Vorschriften zuwider beschränkt wird, ist nichtig.

§ 724 Kündigung bei Gesellschaft auf Lebenszeit oder fortgesetzter Gesellschaft

Ist eine Gesellschaft für die Lebenszeit eines Gesellschafters eingegangen, so kann sie in gleicher Weise gekündigt werden wie eine für unbestimmte Zeit eingegangene Gesellschaft. Dasselbe gilt, wenn eine Gesellschaft nach dem Ablauf der bestimmten Zeit stillschweigend fortgesetzt wird.

§ 726 Auflösung wegen Erreichens oder Unmöglichwerdens des Zweckes

Die Gesellschaft endigt, wenn der vereinbarte Zweck erreicht oder dessen Erreichung unmöglich geworden ist.

§ 727 Auflösung durch Tod eines Gesellschafters

(1) Die Gesellschaft wird durch den Tod eines der Gesellschafter aufgelöst, sofern nicht aus dem Gesellschaftsvertrag sich ein anderes ergibt.
(2) Im Falle der Auflösung hat der Erbe des verstorbenen Gesellschafters den übrigen Gesellschaftern den Tod unverzüglich anzuzeigen und, wenn mit dem Aufschub Gefahr verbunden ist, die seinem Erblasser durch den Gesellschaftsvertrag übertragenen Geschäfte fortzuführen, bis die übrigen Gesellschafter in Gemeinschaft mit ihm anderweit Fürsorge treffen können. Die übrigen Gesellschafter sind in gleicher Weise zur einstweiligen Fortführung der ihnen übertragenen Geschäfte verpflichtet. Die Gesellschaft gilt insoweit als fortbestehend.

§ 728 Auflösung durch Insolvenz der Gesellschaft oder eines Gesellschafters

(1) Die Gesellschaft wird durch die Eröffnung des Insolvenzverfahrens über das Vermögen der Gesellschaft aufgelöst. Wird das Verfahren auf Antrag des Schuldners eingestellt oder nach der Bestätigung eines Insolvenzplans, der den Fortbestand der Gesellschaft vorsieht, aufgehoben, so können die Gesellschafter die Fortsetzung der Gesellschaft beschließen.

(2) Die Gesellschaft wird durch die Eröffnung des Insolvenzverfahrens über das Vermögen eines Gesellschafters aufgelöst. Die Vorschrift des § 727 Abs. 2 Satz 2, 3 findet Anwendung.

§ 729 Fortdauer der Geschäftsführungsbefugnis

Wird die Gesellschaft aufgelöst, so gilt die Befugnis eines Gesellschafters zur Geschäftsführung zu seinen Gunsten gleichwohl als fortbestehend, bis er von der Auflösung Kenntnis erlangt oder die Auflösung kennen muss. Das Gleiche gilt bei Fortbestand der Gesellschaft für die Befugnis zur Geschäftsführung eines aus der Gesellschaft ausscheidenden Gesellschafters oder für ihren Verlust in sonstiger Weise.

§ 730 Auseinandersetzung; Geschäftsführung

(1) Nach der Auflösung der Gesellschaft findet in Ansehung des Gesellschaftsvermögens die Auseinandersetzung unter den Gesellschaftern statt, sofern nicht über das Vermögen der Gesellschaft das Insolvenzverfahren eröffnet ist.

(2) Für die Beendigung der schwebenden Geschäfte, für die dazu erforderliche Eingehung neuer Geschäfte sowie für die Erhaltung und Verwaltung des Gesellschaftsvermögens gilt die Gesellschaft als fortbestehend, soweit der Zweck der Auseinandersetzung es erfordert. Die einem Gesellschafter nach dem Gesellschaftsvertrag zustehende Befugnis zur Geschäftsführung erlischt jedoch, wenn nicht aus dem Vertrag sich ein anderes ergibt, mit der Auflösung der Gesellschaft; die Geschäftsführung steht von der Auflösung an allen Gesellschaftern gemeinschaftlich zu.

§ 733 Berichtigung der Gesellschaftsschulden; Erstattung der Einlagen

(1) Aus dem Gesellschaftsvermögen sind zunächst die gemeinschaftlichen Schulden mit Einschluss derjenigen zu berichtigen, welche den Gläubigern gegenüber unter den Gesellschaftern geteilt sind oder für welche einem Gesellschafter die übrigen Gesellschafter als Schuldner haften. Ist eine Schuld noch nicht fällig oder ist sie streitig, so ist das zur Berichtigung Erforderliche zurückzubehalten.

(2) Aus dem nach der Berichtigung der Schulden übrig bleibenden Gesellschaftsvermögen sind die Einlagen zurückzuerstatten. Für Einlagen, die nicht in Geld bestanden haben, ist der Wert zu ersetzen, den sie zur Zeit der Einbringung gehabt haben. Für Einlagen, die in der Leistung von Diensten oder in der Überlassung der Benutzung eines Gegenstands bestanden haben, kann nicht Ersatz verlangt werden.

(3) Zur Berichtigung der Schulden und zur Rückerstattung der Einlagen ist das Gesellschaftsvermögen, soweit erforderlich, in Geld umzusetzen.

§ 734 Verteilung des Überschusses

Verbleibt nach der Berichtigung der gemeinschaftlichen Schulden und der Rückerstattung der Einlagen ein Überschuss, so gebührt er den Gesellschaftern nach dem Verhältnis ihrer Anteile am Gewinn.

§ 735 Nachschusspflicht bei Verlust

Reicht das Gesellschaftsvermögen zur Berichtigung der gemeinschaftlichen Schulden und zur Rückerstattung der Einlagen nicht aus, so haben die Gesellschafter für den Fehlbetrag nach dem Verhältnis aufzukommen, nach welchem sie den Verlust zu tragen haben. Kann von einem Gesellschafter der auf ihn entfallende Beitrag nicht erlangt werden, so haben die übrigen Gesellschafter den Ausfall nach dem gleichen Verhältnis zu tragen.

§ 736 Ausscheiden eines Gesellschafters, Nachhaftung

(1) Ist im Gesellschaftsvertrag bestimmt, dass, wenn ein Gesellschafter kündigt oder stirbt oder wenn das Insolvenzverfahren über sein Vermögen eröffnet wird, die Gesellschaft unter den übrigen Gesellschaftern fortbestehen soll, so scheidet bei dem Eintritt eines solchen Ereignisses der Gesellschafter, in dessen Person es eintritt, aus der Gesellschaft aus.

(2) Die für Personenhandelsgesellschaften geltenden Regelungen über die Begrenzung der Nachhaftung gelten sinngemäß.

§ 737 Ausschluss eines Gesellschafters

Ist im Gesellschaftsvertrag bestimmt, dass, wenn ein Gesellschafter kündigt, die Gesellschaft unter den übrigen Gesellschaftern fortbestehen soll, so kann ein Gesellschafter, in dessen Person ein die übrigen Gesellschafter nach § 723 Abs. 1 Satz 2 zur Kündigung berechtigender Umstand eintritt, aus der Gesellschaft ausgeschlossen werden. Das Ausschließungsrecht steht den übrigen Gesellschaftern gemeinschaftlich zu. Die Ausschließung erfolgt durch Erklärung gegenüber dem auszuschließenden Gesellschafter.

§ 739 Haftung für Fehlbetrag

Reicht der Wert des Gesellschaftsvermögens zur Deckung der gemeinschaftlichen Schulden und der Einlagen nicht aus, so hat der Ausscheidende den übrigen Gesellschaftern für den Fehlbetrag nach dem Verhältnis seines Anteils am Verlust aufzukommen.

§ 823 Schadensersatzpflicht

(1) Wer vorsätzlich oder fahrlässig das Leben, den Körper, die Gesundheit, die Freiheit, das Eigentum oder ein sonstiges Recht eines anderen widerrechtlich verletzt, ist dem anderen zum Ersatz des daraus entstehenden Schadens verpflichtet.
(2) Die gleiche Verpflichtung trifft denjenigen, welcher gegen ein den Schutz eines anderen bezweckendes Gesetz verstößt. Ist nach dem Inhalt des Gesetzes ein Verstoß gegen dieses auch ohne Verschulden möglich, so tritt die Ersatzpflicht nur im Falle des Verschuldens ein.

§ 826 Sittenwidrige vorsätzliche Schädigung

Wer in einer gegen die guten Sitten verstoßenden Weise einem anderen vorsätzlich Schaden zufügt, ist dem anderen zum Ersatz des Schadens verpflichtet.

§ 827 Ausschluss und Minderung der Verantwortlichkeit

Wer im Zustand der Bewusstlosigkeit oder in einem die freie Willensbestimmung ausschließenden Zustand krankhafter Störung der Geistestätigkeit einem anderen Schaden zufügt, ist für den Schaden nicht verantwortlich. Hat er sich durch geistige

Getränke oder ähnliche Mittel in einen vorübergehenden Zustand dieser Art versetzt, so ist er für einen Schaden, den er in diesem Zustand widerrechtlich verursacht, in gleicher Weise verantwortlich, wie wenn ihm Fahrlässigkeit zur Last fiele; die Verantwortlichkeit tritt nicht ein, wenn er ohne Verschulden in den Zustand geraten ist.

§ 828 Minderjährige

(1) Wer nicht das siebente Lebensjahr vollendet hat, ist für einen Schaden, den er einem anderen zufügt, nicht verantwortlich.
(2) Wer das siebente, aber nicht das zehnte Lebensjahr vollendet hat, ist für den Schaden, den er bei einem Unfall mit einem Kraftfahrzeug, einer Schienenbahn oder einer Schwebebahn einem anderen zufügt, nicht verantwortlich. Dies gilt nicht, wenn er die Verletzung vorsätzlich herbeigeführt hat.
(3) Wer das 18. Lebensjahr noch nicht vollendet hat, ist, sofern seine Verantwortlichkeit nicht nach Absatz 1 oder 2 ausgeschlossen ist, für den Schaden, den er einem anderen zufügt, nicht verantwortlich, wenn er bei der Begehung der schädigenden Handlung nicht die zur Erkenntnis der Verantwortlichkeit erforderliche Einsicht hat.

§ 830 Mittäter und Beteiligte

(1) Haben mehrere durch eine gemeinschaftlich begangene unerlaubte Handlung einen Schaden verursacht, so ist jeder für den Schaden verantwortlich. Das Gleiche gilt, wenn sich nicht ermitteln lässt, wer von mehreren Beteiligten den Schaden durch seine Handlung verursacht hat.
(2) Anstifter und Gehilfen stehen Mittätern gleich.

§ 831 Haftung für den Verrichtungsgehilfen

(1) Wer einen anderen zu einer Verrichtung bestellt, ist zum Ersatz des Schadens verpflichtet, den der andere in Ausführung der Verrichtung einem Dritten widerrechtlich zufügt. Die Ersatzpflicht tritt nicht ein, wenn der Geschäftsherr bei der Auswahl der bestellten Person und, sofern er Vorrichtungen oder Gerätschaften zu beschaffen oder die Ausführung der Verrichtung zu leiten hat, bei der Beschaffung oder der Leitung die im Verkehr erforderliche Sorgfalt beobachtet oder wenn der Schaden auch bei Anwendung dieser Sorgfalt entstanden sein würde.

(2) Die gleiche Verantwortlichkeit trifft denjenigen, welcher für den Geschäftsherrn die Besorgung eines der im Absatz 1 Satz 2 bezeichneten Geschäfte durch Vertrag übernimmt.

§ 832 Haftung des Aufsichtspflichtigen

(1) Wer kraft Gesetzes zur Führung der Aufsicht über eine Person verpflichtet ist, die wegen Minderjährigkeit oder wegen ihres geistigen oder körperlichen Zustands der Beaufsichtigung bedarf, ist zum Ersatz des Schadens verpflichtet, den diese Person einem Dritten widerrechtlich zufügt. Die Ersatzpflicht tritt nicht ein, wenn er seiner Aufsichtspflicht genügt oder wenn der Schaden auch bei gehöriger Aufsichtsführung entstanden sein würde.
(2) Die gleiche Verantwortlichkeit trifft denjenigen, welcher die Führung der Aufsicht durch Vertrag übernimmt.

§ 1896 Voraussetzungen [Betreuung]

(1) Kann ein Volljähriger auf Grund einer psychischen Krankheit oder einer körperlichen, geistigen oder seelischen Behinderung seine Angelegenheiten ganz oder teilweise nicht besorgen, so bestellt das Betreuungsgericht auf seinen Antrag oder von Amts wegen für ihn einen Betreuer. Den Antrag kann auch ein Geschäftsunfähiger stellen. Soweit der Volljährige auf Grund einer körperlichen Behinderung seine Angelegenheiten nicht besorgen kann, darf der Betreuer nur auf Antrag des Volljährigen bestellt werden, es sei denn, dass dieser seinen Willen nicht kundtun kann.
(1a) Gegen den freien Willen des Volljährigen darf ein Betreuer nicht bestellt werden.
(2) Ein Betreuer darf nur für Aufgabenkreise bestellt werden, in denen die Betreuung erforderlich ist. Die Betreuung ist nicht erforderlich, soweit die Angelegenheiten des Volljährigen durch einen Bevollmächtigten, der nicht zu den in § 1897 Abs. 3 bezeichneten Personen gehört, oder durch andere Hilfen, bei denen kein gesetzlicher Vertreter bestellt wird, ebenso gut wie durch einen Betreuer besorgt werden können.
(3) Als Aufgabenkreis kann auch die Geltendmachung von Rechten des Betreuten gegenüber seinem Bevollmächtigten bestimmt werden.
(4) Die Entscheidung über den Fernmeldeverkehr des Betreuten und über die Entgegennahme, das Öffnen und das Anhalten seiner Post werden vom

Aufgabenkreis des Betreuers nur dann erfasst, wenn das Gericht dies ausdrücklich angeordnet hat.

§ 1897 Bestellung einer natürlichen Person [Betreuung]

(1) Zum Betreuer bestellt das Betreuungsgericht eine natürliche Person, die geeignet ist, in dem gerichtlich bestimmten Aufgabenkreis die Angelegenheiten des Betreuten rechtlich zu besorgen und ihn in dem hierfür erforderlichen Umfang persönlich zu betreuen.

(2) Der Mitarbeiter eines nach § 1908f anerkannten Betreuungsvereins, der dort ausschließlich oder teilweise als Betreuer tätig ist (Vereinsbetreuer), darf nur mit Einwilligung des Vereins bestellt werden. Entsprechendes gilt für den Mitarbeiter einer in Betreuungsangelegenheiten zuständigen Behörde, der dort ausschließlich oder teilweise als Betreuer tätig ist (Behördenbetreuer).

(3) Wer zu einer Anstalt, einem Heim oder einer sonstigen Einrichtung, in welcher der Volljährige untergebracht ist oder wohnt, in einem Abhängigkeitsverhältnis oder in einer anderen engen Beziehung steht, darf nicht zum Betreuer bestellt werden.

(4) Schlägt der Volljährige eine Person vor, die zum Betreuer bestellt werden kann, so ist diesem Vorschlag zu entsprechen, wenn es dem Wohl des Volljährigen nicht zuwiderläuft. Schlägt er vor, eine bestimmte Person nicht zu bestellen, so soll hierauf Rücksicht genommen werden. Die Sätze 1 und 2 gelten auch für Vorschläge, die der Volljährige vor dem Betreuu ngsverfahren gemacht hat, es sei denn, dass er an diesen Vorschlägen erkennbarnicht festhalten will.

(5) Schlägt der Volljährige niemanden vor, der zum Betreuer bestellt werden kann, so ist bei der Auswahl des Betreuers auf die verwandtschaftlichen und sonstigen persönlichen Bindungen des Volljährigen, insbesondere auf die Bindungen zu Eltern, zu Kindern, zum Ehegatten und zum Lebenspartner, sowie auf die Gefahr von Interessenkonflikten Rücksicht zu nehmen.

(6) Wer Betreuungen im Rahmen seiner Berufsausübung führt, soll nur dann zum Betreuer bestellt werden, wenn keine andere geeignete Person zur Verfügung steht, die zur ehrenamtlichen Führung der Betreuung bereit ist. Werden dem Betreuer Umstände bekannt, aus denen sich ergibt, dass der Volljährige durch eine oder mehrere andere geeignete Personen außerhalb einer Berufsausübung betreut werden kann, so hat er dies dem Gericht mitzuteilen.

(7) Wird eine Person unter den Voraussetzungen des Absatzes 6 Satz 1 erstmals in dem Bezirk des Betreuungsgerichts zum Betreuer bestellt, soll das Gericht zuvor die

zuständige Behörde zur Eignung des ausgewählten Betreuers und zu den nach § 1 Abs. 1 Satz 1 zweite Alternative des Vormünder- und Betreuervergütungsgesetzes zu treffenden Feststellungen anhören. Die zuständige Behörde soll die Person auffordern, ein Führungszeugnis und eine Auskunft aus dem Schuldnerverzeichnis vorzulegen.

(8) Wird eine Person unter den Voraussetzungen des Absatzes 6 Satz 1 bestellt, hat sie sich über Zahl und Umfang der von ihr berufsmäßig geführten Betreuungen zu erklären.

§ 1898 Übernahmepflicht

(1) Der vom Betreuungsgericht Ausgewählte ist verpflichtet, die Betreuung zu übernehmen, wenn er zur Betreuung geeignet ist und ihm die Übernahme unter Berücksichtigung seiner familiären, beruflichen und sonstigen Verhältnisse zugemutet werden kann.

(2) Der Ausgewählte darf erst dann zum Betreuer bestellt werden, wenn er sich zur Übernahme der Betreuung bereit erklärt hat.

§ 1899 Mehrere Betreuer

(1) Das Betreuungsgericht kann mehrere Betreuer bestellen, wenn die Angelegenheiten des Betreuten hierdurch besser besorgt werden können. In diesem Falle bestimmt es, welcher Betreuer mit welchem Aufgabenkreis betraut wird. Mehrere Betreuer, die eine Vergütung erhalten, werden außer in den in den Absätzen 2 und 4 sowie § 1908i Abs. 1 Satz 1 in Verbindung mit § 1792 geregelten Fällen nicht bestellt.

(2) Für die Entscheidung über die Einwilligung in eine Sterilisation des Betreuten ist stets ein besonderer Betreuer zu bestellen.

(3) Soweit mehrere Betreuer mit demselben Aufgabenkreis betraut werden, können sie die Angelegenheiten des Betreuten nur gemeinsam besorgen, es sei denn, dass das Gericht etwas anderes bestimmt hat oder mit dem Aufschub Gefahr verbunden ist.

(4) Das Gericht kann mehrere Betreuer auch in der Weise bestellen, dass der eine die Angelegenheiten des Betreuten nur zu besorgen hat, soweit der andere verhindert ist.

§ 1900 Betreuung durch Verein oder Behörde

(1) Kann der Volljährige durch eine oder mehrere natürliche Personen nicht hinreichend betreut werden, so bestellt das Betreuungsgericht einen anerkannten Betreuungsverein zum Betreuer. Die Bestellung bedarf der Einwilligung des Vereins.
(2) Der Verein überträgt die Wahrnehmung der Betreuung einzelnen Personen. Vorschlägen des Volljährigen hat er hierbei zu entsprechen, soweit nicht wichtige Gründe entgegenstehen. Der Verein teilt dem Gericht alsbald mit, wem er die Wahrnehmung der Betreuung übertragen hat.
(3) Werden dem Verein Umstände bekannt, aus denen sich ergibt, dass der Volljährige durch eine oder mehrere natürliche Personen hinreichend betreut werden kann, so hat er dies dem Gericht mitzuteilen.
(4) Kann der Volljährige durch eine oder mehrere natürliche Personen oder durch einen Verein nicht hinreichend betreut werden, so bestellt das Gericht die zuständige Behörde zum Betreuer. Die Absätze 2 und 3 gelten entsprechend.
(5) Vereinen oder Behörden darf die Entscheidung über die Einwilligung in eine Sterilisation des Betreuten nicht übertragen werden.

§ 1901 Umfang der Betreuung, Pflichten des Betreuers

(1) Die Betreuung umfasst alle Tätigkeiten, die erforderlich sind, um die Angelegenheiten des Betreuten nach Maßgabe der folgenden Vorschriften rechtlich zu besorgen.
(2) Der Betreuer hat die Angelegenheiten des Betreuten so zu besorgen, wie es dessen Wohl entspricht. Zum Wohl des Betreuten gehört auch die Möglichkeit, im Rahmen seiner Fähigkeiten sein Leben nach seinen eigenen Wünschen und Vorstellungen zu gestalten.
(3) Der Betreuer hat Wünschen des Betreuten zu entsprechen, soweit dies dessen Wohl nicht zuwiderläuft und dem Betreuer zuzumuten ist. Dies gilt auch für Wünsche, die der Betreute vor der Bestellung des Betreuers geäußert hat, es sei denn, dass er an diesen Wünschen erkennbar nicht festhalten will. Ehe der Betreuer wichtige Angelegenheiten erledigt, bespricht er sie mit dem Betreuten, sofern dies dessen Wohl nicht zuwiderläuft.
(4) Innerhalb seines Aufgabenkreises hat der Betreuer dazu beizutragen, dass Möglichkeiten genutzt werden, die Krankheit oder Behinderung des Betreuten zu beseitigen, zu bessern, ihre Verschlimmerung zu verhüten oder ihre Folgen zu mildern. Wird die Betreuung berufsmäßig geführt, hat der Betreuer in geeigneten

Fällen auf Anordnung des Gerichts zu Beginn der Betreuung einen Betreuungsplan zu erstellen. In dem Betreuungsplan sind die Ziele der Betreuung und die zu ihrer Erreichung zu ergreifenden Maßnahmen darzustellen.
(5) Werden dem Betreuer Umstände bekannt, die eine Aufhebung der Betreuung ermöglichen, so hat er dies dem Betreuungsgericht mitzuteilen. Gleiches gilt für Umstände, die eine Einschränkung des Aufgabenkreises ermöglichen oder dessen Erweiterung, die Bestellung eines weiteren Betreuers oder die Anordnung eines Einwilligungsvorbehalts (§ 1903) erfordern.

§ 1901a Patientenverfügung

(1) Hat ein einwilligungsfähiger Volljähriger für den Fall seiner Einwilligungsunfähigkeit schriftlich festgelegt, ob er in bestimmte, zum Zeitpunkt der Festlegung noch nicht unmittelbar bevorstehende Untersuchungen seines Gesundheitszustands, Heilbehandlungen oder ärztliche Eingriffe einwilligt oder sie untersagt (Patientenverfügung), prüft der Betreuer, ob diese Festlegungen auf die aktuelle Lebens- und Behandlungssituation zutreffen. Ist dies der Fall, hat der Betreuer dem Willen des Betreuten Ausdruck und Geltung zu verschaffen. Eine Patientenverfügung kann jederzeit formlos widerrufen werden.
(2) Liegt keine Patientenverfügung vor oder treffen die Festlegungen einer Patientenverfügung nicht auf die aktuelle Lebens- und Behandlungssituation zu, hat der Betreuer die Behandlungswünsche oder den mutmaßlichen Willen des Betreuten festzustellen und auf dieser Grundlage zu entscheiden, ob er in eine ärztliche Maßnahme nach Absatz 1 einwilligt oder sie untersagt. Der mutmaßliche Wille ist aufgrund konkreter Anhaltspunkte zu ermitteln. Zu berücksichtigen sind insbesondere frühere mündliche oder schriftliche Äußerungen, ethische oder religiöse Überzeugungen und sonstige persönliche Wertvorstellungen des Betreuten.
(3) Die Absätze 1 und 2 gelten unabhängig von Art und Stadium einer Erkrankung des Betreuten.
(4) Der Betreuer soll den Betreuten in geeigneten Fällen auf die Möglichkeit einer Patientenverfügung hinweisen und ihn auf dessen Wunsch bei der Errichtung einer Patientenverfügung unterstützen.
(5) Niemand kann zur Errichtung einer Patientenverfügung verpflichtet werden. Die Errichtung oder Vorlage einer Patientenverfügung darf nicht zur Bedingung eines Vertragsschlusses gemacht werden.
(6) Die Absätze 1 bis 3 gelten für Bevollmächtigte entsprechend.

§ 1901b Gespräch zur Feststellung des Patientenwillens

(1) Der behandelnde Arzt prüft, welche ärztliche Maßnahme im Hinblick auf den Gesamtzustand und die Prognose des Patienten indiziert ist. Er und der Betreuer erörtern diese Maßnahme unter Berücksichtigung des Patientenwillens als Grundlage für die nach § 1901a zu treffende Entscheidung.
(2) Bei der Feststellung des Patientenwillens nach § 1901a Abs.1 oder der Behandlungswünsche oder des mutmaßlichen Willens nach § 1901a Abs.2 soll nahen Angehörigen und sonstigen Vertrauenspersonen des Betreuten Gelegenheit zur Äußerung gegeben werden, sofern dies ohne erhebliche Verzögerung möglich ist.
(3) Die Absätze 1 und 2 gelten für Bevollmächtigte entsprechend.

§ 1901c Schriftliche Betreuungswünsche, Vorsorgevollmacht

Wer ein Schriftstück besitzt, in dem jemand für den Fall seiner Betreuung Vorschläge zur Auswahl des Betreuers oder Wünsche zur Wahrnehmung der Betreuung geäußert hat, hat es unverzüglich an das Betreuungsgericht abzuliefern, nachdem er von der Einleitung eines Verfahrens über die Bestellung eines Betreuers Kenntnis erlangt hat. Ebenso hat der Besitzer das Betreuungsgericht über Schriftstücke, in denen der Betroffene eine andere Person mit der Wahrnehmung seiner Angelegenheiten bevollmächtigt hat, zu unterrichten. Das Betreuungsgericht kann die Vorlage einer Abschrift verlangen.

§ 1902 Vertretung des Betreuten

In seinem Aufgabenkreis vertritt der Betreuer den Betreuten gerichtlich und außergerichtlich.

§ 1903 Einwilligungsvorbehalt

(1) Soweit dies zur Abwendung einer erheblichen Gefahr für die Person oder das Vermögen des Betreuten erforderlich ist, ordnet das Betreuungsgericht an, dass der Betreute zu einer Willenserklärung, die den Aufgabenkreis des Betreuers betrifft, dessen Einwilligung bedarf (Einwilligungsvorbehalt). Die §§ 108 bis 113, 131 Abs. 2 und § 210 gelten entsprechend.
(2) Ein Einwilligungsvorbehalt kann sich nicht erstrecken

1. auf Willenserklärungen, die auf Eingehung einer Ehe oder Begründung einer Lebenspartnerschaft gerichtet sind,
2. auf Verfügungen von Todes wegen,

3. auf die Anfechtung eines Erbvertrags,
4. auf die Aufhebung eines Erbvertrags durch Vertrag und
5. auf Willenserklärungen, zu denen ein beschränkt Geschäftsfähiger nach den Vorschriften der Bücher 4 und 5 nicht der Zustimmung seines gesetzlichen Vertreters bedarf.

(3) Ist ein Einwilligungsvorbehalt angeordnet, so bedarf der Betreute dennoch nicht der Einwilligung seines Betreuers, wenn die Willenserklärung dem Betreuten lediglich einen rechtlichen Vorteil bringt. Soweit das Gericht nichts anderes anordnet, gilt dies auch, wenn die Willenserklärung eine geringfügige Angelegenheit des täglichen Lebens betrifft.

(4) § 1901 Abs. 5 gilt entsprechend.

§ 1904 Genehmigung des Betreuungsgerichts bei ärztlichen Maßnahmen

(1) Die Einwilligung des Betreuers in eine Untersuchung des Gesundheitszustands, eine Heilbehandlung oder einen ärztlichen Eingriff bedarf der Genehmigung des Betreuungsgerichts, wenn die begründete Gefahr besteht, dass der Betreute auf Grund der Maßnahme stirbt oder einen schweren und länger dauernden gesundheitlichen Schaden erleidet. Ohne die Genehmigung darf die Maßnahme nur durchgeführt werden, wenn mit dem Aufschub Gefahr verbunden ist.

(2) Die Nichteinwilligung oder der Widerruf der Einwilligung des Betreuers in eine Untersuchung des Gesundheitszustands, eine Heilbehandlung oder einen ärztlichen Eingriff bedarf der Genehmigung des Betreuungsgerichts, wenn die Maßnahme medizinisch angezeigt ist und die begründete Gefahr besteht, dass der Betreute auf Grund des Unterbleibens oder des Abbruchs der Maßnahme stirbt oder einen schweren und länger dauernden gesundheitlichen Schaden erleidet.

(3) Die Genehmigung nach den Absätzen 1 und 2 ist zu erteilen, wenn die Einwilligung, die Nichteinwilligung oder der Widerruf der Einwilligung dem Willen des Betreuten entspricht.

(4) Eine Genehmigung nach den Absätzen 1 und 2 ist nicht erforderlich, wenn zwischen Betreuer und behandelndem Arzt Einvernehmen darüber besteht, dass die Erteilung, die Nichterteilung oder der Widerruf der Einwilligung dem nach § 1901a festgestellten Willen des Betreuten entspricht.

(5) Die Absätze 1 bis 4 gelten auch für einen Bevollmächtigten. Er kann in eine der in Absatz 1 Satz 1 oder Absatz 2 genannten Maßnahmen nur einwilligen, nicht

einwilligen oder die Einwilligung widerrufen, wenn die Vollmacht diese Maßnahmen ausdrücklich umfasst und schriftlich erteilt ist.

§ 1906 Genehmigung des Betreuungsgerichts bei freiheitsentziehender Unterbringung und bei freiheitsentziehenden Maßnahmen

(1) Eine Unterbringung des Betreuten durch den Betreuer, die mit Freiheitsentziehung verbunden ist, ist nur zulässig, solange sie zum Wohl des Betreuten erforderlich ist, weil

1. auf Grund einer psychischen Krankheit oder geistigen oder seelischen Behinderung des Betreuten die Gefahr besteht, dass er sich selbst tötet oder erheblichen gesundheitlichen Schaden zufügt, oder
2. zur Abwendung eines drohenden erheblichen gesundheitlichen Schadens eine Untersuchung des Gesundheitszustands, eine Heilbehandlung oder ein ärztlicher Eingriff notwendig ist, die Maßnahme ohne die Unterbringung des Betreuten nicht durchgeführt werden kann und der Betreute auf Grund einer psychischen Krankheit oder geistigen oder seelischen Behinderung die Notwendigkeit der Unterbringung nicht erkennen oder nicht nach dieser Einsicht handeln kann.

(2) Die Unterbringung ist nur mit Genehmigung des Betreuungsgerichts zulässig. Ohne die Genehmigung ist die Unterbringung nur zulässig, wenn mit dem Aufschub Gefahr verbunden ist; die Genehmigung ist unverzüglich nachzuholen.

(3) Der Betreuer hat die Unterbringung zu beenden, wenn ihre Voraussetzungen weggefallen sind. Er hat die Beendigung der Unterbringung dem Betreuungsgericht unverzüglich anzuzeigen.

(4) Die Absätze 1 bis 3 gelten entsprechend, wenn dem Betreuten, der sich in einem Krankenhaus, einem Heim oder einer sonstigen Einrichtung aufhält, durch mechanische Vorrichtungen, Medikamente oder auf andere Weise über einen längeren Zeitraum oder regelmäßig die Freiheit entzogen werden soll.

(5) Die Unterbringung durch einen Bevollmächtigten und die Einwilligung eines Bevollmächtigten in Maßnahmen nach Absatz 4 setzen voraus, dass die Vollmacht schriftlich erteilt ist und die in den Absätzen 1 und 4 genannten Maßnahmen ausdrücklich umfasst. Im Übrigen gelten die Absätze 1 bis 4 entsprechend.

§ 1906a Genehmigung des Betreuungsgerichts bei ärztlichen Zwangsmaßnahmen

(1) Widerspricht eine Untersuchung des Gesundheitszustands, eine Heilbehandlung oder ein ärztlicher Eingriff dem natürlichen Willen des Betreuten (ärztliche Zwangsmaßnahme), so kann der Betreuer in die ärztliche Zwangsmaßnahme nur einwilligen, wenn

1. die ärztliche Zwangsmaßnahme zum Wohl des Betreuten notwendig ist, um einen drohenden erheblichen gesundheitlichen Schaden abzuwenden,
2. der Betreute auf Grund einer psychischen Krankheit oder einer geistigen oder seelischen Behinderung die Notwendigkeit der ärztlichen Maßnahme nicht erkennen oder nicht nach dieser Einsicht handeln kann,
3. die ärztliche Zwangsmaßnahme dem nach § 1901a zu beachtenden Willen des Betreuten entspricht,
4. zuvor ernsthaft, mit dem nötigen Zeitaufwand und ohne Ausübung unzulässigen Drucks versucht wurde, den Betreuten von der Notwendigkeit der ärztlichen Maßnahme zu überzeugen,
5. der drohende erhebliche gesundheitliche Schaden durch keine andere den Betreuten weniger belastende Maßnahme abgewendet werden kann,
6. der zu erwartende Nutzen der ärztlichen Zwangsmaßnahme die zu erwartenden Beeinträchtigungen deutlich überwiegt und
7. die ärztliche Zwangsmaßnahme im Rahmen eines stationären Aufenthalts in einem Krankenhaus, in dem die gebotene medizinische Versorgung des Betreuten einschließlich einer erforderlichen Nachbehandlung sichergestellt ist, durchgeführt wird. § 1846 ist nur anwendbar, wenn der Betreuer an der Erfüllung seiner Pflichten verhindert ist.

(2) Die Einwilligung in die ärztliche Zwangsmaßnahme bedarf der Genehmigung des Betreuungsgerichts.

(3) Der Betreuer hat die Einwilligung in die ärztliche Zwangsmaßnahme zu widerrufen, wenn ihre Voraussetzungen weggefallen sind. Er hat den Widerruf dem Betreuungsgericht unverzüglich anzuzeigen.

(4) Kommt eine ärztliche Zwangsmaßnahme in Betracht, so gilt für die Verbringung des Betreuten gegen seinen natürlichen Willen zu einem stationären Aufenthalt in ein Krankenhaus § 1906 Absatz 1 Nummer 2, Absatz 2 und 3 Satz 1 entsprechend.

(5) Die Einwilligung eines Bevollmächtigten in eine ärztliche Zwangsmaßnahme und die Einwilligung in eine Maßnahme nach Absatz 4 setzen voraus, dass die Vollmacht

schriftlich erteilt ist und die Einwilligung in diese Maßnahmen ausdrücklich umfasst. Im Übrigen gelten die Absätze 1 bis 3 entsprechend.

§ 1908b Entlassung des Betreuers

(1) Das Betreuungsgericht hat den Betreuer zu entlassen, wenn seine Eignung, die Angelegenheiten des Betreuten zu besorgen, nicht mehr gewährleistet ist oder ein anderer wichtiger Grund für die Entlassung vorliegt. Ein wichtiger Grund liegt auch vor, wenn der Betreuer eine erforderliche Abrechnung vorsätzlich falsch erteilt oder den erforderlichen persönlichen Kontakt zum Betreuten nicht gehalten hat. Das Gericht soll den nach § 1897 Abs. 6 bestellten Betreuer entlassen, wenn der Betreute durch eine oder mehrere andere Personen außerhalb einer Berufsausübung betreut werden kann.

(2) Der Betreuer kann seine Entlassung verlangen, wenn nach seiner Bestellung Umstände eintreten, auf Grund derer ihm die Betreuung nicht mehr zugemutet werden kann.

(3) Das Gericht kann den Betreuer entlassen, wenn der Betreute eine gleich geeignete Person, die zur Übernahme bereit ist, als neuen Betreuer vorschlägt.

(4) Der Vereinsbetreuer ist auch zu entlassen, wenn der Verein dies beantragt. Ist die Entlassung nicht zum Wohl des Betreuten erforderlich, so kann das Betreuungsgericht statt dessen mit Einverständnis des Betreuers aussprechen, dass dieser die Betreuung künftig als Privatperson weiterführt. Die Sätze 1 und 2 gelten für den Behördenbetreuer entsprechend.

(5) Der Verein oder die Behörde ist zu entlassen, sobald der Betreute durch eine oder mehrere natürliche Personen hinreichend betreut werden kann.

§ 1908c Bestellung eines neuen Betreuers

Stirbt der Betreuer oder wird er entlassen, so ist ein neuer Betreuer zu bestellen.

§ 1908d Aufhebung oder Änderung von Betreuung und Einwilligungsvorbehalt

(1) Die Betreuung ist aufzuheben, wenn ihre Voraussetzungen wegfallen. Fallen diese Voraussetzungen nur für einen Teil der Aufgaben des Betreuers weg, so ist dessen Aufgabenkreis einzuschränken.

(2) Ist der Betreuer auf Antrag des Betreuten bestellt, so ist die Betreuung auf dessen Antrag aufzuheben, es sei denn, dass eine Betreuung von Amts wegen erforderlich

ist. Den Antrag kann auch ein Geschäftsunfähiger stellen. Die Sätze 1 und 2 gelten für die Einschränkung des Aufgabenkreises entsprechend.
(3) Der Aufgabenkreis des Betreuers ist zu erweitern, wenn dies erforderlich wird. Die Vorschriften über die Bestellung des Betreuers gelten hierfür entsprechend.
(4) Für den Einwilligungsvorbehalt gelten die Absätze 1 und 3 entsprechend.

§ 1909 Ergänzungspflegschaft

(1) Wer unter elterlicher Sorge oder unter Vormundschaft steht, erhält für Angelegenheiten, an deren Besorgung die Eltern oder der Vormund verhindert sind, einen Pfleger. Er erhält insbesondere einen Pfleger zur Verwaltung des Vermögens, das er von Todes wegen erwirbt oder das ihm unter Lebenden unentgeltlich zugewendet wird, wenn der Erblasser durch letztwillige Verfügung, der Zuwendende bei der Zuwendung bestimmt hat, dass die Eltern oder der Vormund das Vermögen nicht verwalten sollen.
(2) Wird eine Pflegschaft erforderlich, so haben die Eltern oder der Vormund dies dem Familiengericht unverzüglich anzuzeigen.
(3) Die Pflegschaft ist auch dann anzuordnen, wenn die Voraussetzungen für die Anordnung einer Vormundschaft vorliegen, ein Vormund aber noch nicht bestellt ist.

§ 1911 Abwesenheitspflegschaft

(1) Ein abwesender Volljähriger, dessen Aufenthalt unbekannt ist, erhält für seine Vermögensangelegenheiten, soweit sie der Fürsorge bedürfen, einen Abwesenheitspfleger. Ein solcher Pfleger ist ihm insbesondere auch dann zu bestellen, wenn er durch Erteilung eines Auftrags oder einer Vollmacht Fürsorge getroffen hat, aber Umstände eingetreten sind, die zum Widerruf des Auftrags oder der Vollmacht Anlass geben.
(2) Das Gleiche gilt von einem Abwesenden, dessen Aufenthalt bekannt, der aber an der Rückkehr und der Besorgung seiner Vermögensangelegenheiten verhindert ist.

§ 1914 Pflegschaft für gesammeltes Vermögen

Ist durch öffentliche Sammlung Vermögen für einen vorübergehenden Zweck zusammengebracht worden, so kann zum Zwecke der Verwaltung und Verwendung des Vermögens ein Pfleger bestellt werden, wenn die zu der Verwaltung und Verwendung berufenen Personen weggefallen sind.

§ 1915 Anwendung des Vormundschaftsrechts

(1) Auf die Pflegschaft finden die für die Vormundschaft geltenden Vorschriften entsprechende Anwendung, soweit sich nicht aus dem Gesetz ein anderes ergibt. Abweichend von §3 Abs. 1 bis 3 des Vormünder- und Betreuervergütungsgesetzes bestimmt sich die Höhe einer nach § 1836 Abs. 1 zu bewilligenden Vergütung nach den für die Führung der Pflegschaftsgeschäfte nutzbaren Fachkenntnissen des Pflegers sowie nach dem Umfang und der Schwierigkeit der Pflegschaftsgeschäfte, sofern der Pflegling nicht mittellos ist. An die Stelle des Familiengerichts tritt das Betreuungsgericht; dies gilt nicht bei der Pflegschaft für Minderjährige oder für eine Leibesfrucht.

§ 1917 Ernennung des Ergänzungspflegers durch Erblasser und Dritte

(1) Wird die Anordnung einer Pflegschaft nach § 1909 Abs. 1 Satz 2 erforderlich, so ist als Pfleger berufen, wer durch letztwillige Verfügung oder bei der Zuwendung benannt worden ist; die Vorschriften des § 1778 sind entsprechend anzuwenden.
(2) Für den benannten Pfleger können durch letztwillige Verfügung oder bei der Zuwendung die in den §§1852-1854 bezeichneten Befreiungen angeordnet werden. Das Familiengericht kann die Anordnungen außer Kraft setzen, wenn sie das Interesse des Pfleglings gefährden.
(3) Zu einer Abweichung von den Anordnungen des Zuwendenden ist, solange er lebt, seine Zustimmung erforderlich und genügend. Ist er zur Abgabe einer Erklärung dauernd außerstande oder ist sein Aufenthalt dauernd unbekannt, so kann das Familiengericht die Zustimmung ersetzen.

Abgabenordnung (AO) AO

In der Fassung vom 1. Oktober 2002 - zuletzt geändert 05.10.2021

§ 1 Anwendungsbereich

(1) Dieses Gesetz gilt für alle Steuern einschließlich der Steuervergütungen, die durch Bundesrecht oder Recht der Europäischen Union geregelt sind, soweit sie durch Bundesfinanzbehörden oder durch Landesfinanzbehörden verwaltet werden. Es ist nur vorbehaltlich des Rechts der Europäischen Union anwendbar.

§ 3 Steuern, steuerliche Nebenleistungen

(1) Steuern sind Geldleistungen, die nicht eine Gegenleistung für eine besondere Leistung darstellen und von einem öffentlich-rechtlichen Gemeinwesen zur Erzielung von Einnahmen allen auferlegt werden, bei denen der Tatbestand zutrifft, an den das Gesetz die Leistungspflicht knüpft; die Erzielung von Einnahmen kann Nebenzweck sein.

(2) Realsteuern sind die Grundsteuer und die Gewerbesteuer.

(3) Einfuhr- und Ausfuhrabgaben nach Artikel 5 Nummer 20 und 21 des Zollkodex der Union sind Steuern im Sinne dieses Gesetzes.

(4) Steuerliche Nebenleistungen sind 1. Verzögerungsgelder nach § 146 Absatz 2b, 2. Verspätungszuschläge nach § 152, 3. Zuschläge nach § 162 Absatz 4 und 4a, 4. Zinsen nach den §§ 233 bis 237 sowie Zinsen nach den Steuergesetzen, auf die die §§ 238 und 239 anzuwenden sind, 5. Säumniszuschläge nach § 240, 6. Zwangsgelder nach § 329, 7. Kosten nach den §§ 89, 178, 178a und 337 bis 345, 8. Zinsen auf Einfuhr- und Ausfuhrabgaben nach Artikel 5 Nummer 20 und 21 des Zollkodex der Union und 9. Verspätungsgelder nach § 22a Absatz 5 des Einkommensteuergesetzes.

§ 8 Wohnsitz

Einen Wohnsitz hat jemand dort, wo er eine Wohnung unter Umständen innehat, die darauf schließen lassen, dass er die Wohnung beibehalten und benutzen wird.

§ 9 Gewöhnlicher Aufenthalt

Den gewöhnlichen Aufenthalt hat jemand dort, wo er sich unter Umständen aufhält, die erkennen lassen, dass er an diesem Ort oder in diesem Gebiet nicht nur vorübergehend verweilt. Als gewöhnlicher Aufenthalt im Geltungsbereich dieses Gesetzes ist stets und von Beginn an ein zeitlich zusammenhängender Aufenthalt von mehr als sechs Monaten Dauer anzusehen; kurzfristige Unterbrechungen bleiben unberücksichtigt. Satz 2 gilt nicht, wenn der Aufenthalt ausschließlich zu Besuchs-, Erholungs-, Kur- oder ähnlichen privaten Zwecken genommen wird und nicht länger als ein Jahr dauert.

§ 10 Geschäftsleitung

Geschäftsleitung ist der Mittelpunkt der geschäftlichen Oberleitung.

§ 11 Sitz

Den Sitz hat eine Körperschaft, Personenvereinigung oder Vermögensmasse an dem Ort, der durch Gesetz, Gesellschaftsvertrag, Satzung, Stiftungsgeschäft oder dergleichen bestimmt ist.

§ 12 Betriebstätte

Betriebstätte ist jede feste Geschäftseinrichtung oder Anlage, die der Tätigkeit eines Unternehmens dient. Als Betriebstätten sind insbesondere anzusehen: 1. die Stätte der Geschäftsleitung, 2. Zweigniederlassungen, 3. Geschäftsstellen, 4. Fabrikations- oder Werkstätten, 5. Warenlager, 6. Ein- oder Verkaufsstellen, 7. Bergwerke, Steinbrüche oder andere stehende, örtlich fortschreitende oder schwimmende Stätten der Gewinnung von Bodenschätzen, 8. Bauausführungen oder Montagen, auch örtlich fortschreitende oder schwimmende, wenn a) die einzelne Bauausführung oder Montage oder b) eine von mehreren zeitlich nebeneinander bestehenden Bauausführungen oder Montagen oder c) mehrere ohne Unterbrechung aufeinander folgende Bauausführungen oder Montagen länger als sechs Monate dauern.

§ 14 Wirtschaftlicher Geschäftsbetrieb

Ein wirtschaftlicher Geschäftsbetrieb ist eine selbständige nachhaltige Tätigkeit, durch die Einnahmen oder andere wirtschaftliche Vorteile erzielt werden und die über den Rahmen einer Vermögensverwaltung hinausgeht. Die Absicht, Gewinn zu erzielen, ist nicht erforderlich. Eine Vermögensverwaltung liegt in der Regel vor, wenn Vermögen genutzt, zum Beispiel Kapitalvermögen verzinslich angelegt oder unbewegliches Vermögen vermietet oder verpachtet wird.

§ 51 Allgemeines [Steuervergünstigung]

(1) Gewährt das Gesetz eine Steuervergünstigung, weil eine Körperschaft ausschließlich und unmittelbar gemeinnützige, mildtätige oder kirchliche Zwecke (steuerbegünstigte Zwecke) verfolgt, so gelten die folgenden Vorschriften. Unter Körperschaften sind die Körperschaften, Personenvereinigungen und Vermögensmassen im Sinne des Körperschaftsteuergesetzes zu verstehen. Funktionale Untergliederungen (Abteilungen) von Körperschaften gelten nicht als selbstständige Steuersubjekte.

(2) Werden die steuerbegünstigten Zwecke im Ausland verwirklicht, setzt die Steuervergünstigung voraus, dass natürliche Personen, die ihren Wohnsitz oder ihren gewöhnlichen Aufenthalt im Geltungsbereich dieses Gesetzes haben, gefördert werden oder die Tätigkeit der Körperschaft neben der Verwirklichung der steuerbegünstigten Zwecke auch zum Ansehen der Bundesrepublik Deutschland im Ausland beitragen kann.

(3) Eine Steuervergünstigung setzt zudem voraus, dass die Körperschaft nach ihrer Satzung und bei ihrer tatsächlichen Geschäftsführung keine Bestrebungen im Sinne des § 4 des Bundesverfassungsschutzgesetzes fördert und dem Gedanken der Völkerverständigung nicht zuwiderhandelt. Bei Körperschaften, die im Verfassungsschutzbericht des Bundes oder eines Landes als extremistische Organisation aufgeführt sind, ist widerlegbar davon auszugehen, dass die Voraussetzungen des Satzes 1 nicht erfüllt sind. Die Finanzbehörde teilt Tatsachen, die den Verdacht von Bestrebungen im Sinne des § 4 des Bundesverfassungsschutzgesetzes oder des Zuwiderhandelns gegen den Gedanken der Völkerverständigung begründen, der Verfassungsschutzbehörde mit.

§ 52 Gemeinnützige Zwecke [Gemeinnützigkeit]

(1) Eine Körperschaft verfolgt gemeinnützige Zwecke, wenn ihre Tätigkeit darauf gerichtet ist, die Allgemeinheit auf materiellem, geistigem oder sittlichem Gebiet selbstlos zu fördern. Eine Förderung der Allgemeinheit ist nicht gegeben, wenn der Kreis der Personen, dem die Förderung zugute kommt, fest abgeschlossen ist, zum Beispiel Zugehörigkeit zu einer Familie oder zur Belegschaft eines Unternehmens,

oder infolge seiner Abgrenzung, insbesondere nach räumlichen oder beruflichen Merkmalen, dauernd nur klein sein kann. Eine Förderung der Allgemeinheit liegt nicht allein deswegen vor, weil eine Körperschaft ihre Mittel einer Körperschaft des öffentlichen Rechts zuführt.

(2) Unter den Voraussetzungen des Absatzes 1 sind als Förderung der Allgemeinheit anzuerkennen:

1.die Förderung von Wissenschaft und Forschung;

2. die Förderung der Religion;

3. die Förderung des öffentlichen Gesundheitswesens und der öffentlichen Gesundheitspflege, insbesondere die Verhütung und Bekämpfung von übertragbaren Krankheiten, auch durch Krankenhäuser im Sinne des § 67, und von Tierseuchen;

4. die Förderung der Jugend- und Altenhilfe;

5. die Förderung von Kunst und Kultur;

6. die Förderung des Denkmalschutzes und der Denkmalpflege;

7. die Förderung der Erziehung, Volks- und Berufsbildung einschließlich der Studentenhilfe;

8. die Förderung des Naturschutzes und der Landschaftspflege im Sinne des Bundesnaturschutzgesetzes und der Naturschutzgesetze der Länder, des Umweltschutzes, des Küstenschutzes und des Hochwasserschutzes;

9. die Förderung des Wohlfahrtswesens, insbesondere der Zwecke der amtlich anerkannten Verbände der freien Wohlfahrtspflege (§ 23 der Umsatzsteuer-Durchführungsverordnung), ihrer Unterverbände und ihrer angeschlossenen Einrichtungen und Anstalten;

10. die Förderung der Hilfe für politisch, rassisch oder religiös Verfolgte, für Flüchtlinge, Vertriebene, Aussiedler, Spätaussiedler, Kriegsopfer, Kriegshinterbliebene, Kriegsbeschädigte und Kriegsgefangene, Zivilbeschädigte und Behinderte sowie Hilfe für Opfer von Straftaten; Förderung des Andenkens an Verfolgte, Kriegs- und Katastrophenopfer; Förderung des Suchdienstes für Vermisste;

11. die Förderung der Rettung aus Lebensgefahr;

12. die Förderung des Feuer-, Arbeits-, Katastrophen- und Zivilschutzes sowie der Unfallverhütung;

13. die Förderung internationaler Gesinnung, der Toleranz auf allen Gebieten der Kultur und des Völkerverständigungsgedankens;

14. die Förderung des Tierschutzes;
15. die Förderung der Entwicklungszusammenarbeit;
16. die Förderung von Verbraucherberatung und Verbraucherschutz;
17. die Förderung der Fürsorge für Strafgefangene und ehemalige Strafgefangene;
18. die Förderung der Gleichberechtigung von Frauen und Männern;
19. die Förderung des Schutzes von Ehe und Familie;
20. die Förderung der Kriminalprävention;
21. die Förderung des Sports (Schach gilt als Sport);
22. die Förderung der Heimatpflege und Heimatkunde;
23. die Förderung der Tierzucht, der Pflanzenzucht, der Kleingärtnerei, des traditionellen Brauchtums einschließlich des Karnevals, der Fastnacht und des Faschings, der Soldaten- und Reservistenbetreuung, des Amateurfunkens, des Modellflugs und des Hundesports;
24. die allgemeine Förderung des demokratischen Staatswesens im Geltungsbereich dieses Gesetzes; hierzu gehören nicht Bestrebungen, die nur bestimmte Einzelinteressen staatsbürgerlicher Art verfolgen oder die auf den kommunalpolitischen Bereich beschränkt sind;
25. die Förderung des bürgerschaftlichen Engagements zugunsten gemeinnütziger, mildtätiger und kirchlicher Zwecke.

Sofern der von der Körperschaft verfolgte Zweck nicht unter Satz 1 fällt, aber die Allgemeinheit auf materiellem, geistigem oder sittlichem Gebiet entsprechend selbstlos gefördert wird, kann dieser Zweck für gemeinnützig erklärt werden. Die obersten Finanzbehörden der Länder haben jeweils eine Finanzbehörde im Sinne des Finanzverwaltungsgesetzes zu bestimmen, die für Entscheidungen nach Satz 2 zuständig ist.

§ 53 Mildtätige Zwecke

Eine Körperschaft verfolgt mildtätige Zwecke, wenn ihre Tätigkeit darauf gerichtet ist, Personen selbstlos zu unterstützen,

1. die infolge ihres körperlichen, geistigen oder seelischen Zustands auf die Hilfe anderer angewiesen sind oder
2. deren Bezüge nicht höher sind als das Vierfache des Regelsatzes der Sozialhilfe im Sinne des § 28 des Zwölften Buches Sozialgesetzbuch; beim Alleinstehenden oder Alleinerziehenden tritt an die Stelle des Vierfachen das Fünffache des Regelsatzes. Dies gilt nicht für Personen, deren Vermögen zur nachhaltigen Verbesserung ihres

Unterhalts ausreicht und denen zugemutet werden kann, es dafür zu verwenden. Bei Personen, deren wirtschaftliche Lage aus besonderen Gründen zu einer Notlage geworden ist, dürfen die Bezüge oder das Vermögen die genannten Grenzen übersteigen. Bezüge im Sinne dieser Vorschrift sind
a) Einkünfte im Sinne des § 2 Abs. 1 des Einkommensteuergesetzes und
b) andere zur Bestreitung des Unterhalts bestimmte oder geeignete Bezüge,
aller Haushaltsangehörigen. Zu berücksichtigen sind auch gezahlte und empfangene Unterhaltsleistungen. Die wirtschaftliche Hilfebedürftigkeit im vorstehenden Sinne ist bei Empfängern von Leistungen nach dem Zweiten oder Zwölften Buch Sozialgesetzbuch, des Wohngeldgesetzes, bei Empfängern von Leistungen nach § 27a des Bundesversorgungsgesetzes oder nach § 6a des Bundeskindergeldgesetzes als nachgewiesen anzusehen. Die Körperschaft kann den Nachweis mit Hilfe des jeweiligen Leistungsbescheids, der für den Unterstützungszeitraum maßgeblich ist, oder mit Hilfe der Bestätigung des Sozialleistungsträgers führen. Auf Antrag der Körperschaft kann auf einen Nachweis der wirtschaftlichen Hilfebedürftigkeit verzichtet werden, wenn auf Grund der besonderen Art der gewährten Unterstützungsleistung sichergestellt ist, dass nur wirtschaftlich hilfebedürftige Personen im vorstehenden Sinne unterstützt werden; für den Bescheid über den Nachweisverzicht gilt § 60a Absatz 3 bis 5 entsprechend.

§ 54 Kirchliche Zwecke

(1) Eine Körperschaft verfolgt kirchliche Zwecke, wenn ihre Tätigkeit darauf gerichtet ist, eine Religionsgemeinschaft, die Körperschaft des öffentlichen Rechts ist, selbstlos zu fördern.
(2) Zu diesen Zwecken gehören insbesondere die Errichtung, Ausschmückung und Unterhaltung von Gotteshäusern und kirchlichen Gemeindehäusern, die Abhaltung von Gottesdiensten, die Ausbildung von Geistlichen, die Erteilung von Religionsunterricht, die Beerdigung und die Pflege des Andenkens der Toten, ferner die Verwaltung des Kirchenvermögens, die Besoldung der Geistlichen, Kirchenbeamten und Kirchendiener, die Alters- und Behindertenversorgung für diese Personen und die Versorgung ihrer Witwen und Waisen.

§ 55 Selbstlosigkeit

(1) Eine Förderung oder Unterstützung geschieht selbstlos, wenn dadurch nicht in erster Linie eigenwirtschaftliche Zwecke - zum Beispiel gewerbliche Zwecke oder

sonstige Erwerbszwecke - verfolgt werden und wenn die folgenden Voraussetzungen gegeben sind:

1. Mittel der Körperschaft dürfen nur für die satzungsmäßigen Zwecke verwendet werden. Die Mitglieder oder Gesellschafter (Mitglieder im Sinne dieser Vorschriften) dürfen keine Gewinnanteile und in ihrer Eigenschaft als Mitglieder auch keine sonstigen Zuwendungen aus Mitteln der Körperschaft erhalten. Die Körperschaft darf ihre Mittel weder für die unmittelbare noch für die mittelbare Unterstützung oder Förderung politischer Parteien verwenden.

2. Die Mitglieder dürfen bei ihrem Ausscheiden oder bei Auflösung oder Aufhebung der Körperschaft nicht mehr als ihre eingezahlten Kapitalanteile und den gemeinen Wert ihrer geleisteten Sacheinlagen zurückerhalten.

3. Die Körperschaft darf keine Person durch Ausgaben, die dem Zweck der Körperschaft fremd sind, oder durch unverhältnismäßig hohe Vergütungen begünstigen.

4. Bei Auflösung oder Aufhebung der Körperschaft oder bei Wegfall ihres bisherigen Zwecks darf das Vermögen der Körperschaft, soweit es die eingezahlten Kapitalanteile der Mitglieder und den gemeinen Wert der von den Mitgliedern geleisteten Sacheinlagen übersteigt, nur für steuerbegünstigte Zwecke verwendet werden (Grundsatz der Vermögensbindung). Diese Voraussetzung ist auch erfüllt, wenn das Vermögen einer anderen steuerbegünstigten Körperschaft oder einer juristischen Person des öffentlichen Rechts für steuerbegünstigte Zwecke übertragen werden soll.

5. Die Körperschaft muss ihre Mittel vorbehaltlich des § 62 grundsätzlich zeitnah für ihre steuerbegünstigten satzungsmäßigen Zwecke verwenden. Verwendung in diesem Sinne ist auch die Verwendung der Mittel für die Anschaffung oder Herstellung von Vermögensgegenständen, die satzungsmäßigen Zwecken dienen. Eine zeitnahe Mittelverwendung ist gegeben, wenn die Mittel spätestens in den auf den Zufluss folgenden zwei Kalender- oder Wirtschaftsjahren für die steuerbegünstigten satzungsmäßigen Zwecke verwendet werden.

(2) Bei der Ermittlung des gemeinen Werts (Absatz 1 Nr. 2 und 4) kommt es auf die Verhältnisse zu dem Zeitpunkt an, in dem die Sacheinlagen geleistet worden sind.

(3) Die Vorschriften, die die Mitglieder der Körperschaft betreffen (Absatz 1 Nr. 1, 2 und 4), gelten bei Stiftungen für die Stifter und ihre Erben, bei Betrieben gewerblicher Art von juristischen Personen des öffentlichen Rechts für die Körperschaft sinngemäß, jedoch mit der Maßgabe, dass bei Wirtschaftsgütern, die

nach § 6 Absatz 1 Nummer 4 Satz 4 des Einkommensteuergesetzes aus einem Betriebsvermögen zum Buchwert entnommen worden sind, an die Stelle des gemeinen Werts der Buchwert der Entnahme tritt.

§ 56 Ausschließlichkeit

Ausschließlichkeit liegt vor, wenn eine Körperschaft nur ihre steuerbegünstigten satzungsmäßigen Zwecke verfolgt.

§ 57 Unmittelbarkeit

(1) Eine Körperschaft verfolgt unmittelbar ihre steuerbegünstigten satzungsmäßigen Zwecke, wenn sie selbst diese Zwecke verwirklicht. Das kann auch durch Hilfspersonen geschehen, wenn nach den Umständen des Falls, insbesondere nach den rechtlichen und tatsächlichen Beziehungen, die zwischen der Körperschaft und der Hilfsperson bestehen, das Wirken der Hilfsperson wie eigenes Wirken der Körperschaft anzusehen ist.
(2) Eine Körperschaft, in der steuerbegünstigte Körperschaften zusammengefasst sind, wird einer Körperschaft, die unmittelbar steuerbegünstigte Zwecke verfolgt, gleichgestellt.

§ 59 Voraussetzung der Steuervergünstigung

Die Steuervergünstigung wird gewährt, wenn sich aus der Satzung, dem Stiftungsgeschäft oder der sonstigen Verfassung (Satzung im Sinne dieser Vorschriften) ergibt, welchen Zweck die Körperschaft verfolgt, dass dieser Zweck den Anforderungen der §§ 52 bis 55 entspricht und dass er ausschließlich und unmittelbar verfolgt wird; die tatsächliche Geschäftsführung muss diesen Satzungsbestimmungen entsprechen.

§ 60 Anforderungen an die Satzung

(1) Die Satzungszwecke und die Art ihrer Verwirklichung müssen so genau bestimmt sein, dass auf Grund der Satzung geprüft werden kann, ob die satzungsmäßigen Voraussetzungen für Steuervergünstigungen gegeben sind. Die Satzung muss die in der Anlage 1 bezeichneten Festlegungen enthalten.
(2) Die Satzung muss den vorgeschriebenen Erfordernissen bei der Körperschaftsteuer und bei der Gewerbesteuer während des ganzen Veranlagungs-

oder Bemessungszeitraums, bei den anderen Steuern im Zeitpunkt der Entstehung der Steuer entsprechen.

§ 62 Rücklagen und Vermögensbildung

(1) Körperschaften können ihre Mittel ganz oder teilweise

1. einer Rücklage zuführen, soweit dies erforderlich ist, um ihre steuerbegünstigten, satzungsmäßigen Zwecke nachhaltig zu erfüllen;

2. einer Rücklage für die beabsichtigte Wiederbeschaffung von Wirtschaftsgütern zuführen, die zur Verwirklichung der steuerbegünstigten, satzungsmäßigen Zwecke erforderlich sind (Rücklage für Wiederbeschaffung). Die Höhe der Zuführung bemisst sich nach der Höhe der regulären Absetzungen für Abnutzung eines zu ersetzenden Wirtschaftsguts. Die Voraussetzungen für eine höhere Zuführung sind nachzuweisen;

3. der freien Rücklage zuführen, jedoch höchstens ein Drittel des Überschusses aus der Vermögensverwaltung und darüber hinaus höchstens 10 Prozent der sonstigen nach § 55 Absatz 1 Nummer 5 zeitnah zu verwendenden Mittel. Ist der Höchstbetrag für die Bildung der freien Rücklage in einem Jahr nicht ausgeschöpft, kann diese unterbliebene Zuführung in den folgenden zwei Jahren nachgeholt werden;

4. einer Rücklage zum Erwerb von Gesellschaftsrechten zur Erhaltung der prozentualen Beteiligung an Kapitalgesellschaften zuführen, wobei die Höhe dieser Rücklage die Höhe der Rücklage nach Nummer 3 mindert.

(2) Die Bildung von Rücklagen nach Absatz 1 hat innerhalb der Frist des § 55 Absatz 1 Nummer 5 Satz 3 zu erfolgen. Rücklagen nach Absatz 1 Nummer 1, 2 und 4 sind unverzüglich aufzulösen, sobald der Grund für die Rücklagenbildung entfallen ist. Die freigewordenen Mittel sind innerhalb der Frist nach § 55 Absatz 1 Nummer 5 Satz 3 zu verwenden.

(3) Die folgenden Mittelzuführungen unterliegen nicht der zeitnahen Mittelverwendung nach § 55 Absatz 1 Nummer 5:

1. Zuwendungen von Todes wegen, wenn der Erblasser keine Verwendung für den laufenden Aufwand der Körperschaft vorgeschrieben hat;

2. Zuwendungen, bei denen der Zuwendende ausdrücklich erklärt, dass diese zur Ausstattung der Körperschaft mit Vermögen oder zur Erhöhung des Vermögens bestimmt sind;

3. Zuwendungen auf Grund eines Spendenaufrufs der Körperschaft, wenn aus dem Spendenaufruf ersichtlich ist, dass Beträge zur Aufstockung des Vermögens erbeten werden;
4. Sachzuwendungen, die ihrer Natur nach zum Vermögen gehören.
(4) Eine Stiftung kann im Jahr ihrer Errichtung und in den drei folgenden Kalenderjahren Überschüsse aus der Vermögensverwaltung und die Gewinne aus wirtschaftlichen Geschäftsbetrieben nach § 14 ganz oder teilweise ihrem Vermögen zuführen.

§ 63 Anforderungen an die tatsächliche Geschäftsführung

(1) Die tatsächliche Geschäftsführung der Körperschaft muss auf die ausschließliche und unmittelbare Erfüllung der steuerbegünstigten Zwecke gerichtet sein und den Bestimmungen entsprechen, die die Satzung über die Voraussetzungen für Steuervergünstigungen enthält.
(2) Für die tatsächliche Geschäftsführung gilt sinngemäß § 60 Abs. 2, für eine Verletzung der Vorschrift über die Vermögensbindung § 61 Abs. 3.
(3) Die Körperschaft hat den Nachweis, dass ihre tatsächliche Geschäftsführung den Erfordernissen des Absatzes 1 entspricht, durch ordnungsmäßige Aufzeichnungen über ihre Einnahmen und Ausgaben zu führen.
(4) Hat die Körperschaft ohne Vorliegen der Voraussetzungen Mittel angesammelt, kann das Finanzamt ihr eine angemessene Frist für die Verwendung der Mittel setzen. Die tatsächliche Geschäftsführung gilt als ordnungsgemäß im Sinne des Absatzes 1, wenn die Körperschaft die Mittel innerhalb der Frist für steuerbegünstigte Zwecke verwendet.
(5) Körperschaften im Sinne des § 10b Absatz 1 Satz 2 Nummer 2 des Einkommensteuergesetzes dürfen Zuwendungsbestätigungen im Sinne des § 50 Absatz 1 der Einkommensteuer-Durchführungsverordnung nur ausstellen, wenn
1. das Datum der Anlage zum Körperschaftsteuerbescheid oder des Freistellungsbescheids nicht länger als fünf Jahre zurückliegt oder
2. die Feststellung der Satzungsmäßigkeit nach § 60a Absatz 1 nicht länger als drei Kalenderjahre zurückliegt und bisher kein Freistellungsbescheid oder keine Anlage zum Körperschaftsteuerbescheid erteilt wurde.
Die Frist ist taggenau zu berechnen.

§ 65 Zweckbetrieb

Ein Zweckbetrieb ist gegeben, wenn

1. der wirtschaftliche Geschäftsbetrieb in seiner Gesamtrichtung dazu dient, die steuerbegünstigten satzungsmäßigen Zwecke der Körperschaft zu verwirklichen,
2. die Zwecke nur durch einen solchen Geschäftsbetrieb erreicht werden können und
3. der wirtschaftliche Geschäftsbetrieb zu nicht begünstigten Betrieben derselben oder ähnlicher Art nicht in größerem Umfang in Wettbewerb tritt, als es bei Erfüllung der steuerbegünstigten Zwecke unvermeidbar ist.

§ 66 Wohlfahrtspflege

(1) Eine Einrichtung der Wohlfahrtspflege ist ein Zweckbetrieb, wenn sie in besonderem Maß den in § 53 genannten Personen dient.

(2) Wohlfahrtspflege ist die planmäßige, zum Wohle der Allgemeinheit und nicht des Erwerbs wegen ausgeübte Sorge für notleidende oder gefährdete Mitmenschen. Die Sorge kann sich auf das gesundheitliche, sittliche, erzieherische oder wirtschaftliche Wohl erstrecken und Vorbeugung oder Abhilfe bezwecken.

(3) Eine Einrichtung der Wohlfahrtspflege dient in besonderem Maße den in § 53 genannten Personen, wenn diesen mindestens zwei Drittel ihrer Leistungen zugutekommen. Für Krankenhäuser gilt § 67.

§ 67 Krankenhäuser

(1) Ein Krankenhaus, das in den Anwendungsbereich des Krankenhausentgeltgesetzes oder der Bundespflegesatzverordnung fällt, ist ein Zweckbetrieb, wenn mindestens 40 Prozent der jährlichen Belegungstage oder Berechnungstage auf Patienten entfallen, bei denen nur Entgelte für allgemeine Krankenhausleistungen (§ 7 des Krankenhausentgeltgesetzes, § 10 der Bundespflegesatzverordnung) berechnet werden.

(2) Ein Krankenhaus, das nicht in den Anwendungsbereich des Krankenhausentgeltgesetzes oder der Bundespflegesatzverordnung fällt, ist ein Zweckbetrieb, wenn mindestens 40 Prozent der jährlichen Belegungstage oder Berechnungstage auf Patienten entfallen, bei denen für die Krankenhausleistungen kein höheres Entgelt als nach Absatz 1 berechnet wird.

§ 68 Einzelne Zweckbetriebe

Zweckbetriebe sind auch:

1.

a) Alten-, Altenwohn- und Pflegeheime, Erholungsheime, Mahlzeitendienste, wenn sie in besonderem Maß den in § 53 genannten Personen dienen (§ 66 Abs. 3),

b) Kindergärten, Kinder-, Jugend- und Studentenheime, Schullandheime und Jugendherbergen,

2.

a) landwirtschaftliche Betriebe und Gärtnereien, die der Selbstversorgung von Körperschaften dienen und dadurch die sachgemäße Ernährung und ausreichende Versorgung von Anstaltsangehörigen sichern,

b) andere Einrichtungen, die für die Selbstversorgung von Körperschaften erforderlich sind, wie Tischlereien, Schlossereien,

wenn die Lieferungen und sonstigen Leistungen dieser Einrichtungen an Außenstehende dem Wert nach 20 Prozent der gesamten Lieferungen und sonstigen Leistungen des Betriebs - einschließlich der an die Körperschaften selbst bewirkten - nicht übersteigen,

3.

a) Werkstätten für behinderte Menschen, die nach den Vorschriften des Dritten Buches Sozialgesetzbuch förderungsfähig sind und Personen Arbeitsplätze bieten, die wegen ihrer Behinderung nicht auf dem allgemeinen Arbeitsmarkt tätig sein können,

b) Einrichtungen für Beschäftigungs- und Arbeitstherapie, in denen behinderte Menschen aufgrund ärztlicher Indikationen außerhalb eines Beschäftigungsverhältnisses zum Träger der Therapieeinrichtung mit dem Ziel behandelt werden, körperliche oder psychische Grundfunktionen zum Zwecke der Wiedereingliederung in das Alltagsleben wiederherzustellen oder die besonderen Fähigkeiten und Fertigkeiten auszubilden, zu fördern und zu trainieren, die für eine Teilnahme am Arbeitsleben erforderlich sind, und

c) Inklusionsbetriebe im Sinne des § 215 Absatz 1 des Neunten Buches Sozialgesetzbuch, wenn mindestens 40 Prozent der Beschäftigten besonders betroffene schwerbehinderte Menschen im Sinne des § 215 Absatz 1 des Neunten Buches Sozialgesetzbuch sind; auf die Quote werden psychisch kranke Menschen im Sinne des § 215 Absatz 4 des Neunten Buches Sozialgesetzbuch angerechnet,

4. Einrichtungen, die zur Durchführung der Fürsorge für blinde Menschen und zur Durchführung der Fürsorge für körperbehinderte Menschen unterhalten werden,
5. Einrichtungen über Tag und Nacht (Heimerziehung) oder sonstige betreute Wohnformen,
6. von den zuständigen Behörden genehmigte Lotterien und Ausspielungen, wenn der Reinertrag unmittelbar und ausschließlich zur Förderung mildtätiger, kirchlicher oder gemeinnütziger Zwecke verwendet wird,
7. kulturelle Einrichtungen, wie Museen, Theater, und kulturelle Veranstaltungen, wie Konzerte, Kunstausstellungen; dazu gehört nicht der Verkauf von Speisen und Getränken,
8. Volkshochschulen und andere Einrichtungen, soweit sie selbst Vorträge, Kurse und andere Veranstaltungen wissenschaftlicher oder belehrender Art durchführen; dies gilt auch, soweit die Einrichtungen den Teilnehmern dieser Veranstaltungen selbst Beherbergung und Beköstigung gewähren,
9. Wissenschafts- und Forschungseinrichtungen, deren Träger sich überwiegend aus Zuwendungen der öffentlichen Hand oder Dritter oder aus der Vermögensverwaltung finanziert. Der Wissenschaft und Forschung dient auch die Auftragsforschung. Nicht zum Zweckbetrieb gehören Tätigkeiten, die sich auf die Anwendung gesicherter wissenschaftlicher Erkenntnisse beschränken, die Übernahme von Projektträgerschaften sowie wirtschaftliche Tätigkeiten ohne Forschungsbezug.

GmbH-Gesetz (GmbHG)

vom 20.04.1892, zuletzt geändert am 07.08.2021

§ 1 Zweck; Gründerzahl

Gesellschaften mit beschränkter Haftung können nach Maßgabe der Bestimmungen dieses Gesetzes zu jedem gesetzlich zulässigen Zweck durch eine oder mehrere Personen errichtet werden.

§ 2 Form des Gesellschaftsvertrags [Gesellschafter]

(1) Der Gesellschaftsvertrag bedarf notarieller Form. Er ist von sämtlichen Gesellschaftern zu unterzeichnen.

(1a) Die Gesellschaft kann in einem vereinfachten Verfahren gegründet werden, wenn sie höchstens drei Gesellschafter und einen Geschäftsführer hat. Für die Gründung im vereinfachten Verfahren ist das in der Anlage bestimmte Musterprotokoll zu verwenden. Darüber hinaus dürfen keine vom Gesetz abweichenden Bestimmungen getroffen werden. Das Musterprotokoll gilt zugleich als Gesellschafterliste. Im Übrigen finden auf das Musterprotokoll die Vorschriften dieses Gesetzes über den Gesellschaftsvertrag entsprechende Anwendung.

(2) Die Unterzeichnung durch Bevollmächtigte ist nur auf Grund einer notariell errichteten oder beglaubigten Vollmacht zulässig.

§ 3 Inhalt des Gesellschaftsvertrags [Gesellschafter]

(1) Der Gesellschaftsvertrag muss enthalten:

1. die Firma und den Sitz der Gesellschaft,
2. den Gegenstand des Unternehmens,
3. den Betrag des Stammkapitals,
4. die Zahl und die Nennbeträge der Geschäftsanteile, die jeder Gesellschafter gegen Einlage auf das Stammkapital (Stammeinlage) übernimmt.

(2) Soll das Unternehmen auf eine gewisse Zeit beschränkt sein oder sollen den Gesellschaftern außer der Leistung von Kapitaleinlagen noch andere Verpflichtungen gegenüber der Gesellschaft auferlegt werden, so bedürfen auch diese Bestimmungen der Aufnahme in den Gesellschaftsvertrag.

§ 4 Firma

Die Firma der Gesellschaft muss, auch wenn sie nach § 22 des Handelsgesetzbuchs oder nach anderen gesetzlichen Vorschriften fortgeführt wird, die Bezeichnung "Gesellschaft mit beschränkter Haftung" oder eine allgemein verständliche Abkürzung dieser Bezeichnung enthalten. Verfolgt die Gesellschaft ausschließlich und unmittelbar steuerbegünstigte Zwecke nach den §§ 51 bis 68 der Abgabenordnung kann die Abkürzung „gGmbH" lauten.

§ 4a Sitz der Gesellschaft

Sitz der Gesellschaft ist der Ort im Inland, den der Gesellschaftsvertrag bestimmt.

§ 5 Stammkapital; Geschäftsanteil

(1) Das Stammkapital der Gesellschaft muss mindestens fünfundzwanzigtausend Euro betragen.
(2) Der Nennbetrag jedes Geschäftsanteils muss auf volle Euro lauten. Ein Gesellschafter kann bei Errichtung der Gesellschaft mehrere Geschäftsanteile übernehmen.
(3) Die Höhe der Nennbeträge der einzelnen Geschäftsanteile kann verschieden bestimmt werden. Die Summe der Nennbeträge aller Geschäftsanteile muss mit dem Stammkapital übereinstimmen.
(4) Sollen Sacheinlagen geleistet werden, so müssen der Gegenstand der Sacheinlage und der Nennbetrag des Geschäftsanteils, auf den sich die Sacheinlage bezieht, im Gesellschaftsvertrag festgesetzt werden. Die Gesellschafter haben in einem Sachgründungsbericht die für die Angemessenheit der Leistungen für Sacheinlagen wesentlichen Umstände darzulegen und beim Übergang eines Unternehmens auf die Gesellschaft die Jahresergebnisse der beiden letzten Geschäftsjahre anzugeben.

§ 5a Unternehmergesellschaft

(1) Eine Gesellschaft, die mit einem Stammkapital gegründet wird, das den Betrag des Mindeststammkapitals nach § 5 Abs. 1 unterschreitet, muss in der Firma abweichend von § 4 die Bezeichnung "Unternehmergesellschaft (haftungsbeschränkt)" oder "UG (haftungsbeschränkt)" führen.
(2) Abweichend von § 7 Abs. 2 darf die Anmeldung erst erfolgen, wenn das Stammkapital in voller Höhe eingezahlt ist. Sacheinlagen sind ausgeschlossen.

(3) In der Bilanz des nach den §§ 242, 264 des Handelsgesetzbuchs aufzustellenden Jahresabschlusses ist eine gesetzliche Rücklage zu bilden, in die ein Viertel des um einen Verlustvortrag aus dem Vorjahr geminderten Jahresüberschusses einzustellen ist. Die Rücklage darf nur verwandt werden

1. für Zwecke des § 57c;
2. zum Ausgleich eines Jahresfehlbetrags, soweit er nicht durch einen Gewinnvortrag aus dem Vorjahr gedeckt ist;
3. zum Ausgleich eines Verlustvortrags aus dem Vorjahr, soweit er nicht durch einen Jahresüberschuss gedeckt ist.

(4) Abweichend von § 49 Abs. 3 muss die Versammlung der Gesellschafter bei drohender Zahlungsunfähigkeit unverzüglich einberufen werden.

(5) Erhöht die Gesellschaft ihr Stammkapital so, dass es den Betrag des Mindeststammkapitals nach § 5 Abs. 1 erreicht oder übersteigt, finden die Absätze 1 bis 4 keine Anwendung mehr; die Firma nach Absatz 1 darf beibehalten werden.

§ 6 Geschäftsführer

(1) Die Gesellschaft muss einen oder mehrere Geschäftsführer haben.

(2) Geschäftsführer kann nur eine natürliche, unbeschränkt geschäftsfähige Person sein. Geschäftsführer kann nicht sein, wer

1. als Betreuter bei der Besorgung seiner Vermögensangelegenheiten ganz oder teilweise einem Einwilligungsvorbehalt (§ 1903 des Bürgerlichen Gesetzbuchs) unterliegt,
2. aufgrund eines gerichtlichen Urteils oder einer vollziehbaren Entscheidung einer Verwaltungsbehörde einen Beruf, einen Berufszweig, ein Gewerbe oder einen Gewerbezweig nicht ausüben darf, sofern der Unternehmensgegenstand ganz oder teilweise mit dem Gegenstand des Verbots übereinstimmt,
3. wegen einer oder mehrerer vorsätzlich begangener Straftaten
   a) des Unterlassens der Stellung des Antrags auf Eröffnung des Insolvenzverfahrens (Insolvenzverschleppung),
   b) nach den §§ 283 bis 283d des Strafgesetzbuchs (Insolvenzstraftaten),
   c) der falschen Angaben nach § 82 dieses Gesetzes oder § 399 des Aktiengesetzes,
   d) der unrichtigen Darstellung nach § 400 des Aktiengesetzes, § 331 des Handelsgesetzbuchs, § 313 des Umwandlungsgesetzes oder § 17 des Publizitätsgesetzes oder

e) nach den §§ 263 bis 264a oder den §§ 265b bis 266a des Strafgesetzbuchs zu einer Freiheitsstrafe von mindestens einem Jahr verurteilt worden ist; dieser Ausschluss gilt für die Dauer von fünf Jahren seit der Rechtskraft des Urteils, wobei die Zeit nicht eingerechnet wird, in welcher der Täter auf behördliche Anordnung in einer Anstalt verwahrt worden ist.

Satz 2 Nr. 3 gilt entsprechend bei einer Verurteilung im Ausland wegen einer Tat, die mit den in Satz 2 Nr. 3 genannten Taten vergleichbar ist.

(3) Zu Geschäftsführern können Gesellschafter oder andere Personen bestellt werden. Die Bestellung erfolgt entweder im Gesellschaftsvertrag oder nach Maßgabe der Bestimmungen des dritten Abschnitts.

(4) Ist im Gesellschaftsvertrag bestimmt, daß sämtliche Gesellschafter zur Geschäftsführung berechtigt sein sollen, so gelten nur die der Gesellschaft bei Festsetzung dieser Bestimmung angehörenden Personen als die bestellten Geschäftsführer.

(5) Gesellschafter, die vorsätzlich oder grob fahrlässig einer Person, die nicht Geschäftsführer sein kann, die Führung der Geschäfte überlassen, haften der Gesellschaft solidarisch für den Schaden, der dadurch entsteht, dass diese Person die ihr gegenüber der Gesellschaft bestehenden Obliegenheiten verletzt.

§ 7 Anmeldung der Gesellschaft

(1) Die Gesellschaft ist bei dem Gericht, in dessen Bezirk sie ihren Sitz hat, zur Eintragung in das Handelsregister anzumelden.

(2) Die Anmeldung darf erst erfolgen, wenn auf jeden Geschäftsanteil, soweit nicht Sacheinlagen vereinbart sind, ein Viertel des Nennbetrags eingezahlt ist. Insgesamt muss auf das Stammkapital mindestens soviel eingezahlt sein, dass der Gesamtbetrag der eingezahlten Geldeinlagen zuzüglich des Gesamtnennbetrags der Geschäftsanteile, für die Sacheinlagen zu leisten sind, die Hälfte des Mindeststammkapitals gemäß § 5 Abs. 1 erreicht.

(3) Die Sacheinlagen sind vor der Anmeldung der Gesellschaft zur Eintragung in das Handelsregister so an die Gesellschaft zu bewirken, dass sie endgültig zur freien Verfügung der Geschäftsführer stehen.

§ 10 Inhalt der Eintragung

(1) Bei der Eintragung in das Handelsregister sind die Firma und der Sitz der Gesellschaft, eine inländische Geschäftsanschrift, der Gegenstand des

Unternehmens, die Höhe des Stammkapitals, der Tag des Abschlusses des Gesellschaftsvertrags und die Personen der Geschäftsführer anzugeben. Ferner ist einzutragen, welche Vertretungsbefugnis die Geschäftsführer haben.

(2) Enthält der Gesellschaftsvertrag Bestimmungen über die Zeitdauer der Gesellschaft oder über das genehmigte Kapital, so sind auch diese Bestimmungen einzutragen. Wenn eine Person, die für Willenserklärungen und Zustellungen an die Gesellschaft empfangsberechtigt ist, mit einer inländischen Anschrift zur Eintragung in das Handelsregister angemeldet wird, sind auch diese Angaben einzutragen; Dritten gegenüber gilt die Empfangsberechtigung als fortbestehend, bis sie im Handelsregister gelöscht und die Löschung bekannt gemacht worden ist, es sei denn, dass die fehlende Empfangsberechtigung dem Dritten bekannt war.

§ 12 Bekanntmachungen der Gesellschaft

Bestimmt das Gesetz oder der Gesellschaftsvertrag, dass von der Gesellschaft etwas bekannt zu machen ist, so erfolgt die Bekanntmachung im Bundesanzeiger (Gesellschaftsblatt). Daneben kann der Gesellschaftsvertrag andere öffentliche Blätter oder elektronische Informationsmedien als Gesellschaftsblätter bezeichnen.

§ 13 Juristische Person; Handelsgesellschaft

(1) Die Gesellschaft mit beschränkter Haftung als solche hat selbständig ihre Rechte und Pflichten; sie kann Eigentum und andere dingliche Rechte an Grundstücken erwerben, vor Gericht klagen und verklagt werden.

(2) Für die Verbindlichkeiten der Gesellschaft haftet den Gläubigern derselben nur das Gesellschaftsvermögen.

(3) Die Gesellschaft gilt als Handelsgesellschaft im Sinne des Handelsgesetzbuchs.

§ 14 Einlagepflicht. Auf jeden Geschäftsanteil ist eine Einlage zu leisten. Die Höhe der zu leistenden Einlage richtet sich nach dem bei der Errichtung der Gesellschaft im Gesellschaftsvertrag festgesetzten Nennbetrag des Geschäftsanteils. Im Fall der Kapitalerhöhung bestimmt sich die Höhe der zu leistenden Einlage nach dem in der Übernahmeerklärung festgesetzten Nennbetrag des Geschäftsanteils. § 15 Übertragung von Geschäftsanteilen

(1) Die Geschäftsanteile sind veräußerlich und vererblich.

(2) Erwirbt ein Gesellschafter zu seinem ursprünglichen Geschäftsanteil weitere Geschäftsanteile, so behalten dieselben ihre Selbständigkeit.

(3) Zur Abtretung von Geschäftsanteilen durch Gesellschafter bedarf es eines in notarieller Form geschlossenen Vertrags.
(4) Der notariellen Form bedarf auch eine Vereinbarung, durch welche die Verpflichtung eines Gesellschafters zur Abtretung eines Geschäftsanteils begründet wird. Eine ohne diese Form getroffene Vereinbarung wird jedoch durch den nach Maßgabe des vorigen Absatzes geschlossenen Abtretungsvertrag gültig.
(5) Durch den Gesellschaftsvertrag kann die Abtretung der Geschäftsanteile an weitere Voraussetzungen geknüpft, insbesondere von der Genehmigung der Gesellschaft abhängig gemacht werden.

§ 26 Nachschusspflicht

(1) Im Gesellschaftsvertrag kann bestimmt werden, dass die Gesellschafter über die Nennbeträge der Geschäftsanteile hinaus die Einforderung von weiteren Einzahlungen (Nachschüssen) beschließen können.
(2) Die Einzahlung der Nachschüsse hat nach Verhältnis der Geschäftsanteile zu erfolgen.
(3) Die Nachschusspflicht kann im Gesellschaftsvertrag auf einen bestimmten, nach Verhältnis der Geschäftsanteile festzusetzenden Betrag beschränkt werden.

§ 35 Vertretung der Gesellschaft [GmbH-Geschäftsführer]

(1) Die Gesellschaft wird durch die Geschäftsführer gerichtlich und außergerichtlich vertreten.
Hat eine Gesellschaft keinen Geschäftsführer (Führungslosigkeit), wird die Gesellschaft für den Fall, dass ihr gegenüber Willenserklärungen abgegeben oder Schriftstücke zugestellt werden, durch die Gesellschafter vertreten.
(2) Sind mehrere Geschäftsführer bestellt, sind sie alle nur gemeinschaftlich zur Vertretung der Gesellschaft befugt, es sei denn, dass der Gesellschaftsvertrag etwas anderes bestimmt. Ist der Gesellschaft gegenüber eine Willenserklärung abzugeben, genügt die Abgabe gegenüber einem Vertreter der Gesellschaft nach Absatz 1. An die Vertreter der Gesellschaft nach Absatz 1 können unter der im Handelsregister eingetragenen
Geschäftsanschrift Willenserklärungen abgegeben und Schriftstücke für die Gesellschaft zugestellt werden. Unabhängig hiervon können die Abgabe und die Zustellung auch unter der eingetragenen Anschrift der empfangsberechtigten Person nach § 10 Abs. 2 Satz 2 erfolgen.

(3) Befinden sich alle Geschäftsanteile der Gesellschaft in der Hand eines Gesellschafters oder daneben in der Hand der Gesellschaft und ist er zugleich deren alleiniger Geschäftsführer, so ist auf seine Rechtsgeschäfte mit der Gesellschaft § 181 des Bürgerlichen Gesetzbuchs anzuwenden. Rechtsgeschäfte zwischen ihm und der von ihm vertretenen Gesellschaft sind, auch wenn er nicht alleiniger Geschäftsführer ist, unverzüglich nach ihrer Vornahme in eine Niederschrift aufzunehmen.

§ 41 Buchführung

Die Geschäftsführer sind verpflichtet, für die ordnungsmäßige Buchführung der Gesellschaft zu sorgen.

§ 42 Bilanz [Jahresabschluss]

(1) In der Bilanz des nach den §§ 242, 264 des Handelsgesetzbuchs aufzustellenden Jahresabschlusses ist das Stammkapital als gezeichnetes Kapital auszuweisen.

(2) Das Recht der Gesellschaft zur Einziehung von Nachschüssen der Gesellschafter ist in der Bilanz insoweit zu aktivieren, als die Einziehung bereits beschlossen ist und den Gesellschaftern ein Recht, durch Verweisung auf den Geschäftsanteil sich von der Zahlung der Nachschüsse zu befreien, nicht zusteht. Der nachzuschießende Betrag ist auf der Aktivseite unter den Forderungen gesondert unter der Bezeichnung "Eingeforderte Nachschüsse" auszuweisen, soweit mit der Zahlung gerechnet werden kann. Ein dem Aktivposten entsprechender Betrag ist auf der Passivseite in dem Posten "Kapitalrücklage" gesondert auszuweisen.

(3) Ausleihungen, Forderungen und Verbindlichkeiten gegenüber Gesellschaftern sind in der Regel als solche jeweils gesondert auszuweisen oder im Anhang anzugeben; werden sie unter anderen Posten ausgewiesen, so muß diese Eigenschaft vermerkt werden.

§ 42a Vorlage des Jahresabschlusses und des Lageberichts

(1) Die Geschäftsführer haben den Jahresabschluss und den Lagebericht unverzüglich nach der Aufstellung den Gesellschaftern zum Zwecke der Feststellung des Jahresabschlusses vorzulegen. Ist der Jahresabschluss durch einen Abschlussprüfer zu prüfen, so haben die Geschäftsführer ihn zusammen mit dem Lagebericht und dem Prüfungsbericht des Abschlussprüfers unverzüglich nach Eingang des Prüfungsberichts vorzulegen. Hat die Gesellschaft einen Aufsichtsrat, so

ist dessen Bericht über das Ergebnis seiner Prüfung ebenfalls unverzüglich vorzulegen.

(2) Die Gesellschafter haben spätestens bis zum Ablauf der ersten acht Monate oder, wenn es sich um eine kleine Gesellschaft handelt (§ 267 Abs. 1 des Handelsgesetzbuchs), bis zum Ablauf der ersten elf Monate des Geschäftsjahrs über die Feststellung des Jahresabschlusses und über die Ergebnisverwendung zu beschließen. Der Gesellschaftsvertrag kann die Frist nicht verlängern. Auf den Jahresabschluss sind bei der Feststellung die für seine Aufstellung geltenden Vorschriften anzuwenden.

(3) Hat ein Abschlussprüfer den Jahresabschluss geprüft, so hat er auf Verlangen eines Gesellschafters an den Verhandlungen über die Feststellung des Jahresabschlusses teilzunehmen.

(4) Ist die Gesellschaft zur Aufstellung eines Konzernabschlusses und eines Konzernlageberichts verpflichtet, so sind die Absätze 1 bis 3 entsprechend anzuwenden. Das Gleiche gilt hinsichtlich eines Einzelabschlusses nach § 325 Abs. 2a des Handelsgesetzbuchs, wenn die Gesellschafter die Offenlegung eines solchen beschlossen haben.

§ 43 Haftung der Geschäftsführer

(1) Die Geschäftsführer haben in den Angelegenheiten der Gesellschaft die Sorgfalt eines ordentlichen Geschäftsmannes anzuwenden.

(2) Geschäftsführer, welche ihre Obliegenheiten verletzen, haften der Gesellschaft solidarisch für den entstandenen Schaden.

(3) Insbesondere sind sie zum Ersatz verpflichtet, wenn den Bestimmungen des § 30 zuwider Zahlungen aus dem zur Erhaltung des Stammkapitals erforderlichen Vermögen der Gesellschaft gemacht oder den Bestimmungen des § 33 zuwider eigene Geschäftsanteile der Gesellschaft erworben worden sind. Auf den Ersatzanspruch finden die Bestimmungen in § 9b Abs. 1 entsprechende Anwendung. Soweit der Ersatz zur Befriedigung der Gläubiger der Gesellschaft erforderlich ist, wird die Verpflichtung der Geschäftsführer dadurch nicht aufgehoben, dass dieselben in Befolgung eines Beschlusses der Gesellschafter gehandelt haben.

(4) Die Ansprüche auf Grund der vorstehenden Bestimmungen verjähren in fünf Jahren.

§ 45 Rechte der Gesellschafter

(1) Die Rechte, welche den Gesellschaftern in den Angelegenheiten der Gesellschaft, insbesondere in bezug auf die Führung der Geschäfte zustehen, sowie die Ausübung derselben bestimmen sich, soweit nicht gesetzliche Vorschriften entgegenstehen, nach dem Gesellschaftsvertrag.
(2) In Ermangelung besonderer Bestimmungen des Gesellschaftsvertrags finden die Vorschriften der §§ 46 bis 51 Anwendung.

§ 46 Aufgabenkreis der Gesellschaft [Gesellschafter]

Der Bestimmung der Gesellschafter unterliegen:

1. die Feststellung des Jahresabschlusses und die Verwendung des Ergebnisses;
1a. die Entscheidung über die Offenlegung eines Einzelabschlusses nach internationalen Rechnungslegungsstandards (§ 325 Abs. 2a des Handelsgesetzbuchs) und über die Billigung des von den Geschäftsführern aufgestellten Abschlusses;
1b. die Billigung eines von den Geschäftsführern aufgestellten Konzernabschlusses;
2. die Einforderung der Einlagen;
3. die Rückzahlung von Nachschüssen;
4. die Teilung, die Zusammenlegung sowie die Einziehung von Geschäftsanteilen;
5. die Bestellung und die Abberufung von Geschäftsführern sowie die Entlastung derselben;
6. die Maßregeln zur Prüfung und Überwachung der Geschäftsführung;
7. die Bestellung von Prokuristen und von Handlungsbevollmächtigten zum gesamten Geschäftsbetrieb;
8. die Geltendmachung von Ersatzansprüchen, welche der Gesellschaft aus der Gründung oder Geschäftsführung gegen Geschäftsführer oder Gesellschafter zustehen, sowie die Vertretung der Gesellschaft in Prozessen, welche sie gegen die Geschäftsführer zu führen hat.

§ 47 Abstimmung

(1) Die von den Gesellschaftern in den Angelegenheiten der Gesellschaft zu treffenden Bestimmungen erfolgen durch Beschlussfassung nach der Mehrheit der abgegebenen Stimmen.
(2) Jeder Euro eines Geschäftsanteils gewährt eine Stimme.
(3) Vollmachten bedürfen zu ihrer Gültigkeit der Textform.

(4) Ein Gesellschafter, welcher durch die Beschlussfassung entlastet oder von einer Verbindlichkeit befreit werden soll, hat hierbei kein Stimmrecht und darf ein solches auch nicht für andere ausüben. Dasselbe gilt von einer Beschlussfassung, welche die Vornahme eines Rechtsgeschäfts oder die Einleitung oder Erledigung eines Rechtsstreits gegenüber einem Gesellschafter betrifft.

§ 48 Gesellschafterversammlung

(1) Die Beschlüsse der Gesellschafter werden in Versammlungen gefasst.

(2) Der Abhaltung einer Versammlung bedarf es nicht, wenn sämtliche Gesellschafter in Textform mit der zu treffenden Bestimmung oder mit der schriftlichen Abgabe der Stimmen sich einverstanden erklären.

(3) Befinden sich alle Geschäftsanteile der Gesellschaft in der Hand eines Gesellschafters oder daneben in der Hand der Gesellschaft, so hat er unverzüglich nach der Beschlussfassung eine Niederschrift aufzunehmen und zu unterschreiben.

§ 52 Aufsichtsrat

(1) Ist nach dem Gesellschaftsvertrag ein Aufsichtsrat zu bestellen, so sind § 90 Abs. 3, 4, 5 Satz 1 und 2, § 95 Satz 1, § 100 Abs. 1 und 2 Nr. 2 und Abs. 5, § 101 Abs. 1 Satz 1, § 103 Abs. 1 Satz 1 und 2, §§ 105, 107 Absatz 3 Satz 2 und 3 und Absatz 4, §§ 110 bis 114, 116 des Aktiengesetzes in Verbindung mit § 93 Abs. 1 und 2 Satz 1 und 2 des Aktiengesetzes, § 124 Abs. 3 Satz 2, §§ 170, 171, 394 und 395 des Aktiengesetzes entsprechend anzuwenden, soweit nicht im Gesellschaftsvertrag ein anderes bestimmt ist.

(2) Ist nach dem Drittelbeteiligungsgesetz ein Aufsichtsrat zu bestellen, so legt die Gesellschafterversammlung für den Frauenanteil im Aufsichtsrat und unter den Geschäftsführern Zielgrößen fest, es sei denn, sie hat dem Aufsichtsrat diese Aufgabe übertragen.

(3) Werden die Mitglieder des Aufsichtsrats vor der Eintragung der Gesellschaft in das Handelsregister bestellt, gilt § 37 Abs. 4 Nr. 3 und 3a des Aktiengesetzes entsprechend. Die Geschäftsführer haben bei jeder Änderung in den Personen der Aufsichtsratsmitglieder unverzüglich eine Liste der Mitglieder des Aufsichtsrats, aus welcher Name, Vorname, ausgeübter Beruf und Wohnort der Mitglieder ersichtlich ist, zum Handelsregister einzureichen;

Gesetz gegen Wettbewerbsbeschränkungen (GWB)

vom 26.08.1998 zuletzt geändert am 27.07.2021

AUSZUG

Teil 1
Wettbewerbsbeschränkungen

§ 1 Verbot wettbewerbsbeschränkender Vereinbarungen
Vereinbarungen zwischen Unternehmen, Beschlüsse von Unternehmensvereinigungen und aufeinander abgestimmte Verhaltensweisen, die eine Verhinderung, Einschränkung oder Verfälschung des Wettbewerbs bezwecken oder bewirken, sind verboten.

§ 2 Freigestellte Vereinbarungen
(1) Vom Verbot des § 1 freigestellt sind Vereinbarungen zwischen Unternehmen, Beschlüsse von Unternehmensvereinigungen oder aufeinander abgestimmte Verhaltensweisen, die unter angemessener Beteiligung der Verbraucher an dem entstehenden Gewinn zur Verbesserung der Warenerzeugung oder -verteilung oder zur Förderung des technischen oder wirtschaftlichen Fortschritts beitragen, ohne dass den beteiligten Unternehmen

1. Beschränkungen auferlegt werden, die für die Verwirklichung dieser Ziele nicht unerlässlich sind, oder
2. Möglichkeiten eröffnet werden, für einen wesentlichen Teil der betreffenden Waren den Wettbewerb auszuschalten.

(2) Bei der Anwendung von Absatz 1 gelten die Verordnungen des Rates oder der Europäischen Kommission über die Anwendung von Artikel 101 Absatz 3 des Vertrages über die Arbeitsweise der Europäischen Union auf bestimmte Gruppen von Vereinbarungen, Beschlüsse von Unternehmensvereinigungen und aufeinander abgestimmte Verhaltensweisen (Gruppenfreistellungsverordnungen) entsprechend. Dies gilt auch, soweit die dort genannten Vereinbarungen, Beschlüsse und

Verhaltensweisen nicht geeignet sind, den Handel zwischen den Mitgliedstaaten der Europäischen Union zu beeinträchtigen.

§ 3 Mittelstandskartelle

Vereinbarungen zwischen miteinander im Wettbewerb stehenden Unternehmen und Beschlüsse von Unternehmensvereinigungen, die die Rationalisierung wirtschaftlicher Vorgänge durch zwischenbetriebliche Zusammenarbeit zum Gegenstand haben, erfüllen die Voraussetzungen des § 2 Absatz 1, wenn

1. dadurch der Wettbewerb auf dem Markt nicht wesentlich beeinträchtigt wird und
2. die Vereinbarung oder der Beschluss dazu dient, die Wettbewerbsfähigkeit kleiner oder mittlerer Unternehmen zu verbessern.

§ 18 Marktbeherrschung

(1) Ein Unternehmen ist marktbeherrschend, soweit es als Anbieter oder Nachfrager einer bestimmten Art von Waren oder gewerblichen Leistungen auf dem sachlich und räumlich relevanten Markt

1. ohne Wettbewerber ist,
2. keinem wesentlichen Wettbewerb ausgesetzt ist oder
3. eine im Verhältnis zu seinen Wettbewerbern überragende Marktstellung hat.

(2) Der räumlich relevante Markt kann weiter sein als der Geltungsbereich dieses Gesetzes.

(2a) Der Annahme eines Marktes steht nicht entgegen, dass eine Leistung unentgeltlich erbracht wird.

(3) Bei der Bewertung der Marktstellung eines Unternehmens im Verhältnis zu seinen Wettbewerbern ist insbesondere Folgendes zu berücksichtigen:

1. sein Marktanteil,
2. seine Finanzkraft,
3. sein Zugang zu wettbewerbsrelevanten Daten
4. sein Zugang zu den Beschaffungs- oder Absatzmärkten,
5. Verflechtungen mit anderen Unternehmen,
6. rechtliche oder tatsächliche Schranken für den Marktzutritt anderer Unternehmen,
7. der tatsächliche oder potenzielle Wettbewerb durch Unternehmen, die innerhalb oder außerhalb des Geltungsbereichs dieses Gesetzes ansässig sind,

8. die Fähigkeit, sein Angebot oder seine Nachfrage auf andere Waren oder gewerbliche Leistungen umzustellen, sowie
9. die Möglichkeit der Marktgegenseite, auf andere Unternehmen auszuweichen.

(3a) Insbesondere bei mehrseitigen Märkten und Netzwerken sind bei der Bewertung der Marktstellung eines Unternehmens auch zu berücksichtigen:

1. direkte und indirekte Netzwerkeffekte,
2. die parallele Nutzung mehrerer Dienste und der Wechselaufwand für die Nutzer,
3. seine Größenvorteile im Zusammenhang mit Netzwerkeffekten,
4. sein Zugang zu wettbewerbsrelevanten Daten,
5. innovationsgetriebener Wettbewerbsdruck.

(4) Es wird vermutet, dass ein Unternehmen marktbeherrschend ist, wenn es einen Marktanteil von mindestens 40 Prozent hat.

(5) Zwei oder mehr Unternehmen sind marktbeherrschend, soweit

1. zwischen ihnen für eine bestimmte Art von Waren oder gewerblichen Leistungen ein wesentlicher Wettbewerb nicht besteht und
2. sie in ihrer Gesamtheit die Voraussetzungen des Absatzes 1 erfüllen.

(6) Eine Gesamtheit von Unternehmen gilt als marktbeherrschend, wenn sie

1. aus drei oder weniger Unternehmen besteht, die zusammen einen Marktanteil von 50 Prozent erreichen, oder
2. aus fünf oder weniger Unternehmen besteht, die zusammen einen Marktanteil von zwei Dritteln erreichen.

(7) Die Vermutung des Absatzes 6 kann widerlegt werden, wenn die Unternehmen nachweisen, dass

1. die Wettbewerbsbedingungen zwischen ihnen wesentlichen Wettbewerb erwarten lassen oder
2. die Gesamtheit der Unternehmen im Verhältnis zu den übrigen Wettbewerbern keine überragende Marktstellung hat.

(8) Das Bundesministerium für Wirtschaft und Energie berichtet den gesetzgebenden Körperschaften nach Ablauf von drei Jahren nach Inkrafttreten der Regelungen in den Absätzen 2a und 3a über die Erfahrungen mit den Vorschriften.

§ 19 Verbotenes Verhalten von marktbeherrschenden Unternehmen [Ausnutzung]

(1) Der Missbrauch einer marktbeherrschenden Stellung durch ein oder mehrere Unternehmen ist verboten.

(2) Ein Missbrauch liegt insbesondere vor, wenn ein marktbeherrschendes Unternehmen als Anbieter oder Nachfrager einer bestimmten Art von Waren oder gewerblichen Leistungen

1. ein anderes Unternehmen unmittelbar oder mittelbar unbillig behindert oder ohne sachlich gerechtfertigten Grund unmittelbar oder mittelbar anders behandelt als gleichartige Unternehmen;
2. Entgelte oder sonstige Geschäftsbedingungen fordert, die von denjenigen abweichen, die sich bei wirksamem Wettbewerb mit hoher Wahrscheinlichkeit ergeben würden; hierbei sind insbesondere die Verhaltensweisen von Unternehmen auf vergleichbaren Märkten mit wirksamem Wettbewerb zu berücksichtigen;
3. ungünstigere Entgelte oder sonstige Geschäftsbedingungen fordert, als sie das marktbeherrschende Unternehmen selbst auf vergleichbaren Märkten von gleichartigen Abnehmern fordert, es sei denn, dass der Unterschied sachlich gerechtfertigt ist;
4. 4. sich weigert, ein anderes Unternehmen gegen angemessenes Entgelt mit einer solchen Ware oder gewerblichen Leistung zu beliefern, insbesondere ihm Zugang zu Daten, zu Netzen oder anderen Infrastruktureinrichtungen zu gewähren, und die Belieferung oder die Gewährung des Zugangs objektiv notwendig ist, um auf einem vor- oder nachgelagerten Markt tätig zu sein und die Weigerung den wirksamen Wettbewerb auf diesem Markt auszuschalten droht, es sei denn, die Weigerung ist sachlich gerechtfertigt;
5. andere Unternehmen dazu auffordert, ihm ohne sachlich gerechtfertigten Grund Vorteile zu gewähren; hierbei ist insbesondere zu berücksichtigen, ob die Aufforderung für das andere Unternehmen nachvollziehbar begründet ist und ob der geforderte Vorteil in einem angemessenen Verhältnis zum Grund der Forderung steht.

§ 20 Verbotenes Verhalten von Unternehmen mit relativer oder überlegener Marktmacht

(1) § 19 Absatz 1 in Verbindung mit Absatz 2 Nummer 1 gilt auch für Unternehmen und Vereinigungen von Unternehmen, soweit von ihnen andere Unternehmen als Anbieter oder Nachfrager einer bestimmten Art von Waren oder gewerblichen Leistungen in der Weise abhängig sind, dass ausreichende und zumutbare Möglichkeiten, auf dritte Unternehmen auszuweichen, nicht bestehen und ein deutliches Ungleichgewicht zur Gegenmacht der anderen Unternehmen besteht (relative Marktmacht). § 19 Absatz 1 in Verbindung mit Absatz 2 Nummer 1 gilt ferner auch für Unternehmen, die als Vermittler auf mehrseitigen Märkten tätig sind, soweit andere Unternehmen mit Blick auf den Zugang zu Beschaffungs- und Absatzmärkten von ihrer Vermittlungsleistung in der Weise abhängig sind, dass ausreichende und zumutbare Ausweichmöglichkeiten nicht bestehen. Es wird vermutet, dass ein Anbieter einer bestimmten Art von Waren oder gewerblichen Leistungen von einem Nachfrager abhängig im Sinne des Satzes 1 ist, wenn dieser Nachfrager bei ihm zusätzlich zu den verkehrsüblichen Preisnachlässen oder sonstigen Leistungsentgelten regelmäßig besondere Vergünstigungen erlangt, die gleichartigen Nachfragern nicht gewährt werden.

(2) § 19 Absatz 1 in Verbindung mit Absatz 2 Nummer 5 gilt auch für Unternehmen und Vereinigungen von Unternehmen im Verhältnis zu den von ihnen abhängigen Unternehmen.

(3) Unternehmen mit gegenüber kleinen und mittleren Wettbewerbern überlegener Marktmacht dürfen ihre Marktmacht nicht dazu ausnutzen, solche Wettbewerber unmittelbar oder mittelbar unbillig zu behindern. Eine unbillige Behinderung im Sinne des Satzes 1 liegt insbesondere vor, wenn ein Unternehmen

1. Lebensmittel im Sinne des § 2 Absatz 2 des Lebensmittel- und Futtermittelgesetzbuches unter Einstandspreis oder
2. andere Waren oder gewerbliche Leistungen nicht nur gelegentlich unter Einstandspreis oder
3. von kleinen oder mittleren Unternehmen, mit denen es auf dem nachgelagerten Markt beim Vertrieb von Waren oder gewerblichen Leistungen im Wettbewerb steht, für deren Lieferung einen höheren Preis fordert, als es selbst auf diesem Markt

anbietet, es sei denn, dies ist jeweils sachlich gerechtfertigt. Einstandspreis im Sinne des Satzes 2 ist der zwischen dem Unternehmen mit überlegener Marktmacht und seinem Lieferanten vereinbarte Preis für die Beschaffung der Ware oder Leistung, auf den allgemein gewährte und im Zeitpunkt des Angebots bereits mit hinreichender Sicherheit feststehende Bezugsvergünstigungen anteilig angerechnet werden, soweit nicht für bestimmte Waren oder Leistungen ausdrücklich etwas anderes vereinbart ist. Das Anbieten von Lebensmitteln unter Einstandspreis ist sachlich gerechtfertigt, wenn es geeignet ist, den Verderb oder die drohende Unverkäuflichkeit der Waren beim Händler durch rechtzeitigen Verkauf zu verhindern sowie in vergleichbar schwerwiegenden Fällen. Werden Lebensmittel an gemeinnützige Einrichtungen zur Verwendung im Rahmen ihrer Aufgaben abgegeben, liegt keine unbillige Behinderung vor.1

(4) Ergibt sich auf Grund bestimmter Tatsachen nach allgemeiner Erfahrung der Anschein, dass ein Unternehmen seine Marktmacht im Sinne des Absatzes 3 ausgenutzt hat, so obliegt es diesem Unternehmen, den Anschein zu widerlegen und solche anspruchsbegründenden Umstände aus seinem Geschäftsbereich aufzuklären, deren Aufklärung dem betroffenen Wettbewerber oder einem Verband nach § 33 Absatz 4 nicht möglich, dem in Anspruch genommenen Unternehmen aber leicht möglich und zumutbar ist.

(5) Wirtschafts- und Berufsvereinigungen sowie Gütezeichengemeinschaften dürfen die Aufnahme eines Unternehmens nicht ablehnen, wenn die Ablehnung eine sachlich nicht gerechtfertigte ungleiche Behandlung darstellen und zu einer unbilligen Benachteiligung des Unternehmens im Wettbewerb führen würde.

§ 20 Absatz 3 gilt gemäß Artikel 2 in Verbindung mit Artikel 7 Satz 2 des Gesetzes vom 26. Juni 2013 (BGBl. I S. 1738) ab 1. Januar 2018 in folgender Fassung:

(3) Unternehmen mit gegenüber kleinen und mittleren Wettbewerbern überlegener Marktmacht dürfen ihre Marktmacht nicht dazu ausnutzen, solche Wettbewerber unmittelbar oder mittelbar unbillig zu behindern. Eine unbillige Behinderung im Sinne des Satzes 1 liegt insbesondere vor, wenn ein Unternehmen

1. Waren oder gewerbliche Leistungen nicht nur gelegentlich unter Einstandspreis anbietet oder
2. von kleinen oder mittleren Unternehmen, mit denen es auf dem nachgelagerten Markt beim Vertrieb von Waren oder gewerblichen Leistungen im Wettbewerb steht, für deren Lieferung einen höheren Preis fordert, als es selbst auf diesem Markt anbietet,

es sei denn, dies ist jeweils sachlich gerechtfertigt.“

§ 21 Boykottverbot, Verbot sonstigen wettbewerbsbeschränkenden Verhaltens

(1) Unternehmen und Vereinigungen von Unternehmen dürfen nicht ein anderes Unternehmen oder Vereinigungen von Unternehmen in der Absicht, bestimmte Unternehmen unbillig zu beeinträchtigen, zu Liefersperren oder Bezugssperren auffordern.

(2) Unternehmen und Vereinigungen von Unternehmen dürfen anderen Unternehmen keine Nachteile androhen oder zufügen und keine Vorteile versprechen oder gewähren, um sie zu einem Verhalten zu veranlassen, das nach folgenden Vorschriften nicht zum Gegenstand einer vertraglichen Bindung gemacht werden darf:

1. nach diesem Gesetz,
2. nach Artikel 101 oder 102 des Vertrages über die Arbeitsweise der Europäischen Union oder
3. nach einer Verfügung der Europäischen Kommission oder der Kartellbehörde, die auf Grund dieses Gesetzes oder auf Grund der Artikel 101 oder 102 des Vertrages über die Arbeitsweise der Europäischen Union ergangen ist.

(3) Unternehmen und Vereinigungen von Unternehmen dürfen andere Unternehmen nicht zwingen,

1. einer Vereinbarung oder einem Beschluss im Sinne der §§ 2, 3, 28 Absatz 1 oder § 30 Absatz 2a oder Absatz 2b beizutreten oder
2. sich mit anderen Unternehmen im Sinne des § 37 zusammenzuschließen oder
3. in der Absicht, den Wettbewerb zu beschränken, sich im Markt gleichförmig zu verhalten.

(4) Es ist verboten, einem anderen wirtschaftlichen Nachteil zuzufügen, weil dieser ein Einschreiten der Kartellbehörde beantragt oder angeregt hat.

§ 33 Unterlassungsanspruch, Schadensersatzpflicht

(1) Wer gegen eine Vorschrift dieses Teils oder gegen Artikel 101 oder 102 des Vertrages über die Arbeitsweise der Europäischen Union verstößt (Rechtsverletzer) oder wer gegen eine Verfügung der Kartellbehörde verstößt, ist gegenüber dem Betroffenen zur Beseitigung der Beeinträchtigung und bei Wiederholungsgefahr zur Unterlassung verpflichtet.

(2) Der Unterlassungsanspruch besteht bereits dann, wenn eine Zuwiderhandlung droht.

(3) Betroffen ist, wer als Mitbewerber oder sonstiger Marktbeteiligter durch den Verstoß beeinträchtigt ist.

(4) Die Ansprüche aus Absatz 1 können auch geltend gemacht werden von

1. rechtsfähigen Verbänden zur Förderung gewerblicher oder selbstständiger beruflicher Interessen, wenn
   a. ihnen eine erhebliche Anzahl betroffener Unternehmen im Sinne des Absatzes 3 angehört und
   b. sie insbesondere nach ihrer personellen, sachlichen und finanziellen Ausstattung imstande sind, ihre satzungsmäßigen Aufgaben der Verfolgung gewerblicher oder selbstständiger beruflicher Interessen tatsächlich wahrzunehmen;
2. Einrichtungen, die nachweisen, dass sie eingetragen sind in
   a. die Liste qualifizierter Einrichtungen nach § 4 des Unterlassungsklagengesetzes oder
   b. das Verzeichnis der Europäischen Kommission nach Artikel 4 Absatz 3 der Richtlinie 2009/22/EG des Europäischen Parlaments und des Rates vom 23. April 2009 über Unterlassungsklagen zum Schutz der Verbraucherinteressen (ABl. L 110 vom 1.5.2009, S. 30) in der jeweils geltenden Fassung.

§ 33a Schadensersatzpflicht

(1) Wer einen Verstoß nach § 33 Absatz 1 vorsätzlich oder fahrlässig begeht, ist zum Ersatz des daraus entstehenden Schadens verpflichtet.

(2) Es wird widerleglich vermutet, dass ein Kartell einen Schaden verursacht. Ein Kartell im Sinne dieses Abschnitts ist eine Absprache oder abgestimmte Verhaltensweise zwischen zwei oder mehr Wettbewerbern zwecks Abstimmung ihres Wettbewerbsverhaltens auf dem Markt oder Beeinflussung der relevanten Wettbewerbsparameter. Zu solchen Absprachen oder Verhaltensweisen gehören unter anderem

1. die Festsetzung oder Koordinierung der An- oder Verkaufspreise oder sonstiger Geschäftsbedingungen,
2. die Aufteilung von Produktions- oder Absatzquoten,
3. die Aufteilung von Märkten und Kunden einschließlich Angebotsabsprachen, Einfuhr- und Ausfuhrbeschränkungen oder

4. gegen andere Wettbewerber gerichtete wettbewerbsschädigende Maßnahmen.

(3) Für die Bemessung des Schadens gilt § 287 der Zivilprozessordnung. Dabei kann insbesondere der anteilige Gewinn, den der Rechtsverletzer durch den Verstoß gegen Absatz 1 erlangt hat, berücksichtigt werden.

(4) Geldschulden nach Absatz 1 hat der Schuldner ab Eintritt des Schadens zu verzinsen. Die §§ 288 und 289 Satz 1 des Bürgerlichen Gesetzbuchs finden entsprechende Anwendung.

§ 33b Bindungswirkung von Entscheidungen einer Wettbewerbsbehörde

Wird wegen eines Verstoßes gegen eine Vorschrift dieses Teils oder gegen Artikel 101 oder 102 des Vertrages über die Arbeitsweise der Europäischen Union Schadensersatz gefordert, so ist das Gericht an die Feststellung des Verstoßes gebunden, wie sie in einer bestandskräftigen Entscheidung der Kartellbehörde, der Europäischen Kommission oder der Wettbewerbsbehörde oder des als solche handelnden Gerichts in einem anderen Mitgliedstaat der Europäischen Union getroffen wurde. Das Gleiche gilt für entsprechende Feststellungen in rechtskräftigen Gerichtsentscheidungen, die infolge der Anfechtung von Entscheidungen nach Satz 1 ergangen sind. Diese Verpflichtung gilt unbeschadet der Rechte und Pflichten nach Artikel 267 des Vertrages über die Arbeitsweise der Europäischen Union.

§ 33c Schadensabwälzung

(1) Wird eine Ware oder Dienstleistung zu einem überteuerten Preis bezogen (Preisaufschlag), so ist der Schaden nicht deshalb ausgeschlossen, weil die Ware oder Dienstleistung weiterveräußert wurde. Der Schaden des Abnehmers ist ausgeglichen, soweit der Abnehmer einen Preisaufschlag, der durch einen Verstoß nach § 33a Absatz 1 verursacht worden ist, an seine Abnehmer (mittelbare Abnehmer) weitergegeben hat (Schadensabwälzung). Davon unberührt bleibt der Anspruch des Geschädigten auf Ersatz seines entgangenen Gewinns nach § 252 des Bürgerlichen Gesetzbuchs, soweit der entgangene Gewinn durch die Weitergabe des Preisaufschlags verursacht worden ist.

(2) Dem Grunde nach wird zugunsten eines mittelbaren Abnehmers vermutet, dass der Preisaufschlag auf ihn abgewälzt wurde, wenn

1. der Rechtsverletzer einen Verstoß gegen § 1 oder 19 oder Artikel 101 oder 102 des Vertrages über die Arbeitsweise der Europäischen Union begangen hat,
2. der Verstoß einen Preisaufschlag für den unmittelbaren Abnehmer des Rechtsverletzers zur Folge hatte und
3. der mittelbare Abnehmer Waren oder Dienstleistungen erworben hat, die
   a. Gegenstand des Verstoßes waren,
   b. aus Waren oder Dienstleistungen hervorgegangen sind, die Gegenstand des Verstoßes waren, oder
   c. Waren oder Dienstleistungen enthalten haben, die Gegenstand des Verstoßes waren.

(3) Die Vermutung einer Schadensabwälzung nach Absatz 2 findet keine Anwendung, wenn glaubhaft gemacht wird, dass der Preisaufschlag nicht oder nicht vollständig an den mittelbaren Abnehmer weitergegeben wurde.

(4) Die Absätze 1 bis 3 finden entsprechende Anwendung für den Fall, dass der Verstoß gegen § 1 oder 19 oder Artikel 101 oder 102 des Vertrages über die Arbeitsweise der Europäischen Union die Belieferung des Rechtsverletzers betrifft.

(5) Bei der Entscheidung über den Umfang der Schadensabwälzung findet § 287 der Zivilprozessordnung entsprechende Anwendung.

§ 33d Gesamtschuldnerische Haftung

(1) Begehen mehrere gemeinschaftlich einen Verstoß im Sinne des § 33a Absatz 1, sind sie als Gesamtschuldner zum Ersatz des daraus entstehenden Schadens verpflichtet. Im Übrigen finden die §§ 830 und 840 Absatz 1 des Bürgerlichen Gesetzbuchs Anwendung.

(2) Das Verhältnis, in dem die Gesamtschuldner untereinander für die Verpflichtung zum Ersatz und den Umfang des zu leistenden Ersatzes haften, hängt von den Umständen ab, insbesondere davon, in welchem Maß sie den Schaden verursacht haben. Im Übrigen finden die §§ 421 bis 425 sowie 426 Absatz 1 Satz 2 und Absatz 2 des Bürgerlichen Gesetzbuchs Anwendung.

(3) Verstoßen mehrere Unternehmen gegen § 1 oder 19 oder gegen Artikel 101 oder 102 des Vertrages über die Arbeitsweise der Europäischen Union, so ist die Verpflichtung eines kleinen oder mittleren Unternehmens im Sinne der Empfehlung 2003/361/EG der Kommission vom 6. Mai 2003 betreffend die Definition der Kleinstunternehmen sowie der kleinen und mittleren Unternehmen (ABl. L 124 vom 20.5.2003, S. 36) zum Schadensersatz nach § 33a Absatz 1 auf den Ersatz des

Schadens beschränkt, der seinen unmittelbaren und mittelbaren Abnehmern oder Lieferanten aus dem Verstoß entsteht, wenn

1. sein Anteil an dem relevanten Markt während des Zeitraums, in dem der Verstoß begangen wurde, stets weniger als 5 Prozent betrug und
2. die regelmäßige Ersatzpflicht nach Absatz 1 seine wirtschaftliche Lebensfähigkeit unwiederbringlich gefährden und seine Aktiva jeden Werts berauben würde.

Anderen Geschädigten ist das kleine oder mittlere Unternehmen nur zum Ersatz des aus dem Verstoß gemäß § 33a Absatz 1 entstehenden Schadens verpflichtet, wenn sie von den übrigen Rechtsverletzern mit Ausnahme des Kronzeugen keinen vollständigen Ersatz erlangen konnten. § 33e Absatz 2 findet entsprechende Anwendung.

(4) Die übrigen Rechtsverletzer können von dem kleinen oder mittleren Unternehmen im Sinne von Absatz 3 Satz 1 Ausgleichung nach Absatz 2 nur bis zur Höhe des Schadens verlangen, den dieses seinen unmittelbaren und mittelbaren Abnehmern oder Lieferanten verursacht hat. Satz 1 gilt nicht für die Ausgleichung von Schäden, die anderen als den unmittelbaren oder mittelbaren Abnehmern oder Lieferanten der beteiligten Rechtsverletzer aus dem Verstoß entstehen.

(5) Die Beschränkung der Haftung nach den Absätzen 3 und 4 ist ausgeschlossen, wenn

1. das kleine oder mittlere Unternehmen den Verstoß organisiert oder
2. das kleine oder mittlere Unternehmen die anderen Rechtsverletzer zur Teilnahme an dem Verstoß gezwungen hat oder
3. in der Vergangenheit bereits die Beteiligung des kleinen oder mittleren Unternehmens an einem sonstigen Verstoß gegen § 1 oder 19 oder Artikel 101 oder 102 des Vertrages über die Arbeitsweise der Europäischen Union oder gegen Wettbewerbsrecht im Sinne des § 89e Absatz 2 behördlich oder gerichtlich festgestellt worden ist.

§ 33e Kronzeuge

(1) Abweichend von § 33a Absatz 1 ist ein an einem Kartell beteiligtes Unternehmen oder eine an dem Kartell beteiligte natürliche Person, dem oder der im Rahmen eines Kronzeugenprogramms der vollständige Erlass der Geldbuße gewährt wurde (Kronzeuge), nur zum Ersatz des Schadens verpflichtet, der seinen oder ihren unmittelbaren und mittelbaren Abnehmern oder Lieferanten aus dem Verstoß

entsteht. Anderen Geschädigten ist der Kronzeuge nur zum Ersatz des aus dem Verstoß gemäß § 33a Absatz 1 entstehenden Schadens verpflichtet, wenn sie von den übrigen Rechtsverletzern keinen vollständigen Ersatz erlangen konnten.

(2) In Fällen nach Absatz 1 Satz 2 ist der Kronzeuge nicht zum Ersatz des Schadens verpflichtet, soweit die Schadensersatzansprüche gegen die übrigen Rechtsverletzer bereits verjährt sind.

(3) Die übrigen Rechtsverletzer können von dem Kronzeugen Ausgleichung nach § 33d Absatz 2 nur bis zur Höhe des Schadens verlangen, den dieser seinen unmittelbaren und mittelbaren Abnehmern oder Lieferanten verursacht hat. Diese Beschränkung gilt nicht für die Ausgleichung von Schäden, die anderen als den unmittelbaren oder mittelbaren Abnehmern oder Lieferanten der an dem Kartell beteiligten Unternehmen aus dem Verstoß entstehen.

§ 34 Vorteilsabschöpfung durch die Kartellbehörde

(1) Hat ein Unternehmen vorsätzlich oder fahrlässig gegen eine Vorschrift dieses Teils, gegen Artikel 101 oder 102 des Vertrages über die Arbeitsweise der Europäischen Union oder eine Verfügung der Kartellbehörde verstoßen und dadurch einen wirtschaftlichen Vorteil erlangt, kann die Kartellbehörde die Abschöpfung des wirtschaftlichen Vorteils anordnen und dem Unternehmen die Zahlung eines entsprechenden Geldbetrags auferlegen.

(2) Absatz 1 gilt nicht, soweit der wirtschaftliche Vorteil abgeschöpft ist durch

1. Schadensersatzleistungen,
2. Festsetzung der Geldbuße,
3. Anordnung der Einziehung von Taterträgen oder
4. Rückerstattung.

Soweit das Unternehmen Leistungen nach Satz 1 erst nach der Vorteilsabschöpfung erbringt, ist der abgeführte Geldbetrag in Höhe der nachgewiesenen Zahlungen an das Unternehmen zurückzuerstatten.

(3) Wäre die Durchführung der Vorteilsabschöpfung eine unbillige Härte, soll die Anordnung auf einen angemessenen Geldbetrag beschränkt werden oder ganz unterbleiben. Sie soll auch unterbleiben, wenn der wirtschaftliche Vorteil gering ist.

(4) Die Höhe des wirtschaftlichen Vorteils kann geschätzt werden. Der abzuführende Geldbetrag ist zahlenmäßig zu bestimmen.

(5) Die Vorteilsabschöpfung kann nur innerhalb einer Frist von bis zu sieben Jahren seit Beendigung der Zuwiderhandlung und längstens für einen Zeitraum von fünf

Jahren angeordnet werden. § 33h Absatz 6 gilt entsprechend. Im Falle einer bestandskräftigen Entscheidung im Sinne des § 33b Satz 1 oder einer rechtskräftigen Gerichtsentscheidung im Sinne des § 33b Satz 2 beginnt die Frist nach Satz 1 erneut.

§ 35 Geltungsbereich der Zusammenschlusskontrolle

(1) Die Vorschriften über die Zusammenschlusskontrolle finden Anwendung, wenn im letzten Geschäftsjahr vor dem Zusammenschluss

1. die beteiligten Unternehmen insgesamt weltweit Umsatzerlöse von mehr als 500 Millionen Euro und
2. im Inland mindestens ein beteiligtes Unternehmen Umsatzerlöse von mehr als 25 Millionen Euro und ein anderes beteiligtes Unternehmen Umsatzerlöse von mehr als 5 Millionen Euro

erzielt haben.

(1a) Die Vorschriften über die Zusammenschlusskontrolle finden auch Anwendung, wenn

1. die Voraussetzungen des Absatzes 1 Nummer 1 erfüllt sind,
2. im Inland im letzten Geschäftsjahr vor dem Zusammenschluss
   a. ein beteiligtes Unternehmen Umsatzerlöse von mehr als 25 Millionen Euro erzielt hat und
   b. weder das zu erwerbende Unternehmen noch ein anderes beteiligtes Unternehmen Umsatzerlöse von jeweils mehr als 5 Millionen Euro erzielt haben,
3. der Wert der Gegenleistung für den Zusammenschluss mehr als 400 Millionen Euro beträgt und
4. das zu erwerbende Unternehmen nach Nummer 2 in erheblichem Umfang im Inland tätig ist.

(2) Absatz 1 gilt nicht, soweit sich ein Unternehmen, das nicht im Sinne des § 36 Absatz 2 abhängig ist und im letzten Geschäftsjahr weltweit Umsatzerlöse von weniger als 10 Millionen Euro erzielt hat, mit einem anderen Unternehmen zusammenschließt. Absatz 1 gilt auch nicht für Zusammenschlüsse durch die Zusammenlegung öffentlicher Einrichtungen und Betriebe, die mit einer kommunalen Gebietsreform einhergehen. Die Absätze 1 und 1a gelten nicht, wenn alle am Zusammenschluss beteiligten Unternehmen

1. Mitglied einer kreditwirtschaftlichen Verbundgruppe im Sinne des § 8b Absatz 4 Satz 8 des Körperschaftsteuergesetzes sind,

2. im Wesentlichen für die Unternehmen der kreditwirtschaftlichen Verbundgruppe, deren Mitglied sie sind, Dienstleistungen erbringen und
3. bei der Tätigkeit nach Nummer 2 keine eigenen vertraglichen Endkundenbeziehungen unterhalten.

Satz 3 gilt nicht für Zusammenschlüsse von Zentralbanken und Girozentralen im Sinne des § 21 Absatz 2 Nummer 2 des Kreditwesengesetzes.

(3) Die Vorschriften dieses Gesetzes finden keine Anwendung, soweit die Europäische Kommission nach der Verordnung (EG) Nr. 139/2004 des Rates vom 20. Januar 2004 über die Kontrolle von Unternehmenszusammenschlüssen in ihrer jeweils geltenden Fassung ausschließlich zuständig ist.

§ 36 Grundsätze für die Beurteilung von Zusammenschlüssen [Marktbeherrschende Stellung]

(1) Ein Zusammenschluss, durch den wirksamer Wettbewerb erheblich behindert würde, insbesondere von dem zu erwarten ist, dass er eine marktbeherrschende Stellung begründet oder verstärkt, ist vom Bundeskartellamt zu untersagen. Dies gilt nicht, wenn

1. die beteiligten Unternehmen nachweisen, dass durch den Zusammenschluss auch Verbesserungen der Wettbewerbsbedingungen eintreten und diese Verbesserungen die Behinderung des Wettbewerbs überwiegen, oder
2. die Untersagungsvoraussetzungen ausschließlich auf Märkten vorliegen, auf denen seit mindestens fünf Jahren Waren oder gewerbliche Leistungen angeboten werden und auf denen im letzten Kalenderjahr im Inland insgesamt weniger als 20 Millionen Euro umgesetzt wurden, es sei denn, es handelt sich um Märkte im Sinne des § 18 Absatz 2a oder einen Fall des § 35 Absatz 1a, oder
3. die marktbeherrschende Stellung eines Zeitungs- oder Zeitschriftenverlags verstärkt wird, der einen kleinen oder mittleren Zeitungs- oder Zeitschriftenverlag übernimmt, falls nachgewiesen wird, dass der übernommene Verlag in den letzten drei Jahren jeweils in der Gewinn- und Verlustrechnung nach § 275 des Handelsgesetzbuchs einen erheblichen Jahresfehlbetrag auszuweisen hatte und er ohne den Zusammenschluss in seiner Existenz gefährdet wäre. Ferner muss nachgewiesen werden, dass vor dem Zusammenschluss kein anderer Erwerber gefunden wurde, der eine wettbewerbskonformere Lösung sichergestellt hätte.

(2) Ist ein beteiligtes Unternehmen ein abhängiges oder herrschendes Unternehmen im Sinne des § 17 des Aktiengesetzes oder ein Konzernunternehmen im Sinne des § 18 des Aktiengesetzes, sind die so verbundenen Unternehmen als einheitliches Unternehmen anzusehen. Wirken mehrere Unternehmen derart zusammen, dass sie gemeinsam einen beherrschenden Einfluss auf ein anderes Unternehmen ausüben können, gilt jedes von ihnen als herrschendes.
(3) Steht einer Person oder Personenvereinigung, die nicht Unternehmen ist, die Mehrheitsbeteiligung an einem Unternehmen zu, gilt sie als Unternehmen.

§ 37 Zusammenschluss

(1) Ein Zusammenschluss liegt in folgenden Fällen vor:

1. Erwerb des Vermögens eines anderen Unternehmens ganz oder zu einem wesentlichen Teil; das gilt auch, wenn ein im Inland tätiges Unternehmen, dessen Vermögen erworben wird, noch keine Umsatzerlöse erzielt hat;
2. Erwerb der unmittelbaren oder mittelbaren Kontrolle durch ein oder mehrere Unternehmen über die Gesamtheit oder Teile eines oder mehrerer anderer Unternehmen. Die Kontrolle wird durch Rechte, Verträge oder andere Mittel begründet, die einzeln oder zusammen unter Berücksichtigung aller tatsächlichen und rechtlichen Umstände die Möglichkeit gewähren, einen bestimmenden Einfluss auf die Tätigkeit eines Unternehmens auszuüben, insbesondere durch
   a. Eigentums- oder Nutzungsrechte an einer Gesamtheit oder an Teilen des Vermögens des Unternehmens,
   b. Rechte oder Verträge, die einen bestimmenden Einfluss auf die Zusammensetzung, die Beratungen oder Beschlüsse der Organe des Unternehmens gewähren;

das gilt auch, wenn ein im Inland tätiges Unternehmen noch keine Umsatzerlöse erzielt hat;

3. Erwerb von Anteilen an einem anderen Unternehmen, wenn die Anteile allein oder zusammen mit sonstigen, dem Unternehmen bereits gehörenden Anteilen
   a. 50 vom Hundert oder
   b. 25 vom Hundert

des Kapitals oder der Stimmrechte des anderen Unternehmens erreichen. Zu den Anteilen, die dem Unternehmen gehören, rechnen auch die Anteile, die einem anderen für Rechnung dieses Unternehmens gehören und, wenn der Inhaber des

Unternehmens ein Einzelkaufmann ist, auch die Anteile, die sonstiges Vermögen des Inhabers sind. Erwerben mehrere Unternehmen gleichzeitig oder nacheinander Anteile im vorbezeichneten Umfang an einem anderen Unternehmen, gilt dies hinsichtlich der Märkte, auf denen das andere Unternehmen tätig ist, auch als Zusammenschluss der sich beteiligenden Unternehmen untereinander;

4. jede sonstige Verbindung von Unternehmen, auf Grund deren ein oder mehrere Unternehmen unmittelbar oder mittelbar einen wettbewerblich erheblichen Einfluss auf ein anderes Unternehmen ausüben können.

(2) Ein Zusammenschluss liegt auch dann vor, wenn die beteiligten Unternehmen bereits vorher zusammengeschlossen waren, es sei denn, der Zusammenschluss führt nicht zu einer wesentlichen Verstärkung der bestehenden Unternehmensverbindung.

(3) Erwerben Kreditinstitute, Finanzinstitute oder Versicherungsunternehmen Anteile an einem anderen Unternehmen zum Zwecke der Veräußerung, gilt dies nicht als Zusammenschluss, solange sie das Stimmrecht aus den Anteilen nicht ausüben und sofern die Veräußerung innerhalb eines Jahres erfolgt. Diese Frist kann vom Bundeskartellamt auf Antrag verlängert werden, wenn glaubhaft gemacht wird, dass die Veräußerung innerhalb der Frist unzumutbar war.

§ 38 Berechnung der Umsatzerlöse und der Marktanteile und des Wertes der Gegenleistung

(1) Für die Ermittlung der Umsatzerlöse gilt § 277 Absatz 1 des Handelsgesetzbuchs. Umsatzerlöse aus Lieferungen und Leistungen zwischen verbundenen Unternehmen (Innenumsatzerlöse) sowie Verbrauchsteuern bleiben außer Betracht.

(2) Für den Handel mit Waren sind nur drei Viertel der Umsatzerlöse in Ansatz zu bringen.

(3) Für den Verlag, die Herstellung und den Vertrieb von Zeitungen, Zeitschriften und deren Bestandteilen ist das Vierfache der Umsatzerlöse und für die Herstellung, den Vertrieb und die Veranstaltung von Rundfunkprogrammen und den Absatz von Rundfunkwerbezeiten ist das Achtfache der Umsatzerlöse in Ansatz zu bringen.

(4) An die Stelle der Umsatzerlöse tritt bei Kreditinstituten, Finanzinstituten, Bausparkassen sowie bei externen Kapitalverwaltungsgesellschaften im Sinne des § 17 Absatz 2 Nummer 1 des Kapitalanlagegesetzbuchs der Gesamtbetrag der in § 34 Absatz 2 Satz 1 Nummer 1 Buchstabe a bis e der Kreditinstituts-

Rechnungslegungsverordnung in der jeweils geltenden Fassung genannten Erträge abzüglich der Umsatzsteuer und sonstiger direkt auf diese Erträge erhobener Steuern. Bei Versicherungsunternehmen sind die Prämieneinnahmen des letzten abgeschlossenen Geschäftsjahres maßgebend. Prämieneinnahmen sind die Einnahmen aus dem Erst- und Rückversicherungsgeschäft einschließlich der in Rückdeckung gegebenen Anteile.

(4a) Die Gegenleistung nach § 35 Absatz 1a umfasst

1. alle Vermögensgegenstände und sonstigen geldwerten Leistungen, die der Veräußerer vom Erwerber im Zusammenhang mit dem Zusammenschluss nach § 37 Absatz 1 erhält, (Kaufpreis) und
2. den Wert etwaiger vom Erwerber übernommener Verbindlichkeiten.

(5) Wird ein Zusammenschluss durch den Erwerb von Teilen eines oder mehrerer Unternehmen bewirkt, so ist unabhängig davon, ob diese Teile eigene Rechtspersönlichkeit besitzen, auf Seiten des Veräußerers nur der Umsatz oder der Marktanteil zu berücksichtigen, der auf die veräußerten Teile entfällt. Dies gilt nicht, sofern beim Veräußerer die Kontrolle im Sinne des § 37 Absatz 1 Nummer 2 oder 25 Prozent oder mehr der Anteile verbleiben. Zwei oder mehr Erwerbsvorgänge im Sinne von Satz 1, die innerhalb von zwei Jahren zwischen denselben Personen oder Unternehmen getätigt werden, werden als ein einziger Zusammenschluss behandelt, wenn dadurch erstmals die Umsatzschwellen des § 35 Absatz 1 erreicht oder die Voraussetzungen des § 35 Absatz 1a erfüllt werden; als Zeitpunkt des Zusammenschlusses gilt der letzte Erwerbsvorgang.

§ 41 Vollzugsverbot, Entflechtung

(1) Die Unternehmen dürfen einen Zusammenschluss, der vom Bundeskartellamt nicht freigegeben ist, nicht vor Ablauf der Fristen nach § 40 Absatz 1 Satz 1 und Absatz 2 Satz 2 vollziehen oder am Vollzug dieses Zusammenschlusses mitwirken. Rechtsgeschäfte, die gegen dieses Verbot verstoßen, sind unwirksam. Dies gilt nicht

1. für Verträge über Grundstücksgeschäfte, sobald sie durch Eintragung in das Grundbuch rechtswirksam geworden sind,
2. für Verträge über die Umwandlung, Eingliederung oder Gründung eines Unternehmens und für Unternehmensverträge im Sinne der §§ 291 und 292 des Aktiengesetzes, sobald sie durch Eintragung in das zuständige Register rechtswirksam geworden sind, sowie

3. für andere Rechtsgeschäfte, wenn der nicht angemeldete Zusammenschluss nach Vollzug angezeigt und das Entflechtungsverfahren nach Absatz 3 eingestellt wurde, weil die Untersagungsvoraussetzungen nicht vorlagen, oder die Wettbewerbsbeschränkung infolge einer Auflösungsanordnung nach Absatz 3 Satz 2 in Verbindung mit Satz 3 beseitigt wurde oder eine Ministererlaubnis nach § 42 erteilt worden ist.

(1a) Absatz 1 steht der Verwirklichung von Erwerbsvorgängen nicht entgegen, bei denen die Kontrolle, Anteile oder wettbewerblich erheblicher Einfluss im Sinne von § 37 Absatz 1 oder 2 von mehreren Veräußerern entweder im Wege eines öffentlichen Übernahmeangebots oder im Wege einer Reihe von Rechtsgeschäften mit Wertpapieren, einschließlich solchen, die in andere zum Handel an einer Börse oder an einem ähnlichen Markt zugelassene Wertpapiere konvertierbar sind, über eine Börse erworben werden, sofern der Zusammenschluss gemäß § 39 unverzüglich beim Bundeskartellamt angemeldet wird und der Erwerber die mit den Anteilen verbundenen Stimmrechte nicht oder nur zur Erhaltung des vollen Wertes seiner Investition auf Grund einer vom Bundeskartellamt nach Absatz 2 erteilten Befreiung ausübt.

(2) Das Bundeskartellamt kann auf Antrag Befreiungen vom Vollzugsverbot erteilen, wenn die beteiligten Unternehmen hierfür wichtige Gründe geltend machen, insbesondere um schweren Schaden von einem beteiligten Unternehmen oder von Dritten abzuwenden. Die Befreiung kann jederzeit, auch vor der Anmeldung, erteilt und mit Bedingungen und Auflagen verbunden werden. § 40 Absatz 3a gilt entsprechend.

(3) Ein vollzogener Zusammenschluss, der die Untersagungsvoraussetzungen nach § 36 Absatz 1 erfüllt, ist aufzulösen, wenn nicht die Bundesministerin oder der Bundesminister für Wirtschaft und Energie nach § 42 die Erlaubnis zu dem Zusammenschluss erteilt. Das Bundeskartellamt ordnet die zur Auflösung des Zusammenschlusses erforderlichen Maßnahmen an. Die Wettbewerbsbeschränkung kann auch auf andere Weise als durch Wiederherstellung des früheren Zustands beseitigt werden.

§ 42 Ministererlaubnis

(1) Die Bundesministerin oder der Bundesminister für Wirtschaft und Energie erteilt auf Antrag die Erlaubnis zu einem vom Bundeskartellamt untersagten Zusammenschluss, wenn im Einzelfall die Wettbewerbsbeschränkung von

gesamtwirtschaftlichen Vorteilen des Zusammenschlusses aufgewogen wird oder der Zusammenschluss durch ein überragendes Interesse der Allgemeinheit gerechtfertigt ist. Hierbei ist auch die Wettbewerbsfähigkeit der beteiligten Unternehmen auf Märkten außerhalb des Geltungsbereichs dieses Gesetzes zu berücksichtigen. Die Erlaubnis darf nur erteilt werden, wenn durch das Ausmaß der Wettbewerbsbeschränkung die marktwirtschaftliche Ordnung nicht gefährdet wird. Weicht die Entscheidung vom Votum der Stellungnahme ab, die die Monopolkommission nach Absatz 5 Satz 1 erstellt hat, ist dies in der Verfügung gesondert zu begründen.

(2) Die Erlaubnis kann mit Bedingungen und Auflagen verbunden werden. § 40 Absatz 3 Satz 2 und Absatz 3a gilt entsprechend.

§ 48 Zuständigkeit [Kartellbehörden, Bundeskartellamt]

(1) Kartellbehörden sind das Bundeskartellamt, das Bundesministerium für Wirtschaft und Energie und die nach Landesrecht zuständigen obersten Landesbehörden.

(2) Weist eine Vorschrift dieses Gesetzes eine Zuständigkeit nicht einer bestimmten Kartellbehörde zu, so nimmt das Bundeskartellamt die in diesem Gesetz der Kartellbehörde übertragenen Aufgaben und Befugnisse wahr, wenn die Wirkung des wettbewerbsbeschränkenden oder diskriminierenden Verhaltens oder einer Wettbewerbsregel über das Gebiet eines Landes hinausreicht. In allen übrigen Fällen nimmt diese Aufgaben und Befugnisse die nach Landesrecht zuständige oberste Landesbehörde wahr.

(3) Das Bundeskartellamt führt ein Monitoring durch über den Grad der Transparenz, auch der Großhandelspreise, sowie den Grad und die Wirksamkeit der Marktöffnung und den Umfang des Wettbewerbs auf Großhandels- und Endkundenebene auf den Strom- und Gasmärkten sowie an Elektrizitäts- und Gasbörsen. Das Bundeskartellamt wird die beim Monitoring gewonnenen Daten der Bundesnetzagentur unverzüglich zur Verfügung stellen.

Aktiengesetz

Vom 06.09.1965, zuletzt geändert am 10.08.2021

AUSZUG

§ 1 Wesen der Aktiengesellschaft

(1) Die Aktiengesellschaft ist eine Gesellschaft mit eigener Rechtspersönlichkeit. Für die Verbindlichkeiten der Gesellschaft haftet den Gläubigern nur das Gesellschaftsvermögen.

(2) Die Aktiengesellschaft hat ein in Aktien zerlegtes Grundkapital.

§ 2 Gründerzahl

An der Feststellung des Gesellschaftsvertrags (der Satzung) müssen sich eine oder mehrere Personen beteiligen, welche die Aktien gegen Einlagen übernehmen.

§ 3 Formkaufmann. Börsennotierung

(1) Die Aktiengesellschaft gilt als Handelsgesellschaft, auch wenn der Gegenstand des Unternehmens nicht im Betrieb eines Handelsgewerbes besteht.

(2) Börsennotiert im Sinne dieses Gesetzes sind Gesellschaften, deren Aktien zu einem Markt zugelassen sind, der von staatlich anerkannten Stellen geregelt und überwacht wird, regelmäßig stattfindet und für das Publikum mittelbar oder unmittelbar zugänglich ist.

§ 4 Firma

Die Firma der Aktiengesellschaft muss, auch wenn sie nach § 22 des Handelsgesetzbuchs oder nach anderen gesetzlichen Vorschriften fortgeführt wird, die Bezeichnung "Aktiengesellschaft" oder eine allgemein verständliche Abkürzung dieser Bezeichnung enthalten.

§ 5 Sitz

Sitz der Gesellschaft ist der Ort im Inland, den die Satzung bestimmt.

§ 6 Grundkapital

Das Grundkapital muss auf einen Nennbetrag in Euro lauten.

§ 7 Mindestnennbetrag des Grundkapitals

Der Mindestnennbetrag des Grundkapitals ist fünfzigtausend Euro.

§ 28 Gründer

Die Aktionäre, die die Satzung festgestellt haben, sind die Gründer der Gesellschaft.

§ 29 Errichtung der Gesellschaft

Mit der Übernahme aller Aktien durch die Gründer ist die Gesellschaft errichtet.

§ 30 Bestellung des Aufsichtsrats, des Vorstands und des Abschlussprüfers

(1) Die Gründer haben den ersten Aufsichtsrat der Gesellschaft und den Abschlussprüfer für das erste Voll- oder Rumpfgeschäftsjahr zu bestellen. Die Bestellung bedarf notarieller Beurkundung.

(2) Auf die Zusammensetzung und die Bestellung des ersten Aufsichtsrats sind die Vorschriften über die Bestellung von Aufsichtsratsmitgliedern der Arbeitnehmer nicht anzuwenden.

(3) Die Mitglieder des ersten Aufsichtsrats können nicht für längere Zeit als bis zur Beendigung der Hauptversammlung bestellt werden, die über die Entlastung für das erste Voll- oder Rumpfgeschäftsjahr beschließt. Der Vorstand hat rechtzeitig vor Ablauf der Amtszeit des ersten Aufsichtsrats bekanntzumachen, nach welchen gesetzlichen Vorschriften der nächste Aufsichtsrat nach seiner Ansicht zusammenzusetzen ist; §§ 96 bis 99 sind anzuwenden.

(4) Der Aufsichtsrat bestellt den ersten Vorstand.

§ 36 Anmeldung der Gesellschaft

(1) Die Gesellschaft ist bei dem Gericht von allen Gründern und Mitgliedern des Vorstands und des Aufsichtsrats zur Eintragung in das Handelsregister anzumelden.

(2) Die Anmeldung darf erst erfolgen, wenn auf jede Aktie, soweit nicht Sacheinlagen vereinbart sind, der eingeforderte Betrag ordnungsgemäß eingezahlt worden ist (§ 54 Abs. 3) und, soweit er nicht bereits zur Bezahlung der bei der Gründung

angefallenen Steuern und Gebühren verwandt wurde, endgültig zur freien Verfügung des Vorstands steht.

§ 37 Inhalt der Anmeldung

(1) In der Anmeldung ist zu erklären, dass die Voraussetzungen des § 36 Abs. 2 und des § 36a erfüllt sind; dabei sind der Betrag, zu dem die Aktien ausgegeben werden, und der darauf eingezahlte Betrag anzugeben. Es ist nachzuweisen, dass der eingezahlte Betrag endgültig zur freien Verfügung des Vorstands steht. Ist der Betrag gemäß § 54 Abs. 3 durch Gutschrift auf ein Konto eingezahlt worden, so ist der Nachweis durch eine Bestätigung des kontoführenden Instituts zu führen. Für die Richtigkeit der Bestätigung ist das Institut der Gesellschaft verantwortlich. Sind von dem eingezahlten Betrag Steuern und Gebühren bezahlt worden, so ist dies nach Art und Höhe der Beträge nachzuweisen.

(2) In der Anmeldung haben die Vorstandsmitglieder zu versichern, dass keine Umstände vorliegen, die ihrer Bestellung nach § 76 Abs. 3 Satz 2 Nr. 2 und 3 sowie Satz 3 entgegenstehen, und dass sie über ihre unbeschränkte Auskunftspflicht gegenüber dem Gericht belehrt worden sind. Die Belehrung nach § 53 Abs. 2 des Bundeszentralregistergesetzes kann schriftlich vorgenommen werden; sie kann auch durch einen Notar oder einen im Ausland bestellten Notar, durch einen Vertreter eines vergleichbaren rechtsberatenden Berufs oder einen Konsularbeamten erfolgen.

(3) In der Anmeldung sind ferner anzugeben:

1. eine inländische Geschäftsanschrift,
2. Art und Umfang der Vertretungsbefugnis der Vorstandsmitglieder.

(4) Der Anmeldung sind beizufügen

1. die Satzung und die Urkunden, in denen die Satzung festgestellt worden ist und die Aktien von den Gründern übernommen worden sind
2. im Fall der §§ 26 und 27 die Verträge, die den Festsetzungen zugrunde liegen oder zu ihrer Ausführung geschlossen worden sind, und eine Berechnung des der Gesellschaft zur Last fallenden Gründungsaufwands; in der Berechnung sind die Vergütungen nach Art und Höhe und die Empfänger einzeln anzuführen;
3. die Urkunden über die Bestellung des Vorstands und des Aufsichtsrats;

3a eine Liste der Mitglieder des Aufsichtsrats, aus welcher Name, Vorname, ausgeübter Beruf und Wohnort der Mitglieder ersichtlich ist;

4. der Gründungsbericht und die Prüfungsberichte der Mitglieder des Vorstands und des Aufsichtsrats sowie der Gründungsprüfer nebst ihren urkundlichen Unterlagen.

(5) Für die Einreichung von Unterlagen nach diesem Gesetz gilt § 12 Abs. 2 des Handelsgesetzbuchs entsprechend.

§ 39 Inhalt der Eintragung

(1) Bei der Eintragung der Gesellschaft sind die Firma und der Sitz der Gesellschaft, eine inländische Geschäftsanschrift, der Gegenstand des Unternehmens, die Höhe des Grundkapitals, der Tag der Feststellung der Satzung und die Vorstandsmitglieder anzugeben. Wenn eine Person, die für Willenserklärungen und Zustellungen an die Gesellschaft empfangsberechtigt ist, mit einer inländischen Anschrift zur Eintragung in das Handelsregister angemeldet wird, sind auch diese Angaben einzutragen; Dritten gegenüber gilt die Empfangsberechtigung als fortbestehend, bis sie im Handelsregister gelöscht und die Löschung bekannt gemacht worden ist, es sei denn, dass die fehlende Empfangsberechtigung dem Dritten bekannt war. Ferner ist einzutragen, welche Vertretungsbefugnis die Vorstandsmitglieder haben.

(2) Enthält die Satzung Bestimmungen über die Dauer der Gesellschaft oder über das genehmigte Kapital, so sind auch diese Bestimmungen einzutragen.

§ 48 Verantwortlichkeit des Vorstands und des Aufsichtsrats

Mitglieder des Vorstands und des Aufsichtsrats, die bei der Gründung ihre Pflichten verletzen, sind der Gesellschaft zum Ersatz des daraus entstehenden Schadens als Gesamtschuldner verpflichtet; sie sind namentlich dafür verantwortlich, dass eine zur Annahme von Einzahlungen auf die Aktien bestimmte Stelle (§ 54 Abs. 3) hierzu geeignet ist, und dass die eingezahlten Beträge zur freien Verfügung des Vorstands stehen. Für die Sorgfaltspflicht und Verantwortlichkeit der Mitglieder des Vorstands und des Aufsichtsrats bei der Gründung gelten im Übrigen §§ 93 und 116 mit Ausnahme von § 93 Abs. 4 Satz 3 und 4 und Abs. 6.

§ 76 Leitung der Aktiengesellschaft

(1) Der Vorstand hat unter eigener Verantwortung die Gesellschaft zu leiten.

(2) Der Vorstand kann aus einer oder mehreren Personen bestehen. Bei Gesellschaften mit einem Grundkapital von mehr als drei Millionen Euro hat er aus mindestens zwei Personen zu bestehen, es sei denn, die Satzung bestimmt, dass er

aus einer Person besteht. Die Vorschriften über die Bestellung eines Arbeitsdirektors bleiben unberührt.

(3) Mitglied des Vorstands kann nur eine natürliche, unbeschränkt geschäftsfähige Person sein. Mitglied des Vorstands kann nicht sein, wer

1. als Betreuter bei der Besorgung seiner Vermögensangelegenheiten ganz oder teilweise einem Einwilligungsvorbehalt (§ 1903 des Bürgerlichen Gesetzbuchs) unterliegt,
2. aufgrund eines gerichtlichen Urteils oder einer vollziehbaren Entscheidung einer Verwaltungsbehörde einen Beruf, einen Berufszweig, ein Gewerbe oder einen Gewerbezweig nicht ausüben darf, sofern der Unternehmensgegenstand ganz oder teilweise mit dem Gegenstand des Verbots übereinstimmt,
3. wegen einer oder mehrerer vorsätzlich begangener Straftaten
   a) des Unterlassens der Stellung des Antrags auf Eröffnung des Insolvenzverfahrens (Insolvenzverschleppung)
   b) nach den §§ 283 bis 283d des Strafgesetzbuchs (Insolvenzstraftaten),
   c) der falschen Angaben nach § 399 dieses Gesetzes oder § 82 des Gesetzes betreffend die Gesellschaften mit beschränkter Haftung,
   d) der unrichtigen Darstellung nach § 400 dieses Gesetzes, § 331 des Handelsgesetzbuchs, § 313 des Umwandlungsgesetzes oder § 17 des Publizitätsgesetzes,
   e) nach den §§ 263 bis 264a oder den §§ 265b bis 266a des Strafgesetzbuchs zu einer Freiheitsstrafe von mindestens einem Jahr verurteilt worden ist; dieser Ausschluss gilt für die Dauer von fünf Jahren seit der Rechtskraft des Urteils, wobei die Zeit nicht eingerechnet wird, in welcher der Täter auf behördliche Anordnung in einer Anstalt verwahrt worden ist. Satz 2 Nr. 3 gilt entsprechend bei einer Verurteilung im Ausland wegen einer Tat, die mit den in Satz 2 Nr. 3 genannten Taten vergleichbar ist.

(4) Der Vorstand von Gesellschaften, die börsennotiert sind oder der Mitbestimmung unterliegen, legt für den Frauenanteil in den beiden Führungsebenen unterhalb des Vorstands Zielgrößen fest. Liegt der Frauenanteil bei Festlegung der Zielgrößen unter 30 Prozent, so dürfen die Zielgrößen den jeweils erreichten Anteil nicht mehr unterschreiten. Gleichzeitig sind Fristen zur Erreichung der Zielgrößen festzulegen. Die Fristen dürfen jeweils nicht länger als fünf Jahre sein.

§ 77 Geschäftsführung

(1) Besteht der Vorstand aus mehreren Personen, so sind sämtliche Vorstandsmitglieder nur gemeinschaftlich zur Geschäftsführung befugt. Die Satzung oder die Geschäftsordnung des Vorstands kann Abweichendes bestimmen; es kann jedoch nicht bestimmt werden, dass ein oder mehrere Vorstandsmitglieder Meinungsverschiedenheiten im Vorstand gegen die Mehrheit seiner Mitglieder entscheiden.
(2) Der Vorstand kann sich eine Geschäftsordnung geben, wenn nicht die Satzung den Erlass der Geschäftsordnung dem Aufsichtsrat übertragen hat oder der Aufsichtsrat eine Geschäftsordnung für den Vorstand erlässt. Die Satzung kann Einzelfragen der Geschäftsordnung bindend regeln. Beschlüsse des Vorstands über die Geschäftsordnung müssen einstimmig gefasst werden.

§ 91 Organisation. Buchführung

(1) Der Vorstand hat dafür zu sorgen, dass die erforderlichen Handelsbücher geführt werden.
(2) Der Vorstand hat geeignete Maßnahmen zu treffen, insbesondere ein Überwachungssystem einzurichten, damit den Fortbestand der Gesellschaft gefährdende Entwicklungen früh erkannt werden.

§ 95 Zahl der Aufsichtsratsmitglieder

Der Aufsichtsrat besteht aus drei Mitgliedern. Die Satzung kann eine bestimmte höhere Zahl festsetzen. Die Zahl muss durch drei teilbar sein, wenn dies zur Erfüllung mitbestimmungsrechtlicher Vorgaben erforderlich ist. Die Höchstzahl der Aufsichtsratsmitglieder beträgt bei Gesellschaften mit einem Grundkapital bis zu 1 500 000 Euro neun, von mehr als 1 500 000 Euro fünfzehn, von mehr als 10 000 000 Euro einundzwanzig.

Arbeitszeitgesetz (ArbZG)

vom 12.8.2004, zuletzt geändert am 22.12.2020

§ 1 Zweck des Gesetzes

Zweck des Gesetzes ist es,

1. die Sicherheit und den Gesundheitsschutz der Arbeitnehmer in der Bundesrepublik Deutschland und in der ausschließlichen Wirtschaftszone bei der Arbeitszeitgestaltung zu gewährleisten und die Rahmenbedingungen für flexible Arbeitszeiten zu verbessern sowie
2. den Sonntag und die staatlich anerkannten Feiertage als Tage der Arbeitsruhe und der seelischen Erhebung der Arbeitnehmer zu schützen.

§ 2 Begriffsbestimmungen

(1) Arbeitszeit im Sinne dieses Gesetzes ist die Zeit vom Beginn bis zum Ende der Arbeit ohne die Ruhepausen; Arbeitszeiten bei mehreren Arbeitgebern sind zusammenzurechnen. Im Bergbau unter Tage zählen die Ruhepausen zur Arbeitszeit.

(2) Arbeitnehmer im Sinne dieses Gesetzes sind Arbeiter und Angestellte sowie die zu ihrer Berufsbildung Beschäftigten.

(3) Nachtzeit im Sinne dieses Gesetzes ist die Zeit von 23 bis 6 Uhr, in Bäckereien und Konditoreien die Zeit von 22 bis 5 Uhr.

(4) Nachtarbeit im Sinne dieses Gesetzes ist jede Arbeit, die mehr als zwei Stunden der Nachtzeit umfasst.

(5) Nachtarbeitnehmer im Sinne dieses Gesetzes sind Arbeitnehmer, die

1. auf Grund ihrer Arbeitszeitgestaltung normalerweise Nachtarbeit in Wechselschicht zu leisten haben oder
2. Nachtarbeit an mindestens 48 Tagen im Kalenderjahr leisten.

§ 3 Arbeitszeit der Arbeitnehmer

Die werktägliche Arbeitszeit der Arbeitnehmer darf acht Stunden nicht überschreiten. Sie kann auf bis zu zehn Stunden nur verlängert werden, wenn innerhalb von sechs Kalendermonaten oder innerhalb von 24 Wochen im Durchschnitt acht Stunden werktäglich nicht überschritten werden.

§ 4 Ruhepausen

Die Arbeit ist durch im Voraus feststehende Ruhepausen von mindestens 30 Minuten bei einer Arbeitszeit von mehr als sechs bis zu neun Stunden und 45 Minuten bei einer Arbeitszeit von mehr als neun Stunden insgesamt zu unterbrechen. Die Ruhepausen nach Satz 1 können in Zeitabschnitte von jeweils mindestens 15 Minuten aufgeteilt werden. Länger als sechs Stunden hintereinander dürfen Arbeitnehmer nicht ohne Ruhepause beschäftigt werden.

§ 5 Ruhezeit

(1) Die Arbeitnehmer müssen nach Beendigung der täglichen Arbeitszeit eine ununterbrochene Ruhezeit von mindestens elf Stunden haben.

(2) Die Dauer der Ruhezeit des Absatzes 1 kann in Krankenhäusern und anderen Einrichtungen zur Behandlung, Pflege und Betreuung von Personen, in Gaststätten und anderen Einrichtungen zur Bewirtung und Beherbergung, in Verkehrsbetrieben, beim Rundfunk sowie in der Landwirtschaft und in der Tierhaltung um bis zu eine Stunde verkürzt werden, wenn jede Verkürzung der Ruhezeit innerhalb eines Kalendermonats oder innerhalb von vier Wochen durch Verlängerung einer anderen Ruhezeit auf mindestens zwölf Stunden ausgeglichen wird.

(3) Abweichend von Absatz 1 können in Krankenhäusern und anderen Einrichtungen zur Behandlung, Pflege und Betreuung von Personen Kürzungen der Ruhezeit durch Inanspruchnahmen während der Rufbereitschaft, die nicht mehr als die Hälfte der Ruhezeit betragen, zu anderen Zeiten ausgeglichen werden.

§ 6 Nacht- und Schichtarbeit

(1) Die Arbeitszeit der Nacht- und Schichtarbeitnehmer ist nach den gesicherten arbeitswissenschaftlichen Erkenntnissen über die menschengerechte Gestaltung der Arbeit festzulegen.

(2) Die werktägliche Arbeitszeit der Nachtarbeitnehmer darf acht Stunden nicht überschreiten. Sie kann auf bis zu zehn Stunden nur verlängert werden, wenn abweichend von § 3 innerhalb von einem Kalendermonat oder innerhalb von vier Wochen im Durchschnitt acht Stunden werktäglich nicht überschritten werden. Für Zeiträume, in denen Nachtarbeitnehmer im Sinne des § 2 Abs. 5 Nr. 2 nicht zur Nachtarbeit herangezogen werden, findet § 3 Satz 2 Anwendung.

(3) Nachtarbeitnehmer sind berechtigt, sich vor Beginn der Beschäftigung und danach in regelmäßigen Zeitabständen von nicht weniger als drei Jahren

arbeitsmedizinisch untersuchen zu lassen. Nach Vollendung des 50. Lebensjahres steht Nachtarbeitnehmern dieses Recht in Zeitabständen von einem Jahr zu. Die Kosten der Untersuchungen hat der Arbeitgeber zu tragen, sofern er die Untersuchungen den Nachtarbeitnehmern nicht kostenlos durch einen Betriebsarzt oder einen überbetrieblichen Dienst von Betriebsärzten anbietet.

(4) Der Arbeitgeber hat den Nachtarbeitnehmer auf dessen Verlangen auf einen für ihn geeigneten Tagesarbeitsplatz umzusetzen, wenn

a) nach arbeitsmedizinischer Feststellung die weitere Verrichtung von Nachtarbeit den Arbeitnehmer in seiner Gesundheit gefährdet oder

b) im Haushalt des Arbeitnehmers ein Kind unter zwölf Jahren lebt, das nicht von einer anderen im Haushalt lebenden Person betreut werden kann, oder

c) der Arbeitnehmer einen schwerpflegebedürftigen Angehörigen zu versorgen hat, der nicht von einem anderen im Haushalt lebenden Angehörigen versorgt werden kann,

sofern dem nicht dringende betriebliche Erfordernisse entgegenstehen. Stehen der Umsetzung des Nachtarbeitnehmers auf einen für ihn geeigneten Tagesarbeitsplatz nach Auffassung des Arbeitgebers dringende betriebliche Erfordernisse entgegen, so ist der Betriebs- oder Personalrat zu hören. Der Betriebs- oder Personalrat kann dem Arbeitgeber Vorschläge für eine Umsetzung unterbreiten.

(5) Soweit keine tarifvertraglichen Ausgleichsregelungen bestehen, hat der Arbeitgeber dem Nachtarbeitnehmer für die während der Nachtzeit geleisteten Arbeitsstunden eine angemessene Zahl bezahlter freier Tage oder einen angemessenen Zuschlag auf das ihm hierfür zustehende Bruttoarbeitsentgelt zu gewähren.

(6) Es ist sicherzustellen, dass Nachtarbeitnehmer den gleichen Zugang zur betrieblichen Weiterbildung und zu aufstiegsfördernden Maßnahmen haben wie die übrigen Arbeitnehmer.

§ 7 Abweichende Regelungen

(1) In einem Tarifvertrag oder auf Grund eines Tarifvertrags in einer Betriebs- oder Dienstvereinbarung kann zugelassen werden,

1. abweichend von § 3
    a) die Arbeitszeit über zehn Stunden werktäglich zu verlängern, wenn in die Arbeitszeit regelmäßig und in erheblichem Umfang Arbeitsbereitschaft oder Bereitschaftsdienst fällt,

   b) einen anderen Ausgleichszeitraum festzulegen,
2. abweichend von § 4 Satz 2 die Gesamtdauer der Ruhepausen in Schichtbetrieben und Verkehrsbetrieben auf Kurzpausen von angemessener Dauer aufzuteilen,
3. abweichend von § 5 Abs. 1 die Ruhezeit um bis zu zwei Stunden zu kürzen, wenn die Art der Arbeit dies erfordert und die Kürzung der Ruhezeit innerhalb eines festzulegenden Ausgleichszeitraums ausgeglichen wird,
4. abweichend von § 6 Abs. 2
   a) die Arbeitszeit über zehn Stunden werktäglich hinaus zu verlängern, wenn in die Arbeitszeit regelmäßig und in erheblichem Umfang Arbeitsbereitschaft oder Bereitschaftsdienst fällt,
   b) einen anderen Ausgleichszeitraum festzulegen,
5. den Beginn des siebenstündigen Nachtzeitraums des § 2 Abs. 3 auf die Zeit zwischen 22 und 24 Uhr festzulegen.

(2) Sofern der Gesundheitsschutz der Arbeitnehmer durch einen entsprechenden Zeitausgleich gewährleistet wird, kann in einem Tarifvertrag oder auf Grund eines Tarifvertrags in einer Betriebs- oder Dienstvereinbarung ferner zugelassen werden,

1. abweichend von § 5 Abs. 1 die Ruhezeiten bei Rufbereitschaft den Besonderheiten dieses Dienstes anzupassen, insbesondere Kürzungen der Ruhezeit infolge von Inanspruchnahmen während dieses Dienstes zu anderen Zeiten auszugleichen,
2. die Regelungen der §§ 3, 5 Abs. 1 und § 6 Abs. 2 in der Landwirtschaft der Bestellungs- und Erntezeit sowie den Witterungseinflüssen anzupassen,
3. die Regelungen der §§ 3, 4, 5 Abs. 1 und § 6 Abs. 2 bei der Behandlung, Pflege und Betreuung von Personen der Eigenart dieser Tätigkeit und dem Wohl dieser Personen entsprechend anzupassen,
4. die Regelungen der §§ 3, 4, 5 Abs. 1 und § 6 Abs. 2 bei Verwaltungen und Betrieben des Bundes, der Länder, der Gemeinden und sonstigen Körperschaften, Anstalten und Stiftungen des öffentlichen Rechts sowie bei anderen Arbeitgebern, die der Tarifbindung eines für den öffentlichen Dienst geltenden oder eines im wesentlichen inhaltsgleichen Tarifvertrags unterliegen, der Eigenart der Tätigkeit bei diesen Stellen anzupassen.

(2a) In einem Tarifvertrag oder auf Grund eines Tarifvertrags in einer Betriebs- oder Dienstvereinbarung kann abweichend von den §§ 3, 5 Abs. 1 und § 6 Abs. 2 zugelassen werden, die werktägliche Arbeitszeit auch ohne Ausgleich über acht

Stunden zu verlängern, wenn in die Arbeitszeit regelmäßig und in erheblichem Umfang Arbeitsbereitschaft oder Bereitschaftsdienst fällt und durch besondere Regelungen sichergestellt wird, dass die Gesundheit der Arbeitnehmer nicht gefährdet wird.

(3) Im Geltungsbereich eines Tarifvertrags nach Absatz 1, 2 oder 2a können abweichende tarifvertragliche Regelungen im Betrieb eines nicht tarifgebundenen Arbeitgebers durch Betriebs- oder Dienstvereinbarung oder, wenn ein Betriebs- oder Personalrat nicht besteht, durch schriftliche Vereinbarung zwischen dem Arbeitgeber und dem Arbeitnehmer übernommen werden. Können auf Grund eines solchen Tarifvertrags abweichende Regelungen in einer Betriebs- oder Dienstvereinbarung getroffen werden, kann auch in Betrieben eines nicht tarifgebundenen Arbeitgebers davon Gebrauch gemacht werden. Eine nach Absatz 2 Nr. 4 getroffene abweichende tarifvertragliche Regelung hat zwischen nicht tarifgebundenen Arbeitgebern und Arbeitnehmern Geltung, wenn zwischen ihnen die Anwendung der für den öffentlichen Dienst geltenden tarifvertraglichen Bestimmungen vereinbart ist und die Arbeitgeber die Kosten des Betriebs überwiegend mit Zuwendungen im Sinne des Haushaltsrechts decken.

(4) Die Kirchen und die öffentlich-rechtlichen Religionsgesellschaften können die in Absatz 1, 2 oder 2a genannten Abweichungen in ihren Regelungen vorsehen.

(5) In einem Bereich, in dem Regelungen durch Tarifvertrag üblicherweise nicht getroffen werden, können Ausnahmen im Rahmen des Absatzes 1, 2 oder 2a durch die Aufsichtsbehörde bewilligt werden, wenn dies aus betrieblichen Gründen erforderlich ist und die Gesundheit der Arbeitnehmer nicht gefährdet wird.

(6) Die Bundesregierung kann durch Rechtsverordnung mit Zustimmung des Bundesrates Ausnahmen im Rahmen des Absatzes 1 oder 2 zulassen, sofern dies aus betrieblichen Gründen erforderlich ist und die Gesundheit der Arbeitnehmer nicht gefährdet wird.

(7) Auf Grund einer Regelung nach Absatz 2a oder den Absätzen 3 bis 5 jeweils in Verbindung mit Absatz 2a darf die Arbeitszeit nur verlängert werden, wenn der Arbeitnehmer schriftlich eingewilligt hat. Der Arbeitnehmer kann die Einwilligung mit einer Frist von sechs Monaten schriftlich widerrufen. Der Arbeitgeber darf einen Arbeitnehmer nicht benachteiligen, weil dieser die Einwilligung zur Verlängerung der Arbeitszeit nicht erklärt oder die Einwilligung widerrufen hat.

(8) Werden Regelungen nach Absatz 1 Nr. 1 und 4, Absatz 2 Nr. 2 bis 4 oder solche Regelungen auf Grund der Absätze 3 und 4 zugelassen, darf die Arbeitszeit 48

Stunden wöchentlich im Durchschnitt von zwölf Kalendermonaten nicht überschreiten. Erfolgt die Zulassung auf Grund des Absatzes 5, darf die Arbeitszeit 48 Stunden wöchentlich im Durchschnitt von sechs Kalendermonaten oder 24 Wochen nicht überschreiten.
(9) Wird die werktägliche Arbeitszeit über zwölf Stunden hinaus verlängert, muss im unmittelbaren Anschluss an die Beendigung der Arbeitszeit eine Ruhezeit von mindestens elf Stunden gewährt werden.

§ 8 Gefährliche Arbeiten

Die Bundesregierung kann durch Rechtsverordnung mit Zustimmung des Bundesrates für einzelne Beschäftigungsbereiche, für bestimmte Arbeiten oder für bestimmte Arbeitnehmergruppen, bei denen besondere Gefahren für die Gesundheit der Arbeitnehmer zu erwarten sind, die Arbeitszeit über § 3 hinaus beschränken, die Ruhepausen und Ruhezeiten über die §§ 4 und 5 hinaus ausdehnen, die Regelungen zum Schutz der Nacht- und Schichtarbeitnehmer in § 6 erweitern und die Abweichungsmöglichkeiten nach § 7 beschränken, soweit dies zum Schutz der Gesundheit der Arbeitnehmer erforderlich ist. Satz 1 gilt nicht für Beschäftigungsbereiche und Arbeiten in Betrieben, die der Bergaufsicht unterliegen.

§ 9 Sonn- und Feiertagsruhe

(1) Arbeitnehmer dürfen an Sonn- und gesetzlichen Feiertagen von 0 bis 24 Uhr nicht beschäftigt werden.
(2) In mehrschichtigen Betrieben mit regelmäßiger Tag- und Nachtschicht kann Beginn oder Ende der Sonn- und Feiertagsruhe um bis zu sechs Stunden vor- oder zurückverlegt werden, wenn für die auf den Beginn der Ruhezeit folgenden 24 Stunden der Betrieb ruht.
(3) Für Kraftfahrer und Beifahrer kann der Beginn der 24stündigen Sonn- und Feiertagsruhe um bis zu zwei Stunden vorverlegt werden.

§ 10 Sonn- und Feiertagsbeschäftigung

(1) Sofern die Arbeiten nicht an Werktagen vorgenommen werden können, dürfen Arbeitnehmer an Sonn- und Feiertagen abweichend von § 9 beschäftigt werden
1. in Not- und Rettungsdiensten sowie bei der Feuerwehr,

2. zur Aufrechterhaltung der öffentlichen Sicherheit und Ordnung sowie der Funktionsfähigkeit von Gerichten und Behörden und für Zwecke der Verteidigung,
3. in Krankenhäusern und anderen Einrichtungen zur Behandlung, Pflege und Betreuung von Personen,
4. in Gaststätten und anderen Einrichtungen zur Bewirtung und Beherbergung sowie im Haushalt,
5. bei Musikaufführungen, Theatervorstellungen, Filmvorführungen, Schaustellungen, Darbietungen und anderen ähnlichen Veranstaltungen,
6. bei nichtgewerblichen Aktionen und Veranstaltungen der Kirchen, Religionsgesellschaften, Verbände, Vereine, Parteien und anderer ähnlicher Vereinigungen,
7. beim Sport und in Freizeit-, Erholungs- und Vergnügungseinrichtungen, beim Fremdenverkehr sowie in Museen und wissenschaftlichen Präsenzbibliotheken,
8. beim Rundfunk, bei der Tages- und Sportpresse, bei Nachrichtenagenturen sowie bei den der Tagesaktualität dienenden Tätigkeiten für andere Presseerzeugnisse einschließlich des Austragens, bei der Herstellung von Satz, Filmen und Druckformen für tagesaktuelle Nachrichten und Bilder, bei tagesaktuellen Aufnahmen auf Ton- und Bildträger sowie beim Transport und Kommissionieren von Presseerzeugnissen, deren Ersterscheinungstag am Montag oder am Tag nach einem Feiertag liegt,
9. bei Messen, Ausstellungen und Märkten im Sinne des Titels IV der Gewerbeordnung sowie bei Volksfesten,
10. in Verkehrsbetrieben sowie beim Transport und Kommissionieren von leichtverderblichen Waren im Sinne des § 30 Abs. 3 Nr. 2 der Straßenverkehrsordnung,
11. in den Energie- und Wasserversorgungsbetrieben sowie in Abfall- und Abwasserentsorgungsbetrieben,
12. in der Landwirtschaft und in der Tierhaltung sowie in Einrichtungen zur Behandlung und Pflege von Tieren,
13. im Bewachungsgewerbe und bei der Bewachung von Betriebsanlagen,
14. bei der Reinigung und Instandhaltung von Betriebseinrichtungen, soweit hierdurch der regelmäßige Fortgang des eigenen oder eines fremden Betriebs bedingt ist, bei der Vorbereitung der Wiederaufnahme des vollen werktägigen

Betriebs sowie bei der Aufrechterhaltung der Funktionsfähigkeit von Datennetzen und Rechnersystemen,

15. zur Verhütung des Verderbens von Naturerzeugnissen oder Rohstoffen oder des Mißlingens von Arbeitsergebnissen sowie bei kontinuierlich durchzuführenden Forschungsarbeiten,
16. zur Vermeidung einer Zerstörung oder erheblichen Beschädigung der Produktionseinrichtungen.

(2) Abweichend von § 9 dürfen Arbeitnehmer an Sonn- und Feiertagen mit den Produktionsarbeiten beschäftigt werden, wenn die infolge der Unterbrechung der Produktion nach Absatz 1 Nr. 14 zulässigen Arbeiten den Einsatz von mehr Arbeitnehmern als bei durchgehender Produktion erfordern.

(3) Abweichend von § 9 dürfen Arbeitnehmer an Sonn- und Feiertagen in Bäckereien und Konditoreien für bis zu drei Stunden mit der Herstellung und dem Austragen oder Ausfahren von Konditorwaren und an diesem Tag zum Verkauf kommenden Bäckerwaren beschäftigt werden.

(4) Sofern die Arbeiten nicht an Werktagen vorgenommen werden können, dürfen Arbeitnehmer zur Durchführung des Eil- und Großbetragszahlungsverkehrs und des Geld-, Devisen-, Wertpapier- und Derivatehandels abweichend von § 9 Abs. 1 an den auf einen Werktag fallenden Feiertagen beschäftigt werden, die nicht in allen Mitgliedstaaten der Europäischen Union Feiertage sind.

§ 11 Ausgleich für Sonn- und Feiertagsbeschäftigung

(1) Mindestens 15 Sonntage im Jahr müssen beschäftigungsfrei bleiben.

(2) Für die Beschäftigung an Sonn- und Feiertagen gelten die §§ 3 bis 8 entsprechend, jedoch dürfen durch die Arbeitszeit an Sonn- und Feiertagen die in den §§ 3, 6 Abs. 2, §§ 7 und 21a Abs. 4 bestimmten Höchstarbeitszeiten und Ausgleichszeiträume nicht überschritten werden.

(3) Werden Arbeitnehmer an einem Sonntag beschäftigt, müssen sie einen Ersatzruhetag haben, der innerhalb eines den Beschäftigungstag einschließenden Zeitraums von zwei Wochen zu gewähren ist. Werden Arbeitnehmer an einem auf einen Werktag fallenden Feiertag beschäftigt, müssen sie einen Ersatzruhetag haben, der innerhalb eines den Beschäftigungstag einschließenden Zeitraums von acht Wochen zu gewähren ist.

(4) Die Sonn- oder Feiertagsruhe des § 9 oder der Ersatzruhetag des Absatzes 3 ist den Arbeitnehmern unmittelbar in Verbindung mit einer Ruhezeit nach § 5 zu

gewähren, soweit dem technische oder arbeitsorganisatorische Gründe nicht entgegenstehen.

§ 12 Abweichende Regelungen

In einem Tarifvertrag oder auf Grund eines Tarifvertrags in einer Betriebs- oder Dienstvereinbarung kann zugelassen werden,

1. abweichend von § 11 Abs. 1 die Anzahl der beschäftigungsfreien Sonntage in den Einrichtungen des § 10 Abs. 1 Nr. 2, 3, 4 und 10 auf mindestens zehn Sonntage, im Rundfunk, in Theaterbetrieben, Orchestern sowie bei Schaustellungen auf mindestens acht Sonntage, in Filmtheatern und in der Tierhaltung auf mindestens sechs Sonntage im Jahr zu verringern,
2. abweichend von § 11 Abs. 3 den Wegfall von Ersatzruhetagen für auf Werktage fallende Feiertage zu vereinbaren oder Arbeitnehmer innerhalb eines festzulegenden Ausgleichszeitraums beschäftigungsfrei zu stellen,
3. abweichend von § 11 Abs. 1 bis 3 in der Seeschiffahrt die den Arbeitnehmern nach diesen Vorschriften zustehenden freien Tage zusammenhängend zu geben,
4. abweichend von § 11 Abs. 2 die Arbeitszeit in vollkontinuierlichen Schichtbetrieben an Sonn- und Feiertagen auf bis zu zwölf Stunden zu verlängern, wenn dadurch zusätzliche freie Schichten an Sonn- und Feiertagen erreicht werden.

§ 7 Abs. 3 bis 6 findet Anwendung.

§ 13 Ermächtigung, Anordnung, Bewilligung

(1) Die Bundesregierung kann durch Rechtsverordnung mit Zustimmung des Bundesrates zur Vermeidung erheblicher Schäden unter Berücksichtigung des Schutzes der Arbeitnehmer und der Sonn- und Feiertagsruhe

1. die Bereiche mit Sonn- und Feiertagsbeschäftigung nach § 10 sowie die dort zugelassenen Arbeiten näher bestimmen,
2. über die Ausnahmen nach § 10 hinaus weitere Ausnahmen abweichend von § 9
   a) für Betriebe, in denen die Beschäftigung von Arbeitnehmern an Sonn- oder Feiertagen zur Befriedigung täglicher oder an diesen Tagen besonders hervortretender Bedürfnisse der Bevölkerung erforderlich ist,
   b) für Betriebe, in denen Arbeiten vorkommen, deren Unterbrechung oder Aufschub

aa) nach dem Stand der Technik ihrer Art nach nicht oder nur mit erheblichen Schwierigkeiten möglich ist,
bb) besondere Gefahren für Leben oder Gesundheit der Arbeitnehmer zur Folge hätte,
cc) zu erheblichen Belastungen der Umwelt oder der Energie- oder Wasserversorgung führen würde,

c) aus Gründen des Gemeinwohls, insbesondere auch zur Sicherung der Beschäftigung, zulassen und die zum Schutz der Arbeitnehmer und der Sonn- und Feiertagsruhe notwendigen Bedingungen bestimmen.

(2) Soweit die Bundesregierung von der Ermächtigung des Absatzes 1 Nr. 2 Buchstabe a keinen Gebrauch gemacht hat, können die Landesregierungen durch Rechtsverordnung entsprechende Bestimmungen erlassen. Die Landesregierungen können diese Ermächtigung durch Rechtsverordnung auf oberste Landesbehörden übertragen.

(3) Die Aufsichtsbehörde kann

1. feststellen, ob eine Beschäftigung nach § 10 zulässig ist,
2. abweichend von § 9 bewilligen, Arbeitnehmer zu beschäftigen
   a) im Handelsgewerbe an bis zu zehn Sonn- und Feiertagen im Jahr, an denen besondere Verhältnisse einen erweiterten Geschäftsverkehr erforderlich machen,
   b) an bis zu fünf Sonn- und Feiertagen im Jahr, wenn besondere Verhältnisse zur Verhütung eines unverhältnismäßigen Schadens dies erfordern,
   c) an einem Sonntag im Jahr zur Durchführung einer gesetzlich vorgeschriebenen Inventur,

und Anordnungen über die Beschäftigungszeit unter Berücksichtigung der für den öffentlichen Gottesdienst bestimmten Zeit treffen.

(4) Die Aufsichtsbehörde soll abweichend von § 9 bewilligen, dass Arbeitnehmer an Sonn- und Feiertagen mit Arbeiten beschäftigt werden, die aus chemischen, biologischen, technischen oder physikalischen Gründen einen ununterbrochenen Fortgang auch an Sonn- und Feiertagen erfordern.

(5) Die Aufsichtsbehörde hat abweichend von § 9 die Beschäftigung von Arbeitnehmern an Sonn- und Feiertagen zu bewilligen, wenn bei einer weitgehenden Ausnutzung der gesetzlich zulässigen wöchentlichen Betriebszeiten und bei längeren Betriebszeiten im Ausland die Konkurrenzfähigkeit unzumutbar beeinträchtigt ist

und durch die Genehmigung von Sonn- und Feiertagsarbeit die Beschäftigung gesichert werden kann.

§ 14 Außergewöhnliche Fälle

(1) Von den §§ 3 bis 5, 6 Abs. 2, §§ 7, 9 bis 11 darf abgewichen werden bei vorübergehenden Arbeiten in Notfällen und in außergewöhnlichen Fällen, die unabhängig vom Willen der Betroffenen eintreten und deren Folgen nicht auf andere Weise zu beseitigen sind, besonders wenn Rohstoffe oder Lebensmittel zu verderben oder Arbeitsergebnisse zu misslingen drohen.

(2) Von den §§ 3 bis 5, 6 Abs. 2, §§ 7, 11 Abs. 1 bis 3 und § 12 darf ferner abgewichen werden,

1. wenn eine verhältnismäßig geringe Zahl von Arbeitnehmern vorübergehend mit Arbeiten beschäftigt wird, deren Nichterledigung das Ergebnis der Arbeiten gefährden oder einen unverhältnismäßigen Schaden zur Folge haben würden,
2. bei Forschung und Lehre, bei unaufschiebbaren Vor- und Abschlussarbeiten sowie bei unaufschiebbaren Arbeiten zur Behandlung, Pflege und Betreuung von Personen oder zur Behandlung und Pflege von Tieren an einzelnen Tagen,

wenn dem Arbeitgeber andere Vorkehrungen nicht zugemutet werden können.

(3) Wird von den Befugnissen nach Absatz 1 oder 2 Gebrauch gemacht, darf die Arbeitszeit 48 Stunden wöchentlich im Durchschnitt von sechs Kalendermonaten oder 24 Wochen nicht überschreiten.

§ 15 Bewilligung, Ermächtigung

(1) Die Aufsichtsbehörde kann

1. eine von den §§ 3, 6 Abs. 2 und § 11 Abs. 2 abweichende längere tägliche Arbeitszeit bewilligen
   a) für kontinuierliche Schichtbetriebe zur Erreichung zusätzlicher Freischichten,
   b) für Bau- und Montagestellen,
2. eine von den §§ 3, 6 Abs. 2 und § 11 Abs. 2 abweichende längere tägliche Arbeitszeit für Saison- und Kampagnebetriebe für die Zeit der Saison oder Kampagne bewilligen, wenn die Verlängerung der Arbeitszeit über acht Stunden werktäglich durch eine entsprechende Verkürzung der Arbeitszeit zu anderen Zeiten ausgeglichen wird,

3. eine von den §§ 5 und 11 Abs. 2 abweichende Dauer und Lage der Ruhezeit bei Arbeitsbereitschaft, Bereitschaftsdienst und Rufbereitschaft den Besonderheiten dieser Inanspruchnahmen im öffentlichen Dienst entsprechend bewilligen,
4. eine von den §§ 5 und 11 Abs. 2 abweichende Ruhezeit zur Herbeiführung eines regelmäßigen wöchentlichen Schichtwechsels zweimal innerhalb eines Zeitraums von drei Wochen bewilligen.

(2) Die Aufsichtsbehörde kann über die in diesem Gesetz vorgesehenen Ausnahmen hinaus weitergehende Ausnahmen zulassen, soweit sie im öffentlichen Interesse dringend nötig werden.

(2a) Die Bundesregierung kann durch Rechtsverordnung mit Zustimmung des Bundesrates Ausnahmen von den §§ 3, 4, 5 und 6 Absatz 2 sowie von den §§ 9 und 11 für Arbeitnehmer, die besondere Tätigkeiten zur Errichtung, zur Änderung oder zum Betrieb von Bauwerken, künstlichen Inseln oder sonstigen Anlagen auf See (Offshore-Tätigkeiten) durchführen, zulassen und

2. die zum Schutz der in Nummer 1 genannten Arbeitnehmer sowie der Sonn- und Feiertagsruhe notwendigen Bedingungen bestimmen.

(3) Das Bundesministerium der Verteidigung kann in seinem Geschäftsbereich durch Rechtsverordnung mit Zustimmung des Bundesministeriums für Arbeit und Soziales aus zwingenden Gründen der Verteidigung Arbeitnehmer verpflichten, über die in diesem Gesetz und in den auf Grund dieses Gesetzes erlassenen Rechtsverordnungen und Tarifverträgen festgelegten Arbeitszeitgrenzen und -beschränkungen hinaus Arbeit zu leisten.

(3a) Das Bundesministerium der Verteidigung kann in seinem Geschäftsbereich durch Rechtsverordnung im Einvernehmen mit dem Bundesministerium für Arbeit und Soziales für besondere Tätigkeiten der Arbeitnehmer bei den Streitkräften Abweichungen von in diesem Gesetz sowie von in den auf Grund dieses Gesetzes erlassenen Rechtsverordnungen bestimmten Arbeitszeitgrenzen und -beschränkungen zulassen, soweit die Abweichungen aus zwingenden Gründen erforderlich sind und die größtmögliche Sicherheit und der bestmögliche Gesundheitsschutz der Arbeitnehmer gewährleistet werden.

(4) Werden Ausnahmen nach Absatz 1 oder 2 zugelassen, darf die Arbeitszeit 48 Stunden wöchentlich im Durchschnitt von sechs Kalendermonaten oder 24 Wochen nicht überschreiten.

§ 16 Aushang und Arbeitszeitnachweise

(1) Der Arbeitgeber ist verpflichtet, einen Abdruck dieses Gesetzes, der auf Grund dieses Gesetzes erlassenen, für den Betrieb geltenden Rechtsverordnungen und der für den Betrieb geltenden Tarifverträge und Betriebs- oder Dienstvereinbarungen im Sinne des § 7 Abs. 1 bis 3, §§ 12 und 21a Abs. 6 an geeigneter Stelle im Betrieb zur Einsichtnahme auszulegen oder auszuhängen.

(2) Der Arbeitgeber ist verpflichtet, die über die werktägliche Arbeitszeit des § 3 Satz 1 hinausgehende Arbeitszeit der Arbeitnehmer aufzuzeichnen und ein Verzeichnis der Arbeitnehmer zu führen, die in eine Verlängerung der Arbeitszeit gemäß § 7 Abs. 7 eingewilligt haben. Die Nachweise sind mindestens zwei Jahre aufzubewahren.

§ 17 Aufsichtsbehörde

(1) Die Einhaltung dieses Gesetzes und der auf Grund dieses Gesetzes erlassenen Rechtsverordnungen wird von den nach Landesrecht zuständigen Behörden (Aufsichtsbehörden) überwacht.

(2) Die Aufsichtsbehörde kann die erforderlichen Maßnahmen anordnen, die der Arbeitgeber zur Erfüllung der sich aus diesem Gesetz und den auf Grund dieses Gesetzes erlassenen Rechtsverordnungen ergebenden Pflichten zu treffen hat.

(3) Für den öffentlichen Dienst des Bundes sowie für die bundesunmittelbaren Körperschaften, Anstalten und Stiftungen des öffentlichen Rechts werden die Aufgaben und Befugnisse der Aufsichtsbehörde vom zuständigen Bundesministerium oder den von ihm bestimmten Stellen wahrgenommen; das gleiche gilt für die Befugnisse nach § 15 Abs. 1 und 2.

(4) Die Aufsichtsbehörde kann vom Arbeitgeber die für die Durchführung dieses Gesetzes und der auf Grund dieses Gesetzes erlassenen Rechtsverordnungen erforderlichen Auskünfte verlangen. Sie kann ferner vom Arbeitgeber verlangen, die Arbeitszeitnachweise und Tarifverträge oder Betriebs- oder Dienstvereinbarungen im Sinne des § 7 Abs. 1 bis 3, §§ 12 und 21a Abs. 6 vorzulegen oder zur Einsicht einzusenden.

(5) Die Beauftragten der Aufsichtsbehörde sind berechtigt, die Arbeitsstätten während der Betriebs- und Arbeitszeit zu betreten und zu besichtigen; außerhalb dieser Zeit oder wenn sich die Arbeitsstätten in einer Wohnung befinden, dürfen sie ohne Einverständnis des Inhabers nur zur Verhütung von dringenden Gefahren für die öffentliche Sicherheit und Ordnung betreten und besichtigt werden. Der Arbeitgeber hat das Betreten und Besichtigen der Arbeitsstätten zu gestatten. Das

Grundrecht der Unverletzlichkeit der Wohnung (Artikel 13 des Grundgesetzes) wird insoweit eingeschränkt.
(6) Der zur Auskunft Verpflichtete kann die Auskunft auf solche Fragen verweigern, deren Beantwortung ihn selbst oder einen der in § 383 Abs. 1 Nr. 1 bis 3 der Zivilprozessordnung bezeichneten Angehörigen der Gefahr strafgerichtlicher Verfolgung oder eines Verfahrens nach dem Gesetz über Ordnungswidrigkeiten aussetzen würde.

§ 18 Nichtanwendung des Gesetzes

(1) Dieses Gesetz ist nicht anzuwenden auf
1. leitende Angestellte im Sinne des § 5 Abs. 3 des Betriebsverfassungsgesetzes sowie Chefärzte,
2. Leiter von öffentlichen Dienststellen und deren Vertreter sowie Arbeitnehmer im öffentlichen Dienst, die zu selbständigen Entscheidungen in Personalangelegenheiten befugt sind,
3. Arbeitnehmer, die in häuslicher Gemeinschaft mit den ihnen anvertrauten Personen zusammenleben und sie eigenverantwortlich erziehen, pflegen oder betreuen,
4. den liturgischen Bereich der Kirchen und der Religionsgemeinschaften.

(2) Für die Beschäftigung von Personen unter 18 Jahren gilt anstelle dieses Gesetzes das Jugendarbeitsschutzgesetz.
(3) Für die Beschäftigung von Arbeitnehmern als Besatzungsmitglieder auf Kauffahrteischiffen im Sinne des § 3 des Seearbeitsgesetzes gilt anstelle dieses Gesetzes das Seearbeitsgesetz.

§ 19 Beschäftigung im öffentlichen Dienst

Bei der Wahrnehmung hoheitlicher Aufgaben im öffentlichen Dienst können, soweit keine tarifvertragliche Regelung besteht, durch die zuständige Dienstbehörde die für Beamte geltenden Bestimmungen über die Arbeitszeit auf die Arbeitnehmer übertragen werden; insoweit finden die §§ 3 bis 13 keine Anwendung.

§ 22 Bußgeldvorschriften

(1) Ordnungswidrig handelt, wer als Arbeitgeber vorsätzlich oder fahrlässig
1. entgegen §§ 3, 6 Abs. 2 oder § 21a Abs. 4, jeweils auch in Verbindung mit § 11 Abs. 2, einen Arbeitnehmer über die Grenzen der Arbeitszeit hinaus beschäftigt,

2. entgegen § 4 Ruhepausen nicht, nicht mit der vorgeschriebenen Mindestdauer oder nicht rechtzeitig gewährt,
3. entgegen § 5 Abs. 1 die Mindestruhezeit nicht gewährt oder entgegen § 5 Abs. 2 die Verkürzung der Ruhezeit durch Verlängerung einer anderen Ruhezeit nicht oder nicht rechtzeitig ausgleicht,
4. einer Rechtsverordnung nach § 8 Satz 1, § 13 Abs. 1 oder 2, § 15 Absatz 2a Nummer 2, § 21 Absatz 1 oder § 24 zuwiderhandelt, soweit sie für einen bestimmten Tatbestand auf diese Bußgeldvorschrift verweist,
5. entgegen § 9 Abs. 1 einen Arbeitnehmer an Sonn- oder Feiertagen beschäftigt,
6. entgegen § 11 Abs. 1 einen Arbeitnehmer an allen Sonntagen beschäftigt oder entgegen § 11 Abs. 3 einen Ersatzruhetag nicht oder nicht rechtzeitig gewährt,
7. einer vollziehbaren Anordnung nach § 13 Abs. 3 Nr. 2 zuwiderhandelt,
8. entgegen § 16 Abs. 1 die dort bezeichnete Auslage oder den dort bezeichneten Aushang nicht vornimmt,
9. entgegen § 16 Abs. 2 oder § 21a Abs. 7 Aufzeichnungen nicht oder nicht richtig erstellt oder nicht für die vorgeschriebene Dauer aufbewahrt oder
10. entgegen § 17 Abs. 4 eine Auskunft nicht, nicht richtig oder nicht vollständig erteilt, Unterlagen nicht oder nicht vollständig vorlegt oder nicht einsendet oder entgegen § 17 Abs. 5 Satz 2 eine Maßnahme nicht gestattet.

(2) Die Ordnungswidrigkeit kann in den Fällen des Absatzes 1 Nr. 1 bis 7, 9 und 10 mit einer Geldbuße bis zu fünfzehntausend Euro, in den Fällen des Absatzes 1 Nr. 8 mit einer Geldbuße bis zu zweitausendfünfhundert Euro geahndet werden.

Allgemeines Gleichbehandlungsgesetz (AGG)

vom 14.08.2006, zuletzt geändert am 3.4.2013

§ 1 Ziel des Gesetzes

Ziel des Gesetzes ist, Benachteiligungen aus Gründen der Rasse oder wegen der ethnischen Herkunft, des Geschlechts, der Religion oder Weltanschauung, einer Behinderung, des Alters oder der sexuellen Identität zu verhindern oder zu beseitigen.

§ 2 Anwendungsbereich

(1) Benachteiligungen aus einem in § 1 genannten Grund sind nach Maßgabe dieses Gesetzes unzulässig in Bezug auf:

1. die Bedingungen, einschließlich Auswahlkriterien und Einstellungsbedingungen, für den Zugang zu unselbstständiger und selbstständiger Erwerbstätigkeit, unabhängig von Tätigkeitsfeld und beruflicher Position, sowie für den beruflichen Aufstieg,
2. die Beschäftigungs- und Arbeitsbedingungen einschließlich Arbeitsentgelt und Entlassungsbedingungen, insbesondere in individual- und kollektivrechtlichen Vereinbarungen und Maßnahmen bei der Durchführung und Beendigung eines Beschäftigungsverhältnisses sowie beim beruflichen Aufstieg,
3. den Zugang zu allen Formen und allen Ebenen der Berufsberatung, der Berufsbildung einschließlich der Berufsausbildung, der beruflichen Weiterbildung und der Umschulung sowie der praktischen Berufserfahrung,
4. die Mitgliedschaft und Mitwirkung in einer Beschäftigten- oder Arbeitgebervereinigung oder einer Vereinigung, deren Mitglieder einer bestimmten Berufsgruppe angehören, einschließlich der Inanspruchnahme der Leistungen solcher Vereinigungen,
5. den Sozialschutz, einschließlich der sozialen Sicherheit und der Gesundheitsdienste,
6. die sozialen Vergünstigungen,
7. die Bildung,
8. den Zugang zu und die Versorgung mit Gütern und Dienstleistungen, die der Öffentlichkeit zur Verfügung stehen, einschließlich von Wohnraum.

(2) Für Leistungen nach dem Sozialgesetzbuch gelten § 33c des Ersten Buches Sozialgesetzbuch und § 19a des Vierten Buches Sozialgesetzbuch. Für die betriebliche Altersvorsorge gilt das Betriebsrentengesetz.
(3) Die Geltung sonstiger Benachteiligungsverbote oder Gebote der Gleichbehandlung wird durch dieses Gesetz nicht berührt. Dies gilt auch für öffentlich-rechtliche Vorschriften, die dem Schutz bestimmter Personengruppen dienen.

§ 3 Begriffsbestimmungen [Belästigung]

(1) Eine unmittelbare Benachteiligung liegt vor, wenn eine Person wegen eines in § 1 genannten Grundes eine weniger günstige Behandlung erfährt, als eine andere Person in einer vergleichbaren Situation erfährt, erfahren hat oder erfahren würde. Eine unmittelbare Benachteiligung wegen des Geschlechts liegt in Bezug auf § 2 Abs. 1 Nr. 1 bis 4 auch im Falle einer ungünstigeren Behandlung einer Frau wegen Schwangerschaft oder Mutterschaft
vor.
(2) Eine mittelbare Benachteiligung liegt vor, wenn dem Anschein nach neutrale Vorschriften, Kriterien oder Verfahren Personen wegen eines in § 1 genannten Grundes gegenüber anderen Personen in besonderer Weise benachteiligen können, es sei denn, die betreffenden Vorschriften, Kriterien oder Verfahren sind durch ein rechtmäßiges Ziel sachlich gerechtfertigt und die Mittel sind zur Erreichung dieses Ziels angemessen und erforderlich.
(3) Eine Belästigung ist eine Benachteiligung, wenn unerwünschte Verhaltensweisen, die mit einem in § 1 genannten Grund in Zusammenhang stehen, bezwecken oder bewirken, dass die Würde der betreffenden Person verletzt und ein von Einschüchterungen, Anfeindungen, Erniedrigungen, Entwürdigungen oder Beleidigungen gekennzeichnetes Umfeld geschaffen wird.
(4) Eine sexuelle Belästigung ist eine Benachteiligung in Bezug auf § 2 Abs. 1 Nr. 1 bis 4, wenn ein unerwünschtes, sexuell bestimmtes Verhalten, wozu auch unerwünschte sexuelle Handlungen und Aufforderungen zu diesen, sexuell bestimmte körperliche Berührungen, Bemerkungen sexuellen Inhalts sowie unerwünschtes Zeigen und sichtbares Anbringen von pornographischen Darstellungen gehören, bezweckt oder bewirkt, dass die Würde der betreffenden Person verletzt wird, insbesondere wenn ein von Einschüchterungen, Anfeindungen,

Erniedrigungen, Entwürdigungen oder Beleidigungen gekennzeichnetes Umfeld geschaffen wird.

(5) Die Anweisung zur Benachteiligung einer Person aus einem in § 1 genannten Grund gilt als Benachteiligung. Eine solche Anweisung liegt in Bezug auf § 2 Abs. 1 Nr. 1 bis 4 insbesondere vor, wenn jemand eine Person zu einem Verhalten bestimmt, das einen Beschäftigten oder eine Beschäftigte wegen eines in § 1 genannten Grundes benachteiligt oder benachteiligen kann.

§ 6 Persönlicher Anwendungsbereich

(1) Beschäftigte im Sinne dieses Gesetzes sind

1. Arbeitnehmerinnen und Arbeitnehmer,
2. die zu ihrer Berufsbildung Beschäftigten,
3. Personen, die wegen ihrer wirtschaftlichen Unselbstständigkeit als arbeitnehmerähnliche Personen anzusehen sind; zu diesen gehören auch die in Heimarbeit Beschäftigten und die ihnen Gleichgestellten. Als Beschäftigte gelten auch die Bewerberinnen und Bewerber für ein Beschäftigungsverhältnis sowie die Personen, deren Beschäftigungsverhältnis beendet ist.

(2) Arbeitgeber (Arbeitgeber und Arbeitgeberinnen) im Sinne dieses Abschnitts sind natürliche und juristische Personen sowie rechtsfähige Personengesellschaften, die Personen nach Absatz 1 beschäftigen. Werden Beschäftigte einem Dritten zur Arbeitsleistung überlassen, so gilt auch dieser als Arbeitgeber im Sinne dieses Abschnitts. Für die in Heimarbeit Beschäftigten und die ihnen Gleichgestellten tritt an die Stelle des Arbeitgebers der Auftraggeber oder Zwischenmeister.

(3) Soweit es die Bedingungen für den Zugang zur Erwerbstätigkeit sowie den beruflichen Aufstieg betrifft, gelten die Vorschriften dieses Abschnitts für Selbstständige und Organmitglieder, insbesondere Geschäftsführer oder Geschäftsführerinnen und Vorstände, entsprechend.

§ 7 Benachteiligungsverbot

(1) Beschäftigte dürfen nicht wegen eines in § 1 genannten Grundes benachteiligt werden; dies gilt auch, wenn die Person, die die Benachteiligung begeht, das Vorliegen eines in § 1 genannten Grundes bei der Benachteiligung nur annimmt.

(2) Bestimmungen in Vereinbarungen, die gegen das Benachteiligungsverbot des Absatzes 1 verstoßen, sind unwirksam.

(3) Eine Benachteiligung nach Absatz 1 durch Arbeitgeber oder Beschäftigte ist eine Verletzung vertraglicher Pflichten.

§ 8 Zulässige unterschiedliche Behandlung wegen beruflicher Anforderungen

(1) Eine unterschiedliche Behandlung wegen eines in § 1 genannten Grundes ist zulässig, wenn dieser Grund wegen der Art der auszuübenden Tätigkeit oder der Bedingungen ihrer Ausübung eine wesentliche und entscheidende berufliche Anforderung darstellt, sofern der Zweck rechtmäßig und die Anforderung angemessen ist.
(2) Die Vereinbarung einer geringeren Vergütung für gleiche oder gleichwertige Arbeit wegen eines in § 1 genannten Grundes wird nicht dadurch gerechtfertigt, dass wegen eines in § 1 genannten Grundes besondere Schutzvorschriften gelten.

§ 9 Zulässige unterschiedliche Behandlung wegen der Religion oder Weltanschauung

(1) Ungeachtet des § 8 ist eine unterschiedliche Behandlung wegen der Religion oder der Weltanschauung bei der Beschäftigung durch Religionsgemeinschaften, die ihnen zugeordneten Einrichtungen ohne Rücksicht auf ihre Rechtsform oder durch Vereinigungen, die sich die gemeinschaftliche Pflege einer Religion oder Weltanschauung zur Aufgabe machen, auch zulässig, wenn eine bestimmte Religion oder Weltanschauung unter Beachtung des Selbstverständnisses der jeweiligen Religionsgemeinschaft oder Vereinigung im Hinblick auf ihr Selbstbestimmungsrecht oder nach der Art der Tätigkeit eine gerechtfertigte berufliche Anforderung darstellt.
(2) Das Verbot unterschiedlicher Behandlung wegen der Religion oder der Weltanschauung berührt nicht das Recht der in Absatz 1 genannten Religionsgemeinschaften, der ihnen zugeordneten Einrichtungen ohne Rücksicht auf ihre Rechtsform oder der Vereinigungen, die sich die gemeinschaftliche Pflege einer Religion oder Weltanschauung zur Aufgabe machen, von ihren Beschäftigten ein loyales und aufrichtiges Verhalten im Sinne ihres jeweiligen Selbstverständnisses verlangen zu können.

§ 10 Zulässige unterschiedliche Behandlung wegen des Alters

Ungeachtet des § 8 ist eine unterschiedliche Behandlung wegen des Alters auch zulässig, wenn sie objektiv und angemessen und durch ein legitimes Ziel gerechtfertigt ist. Die Mittel zur Erreichung dieses Ziels müssen angemessen und erforderlich sein. Derartige unterschiedliche Behandlungen können insbesondere Folgendes einschließen:

1. die Festlegung besonderer Bedingungen für den Zugang zur Beschäftigung und zur beruflichen Bildung sowie besonderer Beschäftigungs- und Arbeitsbedingungen, einschließlich der Bedingungen für Entlohnung und Beendigung des Beschäftigungsverhältnisses, um die berufliche Eingliederung von Jugendlichen, älteren Beschäftigten und Personen mit Fürsorgepflichten zu fördern oder ihren Schutz sicherzustellen,
2. die Festlegung von Mindestanforderungen an das Alter, die Berufserfahrung oder das Dienstalter für den Zugang zur Beschäftigung oder für bestimmte mit der Beschäftigung verbundene Vorteile,
3. die Festsetzung eines Höchstalters für die Einstellung auf Grund der spezifischen Ausbildungsanforderungen eines bestimmten Arbeitsplatzes oder auf Grund der Notwendigkeit einer angemessenen Beschäftigungszeit vor dem Eintritt in den Ruhestand,
4. die Festsetzung von Altersgrenzen bei den betrieblichen Systemen der sozialen Sicherheit als Voraussetzung für die Mitgliedschaft oder den Bezug von Altersrente oder von Leistungen bei Invalidität einschließlich der Festsetzung unterschiedlicher Altersgrenzen im Rahmen dieser Systeme für bestimmte Beschäftigte oder Gruppen von Beschäftigten und die Verwendung von Alterskriterien im Rahmen dieser Systeme für versicherungsmathematische Berechnungen,
5. eine Vereinbarung, die die Beendigung des Beschäftigungsverhältnisses ohne Kündigung zu einem Zeitpunkt vorsieht, zu dem der oder die Beschäftigte eine Rente wegen Alters beantragen kann; § 41 des Sechsten Buches Sozialgesetzbuch bleibt unberührt,
6. Differenzierungen von Leistungen in Sozialplänen im Sinne des Betriebsverfassungsgesetzes, wenn die Parteien eine nach Alter oder Betriebszugehörigkeit gestaffelte Abfindungsregelung geschaffen haben, in der die wesentlich vom Alter abhängenden Chancen auf dem Arbeitsmarkt durch eine verhältnismäßig starke Betonung des Lebensalters erkennbar

berücksichtigt worden sind, oder Beschäftigte von den Leistungen des Sozialplans ausgeschlossen haben, die wirtschaftlich abgesichert sind, weil sie, gegebenenfalls nach Bezug von Arbeitslosengeld, rentenberechtigt sind.

§ 11 Ausschreibung

Ein Arbeitsplatz darf nicht unter Verstoß gegen § 7 Abs. 1 ausgeschrieben werden.

§ 12 Maßnahmen und Pflichten des Arbeitgebers

(1) Der Arbeitgeber ist verpflichtet, die erforderlichen Maßnahmen zum Schutz vor Benachteiligungen wegen eines in § 1 genannten Grundes zu treffen. Dieser Schutz umfasst auch vorbeugende Maßnahmen.
(2) Der Arbeitgeber soll in geeigneter Art und Weise, insbesondere im Rahmen der beruflichen Aus- und Fortbildung, auf die Unzulässigkeit solcher Benachteiligungen hinweisen und darauf hinwirken, dass diese unterbleiben. Hat der Arbeitgeber seine Beschäftigten in geeigneter Weise zum Zwecke der Verhinderung von Benachteiligung geschult, gilt dies als Erfüllung seiner Pflichten nach Absatz 1.
(3) Verstoßen Beschäftigte gegen das Benachteiligungsverbot des § 7 Abs. 1, so hat der Arbeitgeber die im Einzelfall geeigneten, erforderlichen und angemessenen Maßnahmen zur Unterbindung der Benachteiligung wie Abmahnung, Umsetzung, Versetzung oder Kündigung zu ergreifen.
(4) Werden Beschäftigte bei der Ausübung ihrer Tätigkeit durch Dritte nach § 7 Abs. 1 benachteiligt, so hat der Arbeitgeber die im Einzelfall geeigneten, erforderlichen und angemessenen Maßnahmen zum Schutz der Beschäftigten zu ergreifen.
(5) Dieses Gesetz und § 61b des Arbeitsgerichtsgesetzes sowie Informationen über die für die Behandlung von Beschwerden nach § 13 zuständigen Stellen sind im Betrieb oder in der Dienststelle bekannt zu machen. Die Bekanntmachung kann durch Aushang oder Auslegung an geeigneter Stelle oder den Einsatz der im Betrieb oder der Dienststelle üblichen Informations- und Kommunikationstechnik erfolgen.

§ 13 Beschwerderecht

(1) Die Beschäftigten haben das Recht, sich bei den zuständigen Stellen des Betriebs, des Unternehmens oder der Dienststelle zu beschweren, wenn sie sich im Zusammenhang mit ihrem Beschäftigungsverhältnis vom Arbeitgeber, von Vorgesetzten, anderen Beschäftigten oder Dritten wegen eines in § 1 genannten

Grundes benachteiligt fühlen. Die Beschwerde ist zu prüfen und das Ergebnis der oder dem beschwerdeführenden Beschäftigten mitzuteilen.
(2) Die Rechte der Arbeitnehmervertretungen bleiben unberührt.

§ 14 Leistungsverweigerungsrecht

Ergreift der Arbeitgeber keine oder offensichtlich ungeeignete Maßnahmen zur Unterbindung einer Belästigung oder sexuellen Belästigung am Arbeitsplatz, sind die betroffenen Beschäftigten berechtigt, ihre Tätigkeit ohne Verlust des Arbeitsentgelts einzustellen, soweit dies zu ihrem Schutz erforderlich ist. § 273 des Bürgerlichen Gesetzbuchs bleibt unberührt.

§ 15 Entschädigung und Schadensersatz

(1) Bei einem Verstoß gegen das Benachteiligungsverbot ist der Arbeitgeber verpflichtet, den hierdurch entstandenen Schaden zu ersetzen. Dies gilt nicht, wenn der Arbeitgeber die Pflichtverletzung nicht zu vertreten hat.
(2) Wegen eines Schadens, der nicht Vermögensschaden ist, kann der oder die Beschäftigte eine angemessene Entschädigung in Geld verlangen. Die Entschädigung darf bei einer Nichteinstellung drei Monatsgehälter nicht übersteigen, wenn der oder die Beschäftigte auch bei benachteiligungsfreier Auswahl nicht eingestellt worden wäre.
(3) Der Arbeitgeber ist bei der Anwendung kollektivrechtlicher Vereinbarungen nur dann zur Entschädigung verpflichtet, wenn er vorsätzlich oder grob fahrlässig handelt.
(4) Ein Anspruch nach Absatz 1 oder 2 muss innerhalb einer Frist von zwei Monaten schriftlich geltend gemacht werden, es sei denn, die Tarifvertragsparteien haben etwas anderes vereinbart. Die Frist beginnt im Falle einer Bewerbung oder eines beruflichen Aufstiegs mit dem Zugang der Ablehnung und in den sonstigen Fällen einer Benachteiligung zu dem Zeitpunkt, in dem der oder die Beschäftigte von der Benachteiligung Kenntnis erlangt.
(5) Im Übrigen bleiben Ansprüche gegen den Arbeitgeber, die sich aus anderen Rechtsvorschriften ergeben, unberührt.
(6) Ein Verstoß des Arbeitgebers gegen das Benachteiligungsverbot des § 7 Abs. 1 begründet keinen Anspruch auf Begründung eines Beschäftigungsverhältnisses, Berufsausbildungsverhältnisses oder einen beruflichen Aufstieg, es sei denn, ein solcher ergibt sich aus einem anderen Rechtsgrund.

§ 16 Maßregelungsverbot

(1) Der Arbeitgeber darf Beschäftigte nicht wegen der Inanspruchnahme von Rechten nach diesem Abschnitt oder wegen der Weigerung, eine gegen diesen Abschnitt verstoßende Anweisung auszuführen, benachteiligen. Gleiches gilt für Personen, die den Beschäftigten hierbei unterstützen oder als Zeuginnen oder Zeugen aussagen.
(2) Die Zurückweisung oder Duldung benachteiligender Verhaltensweisen durch betroffene Beschäftigte darf nicht als Grundlage für eine Entscheidung herangezogen werden, die diese Beschäftigten berührt. Absatz 1 Satz 2 gilt entsprechend.
(3) § 22 gilt entsprechend.

§ 17 Soziale Verantwortung der Beteiligten

(1) Tarifvertragsparteien, Arbeitgeber, Beschäftigte und deren Vertretungen sind aufgefordert, im Rahmen ihrer Aufgaben und Handlungsmöglichkeiten an der Verwirklichung des in § 1 genannten Ziels mitzuwirken.
(2) In Betrieben, in denen die Voraussetzungen des § 1 Abs. 1 Satz 1 des Betriebsverfassungsgesetzes vorliegen, können bei einem groben Verstoß des Arbeitgebers gegen Vorschriften aus diesem Abschnitt der Betriebsrat oder eine im Betrieb vertretene Gewerkschaft unter der Voraussetzung des § 23 Abs. 3 Satz 1 des Betriebsverfassungsgesetzes die dort genannten Rechte gerichtlich geltend machen; § 23 Abs. 3 Satz 2 bis 5 des Betriebsverfassungsgesetzes gilt entsprechend. Mit dem Antrag dürfen nicht Ansprüche des Benachteiligten geltend gemacht werden.

§ 22 Beweislast

Wenn im Streitfall die eine Partei Indizien beweist, die eine Benachteiligung wegen eines in § 1 genannten Grundes vermuten lassen, trägt die andere Partei die Beweislast dafür, dass kein Verstoß gegen die Bestimmungen zum Schutz vor Benachteiligung vorgelegen hat.

Berufsbildungsgesetz (BBiG)

vom 23.03.2005, zuletzt geändert am 28.03.2021

§ 1 Ziele und Begriffe der Berufsbildung

(1) Berufsbildung im Sinne dieses Gesetzes sind die Berufsausbildungsvorbereitung, die Berufsausbildung, die berufliche Fortbildung und die berufliche Umschulung.

(2) Die Berufsausbildungsvorbereitung dient dem Ziel, durch die Vermittlung von Grundlagen für den Erwerb beruflicher Handlungsfähigkeit an eine Berufsausbildung in einem anerkannten Ausbildungsberuf heranzuführen.

(3) Die Berufsausbildung hat die für die Ausübung einer qualifizierten beruflichen Tätigkeit in einer sich wandelnden Arbeitswelt notwendigen beruflichen Fertigkeiten, Kenntnisse und Fähigkeiten (berufliche Handlungsfähigkeit) in einem geordneten Ausbildungsgang zu vermitteln. Sie hat ferner den Erwerb der erforderlichen Berufserfahrungen zu ermöglichen.

(4) Die berufliche Fortbildung soll es ermöglichen,

1. die berufliche Handlungsfähigkeit durch eine Anpassungsfortbildung zu erhalten und anzupassen oder
2. die berufliche Handlungsfähigkeit durch eine Fortbildung der höherqualifizierenden Berufsbildung zu erweitern und beruflich aufzusteigen.

(5) Die berufliche Umschulung soll zu einer anderen beruflichen Tätigkeit befähigen.

§ 2 Lernorte der Berufsbildung

(1) Berufsbildung wird durchgeführt

1. in Betrieben der Wirtschaft, in vergleichbaren Einrichtungen außerhalb der Wirtschaft, insbesondere des öffentlichen Dienstes, der Angehörigen freier Berufe und in Haushalten (betriebliche Berufsbildung),
2. in berufsbildenden Schulen (schulische Berufsbildung) und
3. in sonstigen Berufsbildungseinrichtungen außerhalb der schulischen und betrieblichen Berufsbildung (außerbetriebliche Berufsbildung).

(2) Die Lernorte nach Absatz 1 wirken bei der Durchführung der Berufsbildung zusammen (Lernortkooperation).

(3) Teile der Berufsausbildung können im Ausland durchgeführt werden, wenn dies dem Ausbildungsziel dient. Ihre Gesamtdauer soll ein Viertel der in der Ausbildungsordnung festgelegten Ausbildungsdauer nicht überschreiten.

§ 3 Anwendungsbereich

(1) Dieses Gesetz gilt für die Berufsbildung, soweit sie nicht in berufsbildenden Schulen durchgeführt wird, die den Schulgesetzen der Länder unterstehen.

(2) Dieses Gesetz gilt nicht für

1. die Berufsbildung, die in berufsqualifizierenden oder vergleichbaren Studiengängen an Hochschulen auf der Grundlage des Hochschulrahmengesetzes und der Hochschulgesetze der Länder durchgeführt wird,
2. die Berufsbildung in einem öffentlich-rechtlichen Dienstverhältnis,

§ 4 Anerkennung von Ausbildungsberufen

(1) Als Grundlage für eine geordnete und einheitliche Berufsausbildung kann das Bundesministerium für Wirtschaft und Energie oder das sonst zuständige Fachministerium im Einvernehmen mit dem Bundesministerium für Bildung und Forschung durch Rechtsverordnung, die nicht der Zustimmung des Bundesrates bedarf, Ausbildungsberufe staatlich anerkennen und hierfür Ausbildungsordnungen nach § 5 erlassen.

(2) Für einen anerkannten Ausbildungsberuf darf nur nach der Ausbildungsordnung ausgebildet werden.

(3) In anderen als anerkannten Ausbildungsberufen dürfen Jugendliche unter 18 Jahren nicht ausgebildet werden, soweit die Berufsausbildung nicht auf den Besuch weiterführender Bildungsgänge vorbereitet.

§ 5 Ausbildungsordnung

(1) Die Ausbildungsordnung hat festzulegen

1. die Bezeichnung des Ausbildungsberufes, der anerkannt wird,
2. die Ausbildungsdauer; sie soll nicht mehr als drei und nicht weniger als zwei Jahre betragen,
3. die beruflichen Fertigkeiten, Kenntnisse und Fähigkeiten, die mindestens Gegenstand der Berufsausbildung sind (Ausbildungsberufsbild). Bei der

Festlegung der Fertigkeiten, Kenntnisse und Fähigkeiten nach Satz 1 Nummer 3 ist insbesondere die technologische und digitale Entwicklung zu beachten.
4. eine Anleitung zur sachlichen und zeitlichen Gliederung der Vermittlung der beruflichen Fertigkeiten, Kenntnisse und Fähigkeiten (Ausbildungsrahmenplan),
5. die Prüfungsanforderungen.

(2) Die Ausbildungsordnung kann vorsehen,
1. dass die Berufsausbildung in sachlich und zeitlich besonders gegliederten, aufeinander aufbauenden Stufen erfolgt; nach den einzelnen Stufen soll ein Ausbildungsabschluss vorgesehen werden, der sowohl zu einer qualifizierten beruflichen Tätigkeit im Sinne des § 1 Abs. 3 befähigt als auch die Fortsetzung der Berufsausbildung in weiteren Stufen ermöglicht (Stufenausbildung),
2. dass die Abschlussprüfung in zwei zeitlich auseinander fallenden Teilen durchgeführt wird,
3. dass abweichend von § 4 Abs. 4 die Berufsausbildung in diesem Ausbildungsberuf unter Anrechnung der bereits zurückgelegten Ausbildungszeit fortgesetzt werden kann, wenn die Vertragsparteien dies vereinbaren,
4. dass die auf Dauer der durch die Ausbildungsordnung geregelten Berufsausbildung die Dauer einer anderen abgeschlossenen Berufsausbildung ganz oder teilweise anzurechnen ist.
5. dass über das in Absatz 1 Nr. 3 beschriebene Ausbildungsberufsbild hinaus zusätzliche berufliche Fertigkeiten, Kenntnisse und Fähigkeiten vermittelt werden können, die die berufliche Handlungsfähigkeit ergänzen oder erweitern,
6. dass Teile der Berufsausbildung in geeigneten Einrichtungen außerhalb der Ausbildungsstätte durchgeführt werden, wenn und soweit es die Berufsausbildung erfordert (überbetriebliche Berufsausbildung).

§ 6 Erprobung neuer Ausbildungsberufe, Ausbildungs- und Prüfungsformen

Zur Entwicklung und Erprobung neuer Ausbildungsberufe sowie Ausbildungs- und Prüfungsformen kann das Bundesministerium für Wirtschaft und Energie oder das sonst zuständige Fachministerium im Einvernehmen mit dem Bundesministerium für Bildung und Forschung nach Anhörung des Hauptausschusses des Bundesinstituts für Berufsbildung durch Rechtsverordnung, die nicht der Zustimmung des Bundesrates bedarf, Ausnahmen von § 4 Abs. 2 und 3 sowie den §§ 5, 37 und 48 zulassen, die auch auf eine bestimmte Art und Zahl von Ausbildungsstätten beschränkt werden können.

§ 7 Anrechnung beruflicher Vorbildung auf die Ausbildungszeit

(1) Die Landesregierungen können nach Anhörung des Landesausschusses für Berufsbildung durch Rechtsverordnung bestimmen, dass der Besuch eines Bildungsganges berufsbildender Schulen oder die Berufsausbildung in einer sonstigen Einrichtung ganz oder teilweise auf die Ausbildungsdauer angerechnet wird. Die Ermächtigung kann durch Rechtsverordnung auf oberste Landesbehörden weiter übertragen werden.
(3) Die Anrechnung bedarf des gemeinsamen Antrags der Auszubildenden und Ausbildenden. Der Antrag ist an die zuständige Stelle zu richten. Er kann sich auf Teile des höchstzulässigen Anrechnungszeitraums beschränken.

§ 8 Abkürzung und Verlängerung der Ausbildungszeit

(1) Auf gemeinsamen Antrag der Auszubildenden und Ausbildenden hat die zuständige Stelle die Ausbildungsdauer zu kürzen, wenn zu erwarten ist, dass das Ausbildungsziel in der gekürzten Dauer erreicht wird.
(2) In Ausnahmefällen kann die zuständige Stelle auf Antrag Auszubildender die Ausbildungsdauer verlängern, wenn die Verlängerung erforderlich ist, um das Ausbildungsziel zu erreichen. Vor der Entscheidung über die Verlängerung sind die Ausbildenden zu hören.
(3) Für die Entscheidung über die Verkürzung oder Verlängerung der Ausbildungszeit kann der Hauptausschuss des Bundesinstituts für Berufsbildung Richtlinien erlassen.

§ 10 Vertrag [Ausbildungsvertrag]

(1) Wer andere Personen zur Berufsausbildung einstellt (Ausbildende), hat mit den Auszubildenden einen Berufsausbildungsvertrag zu schließen.
(2) Auf den Berufsausbildungsvertrag sind, soweit sich aus seinem Wesen und Zweck und aus diesem Gesetz nichts anderes ergibt, die für den Arbeitsvertrag geltenden Rechtsvorschriften und Rechtsgrundsätze anzuwenden.
(3) Schließen die gesetzlichen Vertreter oder Vertreterinnen mit ihrem Kind einen Berufsausbildungsvertrag, so sind sie von dem Verbot des § 181 des Bürgerlichen Gesetzbuchs befreit.

(4) Ein Mangel in der Berechtigung, Auszubildende einzustellen oder auszubilden, berührt die Wirksamkeit des Berufsausbildungsvertrages nicht.

(5) Zur Erfüllung der vertraglichen Verpflichtungen der Ausbildenden können mehrere natürliche oder juristische Personen in einem Ausbildungsverbund zusammenwirken, soweit die Verantwortlichkeit für die einzelnen Ausbildungsabschnitte sowie für die Ausbildungszeit insgesamt sichergestellt ist (Verbundausbildung).

§ 11 Vertragsniederschrift [Ausbildungsvertrag]

(1) Ausbildende haben unverzüglich nach Abschluss des Berufsausbildungsvertrages, spätestens vor Beginn der Berufsausbildung, den wesentlichen Inhalt des Vertrages gemäß Satz 2 schriftlich niederzulegen; die elektronische Form ist ausgeschlossen. In die Niederschrift sind mindestens aufzunehmen

1. Art, sachliche und zeitliche Gliederung sowie Ziel der Berufsausbildung, insbesondere die Berufstätigkeit, für die ausgebildet werden soll,
2. Beginn und Dauer der Berufsausbildung,
3. Ausbildungsmaßnahmen außerhalb der Ausbildungsstätte,
4. Dauer der regelmäßigen täglichen Ausbildungszeit,
5. Dauer der Probezeit,
6. Zahlung und Höhe der Vergütung,
7. Dauer des Urlaubs,
8. Voraussetzungen, unter denen der Berufsausbildungsvertrag gekündigt werden kann,
9. ein in allgemeiner Form gehaltener Hinweis auf die Tarifverträge, Betriebs- oder Dienstvereinbarungen, die auf das Berufsausbildungsverhältnis anzuwenden sind,
10. die Form des Ausbildungsnachweises nach § 13 Satz 2 Nummer 7.

(2) Die Niederschrift ist von den Ausbildenden, den Auszubildenden und deren gesetzlichen Vertretern und Vertreterinnen zu unterzeichnen.

(3) Ausbildende haben den Auszubildenden und deren gesetzlichen Vertretern und Vertreterinnen eine Ausfertigung der unterzeichneten Niederschrift unverzüglich auszuhändigen.

§ 12 Nichtige Vereinbarungen

(1) Eine Vereinbarung, die Auszubildende für die Zeit nach Beendigung des Berufsausbildungsverhältnisses in der Ausübung ihrer beruflichen Tätigkeit beschränkt, ist nichtig. Dies gilt nicht, wenn sich Auszubildende innerhalb der letzten sechs Monate des Berufsausbildungsverhältnisses dazu verpflichten, nach dessen Beendigung mit den Ausbildenden ein Arbeitsverhältnis einzugehen.

(2) Nichtig ist eine Vereinbarung über

1. die Verpflichtung Auszubildender, für die Berufsausbildung eine Entschädigung zu zahlen,
2. Vertragsstrafen,
3. den Ausschluss oder die Beschränkung von Schadensersatzansprüchen,
4. die Festsetzung der Höhe eines Schadensersatzes in Pauschbeträgen.

§ 13 Verhalten während der Berufsausbildung

Auszubildende haben sich zu bemühen, die berufliche Handlungsfähigkeit zu erwerben, die zum Erreichen des Ausbildungsziels erforderlich ist. Sie sind insbesondere verpflichtet,

1. die ihnen im Rahmen ihrer Berufsausbildung aufgetragenen Aufgaben sorgfältig auszuführen,
2. an Ausbildungsmaßnahmen teilzunehmen, für die sie nach § 15 freigestellt werden,
3. den Weisungen zu folgen, die ihnen im Rahmen der Berufsausbildung von Ausbildenden, von Ausbildern oder Ausbilderinnen oder von anderen weisungsberechtigten Personen erteilt werden,
4. die für die Ausbildungsstätte geltende Ordnung zu beachten,
5. Werkzeug, Maschinen und sonstige Einrichtungen pfleglich zu behandeln,
6. über Betriebs- und Geschäftsgeheimnisse Stillschweigen zu wahren,
7. einen schriftlichen oder elektronischen Ausbildungsnachweis zu führen.

§ 14 Berufsausbildung [Ausbilder]

(1) Ausbildende haben

1. dafür zu sorgen, dass den Auszubildenden die berufliche Handlungsfähigkeit vermittelt wird, die zum Erreichen des Ausbildungsziels erforderlich ist, und die Berufsausbildung in einer durch ihren Zweck gebotenen Form planmäßig,

zeitlich und sachlich gegliedert so durchzuführen, dass das Ausbildungsziel in der vorgesehenen Ausbildungszeit erreicht werden kann,
2. selbst auszubilden oder einen Ausbilder oder eine Ausbilderin ausdrücklich damit zu beauftragen,
3. Auszubildenden kostenlos die Ausbildungsmittel, insbesondere Werkzeuge, Werkstoffe und Fachliteratur zur Verfügung zu stellen, die zur Berufsausbildung und zum Ablegen von Zwischen- und Abschlussprüfungen, auch soweit solche nach Beendigung des Berufsausbildungsverhältnisses stattfinden, erforderlich sind,
4. Auszubildende zum Besuch der Berufsschule anzuhalten,
5. dafür zu sorgen, dass Auszubildende charakterlich gefördert sowie sittlich und körperlich nicht gefährdet werden.

(2) Ausbildende haben Auszubildende zum Führen der Ausbildungsnachweise nach § 13 Satz 2 Nummer 7 anzuhalten und diese regelmäßig durchzusehen. Den Auszubildenden ist Gelegenheit zu geben, den Ausbildungsnachweis am Arbeitsplatz zu führen.

(3) Auszubildenden dürfen nur Aufgaben übertragen werden, die dem Ausbildungszweck dienen und ihren körperlichen Kräften angemessen sind.

§ 16 Zeugnis

(1) Ausbildende haben den Auszubildenden bei Beendigung des Berufsausbildungsverhältnisses ein schriftliches Zeugnis auszustellen. Die elektronische Form ist ausgeschlossen. Haben Ausbildende die Berufsausbildung nicht selbst durchgeführt, so soll auch der Ausbilder oder die Ausbilderin das Zeugnis unterschreiben.

(2) Das Zeugnis muss Angaben enthalten über Art, Dauer und Ziel der Berufsausbildung sowie über die erworbenen beruflichen Fertigkeiten, Kenntnisse und Fähigkeiten der Auszubildenden. Auf Verlangen Auszubildender sind auch Angaben über Verhalten und Leistung aufzunehmen.

§ 17 Vergütungsanspruch

(1)Ausbildende haben Auszubildenden eine angemessene Vergütung zu gewähren. Die Vergütung steigt mit fortschreitender Berufsausbildung, mindestens jährlich, an.

§ 19 Fortzahlung der Vergütung

(1) Auszubildenden ist die Vergütung auch zu zahlen

1. für die Zeit der Freistellung (§ 15),
2. bis zur Dauer von sechs Wochen, wenn sie
   a) sich für die Berufsausbildung bereithalten, diese aber ausfällt oder
   b) aus einem sonstigen, in ihrer Person liegenden Grund unverschuldet verhindert sind, ihre Pflichten aus dem Berufsausbildungsverhältnis zu erfüllen.

§ 20 Probezeit

Das Berufsausbildungsverhältnis beginnt mit der Probezeit. Sie muss mindestens einen Monat und darf höchstens vier Monate betragen.

§ 21 Beendigung

(1) Das Berufsausbildungsverhältnis endet mit dem Ablauf der Ausbildungsdauer. Im Falle der Stufenausbildung endet es mit Ablauf der letzten Stufe.

(2) Bestehen Auszubildende vor Ablauf der Ausbildungsdauer die Abschlussprüfung, so endet das Berufsausbildungsverhältnis mit Bekanntgabe des Ergebnisses durch den Prüfungsausschuss.

(3) Bestehen Auszubildende die Abschlussprüfung nicht, so verlängert sich das Berufsausbildungsverhältnis auf ihr Verlangen bis zur nächstmöglichen Wiederholungsprüfung, höchstens um ein Jahr.

§ 22 Kündigung

(1) Während der Probezeit kann das Berufsausbildungsverhältnis jederzeit ohne Einhalten einer Kündigungsfrist gekündigt werden.

(2) Nach der Probezeit kann das Berufsausbildungsverhältnis nur gekündigt werden

1. aus einem wichtigen Grund ohne Einhalten einer Kündigungsfrist,
2. von Auszubildenden mit einer Kündigungsfrist von vier Wochen, wenn sie die Berufsausbildung aufgeben oder sich für eine andere Berufstätigkeit ausbilden lassen wollen.

(3) Die Kündigung muss schriftlich und in den Fällen des Absatzes 2 unter Angabe der Kündigungsgründe erfolgen.

(4) Eine Kündigung aus einem wichtigen Grund ist unwirksam, wenn die ihr zugrunde liegenden Tatsachen dem zur Kündigung Berechtigten länger als zwei Wochen

bekannt sind. Ist ein vorgesehenes Güteverfahren vor einer außergerichtlichen Stelle eingeleitet, so wird bis zu dessen Beendigung der Lauf dieser Frist gehemmt.

§ 23 Schadensersatz bei vorzeitiger Beendigung

(1) Wird das Berufsausbildungsverhältnis nach der Probezeit vorzeitig gelöst, so können Ausbildende oder Auszubildende Ersatz des Schadens verlangen, wenn die andere Person den Grund für die Auflösung zu vertreten hat. Dies gilt nicht im Falle des § 22 Abs. 2 Nr. 2.

(2) Der Anspruch erlischt, wenn er nicht innerhalb von drei Monaten nach Beendigung des Berufsausbildungsverhältnisses geltend gemacht wird.

§ 27 Eignung der Ausbildungsstätte [Ausbildereignung]

(1) Auszubildende dürfen nur eingestellt und ausgebildet werden, wenn

1. die Ausbildungsstätte nach Art und Einrichtung für die Berufsausbildung geeignet ist und
2. die Zahl der Auszubildenden in einem angemessenen Verhältnis zur Zahl der Ausbildungsplätze oder zur Zahl der beschäftigten Fachkräfte steht, es sei denn, dass anderenfalls die Berufsausbildung nicht gefährdet wird.

(2) Eine Ausbildungsstätte, in der die erforderlichen beruflichen Fertigkeiten, Kenntnisse und Fähigkeiten nicht im vollen Umfang vermittelt werden können, gilt als geeignet, wenn diese durch Ausbildungsmaßnahmen außerhalb der Ausbildungsstätte vermittelt werden.

(4) Eine Ausbildungsstätte ist nach Art und Einrichtung für die Berufsausbildung in Berufen der Hauswirtschaft nur geeignet, wenn sie von der nach Landesrecht zuständigen Behörde als Ausbildungsstätte anerkannt ist. Das Bundesministerium für Wirtschaft und Energie kann im Einvernehmen mit dem Bundesministerium für Bildung und Forschung nach Anhörung des Hauptausschusses des Bundesinstituts für Berufsbildung durch Rechtsverordnung, die nicht der Zustimmung des Bundesrates bedarf, Mindestanforderungen für die Größe, die Einrichtung und den Bewirtschaftungszustand der Ausbildungsstätte festsetzen.

§ 28 Eignung von Ausbildenden und Ausbildern oder Ausbilderinnen [Ausbildereignung]

(1) Auszubildende darf nur einstellen, wer persönlich geeignet ist. Auszubildende darf nur ausbilden, wer persönlich und fachlich geeignet ist.

(2) Wer fachlich nicht geeignet ist oder wer nicht selbst ausbildet, darf Auszubildende nur dann einstellen, wenn er persönlich und fachlich geeignete Ausbilder oder Ausbilderinnen bestellt, die die Ausbildungsinhalte in der Ausbildungsstätte unmittelbar, verantwortlich und in wesentlichem Umfang vermitteln.

(3) Unter der Verantwortung des Ausbilders oder der Ausbilderin kann bei der Berufsausbildung mitwirken, wer selbst nicht Ausbilder oder Ausbilderin ist, aber abweichend von den besonderen Voraussetzungen des § 30 die für die Vermittlung von Ausbildungsinhalten erforderlichen beruflichen Fertigkeiten, Kenntnisse und Fähigkeiten besitzt und persönlich geeignet ist.

§ 29 Persönliche Eignung [Ausbildereignung]

Persönlich nicht geeignet ist insbesondere, wer

1. Kinder und Jugendliche nicht beschäftigen darf oder
2. wiederholt oder schwer gegen dieses Gesetz oder die auf Grund dieses Gesetzes erlassenen Vorschriften und Bestimmungen verstoßen hat.

§ 30 Fachliche Eignung [Ausbildereignung]

(1) Fachlich geeignet ist, wer die beruflichen sowie die berufs- und arbeitspädagogischen Fertigkeiten, Kenntnisse und Fähigkeiten besitzt, die für die Vermittlung der Ausbildungsinhalte erforderlich sind.

(2) Die erforderlichen beruflichen Fertigkeiten, Kenntnisse und Fähigkeiten besitzt, wer

1. die Abschlussprüfung in einer dem Ausbildungsberuf entsprechenden Fachrichtung bestanden hat,
2. eine anerkannte Prüfung an einer Ausbildungsstätte oder vor einer Prüfungsbehörde oder eine Abschlussprüfung an einer staatlichen oder staatlich anerkannten Schule in einer dem Ausbildungsberuf entsprechenden Fachrichtung bestanden hat,
3. eine Abschlussprüfung an einer deutschen Hochschule in einer dem Ausbildungsberuf entsprechenden Fachrichtung bestanden hat oder
4. im Ausland einen Bildungsabschluss in einer dem Ausbildungsberuf entsprechenden Fachrichtung erworben hat, dessen Gleichwertigkeit nach dem Berufsqualifikationsfeststellungsgesetz oder anderen rechtlichen Regelungen

festgestellt worden ist und eine angemessene Zeit in seinem Beruf praktisch tätig gewesen ist.

(3) Das Bundesministerium für Wirtschaft und Energie oder das sonst zuständige Fachministerium kann im Einvernehmen mit dem Bundesministerium für Bildung und Forschung nach Anhörung des Hauptausschusses des Bundesinstituts für Berufsbildung durch Rechtsverordnung, die nicht der Zustimmung des Bundesrates bedarf, in den Fällen des Absatzes 2 Nr. 2 bestimmen, welche Prüfungen für welche Ausbildungsberufe anerkannt werden.

(4) Das Bundesministerium für Wirtschaft und Energie oder das sonst zuständige Fachministerium kann im Einvernehmen mit dem Bundesministerium für Bildung und Forschung nach Anhörung des Hauptausschusses des Bundesinstituts für Berufsbildung durch Rechtsverordnung, die nicht der Zustimmung des Bundesrates bedarf, für einzelne Ausbildungsberufe bestimmen, dass abweichend von Absatz 2 die für die fachliche Eignung erforderlichen beruflichen Fertigkeiten, Kenntnisse und Fähigkeiten nur besitzt, wer

1. die Voraussetzungen des Absatzes 2 Nr. 2 oder 3 erfüllt und eine angemessene Zeit in seinem Beruf praktisch tätig gewesen ist oder
2. die Voraussetzungen des Absatzes 2 Nr. 3 erfüllt und eine angemessene Zeit in seinem Beruf praktisch tätig gewesen ist oder
3. für die Ausübung eines freien Berufes zugelassen oder in ein öffentliches Amt bestellt ist.

(5) Das Bundesministerium für Bildung und Forschung kann nach Anhörung des Hauptausschusses des Bundesinstituts für Berufsbildung durch Rechtsverordnung, die nicht der Zustimmung des Bundesrates bedarf, bestimmen, dass der Erwerb berufs- und arbeitspädagogischer Fertigkeiten, Kenntnisse und Fähigkeiten gesondert nachzuweisen ist. Dabei können Inhalt, Umfang und Abschluss der Maßnahmen für den Nachweis geregelt werden.

(6) Die nach Landesrecht zuständige Behörde kann Personen, die die Voraussetzungen des Absatzes 2, 4 oder 5 nicht erfüllen, die fachliche Eignung nach Anhörung der zuständigen Stelle widerruflich zuerkennen.

§ 31 Europaklausel

(1) In den Fällen des § 30 Abs. 2 und 4 besitzt die für die fachliche Eignung erforderlichen beruflichen Fertigkeiten, Kenntnisse und Fähigkeiten auch, wer die Voraussetzungen für die Anerkennung seiner Berufsqualifikation nach der Richtlinie

2005/36/EG des Europäischen Parlaments und des Rates vom 7. September 2005 über die Anerkennung von Berufsqualifikationen (ABl. EU Nr. L 255 S. 22) erfüllt, sofern er eine angemessene Zeit in seinem Beruf praktisch tätig gewesen ist. § 30 Abs. 4 Nr. 3 bleibt unberührt.

(2) Die Anerkennung kann unter den in Artikel 14 der in Absatz 1 genannten Richtlinie aufgeführten Voraussetzungen davon abhängig gemacht werden, dass der Antragsteller oder die Antragstellerin zunächst einen höchstens dreijährigen Anpassungslehrgang ableistet oder eine Eignungsprüfung ablegt.

(3) Die Entscheidung über die Anerkennung trifft die zuständige Stelle. Sie kann die Durchführung von Anpassungslehrgängen und Eignungsprüfungen regeln. § 31a Sonstige ausländische Vorqualifikationen In den Fällen des § 30 Absatz 2 und 4 besitzt die für die fachliche Eignung erforderlichen Fertigkeiten, Kenntnisse und Fähigkeiten, wer die Voraussetzungen von § 2 Absatz 1 in Verbindung mit § 9 des Berufsqualifikationsfeststellungsgesetzes erfüllt und nicht in einem anderen Mitgliedstaat der Europäischen Union oder einem anderen Vertragsstaat des Europäischen Wirtschaftsraums oder der Schweiz seinen Befähigungsnachweis erworben hat, sofern er eine angemessene Zeit in seinem Beruf praktisch tätig gewesen ist. § 30 Absatz 4 Nummer 3 bleibt unberührt.

§ 32 Überwachung der Eignung

(1) Die zuständige Stelle hat darüber zu wachen, dass die Eignung der Ausbildungsstätte sowie die persönliche und fachliche Eignung vorliegen.

(2) Werden Mängel der Eignung festgestellt, so hat die zuständige Stelle, falls der Mangel zu beheben und eine Gefährdung Auszubildender nicht zu erwarten ist, Ausbildende aufzufordern, innerhalb einer von ihr gesetzten Frist den Mangel zu beseitigen. Ist der Mangel der Eignung nicht zu beheben oder ist eine Gefährdung Auszubildender zu erwarten oder wird der Mangel nicht innerhalb der gesetzten Frist beseitigt, so hat die zuständige Stelle dies der nach Landesrecht zuständigen Behörde mitzuteilen.

§ 36 Antrag und Mitteilungspflichten

(1) Ausbildende haben unverzüglich nach Abschluss des Berufsausbildungsvertrages die Eintragung in das Verzeichnis zu beantragen. Der Antrag kann schriftlich oder elektronisch gestellt werden; eine Kopie der Vertragsniederschrift ist jeweils beizufügen. Auf einen betrieblichen Ausbildungsplan im Sinne von § 11 Absatz 1 Satz

2 Nummer 1, der der zuständigen Stelle bereits vorliegt, kann dabei Bezug genommen werden. Entsprechendes gilt bei Änderungen des wesentlichen Vertragsinhalts.

(2) Ausbildende und Auszubildende sind verpflichtet, den zuständigen Stellen die zur Eintragung nach § 34 erforderlichen Tatsachen auf Verlangen mitzuteilen.

§ 37 Abschlussprüfung

(1) In den anerkannten Ausbildungsberufen sind Abschlussprüfungen durchzuführen. Die Abschlussprüfung kann im Falle des Nichtbestehens zweimal wiederholt werden. Sofern die Abschlussprüfung in zwei zeitlich auseinander fallenden Teilen durchgeführt wird, ist der erste Teil der Abschlussprüfung nicht eigenständig wiederholbar.

(2) Dem Prüfling ist ein Zeugnis auszustellen. Ausbildenden werden auf deren Verlangen die Ergebnisse der Abschlussprüfung der Auszubildenden übermittelt. Sofern die Abschlussprüfung in zwei zeitlich auseinander fallenden Teilen durchgeführt wird, ist das Ergebnis der Prüfungsleistungen im ersten Teil der Abschlussprüfung dem Prüfling schriftlich mitzuteilen.

§ 38 Prüfungsgegenstand

Durch die Abschlussprüfung ist festzustellen, ob der Prüfling die berufliche Handlungsfähigkeit erworben hat. In ihr soll der Prüfling nachweisen, dass er die erforderlichen beruflichen Fertigkeiten beherrscht, die notwendigen beruflichen Kenntnisse und Fähigkeiten besitzt und mit dem im Berufsschulunterricht zu vermittelnden, für die Berufsausbildung wesentlichen Lehrstoff vertraut ist. Die Ausbildungsordnung ist zugrunde zu legen.

§ 40 Zusammensetzung, Berufung

(1) Der Prüfungsausschuss besteht aus mindestens drei Mitgliedern. Die Mitglieder müssen für die Prüfungsgebiete sachkundig und für die Mitwirkung im Prüfungswesen geeignet sein.

(2) Dem Prüfungsausschuss müssen als Mitglieder Beauftragte der Arbeitgeber und der Arbeitnehmer in gleicher Zahl sowie mindestens eine Lehrkraft einer berufsbildenden Schule angehören. Mindestens zwei Drittel der Gesamtzahl der Mitglieder müssen Beauftragte der Arbeitgeber und der Arbeitnehmer sein. Die Mitglieder haben Stellvertreter oder Stellvertreterinnen.

(3) Die Mitglieder werden von der zuständigen Stelle längstens für fünf Jahre berufen. Die Beauftragten der Arbeitnehmer werden auf Vorschlag der im Bezirk der zuständigen Stelle bestehenden Gewerkschaften und selbständigen Vereinigungen von Arbeitnehmern mit sozial- oder berufspolitischer Zwecksetzung berufen. Die Lehrkraft einer berufsbildenden Schule wird im Einvernehmen mit der Schulaufsichtsbehörde oder der von ihr bestimmten Stelle berufen. Werden Mitglieder nicht oder nicht in ausreichender Zahl innerhalb einer von der zuständigen Stelle gesetzten angemessenen Frist vorgeschlagen, so beruft die zuständige Stelle insoweit nach pflichtgemäßem Ermessen. Die Mitglieder der Prüfungsausschüsse können nach Anhören der an ihrer Berufung Beteiligten aus wichtigem Grund abberufen werden. Die Sätze 1 bis 5 gelten für die stellvertretenden Mitglieder entsprechend.

§ 43 Zulassung zur Abschlussprüfung

(1) Zur Abschlussprüfung ist zuzulassen,

1. wer die Ausbildungsdauer zurückgelegt hat oder wessen Ausbildungsdauer nicht später als zwei Monate nach dem Prüfungstermin endet,
2. wer an vorgeschriebenen Zwischenprüfungen teilgenommen sowie einen vom Ausbilder und Auszubildenden unterzeichneten Ausbildungsnachweis nach § 13 Satz 2 Nummer 7 vorgelegt hat und
3. wessen Berufsausbildungsverhältnis in das Verzeichnis der Berufsausbildungsverhältnisse eingetragen oder aus einem Grund nicht eingetragen ist, den weder die Auszubildenden noch deren gesetzliche Vertreter oder Vertreterinnen zu vertreten haben.

(2) Zur Abschlussprüfung ist ferner zuzulassen, wer in einer berufsbildenden Schule oder einer sonstigen Berufsbildungseinrichtung ausgebildet worden ist, wenn dieser Bildungsgang der Berufsausbildung in einem anerkannten Ausbildungsberuf entspricht. Ein Bildungsgang entspricht der Berufsausbildung in einem anerkannten Ausbildungsberuf, wenn er

1. nach Inhalt, Anforderung und zeitlichem Umfang der jeweiligen Ausbildungsordnung gleichwertig ist,
2. systematisch, insbesondere im Rahmen einer sachlichen und zeitlichen Gliederung, durchgeführt wird und
3. durch Lernortkooperation einen angemessenen Anteil an fachpraktischer Ausbildung gewährleistet.

§ 45 Zulassung in besonderen Fällen

(1) Auszubildende können nach Anhörung der Ausbildenden und der Berufsschule vor Ablauf ihrer Ausbildungszeit zur Abschlussprüfung zugelassen werden, wenn ihre Leistungen dies rechtfertigen.

(2) Zur Abschlussprüfung ist auch zuzulassen, wer nachweist, dass er mindestens das Eineinhalbfache der Zeit, die als Ausbildungsdauer vorgeschrieben ist, in dem Beruf tätig gewesen ist, in dem die Prüfung abgelegt werden soll. Als Zeiten der Berufstätigkeit gelten auch Ausbildungszeiten in einem anderen, einschlägigen Ausbildungsberuf. Vom Nachweis der Mindestzeit nach Satz 1 kann ganz oder teilweise abgesehen werden, wenn durch Vorlage von Zeugnissen oder auf andere Weise glaubhaft gemacht wird, dass der Bewerber oder die Bewerberin die berufliche Handlungsfähigkeit erworben hat, die die Zulassung zur Prüfung rechtfertigt. Ausländische Bildungsabschlüsse und Zeiten der Berufstätigkeit im Ausland sind dabei zu berücksichtigen.

(3) Soldaten oder Soldatinnen auf Zeit und ehemalige Soldaten oder Soldatinnen sind nach Absatz 2 Satz 3 zur Abschlussprüfung zuzulassen, wenn das Bundesministerium der Verteidigung oder die von ihm bestimmte Stelle bescheinigt, dass der Bewerber oder die Bewerberin berufliche Fertigkeiten, Kenntnisse und Fähigkeiten erworben hat, welche die Zulassung zur Prüfung rechtfertigen.

§ 46 Entscheidung über die Zulassung

(1) Über die Zulassung zur Abschlussprüfung entscheidet die zuständige Stelle. Hält sie die Zulassungsvoraussetzungen nicht für gegeben, so entscheidet der Prüfungsausschuss.

(2) Auszubildenden, die Elternzeit in Anspruch genommen haben, darf bei der Entscheidung über die Zulassung hieraus kein Nachteil erwachsen.

§ 47 Prüfungsordnung

(1) Die zuständige Stelle hat eine Prüfungsordnung für die Abschlussprüfung zu erlassen. Die Prüfungsordnung bedarf der Genehmigung der zuständigen obersten Landesbehörde.

(2) Die Prüfungsordnung muss die Zulassung, die Gliederung der Prüfung, die Bewertungsmaßstäbe, die Erteilung der Prüfungszeugnisse, die Folgen von Verstößen gegen die Prüfungsordnung und die Wiederholungsprüfung regeln. Sie

kann vorsehen, dass Prüfungsaufgaben, die überregional oder von einem Aufgabenerstellungsausschuss bei der zuständigen Stelle erstellt oder ausgewählt werden, zu übernehmen sind, sofern diese Aufgaben von Gremien erstellt oder ausgewählt werden, die entsprechend § 40 Abs. 2 zusammengesetzt sind.

§ 48 Zwischenprüfungen

(1) Während der Berufsausbildung ist zur Ermittlung des Ausbildungsstandes eine Zwischenprüfung entsprechend der Ausbildungsordnung durchzuführen. Die §§ 37 bis 39 gelten entsprechend.

§ 49 Zusatzqualifikationen

(1) Zusätzliche berufliche Fertigkeiten, Kenntnisse und Fähigkeiten nach § 5 Abs. 2 Nr. 5 werden gesondert geprüft und bescheinigt. Das Ergebnis der Prüfung nach § 37 bleibt unberührt.

§ 50 Gleichstellung von Prüfungszeugnissen

(1) Das Bundesministerium für Wirtschaft und Energie oder das sonst zuständige Fachministerium kann im
Einvernehmen mit dem Bundesministerium für Bildung und Forschung nach Anhörung des Hauptausschusses des
Bundesinstituts für Berufsbildung durch Rechtsverordnung außerhalb des Anwendungsbereichs dieses Gesetzes
erworbene Prüfungszeugnisse den entsprechenden Zeugnissen über das Bestehen der Abschlussprüfung
gleichstellen, wenn die Berufsausbildung und die in der Prüfung nachzuweisenden beruflichen Fertigkeiten,
Kenntnisse und Fähigkeiten gleichwertig sind.
(2) Das Bundesministerium für Wirtschaft und Energie oder das sonst zuständige Fachministerium kann im
Einvernehmen mit dem Bundesministerium für Bildung und Forschung nach Anhörung des Hauptausschusses
des Bundesinstituts für Berufsbildung durch Rechtsverordnung im Ausland erworbene Prüfungszeugnisse den
entsprechenden Zeugnissen über das Bestehen der Abschlussprüfung gleichstellen, wenn die in der Prüfung

nachzuweisenden beruflichen Fertigkeiten, Kenntnisse und Fähigkeiten gleichwertig sind.

§ 50a Gleichwertigkeit ausländischer Berufsqualifikationen

Ausländische Berufsqualifikationen stehen einer bestandenen Aus- oder Fortbildungsprüfung nach diesem Gesetz gleich, wenn die Gleichwertigkeit der beruflichen Fertigkeiten, Kenntnisse und Fähigkeiten nach dem Berufsqualifikationsfeststellungsgesetz festgestellt wurde.

§ 51 Interessenvertretung

(1) Auszubildende, deren praktische Berufsbildung in einer sonstigen Berufsbildungseinrichtung außerhalb der schulischen und betrieblichen Berufsbildung (§ 2 Abs. 1 Nr. 3) mit in der Regel mindestens fünf Auszubildenden stattfindet und die nicht wahlberechtigt zum Betriebsrat nach § 7 des Betriebsverfassungsgesetzes, zur Jugend- und Auszubildendenvertretung nach § 60 des Betriebsverfassungsgesetzes oder zur Mitwirkungsvertretung nach § 36 des Neunten Buches Sozialgesetzbuch sind (außerbetriebliche Auszubildende), wählen eine besondere Interessenvertretung.
(2) Absatz 1 findet keine Anwendung auf Berufsbildungseinrichtungen von Religionsgemeinschaften sowie auf andere Berufsbildungseinrichtungen, soweit sie eigene gleichwertige Regelungen getroffen haben.

§ 52 Verordnungsermächtigung

Das Bundesministerium für Bildung und Forschung kann durch Rechtsverordnung, die nicht der Zustimmung des Bundesrates bedarf, die Fragen bestimmen, auf die sich die Beteiligung erstreckt, die Zusammensetzung und die Amtszeit der Interessenvertretung, die Durchführung der Wahl, insbesondere die Feststellung der Wahlberechtigung und der Wählbarkeit sowie Art und Umfang der Beteiligung.

§ 56 Fortbildungsprüfungen

(1) Für die Durchführung von Prüfungen im Bereich der beruflichen Fortbildung errichtet die zuständige Stelle Prüfungsausschüsse.
(2) Der Prüfling ist auf Antrag von der Ablegung einzelner Prüfungsbestandteile durch die zuständige Stelle zu befreien, wenn er eine andere vergleichbare Prüfung vor einer öffentlichen oder einer staatlich anerkannten Bildungseinrichtung oder vor

einem staatlichen Prüfungsausschuss erfolgreich abgelegt hat und die Anmeldung zur Fortbildungsprüfung innerhalb von zehn Jahren nach der Bekanntgabe des Bestehens der anderen Prüfung erfolgt.

§ 58 Umschulungsordnung

Als Grundlage für eine geordnete und einheitliche berufliche Umschulung kann das Bundesministerium für Bildung und Forschung im Einvernehmen mit dem Bundesministerium für Wirtschaft und Energie oder dem sonst zuständigen Fachministerium nach Anhörung des Hauptausschusses des Bundesinstituts für Berufsbildung durch Rechtsverordnung, die nicht der Zustimmung des Bundesrates bedarf,

1. die Bezeichnung des Umschulungsabschlusses,
2. das Ziel, den Inhalt, die Art und Dauer der Umschulung,
3. die Anforderungen der Umschulungsprüfung und die Zulassungsvoraussetzungen sowie
4. das Prüfungsverfahren der Umschulung

unter Berücksichtigung der besonderen Erfordernisse der beruflichen Erwachsenenbildung bestimmen (Umschulungsordnung).

§ 62 Umschulungsmaßnahmen; Umschulungsprüfungen

(1) Maßnahmen der beruflichen Umschulung müssen nach Inhalt, Art, Ziel und Dauer den besonderen Erfordernissen der beruflichen Erwachsenenbildung entsprechen.

(2) Umschulende haben die Durchführung der beruflichen Umschulung vor Beginn der Maßnahme der zuständigen Stelle schriftlich anzuzeigen. Die Anzeigepflicht erstreckt sich auf den wesentlichen Inhalt des Umschulungsverhältnisses. Bei Abschluss eines Umschulungsvertrages ist eine Ausfertigung der Vertragsniederschrift beizufügen.

(3) Für die Durchführung von Prüfungen im Bereich der beruflichen Umschulung errichtet die zuständige Stelle Prüfungsausschüsse.

§ 63 Gleichstellung von Prüfungszeugnissen

Das Bundesministerium für Wirtschaft und Energie oder das sonst zuständige Fachministerium kann im Einvernehmen mit dem Bundesministerium für Bildung und Forschung nach Anhörung des Hauptausschusses des Bundesinstituts für Berufsbildung durch Rechtsverordnung außerhalb des Anwendungsbereichs dieses

Gesetzes oder im Ausland erworbene Prüfungszeugnisse den entsprechenden Zeugnissen über das Bestehen einer Umschulungsprüfung auf der Grundlage der §§ 58 und 59 gleichstellen, wenn die in der Prüfung nachzuweisenden beruflichen Fertigkeiten, Kenntnisse und Fähigkeiten gleichwertig sind.

§ 64 Berufsausbildung

Behinderte Menschen (§ 2 Abs. 1 Satz 1 des Neunten Buches Sozialgesetzbuch) sollen in anerkannten Ausbildungsberufen ausgebildet werden.

§ 65 Berufsausbildung in anerkannten Ausbildungsberufen

(1) Regelungen nach den §§ 9 und 47 sollen die besonderen Verhältnisse behinderter Menschen berücksichtigen. Dies gilt insbesondere für die zeitliche und sachliche Gliederung der Ausbildung, die Dauer von Prüfungszeiten, die Zulassung von Hilfsmitteln und die Inanspruchnahme von Hilfeleistungen Dritter wie Gebärdensprachdolmetscher für hörbehinderte Menschen.

(2) Der Berufsausbildungsvertrag mit einem behinderten Menschen ist in das Verzeichnis der Berufsausbildungsverhältnisse (§ 34) einzutragen. Der behinderte Mensch ist zur Abschlussprüfung auch zuzulassen, wenn die Voraussetzungen des § 43 Abs. 1 Nr. 2 und 3 nicht vorliegen.

§ 66 Ausbildungsregelungen der zuständigen Stellen

(1) Für behinderte Menschen, für die wegen Art und Schwere ihrer Behinderung eine Ausbildung in einem anerkannten Ausbildungsberuf nicht in Betracht kommt, treffen die zuständigen Stellen auf Antrag der behinderten Menschen oder ihrer gesetzlichen Vertreter oder Vertreterinnen Ausbildungsregelungen entsprechend den Empfehlungen des Hauptausschusses des Bundesinstituts für Berufsbildung. Die Ausbildungsinhalte sollen unter Berücksichtigung von Lage und Entwicklung des allgemeinen Arbeitsmarktes aus den Inhalten anerkannter Ausbildungsberufe entwickelt werden. Im Antrag nach Satz 1 ist eine Ausbildungsmöglichkeit in dem angestrebten Ausbildungsgang nachzuweisen.

(2) § 65 Abs. 2 Satz 1 gilt entsprechend.

§ 67 Berufliche Fortbildung, berufliche Umschulung

Für die berufliche Fortbildung und die berufliche Umschulung behinderter Menschen gelten die §§ 64 bis 66 entsprechend, soweit es Art und Schwere der Behinderung erfordern.

§ 68 Personenkreis und Anforderungen

(1) Die Berufsausbildungsvorbereitung richtet sich an lernbeeinträchtigte oder sozial benachteiligte Personen, deren Entwicklungsstand eine erfolgreiche Ausbildung in einem anerkannten Ausbildungsberuf noch nicht erwarten lässt. Sie muss nach Inhalt, Art, Ziel und Dauer den besonderen Erfordernissen des in Satz 1 genannten Personenkreises entsprechen und durch umfassende sozialpädagogische Betreuung und Unterstützung begleitet werden.

(2) Für die Berufsausbildungsvorbereitung, die nicht im Rahmen des Dritten Buches Sozialgesetzbuch oder anderer vergleichbarer, öffentlich geförderter Maßnahmen durchgeführt wird, gelten die §§ 27 bis 33 entsprechend.

§ 69 Qualifizierungsbausteine, Bescheinigung

(1) Die Vermittlung von Grundlagen für den Erwerb beruflicher Handlungsfähigkeit (§ 1 Abs. 2) kann insbesondere durch inhaltlich und zeitlich abgegrenzte Lerneinheiten erfolgen, die aus den Inhalten anerkannter Ausbildungsberufe entwickelt werden (Qualifizierungsbausteine).

(2) Über vermittelte Grundlagen für den Erwerb beruflicher Handlungsfähigkeit stellt der Anbieter der Berufsausbildungsvorbereitung eine Bescheinigung aus. Das Nähere regelt das Bundesministerium für Bildung und Forschung im Einvernehmen mit den für den Erlass von Ausbildungsordnungen zuständigen Fachministerien nach Anhörung des Hauptausschusses des Bundesinstituts für Berufsbildung durch Rechtsverordnung, die nicht der Zustimmung des Bundesrates bedarf.

§ 70 Überwachung, Beratung

(1) Die nach Landesrecht zuständige Behörde hat die Berufsausbildungsvorbereitung zu untersagen, wenn die Voraussetzungen des § 68 Abs. 1 nicht vorliegen.

(2) Der Anbieter hat die Durchführung von Maßnahmen der Berufsausbildungsvorbereitung vor Beginn der Maßnahme der zuständigen Stelle schriftlich anzuzeigen. Die Anzeigepflicht erstreckt sich auf den wesentlichen Inhalt des Qualifizierungsvertrages.

(3) Die Absätze 1 und 2 sowie § 76 finden keine Anwendung, soweit die Berufsausbildungsvorbereitung im Rahmen des Dritten Buches Sozialgesetzbuch oder anderer vergleichbarer, öffentlich geförderter Maßnahmen durchgeführt wird.

§ 71 Zuständige Stellen

(1) Für die Berufsbildung in Berufen der Handwerksordnung ist die Handwerkskammer zuständige Stelle im Sinne dieses Gesetzes.
(2) Für die Berufsbildung in nichthandwerklichen Gewerbeberufen ist die Industrie- und Handelskammer zuständige Stelle im Sinne dieses Gesetzes.
(3) Für die Berufsbildung in Berufen der Landwirtschaft, einschließlich der ländlichen Hauswirtschaft, ist die Landwirtschaftskammer zuständige Stelle im Sinne dieses Gesetzes.
(4) Für die Berufsbildung der Fachangestellten im Bereich der Rechtspflege sind jeweils für ihren Bereich die Rechtsanwalts-, Patentanwalts- und Notarkammern und für ihren Tätigkeitsbereich die Notarkassen zuständige Stelle im Sinne dieses Gesetzes.
(5) Für die Berufsbildung der Fachangestellten im Bereich der Wirtschaftsprüfung und Steuerberatung sind jeweils für ihren Bereich die Wirtschaftsprüferkammern und die Steuerberaterkammern zuständige Stelle im Sinne dieses Gesetzes.
(6) Für die Berufsbildung der Fachangestellten im Bereich der Gesundheitsdienstberufe sind jeweils für ihren Bereich die Ärzte-, Zahnärzte-, Tierärzte- und Apothekerkammern zuständige Stelle im Sinne dieses Gesetzes.
(7) Soweit die Berufsausbildungsvorbereitung, die Berufsausbildung und die berufliche Umschulung in Betrieben zulassungspflichtiger Handwerke, zulassungsfreier Handwerke und handwerksähnlicher Gewerbe durchgeführt wird, ist abweichend von den Absätzen 2 bis 6 die Handwerkskammer zuständige Stelle im Sinne dieses Gesetzes.
(8) Soweit Kammern für einzelne Berufsbereiche der Absätze 1 bis 6 nicht bestehen, bestimmt das Land die zuständige Stelle.

§ 72 Bestimmung durch Rechtsverordnung

Das zuständige Fachministerium kann im Einvernehmen mit dem Bundesministerium für Bildung und Forschung durch Rechtsverordnung mit Zustimmung des Bundesrates für Berufsbereiche, die durch § 71 nicht geregelt sind, die zuständige Stelle bestimmen.

§ 73 Zuständige Stellen im Bereich des öffentlichen Dienstes

(1) Im öffentlichen Dienst bestimmt für den Bund die oberste Bundesbehörde für ihren Geschäftsbereich die zuständige Stelle

1. in den Fällen der §§ 32, 33 und 76 sowie der §§ 23, 24 und 41a der Handwerksordnung,
2. für die Berufsbildung in anderen als den durch die §§ 71 und 72 erfassten Berufsbereichen; dies gilt auch für die der Aufsicht des Bundes unterstehenden Körperschaften, Anstalten und Stiftungen des öffentlichen Rechts.

(2) Im öffentlichen Dienst bestimmen die Länder für ihren Bereich sowie für die Gemeinden und Gemeindeverbände die zuständige Stelle für die Berufsbildung in anderen als den durch die §§ 71 und 72 erfassten Berufsbereichen. Dies gilt auch für die der Aufsicht der Länder unterstehenden Körperschaften, Anstalten und Stiftungen des öffentlichen Rechts.

§ 74 Erweiterte Zuständigkeit

§ 73 gilt entsprechend für Ausbildungsberufe, in denen im Bereich der Kirchen und sonstigen
Religionsgemeinschaften des öffentlichen Rechts oder außerhalb des öffentlichen Dienstes nach Ausbildungsordnungen des öffentlichen Dienstes ausgebildet wird.

§ 75 Zuständige Stellen im Bereich der Kirchen und sonstigen Religionsgemeinschaften des öffentlichen Rechts

Die Kirchen und sonstigen Religionsgemeinschaften des öffentlichen Rechts bestimmen für ihren Bereich die zuständige Stelle für die Berufsbildung in anderen als den durch die §§ 71, 72 und 74 erfassten Berufsbereichen. Die §§ 77 bis 80 finden keine Anwendung.

§ 76 Überwachung, Beratung

(1) Die zuständige Stelle überwacht die Durchführung

1. der Berufsausbildungsvorbereitung,
2. der Berufsausbildung und
3. der beruflichen Umschulung

und fördert diese durch Beratung der an der Berufsbildung beteiligten Personen. Sie hat zu diesem Zweck Berater oder Beraterinnen zu bestellen.

(2) Ausbildende, Umschulende und Anbieter von Maßnahmen der Berufsausbildungsvorbereitung sind auf Verlangen verpflichtet, die für die Überwachung notwendigen Auskünfte zu erteilen und Unterlagen vorzulegen sowie die Besichtigung der Ausbildungsstätten zu gestatten.
(3) Die Durchführung von Auslandsaufenthalten nach § 2 Abs. 3 überwacht und fördert die zuständige Stelle in geeigneter Weise. Beträgt die Dauer eines Ausbildungsabschnitts im Ausland mehr als acht Wochen, ist hierfür ein mit der zuständigen Stelle abgestimmter Plan erforderlich.
(4) Auskunftspflichtige können die Auskunft auf solche Fragen verweigern, deren Beantwortung sie selbst oder einen der in § 52 der Strafprozessordnung bezeichneten Angehörigen der Gefahr strafgerichtlicher Verfolgung oder eines Verfahrens nach dem Gesetz über Ordnungswidrigkeiten aussetzen würde.
(5) Die zuständige Stelle teilt der Aufsichtsbehörde nach dem Jugendarbeitsschutzgesetz Wahrnehmungen mit, die für die Durchführung des Jugendarbeitsschutzgesetzes von Bedeutung sein können.

§ 77 Errichtung

(1) Die zuständige Stelle errichtet einen Berufsbildungsausschuss. Ihm gehören sechs Beauftragte der Arbeitgeber, sechs Beauftragte der Arbeitnehmer und sechs Lehrkräfte an berufsbildenden Schulen an, die Lehrkräfte mit beratender Stimme.
(2) Die Beauftragten der Arbeitgeber werden auf Vorschlag der zuständigen Stelle, die Beauftragten der Arbeitnehmer auf Vorschlag der im Bezirk der zuständigen Stelle bestehenden Gewerkschaften und selbständigen Vereinigungen von Arbeitnehmern mit sozial- oder berufspolitischer Zwecksetzung, die Lehrkräfte an berufsbildenden Schulen von der nach Landesrecht zuständigen Behörde längstens für vier Jahre als Mitglieder berufen.
(3) Die Tätigkeit im Berufsbildungsausschuss ist ehrenamtlich. Für bare Auslagen und für Zeitversäumnis ist, soweit eine Entschädigung nicht von anderer Seite gewährt wird, eine angemessene Entschädigung zu zahlen, deren Höhe von der zuständigen Stelle mit Genehmigung der obersten Landesbehörde festgesetzt wird.
(4) Die Mitglieder können nach Anhören der an ihrer Berufung Beteiligten aus wichtigem Grund abberufen werden.
(5) Die Mitglieder haben Stellvertreter oder Stellvertreterinnen. Die Absätze 1 bis 4 gelten für die Stellvertreter und Stellvertreterinnen entsprechend.

(6) Der Berufsbildungsausschuss wählt ein Mitglied, das den Vorsitz führt, und ein weiteres Mitglied, das den Vorsitz stellvertretend übernimmt. Der Vorsitz und seine Stellvertretung sollen nicht derselben Mitgliedergruppe angehören.

§ 78 Beschlussfähigkeit, Abstimmung

(1) Der Berufsbildungsausschuss ist beschlussfähig, wenn mehr als die Hälfte seiner stimmberechtigten Mitglieder anwesend ist. Er beschließt mit der Mehrheit der abgegebenen Stimmen.

(2) Zur Wirksamkeit eines Beschlusses ist es erforderlich, dass der Gegenstand bei der Einberufung des Ausschusses bezeichnet ist, es sei denn, dass er mit Zustimmung von zwei Dritteln der stimmberechtigten Mitglieder nachträglich auf die Tagesordnung gesetzt wird.

§ 79 Aufgaben

(1) Der Berufsbildungsausschuss ist in allen wichtigen Angelegenheiten der beruflichen Bildung zu unterrichten und zu hören. Er hat im Rahmen seiner Aufgaben auf eine stetige Entwicklung der Qualität der beruflichen Bildung hinzuwirken.

(2) Wichtige Angelegenheiten, in denen der Berufsbildungsausschuss anzuhören ist, sind insbesondere:

1. Erlass von Verwaltungsgrundsätzen über die Eignung von Ausbildungs- und Umschulungsstätten, für das Führen von Ausbildungsnachweisen nach § 13 Satz 2 Nummer 7, für die Verkürzung der Ausbildungsdauer, für die vorzeitige Zulassung zur Abschlussprüfung, für die Durchführung der Prüfungen, zur Durchführung von über- und außerbetrieblicher Ausbildung sowie Verwaltungsrichtlinien zur beruflichen Bildung,
2. Umsetzung der vom Landesausschuss für Berufsbildung empfohlenen Maßnahmen,
3. wesentliche inhaltliche Änderungen des Ausbildungsvertragsmusters.

(3) Wichtige Angelegenheiten, in denen der Berufsbildungsausschuss zu unterrichten ist, sind insbesondere:

1. Zahl und Art der der zuständigen Stelle angezeigten Maßnahmen der Berufsausbildungsvorbereitung und beruflichen Umschulung sowie der eingetragenen Berufsausbildungsverhältnisse,
2. Zahl und Ergebnisse von durchgeführten Prüfungen sowie hierbei gewonnene Erfahrungen,

3. Tätigkeit der Berater und Beraterinnen nach § 76 Abs. 1 Satz 2,
4. für den räumlichen und fachlichen Zuständigkeitsbereich der zuständigen Stelle neue Formen, Inhalte und Methoden der Berufsbildung,
5. Stellungnahmen oder Vorschläge der zuständigen Stelle gegenüber anderen Stellen und Behörden, soweit sie sich auf die Durchführung dieses Gesetzes oder der auf Grund dieses Gesetzes erlassenen Rechtsvorschriften beziehen,
6. Bau eigener überbetrieblicher Berufsbildungsstätten,
7. Beschlüsse nach Absatz 5 sowie beschlossene Haushaltsansätze zur Durchführung der Berufsbildung mit Ausnahme der Personalkosten,
8. Verfahren zur Beilegung von Streitigkeiten aus Ausbildungsverhältnissen,
9. Arbeitsmarktfragen, soweit sie die Berufsbildung im Zuständigkeitsbereich der zuständigen Stelle berühren.

(4) Der Berufsbildungsausschuss hat die auf Grund dieses Gesetzes von der zuständigen Stelle zu erlassenden Rechtsvorschriften für die Durchführung der Berufsbildung zu beschließen. Gegen Beschlüsse, die gegen Gesetz oder Satzung verstoßen, kann die zur Vertretung der zuständigen Stelle berechtigte Person innerhalb einer Woche Einspruch einlegen. Der Einspruch ist zu begründen und hat aufschiebende Wirkung. Der Berufsbildungsausschuss hat seinen Beschluss zu überprüfen und erneut zu beschließen.

(5) Beschlüsse, zu deren Durchführung die für Berufsbildung im laufenden Haushalt vorgesehenen Mittel nicht ausreichen, bedürfen für ihre Wirksamkeit der Zustimmung der für den Haushaltsplan zuständigen Organe. Das Gleiche gilt für Beschlüsse, zu deren Durchführung in folgenden Haushaltsjahren Mittel bereitgestellt warden müssen, die die Ausgaben für Berufsbildung des laufenden Haushalts nicht unwesentlich übersteigen.

(6) Abweichend von § 77 Abs. 1 haben die Lehrkräfte Stimmrecht bei Beschlüssen zu Angelegenheiten der Berufsausbildungsvorbereitung und Berufsausbildung, soweit sich die Beschlüsse unmittelbar auf die Organisation der schulischen Berufsbildung auswirken.

§ 82 Errichtung, Geschäftsordnung, Abstimmung

(1) Bei der Landesregierung wird ein Landesausschuss für Berufsbildung errichtet. Er setzt sich zusammen aus einer gleichen Zahl von Beauftragten der Arbeitgeber, der Arbeitnehmer und der obersten Landesbehörden. Die Hälfte der Beauftragten der obersten Landesbehörden muss in Fragen des Schulwesens sachverständig sein.

(2) Die Mitglieder des Landesausschusses werden längstens für vier Jahre von der Landesregierung berufen, die Beauftragten der Arbeitgeber auf Vorschlag der auf Landesebene bestehenden Zusammenschlüsse der Kammern, der Arbeitgeberverbände und der Unternehmerverbände, die Beauftragten der Arbeitnehmer auf Vorschlag der auf Landesebene bestehenden Gewerkschaften und selbständigen Vereinigungen von Arbeitnehmern mit sozial- oder berufspolitischer Zwecksetzung. Die Tätigkeit im Landesausschuss ist ehrenamtlich. Für bare Auslagen und für Zeitversäumnis ist, soweit eine Entschädigung nicht von anderer Seite gewährt wird, eine angemessene Entschädigung zu zahlen, deren Höhe von der Landesregierung oder der von ihr bestimmten obersten Landesbehörde festgesetzt wird. Die Mitglieder können nach Anhören der an ihrer Berufung Beteiligten aus wichtigem Grund abberufen werden. Der Ausschuss wählt ein Mitglied, das den Vorsitz führt, und ein weiteres Mitglied, das den Vorsitz stellvertretend übernimmt. Der Vorsitz und seine Stellvertretung sollen nicht derselben Mitgliedergruppe angehören.
(3) Die Mitglieder haben Stellvertreter oder Stellvertreterinnen. Die Absätze 1 und 2 gelten für die Stellvertretermund Stellvertreterinnen entsprechend.
(4) Der Landesausschuss gibt sich eine Geschäftsordnung, die der Genehmigung der Landesregierung oder der von ihr bestimmten obersten Landesbehörde bedarf. Sie kann die Bildung von Unterausschüssen vorsehen und bestimmen, dass ihnen nicht nur Mitglieder des Landesausschusses angehören. Absatz 2 Satz 2 gilt für die Unterausschüsse hinsichtlich der Entschädigung entsprechend. An den Sitzungen des Landesausschusses und der Unterausschüsse können Vertreter der beteiligten obersten Landesbehörden, der Gemeinden und Gemeindeverbände sowie der Agentur für Arbeit teilnehmen.
(5) Der Landesausschuss ist beschlussfähig, wenn mehr als die Hälfte seiner Mitglieder anwesend ist. Er beschließt mit der Mehrheit der abgegebenen Stimmen.

§ 83 Aufgaben

(1) Der Landesausschuss hat die Landesregierung in den Fragen der Berufsbildung zu beraten, die sich für das Land ergeben. Er hat im Rahmen seiner Aufgaben auf eine stetige Entwicklung der Qualität der beruflichen Bildung hinzuwirken.
(2) Er hat insbesondere im Interesse einer einheitlichen Berufsbildung auf eine Zusammenarbeit zwischen der schulischen Berufsbildung und der Berufsbildung nach diesem Gesetz sowie auf eine Berücksichtigung der Berufsbildung bei der

Neuordnung und Weiterentwicklung des Schulwesens hinzuwirken. Der Landesausschuss kann zur Stärkung der regionalen Ausbildungs- und Beschäftigungssituation Empfehlungen zur inhaltlichen und organisatorischen Abstimmung und zur Verbesserung der Ausbildungsangebote aussprechen.

§ 85 Ziele der Berufsbildungsplanung

(1) Durch die Berufsbildungsplanung sind Grundlagen für eine abgestimmte und den technischen, wirtschaftlichen und gesellschaftlichen Anforderungen entsprechende Entwicklung der beruflichen Bildung zu schaffen.

(2) Die Berufsbildungsplanung hat insbesondere dazu beizutragen, dass die Ausbildungsstätten nach Art, Zahl, Größe und Standort ein qualitativ und quantitativ ausreichendes Angebot an beruflichen Ausbildungsplätzen gewährleisten und dass sie unter Berücksichtigung der voraussehbaren Nachfrage und des langfristig zu erwartenden Bedarfs an Ausbildungsplätzen möglichst günstig genutzt werden.

§ 88 Erhebungen

(1) Die jährliche Bundesstatistik erfasst

1. für jeden Auszubildenden und jede Auszubildende:
    a) Geschlecht, Geburtsjahr, Staatsangehörigkeit;
    b) allgemeinbildender Schulabschluss, vorausgegangene Teilnahme an berufsvorbereitender Qualifizierung oder beruflicher Grundbildung, berufliche Vorbildung;
    c) Ausbildungsberuf einschließlich Fachrichtung;
    d) Ort der Ausbildungsstätte, Wirtschaftszweig, Zugehörigkeit zum öffentlichen Dienst;
    e) Ausbildungsjahr, Abkürzung der Ausbildungsdauer, Dauer der Probezeit;
    f) Monat und Jahr des Beginns der Berufsausbildung, Monat und Jahr der vorzeitigen Auflösung des Berufsausbildungsverhältnisses;
    g) Anschlussvertrag bei Stufenausbildung mit Angabe des Ausbildungsberufs;
    h) Art der Förderung bei überwiegend öffentlich, insbesondere auf Grund des Dritten Buches Sozialgesetzbuch geförderten Berufsausbildungsverhältnissen;
    i) Monat und Jahr der Abschlussprüfung, Art der Zulassung zur Prüfung, Monat und Jahr der Wiederholungsprüfung, Prüfungserfolg;

2. für jeden Prüfungsteilnehmer und jede Prüfungsteilnehmerin in der beruflichen Bildung mit Ausnahme der durch Nummer 1 erfassten Auszubildenden: Geschlecht, Geburtsjahr, Berufsrichtung, Vorbildung, Wiederholungsprüfung, Art der Prüfung, Prüfungserfolg;
3. für jeden Ausbilder und jede Ausbilderin: Geschlecht, Geburtsjahr, Art der fachlichen Eignung;
4. für jeden Ausbildungsberater und jede Ausbildungsberaterin: Geschlecht, Geburtsjahr, Vorbildung, Art der Beratertätigkeit, fachliche Zuständigkeit, durchgeführte Besuche von Ausbildungsstätten;
5. für jeden Teilnehmer und jede Teilnehmerin an einer Berufsausbildungsvorbereitung, soweit der Anbieter der Anzeigepflicht des § 70 Abs. 2 unterliegt: Geschlecht, Geburtsjahr, Staatsangehörigkeit, Berufsrichtung.

(2) Hilfsmerkmale sind Name und Anschrift der Auskunftspflichtigen. Sie sind zum frühestmöglichen Zeitpunkt, spätestens nach Abschluss der wiederkehrenden Erhebung zu löschen.

(3) Auskunftspflichtig sind die zuständigen Stellen.

(4) Zu Zwecken der Erstellung des Berufsbildungsberichts sowie zur Durchführung der Berufsbildungsforschung nach § 84 sind die nach Absatz 1 Nr. 1 bis 5 erhobenen Einzelangaben vom Statistischen Bundesamt und den statistischen Ämtern der Länder an das Bundesinstitut für Berufsbildung zu übermitteln. Hierzu wird beim Bundesinstitut für Berufsbildung eine Organisationseinheit eingerichtet, die räumlich, organisatorisch und personell von anderen Aufgabenbereichen des Bundesinstituts für Berufsbildung zu trennen ist. Die in der Organisationseinheit tätigen Personen müssen Amtsträger oder für den öffentlichen Dienst besonders Verpflichtete sein. Sie dürfen die aus ihrer Tätigkeit gewonnenen Erkenntnisse nur zur Erstellung des Berufsbildungsberichts sowie zur Durchführung der Berufsbildungsforschung verwenden. Die nach Satz 2 übermittelten Daten dürfen nicht mit anderen personenbezogenen Daten zusammen geführt werden. Das Nähere zur Ausführung der Sätze 2 und 3 regelt das Bundesministerium für Bildung und Forschung durch Erlass.

§ 89 Bundesinstitut für Berufsbildung

Das Bundesinstitut für Berufsbildung ist eine bundesunmittelbare rechtsfähige Anstalt des öffentlichen Rechts. Es hat seinen Sitz in Bonn.

§ 90 Aufgaben

(1) Das Bundesinstitut für Berufsbildung führt seine Aufgaben im Rahmen der Bildungspolitik der Bundesregierung durch.

(2) Das Bundesinstitut für Berufsbildung hat die Aufgabe, durch wissenschaftliche Forschung zur Berufsbildungsforschung beizutragen. Die Forschung wird auf der Grundlage eines jährlichen Forschungsprogramms durchgeführt; das Forschungsprogramm bedarf der Genehmigung des Bundesministeriums für Bildung und Forschung. Weitere Forschungsaufgaben können dem Bundesinstitut für Berufsbildung von obersten Bundesbehörden im Einvernehmen mit dem Bundesministerium für Bildung und Forschung übertragen werden. Die wesentlichen Ergebnisse der Forschungsarbeit des Bundesinstituts für Berufsbildung sind zu veröffentlichen.

(3) Das Bundesinstitut für Berufsbildung hat die sonstigen Aufgaben:

1. nach Weisung des zuständigen Bundesministeriums
   a) an der Vorbereitung von Ausbildungsordnungen und sonstigen Rechtsverordnungen, die nach diesem Gesetz oder nach dem zweiten Teil der Handwerksordnung zu erlassen sind, mitzuwirken,
   b) an der Vorbereitung des Berufsbildungsberichts mitzuwirken,
   c) an der Durchführung der Berufsbildungsstatistik nach Maßgabe des § 87 mitzuwirken,
   d) Modellversuche einschließlich wissenschaftlicher Begleituntersuchungen zu fördern,
   e) an der internationalen Zusammenarbeit in der beruflichen Bildung mitzuwirken,
   f) weitere Verwaltungsaufgaben des Bundes zur Förderung der Berufsbildung zu übernehmen;
2. nach allgemeinen Verwaltungsvorschriften des zuständigen Bundesministeriums die Förderung überbetrieblicher Berufsbildungsstätten durchzuführen und die Planung, Errichtung und Weiterentwicklung dieser Einrichtungen zu unterstützen;
3. das Verzeichnis der anerkannten Ausbildungsberufe zu führen und zu veröffentlichen;
4. die im Fernunterrichtsschutzgesetz beschriebenen Aufgaben nach den vom Hauptausschuss erlassenen und vom zuständigen Bundesministerium genehmigten Richtlinien wahrzunehmen und durch Förderung von

Entwicklungsvorhaben zur Verbesserung und Ausbau des berufsbildenden Fernunterrichts beizutragen.

(4) Das Bundesinstitut für Berufsbildung kann mit Zustimmung des Bundesministeriums für Bildung und Forschung mit Stellen außerhalb der Bundesverwaltung Verträge zur Übernahme weiterer Aufgaben schließen.

§ 95 Ausschuss für Fragen behinderter Menschen

(1) Zur Beratung des Bundesinstituts für Berufsbildung bei seinen Aufgaben auf dem Gebiet der beruflichen Bildung behinderter Menschen wird ein ständiger Unterausschuss des Hauptausschusses errichtet. Der Ausschuss hat darauf hinzuwirken, dass die besonderen Belange der behinderten Menschen in der beruflichen Bildung berücksichtigt werden und die berufliche Bildung behinderter Menschen mit den übrigen Leistungen zur Teilhabe am Arbeitsleben koordiniert wird. Das Bundesinstitut für Berufsbildung trifft Entscheidungen über die Durchführung von Forschungsvorhaben, die die berufliche Bildung behinderter Menschen betreffen, unter Berücksichtigung von Vorschlägen des Ausschusses.

(2) Der Ausschuss besteht aus 17 Mitgliedern, die von dem Präsidenten oder der Präsidentin längstens für vier Jahre berufen werden. Eine Wiederberufung ist zulässig. Die Mitglieder des Ausschusses werden auf Vorschlag des Beirats für die Teilhabe behinderter Menschen (§ 64 des Neunten Buches Sozialgesetzbuch) berufen, und zwar

ein Mitglied, das die Arbeitnehmer vertritt,

ein Mitglied, das die Arbeitgeber vertritt,

drei Mitglieder, die Organisationen behinderter Menschen vertreten,

ein Mitglied, das die Bundesagentur für Arbeit vertritt,

ein Mitglied, das die gesetzliche Rentenversicherung vertritt,

ein Mitglied, das die gesetzliche Unfallversicherung vertritt,

ein Mitglied, das die Freie Wohlfahrtspflege vertritt,

zwei Mitglieder, die Einrichtungen der beruflichen Rehabilitation vertreten,

sechs weitere für die berufliche Bildung behinderter Menschen sachkundige Personen, die in Bildungsstätten oder ambulanten Diensten für behinderte Menschen tätig sind.

(3) Der Ausschuss kann behinderte Menschen, die beruflich ausgebildet, fortgebildet oder umgeschult werden, zu den Beratungen hinzuziehen.

§ 99 Personal

(1) Die Aufgaben des Bundesinstituts für Berufsbildung werden von Beamten, Beamtinnen und Dienstkräften, die als Angestellte, Arbeiter und Arbeiterinnen beschäftigt sind, wahrgenommen. Es ist Dienstherr im Sinne des § 2 des Bundesbeamtengesetzes. Die Beamten und Beamtinnen sind Bundesbeamte und Bundesbeamtinnen.

(2) Das Bundesministerium für Bildung und Forschung ernennt und entlässt die Beamten und Beamtinnen des Bundesinstituts, soweit das Recht zur Ernennung und Entlassung der Beamten und Beamtinnen, deren Amt in der Bundesbesoldungsordnung B aufgeführt ist, nicht von dem Bundespräsidenten oder der Bundespräsidentin ausgeübt wird. Das zuständige Bundesministerium kann seine Befugnisse auf den Präsidenten oder die Präsidentin übertragen.

(3) Oberste Dienstbehörde für die Beamten und Beamtinnen des Bundesinstituts ist das Bundesministerium für Bildung und Forschung. Es kann seine Befugnisse auf den Präsidenten oder die Präsidentin übertragen. § 144 Abs. 1 des Bundesbeamtengesetzes und § 83 Abs. 1 des Bundesdisziplinargesetzes bleiben unberührt.

§ 100 Aufsicht über das Bundesinstitut für Berufsbildung

Das Bundesinstitut für Berufsbildung unterliegt, soweit in diesem Gesetz nicht weitergehende
Aufsichtsbefugnisse vorgesehen sind, der Rechtsaufsicht des Bundesministeriums für Bildung und Forschung.

Ausbildereignungsverordnung (AEVO)

vom 16.02.1999, zuletzt geändert am 21.01.2009

§ 1 Geltungsbereich

Ausbilder und Ausbilderinnen haben für die Ausbildung in anerkannten Ausbildungsberufen nach dem Berufsbildungsgesetz den Erwerb der berufs- und arbeitspädagogischen Fertigkeiten, Kenntnisse und Fähigkeiten nach dieser Verordnung nachzuweisen. Dies gilt nicht für die Ausbildung im Bereich der Angehörigen der freien Berufe.

§ 2 Berufs- und arbeitspädagogische Eignung [Ausbilder]

Die berufs- und arbeitspädagogische Eignung umfasst die Kompetenz zum selbstständigen Planen, Durchführen und Kontrollieren der Berufsausbildung in den Handlungsfeldern:

1. Ausbildungsvoraussetzungen prüfen und Ausbildung planen,
2. Ausbildung vorbereiten und bei der Einstellung von Auszubildenden mitwirken,
3. Ausbildung durchführen und
4. Ausbildung abschließen.

§ 3 Handlungsfelder [Ausbilder]

(1) Das Handlungsfeld nach § 2 Nummer 1 umfasst die berufs- und arbeitspädagogische Eignung, Ausbildungsvoraussetzungen zu prüfen und Ausbildung zu planen. Die Ausbilder und Ausbilderinnen sind dabei in der Lage,

1. die Vorteile und den Nutzen betrieblicher Ausbildung darstellen und begründen zu können,
2. bei den Planungen und Entscheidungen hinsichtlich des betrieblichen Ausbildungsbedarfs auf der Grundlage der rechtlichen, tarifvertraglichen und betrieblichen Rahmenbedingungen mitzuwirken,
3. die Strukturen des Berufsbildungssystems und seine Schnittstellen darzustellen,
4. Ausbildungsberufe für den Betrieb auszuwählen und dies zu begründen,
5. die Eignung des Betriebes für die Ausbildung in dem angestrebten Ausbildungsberuf zu prüfen sowie, ob und inwieweit Ausbildungsinhalte durch Maßnahmen außerhalb der Ausbildungsstätte, insbesondere Ausbildung im

Verbund, überbetriebliche und außerbetriebliche Ausbildung, vermittelt werden können,
6. die Möglichkeiten des Einsatzes von auf die Berufsausbildung vorbereitenden Maßnahmen einzuschätzen sowie
7. im Betrieb die Aufgaben der an der Ausbildung Mitwirkenden unter Berücksichtigung ihrer Funktionen und Qualifikationen abzustimmen.

(2) Das Handlungsfeld nach § 2 Nummer 2 umfasst die berufs- und arbeitspädagogische Eignung, die Ausbildung unter Berücksichtigung organisatorischer sowie rechtlicher Aspekte vorzubereiten. Die Ausbilder und Ausbilderinnen sind dabei in der Lage,

1. auf der Grundlage einer Ausbildungsordnung einen betrieblichen Ausbildungsplan zu erstellen, der sich insbesondere an berufstypischen Arbeits- und Geschäftsprozessen orientiert,
2. die Möglichkeiten der Mitwirkung und Mitbestimmung der betrieblichen Interessenvertretungen in der Berufsbildung zu berücksichtigen,
3. den Kooperationsbedarf zu ermitteln und sich inhaltlich sowie organisatorisch mit den Kooperationspartnern, insbesondere der Berufsschule, abzustimmen,
4. Kriterien und Verfahren zur Auswahl von Auszubildenden auch unter Berücksichtigung ihrer Verschiedenartigkeit anzuwenden,
5. den Berufsausbildungsvertrag vorzubereiten und die Eintragung des Vertrages bei der zuständigen Stelle zu veranlassen sowie
6. die Möglichkeiten zu prüfen, ob Teile der Berufsausbildung im Ausland durchgeführt werden können.

(3) Das Handlungsfeld nach § 2 Nummer 3 umfasst die berufs- und arbeitspädagogische Eignung, selbstständiges Lernen in berufstypischen Arbeits- und Geschäftsprozessen handlungsorientiert zu fördern. Die Ausbilder und Ausbilderinnen sind dabei in der Lage,

1. lernförderliche Bedingungen und eine motivierende Lernkultur zu schaffen, Rückmeldungen zu geben und zu empfangen,
2. die Probezeit zu organisieren, zu gestalten und zu bewerten,
3. aus dem betrieblichen Ausbildungsplan und den berufstypischen Arbeits- und Geschäftsprozessen betriebliche Lern- und Arbeitsaufgaben zu entwickeln und zu gestalten,
4. Ausbildungsmethoden und -medien zielgruppengerecht auszuwählen und situationsspezifisch einzusetzen,

5. Auszubildende bei Lernschwierigkeiten durch individuelle Gestaltung der Ausbildung und Lernberatung zu unterstützen, bei Bedarf ausbildungsunterstützende Hilfen einzusetzen und die Möglichkeit zur Verlängerung der Ausbildungszeit zu prüfen,
6. Auszubildenden zusätzliche Ausbildungsangebote, insbesondere in Form von Zusatzqualifikationen, zu machen und die Möglichkeit der Verkürzung der Ausbildungsdauer und die der vorzeitigen Zulassung zur Abschlussprüfung zu prüfen,
7. die soziale und persönliche Entwicklung von Auszubildenden zu fördern, Probleme und Konflikte rechtzeitig zu erkennen sowie auf eine Lösung hinzuwirken,
8. Leistungen festzustellen und zu bewerten, Leistungsbeurteilungen Dritter und Prüfungsergebnisse auszuwerten, Beurteilungsgespräche zu führen, Rückschlüsse für den weiteren Ausbildungsverlauf zu ziehen sowie
9. interkulturelle Kompetenzen zu fördern.

(4) Das Handlungsfeld nach § 2 Nummer 4 umfasst die berufs- und arbeitspädagogische Eignung, die Ausbildung zu einem erfolgreichen Abschluss zu führen und dem Auszubildenden Perspektiven für seine berufliche Weiterentwicklung aufzuzeigen. Die Ausbilder und Ausbilderinnen sind dabei in der Lage,

1. Auszubildende auf die Abschluss- oder Gesellenprüfung unter Berücksichtigung der Prüfungstermine vorzubereiten und die Ausbildung zu einem erfolgreichen Abschluss zu führen,
2. für die Anmeldung der Auszubildenden zu Prüfungen bei der zuständigen Stelle zu sorgen und diese auf durchführungsrelevante Besonderheiten hinzuweisen,
3. an der Erstellung eines schriftlichen Zeugnisses auf der Grundlage von Leistungsbeurteilungen mitzuwirken sowie
4. Auszubildende über betriebliche Entwicklungswege und berufliche Weiterbildungsmöglichkeiten zu informieren und zu beraten.

§ 4 Nachweis der Eignung

(1) Die Eignung nach § 2 ist in einer Prüfung nachzuweisen. Die Prüfung besteht aus einem schriftlichen und einem praktischen Teil. Die Prüfung ist bestanden, wenn jeder Prüfungsteil mit mindestens „ausreichend“ bewertet wurde. Innerhalb eines

Prüfungsverfahrens kann eine nicht bestandene Prüfung zweimal wiederholt werden. Ein bestandener Prüfungsteil kann dabei angerechnet werden.

(2) Im schriftlichen Teil der Prüfung sind fallbezogene Aufgaben aus allen Handlungsfeldern zu bearbeiten. Die schriftliche Prüfung soll drei Stunden dauern.

(3) Der praktische Teil der Prüfung besteht aus der Präsentation einer Ausbildungssituation und einem Fachgespräch mit einer Dauer von insgesamt höchstens 30 Minuten. Hierfür wählt der Prüfungsteilnehmer eine berufstypische Ausbildungssituation aus. Die Präsentation soll 15 Minuten nicht überschreiten. Die Auswahl und Gestaltung der Ausbildungssituation sind im Fachgespräch zu erläutern. Anstelle der Präsentation kann eine Ausbildungssituation auch praktisch durchgeführt werden.

(4) Im Bereich der Landwirtschaft und im Bereich der Hauswirtschaft besteht der praktische Teil aus der Durchführung einer vom Prüfungsteilnehmer in Abstimmung mit dem Prüfungsausschuss auszuwählenden Ausbildungssituation und einem Fachgespräch, in dem die Auswahl und Gestaltung der Ausbildungssituation zu begründen sind. Die Prüfung im praktischen Teil soll höchstens 60 Minuten dauern.

(5) Für die Abnahme der Prüfung errichtet die zuständige Stelle einen Prüfungsausschuss. § 37 Absatz 2 und 3, § 39 Absatz 1 Satz 2, die §§ 40 bis 42, 46 und 47 des Berufsbildungsgesetzes gelten entsprechend.

§ 5 Zeugnis

Über die bestandene Prüfung ist jeweils ein Zeugnis nach den Anlagen 1 und 2 auszustellen.

Alphabetisches Register